AF831864

Gehrlein/Thole

Aktuelle Probleme der Insolvenzanfechtung

RWS-Skript 82

Aktuelle Probleme der Insolvenzanfechtung

16., neu bearbeitete Auflage

von

Richter am BGH a.D. Professor Dr. Markus Gehrlein, Karlsruhe

Professor Dr. Christoph Thole, Köln

RWS

RWS Verlag Kommunikationsforum GmbH & Co. KG · Köln

Die Deutsche Nationalbibliothek verzeichnet diese Publikation in der Deutschen Nationalbibliografie; detaillierte bibliografische Daten sind im Internet über http://dnb.d-nb.de abrufbar.

Postfach 27 01 25, 50508 Köln
E-Mail: info@rws-verlag.de, Internet: http://www.rws-verlag.de

Satz und Datenverarbeitung: SEUME Publishing Services GmbH, Erfurt
Druck und Verarbeitung: Hundt Druck GmbH, Köln

Vorwort

Das RWS-Skript „Aktuelle Probleme der Insolvenzanfechtung“ ist im Jahre 2006 in der Bearbeitung durch Universitätsprofessor em. Dr. *Walter Gerhardt* und Vorsitzenden Richter am Bundesgerichtshof a.D. Dr. *Gerhart Kreft* in 10. Auflage erschienen und wurde seitdem durch *Reinhard Bork* und *Markus Gehrlein* fortgeführt. Nachdem sich *Reinhard Bork*, dem für seine langjährige Mitwirkung besonderer Dank gilt, neuen Aufgaben zugewandt hat, konnte *Christoph Thole* als Mitautor gewonnen werden.

Das Skript will den Leser in kompakter Form sowohl über die Grundlagen als auch über die Details des Insolvenzanfechtungsrechts, dessen praktische Bedeutung nicht hoch genug eingeschätzt werden kann, zuverlässig informieren.

Mit der jetzigen Auflage wird das Buch auf den neuesten Stand gebracht. Der seit der Vorauflage verstrichene Zeitraum erforderte auch wegen des im Insolvenzanfechtungsrecht nicht abreißenden Flusses höchstrichterlicher Judikatur eine umfassende Aktualisierung des Skripts. Dabei konzentriert es sich auf eine möglichst leicht verständliche Vermittlung der Rechtsprechung und ihrer Leitlinien; weiterführende Hinweise auf das Schrifttum finden sich darum angesichts der herausragenden praktischen Bedeutung der Rechtsprechung, insbesondere des IX. Zivilsenats des Bundesgerichtshofs, nur vereinzelt.

Das Buch befindet sich auf dem Stand des 1. Juni 2024. Es wurden die Teile A., B. und C. I. bis V. von *Markus Gehrlein*, die Teile C. VI. und VII. sowie D. und E. von *Christoph Thole* bearbeitet. Für Kritik, Anregungen und Verbesserungsvorschläge aller Art sind die Verfasser dankbar.

Landau/Pfalz, Köln, Juni 2024

Markus Gehrlein
Christoph Thole

Inhaltsverzeichnis

Literaturverzeichnis

Bork
Einführung in das Insolvenzrecht, 11. Aufl., 2023

Frankfurter Kommentar
siehe *Wimmer*

Gehrlein
Das neue GmbH-Recht, 2008

Häsemeyer
Insolvenzrecht, 4. Aufl., 2007

Hamburger Kommentar
siehe *Schmidt*

Jaeger
Insolvenzordnung, Kommentar, hrsg. von Henckel/Gerhardt,
Bd. 1: §§ 1–55, 2004; Bd. 4: §§ 129–147, 2008
(zit.: Jaeger-*Bearbeiter*, InsO)

Kayser/Thole (Hrsg.)
Heidelberger Kommentar zur Insolvenzordnung, 11. Aufl., 2023
(zit.: Kayser/Thole-*Bearbeiter*, InsO)

Kirchhof/Stürner/Eidenmüller (Hrsg.)
siehe Münchener Kommentar zur Insolvenzordnung

Kübler/Prütting/Bork/Jacoby (Hrsg.)
Insolvenzordnung, Loseblattkommentar, Stand: 3/2024
(zit.: Kübler/Prütting/Bork/Jacoby-*Bearbeiter*, InsO)

Münchener Kommentar zum Insolvenzrecht
hrsg. von *Kirchhof/Stürner/Eidenmüller*,
Bd. 1: §§ 1–79, InsVV, 4. Aufl., 2019,
Bd. 2: §§ 80–216, 4. Aufl., 2019,
Bd. 3: §§ 217–359, KonzernInsR, SteuerR, 4. Aufl., 2020,
Bd. 4: Internationales Insolvenzrecht, 3. Aufl. 2016
(zit.: MünchKomm-InsO/*Bearbeiter*)

Schmidt (Hrsg.)
Hamburger Kommentar zum Insolvenzrecht, 10. Aufl., 2023
(zit.: HmbKomm-InsO/*Bearbeiter*)

Uhlenbruck (Hrsg.)
Kommentar zur Insolvenzordnung, Bd. 1: 15. Aufl., 2019, Bd. 2: 15. Aufl., 2020 (zit.: Uhlenbruck-*Bearbeiter*, InsO)

Vallender
EuInsVO, Kommentar, 2. Aufl., 2020 (zit.: Vallender-*Bearbeiter*, EuInsVO)

Wimmer (Hrsg.)
Frankfurter Kommentar zur Insolvenzordnung, 9. Aufl., 2017
(zit.: FK-InsO/*Bearbeiter*)

A. Sinn und Zweck des Anfechtungsrechts

Zweck der Anfechtung von Rechtshandlungen eines Schuldners im Insolvenzverfahren ist es, Gegenstände, die ein Schuldner aus seinem Vermögen weggegeben hat, der Gläubigergesamtheit wieder zu erschließen und sachlich ungerechtfertigte Vermögensverschiebungen, durch die das Schuldnervermögen verkürzt wurde, rückgängig zu machen. 1

BGH, Urt. v. 10.9.2015 – IX ZR 215/13, ZIP 2015, 2083 Rn. 27
= WM 2015, 1996,
dazu *Lau/Schlicht*, EWiR 2015, 775.

Mit der Eröffnung des Insolvenzverfahrens (§ 129 InsO) entsteht deshalb ein auf Rückgewähr des aus dem Schuldnervermögen weggegebenen Gegenstandes gerichtetes Schuldverhältnis zwischen den Anfechtungsberechtigten und dem Empfänger der anfechtbaren Leistung (§ 143 Abs. 1 InsO). 2

B. Die Grundnorm des § 129 InsO

I. Allgemeines

§ 129 Abs. 1 InsO umschreibt den **Anwendungsbereich** der Anfechtung innerhalb des Insolvenzverfahrens. Danach kann der Insolvenzverwalter Rechtshandlungen, die vor der Eröffnung des Insolvenzverfahrens vorgenommen worden sind und die Insolvenzgläubiger benachteiligen, nach Maßgabe der §§ 130–146 InsO anfechten. 3

Anfechtbar sind nicht eigentlich die Rechtshandlungen selbst – diese bleiben als solche unangetastet, da die Insolvenzanfechtung anders als etwa die Irrtumsanfechtung (§ 142 Abs. 1 BGB) keine dingliche Wirkung hat –, sondern ihre gläubigerbenachteiligenden **Wirkungen**. Dies hat der BGH wiederholt betont. 4

BGH, Urt. v. 16.3.1995 – IX ZR 72/94, ZIP 1995, 630 = NJW 1995, 1668 = WM 1995, 995,
dazu *Gerhardt*, EWiR 1995, 429;

BGH, Urt. v. 21.1.1999 – IX ZR 329/97, ZIP 1999, 406 = WM 1999, 456 = NZI 1999, 152 = ZInsO 1999, 165,
dazu *Kranemann*, EWiR 1999, 465;

BGH, Urt. v. 5.4.2001 – IX ZR 216/98, BGHZ 147, 233 = ZIP 2001, 885 = WM 2001, 1041 = NJW 2001, 1940 = NZI 2001, 357 = ZInsO 2001, 464,
dazu *Wagner*, EWiR 2001, 883;

BGH, Urt. v. 9.7.2009 – IX ZR 86/08, ZIP 2009, 1674 Rn. 29 = WM 2009, 1750 = NZI 2009, 644 = ZInsO 2009, 1585;

BGH, Urt. v. 26.1.2012 – IX ZR 99/11, ZIP 2012, 636 Rn. 11 = WM 2012, 517 = NZI 2012, 661,
dazu *M. Huber*, EWiR 2012, 229;

BGH, Urt. v. 13.2.2014 – IX ZR 133/13, ZIP 2014, 528 Rn. 10 = WM 2014, 516 = NZI 2014, 397,
dazu *Baumert*, EWiR 2014, 325;

BGH, Urt. v. 12.1.2017 – IX ZR 130/16, ZIP 2017, 489 Rn. 15 = WM 2017, 439 = NZI 2017, 352,
dazu *Loszynski*, EWiR 2017, 275.

Wann eine Rechtshandlung vorgenommen wurde, richtet sich nach § 140 InsO. 5
In § 129 Abs. 1 InsO wird ausdrücklich hervorgehoben, dass nur solche Rechtshandlungen anfechtbar sind, welche die Insolvenzgläubiger (§§ 38, 39 InsO) benachteiligen. Schließlich wird bestimmt, dass die Anfechtung durch den Insolvenzverwalter zu erfolgen hat. Allerdings wird diese Regel für die Eigenverwaltung und das Verbraucherinsolvenzverfahren durchbrochen. Gemäß § 280 InsO ist im ersten Fall der Sachwalter, gemäß § 313 Abs. 2 Satz 1 InsO im zweiten Fall grundsätzlich jeder Insolvenzgläubiger zur Anfechtung berechtigt, doch kann die Gläubigerversammlung den Treuhänder oder einen Gläubiger mit der Anfechtung beauftragen (§ 313 Abs. 2 Satz 3 InsO). Die Rechtshandlungen müssen grundsätzlich vor der Eröffnung des Insolvenz-

verfahrens vorgenommen worden sein. Nach Verfahrenseröffnung vorgenommene Rechtshandlungen sind in der Regel unwirksam (§§ 81, 82, 89 InsO); deshalb bedarf es insoweit einer Anfechtung nicht. Eine Ausnahme macht § 147 InsO für solche Rechtshandlungen, die wirksam sind, obwohl sie nach der Eröffnung des Insolvenzverfahrens vorgenommen wurden.

II. Rechtshandlung

1. Begriff

6 Unter dem weit auszulegenden Begriff der Rechtshandlung ist jedes von einem Willen getragene Verhalten zu verstehen, das eine rechtliche Wirkung auslöst und das Vermögen des Schuldners zum Nachteil der Insolvenzgläubiger verändern kann.

> st. Rspr. vgl. zuletzt
> BGH, Urt. v. 9.7.2009 – IX ZR 86/08, ZIP 2009, 1674 Rn. 21 = WM 2009, 1750 = NZI 2009, 644 = ZInsO 2009, 1585;
>
> BGH, Urt. v. 22.10.2009 – IX ZR 147/06, ZIOP 2010, 90 Rn. 14 = WM 2009, 2394 = ZInsO 2009, 2334;
>
> BGH, Urt. v. 15.12.2011 – IX ZR 118/11, ZIP 2012, 333 Rn. 8 = WM 2012, 276 = ZInsO 2012, 241;
>
> BGH, Urt. v. 4.7.2013 – IX ZR 229/12, BGHZ 198, 77 = ZIP 2013, 1629 = WM 2013, 1615 = NZI 2013, 804 Rn. 15, dazu *Plathner/Luttmann*, EWiR 2013, 657;
>
> BGH, Urt. v. 20.2.2014 – IX ZR 164/13, ZIP 2014, 584 = WM 2014, 572 Rn. 9 = NZI 2014, 321, dazu *Spliedt*, EWiR 2014, 215.

7 Dass die rechtliche Wirkung sofort eintritt, ist nicht erforderlich, so dass es genügt, dass sie in dem nach § 140 InsO maßgeblichen Zeitpunkt vorliegt.

> BGH, Urt. v. 22.10.2015 – IX ZR 248/14, ZIP 2015, 2328 Rn. 10 = WM 2015, 2251, dazu *Mohr*, EWiR 2016, 53.

8 Eine Rechtshandlung setzt nur ein verantwortungsgesteuertes, selbstbestimmtes, willensgeleitetes Handeln voraus.

> BGH, Urt. v. 10.2.2005 – IX ZR 211/02, BGHZ 162, 143 = ZIP 2005, 494 = ZVI 2005, 204 = WM 2005, 564 = NJW 2005, 1121 = NZI 2005, 215 = ZInsO 2005, 260, dazu *Eckardt*, EWiR 2005, 607.

9 Anfechtbar ist also auch jedes Geschäft, das – wie zum Beispiel eine Zession – zum Erwerb einer Gläubiger- oder Schuldnerstellung führt.

> BGH, Urt. v. 9.7.2009 – IX ZR 86/08, ZIP 2009, 1674 Rn. 22 = WM 2009, 1750 = NZI 2009, 644 = ZInsO 2009, 1585;
>
> BGH, Urt. v. 11.12.2008 – IX ZR 195/07, BGHZ 179, 137 = ZIP 2009, 186 Rn. 12 = WM 2009, 178 = NJW 2009, 363 = NZI 2009, 103 = ZInsO 2009, 185, dazu *Runkel/J.M. Schmidt*, EWiR 2009, 419;
>
> BGH, Urt. v. 24.6.2010 – IX ZR 97/09, NZI 2010, 903 Rn. 9.

a) Beispiele

Zu den Rechtshandlungen zählen neben Willenserklärungen wie z. B. Kündigungen 10

> BGH, Urt. v. 12.1.2017 – IX ZR 130/16, ZIP 2017, 489 Rn. 9 = WM 2017, 439 = NZI 2017, 352, dazu *Loszynski*, EWiR 2017, 275

und rechtsgeschäftsähnlichen Handlungen

> BGH, Urt. v. 15.10.1975 – VIII ZR 62/74, WM 1975, 1182

einschließlich der **Genehmigung von Lastschriftbuchungen** im Einzugsermächtigungsverfahren

> BGH, Urt. v. 30.9.2010 – IX ZR 177/07, WM 2010, 2319 = NZI 2010, 981 Rn. 10;
>
> BGH, Urt. v. 21.10.2010 – IX ZR 240/09, NZI 2011, 17 Rn. 7 = ZInsO 2010, 2293; vgl. ferner die zu Rn. 61 Genannten

auch **Realakte** wie Verwendungen auf eine fremde Sache oder einen Miteigentumsanteil

> BGH, Urt. v. 20.2.1980 – VIII ZR 48/79, ZIP 1980, 250 = NJW 1980, 1580 = WM 1980, 409,

das zu Steueransprüchen führende Erbringen von Lieferungen und Leistungen

> BGH, Urt. v. 22.10.2009 – IX ZR 147/06, ZIP 2010, 90 Rn. 14 = WM 2009, 2394 = ZInsO 2009, 2334

oder das Brauen von Bier, das die Biersteuer und die Sachhaftung des Bieres entstehen lässt

> BGH, Urt. v. 9.7.2009 – IX ZR 86/08, ZIP 2009, 1674 Rn. 21 ff = WM 2009, 1750 = NZI 2009, 644 = ZInsO 2009, 1585,

das zu einem Vermieterpfandrecht führende Einbringen von Sachen in die gemieteten Räume

> BGH, Urt. v. 14.12.2006 – IX ZR 201/03, BGHZ 170, 196 Rn. 10 = ZIP 2007, 191 = ZVI 2007, 72 = WM 2007, 370 = ZInsO 2007, 91, dazu *Gundlach/Frenzel*, EWiR 2007, 185

sowie Maßnahmen der Zwangsvollstreckung (vgl. § 141 InsO).

> BGH, Urt. v. 21.3.2000 – IX ZR 138/99, ZIP 2000, 898 = NZI 2000, 310 = WM 2000, 1071 = ZInsO 2000, 333, dazu *M. Huber*, EWiR 2000, 687.

Zu den Rechtshandlungen gehören nach § 129 Abs. 2 InsO auch **Unterlassungen**; dies aber nur, wenn das Unterlassen bewusst und willentlich geschieht. 11

BGH, Urt. v. 24.10.1996 – IX ZR 284/95, ZIP 1996, 2080 = WM 1996, 2250,
dazu *Gerhardt*, EWiR 1997, 33;

BGH, Urt. v. 3.2.2011 – IX ZR 213/09, ZIP 2011, 531 Rn. 8 ff = WM 2011, 501 = NZI 2011, 249 = ZInsO 2011, 574,
dazu *M. Huber*, EWiR 2011, 289;

BGH, Urt. v. 15.3.2012 – IX ZA 107/11, ZIP 2012, 833 Rn. 8 = WM 2012, 716 = NZI 2012, 415;

BGH, Urt. v. 16.1.2014 – IX ZR 31/12, ZIP 2014, 275 Rn. 12 = WM 2014, 272 = NZI 2014, 218,
dazu *Cranshaw*, EWiR 2014, 251.

12 Nötig ist das Bewusstsein, dass das Nichthandeln irgendwelche Rechtsfolgen haben wird. Auf eine konkrete Rechtsfolge brauchen sich die Vorstellungen des Schuldners nicht zu richten; sie müssen auch nicht rechtlich zutreffend sein. Anfechtbar ist es deshalb, wenn aus einer Situation, die naheliegenderweise materiell-rechtliche Ansprüche auslöst, bewusst keine Konsequenzen gezogen werden.

BGH, Urt. v. 22.12.2005 – IX ZR 190/02, BGHZ 165, 343 = ZIP 2006, 243 = NJW 2006, 908 = NZI 2006, 155 = WM 2006, 242 = ZInsO 2006, 151;

BGH, Urt. v. 16.1.2014 – IX ZR 31/12, ZIP 2014, 275 Rn. 12 = WM 2014, 272 = NZI 2014, 218.

13 Allerdings fehlt es an einer Rechtshandlung des Schuldners, wenn sein Vermögensverlust auf einem hoheitlichen Rechtsakt beruht. Deshalb kann eine Anfechtung nach §§ 133, 134 InsO grundsätzlich nicht darauf gestützt werden, dass der Gläubiger Befriedigung im Wege der **Zwangsvollstreckung** erworben hat (vgl. näher unten Rn. 641).

BGH, Urt. v. 29.6.2004 – IX ZR 258/02, BGHZ 159, 397 = ZIP 2004, 1619 = NJW 2004, 2900 = WM 2004, 1689,
dazu *Stickelbrock*, EWiR 2005, 53.

14 Etwas anderes gilt aber dann, wenn der Schuldner die Zwangsvollstreckung ermöglicht hat, etwa indem er in Erwartung des Vollstreckungsbeamten Geld in die Kasse legt, Geld auf ein gepfändetes Konto einzahlt oder sonst wie pfändbares Vermögen anbietet.

BGH, Urt. v. 3.2.2011 – IX ZR 213/09, ZIP 2011, 531 Rn. 11 ff = WM 2011, 501 = NZI 2011, 249 = ZInsO 2011, 574,
dazu *M. Huber*, EWiR 2011, 289;

BGH, Urt. v. 19.9.2013 – IX ZR 4/13, ZIP 2013, 2113 Rn. 9 f = DB 2013, 2496 = WM 2013, 2074,
dazu *Lau*, EWiR 2014, 153;

BGH, Urt. v. 21.11.2013 – IX ZR 128/13, ZIP 2014, 35 Rn. 10 = WM 2014, 44 = ZInsO 2014, 31.
dazu *Fehst*, EWiR 2014, 119.

15 Auf einem Unterlassen im anfechtungsrechtlichen Sinne und damit auf einer Rechtshandlung des Schuldners beruht der Erwerb im Wege der Zwangsvollstreckung nur dann, wenn der Gläubiger bei Vornahme der dem Schuldner möglichen und von ihm bewusst vermiedenen Rechtshandlung den zwangsweise erworbenen Vermögensgegenstand nicht erlangt hätte oder ihn vor Insolvenzeröffnung hätte zurückgewähren müssen. So verhält es sich beispielsweise, wenn dem Vollstreckungsbeamten der erforderliche richterliche Durchsuchungsbeschluss fehlt und der Schuldner es bewusst unterlässt, wegen dieses Umstands den Zutritt zur Wohnung zu verweigern oder (nicht von vornherein aussichtslose) Rechtsbehelfe einzulegen.

BGH, Urt. v. 3.2.2011 – IX ZR 213/09, ZIP 2011, 531 Rn. 7 ff = ZVI 2011, 220 = WM 2011, 501 = NZI 2011, 249 = ZInsO 2011, 574;

BGH, Urt. v. 16.1.2014 – IX ZR 31/12, ZIP 2014, 275 Rn. 15 = WM 2014, 272 = NZI 2014, 218.

Ohne diese **ursächliche Verbindung** zwischen der Unterlassung und der Gläubigerbenachteiligung fehlt es an einer Rechtshandlung des Schuldners. Deshalb stellt ein Unterlassen des Insolvenzantrags in der Absicht, den Beklagten zum Nachteil der übrigen Gläubiger zu begünstigen, keine Rechtshandlung des Schuldners dar, auf die eine Insolvenzanfechtung nach § 133 InsO gestützt werden könnte. 16

BGH, Urt. v. 10.2.2005 – IX ZR 211/02, BGHZ 162, 143 = ZIP 2005, 494 = ZVI 2005, 204 = NJW 2005, 1121 = NZI 2005, 215 = WM 2005, 564 = ZInsO 2005, 260, dazu *Eckardt*, EWiR 2005, 607.

Bei **mehreren Rechtshandlungen** ist grundsätzlich jede Handlung selbstständig auf ihre Anfechtbarkeit zu prüfen, auch wenn sie gleichzeitig vorgenommen wurden oder sich wirtschaftlich ergänzen. 17

BGH, Urt. v. 7.2.2002 – IX ZR 115/99, ZIP 2002, 489 = WM 2002, 561 = NJW 2002, 1574 = NZI 2002, 255 = ZInsO 2002, 276;

BGH, Urt. v. 2.6.2005 – IX ZR 263/03, ZIP 2005, 1521 = WM 2005, 1712 = ZInsO 2005, 884, dazu *Beutler/Weißenfels*, EWiR 2006, 21;

BGH, Urt. v. 20.7.2006 – IX ZR 226/03, ZIP 2006, 1639 = WM 2006, 1731 = NZI 2006, 583 = ZInsO 2006, 937;

BGH, Urt. v. 16.11.2007 – IX ZR 194/04, BGHZ 174, 228 = ZIP 2008, 125 Rn. 18 = WM 2008, 173 = NJW 2008, 655 = NZI 2008, 163 = ZInsO 2008, 106, dazu *Ch. Keller*, EWiR 2008, 211;

BGH, Beschl. v. 21.12.2010 – IX ZA 14/10, WM 2011, 276 Rn. 2;

BGH, Urt. v. 26.1.2012 – IX ZR 99/11, ZIP 2012, 636 Rn. 12 = WM 2012, 517 = NZI 2012, 661, dazu *M. Huber*, EWiR 2012, 229;

BGH, Urt. v. 22.10.2015 – IX ZR 248/14, ZIP 2015, 2328 Rn. 18, dazu *Mohr*, EWiR 2016, 53.

So sind Forderungspfändung und Zahlung zwei verschiedene Handlungen, 18

BGH, Urt. v. 21.3.2000 – IX ZR 138/99, ZIP 2000, 898 = WM 2000, 1071 = NZI 2000, 310 = ZInsO 2000, 333, dazu *M. Huber*, EWiR 2000, 687;

BGH, Urt. v. 20.3.2003 – IX ZR 166/02, ZIP 2003, 808
= WM 2003, 896 = NJW 2003, 2172 = ZInsO 2003, 372,
dazu *Hölzle*, EWiR 2003, 533,

ebenso Wechselbegebung und Wechselerfüllung.

BGH, Urt. v. 10.1.2008 – IX ZR 33/07, ZIP 2008, 467 Rn. 10
= WM 2008, 413 = NZI 2008, 233 = ZInsO 2008, 271,
dazu *Erdmann/Henkel*, EWiR 2008, 663.

b) Nichtige Rechtshandlungen

19 Auch nichtige Rechtshandlungen sind Rechtshandlungen i. S. d. § 129 InsO und können anfechtbar sein, wenn sie etwa durch Veränderungen der formellen Grundbuchlage oder Besitzübergang zu einer Erschwerung oder Gefährdung des Gläubigerzugriffs geführt haben.

BGH, Urt. v. 11.7.1996 – IX ZR 226/94, ZIP 1996, 1516
= WM 1996, 1649 = NJW 1996, 3147,
dazu *M. Huber*, EWiR 1996, 771;

BGH, Urt. v. 14.10.2010 – IX ZR 16/10, ZIP 2010, 2358 Rn. 10
= WM 2010, 2319 = NZI 2011, 189 = ZInsO 2010, 2295;

BGH, Urt. v. 22.10.2015 – IX ZR 248/14, ZIP 2015, 2328 Rn. 11
= WM 2015, 2251 = NZI 2016, 35,
dazu *Mohr*, EWiR 2016, 53.

20 Andernfalls wird es an einer Gläubigerbenachteiligung fehlen. Wird beispielsweise ein unwiderrufliches Bezugsrecht für eine Lebensversicherung eingeräumt und der Bezugsberechtigte nachträglich geändert, so ist das unwirksam und bewirkt keine Gläubigerbenachteiligung.

BGH, Urt. v. 22.10.2015 – IX ZR 248/14, ZIP 2015, 2328, Rn. 15
= WM 2015, 2251 = NZI 2016, 35,
dazu *Mohr*, EWiR 2016, 53.

c) Unanfechtbare Handlungen

21 Nach § 83 Abs. 1 Satz 1 InsO steht die **Annahme oder Ausschlagung einer** dem Schuldner angefallenen **Erbschaft** oder eines ihm angefallenen Vermächtnisses nur dem Schuldner zu. Aus dieser alleinigen persönlichen Entscheidungsmacht folgt, dass die Anfechtung der Ausschlagung einer Erbschaft oder eines Vermächtnisses nicht in Betracht kommt. Dies gilt auch, wenn die Ausschlagung in Gläubigerbenachteiligungsabsicht erfolgt.

BGH, Urt. v. 6.5.1997 – IX ZR 147/96, ZIP 1997, 1302 = WM 1997, 1407 = NJW 1997, 2384;
dazu *Gerhardt*, EWiR 1997, 683.

22 Das Gleiche gilt nach der soeben angeführten Entscheidung auch für den **Erbverzicht.** Auch der Verzicht auf einen bereits angefallenen Pflichtteilsanspruch vor Eintritt der Pfändungsvoraussetzungen des § 852 Abs. 1 ZPO unterliegt der Anfechtung nicht. Dies folgt daraus, dass der Pflichtteilsberech-

tigte bis dahin allein entscheiden kann, ob er den Pflichtteilsanspruch geltend machen will oder nicht. Schließlich ist nach der Wertung des § 83 InsO auch die Mitwirkung an der **Aufhebung oder Änderung eines Erbvertrages** als höchstpersönliche Rechtshandlung unanfechtbar.

> BGH, Urt. v. 20.12.2012 – IX ZR 56/12, ZIP 2013, 272 Rn. 5 ff = WM 2013, 229 = NJW 2013, 692 = NZI 2013, 137, dazu *Floeth*, EWiR 2013, 289.

23 Nicht anfechtbar sind ferner Handlungen, durch die der Schuldner **von einem ihm möglichen Erwerb absieht**, etwa ein günstiges Vertragsangebot nicht annimmt. Durch diese Handlungen wird das Vermögen des Schuldners nicht verringert; vielmehr verhindern sie nur dessen Vergrößerung.

> BGH, Urt. v. 2.4.2009 – IX ZR 236/07, ZIP 2009, 1080 = WM 2009, 1042 Rn. 15 = NZI 2009, 429 = ZInsO 2009, 1060, dazu *Brinkmann/Luttmann*, EWiR 2009, 549;
>
> BGH, Urt. v. 19.7.2018 – IX ZR 307/16, ZIP 2018, 1601 Rn. 15 = NZI 2018, 800 = WM 2018, 174, dazu *D. Eckhardt*, EWiR 2018, 529;
>
> BGH, Urt. v. 15.11.2018 – IX ZR 229/17, ZIP 2019, 233 Rn. 11 = NZI 2019, 333 = WM 2019, 213, dazu *H. Mordhorst*, EWiR 2019, 343.

24 Deshalb ist auch der Nichteinsatz der **Arbeitskraft** des Schuldners nicht anfechtbar.

> BGH, Urt. v. 27.11.1963 – VIII ZR 278/62, WM 1964, 114.

25 In der Entscheidung

> BGH, Urt. v. 25.3.1964 – VIII ZR 280/62, WM 1964, 505

hat der BGH die Unanfechtbarkeit des Verzichts der Witwe eines Landwirts auf das für ihre minderjährige Tochter ausgeübte Recht der **Verwaltung und Nutznießung an einem Hof** aus zwei Erwägungen für unanfechtbar gehalten: Das Recht, das Kindesvermögen zu nutzen, sei höchstpersönlich. Die Schuldnerin habe nach Belieben verfahren können, ohne für die Gläubiger eine Anfechtungsmöglichkeit auszulösen. Im Übrigen könne die Aufgabe der Möglichkeit, die Erträgnisse des Hofes zu erwerben, nicht anders beurteilt werden als das Unterlassen eines künftigen, noch nicht bis zur beschlagsfähigen Anwartschaft gediehenen Erwerbes durch den Schuldner.

26 Anfechtbar ist hingegen die Zahlung einer **Geldstrafe**. Auch strafrechtlich begründete Vermögensansprüche sind, wie sich u. a. aus §§ 39 Abs. 1 Nr. 3, 225 Abs. 3, 302 Nr. 2 InsO ergibt, in das Insolvenzverfahren einbezogen, so dass deren Erfüllung in der Krise anfechtbar ist.

> BGH, Urt. v. 14.10.2010 – IX ZR 16/10, ZIP 2010, 2358 Rn. 6 f = WM 2010, 2319 = NZI 2011, 189 = ZInsO 2010, 2295;
>
> BGH, Urt. v. 10.7.2014 – IX ZR 280/13, ZIP 2014, 1887 Rn. 10 = WM 2014, 1868 = NZI 2014, 863, dazu *Helfeld*, EWiR 2014, 753.

2. Handelnder

27 In bestimmten Vorschriften ist vorgesehen, dass nur Rechtshandlungen des Schuldners anfechtbar sind. Dies gilt für §§ 132 Abs. 1 und 2, 133 Abs. 1 Satz 1, 134 Abs. 1, 142 InsO. In solchen Fällen sind reine Gläubigerhandlungen, insbesondere Vollstreckungshandlungen des Gläubigers, an denen der Schuldner in keiner Weise beteiligt ist, unanfechtbar.

> BGH, Urt. v. 10.2.2005 – IX ZR 211/02, BGHZ 162, 143 = ZIP 2005, 494 = ZVI 2005, 204 = WM 2005, 564 = NJW 2005, 1121 = NZI 2005, 215 = ZInsO 2005, 260,
> dazu *Eckardt*, EWiR 2005, 607.

28 Fehlt es an einer solchen Beschränkung, sind auch Rechtshandlungen anderer Personen, namentlich eines Gläubigers, anfechtbar.

> BGH, Urt. v. 20.1.2000 – IX ZR 58/99, BGHZ 143, 332 = ZIP 2000, 364 = WM 2000, 431 = NJW 2000, 1117 = NZI 2000, 161 = ZInsO 2000, 153,
> dazu *Paulus*, EWiR 2000, 573.

a) Schuldner

29 Der Schuldner muss die Rechtshandlung nicht allein vornehmen. Es genügt, wenn er an der Handlung **beteiligt**, sein Verhalten also mitursächlich geworden ist.

> Vgl. BGH, Urt. v. 20.1.2000 – IX ZR 58/99, BGHZ 143, 332 = ZIP 2000, 364,
> dazu *Paulus*, EWiR 2000, 573;
>
> BGH, Urt. v. 27.5.2003 – IX ZR 169/02, BGHZ 155, 75 = ZIP 2003, 1506 = WM 2003, 1690 = NJW 2003, 3347 = NZI 2003, 533 = ZInsO 2003, 764,
> dazu *Hölzle*, EWiR 2003, 1097;
>
> BGH, Urt. v. 18.12.2003 – IX ZR 199/02, BGHZ 157, 242 = ZIP 2004, 319 = WM 2004, 299 = NJW 2004, 1385 = NZI 2004, 201 = ZInsO 2004, 145,
> dazu *Homann*, EWiR 2004, 865;
>
> BGH, Urt. v. 19.9.2015 – IX ZR 215/13, ZIP 2015, 2083 Rn. 13 = WM 2015, 1996,
> dazu *Lau/Schlicht*, EWiR 2015, 775.

30 Die Vollstreckungshandlung eines Gläubigers kann daher zugleich eine Rechtshandlung des Schuldners sein, wenn dieser die Voraussetzungen für die Vollstreckung mit geschaffen oder diese sonst wie gefördert hat (s. oben Rn. 13 ff).

> BGH, Urt. v. 25.11.1964 – VIII ZR 289/62, WM 1965, 14;
>
> BGH, Urt. v. 27.11.1974 – VIII ZR 21/73, WM 1975, 6.

31 Ist der Schuldner an einer **Gesamthand** beteiligt, bei welcher der eine Teilhaber nicht ohne den (die) anderen verfügen kann, so richtet sich die Anfechtung zwar allein gegen die Mitwirkung des Schuldners, hat aber zur Folge, dass die Wirkungen der Handlung insgesamt von der Anfechtung ergriffen

werden, weil die Handlung ohne die anfechtbare Mitwirkung des Schuldners nicht vorgenommen werden konnte.

BGH, Urt. v. 5.12.1991 – IX ZR 270/90, BGHZ 116, 222 = ZIP 1992, 109 = WM 1992, 366 = NJW 1992, 830, dazu *Henckel*, EWiR 1992, 307;

BGH, Urt. v. 5.12.1991 – IX ZR 271/90, ZIP 1992, 124 = WM 1992, 411 = NJW 1992, 634, dazu *Gerhardt*, EWiR 1992, 219.

Auch in der Zahlung mittels Lastschrift liegt wegen der notwendigen Mitwirkung des Schuldners, der eine **Einziehungsermächtigung** oder einen Abbuchungsauftrag erteilt haben muss, eine Rechtshandlung des Schuldners. 32

BGH, Urt. v. 19.12.2002 – IX ZR 377/99, ZIP 2003, 488 = WM 2003, 524 = NZI 2003, 253 = ZInsO 2003, 324, dazu *Gerhardt*, EWiR 2003, 427.

Die Befriedigung eines Gläubigers durch Kontokorrentverrechnung beruht ebenfalls auf einer Rechtshandlung des Schuldners, weil dieser die Kontokorrentabrede geschlossen hat. 33

BGH, Urt. v. 20.2.2014 – IX ZR 164/13, ZIP 2014, 584 Rn. 9 = WM 2014, 572 = NZI 2014, 321, dazu *Spliedt*, EWiR 2014, 215.

Zur Mitwirkung durch Genehmigung einer Lastschrift s. Rn. 62; zu weiteren Einzelheiten Rn. 639 ff. 34

b) Mittelbare Zuwendungen

Als solche werden im Allgemeinen Rechtshandlungen des Schuldners bezeichnet, durch welche unmittelbare Leistungen des Schuldners an einen Gläubiger durch das Einschalten eines Dritten umgangen werden. 35

BGH, Urt. v. 19.3.1980 – VIII ZR 195/79, ZIP 1980, 346 = WM 1980, 589 = NJW 1980, 1795;

BGH, Urt. v. 15.12.1994 – IX ZR 18/94, ZIP 1995, 297 = WM 1995, 503 = NJW 1995, 1093, dazu *Johlke*, EWiR 1995, 281;

BGH, Urt. v. 19.3.1998 – IX ZR 22/97, ZIP 1998, 793 = WM 1998, 968 = NJW 1996, 2592 = ZInsO 1996, 89 (insoweit in BGHZ 138, 291 nicht abgedruckt), dazu *Eckardt*, EWiR 1998, 699;

BGH, Urt. v. 16.9.1999 – IX ZR 204/98, BGHZ 142, 284 = ZIP 1999, 1764 = WM 1999, 2179 = NJW 1999, 3636 = NZI 1999, 448 = ZInsO 1999, 640;

BGH, Urt. v. 3.4.2012 – XI ZR 39/11, ZIP 2012, 1018 Rn. 38 = WM 2012, 933 = NZI 2012, 506, dazu *Hiebert*, EWiR 2012, 379;

vgl. auch BAG, Urt. v. 21.11.2013 – 6 AZR 159/12, ZIP 2014, 233 Rn. 12 = DB 2014, 249 = NZI 2014, 276, dazu *Würdinger*, EWiR 2014, 187.

36 Anfechtungsrechtlich ist dies grundsätzlich so anzusehen, als habe der Dritte an den Schuldner und dieser an den Gläubiger geleistet, sofern der Gläubiger erkennen konnte, dass eine mittelbare Zuwendung seines Schuldners vorliegt.

> BGH, Urt. v. 9.10.2008 – IX ZR 59/07, ZIP 2008, 2183 Rn. 21 = WM 2008, 2178 = NJW 2008, 3780 = NZI 2008, 733 = ZInsO 2008, 1202, dazu *Koza*, EWiR 2008, 755;
>
> BGH, Urt. v. 19.2.2009 – IX ZR 16/08, ZIP 2009, 769 Rn. 7 f = WM 2009, 809 = NZI 2009, 381 = ZInsO 2009, 768;
>
> BGH, Urt. v. 19.3.2009 – IX ZR 39/08, ZIP 2009, 817 Rn. 8 = WM 2009, 812 = NZI 2009, 379 = ZInsO 2009, 828;
>
> BGH, Urt. v. 17.3.2011 – IX ZR 166/08, ZIP 2011, 824 Rn. 10 = WM 2011, 803 = NZI 2011, 400 = ZInsO 2011, 762, dazu *M. Hofmann*, EWiR 2011, 431;
>
> BGH, Urt. 26.4.2012 – IX ZR 74/11, BGHZ 193, 129 = ZIP 2012, 1038 Rn. 9 = WM 2012, 999 = NJW 2012, 1959 = NZI 2012, 453 = ZInsO 2012, 924, dazu *Jacoby*, EWiR 2012, 391;
>
> BAG, Urt. v. 21.11.2013 – 6 AZR 159/12, ZIP 2014, 233 Rn. 13 = DB 2014, 249 = NZI 2014, 276;
>
> BGH, Urt. v. 3.4.2014 – IX ZR 201/13, ZIP 2014, 1032 Rn. 26 = WM 2014, 1009;
>
> BGH, Urt. v. 17.12.2015 – IX ZR 287/14, ZIP 2016, 279 Rn. 10 = WM 2016, 282 = NZI 2016, 311, dazu *Bork*, EWiR 2016, 113;
>
> BGH, Urt. v. 28.1.2016 – IX ZR 185/13, ZIP 2016, 426 Rn. 11 = WM 2016, 427 = NZI 2016, 363, dazu *Haneke*, EWiR 2016, 243.

37 Auch bei einer Zuwendung der Ansprüche aus einer **Kapitallebensversicherung** an einen Dritten handelt es sich um eine mittelbare Zuwendung mit der Folge, dass – je nach den Voraussetzungen der Anfechtungsgründe – entweder die im Anfechtungszeitraum infolge der geleisteten Versicherungsprämien bewirkte Wertsteigerung zurück zu gewähren ist oder aber die gesamte Versicherungssumme, und zwar auch dann, wenn die Zuwendung bereits bei Abschluss des Versicherungsvertrages erfolgte.

> BGH, Urt. v. 23.10.2003 – IX ZR 252/01, BGHZ 156, 350 = ZIP 2003, 2307 = WM 2003, 2479 = NZI 2004, 78 = ZInsO 2003, 1096, dazu *Neußner*, EWiR 2004, 1099;
>
> BGH, Urt. v. 20.12.2012 – IX ZR 21/12, ZIP 2013, 223 Rn. 14 ff = WM 2013, 215 = NZI 2013, 258 = ZInsO 2013, 240, dazu *Henkel*, EWiR 2013, 247;
>
> BGH, Urt. v. 22.10.2015 – IX ZR 248/14, ZIP 2015, 2328 Rn. 22 = WM 2015, 2251 = NZI 2016, 35, dazu *Mohr*, EWiR 2016, 53.

Besondere Probleme treten auf, wenn der spätere Insolvenzschuldner Sicherungsgut auf einen **Sicherungstreuhänder** überträgt, der das Sicherungsgut dann für mehrere begünstigte Gläubiger hält (Doppeltreuhand). Handelt es sich bei dem Treugut beispielsweise um eine Sicherungsgrundschuld, so bezweckt die vertragliche Ausgestaltung in der Regel, eine Fülle von Sicherungsgrundschulden zugunsten der Lieferanten zu vermeiden. Stattdessen gewährt der Unternehmer U durch die Sicherungsabrede mit seinen Lieferanten diesen die Möglichkeit, sich im Sicherungsfall aus dem einem Treuhänder übertragenen Grundvermögen zu befriedigen. Der Treuhänder T ist danach verpflichtet, den Lieferanten im Sicherungsfall Zahlung aus den Grundschulden zu leisten. Diese Verpflichtung resultiert aus einem Vertrag zugunsten Dritter, den der Unternehmer mit dem Treuhänder geschlossen hat und der den Lieferanten als sog. echter Vertrag zugunsten Dritter ein eigenes Leistungsforderungsrecht einräumt. 38

Der Erwerb dieses Forderungsrechts kommt also ggf. als anfechtbarer Vermögenswert in Betracht. Die Anfechtung richtet sich dann gegen die Sicherungsvereinbarung in Verbindung mit dem Treuhandvertrag. 39

Zu derartigen Fallgestaltungen hat schon das Reichsgericht 40

RGZ 117, 143, 149

zutreffend hervorgehoben, dass dadurch ein ähnlicher wirtschaftlicher Erfolg erstrebt werde wie bei einer unmittelbaren grundpfandrechtlichen Sicherung der Gläubiger. Demgemäß spricht der BGH

BGH, Urt. v. 10.2.1971 – VIII ZR 182/69, BGHZ 55, 307 = WM 1971, 378 = NJW 1971, 1702

für derartige Fallgestaltungen von einer „mittelbaren Zuwendung aus dem Vermögen des späteren Gemeinschuldners an den Kläger", d. h. an den Gläubiger = Lieferanten. Aus der maßgeblichen wirtschaftlichen Betrachtungsweise

vgl. BGH, Urt. v. 14.6.1978 – VIII ZR 149/77, BGHZ 72, 39 = WM 1978, 988 = NJW 1978, 1921

folgt, dass es für die Anfechtung dieser mittelbaren Zuwendung entscheidend auf die gesicherten Lieferanten und nicht auf den Treuhänder ankommt. Da mit der Anfechtung, wirtschaftlich betrachtet, die Sicherung dieser Lieferanten angegriffen werden soll, sind auch nur diese Anfechtungsgegner,

ggf. aber Bargeschäft, vgl. *Bork*, ZIP 2003, 1421, 1424 sub 3.2: Sachkredit und unmittelbar im Gegenzug Sicherheit.

Demgegenüber steht und fällt die Position des Treuhänders mit der Erreichbarkeit des Treuhandzweckes. Gelingt dem Insolvenzverwalter die Anfechtung der Lieferantenrechte aus den Sicherungsvereinbarungen und Treuhandverträgen, so wird der Treuhandvertrag gegenstandslos. Er erlischt, weil sein Zweck nicht mehr erreicht werden kann. Die Treuhand diente zur Siche- 41 rung, ggf. zur Befriedigung der Gläubiger des Treugebers; dieses Ziel ist nicht mehr zu erreichen. Der Rückgewähranspruch hinsichtlich des Treuguts lässt sich dann entweder vertraglich oder bereicherungsrechtlich als Abwicklungspflicht begründen. Der Inhalt des Herausgabeanspruchs gegen den Treuhänder richtet sich wahlweise auf Übereignung, Verzicht oder Aufhebung; insoweit ist auf die Grundsätze zurückzugreifen, die sich für die „Rückgewähr" von Sicherungsgrundschulden durchgesetzt haben.

42 Im Übrigen gilt für die eigene Haftung des Treuhänders folgende Besonderheit:

> Vgl. BGH, Urt. v. 9.12.1993 – IX ZR 100/93, BGHZ 124, 298 = ZIP 1994, 218 = WM 1994, 459 = NJW 1994, 726, dazu *Canaris*, EWiR 1994, 319.

43 Entscheidend für den Umfang der Rückgewähr- wie der Wertersatzverpflichtung ist grundsätzlich, was aus dem Vermögen des Schuldners weggegeben wurde, nicht, was in das Vermögen des Anfechtungsgegners gelangt oder dort noch vorhanden ist; eine Entreicherung des Anfechtungsgegners ist nur in dem Sonderfall der Schenkung an einen Gutgläubigen von Belang (§ 143 Abs. 2 InsO). Für die Anfechtung gegen einen Treuhänder kann dies jedoch nur gelten, wenn dieser das anfechtbar erlangte Treugut nicht auf den Schuldner oder auf dessen Geheiß an einen Dritten (zurück-)übertragen, sondern veräußert, verbraucht oder sonst zum eigenen Vorteil verwertet hat. Denn die Verpflichtung zur Rückgewähr setzt voraus, dass das Anfechtungsgut nicht nur formell, sondern auch wirtschaftlich aus dem Vermögen des Schuldners ausgeschieden und in das des Anfechtungsgegners übergegangen ist. Der Senat erkennt die Gefahr, dass ein Treuhandkonto auf diese Weise zur Vereitelung der Zwangsvollstreckung missbraucht werden kann, meint jedoch, der Gläubiger sei in einem solchen Fall durch den Schadensersatzanspruch aus §§ 823 Abs. 2 (i. V. m. §§ 288, 27 StGB), 826 BGB hinreichend geschützt.

c) Rechtsvorgänger

44 Rechtshandlungen des Einzel-Rechtsvorgängers eines Schuldners sind in der Insolvenz des Schuldners grundsätzlich nicht anfechtbar.

> BGH, Urt. v. 22.6.1955 – IV ZR 306/54, WM 1955, 1195.

45 Anders verhält es sich bei einer Gesamtrechtsnachfolge. So kann es bei der Verschmelzung mehrerer Gesellschaften sein, wenn der Rechtsvorgänger von dem Rechtsnachfolger übernommen wird und erlischt. In der Insolvenz des Rechtsnachfolgers können vom Insolvenzverwalter auch Rechtshandlungen der erloschenen Gesellschaft angefochten werden, wenn noch nicht befriedigte Gläubiger dieser Gesellschaft vorhanden sind. Vermögenswerte, die so zur Masse des Rechtsnachfolgers gelangen, sind in Form einer Sondermasse auf diese Gläubiger zu verteilen.

> BGH, Urt. v. 10.5.1978 – VIII ZR 32/77, BGHZ 71, 296 = NJW 1978, 1525.

d) Vorläufiger Insolvenzverwalter

Rechtshandlungen eines vorläufigen Insolvenzverwalters ohne begleitendes Verfügungsverbot (§ 21 Abs. 2 Nr. 2 Fall 1, § 22 Abs. 1 InsO), mithin eines sog. **schwachen vorläufigen Insolvenzverwalters**, sind grundsätzlich anfechtbar. Das folgt schon daraus, dass hier regelmäßig der Schuldner handelt und der schwache vorläufige Insolvenzverwalter nur zustimmt, gilt aber auch dann, wenn der vorläufige Insolvenzverwalter handelt und der Schuldner zustimmt oder wenn der vorläufige Verwalter als Stellvertreter für den Schuldner agiert. 46

> BGH, Urt. v. 13.3.2003 – IX ZR 64/02, BGHZ 154, 190 = ZIP 2003, 810 = WM 2003, 893 = NJW 2003, 1865 = NZI 2003, 315 = ZInsO 2003, 417, dazu *Huber*, EWiR 2003, 719;
>
> BGH, Urt. v. 9.7.2009 – IX ZR 86/08, ZIP 2009, 1674 Rn. 13 = WM 2009, 1750 = NZI 2009, 644 = ZInsO 2009, 1585;
>
> BGH, Urt. v. 30.9.2010 – IX ZR 177/07, WM 2010, 2319 = NZI 2010, 981 Rn. 10;
>
> BGH, Urt. v. 21.10.2010 – IX ZR 240/09, ZInsO 2010, 2293 Rn. 11;
>
> BGH, Urt. v. 15.12.2011 – IX ZR 118/11, ZIP 2012, 333 Rn. 8 = WM 2012, 276 = NZI 2012, 135 = ZInsO 2012, 241;
>
> BGH, Urt. v. 10.1.2013 – IX ZR 161/11, ZIP 2013, 528 Rn. 17 = WM 2013, 510 = NZI 2013, 298, dazu *Freudenberg/Wolf*, EWiR 2013, 389;
>
> BGH, Urt. v. 20.2.2014 – IX ZR 164/13, ZIP 2014, 584 Rn. 11 = WM 2014, 572 = NZI 2014, 321, dazu *Spliedt*, EWiR 2014, 215.

Demgegenüber sind Rechtshandlungen des sog. starken vorläufigen Insolvenzverwalters, auf den die Verwaltungs- und Verfügungsbefugnis über das Vermögen des Schuldners übergegangen ist und der Masseverbindlichkeiten begründen kann (§ 55 Abs. 2 InsO), nicht anfechtbar, soweit er als Organ der Insolvenzmasse Masseverbindlichkeiten begründet, besichert oder tilgt. 47

> BGH, Urt. v. 20.2.2014 – IX ZR 164/13, ZIP 2014, 584 Rn. 11 = WM 2014, 572 = NZI 2014, 321.

Dasselbe gilt für Rechtshandlungen des vorläufigen Insolvenzverwalters ohne begleitendes allgemeines Verfügungsverbot, wenn ein solcher Verwalter ausnahmsweise (mit Zustimmung des Insolvenzgerichts) eine Masseverbindlichkeit zu begründen vermag oder sonst wie durch gerichtliche Einzelermächtigung einem starken vorläufigen Insolvenzverwalter gleichgestellt ist. 48

> BGH, Urt. v. 20.2.2014 – IX ZR 164/13, ZIP 2014, 584 Rn. 11 = WM 2014, 572 = NZI 2014, 321.

Hat der vorläufige Insolvenzverwalter hingegen einer Tilgung von Altverbindlichkeiten zugestimmt, so ist die Anfechtung nur ausgeschlossen, wenn der vorläufige Verwalter durch sein Handeln einen schutzwürdigen **Vertrau-** 49

enstatbestand beim Empfänger begründet hat und dieser infolgedessen nach Treu und Glauben (§ 242 BGB) damit rechnen durfte, ein nicht mehr entziehbares Recht errungen zu haben. Das trifft nur zu, wenn der Leistungsempfänger auf die Rechtsbeständigkeit des Verhaltens des vorläufigen Insolvenzverwalters tatsächlich vertraut hat und dieses Vertrauen schutzwürdig ist. Nach heute gefestigter Rechtsprechung schafft der mit Zustimmungsvorbehalt ausgestattete vorläufige Insolvenzverwalter für den Gläubiger grundsätzlich einen anfechtungsfesten Vertrauenstatbestand, wenn er der Erfüllung einer Altverbindlichkeit zustimmt, die auf einer vertraglichen Vereinbarung beruht, welche den Gläubiger zugleich verpflichtet, neue Leistungen an das Schuldnerunternehmen zu erbringen.

> BGH, Urt. v. 9.12.2004 – IX ZR 108/04, BGHZ 161, 315 = ZIP 2005, 314, 316 f, dazu *Marotzke*, EWiR 2005, 511;
>
> BGH, Urt. v. 15.12.2005 – IX ZR 156/04, BGHZ 165, 283 = ZIP 2006, 431 = WM 2006, 537 = NJW 2006, 1134 = NZI 2006, 227 = ZInsO 2006, 208; dazu *Homann*, EWiR 2006, 349;
>
> BGH, Urt. v. 10.1.2013 – IX ZR 161/11, ZIP 2013, 528 Rn. 18 = WM 2013, 510 = NZI 2013, 298.

50 Hat der vorläufige Insolvenzverwalter den gegen die Zustimmung zunächst erklärten Widerstand aufgegeben, weil dies infolge der Marktmacht des Gläubigers zur Fortführung des Unternehmens erforderlich war, so ist er nach Verfahrenseröffnung nicht gehindert, die Tilgung der Altverbindlichkeiten anzufechten.

> BGH, Urt. v. 15.12.2005 – IX ZR 156/04, BGHZ 165, 283 = ZIP 2006, 431 = WM 2006, 537 = NJW 2006, 1134 = NZI 2006, 227 = ZInsO 2006, 208;
>
> zur Abgrenzung BGH, Urt. v. 10.1.2013 – IX ZR 161/11, ZIP 2013, 528 Rn. 20 ff = WM 2013, 510 = NZI 2013, 298.

51 Das vorstehend Ausgeführte gilt auch dann, wenn ein starker oder mit Einzelermächtigung versehener vorläufiger Insolvenzverwalter handelt. Auch hier kommt ein Vertrauensschutz nur unter den soeben dargelegten Voraussetzungen in Betracht.

> BGH, Urt. v. 20.2.2014 – IX ZR 164/13, ZIP 2014, 584 Rn. 12 = WM 2014, 572 = NZI 2014, 321, dazu *Spliedt*, EWiR 2014, 215.

52 Der Insolvenzverwalter hat die Umstände darzulegen und zu beweisen, die ihn berechtigen, trotz Zustimmung des vorläufigen Verwalters die Befriedigung einer Altforderung anzufechten, obwohl sie auf einer Vereinbarung beruht, die den Gläubiger zu neuen Leistungen an das Schuldnerunternehmen verpflichtet hat.

> BGH, Urt. v. 15.12.2005 – IX ZR 156/04, BGHZ 165, 283 = ZIP 2006, 431.

Hat der Gläubiger für die Bezahlung von Altforderungen auf Aus- oder Absonderungsrechte verzichtet, fehlt es an einem mit dem Gläubigergleichbehandlungsgrundsatz nicht zu vereinbarenden Sondervorteil, es sei denn, der Wert dieser Rechte ist offenkundig weitaus geringer als die befriedigte Altforderung. 53

BGH, Urt. v. 15.12.2005 – IX ZR 156/04, BGHZ 165, 283
= ZIP 2006, 431.

3. Zeitpunkt der Vornahme einer Rechtshandlung (§ 140 InsO)

Die Bestimmung des Zeitpunkts der Vornahme einer Rechtshandlung regelt § 140 InsO. Nach Absatz 1 dieser Bestimmung kommt es auf den Zeitpunkt an, in dem die rechtlichen Wirkungen der Handlung eintreten. Die Norm bringt den Rechtsgedanken zum Ausdruck, dass der Zeitpunkt entscheiden soll, in dem durch die Handlung eine Rechtsposition begründet worden ist, die bei Eröffnung des Insolvenzverfahrens ohne die Anfechtung beachtet werden müsste. Bei bedingten oder befristeten Rechtshandlungen bleibt demzufolge der Eintritt der Bedingung oder des Termins außer Betracht (§ 140 Abs. 3 InsO). 54

a) Einaktige Rechtshandlungen

Bei mehreren Rechtshandlungen ist grundsätzlich jede Handlung auf ihre Anfechtbarkeit zu prüfen. 55

BGH, Urt. v. 19.7.2018 – IX ZR 307/16, ZIP 2018, 1601 Rn. 12
= NZI 2018, 800 = WM 2018, 174,
dazu *D. Eckhardt*, EWiR 2018, 529.

Grund- und Erfüllungsgeschäft sind auch anfechtungsrechtlich selbstständige Rechtshandlungen. 56

BGH, Urt. v. 24.5.2007 – IX ZR 105/05, ZIP 2007, 1274 Rn. 27
= WM 2007, 1221 = NZI 2007, 452 = ZInsO 2007, 658,
dazu *Homann*, EWiR 2007, 667;

BGH, Urt. v. 15.11.2018 – IX ZR 229/17, ZIP 2019, 233 Rn. 9
= NZI 2019, 333 = WM 2019, 213,
dazu *H. Mordhorst*, EWiR 2019, 343;

BGH, Urt. v. 6.12.2018 – IX ZR 143/17, BGHZ 220, 280 Rn. 13.

Nach § 140 Abs. 1 InsO gilt eine Rechtshandlung als in dem Zeitpunkt vorgenommen, in dem ihre **rechtlichen Wirkungen** eintreten. Dies ist der Zeitpunkt, in dem die gesamten Erfordernisse vorliegen, an welche die Rechtsordnung die Entstehung, Aufhebung oder Veränderung eines Rechtsverhältnisses knüpft, mithin die Rechtshandlung die Gläubigerbenachteiligung bewirkt. Nach den Gesetzesmaterialien ist gemeinsamer Grundgedanke der Regelung der verschiedenen Absätze des § 140 InsO, dass der Zeitpunkt entscheidet, in dem durch die Rechtshandlung eine Rechtsposition begründet 57 worden ist, die im Falle der Eröffnung des Insolvenzverfahrens beachtet werden müsste (vgl. BT-Drucks. 12/2443 S. 166).

> BGH, Urt. v. 23.3.2006 – IX ZR 116/03, BGHZ 167, 11 Rn. 13 = ZIP 2006, 916 = WM 2006, 921 = NJW 2006, 1870 = NZI 2006, 397 = ZInsO 2006, 553,
> dazu *Eckardt*, EWiR 2006, 537;
>
> BGH, Urt. v. 9.7.2009 – IX ZR 86/08, ZIP 2009, 1674 Rn. 34 = WM 2009, 1750 = NZI 2009, 644 = ZInsO 2009, 1585.

58 Eine **Forderungspfändung** ist grundsätzlich zu dem Zeitpunkt vorgenommen, in dem der Pfändungsbeschluss dem Drittschuldner zugestellt wird, weil damit ihre rechtlichen Wirkungen eintreten (§ 829 Abs. 3 ZPO, § 309 Abs. 2 Satz 1 AO). Soweit sich die Pfändung jedoch auf eine künftige Forderung bezieht, wird ein Pfandrecht erst mit deren Entstehung begründet (ohne Pfandobjekt kein Pfandrecht), so dass auch anfechtungsrechtlich auf diesen Zeitpunkt abzustellen ist.

> BGH, Urt. v. 22.1.2004 – IX ZR 39/03, BGHZ 157, 350 = ZIP 2004, 513 = ZVI 2004, 188 = WM 2004, 517 = NJW 2004, 1444 = NZI 2004, 206 = ZInsO 2004, 270;
>
> BGH, Beschl. v. 3.12.2015 – IX ZR 131/15, ZIP 2016, 124 Rn. 3 = WM 2016, 135 = NZI 2016, 225.

59 Die **Pfändungsankündigung** nach § 845 Abs. 1 ZPO bedarf zu ihrer Wirksamkeit, dass innerhalb eines Monats die Pfändung der Forderung bewirkt wird (§ 845 Abs. 2 ZPO). Ohne die nachfolgende Pfändung kann kein Pfandrecht entstehen, welches den Gläubiger zur abgesonderten Befriedigung nach § 50 Abs. 1 InsO berechtigt. Damit das Pfändungspfandrecht insolvenzfest ist, müssen alle dafür notwendigen Voraussetzungen schon eingetreten sein, bevor der (durch die Begrenzung auf drei Monate gewährte) Schutz des § 131 InsO einsetzt. Nach einer Vorpfändung ist dies erst der Fall, sobald die Hauptpfändung wirksam geworden ist.

> BGH, Urt. v. 23.3.2006 – IX ZR 116/03, BGHZ 167, 11 Rn. 13 = ZIP 2006, 916 = WM 2006, 921 = NJW 2006, 1870.

60 Die Rechtshandlung der Pfändung der Ansprüche des Schuldners gegen das Kreditinstitut aus einem vereinbarten **Dispositionskredit** („offene Kreditlinie") gilt als vorgenommen, sobald und soweit der Schuldner den ihm zur Verfügung stehenden Kreditbetrag abgerufen hat. Vor dem Abruf des Kontoinhabers ist kein Anspruch auf Auszahlung gegen die Bank vorhanden, der einem Abtretungs- oder Pfändungsgläubiger das Recht geben könnte, sich ohne Mitwirkung des Kontoinhabers Kreditmittel auszahlen zu lassen. Ob ein entsprechender Anspruch begründet wird, hängt allein von der persönlichen Entscheidung des Schuldners als Kunde des Kreditinstituts ab. Diese Befugnis kann der Gläubiger nicht durch Pfändung des Abrufrechts auf sich übertragen und den Schuldner so zur Begründung einer neuen Verbindlichkeit zwingen. Solange der Schuldner jedoch keine Verfügung über den ihm

eingeräumten Kredit vornimmt, hat die Pfändung für den Gläubiger keinen realisierbaren Wert.

BGH, Urt. v. 22.1.2004 – IX ZR 39/03, BGHZ 157, 350 = ZIP 2004, 513 = ZVI 2004, 188;

BGH, Urt. v. 9.6.2011 – IX ZR 179/08, ZIP 2011, 1324 Rn. 11 ff = ZVI 2011, 455 = WM 2011, 1343 = ZInsO 2011, 1350.

Beim **Abbuchungsauftragsverfahren** ist dem Gläubiger der ihm von seiner Bank zunächst unter Vorbehalt des Eingangs vorläufig gutgeschriebene Einzugsbetrag erst mit wirksamer Einlösung der Lastschrift durch die Zahlstelle vom Schuldner endgültig zugewandt. **61**

BGH, Urt. v. 17.1.2013 – IX ZR 184/10, ZIP 2013, 322 Rn. 8 = WM 2013, 315 = NZI 2013, 182, dazu *Mordhorst*, EWiR 2013, 357.

Beim **Einzugsermächtigungsverfahren** hat der Schuldner die Möglichkeit, der Lastschrift zu widersprechen, solange er sie nicht ausdrücklich oder konkludent, etwa durch ein rechtsgeschäftlich bedeutsames Schweigen auf einen Rechnungsabschluss im Kontokorrent, genehmigt hat. Für die Anfechtung kommt es auf den Zeitpunkt der Genehmigung an, weil eine Verkürzung des Schuldnervermögens noch nicht unvermeidlich eingetreten ist, solange eine im Einzugsermächtigungsverfahren erfolgte Lastschrift noch widerrufen werden kann. **62**

BGH, Urt. v. 19.12.2002 – IX ZR 377/99, ZIP 2003, 488 = WM 2003, 524 = NZI 2003, 253 = ZInsO 2003, 324, dazu *Gerhardt*, EWiR 2003, 427;

BGH, Urt. v. 29.5.2008 – IX ZR 42/07, ZIP 2008, 1241 Rn. 13 = WM 2008, 1327 = NZI 2008, 482 = ZInsO 2008, 749;

BGH, Urt. v. 30.9.2010 – IX ZR 177/07, WM 2010, 2319 = NZI 2010, 981 Rn. 11;

BGH, Urt. v. 30.9.2010 – IX ZR 178/09, ZIP 2010, 2105 Rn. 21 = ZVI 2010, 471 = WM 2010, 2023 = NZI 2010, 938, dazu *Jungmann*, EWiR 2010, 717;

BGH, Urt. v. 21.10.2010 – IX ZR 240/09, NZI 2011, 17 Rn. 7 ff = ZInsO 2010, 2293;

BGH, Urt. v. 29.9.2011 – IX ZR 202/10, WM 2012, 85 Rn. 9 f = NZI 2012, 137 = ZInsO 2012, 136;

BGH, Urt. v. 1.12.2011 – IX ZR 58/11, ZIP 2012, 167 Rn. 7 = WM 2012, 160 = NZI 2012, 190 = ZInsO 2012, 135, dazu *N. Michel*, EWiR 2012, 139;

BGH, Urt. v. 12.1.2012 – IX ZR 95/11 = ZIP 2012, 285 Rn. 8 = WM 2012, 279;

BGH, Urt. v. 19.1.2012 – IX ZR 2/11, ZIP 2012, 280 Rn. 23 = WM 2012, 326 = NZI 2012, 177 = ZInsO 2012, 264, dazu *Bork*, EWiR 2012, 149.

Maßgeblicher Zeitpunkt für die Zahlung mittels **Scheck** ist der Zeitpunkt der Scheckeinlösung durch die bezogene Bank. Für den **Wechsel** ist ebenfalls **63** entscheidend, wann er zu Lasten des Schuldners eingelöst wurde. Da der Wechsel erfüllungshalber akzeptiert wird, tritt die Erfüllungswirkung gemäß § 362 Abs. 1 BGB erst mit Erfüllung der Wechselschuld ein. Das ist der Tag, an dem der Wechsel fällig und von dem Schuldner über seine Bank bezahlt wurde.

> BGH, Urt. v. 21.6.2007 – IX ZR 231/04, ZIP 2007, 1469 Rn. 24, 25 = WM 2007, 1616 = NZI 2007, 517 = ZInsO 2007, 816.

64 Eine die Gläubiger benachteiligende **Treuhandvereinbarung** gilt als in dem Zeitpunkt vorgenommen, in dem Treugut entsteht. Bei Einrichtung eines Anderkontos ist die Zahlung auf das Konto ausschlaggebend.

> BGH, Urt. v. 24.5.2007 – IX ZR 105/05, ZIP 2007, 1274 Rn. 28 = WM 2007, 1221 = NZI 2007, 452 = ZInsO 2007, 658, dazu *Homann*, EWiR 2007, 667.

b) Mehraktige Rechtshandlungen

65 Eine aus mehreren Teilakten bestehende Rechtshandlung wie die Übereignung gilt erst als vorgenommen, wenn der **letzte zur Wirksamkeit erforderliche Teilakt** erfolgt ist (BT-Drucks. 12/2443 S. 166). Fällt dieser in die Anfechtungsfrist, unterliegt die Rechtshandlung insgesamt der Anfechtung. Bei einer mehraktigen Rechtshandlung kommt es auf deren Vollendung, also auf den letzten zur Erfüllung des Tatbestandes erforderlichen Teilakt an. Davon zu unterscheiden sind freilich mehrere Teilzahlungen, die jede für sich zeitlich zu bestimmen sind.

> BGH, Urt. v. 19.7.2018 – IX ZR 307/16, ZIP 2018, 1601 Rn. 12 = NZI 2018, 800 = WM 2018, 174, dazu *D. Eckhardt*, EWiR 2018, 529.

66 In den Fällen der Vorausabtretung einer **künftigen Forderung**, deren Verpfändung oder Pfändung ist auf den Zeitpunkt abzustellen, in dem die Forderung entsteht. Denn ohne das Sicherungsobjekt (Forderung) existiert auch das Sicherungsrecht nicht.

> BGH, Urt. v. 22.1.2004 – IX ZR 39/03, BGHZ 157, 350 = ZIP 2004, 513 = ZVI 2004, 188 = WM 2004, 517 = NJW 2004, 1444 = NZI 2004, 206 = ZInsO 2004, 270;
>
> BGH, Urt. v. 14.12.2006 – IX ZR 102/03, BGHZ 170, 196 Rn. 14 = ZIP 2007, 191 = WM 2007, 370 = NJW 2007, 1588 = NZI 2007, 158 = ZInsO 2007, 91, dazu *Gundlach/Frenzel*, EWiR 2007, 185;
>
> BGH, Urt. v. 29.11.2007 – IX ZR 30/07, BGHZ 174, 297 Rn. 13 = ZIP 2008, 183 = WM 2008, 204 = NJW 2008, 430 = NZI 2008, 89 = ZInsO 2008, 91, dazu *Ries*, EWiR 2008, 187;
>
> BGH, Urt. v. 17.9.2009 – IX ZR 106/08, BGHZ 182, 264 = ZIP 2010, 38 Rn. 9 = ZVI 2010, 58 = WM 2010, 87 = NJW 2010, 444 = NZI 2010, 58, dazu *Eckardt*, EWiR 2010, 191;

BGH, Urt. v. 14.1.2010 – IX ZR 78/09, ZIP 2010, 335 Rn. 31 = WM 2010, 368, dazu *Riedemann*, EWiR 2010, 297;

BGH, Urt. v. 18.3.2010 – IX ZR 111/08, ZIP 2010, 1137 Rn. 6 = NZI 2010, 443;

BGH, Urt. v. 10.11.2011 – IX ZR 142/10, ZIP 2011, 2364 Rn. 18 = ZVI 2012, 63 = NJW 2012, 229 = NZI 2012, 17 = ZInsO 2012, 28, dazu *R. Weiß*, EWiR 2012, 181;

BGH, Beschl. v. 3.12.2015 – IX ZR 131/15, ZIP 2016, 124 Rn. 3 = WM 2016, 135 = NZI 2016, 225;

BGH, Urt. v. 19.7.2018 – IX ZR 296/17, ZIP 2018, 1606 Rn. 9 f = NZI 2018, 746 = WM 2018, 1565, dazu *Mitlehner*, EWiR 2018, 625.

Das gesetzliche **Vermieterpfandrecht** an eingebrachten pfändbaren Sachen des Mieters entsteht mit der Einbringung, auch soweit es erst künftig entstehende Forderungen aus dem Mietverhältnis sichert, da hier zwar noch nicht die gesicherte Forderung, wohl aber das Pfandobjekt existiert. 67

BGH, Urt. v. 14.12.2006 – IX ZR 102/03, BGHZ 170, 196 Rn. 11 = ZIP 2007, 191 = WM 2007, 370 = NJW 2007, 1588 = NZI 2007, 158 = ZInsO 2007, 91;

vgl. auch BGH, Urt. v. 17.9.2009 – IX ZR 106/08, BGHZ 182, 264 = ZIP 2010, 38 Rn. 15 = ZVI 2010, 58 = WM 2010, 87 = NJW 2010, 444 = NZI 2010, 58, dazu *Eckardt*, EWiR 2010, 191.

Auch bei **rechtsgeschäftlich begründeten Pfandrechten** an beweglichen Sachen und an bereits bestehenden Rechten (§§ 1204, 1273 BGB) ist nach der bisherigen, noch zur Konkursordnung ergangenen Rechtsprechung des BGH anfechtungsrechtlich der Zeitpunkt ihrer Bestellung maßgebend, auch soweit sie der Sicherung künftiger Forderungen dienen. Danach scheidet der belastete Gegenstand bereits mit der wirksamen Entstehung des Pfandrechts aus dem unbelasteten Vermögen des Eigentümers aus. Das spätere Entstehen der gesicherten Forderung soll keine weitere Schmälerung des Vermögens des Eigentümers der Pfandsache mehr zur Folge haben; lediglich die Verwertung des Pfandes sei erst mit dem Entstehen und der Fälligkeit der Forderung möglich. Ob an dieser Rechtsprechung festzuhalten ist, hat der BGH offengelassen. 68

BGH, Urt. v. 14.12.2006 – IX ZR 102/03, BGHZ 170, 196 Rn. 14, 15 m. w. N. = ZIP 2007, 191 = WM 2007, 370 = NJW 2007, 1588 = NZI 2007, 158 = ZInsO 2007, 91.

Führt die Einzahlung zu einem Guthaben, folgt aus der girovertraglichen Abrede ein Auszahlungsanspruch des Kunden. Diesem Anspruch steht die Kontokorrentbindung nicht entgegen. Der Auszahlungsanspruch wird gemeinhin als Anspruch auf das „Tagesguthaben“ oder den „Tagessaldo“ bezeichnet. Der Anspruch ist sowohl pfändbar (§ 883a ZPO) als auch abtretbar. Dementsprechend unterliegt der Anspruch auf das Tagesguthaben auch dem 69

AGB-Pfandrecht der Bank. Dieses erfasst jegliche, auf das Kontoguthaben bezogene Ansprüche des Kunden gegen die Bank, an denen ein Pfandrecht bestellt werden kann.

> BGH, Urt. v. 24.9.2020 – IX ZR 289/18, BGHZ 227, 123 = ZIP 2020, 2079 = NZI 2020, 1046 = WM 2020, 1980 = ZInsO 2020, 2262 Rn. 38.

70 Eine **Sicherungsübereignung** ist nach Einigung und Übergabe wirksam; sollen künftig zu erwerbende Sachen einbezogen werden, ist der Abschluss des insoweit erforderlichen Erwerbsvorgangs, etwa die Einbringung in die vorgesehenen Räume, maßgeblich.

> BGH, Urt. v. 18.4.1991 – IX ZR 149/90, ZIP 1991, 807 = WM 1991, 1273 = NJW 1991, 2144;
> dazu *Gerhardt*, EWiR 1991, 597.

71 Hat der Schuldner an einem von ihm erworbenen Grundstück einem Gläubiger eine dem vorgemerkten Rückübertragungsanspruch des Grundstücksverkäufers nachrangige **Grundschuld** bewilligt und dem Gläubiger auch den Anspruch auf Kaufpreisrückzahlung abgetreten, so beurteilt sich die Anfechtbarkeit dieser Rechtshandlungen nach dem Zeitpunkt der Sicherheitenbestellung, nicht nach dem des Rücktritts vom Kaufvertrag.

> BGH, Urt. v. 11.12.2008 – IX ZR 194/07, ZIP 2009, 228 Rn. 13 = WM 2009, 237 = NZI 2009, 165 = ZInsO 2009, 143,
> dazu *R. Weiß*, EWiR 2009, 387.

72 Bei Erteilung einer widerruflichen Bezugsberechtigung aus einem **Lebensversicherungsvertrag** an einen Dritten gilt die anfechtbare Rechtshandlung erst dann als vorgenommen, wenn der Versicherungsfall eingetreten ist, weil der Begünstigte vorher keine gesicherte Rechtsposition, sondern nur eine ungesicherte Erwerbsaussicht hat.

> BGH, Urt. v. 23.10.2003 – IX ZR 252/01, BGHZ 156, 350 = ZIP 2003, 2307 = WM 2003, 2479 = NJW 2004, 214 = NZI 2004, 78 = ZInsO 2003, 1096,
> dazu *Neußner*, EWiR 2004, 1099;
>
> BGH, Urt. v. 26.1.2012 – IX ZR 99/11, ZIP 2012, 636 Rn. 8 = WM 2012, 517 = NZI 2012, 661,
> dazu *M. Huber*, EWiR 2012, 229;
>
> BGH, Urt. v. 22.10.2015 – IX ZR 248/14, ZIP 2015, 2328 Rn. 10 = WM 2015, 2251 = NZI 2016, 35,
> dazu *Mohr*, EWiR 2016, 53.

73 Wird dem Dritten hingegen ein unwiderrufliches Bezugsrecht eingeräumt, so erwirbt er den Anspruch auf die Versicherungsleistung sofort.

> BGH, Urt. v. 17.2.1966 – II ZR 286/63, BGHZ 45, 162, 165 f;
>
> BGH, Urt. v. 26.1.2012 – IX ZR 99/11, ZIP 2012, 636 Rn. 8 = WM 2012, 517 = NZI 2012, 661;

BGH, Urt. v. 27.9.2012 – IX ZR 15/12, ZIP 2012, 2409 Rn. 8
= WM 2012, 2294 = NJW 20123, 232,
dazu *Henkel*, EWiR 2013, 83;

BGH, Urt. v. 22.10.2015 – IX ZR 248/14, ZIP 2015, 2328 Rn. 10
= WM 2015, 2251 = NZI 2016, 35,
dazu *Mohr*, EWiR 2016, 53.

74 Geht es um die Anfechtung eines Sicherungsrechts an Forderungen, so kommt es auf den Zeitpunkt an, zu dem die Forderung als Sicherungsobjekt **werthaltig** geworden ist. Das ist nicht immer der Zeitpunkt der Forderungsbegründung, wie sich etwa bei der Werklohnforderung zeigt, die erst werthaltig wird, wenn das geschuldete Werk erbracht ist.

BGH, Urt. v. 11.2.2010 – IX ZR 104/07, ZIP 2010, 682 Rn. 13
= WM 2010, 711 = NZI 2010, 985 = ZInsO 2010, 673,
dazu *Siepmann/Knapp*, EWiR 2010, 497;

BGH, Urt. v. 30.6.2011 – IX ZR 155/08, ZIP 2011, 1523 Rn. 10 ff
= WM 2011, 1478 = NZI 2011, 684 = ZInsO 2011, 1454,
dazu *Eckardt*, EWiR 2011, 577;

BGH, Urt. v. 11.6.2105 – IX ZR 110/13, ZIP 2015, 1398 Rn. 18
= WM 2015, 1384 = NZI 2015, 765,
dazu *Mitlehner*, EWiR 2015, 675.

c) Eintragungsbedürftige Geschäfte

75 Für mehraktige Rechtsgeschäfte, deren Wirksamkeit eine Eintragung in das Grundbuch oder ein vergleichbares Register voraussetzt, erklärt **§ 140 Abs. 2** in Abweichung von dem Grundsatz des § 140 Abs. 1 für die Vornahme bereits den Zeitpunkt als maßgeblich, in dem alle sonstigen Wirksamkeitsvoraussetzungen erfüllt sind, die Einigungserklärung für den Schuldner bindend geworden ist und der andere Teil einen Antrag auf Eintragung einer Rechtsänderung (§ 140 Abs. 2 Satz 1) oder einen Antrag auf Eintragung einer Vormerkung gestellt hat.

BT-Drucks. 12/2443 S. 166;

BGH, Urt. v. 9.6.2016 – IX ZR 153/15, ZIP 2016, 1491 Rn. 26,
dazu *Eckhardt*, EWiR 2016, 469.

76 Diese Vorschrift soll das Vertrauen des Anfechtungsgegners im Zeitpunkt der Antragstellung schützen, weil er die Dauer des Eintragungsverfahrens kaum zu beeinflussen vermag. Die Vorschrift setzt aber voraus, dass der „andere Teil“ – also der Anfechtungsgegner – den **Eintragungsantrag** gestellt hat. Grund dafür ist die Erwägung, dass der Schuldner einen vom anderen Teil gestellten Antrag nicht seinerseits zurücknehmen kann; erst mit einem eigenen Antrag hat der Anfechtungsgegner eine gesicherte Rechtsposition, die sogar durch die Eröffnung eines Insolvenzverfahrens nicht mehr beeinträchtigt werden kann. Ist dagegen der Eintragungsantrag allein vom Schuldner selbst gestellt, so vermag dieser – oder sein Insolvenzverwalter – den Antrag noch rechtswirksam zurückzunehmen, solange die Eintragung nicht vollendet ist. Dann könnte es nicht ohne ein zusätzliches Eingreifen eines

Antragsberechtigten zur Eintragung kommen; die Rechtslage des Anfechtungsgegners gilt noch nicht als hinreichend gesichert. Das hat er selbst zu verantworten, weil er ohne eigenen Eintragungsantrag nicht alles in seiner Macht Stehende veranlasst hat, um sich selbst zu schützen.

> BGH, Urt. v. 9.1.1997 – IX ZR 47/96, ZIP 1997, 423 = WM 1997, 436, dazu *Eckardt*, EWiR 1997, 1133;
>
> BGH, Urt. v. 2.2.2006 – IX ZR 67/02, BGHZ 166, 125 Rn. 23 = ZIP 2006, 578 = WM 2006, 621 = NJW 2006, 1800 = NZI 2006, 287 = ZInsO 2006, 433.

77 Durch einen vom **Notar** auf der Grundlage des § 15 GBO gestellten Antrag wird für den Empfänger keine gesicherte Rechtsposition i. S. d. § 140 Abs. 2 InsO begründet, wenn der Notar einen solchen Antrag ohne Zustimmung des Berechtigten zurücknehmen kann (vgl. § 24 Abs. 3 Satz 1 BNotO).

> BGH, Urt. v. 26.4.2001 – IX ZR 53/00, ZIP 2001, 933 = WM 2001, 1078 = NJW 2001, 2477 = NZI 2001, 418 = ZInsO 2001, 508,
> dazu *Marotzke*, EWiR 2001, 695.

78 Bei Rechtshandlungen, die eine Eintragung im Grundbuch erfordern, ist, wenn eine **Vormerkung** bindend bewilligt wird, für die Insolvenzanfechtung der Zeitpunkt maßgebend, zu dem der Antrag auf Eintragung der Vormerkung gestellt wurde. Die Regelung des § 140 Abs. 2 Satz 2 InsO hat zur Folge, dass es bei Sicherung von Ansprüchen durch Vormerkung insoweit ebenfalls auf den Zeitpunkt der Antragstellung und nicht denjenigen der Eintragung im Grundbuch ankommt. Auf die Bewilligung einer Vormerkung findet § 878 BGB entsprechende Anwendung, weil die Vormerkung eine dingliche Gebundenheit des von ihr betroffenen Grundstücks bewirkt. Da die Vormerkung eine im Insolvenzverfahren zu beachtende Rechtsposition begründet (§ 106 InsO) und nach dem Inhalt der in § 140 Abs. 2 Satz 2 InsO normierten Regelung gerade darauf abzustellen ist, ob der Anfechtungsgegner bereits etwas erlangt hat, was durch die Eröffnung des Insolvenzverfahrens nicht mehr beeinträchtigt werden kann, gilt hier nichts anderes als hinsichtlich des dinglichen Rechts, auf das sich die Vormerkung bezieht.

> BGH, Urt. v. 23.11.1995 – IX ZR 18/95, BGHZ 131, 189 = ZIP 1996, 83 = WM 1996, 136 = NJW 1996, 461,
> dazu *Gerhardt*, EWiR 1996, 119;
>
> BGH, Urt. v. 10.12.2009 – IX ZR 203/06, ZIP 2010, 339 Rn. 7 ff = WM 2010, 274 = NZI 2010, 190,
> dazu *Kesseler*, EWiR 2010, 309.

d) Bedingte und befristete Rechtsgeschäfte

79 Für bedingte und befristete Rechtsgeschäfte bestimmt **§ 140 Abs. 3 InsO**, dass es auf den Zeitpunkt des Rechtsgeschäfts und nicht auf den Eintritt der Bedingung und Befristung ankommt.

BGH, Urt. v. 11.2.2010 – IX ZR 104/07, ZIP 2010, 682 Rn. 12 = WM 2010, 711 = NZI 2010, 985 = ZInsO 2010, 673, dazu *Siepmann/Knapp*, EWiR 2010, 497;

BGH, Urt. v. 11.6.2105 – IX ZR 110/13, ZIP 2015, 1398 Rn. 21 = WM 2015, 1384 = NZI 2015, 765, dazu *Mitlehner*, EWiR 2015, 675.

Das gilt aber nur für **rechtsgeschäftlich vereinbarte Bedingungen** und Befristungen, nicht für gesetzlich geforderte Entstehungs- oder Fälligkeitsvoraussetzungen (vgl. auch oben Rn. 65), 80

BGH, Urt. v. 23.3.2006 – IX ZR 116/03, BGHZ 167, 11 Rn. 14 = ZIP 2006, 916 = ZVI 2006, 248 = WM 2006, 921 = NJW 2006, 1870 = NZI 2006. 397 = ZInsO 2006, 553, dazu *Eckardt*, EWiR 2006, 537;

BGH, Urt. v. 26.6.2008 – IX ZR 87/07, ZIP 2008, 188 Rn. 14 = ZVI 2008, 392 = WM 2008, 1460 = NZI 2008, 563 = ZInsO 2008, 806, dazu *Koza*, EWiR 2008, 569;

BGH, Urt. v. 17.9.2009 – IX ZR 106/08, ZIP 2010, 38 Rn. 13 = ZVI 2010, 58 = WM 2010, 87 = NJW 2010, 444 = NZI 2010, 58, dazu *Eckardt*, EWiR 2010, 191;

BGH, Urt. v. 30.6.2011 – IX ZR 155/08, ZIP 2011, 1523 Rn. 10 = WM 2011, 1478 = NZI 2011, 684 = ZInsO 2011, 1454, dazu *Eckardt*, EWiR 2011, 577,

und es gilt nur dann, wenn der Anfechtungsgegner durch das Rechtsgeschäft **bereits eine gesicherte Rechtsposition** erlangt hat.

BGH, Urt. v. 23.10.2003 – IX ZR 252/01, BGHZ 156, 350, 356 f = ZIP 2003, 2307 0 ZVI 2003, 657, dazu *Neußner*, EWiR 2004, 1099;

BGH, Urt. v. 14.6.2007 – IX ZR 56/06, ZIP 2007, 1507 Rn. 17 = WM 2007, 1689 = NJW 2007, 2640 = NZI 2007, 515, dazu *H.-G. Eckert*, EWiR 2008, 83;

BGH, Urt. v. 17.9.2009 – IX ZR 106/08, BGHZ 182, 264 = ZIP 2010, 38 Rn. 14; = WM 2010, 87 = NJW 2010, 444 = NZI 2010, 58, dazu *Eckardt*, EWiR 2010, 191;

BGH, Urt. v. 14.1.2010 – IX ZR 78/09, ZIP 2010, 335 Rn. 31 = WM 2010, 368, dazu *Riedemann*, EWiR 2010, 297.

III. Gläubigerbenachteiligung

1. Allgemeines

Voraussetzung jedes anfechtungsrechtlichen Rückgewähranspruchs ist das Vorliegen einer objektiven Gläubigerbenachteiligung. Darauf, ob jemand bereits bei Vornahme der Rechtshandlung **Gläubiger** des Schuldners war, kommt es allerdings nicht entscheidend an. Es genügt, wenn er später durch die Rechtshandlung benachteiligt wird. 81

BGH, Urt. v. 7.5.1987 – IX ZR 51/86, WM 1987, 881;

BGH, Urt. v. 26.4.2012 – IX ZR 146/11, ZIP 2012, 1183 Rn. 24 = WM 2012, 1131 = NZI 2012, 562, dazu *Mohr*, EWiR 2012, 565.

82 Die Insolvenzordnung versteht den **Begriff** der Gläubigerbenachteiligung nicht anders als das früher geltende Recht.

BGH, Urt. v. 11.4.2002 – IX ZR 211/01, ZIP 2002, 1159 = WM 2002, 1193 = NJW 2002, 2568 = NZI 2002, 378 = ZInsO 2002, 581;

BGH, Urt. v. 27.5.2003 – IX ZR 169/02, BGHZ 155, 75 = ZIP 2003, 1506 = WM 2003, 1690 = NJW 2003, 3347 = NZI 2003, 533 = ZInsO 2003, 764, dazu *Hölzle*, EWiR 2003, 1097.

83 Die Insolvenzgläubiger werden benachteiligt, wenn die Rechtshandlung entweder die **Schuldenmasse vermehrt oder die Aktivmasse verkürzt** und dadurch den Zugriff auf das Vermögen des Schuldners vereitelt, erschwert oder verzögert hat, mithin wenn sich die Befriedigungsmöglichkeiten der Insolvenzgläubiger (mit Einschluss der nachrangigen Insolvenzgläubiger des § 39 InsO) ohne die fragliche Handlung bei wirtschaftlicher Betrachtungsweise günstiger gestaltet hätten.

St. Rspr.; vgl. zuletzt BGH, Urt. v. 15.11.2018 – IX ZR 229/17, ZIP 2019, 233 = WM 2019, 213 Rn. 11, dazu *H. Mordhorst*, EWiR 2019, 343;

BGH, Urt. v. 18.7.2019 – IX ZR 258/18, ZIP 2019, 1624 = WM 2019, 1605 Rn. 12, dazu *M. Huber*, EWiR 2019, 629;

BGH, Urt. v. 12.9.2019 – IX ZR 264/18, ZIP 2019, 1921 Rn. 21 = NZI 2019, 851 = WM 2019, 1849;

BGH, Urt. v. 17.10.2019 – IX ZR 215/16, ZIP 2019, 2224 Rn. 8 = WM 2019, 2177 = NZI 2019, 933;

BGH, Urt. v. 9.12.2021 – IX ZR 201/20, ZIP 2022, 229 = NZI 2022, 221 = NJW 2022, 1465 Rn. 12 = WM 2022, 234;

BGH, Urt. v. 23.6.2022 – IX ZR 75/21, ZIP 2022, 1608 Rn. 12 = NZI 2022, 777;

BGH, Urt. v. 7.12.2023 – IX ZR 36/22, ZIP 2024, 196 = NZI 2024, 219 = ZInsO 2024, 195 Rn. 33;

BGH, Urt. v. 8.2.2024 – IX ZR 194/22, ZIP 2024, 414 Rn. 30 = NZI 2024, 265.

84 Das ist nicht der Fall, wenn die Insolvenzmasse ohne die Anfechtung ausreicht, um alle Ansprüche der Insolvenzgläubiger zu erfüllen.

BGH, Urt. v. 7.12.2023 – IX ZR 36/22, ZIP 2024, 196 = NZI 2024, 219 = ZInsO 2024, 195 Rn. 33;

BGH, Urt. v. 8.2.2024 – IX ZR 194/22, ZIP 2024, 414 Rn. 30 = NZI 2024, 265.

In den Fällen der §§ 132 Abs. 1, 133 Abs. 2 InsO bedarf es einer **unmittelbaren Gläubigerbenachteiligung**. Sie ist durch einen Vergleich zwischen den Vor- und Nachteilen des Rechtsgeschäfts zu ermitteln und tritt mit diesem selbst im Vermögen des Schuldners ein, ohne dass weitere Umstände hinzutreten müssen. 85

> BGH, Urt. v. 15.12.1994 – IX ZR 153/93, BGHZ 128, 184 = ZIP 1995, 134 = WM 1995, 450 = NJW 1995, 659; dazu *Gerhardt*, EWiR 1995, 109;
>
> BGH, Urt. v. 11.7.1996 – IX ZR 226/94, ZIP 1996, 1516 = WM 1996, 1649 = NJW 1996, 3147; dazu *M. Huber*, EWiR 1996, 771;
>
> BGH, Urt. v. 20.12.2012 – IX ZR 130/10, ZIP 2013, 374 Rn. 27, dazu *Dahl/D. Schmitz*, EWiR 2013, 421;
>
> BGH, Urt. v. 9.6.2016 – IX ZR 153/15, ZIP 2016, 1491 Rn. 17, dazu *Eckhardt*, EWiR 2016, 469;
>
> BGH, Urt. v. 27.6.2019 – IX ZR 167/18, ZIP 2019, 1577 Rn. 72 = WM 2019, 1561, dazu *Swierczok/Schubert*, EWiR 2019, 595.

Beispielsweise benachteiligt die kompensationslose Sicherungszession von Ruhegehaltsansprüchen den Gläubiger auch dann unmittelbar, wenn die Voraussetzungen für den Ruhegehaltsbezug noch nicht vorliegen, weil die aus dem Rentenanwartschaftsrecht resultierenden künftigen Ansprüche pfändbar sind. 86

> BGH, Urt. v. 20.12.2012 – IX ZR 130/10, ZIP 2013, 374 Rn. 28 = ZInsO 2013, 337.

Hingegen fehlt die unmittelbare Gläubigerbenachteiligung, wenn eine Verminderung der Aktiva durch eine Verminderung der Passiva kompensiert wird oder wenn ein reiner Aktiventausch vorliegt, weil der Schuldner eine vollwertige Gegenleistung erhält, wie etwa beim Bargeschäft oder bei der Besicherung eines Neukredits. 87

> BGH, Urt. v. 26.4.2012 – IX ZR 146/11, ZIP 2012, 1183 Rn. 28 ff = WM 2012, 1131 = NZI 2012, 562;
>
> BGH, Urt. v. 9.6.2016 – IX ZR 153/15, ZIP 2016, 1491 Rn. 17, dazu *Eckhardt*, EWiR 2016, 469.

Erfüllungsleistungen des Schuldners führen nur dann zu einer unmittelbaren Benachteiligung der Insolvenzgläubiger, wenn der Schuldner keine gleichwertige Gegenleistung erhalten hat oder der erfüllte Anspruch rechtlich nicht mehr durchsetzbar war. Dies kann der Fall sein, wenn das vereinbarte Entgelt den Wert der vom anderen Teil geschuldeten Leistungen von vornherein überstieg. Hingegen werden die Gläubiger durch einen Vertrag, auf Grund dessen der Schuldner für das, was er aufgibt, eine vollwertige Gegenleistung erhält, auch dann nicht unmittelbar benachteiligt, wenn diese Gegenleistung infolge eines weiteren, nicht zu dem Gesamttatbestand des Rechtsgeschäfts gehörenden Umstandes in dem Zeitpunkt nicht mehr in dem Vermögen des Schuldners vorhanden ist, in dem die von ihm zu erbringende Leistung end- 88 gültig aus seinem Vermögen herausgeht. Ebenso wenig genügt für eine unmittelbare Gläubigerbenachteiligung der reinen Erfüllungsleistung, dass der Schuldner zum Zeitpunkt seiner Leistung insolvenzreif ist, weil bei einer Schuldtilgung auf die Ausgewogenheit der erfüllten Verpflichtungen abzustellen ist.

BGH, Urt. v. 3.3.2022 – IX ZR 78/20, BGHZ 233, 70 = BB 2022, 778 Rn. 100 = ZIP 2022, 589 = NZI 2022, 385 = WM 2022, 527.

89 Bei der Anwendung aller übrigen Anfechtungsnormen genügt eine **mittelbare Gläubigerbenachteiligung**. Bei dieser kann sich der Nachteil erst nach Abschluss der Rechtshandlung durch das Hinzutreten weiterer Umstände bis zum maßgeblichen Zeitpunkt der letzten mündlichen Tatsachenverhandlung verwirklichen,

BGH, Urt. v. 23.11.2006 – IX ZR 126/03, ZIP 2007, 588 Rn. 19 = ZVI 2007, 192 = WM 2007, 367 = NZI 2007, 169 = ZInsO 2007, 101;

BGH, Urt. v. 3.5.2007 – IX ZR 16/06, ZIP 2007, 1326 Rn. 17 = WM 2007, 1377 = NJW 2008, 292 = NZI 2007, 457 = ZInsO 2007, 778, dazu *Wazlawik*, EWiR 2007, 579;

BGH, Urt. v. 19.5.2009 – IX ZR 129/06, ZIP 2009, 1285 Rn. 29 = WM 2009, 1333 = NZI 2009, 512;

BGH, Urt. v. 26.4.2012 – IX ZR 146/11, ZIP 2012, 1183 Rn. 22 ff = WM 2012, 1131 = NZI 2012, 562;

BGH, Urt. v. 20.10.2016 – IX ZR 305/14, NZI 2017, 28 Rn. 13;

BGH, Urt. v. 12.1.2017 – IX ZR 130/16, ZIP 2017, 489 Rn. 9 = WM 2017, 439 = NZI 2017, 352, dazu *Loszynski*, EWiR 2017, 275;

BGH, Urt. v. 8.2.2024 – IX ZR 194/22, ZIP 2024, 414 Rn. 17 = NZI 2024, 265,

etwa dadurch, dass der gezahlte Kaufpreis im Zeitpunkt der letzten mündlichen Verhandlung in der Tatsacheninstanz nicht mehr zur Verfügung steht,

BGH, Urt. v. 3.3.1988 – IX ZR 11/87, WM 1988, 799,

oder dadurch, dass infolge einer Vertragsänderung (Ersetzung einer Mietgarantie durch Eintritt in den Mietvertrag) die Forderung des Gläubigers nach Eröffnung eines Insolvenzverfahrens höheroder nicht mehr einfache Insolvenzforderung, sondern Masseverbindlichkeit ist,

BGH, Urt. v. 26.4.2012 – IX ZR 146/11, ZIP 2012, 1183 Rn. 25 ff = WM 2012, 1131 = NZI 2012, 562,

oder dadurch, dass ein unverzinsliches Darlehen wegen Kündigung vor Verfahrenseröffnung nicht mehr nach § 41 Abs. 2 InsO abgezinst werden kann.

BGH, Urt. v. 12.1.2017 – IX ZR 130/16, ZIP 2017, 489 Rn. 9 = WM 2017, 439 = NZI 2017, 352, dazu *Loszynski*, EWiR 2017, 275.

Dabei ist der Eintritt einer Gläubigerbenachteiligung isoliert mit Bezug auf die **konkret bewirkte** Minderung des Aktivvermögens oder Vermehrung der Passiva des Schuldners zu beurteilen. Deshalb fehlt eine Gläubigerbenachteiligung beispielsweise, wenn der Schuldner eine Teilzahlung erbringt, der Gläubiger bedingt durch diese Teilzahlung auf die Restforderung verzichtet und sich dadurch die Befriedigungsaussichten der übrigen Gläubiger verbessern. 90

BGH, Urt. v. 28.1.2016 – IX ZR 185/13, ZIP 2016, 426 Rn. 17 = WM 2016, 427 = NZI 2016, 363, dazu *Haneke*, EWiR 2016, 243.

Eine darüber hinausgehende Saldierung mit sonstigen, nicht unmittelbar mit der Rechtshandlung zusammenhängenden Vorteilen (**Vorteilsausgleich**) findet im Anfechtungsrecht nicht statt. 91

BGH, Urt. v. 9.7.2009 – IX ZR 86/08, ZIP 2009, 1674 Rn. 26 ff = WM 2009, 1750 = NZI 2009, 644 = ZInsO 2009, 1585;

BGH, Urt. v. 26.4.2012 – IX ZR 146/11, ZIP 2012, 1183 Rn. 30 ff = WM 2012, 1131 = NZI 2012, 562;

BGH, Urt. v. 26.1.2012 – IX ZR 99/11, ZIP 2012, 636 Rn. 12 = WM 2012, 517 = NZI 2012, 661, dazu *M. Huber*, EWiR 2012, 229;

BGH, Urt. v. 22.10.2015 – IX ZR 248/14, ZIP 2015, 2328 Rn. 18 = WM 2015, 2251 = NZI 2016, 35, dazu *Mohr*, EWiR 2016, 53;

BGH, Urt. v. 28.1.2016 – IX ZR 185/13, ZIP 2016, 426 = WM 2016, 427 Rn. 17 = NZI 2016, 363, dazu *Haneke*, EWiR 2016, 243;

BGH, Urt. v. 18.7.2019 – IX ZR 258/18, ZIP 2019, 1624 = WM 2019, 1604 Rn. 14, dazu *M. Huber*, EWiR 2019, 629;

BGH, Urt. v. 18.7.2019 – IX ZR 259/18, ZInsO 2019, 1790 Rn. 12;

BGH, Urt. v. 17.10.2019 – IX ZR 215/16, ZIP 2019, 2224 Rn. 8 = WM 2019, 2177 = NZI 2019, 933.

Der Vorsteuerabzug ist nur eine unselbständige Besteuerungsgrundlage einer Steuerberechnung nach den §§ 16 ff UStG. Eine Aufrechnung mit oder gegen Besteuerungsgrundlagen ist nicht möglich. Der Vorsteuerabzug ist daher für sich genommen keine zugunsten der Insolvenzgläubiger verwertbare Vermögensposition. Der Abzug vermindert den zu zahlenden Umsatzsteuerbetrag oder führt, wenn er die nach den getätigten Umsätzen berechnete Steuer überschreitet, zu einem Vorsteuerüberhang. Im ersten Fall wäre die Schuldnerin durch den Abzug auf der Passivseite entlastet worden, im zweiten wäre auf der Aktivseite eine zugunsten der Gläubiger verwertbare Forderung entstanden. Eine Mehrung des Aktivvermögens durch einen Vorsteuerüberhang stünde einer mittelbaren Gläubigerbenachteiligung nur dann entgegen, wenn sie noch im Zeitpunkt der letzten mündlichen Tatsachenverhandlung bestanden hätte. Das ist weder festgestellt noch sonst ersichtlich. 92

BGH, Urt. v. 8.2.2024 – IX ZR 194/22, ZIP 2024, 414 Rn. 17 = NZI 2024, 265.

93 Der Annahme einer mittelbaren Gläubigerbenachteiligung durch die Zahlung von Einfuhrumsatzsteuer stehen weder das von der Entstehung der Steuer abhängige Recht zum Vorsteuerabzug noch eine (unterstellte) Pflicht zur Berichtigung des getätigten Vorsteuerabzugs entgegen. Das Recht entsteht nicht erst mit der Zahlung der Einfuhrumsatzsteuer, sondern bereits mit ihrer Entstehung. Es fehlt daher an der notwendigen Anknüpfung des in dem Recht zum Vorsteuerabzug liegenden Vorteils an die angefochtenen Rechtshandlungen in Gestalt der Steuerzahlungen.

BGH, Urt. v. 8.2.2024 – IX ZR 194/22, ZIP 2024, 414 Rn. 16 = NZI 2024, 265.

94 Führt eine vom Besteller ausgesprochene Kündigung eines Bauvertrags aus wichtigem Grund dazu, dass sich die Forderung des Schuldners auf Werklohn und eine Gegenforderung auf Schadensersatz wegen Fertigstellungsmehrkosten aus einem anderen Vertragsverhältnis aufrechenbar gegenüberstehen, ist die Herstellung der Aufrechnungslage gläubigerbenachteiligend. Die gemäß § 129 Abs. 1 InsO erforderliche Gläubigerbenachteiligung ist beim Herstellen der Aufrechnungslage regelmäßig schon deshalb zu bejahen, weil die Forderung der Masse im Umfang der Aufrechnung zur Befriedigung einer einzelnen Insolvenzforderung verbraucht wird und insoweit nicht mehr für die Verteilung der Masse zur Verfügung steht. Der Masse entgeht dadurch die Differenz zwischen dem Nennwert der Forderung der Masse und der Quote auf die Gegenforderung des Insolvenzgläubigers.

BGH, Urt. v. 19.10.2023 – IX ZR 249/22, ZIP 2023, 2588 = WM 2023, 2276 Rn. 13.

95 In der Möglichkeit der Befriedigung durch Aufrechnung, welche den üblicherweise eintretenden Zufluss des Werklohns für die erbrachten Arbeiten an die haftende Masse ausschließt, wodurch die anderen Gläubiger benachteiligt werden, liegt eine objektive Gläubigerbenachteiligung. Eine Saldierung der Vor- und Nachteile findet im Insolvenzverfahren grundsätzlich nicht statt; eine Vorteilsausgleichung nach schadensersatzrechtlichen Grundsätzen ist im Insolvenzanfechtungsrecht grundsätzlich nicht zulässig. Vielmehr ist der Eintritt der Gläubigerbenachteiligung isoliert in Bezug auf die konkret bewirkte Minderung des Aktivvermögens oder die Vermehrung der Passiva des Schuldners zu beurteilen. Daher schließt es die Gläubigerbenachteiligung nicht aus, wenn die Werklohnforderung, gegen die die Beklagte aufgerechnet hat, erst durch die angefochtene Rechtshandlung fällig geworden ist.

BGH, Urt. v. 19.10.2023 – IX ZR 249/22, ZIP 2023, 2588 = WM 2023, 2276 Rn. 14.

96 Für die Frage der Gläubigerbenachteiligung kommt es nur auf die Beurteilung des tatsächlichen Geschehens an. Ein **hypothetischer Kausalverlauf** wird

grundsätzlich nicht berücksichtigt. Wegen der Einzelheiten wird auf unten Rn. 216 ff verwiesen.

Nach einer von manchen Stimmen in Rechtsprechung und Literatur vertretenen Auffassung kann **nach Eintritt der Masseunzulänglichkeit** (§ 208 Abs. 1 InsO) von einer Gläubigerbenachteiligung dann nicht mehr die Rede sein, wenn diese auch durch Rückgewähr des durch eine an sich anfechtbare Rechtshandlung Erlangten nicht ganz oder teilweise beseitigt werden kann, weil in einem solchen Fall die Befriedigungsmöglichkeiten der Insolvenzgläubiger durch die Rechtshandlung nicht verschlechtert worden seien. Dem ist der BGH entgegengetreten. 97

> BGH, Urt. v. 19.7.2001 – IX ZR 36/99, ZIP 2001, 1641 = WM 2001, 1777 = NZI 2001, 585 = ZInsO 2001, 904, dazu *Pape*, EWiR 2001, 959.

Danach bedeutet das für die Anfechtbarkeit notwendige Merkmal der Gläubigerbenachteiligung nur, dass die angefochtene Rechtshandlung die Befriedigungsaussichten der Insolvenzgläubiger im Allgemeinen verkürzt hat. Es setzt aber nicht voraus, dass jede einzelne Anfechtung im Ergebnis nur Insolvenzgläubigern, nicht jedoch Massegläubigern zugutekommt. Die Abwicklung des Insolvenzverfahrens mit Einschluss von Anfechtungsklagen nach Eintritt der Masseunzulänglichkeit dient im Grundsatz sämtlichen Gläubigern. Fallen die Insolvenzgläubiger vollständig aus, werden sie erst recht benachteiligt. Es widerspreche dem Gebot der Gleichbehandlung sämtlicher Insolvenzgläubiger und damit dem Anfechtungszweck, einzelne anfechtbar begünstigte Insolvenzgläubiger nur deshalb besser zu stellen, weil das Schuldnervermögen so vermindert wurde, dass auch nur eine teilweise Befriedigung von Insolvenzgläubigern ausscheidet. 98

> Dem folgend OLG Brandenburg, Urt. v. 30.5.2002 – 8 U 101/01, ZIP 2002, 1698;
> kritisch *Häsemeyer*, in: Festschrift Gerhardt, 2004, S. 341, 358 f.

2. Einzelheiten

a) Vermögensbezug

Eine Gläubigerbenachteiligung setzt zunächst voraus, dass sich die Rechtshandlung überhaupt auf das Vermögen des Schuldners auswirkt. Das kann zum einen durch **Verminderung der Aktiva** geschehen, beispielsweise durch Verfügung über Forderungen im Wege der Anweisung, etwa durch Reduzierung eines gegen einen Treuhänder gerichteten Anspruchs auf Herausgabe von Treugut, sei es durch Verfügung des Treuhänders, 99

> BGH, Urt. v. 15.12.2011 – IX ZR 118/11, ZIP 2012, 333 Rn. 14 ff = WM 2012, 276 = NZI 2012, 135 = ZInsO 2012, 241,

sei es durch Anweisung des Schuldners an den Treuhänder, über das Treugut zu verfügen.

BGH, Urt. v. 24.10.2013 – IX ZR 104/12, ZIP 2013, 2262 Rn. 8.

100 Auch bei sonstigen Forderungen führen Anweisungen des Insolvenzschuldners an den Forderungsschuldner, die Leistung an einen Dritten zu erbringen, zu einer Gläubigerbenachteiligung.

BGH, Urt. v. 10.1.2013 – IX ZR 13/12, ZIP 2013, 174 Rn. 12
= WM 2013, 180 = NJW 2013, 611 = NZI 2013, 133
= ZInsO 2013, 179,
dazu *Römermann*, EWiR 2013, 123.

101 Zu den Aktiva gehört auch ein **Anwartschaftsrecht**. Auch in dem Verlust eines Anwartschaftsrechts kann daher eine Gläubigerbenachteiligung liegen.

BGH, Urt. v. 15.12.1994 – IX ZR 153/93, BGHZ 128, 184 = ZIP 1995, 134 = WM 1995, 450 = NJW 1995, 659,
dazu *Gerhardt*, EWiR 1995, 109.

102 Zum Problem einer Gläubigerbenachteiligung beim Unterlassen **Pflichtteilsergänzungsansprüche** geltend zu machen,

vgl. BGH Urt. v. 6.5.1997 – IX ZR 147/96, ZIP 1997, 1302
= WM 1997, 1407 = NJW 1997, 2384,
dazu *Gerhardt*, EWiR 1997, 683.

103 Eine Gläubigerbenachteiligung kann aber auch durch eine **Vermehrung der Passiva** herbeigeführt werden. Nach Sinn und Zweck der Anfechtungsvorschriften muss für die Frage, ob die Gläubiger durch einen **Vertragsschluss** benachteiligt werden, die Vermögensverschiebung in ihrer wirtschaftlichen Bedeutung erfasst und deshalb eine mehrteilige Rechtsübertragung als ein einheitliches Ganzes betrachtet werden; durch den Abschluss des Vertrages werden die Gläubiger unmittelbar benachteiligt, wenn der gesamte rechtsgeschäftliche Vorgang, der sich aus schuldrechtlichem Verpflichtungs- und dinglichem Erfüllungsgeschäft zusammensetzt, die Zugriffsmöglichkeiten der Gläubiger verschlechtert.

BGH, Urt. v. 15.12.1994 – IX ZR 153/93, BGHZ 128, 164
= ZIP 1995, 134 = WM 1995, 450 = NJW 1995, 659,
dazu *Gerhardt*, EWiR 1995, 109;

BGH, Urt. v. 1.7.2010 – IX ZR 58/09, ZIP 2010, 1702 Rn. 9
= ZVI 2010, 385 = WM 2010, 1659 = NZI 2010, 738 = ZInsO 2010, 1489;

BGH, Beschl. v. 21.12.2010 – IX ZA 14/10, WM 2011, 276 Rn. 2.

104 Grundlegend zur unmittelbaren Gläubigerbenachteiligung durch Vertragsschluss (im Rahmen von § 132 InsO) hat sich der BGH geäußert in

BGH, Urt. v. 13.3.2003 – IX ZR 64/02, BGHZ 154, 190 = ZIP 2003, 810 = WM 2003, 893 = NJW 2003, 1865 = NZI 2003, 315 = ZInsO 2003, 417,
dazu *Huber*, EWiR 2003, 719.

105 In einer neueren Entscheidung hat der BGH freilich ausdrücklich offengelassen, ob an dem rechtlichen Ansatz dieses Urteils festzuhalten ist.

BGH, Urt. v. 15.12.2005 – IX ZR 156/04, BGHZ 165, 283 = ZIP 2006, 431 = WM 2006, 537 = NJW 2006, 1134 = NZI 2006, 227 = ZInsO 2006, 208, dazu *Homann*, EWiR 2006, 349.

Geht der Schuldner eine **Wechselschuld** ein, kommt eine Gläubigerbenach- 106
teiligung in mehrfacher Hinsicht in Betracht. Die Benachteiligung kann sich etwa aus der Verpflichtung als Aussteller (Art. 9 WG) oder Annehmender (Art. 28 WG), einer mit der abstrakten Verbindlichkeit verbundenen Beweislastumkehr, einer gegenüber Dritterwerbern eintretenden Haftung (Art. 16, 17 WG) oder aus den bei Rückgriff zu zahlenden Zinsen und Kosten (Art. 48, 49, 28 Abs. 2 WG) ergeben. Nimmt der Schuldner einen auf ihn selbst gezogenen Wechsel an, kommt eine Gläubigerbenachteiligung jedoch allenfalls aufgrund der wechselmäßig verschärften Haftung (Art. 16, 17 WG) in Betracht. Soweit das Wechselakzept eine Verbindlichkeit des Schuldners begründet (Art. 28 WG), ist dies nicht gläubigerbenachteiligend, wenn der Schuldner dem Aussteller des Wechsels bereits aus einem anderen Rechtsgrund verpflichtet ist und die Annahme des Wechsels zur Begleichung dieser Verbindlichkeit dient. Insoweit führt die Wechselbegebung nur zu einer Stundung der ursprünglichen Schuld, die als solche nicht gläubigerbenachteiligend ist. Während der Laufzeit des Wechsels kann der Schuldner dem Gläubiger und jedem Zessionar der ursprünglichen Schuld (§ 404 BGB) die Einrede der Wechselhingabe entgegenhalten. Wirkt sich die in einem Wechsel angelegte Verstärkung der Schuld nicht aus und muss kein Rückgriff genommen werden, scheidet eine Anfechtung aus. Denn eine zur Anfechtung des Wechselakzepts erforderliche Gläubigerbenachteiligung muss tatsächlich eingetreten sein. Das trifft nicht zu, wenn sich im konkreten Fall aus der Umkehr der Beweislast, der Begründung der abstrakten Schuld und der Möglichkeit des Rückgriffs kein Nachteil für die Gläubiger ergibt.

BGH, Urt. v. 2.2.2006 – IX ZR 67/02, BGHZ 166, 125 = ZIP 2006, 578 = WM 2006, 621 = NJW 2006, 1800 = NZI 2006, 287 = ZInsO 2006, 433.

Wenn der Schuldner einem Dritten ein langfristiges Darlehen zu einem **markt-** 107
unüblich niedrigen Zinssatz gewährt hat, führt das zur Benachteiligung der Insolvenzgläubiger, weil ihnen dadurch für die Laufzeit des Darlehens der marktübliche Zins entgeht.

BGH, Urt. v. 21.4.1988 – IX ZR 71/87, ZIP 1988, 725 = WM 1998, 952 = NJW 1989, 1037, dazu *Wellensiek*, EWiR 1988, 699.

Wenn ein Berater zur unentgeltlichen Beratung des Schuldners verpflichtet 108
ist, können die Insolvenzgläubiger durch den Abschluss eines entgeltlichen **Beratervertrages** und die zu seiner Erfüllung geleisteten Zahlungen des Schuldners benachteiligt sein.

BGH, Urt. v. 15.12.1994 – IX ZR 18/94, ZIP 1995, 297 = WM 1995, 503 = NJW 1995, 1093, dazu *Johlke*, EWiR 1995, 281.

b) Vermögen des Schuldners

109 Für die Anfechtung genügt nicht jede Art von Benachteiligung der Insolvenzgläubiger, sondern nur eine solche, die sich aus der Veräußerung, Weggabe oder Aufgabe von **Werten des Schuldnervermögens** ergibt. Wurde etwas weggegeben, was nicht zum Schuldnervermögen gehörte, so begründet das keine Anfechtungsmöglichkeit.

BGH, Urt. v. 5.12.1985 – IX ZR 165/84, ZIP 1986, 452 = WM 1986, 296, dazu *Marotzke*, EWiR 1986, 279;

BGH, Beschl. v. 4.2.2016 – IX ZA 28/15, ZIP 2016, 630 Rn. 6 ff = WM 2016, 557 = NZI 2016, 362.

110 An einer Gläubigerbenachteiligung fehlt es daher, wenn Sachen weggegeben werden, die im Eigentum eines Dritten stehen und an denen dieser ein **Aussonderungsrecht** hat,

BGH, Urt. v. 11.5.2000 – IX ZR 262/98, ZIP 2000, 1061 = WM 2000, 1209 = NJW 2000, 3777 = NZI 2000, 422, dazu *Johlke/Schröder*, EWiR 2001, 177;

BGH, Urt. v. 25.2.2016 – IX ZR 12/14, ZIP 2016, 581 Rn. 6 = WM 2016, 553 = NZI 2016, 398;

BGH, Urt. v. 12.10.2017 – IX ZR 288/14, BGHZ 216, 136 = ZIP 2017, 2267 Rn. 24 = WM 2017, 2274, dazu *Jacoby*, EWiR 2017, 759,

wenn ein Dritter, ohne dazu verpflichtet zu sein (vgl. Rn. 143 ff), Verbindlichkeiten des Schuldners aus eigenen Mitteln tilgt,

BGH, Urt. v. 21.6.2012 – IX ZR 59/11, ZIP 2012, 1468 Rn. 12 = WM 2012, 1448 = NZI 2012, 805, dazu *Bork*, EWiR 2012, 531,

oder wenn der Schuldner über eine Forderung verfügt, deren er sich schon vorher aufgrund eines (anfechtungsfrei begründeten) **verlängerten Eigentumsvorbehalts** wirksam entäußert hat, mag die Forderung auch erst in der Krise entstehen. Allerdings gilt dies nur insoweit, als die Forderung den Wert der Vorbehaltsware nicht übersteigt.

BGH, Urt. v. 6.4.2000 – IX ZR 122/99, ZIP 2000, 932 = WM 2000, 1072 = NZI 2000, 364, dazu *M. Huber*, EWiR 2002, 117;

BGH, Urt. v. 17.3.2011 – IX ZR 63/10, BGHZ 189, 1 = ZIP 2011, 773 Rn. 32 f = NJW 2011, 1506 = NZI 2011, 366 = ZInsO 2011, 778, dazu *Knof*, EWiR 2011, 475.

Eine **Nutzungsüberlassung** ist nur dann gläubigerbenachteiligend, wenn der Schuldner die Sache auch selbst hätte nutzen können, so dass das Nutzungsrecht für ihn einen wirtschaftlichen Wert hat. 111

BGH, Urt. v. 19.7.2018 – IX ZR 307/16, ZIP 2018, 1601 Rn. 24 = NZI 2018, 800 = WM 2018, 174, dazu *D. Eckhardt*, EWiR 2018, 529;

BGH, Urt. v. 15.11.2018 – IX ZR 229/17, ZIP 2019, 233 Rn. 13 = NZI 2019, 333 = WM 2019, 213, dazu *H. Mordhorst*, EWiR 2019, 343.

Das LG Frankfurt am Main hat in einer Einzelrichterentscheidung vom 14.5.2000 entschieden, dass wegen der **Arbeitnehmeranteile**, die in den von dem Schuldner anfechtbar gezahlten Sozialversicherungsbeiträgen enthalten seien, eine Anfechtung nicht in Betracht komme, weil sie nicht zum Vermögen des Arbeitgebers, sondern zum Vermögen der Arbeitnehmer gehört hätten. Der Arbeitgeber habe sie nur treuhänderisch für die Arbeitnehmer gehalten. Deshalb seien die Insolvenzgläubiger durch die Zahlung der Arbeitnehmeranteile nicht benachteiligt. 112

LG Frankfurt/M., Urt. v. 14.5.2000 – 2/4 O 9/00, wohl unveröff.

Dieser Meinung hat sich der BGH nicht angeschlossen. 113

BGH, Urt. v. 25.10.2001 – IX ZR 17/01, BGHZ 149, 100 = ZIP 2001, 2235 = WM 2001, 2398 = NJW 2002, 512 = NZI 2002, 88 = ZInsO 2001, 1150, dazu *Malitz*, EWiR 2002, 207;

BGH, Urt. v. 11.4.2002 – IX ZR 211/01, ZIP 2002, 1159 = WM 2002, 1193 = NJW 2002, 2568 = NZI 2002, 378 = ZInsO 2002, 581.

Er hat insbesondere in der erstgenannten Entscheidung des Näheren ausgeführt, dass es sich bei den Arbeitnehmeranteilen regelmäßig nicht um vom Arbeitgeber treuhänderisch für die Arbeitnehmer oder die Sozialversicherungsträger gehaltenes Vermögen handele. Vielmehr zahlt der Arbeitgeber die Sozialversicherungsbeiträge wie den Lohn selbst aus seinem gesamten Vermögen. Daran besteht regelmäßig keine treuhänderische Mitberechtigung Dritter. Eine solche muss bestimmte Voraussetzungen (insbesondere tatsächliche Vorbereitung einer Zuweisung konkretisierter Vermögenswerte an bestimmte Arbeitnehmer zur Erfüllung; Vornahme einer Lohnabrechnung für den einzelnen Arbeitnehmer; Aufführung bestimmter Beträge als Abzüge für die Sozialversicherung; ihr Ausweis als Guthaben des einzelnen Arbeitnehmers in den Buchhaltungsunterlagen) erfüllen, an denen es meist fehlen wird. § 266a StGB ist eine unmittelbare Berechtigung der Arbeitnehmer oder der Sozialversicherungsträger für die zu entrichtenden Beitragsteile nicht zu entnehmen. 114

Diese Rechtsprechung hat der BGH später bestätigt. 115

BGH, Urt. v. 10.7.2003 – IX ZR 89/02, ZIP 2003, 1666 = WM 2003, 1776 = NZI 2003, 542 = ZInsO 2003, 755, dazu *Hölzle*, EWiR 2004, 197;

vgl. auch BGH, Beschl. v. 30.7.2003 – 5 StR 221/03, ZIP 2003, 2213 = NJW 2003, 3787 = NZI 2004, 48 = ZInsO 2004, 39, dazu *Berger/Herbst*, EWiR 2004, 453;

BGH, Urt. v. 18.4.2005 – II ZR 61/03, ZIP 2005, 1026 = WM 2005, 1180 = NJW 2005, 2546 = NZI 2005, 447 = ZInsO 2005, 650, dazu *Kuhn*, EWiR 2005, 743.

116 Aus europarechtlichen Vorschriften (Richtlinie 80/987/EWG) kann eine Sonderstellung des Sozialversicherers im Rahmen der Insolvenzanfechtung nicht hergeleitet werden.

BGH, Beschl. v. 3.11.2005 – IX ZR 35/05, ZIP 2005, 2217 = ZVI 2006, 28 = WM 2006, 47 = ZInsO 2005, 1268.

117 Eine zusammenfassende Bestätigung der bisherigen Rechtsprechung findet sich in

BGH, Urt. v. 8.12.2005 – IX ZR 182/01, ZIP 2006, 290 = ZVI 2006, 121 = WM 2006, 190 = NJW 2006. 1347 = NZI 2006, 159 = ZInsO 2006, 94.

118 Durch die Einführung von § 28e Abs. 1 Satz 2 SGB IV hat sich daran nichts geändert.

BGH, Urt. v. 27.3.2008 – IX ZR 210/07, ZIP 2009, 747 Rn. 6 ff = WM 2008, 842 = NZI 2008, 293 = ZInsO 2008, 449, dazu *Koza*, EWiR 2008, 313;

BGH, Urt. v. 6.10.2009 – IX ZR 191/05, BGHZ 182, 317 Rn. 16 = ZIP 2009, 2009 = ZVI 2009, 445 = WM 2009, 2046 = NZI 2009, 764, dazu *Bork*, EWiR 2009, 651;

BGH, Urt. v. 5.11.2009 – IX ZR 233/08, BGHZ 183, 86 Rn. 13 = ZIP 2009, 2301 = WM 2009, 2396, dazu *Henkel*, EWiR 2010, 67;

BGH, Urt. v. 17.6.2010 – IX ZR 134/09, ZInsO 2010, 1324 Rn. 6;

BGH, Urt. v. 30.9.2010 – IX ZR 237/09, ZIP 2010, 2209 Rn. 4;

BGH, Urt. v. 7.4.2011 – IX ZR 137/10, NZS 2011, 547 Rn. 3;

BGH, Urt. v. 7.4.2011 – IX ZR 118/10, ZIP 2011, 966 Rn. 3 = WM 2011, 903 = NZI 2011, 456 = ZInsO 2011, 916.

119 Für Zahlungen auf **Lohnsteuerforderungen** gilt dasselbe wie für Zahlungen auf sozialversicherungsrechtliche Arbeitnehmeranteile.

BGH, Urt. v. 22.1.2004 – IX ZR 39/03, ZIP 2004, 513 = ZVI 2004, 188 = WM 2004, 517 = NJW 2004, 1444 = NZI 2004, 206 = ZInsO 2004, 270;

BGH, Urt. v. 13.5.2004 – IX ZR 190/03, ZIP 2004, 1512 = ZVI 2004, 392 = WM 2004, 1587 = NZI 2005, 692 = ZInsO 2004, 859, dazu *G. Pape*, EWiR 2005, 85;

BGH, Beschl. v. 22.10.2015 – IX ZR 74/15, ZInsO 2016, 341 Rn. 2.

c) Haftendes Vermögen

Jede erfolgreiche Anfechtung setzt voraus, dass ihr Gegenstand ohne die Rechtshandlung gerade zum **haftenden** Vermögen des Insolvenzschuldners gehört. Grundsätzlich scheiden daher Gegenstände aus, die nicht pfändbar sind und deshalb gemäß § 36 InsO nicht zur Insolvenzmasse gehören. Zahlt also beispielsweise der Schuldner an einen Gläubiger aus dem nicht pfändbaren Teil seines Einkommens oder aus sonstigem unpfändbaren Vermögen, so liegt eine Gläubigerbenachteiligung nicht vor. 120

BGH, Urt. v. 7.4.2016 – IX ZR 145/15, ZIP 2016, 1174 Rn. 17.

Die Zugehörigkeit zum haftenden Vermögen des Schuldners hat der Insolvenzverwalter darzulegen und zu beweisen. 121

BGH, Urt. v. 17.6.2004 – IX ZR 124/03, ZIP 2004, 1509 = ZVI 2004, 527 = WM 2004, 1576 = NZI 2004, 492 = ZInsO 2004, 856, dazu *Flitsch*, EWiR 2004, 1043;

für Baugelder BGH, Beschl. v. 26.4.2013 – IX ZR 220/11, ZIP 2013, 1288 Rn. 5 = WM 2013, 1229 = NZI 2013, 719.

Zum haftenden Vermögen gehört grundsätzlich auch der Anspruch des Schuldners aus einem Darlehensvertrag. Das gilt auch dann, wenn der Kredit mit der **Zweckbindung** gewährt wurde, den Kreditbetrag einer bestimmten Person zu gewähren. Durch die Leistung des Kredits an den Begünstigten können daher die Gläubiger benachteiligt werden. Anders kann es (nur) sein, wenn eine aus der Zweckbindung folgende Unpfändbarkeit gerade dem Schutz des Schuldners dient. 122

BGH, Urt. v. 7.6.2001 – IX ZR 195/00, ZIP 2001, 1248 = WM 2001, 1476 = NZI 2001, 539 = ZInsO 2001, 661, dazu *Gerhardt*, EWiR 2001, 1007;

BGH, Urt. v. 17.3.2011 – IX ZR 166/08, ZIP 2011, 824 Rn. 13 ff = ZVI 2011, 250 = WM 2011, 803 = NZI 2011, 400 = ZInsO 2011, 782, dazu *M. Hofmann*, EWiR 2011, 431;

BGH, Urt. v. 21.6.2012 – IX ZR 59/11, ZIP 2012, 1468 Rn. 11 = WM 2012, 1448 = NZI 2012, 805, dazu *Bork*, EWiR 2012, 531.

Ebenfalls zum haftenden Vermögen gehören Kreditmittel, beispielsweise aus einem **Kontokorrentkredit**. Nach inzwischen ständiger Rechtsprechung ist das Recht des Bankkunden, den Kontokorrentkredit in Anspruch zu nehmen, nicht pfändbar, denn anderenfalls könnte der pfändende Gläubiger den Schuldner durch die Zwangsvollstreckung zur Umschuldung zwingen, weil die Verpflichtung dann nicht mehr ihm gegenüber, sondern gegenüber der Bank bestehen würde, 123

BGH, Urt. v. 22.1.2004 – IX ZR 39/03, BGHZ 157, 350, 356 = ZIP 2004, 513;

BGH, Beschl. v. 3.12.2015 – IX ZR 131/15, ZIP 2016, 124 Rn. 3 = WM 2016, 135 = NZI 2016, 225, wohl aber der durch Abruf der Kreditmittel entstehende Auszahlungsanspruch. Der Anspruch auf Auszahlung eines zugesagten Kredits ist mithin mit dessen Abruf pfändbar und die Verfügung darüber vermindert die Aktiva, führt also zu einer Gläubigerbenachteiligung.

> BGH, Urt. v. 25.10.2007 – IX ZR 157/06, ZIP 2008, 131 Rn. 14;
>
> BGH, Beschl. v. 3.12.2015 – IX ZR 131/15, ZIP 2016, 124 Rn. 3 = WM 2016, 135 = NZI 2016, 225.

124 Erfüllt der Schuldner mit darlehensweise in Anspruch genommenen Mitteln die Forderung eines späteren Insolvenzgläubigers, bewirkt dies regelmäßig eine Gläubigerbenachteiligung, wenn das Schuldnervermögen (nach Verfahrenseröffnung) nicht ausreicht, um alle Forderungen zu befriedigen.

> BGH, Urt. v. 7.2.2002 – IX ZR 115/99, ZIP 2002, 489 = WM 2002, 561 = NZI 2002, 255 = ZInsO 2002, 276.

125 Der BGH führt dazu aus, dass die Inanspruchnahme eines zugesagten Kredits das Aktivvermögen verringert und damit regelmäßig den Zugriff der Gläubiger beeinträchtigt. Im entschiedenen Fall stand dem Schuldner gegen die Bank ein Anspruch auf Auszahlung eines Darlehensbetrages in Höhe von 700.000 DM zu. Dieser Anspruch war für sich pfändbar.

> BGH, Urt. v. 29.3.2001 – IX ZR 34/00, BGHZ 147, 193 = ZIP 2001, 825 = WM 2001, 898 = NJW 2001, 1937, dazu *Prütting/Stickelbrock*, EWiR 2001, 599.

126 Er unterlag deshalb dem Insolvenzbeschlag. Zwar hing die Inanspruchnahme des Darlehens noch von einem „Abruf" des Schuldners ab. Ob ohne ihn die Forderung schon pfändbar war, konnte der BGH offenlassen, weil der Schuldner das Darlehen tatsächlich abgerufen hatte. Dass er diese Verfügung möglicherweise nicht getroffen hätte, wenn er mit einer Anfechtbarkeit gerechnet hätte, war unerheblich. Es kommt in einem solchen Fall nur auf das reale Geschehen, nicht auf hypothetische Erwägungen an.

> BGH, Urt. v. 8.7.1993 – IX ZR 116/92, BGHZ 123, 183 = ZIP 1993, 1662 = WM 1993, 1729 = NJW 1993, 2876, dazu *Gerhardt*, EWiR 1993, 1141.

127 Zwar tritt aus Rechtsgründen eine Gläubigerbenachteiligung nicht ein, wenn der Gläubiger einer Insolvenzforderung unmittelbar nur durch einen anderen, nicht besser gesicherten gleichartigen Gläubiger ersetzt wird. Darum ging es in dem entschiedenen Fall aber nicht. Die Bank hatte nicht etwa die Forderung der Beklagten erworben. Vielmehr wurde diese Forderung mit finanziellen Mitteln getilgt, die dem Schuldner selbst gebührten und über die er grundsätzlich frei verfügen konnte.

128 Diese Grundsätze gelten auch beim Dispositionskredit,

> BGH, Urt. v. 11.1.2007 – IX ZR 31/05, BGHZ 170, 276 = ZIP 2007, 435 Rn. 12 = WM 2007, 508 = NJW 2007, 1357 = NZI 2007, 225 = ZInsO 2007, 269;

BGH, Urt. v. 6.10.2009 – IX ZR 191/05, BGHZ 182, 317 = ZIP 2009, 2009 Rn. 13 = WM 2009, 2046 = NZI 2009, 764, dazu *Bork*, EWiR 2009, 651;

BGH, Urt. v. 24.1.2013 – IX ZR 11/12, ZIP 2013, 371 Rn. 20 m. w. N. = WM 2013, 361 = NZI 2013, 249 = ZInsO 2013, 384, dazu *Luttmann*, EWiR 2013, 391,

nach früherer Rechtsprechung hingegen nicht beim **Überziehungskredit** (nur geduldete, nicht geschuldete Kontoüberziehung). Auf dessen Gewährung habe der Schuldner keinen Anspruch, so dass kein pfändbarer Vermögenswert vorliege. In einem solchen Fall handele es sich tatsächlich um einen reinen Passivtausch.

BGH, Urt. v. 11.1.2007 – IX ZR 31/05, BGHZ 170, 276 Rn. 11 ff = ZIP 2007, 435 = WM 2007, 508 = NJW 2007, 1357 = NZI 2007, 225 = ZInsO 2007, 269;

BGH, Urt. v. 1.2.2007 – IX ZB 248/05, ZIP 2007, 601 Rn. 13 = WM 2007, 695 = NZI 2007, 283 = ZInsO 2007, 323;

BGH, Urt. v. 28.2.2008 – IX ZR 213/06, ZIP 2008, 701 Rn. 7 = WM 2008, 704 = NZI 2008, 297 = ZInsO 2008, 374, dazu *Göb*, EWiR 2008, 757.

Allerdings war hier stets zu prüfen, ob nicht in der fortlaufenden Duldung 129
der Kontoüberziehung eine stillschweigende Erweiterung der Kreditlinie zu sehen ist,

BGH, Urt. v. 11.1.2007 – IX ZR 31/05, BGHZ 170, 276 Rn. 16 = ZIP 2007, 435 = ZVI 2007, 379 = WM 2007, 508 = NJW 2007, 1357 = NZI 2007, 225 = ZInsO 2007, 269;

BGH, Urt. v. 28.2.2008 – IX ZR 213/06, ZIP 2008, 701 Rn. 8 = WM 2008, 704 = NZI 2008, 297 = ZInsO 2008, 374,

wofür allerdings die mehrfache Duldung der Überziehung in wechselnder Höhe nicht ausreichen soll.

BGH, Urt. v. 6.10.2009 – IX ZR 191/05, BGHZ 182, 317 = ZIP 2009, 2009 = ZVI 2009, 445, dazu *Bork*, EWiR 2009, 651.

Außerdem kann ein gesonderter Darlehensvertrag vorliegen, wenn die Bank 130
den Kunden zur Kontoüberziehung veranlasst.

BGH, Urt. v. 28.2.2008 – IX ZR 213/06, ZIP 2008, 701 Rn. 9 = WM 2008, 704 = NZI 2008, 297 = ZInsO 2008, 374.

Schließlich liegt auch nach bisheriger Rechtsprechung bei Zahlung aus einem 131
Überziehungskredit eine (mittelbare) Gläubigerbenachteiligung vor, wenn die Bank besser gesichert ist als der befriedigte Gläubiger,

BGH, Urt. v. 11.1.2007 – IX ZR 31/05, BGHZ 170, 276 Rn. 11 = ZIP 2007, 435 = WM 2007, 509 = NJW 2007, 1357 = NZI 2007, 225 = ZInsO 2007, 269;

BGH, Urt. v. 1.2.2007 – IX ZB 248/05, ZIP 2007, 601 Rn. 13 = ZVI 2007, 423 = WM 2007, 695 = NZI 2007, 283;

BGH, Urt. v. 28.2.2008 – IX ZR 213/06, ZIP 2008, 701 Rn. 8 = WM 2008, 704 = NZI 2008, 297 = ZInsO 2008, 374,

oder wenn die Auszahlung an den Kunden selbst bzw. auf ein anderes im pfändbaren Bereich geführtes Konto des Kunden erfolgt.

BGH, Urt. v. 11.1.2007 – IX ZR 31/05, BGHZ 170, 276 Rn. 15 = ZIP 2007, 435 = WM 2007, 509 = NJW 2007, 1357 = NZI 2007, 225 = ZInsO 2007, 269.

132 Die Differenzierung zwischen Dispositionskredit und Überziehungskredit hat der BGH jetzt allerdings aufgegeben.

BGH, Urt. v. 6.10.2009 – IX ZR 191/05, BGHZ 182, 317 Rn. 10 ff = ZIP 2009, 2009 = ZVI 2009, 445, dazu *Bork*, EWiR 2009, 651;

bestätigend u. a. BGH, Urt. v. 1.7.2010 – IX ZR 70/08, WM 2010, 1756 Rn. 12 = ZInsO 2010, 1598;

BGH, Urt. v. 25.2.2016 – IX ZR 12/14, ZIP 2016, 581 Rn. 7 = WM 2016, 553 = NZI 2016, 398.

133 Anlass war die Beobachtung, dass sich Anfechtungsgegner leicht der Anfechtung entziehen konnten, indem sie sich – in der Regel unwiderlegbar – darauf beriefen, sie hätten (u. U. gerade wegen der Kenntnis von der Zahlungsunfähigkeit des Schuldners) eine Zahlung aus einem ungesicherten Überziehungskredit für möglich halten dürfen und deshalb die Gläubigerbenachteiligung jedenfalls nicht positiv gekannt. Wertungsmäßig muss aber ein Gläubiger, der durch Direktzahlung der Bank aus einem Überziehungskredit befriedigt wird, genauso behandelt werden wie der, der durch Barzahlung vom Schuldner befriedigt wird, welcher das Bargeld durch Inanspruchnahme eines Überziehungskredits von seinem Konto abgehoben hat. Es kann die mittelbare Zuwendung (über die Bank) nicht anders behandelt werden als die unmittelbare. Rechtstechnisch erreicht der BGH dies zum einen dadurch, dass er von der Gesamtschau des Vorgangs (reiner Passivtausch) Abstand nimmt und allein auf die Vermehrung der Passivmasse durch Erhöhung der Kreditforderung abstellt, ohne die durch die Befriedigung des Zahlungsempfängers bewirkte Verminderung der Passivmasse gegenzurechnen. Zum anderen wird die Gläubigerbenachteiligung damit begründet, dass die von der Bank unter Gewährung des Überziehungskredits an den Gläubiger ausgezahlten Kreditmittel gerade nicht in das Vermögen des Schuldners gelangt und dort für den Zugriff der Gläubigergesamtheit verblieben sind.

134 Eine Gläubigerbenachteiligung ist auch für den Fall anzunehmen, dass ein pflichtteilsberechtigter Schuldner den **Pflichtteilsanspruch** an einen Dritten abtritt und dieser ihn gegen den Pflichtteilsschuldner durchsetzt. Dass ein Pflichtteilsanspruch nach § 852 Abs. 1 ZPO erst pfändbar ist, wenn er durch Vertrag anerkannt oder rechtshängig geworden ist, hat der BGH im Gegensatz zum Berufungsgericht, das sich auf die damals einhellige Meinung der Literatur berufen konnte, unter teleologischer Reduktion des Pfändungsverbots nicht als Hindernis einer Benachteiligung der Gläubiger des zedierenden Pflichtteilsberechtigten gewertet.

> BGH, Urt. v. 8.7.1993 – IX ZR 116/92, ZIP 1993, 1662 = WM 1993, 1729 = NJW 1993, 2876,
> dazu *Gerhardt*, EWiR 1993, 1141.

Diese Entscheidung wollte sich ein Gläubiger in einem Fall zunutze machen, in dem der Schuldner seine Mutter bewogen hatte, nicht ihn, sondern seine Ehefrau zum Erben einzusetzen. Darin, dass der Schuldner die Erbin nicht auf den Pflichtteil in Anspruch nahm, wollte der Gläubiger ein Geltendmachen des Pflichtteilsrechts durch Unterlassen sehen. Dem ist der BGH mit Rücksicht auf die Entscheidungsfreiheit des Pflichtteilsberechtigten nicht gefolgt. **135**

> BGH, Urt. v. 6.5.1997 – IX ZR 147/96, ZIP 1997, 1302 = WM 1997, 1407 = NJW 1997, 2384,
> dazu *Gerhardt*, EWiR 1997, 683.

Zur Pfändbarkeit eines **geschmacksmusterrechtlichen Anwartschaftsrechts** **136**

> vgl. BGH, Urt. v. 2.4.1998 – IX ZR 232/96, ZIP 1998, 830 = WM 1998, 1037,

zur Pfändbarkeit von **Berufsunfähigkeitsrenten**

> vgl. BGH, Urt. v. 3.12.2009 – IX ZR 189/08, ZIP 2010, 293 Rn. 7 ff = ZVI 2010, 102 = WM 2010, 271 = NZI 2010, 141,
> dazu *Fliegner*, EWiR 2010, 331,

zur Pfändbarkeit von **Ruhegehaltsansprüchen**

> BGH, Urt. v. 20.12.2012 – IX ZR 130/10, ZIP 2013, 374 Rn. 14 ff = ZInsO 2013, 337,
> dazu *Dahl/D. Schmitz*, EWiR 2013, 421.

Trotz ihrer grundsätzlichen Unabtretbarkeit sind auch die **Gebührenforderungen** der Steuerberater pfändbar und unterliegen deshalb dem Insolvenzbeschlag. **137**

> BGH, Urt. v. 25.3.1999 – IX ZR 223/97, BGHZ 141, 173 = ZIP 1999, 621 = NJW 1999, 1544 = NZI 1999, 191 = ZInsO 1999, 280,
> dazu *Johlke*, EWiR 1999, 857.

Das Gleiche gilt für Gebührenforderungen von Ärzten. **138**

> BGH, Beschl. v. 17.2.2005 – IX ZB 62/04, BGHZ 162, 187 = ZIP 2005, 722 = ZVI 2005, 200 = WM 2005, 850 = NJW 2005, 1505 = NZI 2005, 263 = ZInsO 2005, 436,
> dazu *Bork*, EWiR 2005, 571.

d) Nachteilige Auswirkungen auf das Vermögen

Gläubigerbenachteiligend können nur Rechtshandlungen sein, die sich für die Insolvenzgläubiger nachteilig auf das haftende Schuldnervermögen auswirken. Eine Gläubigerbenachteiligung ist deshalb beispielsweise zu verneinen, wenn **139** durch die **Zahlung eines Drittschuldners** (Schuldner des Schuldners) an einen Dritten, die nicht zum Erlöschen der Verbindlichkeit des Schuldners geführt hat, nur die tatsächliche Durchsetzung der Forderung des Schuldners erschwert wird.

> BGH, Urt. v. 17.6.1999 – IX ZR 176/98, ZIP 1999, 1269 = WM 1999, 1581 = NJW 1999, 2969 = NZI 1999, 313 = ZInsO 1999, 470.

140 An einer für die Insolvenzgläubiger nachteiligen Auswirkung fehlt es ferner bei der Gewährung einer **Sicherheit für ein nachrangiges Gesellschafterdarlehen**, wenn der Sicherheit nach dem vereinbarten Rang sämtliche Insolvenzforderungen vorgehen.

> BGH, Beschl. v. 2.2.2006 – IX ZB 167/04, ZIP 2006, 483 = WM 2006, 630 = NZI 2006, 232 = ZInsO 2006, 254.

141 Löst die Rückzahlung eines gesellschafterbesicherten Drittdarlehens durch die Gesellschaft eine Erstattungspflicht des Gesellschafters aus, werden die Gesellschaftsgläubiger dennoch – wenigstens mittelbar – benachteiligt, wenn zugleich der Zugriff auf diesen Erstattungsanspruch wesentlich erschwert wird, etwa durch eine stille Liquidation im Ausland.

> BGH, Urt. v. 22.12.2005 – IX ZR 190/02, BGHZ 165, 343 = ZIP 2006, 243 = WM 2006, 242 = NJW 2006, 908 = NZI 2006, 155 = ZInsO 2006, 151.

142 Eine Benachteiligung der Insolvenzgläubiger liegt ferner nicht vor, wenn die **Insolvenzmasse** ohne Anfechtung und Rückgewähr **ausreicht**, um alle Gläubiger zu befriedigen,

> BGH, Urt. v. 19.9.1988 – II ZR 255/87, BGHZ 105, 168 = ZIP 1988, 1248 = WM 1988, 1525 = NJW 1988, 3143, dazu *Fleck*, EWiR 1988, 1095,

oder wenn das anfechtbar Erlangte vom Insolvenzverwalter **wieder an den Anfechtungsgegner auszuschütten** wäre, etwa weil er der einzige Insolvenzgläubiger ist.

> BGH, Beschl. v. 7.2.2013 – IX ZR 146/12, ZIP 2013, 637 Rn. 2 ff = WM 2013, 615 = NZI 2013, 399.

143 Hat der Drittschuldner hingegen die Verbindlichkeit des Schuldners bei einem Dritten auf Anweisung des Schuldners getilgt, so ist zu unterscheiden: Schuldete der Drittschuldner dem Insolvenzschuldner diese Tilgung, so handelt es sich um eine **Anweisung auf Schuld**. Sie führt nicht nur dazu, dass der Insolvenzschuldner von seiner Verbindlichkeit gegenüber seinem Gläubiger befreit wird, sondern auch dazu, dass er den Leistungsanspruch gegen seinen Drittschuldner verliert. Das reicht für eine (mittelbare) Gläubigerbenachteiligung aus.

BGH, Beschl. v. 16.10.2008 – IX ZR 147/07, ZIP 2008, 2182 Rn. 9 = WM 2008, 2224 = NZI 2009, 56 = ZInsO 2008, 1200, dazu *M. Klein*, EWiR 2009, 27;

BGH, Urt. v. 20.1.2011 – IX ZR 58/10, ZIP 2011, 438 Rn. 12 = WM 2011, 371 = NZI 2011, 141 = ZInsO 2011, 421, dazu *Koza*, EWiR 2011, 287;

BGH, Urt. v. 17.3.2011 – IX ZR 166/08, ZIP 2011, 824 Rn. 13 ff = ZVI 2011, 250 = WM 2011, 803 = NZI 2011, 400, dazu *M. Hofmann*, EWiR 2011, 431;

BGH, Urt. v. 21.6.2012 – IX ZR 59/11, ZIP 2012, 1468 Rn. 12 = WM 2012, 1448 = NZI 2012, 805, dazu *Bork*, EWiR 2012, 531;

BAG, Urt. v. 21.11.2013 – 6 AZR 159/12, ZIP 2014, 233 Rn. 31 f = DB 2014, 249 = NZI 2014, 276, dazu *Würdinger*, EWiR 2014, 187;

BGH, Urt. v. 20.11.2014 – IX ZR 13/14, ZIP 2015, 42 Rn. 22 = WM 2015, 53 = NZI 2015, 183;

BGH, Urt. v. 17.12.2015 – IX ZR 287/14, ZIP 2016, 279 Rn. 13 = WM 2016, 282 = NZI 2016, 311, dazu *Bork*, EWiR 2016, 113;

BGH, Urt. v. 28.1.2016 – IX ZR 185/13, ZIP 2016, 426 Rn. 26 = WM 2016, 427 = NZI 2016, 363, dazu *Haneke*, EWiR 2016, 243.

Etwas anderes gilt nur dann, wenn der befriedigte Gläubiger an der Forderung **144** des Insolvenzschuldners gegen den leistenden Drittschuldner ein unanfechtbares und in vollem Umfang werthaltiges Sicherungsrecht hatte oder durch den Vorgang ein sonstiges Sicherungsrecht des Gläubigers abgelöst wird.

BGH, Urt. v. 19.3.2009 – IX ZR 39/08, ZIP 2009, 817 Rn. 9 ff = ZVI 2009, 257 = WM 2009, 812 = NZI 2009, 379.

Schuldete der Leistende dem Insolvenzschuldner hingegen die Befriedigung **145** des Dritten nicht (so verhält es sich beispielsweise bei einem persönlich haftenden Personengesellschafter, der seiner Gesellschaft gegenüber nicht verpflichtet ist, deren Schulden zu bezahlen, weil § 128 HGB nur eine Verpflichtung gegenüber dem Gesellschaftsgläubiger begründet), so handelt es sich um eine **Anweisung auf Kredit**. Sie führt grundsätzlich nur zu einem bloßen Gläubigerwechsel, der nur dann gläubigerbenachteiligend wirkt, wenn der Leistende besser gesichert ist als der befriedigte Gläubiger.

BGH, Beschl. v. 16.10.2008 – IX ZR 147/07, ZIP 2008, 2182 Rn. 9 = WM 2008, 2224 = NZI 2009, 56 = ZInsO 2008, 1200;

BGH, Urt. v. 21.6.2012 – IX ZR 59/11, ZIP 2012, 1468 Rn. 12 = WM 2012, 1448 = NZI 2012, 805;

BAG, Urt. v. 21.11.2013 – 6 AZR 159/12, ZIP 2014, 233 Rn. 31 f = DB 2014, 249 = NZI 2014, 276;

BGH, Urt. v. 20.11.2014 – IX ZR 13/14, ZIP 2015, 42 Rn. 22 = WM 2015, 53 = NZI 2015, 183;

BGH, Urt. v. 17.12.2015 – IX ZR 287/14, ZIP 2016, 279 Rn. 13 = WM 2016, 282 = NZI 2016, 311, dazu *Bork*, EWiR 2016, 113;

BGH, Urt. v. 28.1.2016 – IX ZR 185/13, ZIP 2016, 426 Rn. 26 = WM 2016, 427 = NZI 2016, 363, dazu *Haneke*, EWiR 2016, 243.

146 Die Insolvenzordnung hat das **Verwertungsrecht für Sicherungsgüter** grundsätzlich dem Insolvenzverwalter zugewiesen (§§ 165 f InsO), um es zu ermöglichen, den „technisch-organisatorischen Verbund des Schuldnervermögens“ zum Zwecke einer möglichst günstigen Masseverwertung zu erhalten.

147 Danach können die Insolvenzgläubiger zwar durch eine Herausgabe des mit einem Absonderungsrecht belasteten Gegenstandes an den Absonderungsberechtigten vor Verfahrenseröffnung grundsätzlich auch dann benachteiligt werden, wenn die gesicherte Forderung dem Wert des Gegenstandes entspricht oder ihn übersteigt.

148 Allein darin, dass dem Insolvenzverwalter durch eine vor Eröffnung des Insolvenzverfahrens vorgenommene Einziehung einer zur Sicherung abgetretenen Forderung die Verwertungskostenpauschale (§ 171 Abs. 2 Satz 1 InsO) entgeht, ist eine Gläubigerbenachteiligung aber nicht zu sehen.

BGH, Urt. v. 20.11.2003 – IX ZR 259/02, ZIP 2004, 42 = WM 2004, 39 = NZI 2004, 137 = ZInsO 2003, 1137, dazu *Gundlach/Schmidt*, EWiR 2004, 123;

BGH, Urt. v. 26.4.2012 – IX ZR 67/09, ZIP 2012, 1301 = WM 2012, 1200 = NZI 2012, 667 = ZInsO 2012, 1429 Rn. 28, dazu *Lau*, EWiR 2012, 735.

149 In Fortführung dieses Urteils hat der BGH entschieden: Hat der in der Insolvenz absonderungsberechtigte Gläubiger vor Insolvenzeröffnung sicherungsübereignete Gegenstände in Besitz genommen und verwertet, kann die Inbesitznahme nicht mit der Begründung angefochten werden, der Masse sei die Feststellungskostenpauschale entgangen.

BGH, Urt. v. 23.9.2004 – IX ZR 25/03, ZIP 2005, 40 = ZVI 2005, 136 = WM 2005, 126 = NZI 2005, 165 = ZInsO 2005, 148.

150 Eine unmittelbare Gläubigerbenachteiligung kann aber gegeben sein, wenn der spätere Schuldner als Sicherungsgeber dem Sicherungsnehmer die **Zustimmung zur Veräußerung** des Sicherungsguts (im konkreten Fall Kraftfahrzeuge) zu einem objektiv **unter dem Verkehrswert** liegenden Preis erteilt. Ohne diese Zustimmung hätte der Sicherungsnehmer sich selbst über den Wert des Sicherungsguts informieren müssen. Wäre es ihm dann bei vertragsgerechtem Verhalten gelungen, einen höheren Preis zu erzielen, bewirkte das Einverständnis zwischen Sicherungsgeber und -nehmer, dass diesem die Verpflichtung, sich um die Erzielung eines möglichen höheren Erlöses zu bemühen, erlassen (§ 397 BGB) und damit zugleich auf alle eventuellen Schadensersatzansprüche aus der Verletzung dieser Pflicht verzichtet wurde.

BGH, Urt. v. 9.1.1997 – IX ZR 1/96, ZIP 1997, 367 = WM 1997, 432 = NJW 1997, 1063,
dazu *Henckel*, EWiR 1997, 899.

Ein bloßer **Sicherheitentausch** ist vermögensneutral und führt deshalb nicht zu einer Gläubigerbenachteiligung, solange nicht im Zuge des Austauschs vorübergehend eine Sicherungslücke (dazu die folgenden Rn.) entsteht. **151**

BGH, Urt. v. 29.11.2007 – IX ZR 30/07, BGHZ 174, 297 = ZIP 2008, 183 = WM 2008, 204 = NZI 2008, 89 Rn. 13,
dazu *Ries*, EWiR 2008, 187;

BGH, Urt. v. 17.9.2009 – IX ZR 106/08, BGHZ 182, 264 = ZIP 2010, 38 = ZVI 2010, 58 = WM 2010, 87 = NZI 2010, 58 Rn. 16,
dazu *Eckardt*, EWiR 2010, 191;

BGH, Urt. v. 17.3.2011 – IX ZR 63/10, BGHZ 189, 1 = ZIP 2011, 773 = NJW 2011, 1506 = NZI 2011, 366 Rn. 32,
dazu *Knof*, EWiR 2011, 475;

BGH, Urt. v. 26.4.2012 – IX ZR 67/09, ZIP 2012, 1301 = WM 2012, 1200 = NZI 2012, 667 = ZInsO 2012, 1429 Rn. 26;

BGH, Urt. v. 11.6.2015 – IX ZR 110/13, ZIP 2015, 1398 Rn. 12 = WM 2015, 1384 = NZI 2015, 765,
dazu *Mitlehner*, EWiR 2015, 675;

BGH, Urt. v. 2.2.2017 – IX ZR 245/14, ZIP 2017, 533 Rn. 11 = WM 2017, 446 = NZI 2017, 349,
dazu *Bork*, EWiR 2017, 207;

BGH, Urt. v. 27.4.2017 – IX ZR 192/15, ZIP 2017, 2074 = NZI 2017, 623 Rn. 13 = WM 2017, 1256.

In Höhe des vor Beginn des Anfechtungszeitraums bestehenden Auszahlungsanspruchs wäre ein Pfandrecht auch dann nicht gemäß § 131 Abs. 1 Nr. 1 InsO anfechtbar, wenn es in dem nach dieser Vorschrift maßgeblichen Zeitraum (mehrfach) neu entstanden wäre. Es fehlte an einer objektiven Gläubigerbenachteiligung, weil ein masseneutraler Sicherheitentausch vorläge. Der Fall stellt sich wertungsmäßig nicht anders dar, als die vom BGH bislang beurteilten Fälle des Austauschs einer gleichwertigen Sicherheit gegen eine andere. **152**

BGH, Urt. v. 24.9.2020 – IX ZR 289/18, BGHZ 227, 123 = ZIP 2020, 2079 = WM 2020, 1980 = ZInsO 2020, 2262 Rn. 41.

e) Vorübergehende Auswirkungen auf das Vermögen

Für eine Gläubigerbenachteiligung genügt es schon, wenn sich der durch die Rechtshandlung aufgegebene Vermögenswert nur **vorübergehend**, und sei es für ganz kurze Zeit, unbelastet im Schuldnervermögen befunden hat. **153**

BGH, Urt. v. 16.11.2007 – IX ZR 194/04, BGHZ 174, 228 Rn. 19 = ZIP 2008, 125 = ZVI 2009, 78 = WM 2008, 173 = NZI 2008, 163, dazu *Ch. Keller*, EWiR 2008, 211;

BGH, Urt. v. 17.12.2009 – IX ZR 16/09, ZIP 2010, 531 Rn. 12 = ZVI 2010, 148 = NZI 2010, 295 = ZInsO 2010, 521.

154 So verhält es sich beispielsweise, wenn treuhänderisch eingezogene Gelder über ein eigenes Geschäftskonto an den Treugeber weitergeleitet werden

BGH, Urt. v. 23.9.2010 – IX ZR 212/09, ZIP 2010, 2009 Rn. 21 = NZI 2010, 897 = ZInsO 2010, 1929, dazu *Freudenberg*, EWiR 2010, 825;

oder der Schuldner Vermögenswerte, die er als Leistungsmittler an einen Dritten weiterleiten soll, vorübergehend in seinem Vermögen hat.

BGH, Beschl. v. 4.2.2016 – IX ZA 28/15, ZIP 2016, 630 Rn. 5 = WM 2016, 557 = NZI 2016, 362.

155 Dasselbe gilt bei der **Sicherungszession.** Hier werden die Insolvenzgläubiger regelmäßig benachteiligt, wenn der Schuldner den zunächst von ihm vereinnahmten Betrag an das Kreditinstitut überweist. Anders verhält es sich nur, wenn dieses ein unanfechtbares Pfandrecht an dem Anspruch auf Auszahlung der eingegangenen Beträge und damit ein permanentes unanfechtbares Absonderungsrecht erworben hat (**Sicherheitentausch ohne zeitliche „Sicherungslücke“**).

BGH, Urt. v. 19.1.2006 – IX ZR 154/03, ZIP 2006, 959 = WM 2006, 915 = NZI 2006, 700 = ZInsO 2006, 493, dazu *Frind*, EWiR 2006, 503;

BGH, Urt. v. 6.4.2006 – IX ZR 185/04, ZIP 2006, 1009 = ZVI 2006, 288 = WM 2006, 1018 = NZI 2006, 403 = ZInsO 2006, 544; dazu *Homann*, EWiR 2006, 501;

BGH, Urt. v. 17.9.2009 – IX ZR 106/08, ZIP 2010, 38 Rn. 16 ff = ZVI 2010, 58 = WM 2010, 87 = NZI 2010, 58, dazu *Eckardt*, EWiR 2010, 191;

BGH, Urt. v. 2.2.2017 – IX ZR 245/14, ZIP 2017, 533 Rn. 11 ff = WM 2017, 446 = NZI 2017, 349, dazu *Bork*, EWiR 2017, 207.

156 Eine Gläubigerbenachteiligung ist ferner zu bejahen, wenn der Schuldner eine Sache in der dem Gläubiger bekannten Absicht erworben hat, sie sofort an einen Dritten **weiterzuveräußern.** Dass es von Anfang an dem Willen aller Beteiligten entsprach, dass letztlich der Dritte die Sache erhielt, ändert daran nichts.

BGH, Urt. v. 18.5.2000 – IX ZR 119/99, ZIP 2000, 1550 = WM 2000, 1459 = NZI 2000, 468; dazu *Paulus*, EWiR 2000, 947.

f) Völlig wertlose Gegenstände

157 An einer nachteiligen Auswirkung auf das Schuldnervermögen fehlt es insbesondere, wenn die Rechtshandlung völlig wertlose Gegenstände betrifft. So verhält es sich, wie nachfolgend im Einzelnen darzustellen sein wird, wenn dem Gegenstand überhaupt kein Vermögenswert zukommt oder wenn er vor der Rechtshandlung bereits wertausschöpfend belastet war und dann veräußert, verwertet oder zusätzlich belastet wird. In diesen Fällen mangelt es jedenfalls an einer unmittelbaren Gläubigerbenachteiligung, während eine mit-

telbare Gläubigerbenachteiligung vorliegen kann, wenn sich die Sicherheit – z. B. wegen Wegfalls vorrangiger Belastungen eines Grundstücks – bis zum Schluss der letzten mündlichen Verhandlung in der Tatsacheninstanz nachträglich doch als werthaltig erweist.

BGH, Urt. v. 9.6.2016 – IX ZR 153/15, ZIP 2016, 1491 Rn. 35, 39, dazu *Eckhardt*, EWiR 2016, 469.

Hat der Schuldner etwas aus seinem Vermögen an einen Dritten weggegeben, was als Zugriffsobjekt der Gläubiger nicht in Frage kam, weil es **völlig wertlos** war, z. B. Fotografien, dann wurde dadurch sein Vermögen nicht verkürzt, denn eine Zugriffsmöglichkeit auf diesen Gegenstand zum Zwecke der Verwertung bestand nicht. 158

BGH, Urt. v. 11.12.2003 – IX ZR 336/01, ZIP 2004, 671 = WM 2004, 540 = NZI 2004, 253 = ZInsO 2004, 149.

Diesen Grundsatz hat der BGH immer wieder betont. 159

BGH, Urt. v. 2.6.1959 – VIII ZR 182/58, WM 1959, 888;

BGH, Urt. v. 15.10.1975 – VIII ZR 62/74, WM 1975, 1182;

BGH, Urt. v. 16.5.1979 – VIII ZR 156/78, WM 1979, 776;

BGH, Urt. v. 20.12.1984 – IX ZR 114/83, WM 1985, 364.

In den zuletzt genannten Einzelfällen wurde es als die Gläubiger benachteiligend angesehen, dass im ersten Fall – er betraf eine Anfechtung außerhalb der Insolvenz – der Schuldner einen Zahlungsanspruch aufgegeben, dafür aber keine Werte erhalten hatte, auf die die Anfechtungsklägerin im Vollstreckungswege als Gläubigerin hätte zugreifen können, obwohl die Aufrechnungslage, derentwegen der **Zahlungsanspruch** aufgegeben wurde, zugunsten des Aufrechnenden erst später eintrat. Im zweiten der genannten Fälle hatte der Schuldner ein **Benennungsrecht** aufgegeben, mit dem er Erwerber von wertvollen Gesellschafteranteilen an einer KG benennen konnte, denen dann vertragsgemäß diese Anteile zu verkaufen waren. Dieses Benennungsrecht stellte einen erheblichen Vermögenswert dar. Es war veräußerlich und hätte von den Gläubigern – auch hier handelte es sich um eine Anfechtung außerhalb der Insolvenz – verwertet werden können. In dem 1959 entschiedenen Fall hat der BGH eine objektive Gläubigerbenachteiligung schon darin gesehen, dass der Schuldner einen Zahlungsanspruch aufgegeben hatte und stattdessen **Sachwerte** erhielt, die er leichter dem Gläubigerzugriff entziehen konnte und tatsächlich entzogen hatte. Eine Gläubigerbenachteiligung im Sinne der Anfechtungsbestimmungen kann schon in der **Erschwerung des Gläubigerzugriffs** liegen, wenn sich diese Erschwerung aus den Umständen des Einzelfalles entnehmen lässt. Dabei genügt es, dass die Benachteiligung im Zeitpunkt der Anfechtung gegeben ist. 160

Grundsätzlich ist freilich von der Werthaltigkeit des weggegebenen Wirtschaftguts auszugehen, wenn ihm im Geschäftsverkehr üblicherweise ein Wert zukommt und es deshalb in der Regel nur gegen Entgelt übertragen wird. 161

162 Der arbeitsvertragliche **Anspruch auf die Dienste eines Arbeitnehmers** besitzt im Allgemeinen einen solchen objektiven Verkehrswert, auch wenn der Arbeitgeber für den Arbeitnehmer keine Verwendung mehr hat, dieser jedoch bereit ist, zugunsten eines Dritten tätig zu werden.

> BGH, Urt. v. 11.12.2003 – IX ZR 336/01, ZIP 2004, 671 = WM 2004, 540 = NZI 2004, 253 = ZInsO 2004, 149.

163 Eine Gläubigerbenachteiligung kann auch vorliegen, wenn das übertragbare Recht zur Teilnahme mit Mannschaften am sportlichen Wettbewerb einer Bundesliga (sog. **Bundesligalizenz**) veräußert wird.

> BGH, Urt. v. 22.3.2001 – IX ZR 373/98, ZIP 2001, 889 = WM 2001, 1005 = NZI 2001, 360 = ZInsO 2001, 555, dazu *Eckardt*, EWiR 2001, 663.

164 Bei einem **Sicherheitenpoolvertrag** kann es vorkommen, dass Drittschuldner mit befreiender Wirkung an den Poolführer zahlen, diesem aber die zugrunde liegende Forderung nicht selbst zusteht, weil sie einem anderen Poolmitglied sicherungszediert ist. Das ist gläubigerbenachteiliegend, weil zwar das Pfandrecht des Poolführers an dem Auszahlungsanspruch der Bank die Sicherungszession ablöst, der Poolführer selbst aber bisher ungesichert war.

> BGH, Urt. v. 2.6.2005 – IX ZR 181/03, ZIP 2005, 1651 = ZVI 2005, 543 = WM 2005, 1790 = NZI 2005, 622 = ZInsO 2005, 932, dazu *Gundlach/Frenzel*, EWiR 2005, 899.

165 Demgegenüber scheidet eine Gläubigerbenachteiligung auch unter der Geltung der Insolvenzordnung nach wie vor aus, wenn eine insolvenzfeste **Sicherheit verwertet** wird

> BGH, Urt. v. 9.7.2009 – IX ZR 86/08, ZIP 2009, 1674 = WM 2009, 1750 = NZI 2009, 644 = ZInsO 2009, 1585 Rn. 12;
>
> BGH, Urt. v. 26.4.2012 – IX ZR 67/09, ZIP 2012, 1301 = WM 2012, 1200 = NZI 2012, 667 = ZInsO 2012, 1429 Rn. 22, dazu *Lau*, EWiR 2012, 735;
>
> BGH, Urt. v. 14.6.2012 – IX ZR 145/09, ZIP 2012, 1422 = WM 2012, 1401 = NZI 2012, 658 = ZInsO 2012, 1318 Rn. 14, dazu *M. Huber*, EWiR 2012, 567;
>
> BGH, Urt. v. 19.12.2013 – IX ZR 127/11, ZIP 2013, 231 = WM 2014, 226 = ZInsO 2014, 195 Rn. 8;
>
> BGH, Urt. v. 21.11.2013 – IX ZR 128/13, ZIP 2014, 35 = WM 2014, 44 = ZInsO 2014, 31 Rn. 12, dazu *Fehst*, EWiR 2014, 119

oder der Schuldner das **Absonderungsrecht durch Zahlung ablöst**, soweit deren Höhe den Erlös nicht überschreitet, den der Absonderungsberechtigte bei einer Verwertung des mit dem Absonderungsrecht belasteten Gegenstandes hätte erzielen können. Gleiches gilt, wenn das Absonderungsrecht von vornherein an einem Geldbetrag oder an einem Bankguthaben besteht. Bleibt in einem solchen Fall der verpfändete Geldbetrag oder das verpfändete Guthaben hinter der Höhe der gesicherten Forderung zurück, ist das eigene Verwertungsrecht des Insolvenzverwalters ohne jeden wirtschaftlichen Wert. Für die Insolvenzmasse verbleibt kein auch nur im Kern geschützter Vermögenswert.

> BGH, Urt. v. 17.6.2004 – IX ZR 124/03, ZIP 2004, 1509 = ZVI 2004, 527 = WM 2004, 1576 = NZI 2004, 492 = ZInsO 2004, 856,
> dazu *Flitsch*, EWiR 2004, 1043;
>
> BGH, Urt. v. 13.1.2005 – IX ZR 457/00, ZIP 2005, 585 = ZVI 2005, 312 = WM 2005, 319 = ZInsO 2005, 373,
> dazu *Höpfner*, EWiR 2005, 713;
>
> BGH, Urt. v. 23.3.2006 – IX ZR 116/03, ZIP 2006, 916 = ZVI 2006, 248 = WM 2006, 921 = NZI 2006, 397 = ZInsO 2006, 553,
> dazu *Eckardt*, EWiR 2006, 537;
>
> BGH, Urt. v. 9.7.2009 – IX ZR 86/08, ZIP 2009, 1674 Rn. 12 = WM 2009, 1750 = NZI 2009, 644 = ZInsO 2009, 1585;
>
> BGH, Urt. v. 26.4.2012 – IX ZR 67/09, ZIP 2012, 1301 Rn. 22, 32 = WM 2012, 1200 = NZI 2012, 667 = ZInsO 2012, 1429;
>
> BGH, Urt. v. 19.12.2013 – IX ZR 127/11, ZIP 2013, 231 Rn. 8 = WM 2014, 226 = ZInsO 2014, 195;
>
> BGH, Urt. v. 8.2.2024 – IX ZR 107/22, ZIP 2024, 581 Rn. 14 = WM 2024, 515.

Dasselbe gilt, wenn an einen Gläubiger zur Ablösung eines unanfechtbaren Pfändungspfandrechts gezahlt wird. Anders ist nur dann zu entscheiden, wenn der Pfändungsgläubiger die Pfändung „ausgesetzt" oder einen Teilbetrag freigegeben hat, weil dann der Schuldner wieder frei verfügen konnte. **166**

> BGH, Urt. v. 20.11.2008 – IX ZR 130/07, ZIP 2009, 83 Rn. 10 = ZVI 2009, 17 = WM 2009, 129 = NZI 2009, 105,
> dazu *Schröder*, EWiR 2009, 449.

Ein Absonderungsrecht folgt aus der **Sachhaftung nach § 76 AO**, die mit dem Verbringen der einfuhrabgabenpflichtigen Waren in den Geltungsbereich der Abgabenordnung entstand. Die Haftung entstand ohne Rücksicht auf die Rechte Dritter an der einfuhrabgabenpflichtigen Ware. Daraus folgt, dass die Sachhaftung privaten Rechten Dritter vorging, die Finanzverwaltung wegen der hierdurch gesicherten Forderungen also die Stellung eines erstrangigen öffentlich-rechtlichen Pfandgläubigers erwarb. Zwar ergibt sich aus der Sachhaftung kein Vorrecht der gesicherten Forderung im Insolvenzverfahren. Die auf § 76 AO beruhende Sachhaftung bewirkt aber den Erwerb einer erstrangigen dinglichen Pfandberechtigung, die ein entsprechendes Absonderungsrecht gemäß § 51 Nr. 4 InsO begründet. **167**

> BGH, Urt. v. 8.2.2024 – IX ZR 107/22, ZIP 2024, 581 Rn. 15 = WM 2024, 515.

Vor diesem Hintergrund können die Zahlungen nur dann eine Gläubigerbenachteiligung bewirkt haben, wenn die Entstehung der Sachhaftung ihrerseits anfechtbar war. **168**

BGH, Urt. v. 8.2.2024 – IX ZR 107/22, ZIP 2024, 581 Rn. 17 = WM 2024, 515.

169 Verkauft der Schuldner vor dem Eröffnungsantrag Gegenstände an einen Gläubiger, so werden die Insolvenzgläubiger durch die dadurch zugunsten des Käufers hergestellte Aufrechnungslage nicht benachteiligt, wenn dieser zuvor bereits insolvenzbeständiges Sicherungseigentum an den Gegenständen hatte.

BGH, Urt. v. 22.7.2004 – IX ZR 270/03, ZIP 2004, 1912 = ZVI 2004, 601 = WM 2004, 1966 = NZI 2004, 620 = ZInsO 2004, 1028, dazu *Gerhardt*, EWiR 2005, 27.

170 Die Benachteiligung der Gläubiger des Schuldners tritt aufgrund einer Sicherungsabtretung an seine Bank ein. Die Einziehung der abgetretenen Versicherungsleistung und die nachfolgende Gutschrift auf dem Konto bewirkten keine weitere objektive Gläubigerbenachteiligung. Durch die Einziehung des Rückkaufswerts nach Kündigung des Versicherungsvertrags ist die Versicherungsleistung unmittelbar in das Vermögen des Kreditinstituts gelangt. Dieses hat aufgrund der Sicherungsabtretung den Erlös als wahrer Berechtigter erhalten. Eine Befriedigung aufgrund eines anfechtungsfesten Absonderungsrechts (§ 50 Abs. 1 InsO) benachteiligt die Insolvenzgläubiger nicht.

BGH, Urt. v. 17.12.2020 – IX ZR 205/19, ZIP 2021, 303 = NZI 2021, 222 = WM 2021, 125 Rn. 23.

171 Eine Gläubigerbenachteiligung liegt zum Beispiel auch dann vor, wenn ein vom Schuldner weggegebenes **Grundstück** oder ein Grundstücksteil zwar an sich nominal wertausschöpfend belastet war, diese Belastungen aber nicht mehr in voller Höhe valutierten, so dass derjenige, der die Grundstücke aus seinem Vermögen weggab, Rückgewährrechte hinsichtlich der nicht valutierten Grundpfandrechte (Grundschulden) gehabt hätte, die für eine Gläubigerbefriedigung hätten herangezogen werden können. Sind diese Rückgewährrechte mit weggegeben worden, dann kann die Grundstücksübertragung insgesamt angefochten werden.

BGH, Urt. v. 19.5.2009 – IX ZR 129/06, ZIP 2009, 1285 Rn. 20 = WM 2009, 1333 = NZI 2009, 512 = ZInsO 2010, 600, dazu *Flitsch/Sippe*, EWiR 2009, 631;
zu den Einzelheiten s. unten Rn. 198 ff.

172 Freilich kann eine einmal eingetretene unmittelbare Gläubigerbenachteiligung (etwa durch Übertragung eines Anwartschaftsrechts an einem Grundstück) nicht dadurch beseitigt werden, dass der Schuldner die Sache – vor der Übereignung an einen Dritten – wertausschöpfend belastet.

BGH, Urt. v. 15.12.1994 – IX ZR 153/93, BGHZ 128, 184 = ZIP 1995, 134 = WM 1995, 450 = NJW 1995, 659.

173 Die Behauptung des Anfechtungsgegners, ein Grundstück sei wertausschöpfend belastet und der bei einer Zwangsversteigerung zu erwartende Erlös werde durch diese Belastungen aufgezehrt, wird ebenso wie die Behauptung

des Gläubigers, der Erlös aus der Zwangsversteigerung eines dem Schuldner gehörenden Grundstücks führe wegen vorrangiger Belastungen nicht zu einer vollständigen Befriedigung des Gläubigers, grundsätzlich nur mithilfe eines Sachverständigengutachtens bewiesen werden können. Der Zeugenbeweis ist insofern grundsätzlich ungeeignet.

> BGH, Urt. v. 18.3.1993 – IX ZR 198/92, ZIP 1993, 868 = WM 1993, 1603 = NJW 1993, 1796, dazu *Muth*, EWiR 1993, 533.

Für die Beurteilung der wertausschöpfenden Belastung kommt es nicht darauf an, welchen Verkehrswert ein belastetes Grundstück hatte, sondern darauf, ob bei einer Zwangsversteigerung ein an den Gläubiger auszukehrender Erlös hätte erzielt werden können. **174**

> BGH, Urt. v. 20.10.2005 – IX ZR 276/02, ZIP 2006, 387 = WM 2006, 490 = ZInsO 2006, 151, dazu *Völzmann-Stickelbrock*, EWiR 2006, 387;
>
> BGH, Urt. v. 9.6.2016 – IX ZR 153/15, ZIP 2016, 1491 Rn. 19 ff, dazu *Eckhardt*, EWiR 2016, 469.

Handelt es sich um mehrere Grundstücke, ist nicht auf deren Gesamtwert, sondern auf den Wert jedes einzelnen Grundstücks und seiner Belastungen abzustellen. **175**

> BGH, Urt. v. 11.7.1996 – IX ZR 226/94, ZIP 1996, 1516 = WM 1996, 1649 = NJW 1996, 3147, dazu *M. Huber*, EWiR 1996, 771.

Unter dem Gesichtspunkt einer wertausschöpfenden Belastung genügt es für die Annahme einer Gläubigerbenachteiligung, wenn der Insolvenzverwalter **darlegt und ggf. beweist**, dass eine Zwangsvollstreckung in den anfechtbar übertragenen Gegenstand nicht aussichtslos erscheint. Denn die Ergebnisse einer Zwangsvollstreckung/-versteigerung lassen sich im Anfechtungsprozess nicht mit letzter Sicherheit und Genauigkeit feststellen. **176**

> BGH, Urt. v. 24.9.1996 – IX ZR 190/95, ZIP 1996, 1907 = WM 1996, 2080 = NJW 1996, 3341, dazu *Paulus*, EWiR 1996, 1107.

Insoweit kommt es aber nur auf die Unpfändbarkeit und die mangelnde Werthaltigkeit des Vollstreckungsobjekts an. Ob eine Zwangsvollstreckung schwierig oder faktisch nicht möglich war, etwa weil sich der Vermögensgegenstand nur vorübergehend und nur für sehr kurze Zeit im Vermögen des Schuldners befand, ist hingegen irrelevant. **177**

> BGH, Urt. v. 23.9.2010 – IX ZR 212/09, ZIP 2010, 2009 Rn. 22 = NZI 2010, 897 = ZInsO 2010, 1929, dazu *Freudenberg*, EWiR 2010, 825.

Die Wertlosigkeit von Forderungen kann sich auch aus peremptorischen Einreden ergeben. Erteilt eine Bank ihrem Kunden ohne Rechtsgrund eine Gutschrift und überweist sie das Guthaben auf ein bei ihr selbst eröffnetes **178**

Konto des vorläufigen Insolvenzverwalters, so kommt nach Eröffnung des Insolvenzverfahrens eine Anfechtung der Überweisung mangels Gläubigerbenachteiligung nicht in Betracht, wenn der Forderung aus § 667 BGB oder einer Inanspruchnahme aus der Gutschrift von der Bank ununterbrochen die **Einrede der ungerechtfertigten Bereicherung** entgegengehalten werden konnte.

BGH, Urt. v. 15.12.1994 – IX ZR 252/93, ZIP 1995, 225 = WM 1995, 352 = NJW 1995, 1484, dazu *Uhlenbruck*, EWiR 1995, 465.

g) Vollwertige Gegenleistungen

179 Jedenfalls an einer *unmittelbaren* Gläubigerbenachteiligung fehlt es, wenn die Vermögenseinbuße durch eine vollwertige Gegenleistung kompensiert wird.

BGH, Urt. v. 10.12.1998 – IX ZR 302/97, ZIP 1999, 146 = WM 1999, 225 = NJW 1999, 643 = NZI 1999, 113 = ZInsO 1999, 105, dazu *Gerhardt*, EWiR 1999, 539;

BGH, Urt. v. 9.6.2016 – IX ZR 153/15, ZIP 2016, 1491 Rn. 17, dazu *Eckhardt*, EWiR 2016, 469.

180 In diesen Fällen kann sich freilich in der Folgezeit eine mittelbare Gläubigerbenachteiligung eingestellt haben (s. oben Rn. 89).

181 Verneint wurde das Vorliegen einer Gläubigerbenachteiligung als Voraussetzung für einen Anfechtungstatbestand in einem Falle, in dem sich der Schuldner verpflichtet hatte, für ein kurzfristiges Darlehen in Höhe von 20.000 DM in gleicher Höhe eine **Sicherungshypothek** auf sein Grundstück eintragen zu lassen, wobei die Hypothek etwa einen Monat nach der Darlehenshingabe tatsächlich eingetragen wurde. In diesem Zusammenhang hat der BGH betont, dass allgemeine Übereinstimmung darüber bestehe, dass die Insolvenzgläubiger nicht durch die Eingehung eines Vertrages (unmittelbar) benachteiligt werden, aufgrund dessen der spätere Schuldner für dasjenige, was er aufgibt, eine vollwertige Gegenleistung bekommt, mag diese auch, etwa wenn sie in barem Geld wie in diesem Darlehensfall besteht, leichter verschleudert werden können als der hingegebene Vermögensgegenstand.

BGH, Urt. v. 9.2.1955 – IV ZR 173/54, WM 1955, 404 = NJW 1955, 709;

vgl. aber auch BGH, Urt. v. 9.6.2016 – IX ZR 153/15, ZIP 2016, 1491 Rn. 18, dazu *Eckhardt*, EWiR 2016, 469.

182 Die vollwertige Gegenleistung ist hingegen verneint worden, wenn Maschinen im Werte von 30.000 DM im Wege der Sicherungsübereignung aus dem Schuldnervermögen für einen zusätzlichen Kredit von 8.000 DM weggegeben wurden.

BGH, Urt. v. 28.9.1964 – VIII ZR 21/61, WM 1964, 1166.

Es ist ebenso verneint worden in einem Fall, in dem die Schuldnerin Versicherungsprämien auf eine Direktversicherung für ihren Geschäftsführer gezahlt hat. Die fortgesetzte Dienstleistung des Geschäftsführers ist keine die Gläubigerbenachteiligung beseitigende vollwertige Gegenleistung. 183

> BGH, Urt. v. 12.1.2012 – IX ZR 95/11, ZIP 2012, 285 Rn. 7 = WM 2012, 279.

Ein Gesellschaftsanteil an einer GmbH wird – schon weil er schwer zu verwerten ist – regelmäßig kein vollwertiger Ausgleich für die Einbringung eines Grundstücks als **Sacheinlage** in eine GmbH sein. Ist die Einbringung des Grundstücks anfechtbar, steht einem Rückgewähranspruch gegen die GmbH der Grundsatz der Kapitalerhaltung (§§ 30 ff GmbH) nicht entgegen. An einer unmittelbaren Gläubigerbenachteiligung fehlt es jedoch, wenn im Gründungsvertrag vereinbart wird, dass der Gesellschafter gegen Einbringung eines Grundstücks als Sacheinlage Zug um Zug eine Grundschuld zu erbringen hat, die den von dem Gesellschafter zur Finanzierung des Grundstückskaufpreises aufgenommenen Kredit absichert. 184

> BGH, Urt. v. 15.12.1994 – IX ZR 153/93, BGHZ 128, 184 = ZIP 1995, 134 = WM 1995, 450 = NJW 1995, 659.

Eine Gläubigerbenachteiligung scheidet unter diesem Gesichtspunkt aber aus, wenn dem Verlust von Forderungen in gleicher Höhe **vollwertige Ansprüche** des Schuldners **gegen einen Gesellschafter** (etwa auf Leistung von Stammkapitalanteilen) gegenüberstehen. 185

> BGH, Urt. v. 17.6.1999 – IX ZR 62/98, ZIP 1999, 1271 = WM 1999, 1577 = NZI 1999, 361 = ZInsO 1999, 467, dazu *Eckardt*, EWiR 1999, 801.

Demgegenüber liegt eine unmittelbare Gläubigerbenachteiligung vor, wenn der Schuldner eine **unentgeltliche Zahlung an einen Dritten** erbringt. Dass im Rahmen eines zentralisiert geführten Zahlungsverkehrs (Cash-Pool) auch Eingänge für diesen Dritten auf dem Konto gebucht werden, schließt die gläubigerbenachteiligende Wirkung der Zahlung nicht aus, wenn die einzelnen Zahlungen mit der unentgeltlichen Leistung in keinem Zusammenhang stehen. 186

> BGH, Urt. v. 3.3.2005 – IX ZR 441/00, BGHZ 162, 276 = ZIP 2005, 767 = WM 2005, 853 = NZI 2005, 323, dazu *Haas/Panier*, EWiR 2005, 737;
>
> BGH, Urt. v. 30.3.2006 – IX ZR 84/05, ZIP 2006, 957 = WM 2006, 1156 = NZI 2006, 399, dazu *Henkel*, EWiR 2006, 469.

h) Nachträglicher Wegfall der Gläubigerbenachteiligung

In der Rechtsprechung des BGH ist anerkannt, dass eine vorinsolvenzlich erfolgte Rückführung des zuvor in anfechtbarer Weise erlangten Gegenstands oder dessen Werts in das Vermögen des Schuldners den mit der Verfahrenseröffnung entstehenden insolvenzanfechtungsrechtlichen Rückgewähranspruch hindern kann. 187

BGH, Urt. v. 10.11.2022 – IX ZR 160/21, ZIP 2023, 43 = NZI 2023, 122 = WM 2023, 45 Rn. 8.

188 Nimmt der Empfänger einer anfechtbaren Leistung vorweg, wozu er nach Eröffnung des Insolvenzverfahrens und der damit einhergehenden Entstehung des Rückgewähranspruchs verpflichtet wäre, soll er nicht erneut zur Rückgewähr (§ 143 Abs. 1 InsO) oder Erstattung (§ 143 Abs. 3 InsO) verpflichtet sein. Entscheidend ist die Herstellung der Vermögenslage, wie sie nach Verfahrenseröffnung geschaffen werden müsste, weshalb auch die Wertungen des § 144 InsO zu berücksichtigen sind. Es kann deshalb ausreichen, wenn der Darlehensgeber dem Schuldner die in anfechtbarer Weise zurückerlangte Darlehensvaluta zu gleichen Bedingungen erneut zur Verfügung stellt. Dann ist sein Rückzahlungsanspruch im eröffneten Verfahren ebenso eine einfache Insolvenzforderung, wie er es unter Berücksichtigung von § 144 Abs. 1 InsO wäre, wenn der Anfechtungsanspruch erst nach Verfahrenseröffnung erfüllt würde.

BGH, Urt. v. 10.11.2022 – IX ZR 160/21, ZIP 2023, 43 = NZI 2023, 122 = WM 2023, 45 Rn. 10.

189 Der Annahme einer vorweggenommenen Befriedigung des insolvenzanfechtungsrechtlichen Rückgewähranspruchs steht nicht entgegen, wenn dem Anfechtungsgegner die Anfechtbarkeit der an ihn bewirkten Zahlung nicht bewusst gewesen. Allein ausschlaggebend ist vielmehr, ob der Anfechtungsgegner die bei dem Schuldner vor Vollzug der anfechtbaren Handlung bestehende Vermögenslage tatsächlich wiederherstellt. Dies ist anzunehmen, wenn die von dem Anfechtungsgegner vorgenommene Leistung allein zur Vorwegbefriedigung des Anfechtungsanspruchs dienen kann, weil sonstige Forderungen des Schuldners, auf welche die Leistung angerechnet werden könnte, nicht bestehen.

BGH, Urt. v. 10.11.2022 – IX ZR 160/21, ZIP 2023, 43 = NZI 2023, 122 = WM 2023, 45 Rn. 11.

190 Danach ist der **nachträgliche Wegfall** einer zunächst eingetretenen Gläubigerbenachteiligung beachtlich. Die Gläubigerbenachteiligung muss bis zur letzten mündlichen Tatsachenverhandlung gegeben sein. Eine zunächst vorliegende Gläubigerbenachteiligung entfällt beispielsweise, wenn der Anfechtungsgegner dem Schuldner bis zu diesem Zeitpunkt als (weitere) Gegenleistung der angefochtenen Zuwendung Vermögenswerte zukommen lässt, welche die angefochtene Leistung nunmehr vollständig ausgleichen und dem Zugriff des Gläubigers offen stehen

BGH, Urt. v. 16.8.2007 – IX ZR 63/06, BGHZ 173, 328 Rn. 57 = ZIP 2007, 1717 = ZVI 2007, 561 = WM 2007, 1755 = NZI 2007, 575 = ZInsO 2007, 934, dazu *Volzmann-Stickelbrock*, EWiR 2007, 765;

BGH, Urt. v. 7.7.2011 – IX ZR 100/10, ZIP 2011, 1576 Rn. 8 = WM 2011, 1523 = NZI 2011, 675 = ZInsO 2011, 1500, dazu *Würdinger*, EWiR 2011, 649 oder wenn der Anfechtungsgegner den anfechtbar erlangten Vermögensgegenstand der Sache oder dem Werte nach dem Schuldner zurückgibt und dadurch das Anfechtungsrecht ablöst.

BGH, Urt. v. 12.7.2007 – IX ZR 235/03, ZIP 2007, 2084 Rn. 19 = WM 2007, 2071 = NZI 2007, 718 = ZInsO 2007, 1107;

BGH, Urt. v. 13.1.2011 – IX ZR 13/07, ZIP 2011, 440 Rn. 9 ff = WM 2011, 365 = NZI 2011, 144 = ZInsO 2011, 426;

BGH, Beschl. v. 7.2.2013 – IX ZR 175/12, ZInsO 2013, 670 Rn. 3;

BGH, Urt. v. 4.7.2013 – IX ZR 229/12, BGHZ 198, 77 = ZIP 2013, 1629 Rn. 18 = WM 2013, 1615,
dazu *Plathner/Luttmann*, EWiR 2013, 657.

Erforderlich ist aber, dass die Rückgewähr eindeutig zu dem Zweck erfolgt, 191
dem Schuldner den entzogenen Gegenstand wiederzugeben und damit die Verkürzung der Haftungsmasse ungeschehen zu machen; von der Zweckbestimmung her muss es sich um eine vorweggenommene Befriedigung des individuellen Rückgewähranspruchs handeln, die zur Folge hat, dass die Gläubiger dieselbe rechtssichere Zugriffsmöglichkeit haben wie vor der angefochtenen Rechtshandlung.

BGH, Urt. v. 10.9.2015 – IX ZR 215/13, ZIP 2015, 2083 Rn. 15 = WM 2015, 1996,
dazu *Lau/Schlicht*, EWiR 2015, 775;

BGH, Urt. v. 25.1.2018 – IX ZR 299/16, ZIP 2018, 385 = WM 2018, 328 Rn. 10 = NZI 2018, 216,
dazu *Flitsch*, EWiR 2018, 437;

BGH, Urt. v. 2.5.2019 – IX ZR 67/18, ZIP 2019, 1128 Rn. 13 ff = WM 2019, 1087,
dazu *Dimassi*, EWiR 2019, 469.

Eine Gläubigerbenachteiligung kann ferner zu verneinen sein, wenn ein Drit- 192
ter durch eine anfechtbare Handlung die **Stellung eines uneigennützigen Treuhänders** erlangt, diese aber wieder aufgegeben hat und das Treugut ihm wirtschaftlich nicht zugutegekommen ist.

BGH, Urt. v. 9.12.1993 – IX ZR 100/93, ZIP 1994, 218 = WM 1994, 459 = NJW 1994, 726,
dazu *Canaris*, EWiR 1994, 319.

Hingegen liegt eine (mittelbare) Gläubigerbenachteiligung vor, wenn ein leicht 193
pfändbarer Anspruch gegen eine Bank ersetzt wird durch einen nur schwer ermittelbaren und durchsetzbaren Anspruch gegen einen Treuhänder, an den das Bankguthaben ausgezahlt worden ist

BGH, Urt. v. 10.9.2015 – IX ZR 215/13, ZIP 2015, 2083 Rn. 10 = WM 2015, 1996,
dazu *Lau/Schlicht*, EWiR 2015, 775

oder ein vorläufiger Insolvenzverwalter Gelder der Schuldnerin auf einem von ihm als Treuhänder geführten **Anderkonto** anlegt und daraus seine Vergütung entnimmt.

> BGH, Urt. v. 15.12.2011 – IX ZR 118/11, ZIP 2012, 333 Rn. 14 ff = ZVI 2012, 115 = WM 2012, 276 = NZI 2012, 135 = ZInsO 2012, 241.

194 Eine Gläubigerbenachteiligung liegt jedoch nicht vor, soweit Erwerber, die gegenüber dem veräußernden Schuldner die Zahlung des Entgelts bis zur Fertigstellung eines Gebäudes verweigern dürfen, ihre **Gegenrechte** durch eine Vereinbarung **ablösen** lassen, der zufolge sie die zurückbehaltenen Teile des Entgelts an einen Treuhänder zahlen, der daraus offen stehende Forderungen von Handwerkern bezahlen soll, damit diese die Gebäude anstelle des Schuldners ohne Preisaufschlag fertig stellen.

> BGH, Urt. v. 24.1.2002 – IX ZR 180/99, ZIP 2002, 535, dazu *Homann*, EWiR 2002, 531.

195 Eine den insolvenzanfechtungsrechtlichen Rückgewähranspruch ausschließende vorweggenommene Befriedigung kann auch dann anzunehmen sein, wenn die vorinsolvenzliche Rückführung des in anfechtbarer Weise erlangten Gegenstands oder dessen Werts in das Vermögen des Schuldners mit dem Willen zur Erfüllung eines anderen, auf ein und dieselbe Leistung gerichteten Anspruchs erfolgt.

> BGH, Urt. v, 10.11.2022 – IX ZR 160/21, ZIP 2023, 43 = NZI 2023, 122 = WM 2023, 45 Rn. 8 ff.

196 Die sonstige Forderung des Schuldners hat jedoch keinen eigenständigen Vermögenswert, wenn sie im eröffneten Verfahren nicht neben dem insolvenzanfechtungsrechtlichen Rückgewährsanspruch hätte durchgesetzt werden können. Maßgeblich ist, ob beide Ansprüche aus dem gleichen Lebenssachverhalt stammen und auf ein und dieselbe Leistung gerichtet sind, zwischen ihnen also im eröffneten Verfahren materiell-rechtliche Anspruchskonkurrenz bestünde. Das kommt etwa in Betracht, wenn das sonstige Forderungsrecht ein bereicherungsrechtlicher Rückgewähranspruch ist, der sich mit dem Anfechtungsanspruch deckt, wenn also der Empfänger der anfechtbaren Leistung deren Rückgewähr auch unter dem Gesichtspunkt einer ungerechtfertigten Bereicherung schuldet.

> BGH, Urt. v, 10.11.2022 – IX ZR 160/21, ZIP 2023, 43 = NZI 2023, 122 = WM 2023, 45 Rn. 13.

197 Beruht der von der Finanzverwaltung als Anfechtungsgegnerin durch die Zahlung erfüllte Erstattungsanspruch aus § 37 Abs. 2 Satz 1 AO auf einer Überzahlung, die durch die angefochtenen Steuerzahlungen bewirkt worden war, so sind der streitgegenständliche Rückgewähranspruch aus § 143 Abs. 1 InsO und der Erstattungsanspruch aus § 37 Abs. 2 Satz 1 AO deckungsgleich. Sie hätten im eröffneten Verfahren nicht gemeinsam durchgesetzt werden können. Im Blick auf den Anfechtungsanspruch hat die Zahlung des beklagten Landes die Vermögenslage so hergestellt, wie sie sich bei Geltendmachung des Anspruchs aus § 143 Abs. 1 InsO im eröffneten Verfahren dargestellt hätte. Der Wille des beklagten Landes, mit der Zahlung vom 26.1.2018 den aus § 37 Abs. 2 Satz 1 AO folgenden Erstattungsanspruch zu erfüllen, ändert daran nichts.

> BGH, Urt. v, 10.11.2022 – IX ZR 160/21, ZIP 2023, 43 = NZI 2023, 122 = WM 2023, 45 Rn. 16.

3. Darlegungs- und Beweislast

Grundsätzlich hat der **Insolvenzverwalter** die Gläubigerbenachteiligung als Anspruchsvoraussetzung darzulegen und zu beweisen. 198

> BGH, Urt. v. 15.12.1994 – IX ZR 18/94, ZIP 1995, 297 = WM 1995, 503 = NJW 1995, 1093,
> dazu *Johlke*, EWiR 1995, 281;
>
> BGH, Urt. v. 6.4.1995 – IX ZR 61/94, BGHZ 129, 236 = ZIP 1995, 1021 = WM 1995, 1156,
> dazu *Henckel*, EWiR 1995, 781;
>
> BGH, Urt. v. 11.5.2000 – IX ZR 262/98, ZIP 2000, 1061 = WM 2000, 1209 = NJW 2000, 3777 = NZI 2000, 422,
> dazu *Johlke/Schröder*, EWiR 2001, 177;
>
> BGH, Urt. v. 2.6.2005 – IX ZR 181/03, ZIP 2005, 1651 = ZVI 2005, 543 = WM 2005, 1790 = NZI 2005, 622 = ZInsO 2005, 932,
> dazu *Gundlach/Frenzel*, EWiR 2005, 899;
>
> BGH, Urt. v. 17.7.2008 – IX ZR 148/07, ZIP 2008, 1593 Rn. 23 = WM 2008, 1606 = NZI 2008, 547 = ZInsO 2008, 913,
> dazu *R. Weiß*, EWiR 2009, 153;
>
> BGH, Urt. v. 14.6.2012 – IX ZR 145/09, ZIP 2012, 1422 Rn. 17 = WM 2012, 1401 = NJW 2013, 53 = NZI 2012, 658 = ZInsO 2012, 1318,
> dazu *M. Huber*, EWiR 2012, 567;
>
> BGH, Urt. v. 11.6.2105 – IX ZR 110/13, ZIP 2015, 1398 Rn. 24 = WM 2015, 1384 = NZI 2015, 765,
> dazu *Mitlehner*, EWiR 2015, 675;
>
> BGH, Urt. v. 7.12.2023 – IX ZR 36/22, ZIP 2024, 196 = NZI 2024, 219 = ZInsO 2024, 195 Rn 34.

Steht allerdings fest, dass der **Anfechtungsgegner** ein Entgelt für Leistungen erhalten hat, die er unentgeltlich erbringen musste, liegt die Beweislast für über die Verpflichtung hinausgehende zusätzliche Leistungen bei dem Anfechtungsgegner; denn jede Partei muss diejenigen Tatsachen beweisen, aus denen sie Rechte herleitet. 199

> BGH, Urt. v. 15.12.1994 – IX ZR 18/94, ZIP 1995, 297 = WM 1995, 503 = NJW 1995, 1093,
> dazu *Johlke*, EWiR 1995, 281.

Die Behauptung, er sei aufgrund eines früheren Erwerbs Inhaber des herausverlangten Gegenstandes, muss der Anfechtungsgegner beweisen, weil er insoweit eine genauere Kenntnis hat als der Insolvenzverwalter. 200

BGH, Urt. v. 11.5.2000 – IX ZR 262/98, ZIP 2000, 1061 = WM 2000, 1209 = NJW 2000, 3777 = NZI 2000, 422.

201 Muss der Insolvenzverwalter Umstände darlegen und beweisen, die zu dem seinem Einblick entzogenen Bereich des Anfechtungsgegners gehören, ist zu prüfen, ob es dem Prozessgegner im Rahmen seiner Erklärungslast nach § 138 Abs. 2 ZPO zuzumuten ist, der anderen Partei eine prozessordnungsgemäße Darlegung durch nähere Angaben über die zu ihrem Wahrnehmungsbereich gehörenden Verhältnisse (etwa den Valutierungsstand bei grundpfandrechtlich gesicherten Verbindlichkeiten) zu ermöglichen (**sekundäre Behauptungslast**). Kennt der Prozessgegner alle wesentlichen Tatsachen und ist es ihm zumutbar, nähere Angaben zu machen, kann von ihm ein substanziiertes Bestreiten verlangt werden. Kommt er dieser sekundären Behauptungslast nicht nach, gilt der sonst als nicht hinreichend substanziiert anzusehende Vortrag der anderen Partei als zugestanden.

BGH, Urt. v. 20.10.2005 – IX ZR 276/02, ZIP 2006, 387 = WM 2006, 490 = ZInsO 2006, 151,
dazu *Völzmann-Stickelbrock*, EWiR 2006, 387;

BGH, Urt. v. 11.6.2105 – IX ZR 110/13, ZIP 2015, 1398 Rn. 24 = WM 2015, 1384 = NZI 2015, 765,
dazu *Mitlehner*, EWiR 2015, 675.

202 Ist das Insolvenzverfahren wegen **Überschuldung** eröffnet worden, trägt der Anfechtungsgegner die Beweislast für die Behauptung, die Insolvenzmasse reiche zur Befriedigung der Insolvenzgläubiger aus. Bildet **Zahlungsunfähigkeit** den Insolvenzgrund, spricht der Anscheinsbeweis für die Unzulänglichkeit der Insolvenzmasse.

BGH, Urt. v. 12.11.1992 – IX ZR 237/91, ZIP 1993, 271 = WM 1993, 365,
dazu *Gerhardt*, EWiR 1993, 61;

BGH, Urt. v. 13.3.1997 – IX ZR 93/96, ZIP 1997, 853 = WM 1997, 921,
dazu *Rattunde*, EWiR 1997, 1131;

BGH, Urt. v. 22.3.2001 – IX ZR 407/98, ZIP 2001, 893 = WM 2001, 1038 = NJW 2001, 2545 = ZInsO 2001, 663,
dazu *Neußner*, EWiR 2002, 299.

203 Für den Anscheinsbeweis, dass in dem eröffneten Verfahren die Insolvenzmasse nicht ausreicht, um alle Gläubigeransprüche zu befriedigen, sind auch die Forderungen einzubeziehen, deren Anmeldung zur Tabelle zurückgenommen worden ist, solange nicht festgestellt ist, dass der anmeldende Gläubiger endgültig auf eine Teilnahme am Insolvenzverfahren verzichtet hat oder die Forderung erlassen oder sonst nicht durchsetzbar ist.

BGH, Urt. v. 7.12.2023 – IX ZR 36/22, ZIP 2024, 196 = NZI 2024, 219 = ZInsO 2024, 195 Rn. 34.

204 Sind die Voraussetzungen eines Anscheinsbeweises für eine weiterhin bestehende Gläubigerbenachteiligung erfüllt, kann der Anfechtungsgegner diesen

– neben der Möglichkeit ihn zu erschüttern – nach allgemeinen Beweisgrundsätzen entkräften. Hierzu muss der Anfechtungsgegner aufzeigen, dass das Vermögen des Schuldners heute noch ausreicht, um alle zu berücksichtigenden Gläubigerforderungen zu tilgen. Einzubeziehen sind auch alle Forderungen, denen der Insolvenzverwalter widersprochen hat, weil nach der Lebenserfahrung die Möglichkeit besteht, dass ein Widerspruch durch eine Feststellungsklage (§ 179 InsO) beseitigt werden kann. Liegt der Fall so, muss der Anfechtungsgegner nachweisen, dass die angemeldeten Forderungen nicht bestehen oder nicht durchsetzbar sind und eine Feststellung zur Tabelle unter jedem Gesichtspunkt ausscheidet. Dabei muss der Tatrichter angesichts der fehlenden Bindungswirkung in seine Würdigung einbeziehen, dass die Frage in einem Feststellungsprozess möglicherweise abweichend entschieden werden wird.

> BGH, Urt. v. 7.12.2023 – IX ZR 36/22, ZIP 2024, 196 = NZI 2024, 219 = ZInsO 2024, 195 Rn. 34.

Besondere Probleme ergeben sich bei **wertausschöpfend belasteten Sicherungsgütern**, insbesondere Grundstücken, die mit Grundpfandrechten belastet sind, deren Nominalwert den Grundstückswert übersteigen, bei denen jedoch die tatsächliche Höhe der gesicherten Forderungen geringer ist. **205**

> BGH, Urt. v. 10.1.1985 – IX ZR 2/84, ZIP 1985, 372
> = WM 1985, 427,
> dazu *Gerhardt*, EWiR 1985, 245.

Die Besonderheit bei diesem gängigen anfechtungsrechtlichen Musterproblem liegt – wie auch schon in der insoweit einschlägigen grundsätzlichen Senatsentscheidung – **206**

> Urt. v. 23.2.1984 – IX ZR 26/83, BGHZ 90, 207 = ZIP 1984, 489
> = WM 1984, 440 = NJW 1984, 1968

in concreto im Problem der für eine Anfechtung unerlässlichen Gläubigerbenachteiligung. Diese fehlt bei der Übertragung einer wertausschöpfend dinglich belasteten Sache bzw. eines entsprechend belasteten Rechtes.

Etwas anderes gilt nur dann, wenn die Belastungen nach der Übertragung beseitigt werden. Da regelmäßig eine mittelbare Gläubigerbenachteiligung genügt, ist für die Frage, ob das Grundstück wertausschöpfend belastet ist, auf den Zeitpunkt der letzten mündlichen Verhandlung der Tatsacheninstanz des Anfechtungsprozesses abzustellen. Sind die Belastungen bis dahin beseitigt, liegt die Gläubigerbenachteiligung vor. **207**

> BGH, Urt. v. 19.5.2009 – IX ZR 129/06, ZIP 2009, 1285 Rn. 29 f
> = WM 2009, 1333 = NZI 2009, 512 = ZInsO 2010, 600,
> dazu *Flitsch/Sippe*, EWiR 2009, 631.

Da jeder Grundstücksanteil nach Art einer Gesamthypothek für das Grundpfandrecht in voller Höhe haftet (§ 1132 Abs. 1 BGB), hatte der IX. Senat in der Entscheidung vom 23.2.1984, in der es um ein zu rund ¾ belastetes Grund- **208** stück ging, die Gläubigerbenachteiligung zu Recht aus dem Ausfall bei der Erlösverteilung nach einer möglichen Auseinandersetzungsversteigerung gefolgert.

Zahlenbeispiel:

½-Miteigentum am Grundstück im Gesamtwert von	200.000 DM
Belastung	150.000 DM

209 Die Besonderheit der vorliegenden Entscheidung besteht darin, dass das Gesamtgrundstück durch eingetragene Grundpfandrechte, legt man deren nominalen Buchwert zugrunde, überbelastet gewesen wäre.

Zahlenbeispiel varriiert:

Belastung	250.000 DM
Valutierung	150.000 DM

210 Konsequenterweise entwickelt der IX. Senat seine Rechtsprechung für diesen Fall weiter, wobei er auf einschlägige Senatsrechtsprechung zurückgreifen kann.

> BGH, Urt. v. 27.3.1984 – IX ZR 49/83, ZIP 1984, 753 = WM 1984, 843 = NJW 1984, 2890;
>
> BGH, Urt. v. 28.2.1991 – IX ZR 74/90, BGHZ 113, 393 = ZIP 1991, 454 = WM 1991, 1053 = NJW 1991, 1610; dazu *Gerhardt*, EWiR 1991, 331;
>
> BGH, Urt. v. 19.5.2009 – IX ZR 129/06, ZIP 2009, 1285 Rn. 20 = WM 2009, 1333 = NZI 2009, 512 = ZInsO 2010, 600, dazu *Flitsch/Sippe*, EWiR 2009, 631.

211 Danach ist bei der Prüfung der objektiven Benachteiligung nicht die nominelle Höhe der dinglichen Belastung des Grundstücks durch Grundpfandrechte maßgebend, sondern die Valutierung, also die tatsächliche Höhe der Forderungen, die durch Grundpfandrechte gesichert werden. In der vorliegenden Entscheidung waren die Grundpfandrechte nicht voll valutiert. Damit bestand insoweit eine Basis für die Annahme einer Gläubigerbenachteiligung. Von dieser Grundlage aus sieht der Senat die konkrete Gläubigerbenachteiligung darin, dass mit der Schenkung des Miteigentumsanteils auch die Ansprüche auf Rückgewähr der nicht valutierten Grundpfandrechte übertragen worden seien. Der folgerichtig daraus entwickelte Grundsatz findet sich im Leitsatz 2 a der Entscheidung vom 10.1.1985:

> „Hat der Schuldner seinen hälftigen Miteigentumsanteil an einem Grundstück dem anderen Miteigentümer geschenkt, so umfasst die nach § 3 AnfG begründete Anfechtung die in der Regel auch unentgeltlich zugewendeten Anteile des Schuldners an den Ansprüchen auf Rückgewähr nicht valutierter Grundschulden."

212 Dem liegt folgende Deduktion zugrunde: Ohne die anfechtbare Übertragung hätte der Gläubiger den Anteil der Schuldnerin an dem Rückgewähranspruch

hinsichtlich nicht mehr valutierter Grundschulden pfänden und sich überweisen lassen können. Im Falle des Erlöschens einer nicht valutierten Grundschuld nach § 91 Abs. 1 ZVG hätte sich der gepfändete Anteil am Rückgewähranspruch durch den Zuschlag kraft Surrogation in einen Anteil am Anspruch auf den Versteigerungserlös umgewandelt.

> St. Rspr., vgl. etwa BGH, Urt. v. 11.10.1984 – IX ZR 111/82, ZIP 1984, 1536 = WM 1984, 1577.

Der Antrag ist auf Duldung der Versteigerung des (ganzen) Grundstücks zu richten. 213

> BGH, Urt. v. 23.2.1984 – IX ZR 26/83, BGHZ 90, 207 = ZIP 1984, 489 = WM 1984, 440 = NJW 1984, 1968.

„Um gemäß § 7 AnfG die Zugriffslage wiederherzustellen, wie sie ohne die anfechtbare Rechtshandlung bestanden hätte, ist hier die Möglichkeit eröffnet, das Ganze im Alleineigentum des Beklagten stehende Grundstück nach Maßgabe der §§ 180 ff ZVG versteigern zu lassen und Rückgewähransprüche geltend zu machen."

Darauf aufbauend formuliert der BGH prägnant, eine Gläubigerbenachteiligung bei Übertragung eines belasteten Grundstücks liege nur dann vor, wenn durch eine Zwangsversteigerung eine (Teil-)Befriedigung der Gläubiger erzielt werde. 214

> BGH, Urt. v. 20.10.2005 – IX ZR 276/02, ZIP 2006, 387 = WM 2006, 490 = ZInsO 2006, 151,
> dazu *Völzmann-Stickelbrock*, EWiR 2006, 387;
>
> BGH, Urt. v. 19.5.2009 – IX ZR 129/06, ZIP 2009, 1285 Rn. 19 f = WM 2009, 1333 = NZI 2009, 512 = ZInsO 2010, 600,
> dazu *Flitsch/Sippe*, EWiR 2009, 631.

Speziell zur Gläubigerbenachteiligung bei Grundstücksschenkungen (Schenkung eines mit Grundpfandrechten belasteten Grundstücks) 215

> BGH, Urt. v. 24.9.1996 – IX ZR 190/95, ZIP 1996, 1907 = WM 1996, 2080 = NJW 1996, 3341,
> dazu *Paulus*, EWiR 1996, 1107.

IV. Kausalität

Zwischen der angefochtenen Rechtshandlung und der Verkürzung des Schuldnervermögens für den Gläubigerzugriff muss ein **ursächlicher Zusammenhang** bestehen. 216

> BGH, Urt. v. 20.2.1980 – VIII ZR 48/79, ZIP 1980, 250 = NJW 1980, 1580 = WM 1980, 409;
>
> BGH, Urt. v. 9.12.1999 – IX ZR 102/97, BGHZ 143/246 = ZIP 2000, 238 = WM 2000, 324 = NJW 2000, 1259 = NZI 2000, 116,
> dazu *Höpfner*, EWiR 2000, 1089;
>
> BGH, Urt. v. 19.1.2006 – IX ZR 154/03, ZIP 2006, 959 = WM 2006, 915 = NZI 2006, 700 = ZInsO 2006, 493,
> dazu *Frind*, EWiR 2006, 503;

BGH, Urt. v. 15.11.2018 – IX ZR 229/17, ZIP 2019, 233 Rn. 16 = NZI 2019, 333 = WM 2019, 213, dazu *H. Mordhorst*, EWiR 2019, 343.

217 Dabei kommt es aber nur auf den tatsächlichen Geschehensablauf an. **Hypothetische Kausalverläufe** können grundsätzlich nicht berücksichtigt werden.

BGH, Urt. v. 7.6.1988 – IX ZR 144/87, BGHZ 104, 355 = ZIP 1988, 1060 = WM 1988, 1244 = NJW 1988, 3265. dazu *Brehm*, EWiR 1988, 847; vgl. auch oben Rn. 96.

218 Es sei, so der BGH, eine Frage wertender Beurteilung, ob der hypothetische Ursachenverlauf die Haftung des Anfechtungsgegners auszuschließen vermöge. Ein entsprechendes Vorbringen könne deshalb nur dann beachtlich sein, wenn der anfechtbar erlangte Gegenstand sich nicht mehr im Vermögen des Beklagten befinde und dies auch auf – realen – Ereignissen beruhe, die ohne die angefochtene Rechtshandlung in gleicher Weise ebenfalls den Verlust der Sache beim Schuldner bewirkt hätten. Solange sich das anfechtbar erworbene Objekt jedoch noch beim Anfechtungsgegner befinde, fehle es an einem zureichenden Grund, dem Anfechtungsberechtigten den Zugriff zu verwehren.

Nunmehr st. Rspr., vgl. zuletzt
BGH, Urt. v. 20.1.2011 – IX ZR 58/10, ZIP 2011, 438 Rn. 14 = WM 2011, 371 = NZI 2011, 141 = ZInsO 2011, 421, dazu *Koza*, EWiR 2011, 287;

BGH, Urt. v. 17.7.2014 – IX ZR 240/13, ZIP 2014, 1595 = WM 2014, 1588 Rn. 13, dazu *Sorg*, EWiR 2014, 653;

BGH, Urt. v. 4.2.2016 – IX ZR 77/15, ZIP 2016, 583 = WM 2016, 518 Rn. 17, dazu *Bork*, EWiR 2016, 209;

BGH, Urt. v. 9.6.2016 – IX ZR 153/15, ZIP 2016, 1491 = WM 2016, 1455 Rn. 30, dazu *Eckhardt*, EWiR 2016, 469;

BGH, Urt. v. 15.11.2018 – IX ZR 229/17, ZIP 2019, 233 Rn. 17 = NZI 2019, 333 = WM 2019, 213, dazu *H. Mordhorst*, EWiR 2019, 343;

BGH, Urt. v. 12.9.2019 – IX ZR 264/18, ZIP 2019, 1921 Rn. 25 = NZI 2019, 851 = WM 2019, 1849;

BGH, Urt. v. 21.11.2019 – IX ZR 223/18, ZIP 2020, 128 Rn. 21.

C. Einzelne Anfechtungstatbestände

I. § 130 InsO (Kongruente Deckung)

Zweck der Bestimmung ist es, den Grundsatz der Gläubigergleichbehandlung auch innerhalb des der Insolvenz vorgelagerten zeitlichen Stadiums der Krise des Schuldners durchzusetzen. Die Anfechtung betrifft insbesondere Rechtshandlungen, die in den letzten drei Monaten vor Antragstellung vorgenommen wurden. Im Grundsatz wird jedoch das Vertrauen des Gläubigers geschützt, eine von dem Schuldner zur rechten Zeit und in der rechten Weise bewirkte und darum kongruente Sicherung oder Befriedigung (gemeinsamer Oberbegriff: Deckung) behalten zu dürfen. Eine Anfechtung kommt darum nur in Betracht, wenn der Gläubiger Kenntnis von der Krise hatte. 219

1. Befriedigung oder Sicherung

Mit Befriedigung ist die volle oder teilweise Erfüllung eines Anspruchs gemeint. Sie ist auch gegeben, wenn die Schuldtilgung scheitert, wenn es etwa bei einer Fehlüberweisung an einer tatsächlich bestehenden Schuld fehlt. Leistung an Erfüllung statt (§ 364 BGB), Hinterlegung (§§ 372 ff BGB) und Erlass (§ 397 BGB) bedeuten eine Befriedigung. Die Erklärung der Aufrechnung mit einer Forderung des Schuldners löst ebenfalls – bezogen auf den Zeitpunkt der Aufrechnungslage – eine Befriedigung aus; sie ist, falls nicht §§ 94–96 eingreifen, kongruent. 220

MünchKomm-InsO/*Freudenberg*, § 130 Rn. 7.

An einer Deckung fehlt es, wenn sich die Rechtshandlung darin erschöpft, auf eigene Ansprüche zu verzichten. Dann kommt nur eine Anfechtung nach §§ 132, 133 oder 134 InsO in Betracht. 221

BGH, Urt. v. 9.1.1997 – IX ZR 1/96, ZIP 1997, 367
= WM 1997, 432 = NJW 1997, 1063,
dazu *Henckel*, EWiR 1997, 899.

Das weit zu verstehende Merkmal der Sicherung, das alle Rechtspositionen meint, welche die Durchsetzung eines fortbestehenden Anspruchs erleichtern, erstreckt sich sowohl auf vertragliche als auch gesetzliche Sicherungen. Zur ersten Gruppe gehören Sicherungsabtretung, Sicherungsübereignung, Pfandrechtsbestellung, Personalsicherheiten und Vormerkung. Gesetzliche Sicherheiten bestehen etwa an den in eine Wohnung eingebrachten Gegenständen (§ 562 BGB). 222

MünchKomm-InsO/*Freudenberg*, § 130 Rn. 8;
FK-InsO/*Dauernheim*, § 130 Rn. 12.

2. Kongruente Deckung

Im Gegensatz zur inkongruenten Deckung (§ 131 Abs. 1 InsO) ist die kongruente Deckung nicht definiert. Im Umkehrschluss lässt sie sich umschrei- 223 ben als die Gewährung oder Ermöglichung einer Sicherung oder Befriedigung, die der Insolvenzgläubiger so wie geschehen zu beanspruchen hatte.

224 Eine Sicherung ist nur dann eine kongruente Deckung, wenn der Sicherungsnehmer einen vertraglichen Anspruch gerade auf die bestellte Sicherheit hatte. Allgemeine Geschäftsbedingungen, die dem Gläubiger einen inhaltlich unbestimmten Anspruch auf Bestellung oder Verstärkung bankmäßiger Sicherheiten geben, reichen nicht aus.

BGH, Urt. v. 11.5.1995 – IX ZR 170/94, ZIP 1995, 1078 = WM 1995, 1394 = NJW 1995, 2348,
dazu *Knothe*, EWiR 1995, 837;

BGH, Urt. v. 2.12.1999 – IX ZR 412/98, ZIP 2000, 82 = WM 2000, 156 = NJW 2000, 957 = NZI 2000, 122,
dazu *Eckardt*, EWiR 2000, 291;

BGH, Urt. v. 7.3.2002 – IX ZR 223/01, BGHZ 150, 122 = ZIP 2002, 812 = WM 2002, 951 = NZI 2002, 311 = ZInsO 2002, 426,
dazu *Ringstmeier/Rigol*, EWiR 2002, 685;

Bork, in: Festschrift Kirchhof, S. 67;
Bruckhoff, NJW 2002, 3304;
Kirchhof, ZInsO 2003, 149, 152, 154 f;
Klanten, DStR 2002, 1231;
Obermüller, LM § 131 InsO Nr. 1/2;
Rigol/Homann, ZIP 2003, 15;
Ristelhuber, BGH Report 2002, 524;
Stiller, ZInsO 2002, 651.

225 Globalzessionsverträge sind auch hinsichtlich der zukünftig entstehenden Forderungen grundsätzlich nur als kongruente Deckung anfechtbar. Im Zeitpunkt des Globalabtretungsvertrages sind die künftig entstehenden Forderungen zwar nicht konkret bestimmt. Die Begründung zukünftiger Forderungen ist jedoch – anders als bei Sicherheiten gemäß Nr. 13–15 AGB-Banken – nach Inhalt und Sinn eines Vertrages dem freien Belieben des Schuldners entzogen. Der Umfang der in Zukunft auf den Sicherungsnehmer übergehenden Forderungen wird zudem in abstrakter Form bereits rechtlich bindend festgelegt. Wird bereits bei Abschluss des Globalabtretungsvertrages das dingliche Geschäft vollzogen und gleichzeitig die schuldrechtliche Seite in dem vertragsrechtlich möglichen Maße konkretisiert, liegt ein kongruentes Geschäft vor.

BGH, Urt. v. 29.11.2007 – IX ZR 30/07, BGHZ 174, 297, 301 f Rn. 15 ff = ZIP 2008, 183, 184 = WM 2008, 204 = ZInsO 2008, 91;

dazu *Mitlehner*, ZIP 2009, 189;
Kuder, ZIP 2008, 289;
Jacoby, ZIP 2008, 385;
Ries, EWiR 2008, 187;
Homann/Junghans, EWiR 2008, 505;
Eckardt, EWiR 2008, 689;
Riggert, NZI 2009, 137;
Eßbauer, ZInsO 2008, 598.

Für den verlängerten und erweiterten Eigentumsvorbehalt gelten diese Erwägungen in gleicher Weise. Erweiterte und verlängerte Eigentumsvorbehalte sind hinsichtlich der abgetretenen zukünftig entstehenden oder zukünftig werthaltig gemachten Forderungen grundsätzlich nur als kongruente Deckung anfechtbar. Im Zeitpunkt der Vereinbarung des verlängerten Eigentumsvorbehalts sind zwar die künftigen Forderungen nicht bestimmt, nämlich nicht hinsichtlich der Person des Abnehmers und der Höhe des Kaufpreises, wohl aber bereits hinsichtlich des Kaufgegenstands. Die Vertragsparteien gehen davon aus, der Kreditnehmer werde den Geschäftsbetrieb fortsetzen und neue Forderungen begründen, die wiederum als Sicherheit dienen können. Mehr noch als bei der Globalzession ist der verlängerte Eigentumsvorbehalt dem Belieben des Schuldners entzogen. Er wird nicht nur als eine revolvierende Sicherheit für einen bereits ausgereichten Kredit geschaffen, vielmehr wird der Kredit in Form laufender Zurverfügungstellung kreditierter Ware ständig neu ausgereicht. Diese neue Ware ermöglicht erst den Verkauf durch den Sicherungsgeber und die weitere Sicherung durch die abgetretenen Forderungen. Nach Sinn und Zweck dieser Regelung, aber auch in ihrer praktischen Handhabung ist die Begründung neuer Forderungen dem Belieben des Schuldners entzogen. Vielmehr beruht die Geschäftsbeziehung zwischen Gläubiger und Sicherungsnehmer gerade auf der laufenden Weiterveräußerung der Ware des Gläubigers. Der Schuldner bleibt einzugsermächtigt, um die eingezogenen Forderungen für die Fortsetzung des Geschäftsbetriebs und die Befriedigung des Gläubigers verwenden zu können. 226

BGH, Urt. v. 17.3.2011 – IX ZR 63/10, ZIP 2011, 773 Rn. 38 ff
= NJW 2011, 1506 = NZI 2011, 366 = ZInsO 2011, 778,
dazu *Knof*, EWiR 2011, 475.

Dies gilt auch beim erweiterten Eigentumsvorbehalt in der Form des Kontokorrentvorbehalts. Der Umfang der in Zukunft übergehenden Forderung ist in abstrakter Form auch hier bereits rechtlich bindend festgelegt, die abgetretenen Forderungen sind bestimmbar. Was für das Entstehen zukünftiger Forderungen aus einem verlängerten und erweiterten Eigentumsvorbehalt gilt, trifft für das Werthaltigmachen dieser Forderungen in gleicher Weise zu. Auch insoweit ergibt sich zur Globalzession kein Unterschied. Sind zukünftige Forderungen hinsichtlich ihrer Entstehung als kongruente Deckung zu behandeln, muss dies auch für Leistungen gelten, die diese Forderungen werthaltig machen. 227

BGH, Urt. v. 17.3.2011 – IX ZR 63/10, ZIP 2011, 773 Rn. 42, 46
= NJW 2011, 1506 = NZI 2011, 366 = ZInsO 2011, 778.

Ein Anspruch der Bank, Gutschriften mit dem Saldo eines debitorisch geführten Girokontos zu verrechnen und insoweit ihre eigenen Forderungen zu befriedigen, besteht nur dann, wenn sie zum jeweiligen Zeitpunkt der Verrechnung Rückführung des Kredits verlangen kann. Der Kreditgeber kann die Rückzahlung eines ausgereichten Kredits erst nach dessen Fälligkeit fordern. Allein die Giro- oder Kontokorrentabrede stellt einen Kredit nicht zur Rück- 228 zahlung fällig. Vielmehr wird die Fälligkeit nur durch das Ende einer vereinbarten Laufzeit, eine ordentliche oder außerordentliche Kündigung begründet. Hat der Schuldner den ungekündigten Kontokorrentkredit nicht vollständig ausgeschöpft, führen in der kritischen Zeit eingehende Zahlungen, die dem Konto gutgeschrieben werden, zu einer inkongruenten Deckung. Als inkongruent anfechtbar sind dann Verrechnungen, mit denen eigene Forderungen der Gläubigerbank getilgt werden.

BGH, Urt. v. 1.10.2002 – IX ZR 360/99, ZIP 2002, 1282 = WM 2002, 2369 = NZI 2003, 34 = ZInsO 2002, 2236, dazu *M. Huber*, EWiR 2003, 29;

BGH, Urt. v. 7.3.2002 – IX ZR 223/01, BGHZ 150, 122 = ZIP 2002, 812 = ZVI 2002, 106 = WM 2002, 951 = NZI 2002, 311, dazu *Ringstmeier/Rigol*, EWiR 2002, 685;

BGH, Urt. v. 7.5.2009 – IX ZR 140/08, ZIP 2009, 1124 Rn. 9 = WM 2009, 1101 = NZI 2009, 436 = ZInsO 2009, 1054, dazu *Hofmann/Würdinger*, EWiR 2009, 513;

BGH, Urt. v. 7.7.2011 – IX ZR 100/10, ZIP 2011, 1576 = WM 2011, 1523 = NZI 2011, 675 = ZInsO 2011, 1500 Rn. 6, dazu *Würdinger*, EWiR 2011, 649;

BGH, Urt. v. 19.1.2012 – IX ZR 4/11, ZIP 2012, 537 Rn. 8 = WM 2012, 516 = ZInsO 2012, 488, dazu *U. Keller*, EWiR 2012, 251.

229 Das Kreditinstitut ist im Rahmen des Girovertrages einerseits berechtigt und verpflichtet, für den Kunden bestimmte Geldeingänge entgegenzunehmen und seinem Konto gutzuschreiben. Andererseits hat das Kreditinstitut Überweisungsaufträge des Kunden zu Lasten seines Girokontos auszuführen, sofern dieses eine ausreichende Deckung aufweist oder eine Kreditlinie nicht ausgeschöpft ist. Setzt das Kreditinstitut unter Beachtung dieser Absprachen den Giroverkehr fort, handelt es vertragsgemäß und damit kongruent. Selbst wenn neben den Zahlungseingängen von dem Schuldner veranlasste Überweisungen in eine Kontoverbindung einzustellen sind, liegt insoweit eine durch die Verrechnung bewirkte anfechtbare Kredittilgung vor, als die Summe der Eingänge die der Ausgänge übersteigt. Die Saldierungsvereinbarung deckt nicht die endgültige Rückführung des eingeräumten Kredits, sondern lediglich das Offenhalten der Kreditlinie für weitere Verfügungen des Kunden. Anfechtbar sind stets Verrechnungen, mit denen eigene Forderungen der Gläubigerbank getilgt werden.

BGH, Urt. v. 7.5.2009 – IX ZR 140/08, ZIP 2009, 1124 f Rn. 11, 12 = WM 2009, 1101 = NJW 2009, 2307 = NZI 2009, 436 = ZInsO 2009, 1054;

BGH, Urt. v. 7.7.2011 – IX ZR 100/10, ZIP 2011, 1576 = WM 2011, 1523 = NZI 2011, 675 = ZInsO 2011, 1500 Rn. 6, dazu *Würdinger*, EWiR 2011, 649;

BGH, Urt. v. 19.1.2012 – IX ZR 4/11, ZIP 2012, 537 Rn. 9 = WM 2012, 516 = ZInsO 2012, 488, dazu *U. Keller*, EWiR 2012, 251.

Werden Rechtshandlungen nach § 131 Abs. 1 Nr. 2 oder 3 angefochten, kann eine drohende Inkongruenz von Verrechnungen durch die Weiterentwicklung des Kontokorrents im letzten Monat vor der Antragstellung oder danach noch behoben werden. Dies gilt hingegen nicht bei einer auf den letzten Monat vor Antragstellung bezogenen Anfechtung nach § 131 Abs. 1 Nr. 1, weil eine vorangegangene Rechtshandlung oder Gläubigerbenachteiligung für diesen Anfechtungstatbestand ohne Bedeutung ist. 230

BGH, Urt. v. 7.7.2011 – IX ZR 100/10, ZIP 2011, 1576 = WM 2011, 1523 = NZI 2011, 675 = ZInsO 2011, 1500 Rn. 6.

Ist eine Überziehung vertraglich – auch konkludent – vereinbart worden, entsteht ein fälliger Anspruch der Bank erst nach Kündigung. Fehlt es hingegen an einer Vereinbarung, wird die Überziehung aber dennoch nicht sogleich zurückgeführt, so liegt eine bloße Duldung vor, die dem Kunden kein Recht zur Inanspruchnahme der Kreditsumme gibt. Vielmehr kann die Bank Zahlung verlangen, ohne zuvor kündigen zu müssen. 231

BGH, Urt. v. 13.1.2005 – IX ZR 457/00, ZIP 2005, 585 = WM 2005, 319 = ZInsO 2005, 373,
dazu *Hoos/Kleinschmidt*, EWiR 2005, 713;

BGH, Urt. v. 2.6.2005 – IX ZR 181/03, ZIP 2005, 1651 = WM 2005, 1790 = ZInsO 2005, 932 = NZI 2005, 622,
dazu *Gundlach/Frenzel*, EWiR 2005, 899;

BGH, Urt. v. 19.5.2011 – IX ZR 9/10, ZIP 2011, 1111 Rn. 13 = WM 2011, 1085 = NZI 2011, 536 = ZInsO 2011, 1115,
dazu *Hirte/Ede*, EWiR 2011, 575.

Verrechnet eine Bank für den Kunden eingehende Zahlungen mit ihrem noch nicht fälligen Anspruch auf Darlehensrückzahlung, ist die dadurch erlangte Befriedigung nicht inkongruent, wenn die Verrechnung mit dem Kunden vereinbart war. 232

BGH, Beschl. v. 11.2.2010 – IX ZR 42/08, ZIP 2010, 588 Rn. 3 = ZVI 2010, 186 = WM 2010, 566 = NZI 2010, 344.

Besonderheiten können für gesetzliche Pfandrechte gelten, die nach § 50 Abs. 1 InsO ein Absonderungsrecht begründen. Für das Frachtführerpfandrecht (§ 441 HGB) hat der BGH entschieden, dass die das Pfandrecht begründende Inbesitznahme eine kongruente Deckung darstellt, auch wenn ein (anfechtungsrechtlich unbedenklicher) Anspruch auf Inbesitznahme und die damit verbundene Sicherung nicht bestand, so dass § 131 Abs. 1 Nr. 1 InsO nach seinem Wortlaut Anwendung finden könnte. Beim Frachtführerpfandrecht trifft der Rechtsgedanke für die Verschärfung der Anfechtung inkongruenter Deckungen – die besondere Verdächtigkeit im Hinblick auf die nahe bevorstehende Insolvenz – im Allgemeinen nicht zu. Das gilt nicht nur, soweit konnexe Forderungen gesichert werden, die aus dem zugrunde liegenden Frachtauftrag herrühren, sondern auch, soweit das Frachtführerpfandrecht inkonnexe Forderungen sichert. Andernfalls liefe das Frachtführerpfand- 233 recht weithin leer. Dies erscheint wegen der Besonderheiten des Transportrechts nicht gerechtfertigt.

> BGH, Urt. v. 18.4.2002 – IX ZR 219/01, BGHZ 150, 326 = ZIP 2002, 1204 = WM 2002, 1416 = NZI 2002, 485 = ZInsO 2002, 670; dazu *Dubischar*, LM § 131 InsO Nr. 4; *Eckardt*, BGH Report 2002, 753.

234 Wenn der Frachtführer mit dem Absender, der offene (Alt-)Forderungen nicht bezahlen kann, und dem Empfänger vereinbart, den vorerst unter Berufung auf das Frachtführerpfandrecht angehaltenen Transport auszuführen, sofern die bei Ablieferung des Frachtguts zu realisierende Werklohnforderung gegen den Empfänger in entsprechender Höhe an den Frachtführer abgetreten oder das Pfandrecht darauf erstreckt wird, ist die erfolgte Zahlung kongruent. Die Vereinbarung selbst ist ein unanfechtbares Bargeschäft, wenn der Wert des Frachtführerpfandrechts dem Wert der abgetretenen oder verpfändeten Forderung entspricht.

> BGH, Urt. v. 21.4.2005 – IX ZR 24/04, ZIP 2005, 992 = WM 2005, 1033 = NZI 2005, 389 = ZInsO 2005, 648, dazu *Gerhardt*, EWiR 2005, 545.

235 Das Frachtführerpfandrecht für inkonnexe Forderungen aus früheren Transportaufträgen ist nicht deshalb inkongruent, weil der Frachtführer den neuen Transportauftrag (auch) wegen der ihm bewussten Gefahr übernommen hat, der Absender könnte zahlungsunfähig werden, und für diesen Fall ein zusätzliches Sicherungsmittel hinsichtlich seiner Altforderungen hat erwerben wollen.

> BGH, Urt. v. 21.4.2005 – IX ZR 24/04, ZIP 2005, 992 = WM 2005, 1033 = NZI 2005, 389 = ZInsO 2005, 648.

236 Die Sachhaftung gemäß § 76 Abs. 1 AO begründet eine Sicherheit. Die Sachhaftung ist allerdings nicht inkongruent. Der Senat hat für das gesetzliche Pfandrecht des Frachtführers entschieden, dass die das Pfandrecht begründende Inbesitznahme keine inkongruente Deckung darstellt.

> BGH, Urt. v. 8.2.2024 – IX ZR 107/22, ZIP 2024, 581 Rn. 19, 20 = WM 2024, 515.

3. Insolvenzgläubiger

237 Der im Rahmen der Deckungsanfechtung (§ 130 Abs. 1, § 131 Abs. 1 InsO) verwendete Begriff des Insolvenzgläubigers setzt nicht voraus, dass dem Leistungsempfänger als Anfechtungsgegner eine rechtsbeständige Forderung gegen den Schuldner zusteht. Erbringt der Schuldner auf eine vermeintliche, tatsächlich aber nicht bestehende Forderung eine Zahlung, ist der Empfänger in Anwendung der §§ 130, 131 InsO als Insolvenzgläubiger zu betrachten, wenn die Leistung aus seiner Warte bei objektiver Betrachtung zur Tilgung der nicht bestehenden Forderung bestimmt ist. Bereits dem Wortlaut des § 131 Abs. 1 InsO, der Deckungen der Anfechtung unterwirft, die der Insolvenzgläubiger „nicht", „nicht in der Art" oder „nicht zu der Zeit" zu beanspruchen hatte, kann entnommen werden, dass auch der Empfänger einer Zuwendung, die eines Rechtsgrundes entbehrt, Insolvenzgläubiger ist. Es ist allgemein anerkannt, dass eine Deckung „nicht" zu beanspruchen ist, wenn unvollkommene (§ 762 f BGB), verjährte (§§ 194 ff BGB), durch Irrtum, Täuschung oder Drohung (§§ 119, 123 BGB) anfechtbar begründete sowie solche Verbindlichkeiten beglichen werden, bei denen ein Formmangel durch die Leistungsbewirkung (§ 311b Abs. 1 Satz 2 BGB, § 15 Abs. 4 Satz 2 GmbHG) geheilt wird. Aber auch im Fall der Leistung auf eine nach objektiver Rechtslage unabhängig von einer Einwendung oder Einrede von vornherein nicht bestehende Forderung ist der Zuwendungsempfänger, weil er die Deckung „nicht" zu beanspruchen hat, als Insolvenzgläubiger zu erachten. Es wäre nicht gerechtfertigt, einen Gläubiger, der eine rechtsgrundlose Leistung erlangt, im Vergleich zu einem Gläubiger, der für einen rechtlich begründeten Anspruch lediglich eine inkongruente Deckung erhält, von der Deckungsanfechtung freizustellen.

> BGH, Urt. v. 19.1.2012 – IX ZR 2/11, ZIP 2012, 280 Rn. 11, 12 = WM 2012, 326 = NZI 2012, 177 = ZInsO 2012, 264, dazu *Bork*, EWiR 2012, 149;
>
> BGH, Urt. v. 20.4.2017 – IX ZR 252/16, BGHZ 214, 350 = ZIP 2017, 1233 Rn. 17, dazu *Jacoby*, EWiR 2017, 403.

238 Zu den Insolvenzgläubigern gehört jeder, der in der Insolvenz eine Forderung i. S. d. **§ 38 InsO** oder einen nachrangigen Anspruch gehabt hätte, weil dessen Erfüllung geeignet ist, die Befriedigungsaussichten der Gläubigergesamtheit zu schmälern. An dem Insolvenzverfahren über das Vermögen des selbstschuldnerischen Bürgen kann der Hauptgläubiger wegen seiner Bürgschaftsforderung teilnehmen. Bei einer selbstschuldnerischen Bürgschaft findet der Grundsatz der Doppelberücksichtigung (**§ 43 InsO**) Anwendung.

> BGH, Urt. v. 9.10.2008 – IX ZR 59/07, ZIP 2008, 2183, 2184 f Rn. 15 f, dazu *Koza*, EWiR 2008, 755.

239 Auch der Inhaber einer aufschiebend bedingten Forderung ist als Insolvenzgläubiger i. S. d. §§ 130, 131 InsO anzusehen, weil nach § 191 Abs. 1 InsO selbst bedingte Forderungen einen Vermögensanspruch gegen den Schuldner begründen Darum ist der Bürgschaftsgläubiger Insolvenzgläubiger eines Bürgen, der unter Verzicht auf die Ausübung der ihm eröffneten Einrede der Vorausklage (§ 771 BGB) freiwillig Zahlung geleistet hat. Diese Grundsätze sind ohne Weiteres zu übertragen, wenn im Falle einer umsatzsteuerlichen Organschaft die Organgesellschaft als nachrangiger Haftungsschuldner die Steuerschuld tilgt. Der Haftungsbescheid konkretisiert lediglich den bereits entstandenen Haftungsanspruch und bildet die Grundlage für die Verwirklichung dieses Anspruchs. Der Haftungsbescheid hat demnach ebenso wie der Steuerbescheid keine konstitutive, sondern nur deklaratorische Bedeutung. Die Entstehung des Haftungstatbestandes als materiell-rechtlicher An-

spruch aus dem Steuerverhältnis erfordert nicht den Erlass eines Haftungsbescheides.

BGH, Urt. v. 19.1.2012 – IX ZR 2/11, ZIP 2012, 280 Rn. 16 = WM 2012, 326 = NZI 2012, 177 = ZInsO 2012, 264, dazu *Bork*, EWiR 2012, 149.

240 Wurde auf einen früheren Eröffnungsantrag ein Insolvenzverfahren nicht eröffnet, ist der dort bestellte vorläufige Verwalter im Blick auf seinen Vergütungsanspruch als Insolvenzgläubiger anzusehen, wenn aufgrund eines späteren Antrags tatsächlich ein Insolvenzverfahren eröffnet wird. Die Vergütungsansprüche sind in dem eröffneten Verfahren keine Massekosten (§§ 53, 54 Nr. 2 InsO).

BGH, Urt. v. 15.12.2011 – IX ZR 118/11, ZIP 2012, 333 Rn. 9 ff = ZVI 2012, 115 = WM 2012, 276 = NZI 2012, 135.

241 Gläubiger, die ohne die erlangte Deckung an dem anschließenden Insolvenzverfahren in Bezug auf die befriedigte Forderung nur im Rang der **§§ 38, 39 InsO** teilgenommen hätten, sind Insolvenzgläubiger i. S. d. **§ 130 InsO**. Inhaber von Absonderungsrechten sind aufgrund von **§ 52 InsO** wegen ihrer gesamten persönlichen Forderung, nicht nur wegen ihres Ausfalls, Insolvenzgläubiger. Deshalb betreffen Rechtshandlungen, die nicht der Befriedigung des Absonderungsrechts dienen, sondern die durch das Absonderungsrecht gesicherten Forderungen erfüllen, deren Berechtigte in ihrer Eigenschaft als Insolvenzgläubiger.

BGH, Urt. v. 6.4.2006 – IX ZR 185/04, ZIP 2006, 1009, 1010 Rn. 12 ff = WM 2006, 1018 = NZI 2006, 403 = ZInsO 2006, 544, dazu *Homann*, EWiR 2006, 501.

242 Der absonderungsberechtigte Gläubiger als Inhaber seines Sicherungsrechtes ist dagegen insoweit nicht Insolvenzgläubiger. Dies gilt erst recht, wenn sich seine persönliche Forderung gegen einen Dritten richtet. Andererseits ist der absonderungsberechtigte Gläubiger, dem allein auf seine persönliche Forderung Sicherung oder Befriedigung gewährt oder ermöglicht wird, zweifellos als Insolvenzgläubiger betroffen. Werden durch eine Rechtshandlung sowohl die Stellung als Absonderungsberechtigter wie die Stellung als Insolvenzgläubiger berührt, ist der Gläubiger jedenfalls auch in seiner Eigenschaft als Insolvenzgläubiger betroffen. Dies gilt im Zweifel immer dann, wenn eine Rechtshandlung die gesicherte Forderung verringern soll.

BGH, Urt. v. 29.3.2007 – IX ZR 27/06, ZIP 2007, 1126, 1128 Rn. 24 f = WM 2007, 1129 = NZI 2007, 394 = ZInsO 2007, 605, dazu *Flitsch*, EWiR 2007, 537.

243 Ob der Empfänger der Leistung des Schuldners tatsächlich an dem Verfahren teilnehmen würde, spielt keine Rolle, weil davon die Gläubigerbenachteiligung durch die Rechtshandlung des Schuldners nicht abhängig ist. Ein Anfechtungsanspruch gegen den neben dem Schuldner Mitverpflichteten kommt

daher auch dann in Betracht, wenn dieser gemäß § 44 InsO seinen Ausgleichsanspruch nicht geltend machen kann.

> BGH, Urt. v. 20.7.2006 – IX ZR 44/05, ZIP 2006, 1591, 1592 Rn. 10 = ZVI 2006, 401 = WM 2006, 1637, 1638 = NZI 2006, 581.

Die Tilgung einer fremden Verbindlichkeit durch den Schuldner ist nicht nach § 130 anfechtbar, weil der Zahlungsempfänger kein Gläubiger des Schuldners, sondern eines Dritten, in dessen Interesse die Leitung erfolgte, ist. 244

> BGH, Urt. v. 3.3.2005 – IX ZR 441/00, BGHZ 162, 276, 279 = ZIP 2005, 767 = WM 2005, 853 = ZInsO 2005, 431, dazu *Haas/Panier*, EWiR 2005, 737;
>
> BGH, Urt. v. 5.2.2004 – IX ZR 473/00, ZIP 2004, 917 = WM 2004, 932 = NZI 2004, 374 = ZInsO 2004, 499, dazu *Höpfner*, EWiR 2004, 771.

§§ 130, 131 InsO betreffen die Anfechtung von Rechtshandlungen, mit denen einem Insolvenzgläubiger eine Sicherung oder Befriedigung gewährt oder ermöglicht wird. Sie betreffen dagegen nicht Rechtshandlungen, mit denen sich ein Dritter erst zum Insolvenzgläubiger gemacht hat oder bei Unterlassungen gemacht haben würde. Deshalb kann der Insolvenzverwalter im Wege der Anfechtung einen Schuldner des Insolvenzschuldners, etwa einen Darlehensgeber, nicht dazu zwingen, Leistungen, die vor Eröffnung des Insolvenzverfahrens fällig waren, nach der Insolvenzeröffnung noch an die Masse zu erbringen, um ihn sodann wegen der Rückforderung auf die Quote zu verweisen. Er ist vielmehr darauf beschränkt, den Auszahlungsanspruch geltend zu machen, solange und soweit dieser fortbesteht. Die schuldrechtliche Grundlage für den Rückforderungsanspruch gegen die Masse in Form einer Insolvenzforderung war auch hier nicht gegeben, solange der Betrag tatsächlich noch nicht an den Schuldner gezahlt war. 245

> BGH, Beschl. v. 15.3.2012 – IX ZA 107/11, ZIP 2012, 833 = WM 2012, 716 Rn. 12 = NZI 2012, 415.

Durch Umbuchungen auf das Zielkonto der Muttergesellschaft erfüllt die insolvente Tochtergesellschaft allein ihre Verpflichtungen aus der Cash-Pool-Vereinbarung gegenüber der Muttergesellschaft. Die insolvente Tochtergesellschaft erbringt damit nicht auch eine Leistung an die Bank. Die Verrechnung auf dem Zielkonto beruht ausschließlich auf der Kontokorrentabrede zwischen der Muttergesellschaft als Kontoinhaberin und der Bank. Auf diesem Konto wird nur von der Muttergesellschaft Kredit in Anspruch genommen, für den die insolvente Tochtergesellschaft gesamtschuldnerisch haftet. Die Zahlungen der insolventen Tochtergesellschaft an die Muttergesellschaft stellten keine mittelbaren Zuwendungen an die Bank dar. Dafür ist zwar ausreichend, dass der Gegenwert für das, was über die Mittelsperson an den Leistungsempfänger gelangt, aus dem Vermögen des Leistenden stammt. Die Muttergesellschaft ist jedoch nicht Leistungsmittlerin der Schuldnerin. Als Leistungsmittlerin kann nur eine Person angesehen werden, die der Schuldner einschaltet, damit sie für ihn eine Zuwendung an einen Dritten bewirkt. 246

Für den Dritten muss es sich erkennbar um eine Leistung des Schuldners handeln. Diese Voraussetzungen liegen nicht vor, weil sich die Schuldnerin nicht der Muttergesellschaft bedient hat, um eine Leistung an die Bank zu erbringen. Vielmehr war die Bank als bloße Leistungsmittlerin der Muttergesellschaft tätig, d. h. als deren Zahlstelle. Überweisungen auf ein im Soll geführtes Konto eines Gläubigers haben regelmäßig die Befriedigung der Forderung dieses Gläubigers zum Ziel und nicht den Zweck, den Kredit des Gläubigers bei der Bank zurückzuführen. Nur in dem Fall, dass der Schuldner einen Betrag gerade deshalb auf ein debitorisch geführtes Konto des Gläubigers überweist, damit Zinsen gespart werden, ist darin eine mittelbare Zuwendung an die Bank zu sehen.

BGH, Urt. v. 13.6.2013 – IX ZR 259/12, ZIP 2013, 1826 = WM 2013, 1793 = ZInsO 2013, 1898 Rn. 30, 31.

247 Erbringt der Schuldner für Rechnung des Bundesamts für Güterfernverkehr Mautzahlungen an die Betreiberin des Systems zur Erhebung der Lkw-Maut, hat ihr gegenüber die Anfechtung zu erfolgen.

BGH, Urt. v. 10.10.2013 – IX ZR 319/12, ZIP 2013, 2210 Rn. 12 ff. = WM 2013, 2142 = NZI 2013, 1068;

BGH, Urt. v. 9.11.2017 – IX ZR 319/16, ZIP 2018, 335 Rn. 12 ff = WM 2018, 343.

248 Wird eine Kreditkarte als Barzahlungsersatz eingesetzt, richtet sich die Deckungsanfechtung in der Insolvenz des Karteninhabers gegen das Vertragsunternehmen und nicht gegen den Kartenaussteller. Eine mittelbare Zuwendung liegt regelmäßig vor, wenn der Schuldner ein **Bankguthaben** durch Überweisung, Lastschrifteinzug oder durch Scheckzahlung auf einen Leistungsempfänger überträgt. Die als bloße Zahlstelle des Schuldners eingeschaltete Bank ist in diesen Fällen nicht der Deckungsanfechtung ausgesetzt, weil sie bei der gebotenen wirtschaftlichen Betrachtung nicht als Insolvenzgläubigerin, sondern als Schuldnerin des Insolvenzschuldners handelt. Für den Zahlungsverkehr mittels einer Kreditkarte gilt nichts anderes, wenn der Einsatz der Kreditkarte nur die Funktion des Bargeldersatzes hat und es zu keiner Kreditgewährung kommt. Der Zahlungsvorgang mittels der Kreditkarte ersetzt eine Barzahlung. Vergleichbar der Zahlung durch Überweisung, Lastschrift oder Scheck ist deshalb auch anfechtungsrechtlich keine andere Behandlung gerechtfertigt als im Fall einer Barzahlung des Schuldners an seinen Gläubiger nach vorheriger Auszahlung eines entsprechenden Guthabens durch seine Bank. Die Kartengesellschaft oder die mit der Abwicklung der Kartenzahlung beauftragte Bank handelt in einem solchen Fall als bloße Zahlungsmittlerin des den Vorgang veranlassenden Karteninhabers gegenüber seinem Gläubiger als Leistungsempfänger.

BGH, Urt. v. 23.10.2014 – IX ZR 290/13, ZIP 2014, 2351 = ZInsO 2014, 2359 Rn. 8 ff,
dazu *Weissinger*, EWiR 2015, 155.

4. Feststellung der Zahlungsunfähigkeit

Die Insolvenzordnung knüpft bei der Anfechtung nach §§ 130–132 InsO an die Zahlungsunfähigkeit an. Freilich ist nach § 17 Abs. 2 Satz 2 InsO Zahlungsunfähigkeit in der Regel anzunehmen, wenn der Schuldner seine Zahlungen eingestellt hat. Diese Vermutung gilt auch im Rahmen des § 130 Abs. 1 Nr. 1 InsO. 249

BGH, Urt. v. 20.11.2001 – IX ZR 48/01, BGHZ 149, 178 = ZIP 2002, 87 = WM 2002, 137 = NZI 2002, 91 = ZInsO 2002, 29,
dazu *Wagner*, EWiR 2002, 219;
M. Huber, LM § 130 InsO Nr. 1;
Smid, WuB VI C. § 139 InsO 1.02;

BGH, Urt. v. 9.1.2003 – IX ZR 175/02, ZIP 2003, 410 = WM 2003, 400 = NZI 2003, 322 = ZInsO 2003, 180 = NJW-RR 2003, 697,
dazu *Hölzle*, EWiR 2003, 379;
Hess, WuB VI C. § 130 InsO 1.03;

BGH, Urt. v. 22.1.2004 – IX ZR 39/03, BGHZ 157, 350 = ZIP 2004, 513 = ZVI 2004, 188 = WM 2004, 517 = NZI 2004, 206 = ZInsO 2004, 270;

BGH, Urt. v. 17.2.2004 – IX ZR 318/01, ZIP 2004, 669 = WM 2004, 669 = NZI 2005, 690 = ZInsO 2004, 385,
dazu *O'Sullivan*, EWiR 2004, 669;

BGH, Urt. v. 12.10.2006 – IX ZR 228/03, ZIP 2006, 2222, 2223 Rn. 12 = WM 2006, 2312, 2314 = NZI 2007, 36 = ZInsO 2006, 1210,
dazu *M. Wagner*, EWiR 2007, 113;

BGH, Urt. v. 21.6.2007 – IX ZR 231/04, ZIP 2007, 1469, 1470 Rn. 27 = WM 2007, 1616 = NZI 2007, 517 = ZInsO 2007, 816.

a) Zahlungsunfähigkeit

Nach § 17 Abs. 2 Satz 1 InsO ist der Schuldner zahlungsunfähig, wenn er nicht in der Lage ist, die fälligen Zahlungspflichten zu erfüllen. Auf die Merkmale der „Dauer" und der „Wesentlichkeit" hat der Gesetzgeber der Insolvenzordnung bei der Umschreibung der Zahlungsunfähigkeit verzichtet. Nach der Gesetzesbegründung versteht es sich von selbst – und braucht deshalb nicht besonders zum Ausdruck gebracht zu werden –, dass eine vorübergehende Zahlungsstockung keine Zahlungsunfähigkeit begründet. Zahlungsunfähig ist danach ein Schuldner, wenn ihm die Erfüllung der fälligen Zahlungspflichten wegen eines objektiven, kurzfristig nicht zu behebenden Mangels an Zahlungsmitteln nicht möglich ist. Um dies festzustellen, werden im Rahmen einer Liquiditätsbilanz die aktuell verfügbaren und kurzfristig verfügbar werdenden Mittel in Beziehung gesetzt zu den an demselben Stichtag fälligen und eingeforderten Verbindlichkeiten. Zahlungsunfähig ist danach auch ein Schuldner, der nur einen Gläubiger hat und außerstande ist, diesen zu befriedigen. 250

BGH, Urt. v. 24.5.2005 – IX ZR 123/04, BGHZ 163, 134, 137, 138 = ZIP 2005, 1426 = WM 2005, 1468 = NJW 2005, 3062 = ZInsO 2005, 807,
dazu *Bruns*, EWiR 2005, 767;
Bitter/Redeker, WuB VI A. § 17 InsO 1.05;
Hölzle, ZIP 2006, 101;
Neumaier, NJW 2005, 3041;
Thonfeld, NZI 2005, 550;
Uhlenbruck, BGH Report 2005, 1356.

251 Eine Zahlungsunfähigkeit, die sich voraussichtlich innerhalb kurzer Zeit beheben lässt, gilt lediglich als Zahlungsstockung und stellt keinen Insolvenzeröffnungsgrund dar. Als Zahlungsstockung ist nur noch eine Illiquidität anzusehen, die den Zeitraum nicht überschreitet, den eine kreditwürdige Person benötigt, um sich die benötigten Mittel zu leihen. Als Zeitraum für die Kreditbeschaffung sind zwei bis drei Wochen erforderlich, aber auch ausreichend. Die Vorschrift des § 15a Abs. 1 InsO (früher § 64 Abs. 1 Satz 1 GmbHG) zeigt, dass das Gesetz eine Ungewissheit über die Wiederherstellung der Zahlungsfähigkeit der Gesellschaft längstens drei Wochen hinzunehmen bereit ist. Die Frage, ob noch von einer vorübergehenden Zahlungsstockung oder schon von einer endgültigen Zahlungsunfähigkeit auszugehen ist, muss allein aufgrund der objektiven Umstände beantwortet werden.

BGH, Urt. v. 24.5.2005 – IX ZR 123/04, BGHZ 163, 134, 139, 140 = ZIP 2005, 1426 = WM 2005, 1468 = NJW 2005, 3062 = ZInsO 2005, 807.

252 Abzulehnen ist die Ansicht, zahlungsunfähig sei ein Schuldner generell bereits dann, wenn er seine fälligen Verbindlichkeiten nicht – binnen der dreiwöchigen Frist – zu 100 % erfüllen kann. Geringe Liquiditätslücken reichen für die Annahme der Zahlungsunfähigkeit nicht aus. Liegt eine Unterdeckung von weniger als 10 % vor, genügt sie allein nicht zum Beleg der Zahlungsunfähigkeit. Wenn diese gleichwohl angenommen werden soll, müssen besondere Umstände vorliegen, die diesen Standpunkt stützen. Ein solcher Umstand kann auch die auf Tatsachen gegründete Erwartung sein, dass sich der Niedergang des Schuldner-Unternehmens fortsetzen wird. Beträgt die Unterdeckung 10 % oder mehr, muss umgekehrt im Rahmen des § 15a InsO (früher § 64 GmbHG) der Geschäftsführer der Gesellschaft – falls er meint, es sei doch von einer Zahlungsfähigkeit auszugehen – entsprechende Indizien vortragen und beweisen. Dazu ist in der Regel die Benennung konkreter Umstände erforderlich, die mit an Sicherheit grenzender Wahrscheinlichkeit erwarten lassen, dass die Liquiditätslücke zwar nicht innerhalb von zwei bis drei Wochen – dann läge nur eine Zahlungsstockung vor –, jedoch immerhin in überschaubarer Zeit beseitigt werden wird. Im Zusammenhang mit einem Gläubigerantrag (§ 14 InsO) muss sich der Schuldner auf diese Umstände berufen, und das Insolvenzgericht hat sie festzustellen (§ 5 Abs. 1 Satz 1 InsO).

BGH, Urt. v. 24.5.2005 – IX ZR 123/04, BGHZ 163, 134, 142, 145 = ZIP 2005, 1426 = WM 2005, 1468 = NJW 2005, 3062 = ZInsO 2005, 807;

BGH, Urt. v. 6.12.2012 – IX ZR 3/12, ZIP 2013, 228 = WM 2013, 174 = NJW 2013, 940 = NZI 2013, 140 = ZInsO 2013, 190 Rn. 19;

BGH, Urt. v. 17.11.2016 – IX ZR 65/15, ZIP 2016, 2423 Rn. 17 = NZI 2017, 64.

Bei der Feststellung der Verbindlichkeiten des Schuldners sind grundsätzlich alle gegen ihn gerichteten fälligen Forderungen zu berücksichtigen. Zwar gebieten Sinn und Zweck des § 17 InsO, in Übereinstimmung mit dem Verständnis der Konkursordnung an dem Erfordernis des „ernsthaften Einforderns" als Voraussetzung einer die Zahlungsunfähigkeit begründenden oder zu dieser beitragenden Forderung festzuhalten. Eine Forderung ist in der Regel dann i. S. v. § 17 Abs. 2 InsO fällig, wenn eine Gläubigerhandlung feststeht, aus der sich der Wille, vom Schuldner Erfüllung zu verlangen, im Allgemeinen ergibt. Hierfür genügend, aber nicht erforderlich ist die Übersendung einer Rechnung. Das überkommene Merkmal des „ernsthaften Einforderns" dient damit lediglich dem Zweck, solche Forderungen auszunehmen, die rein tatsächlich – also auch ohne rechtlichen Bindungswillen oder erkennbare Erklärung – gestundet sind. 253

BGH, Urt. v. 14.5.2009 – IX ZR 63/08, ZIP 2009, 1235, 1237 Rn. 22 = WM 2009, 1202 = NZI 2009, 471, dazu *Ch. Keller*, EWiR 2009, 579;

BGH, Beschl. v. 14.7.2011 – IX ZB 57/11, ZIP 2011, 1875 Rn. 9 = NZI 2011, 680 = ZInsO 2011, 1742;

BGH, Beschl. v. 8.3.2012 – IX ZR 102/11, WM 2012, 665 Rn. 7;

BGH, Urt. v. 22.11.2012 – IX ZR 62/10, ZIP 2013, 79 = WM 2013, 88 = NZI 2013, 129 = ZInsO 2013, 76 Rn. 8;

BGH, Urt. v. 6.12.2012 – IX ZR 3/12, ZIP 2013, 228 = WM 2013, 174 = NZI 2013, 140 = ZInsO 2013, 190 Rn. 25 ff.

Forderungen, die rechtlich oder auch nur tatsächlich – also ohne rechtlichen Bindungswillen oder erkennbare Erklärung – gestundet sind, dürfen bei der Feststellung der Zahlungseinstellung und Zahlungsunfähigkeit nicht berücksichtigt werden. Unter eine derartige Stundung fällt auch ein bloßes Stillhalteabkommen. Hat der Gläubiger das Stillhalten an die Erbringung gewisser Leistungen, insbesondere Ratenzahlungen, geknüpft, wird der Schuldner allerdings von Neuem zahlungsunfähig, wenn er nicht in der Lage ist, diese Leistungen zu erbringen. Bei einem Schuldner, der trotz erheblicher Liquiditätsvorteile die aufgelaufenen Rückstände nicht einmal ratenweise abtragen kann, verbietet sich die Annahme der Zahlungsfähigkeit. 254

BGH, Urt. v. 6.12.2012 – IX ZR 3/12, ZIP 2013, 228 = WM 2013, 174 = NZI 2013, 140 = ZInsO 2013, 190 Rn. 29, 31.

Auch der Abschluss einer Ratenzahlungsvereinbarung enthält eine solche Stundung. Die gestundete Gesamtverbindlichkeit muss deshalb, sofern es sich nicht um eine erzwungene Stundung handelt, außer Betracht bleiben, wenn es darum geht, für die Zeit nach dem Abschluss der Ratenzahlungsver- 255 einbarung eine Zahlungsunfähigkeit – erstmals – festzustellen. Handelt es sich bei dieser Verbindlichkeit um die einzige, auf welche die Zahlungsunfähigkeit gestützt werden soll, muss die Feststellung scheitern. Anders verhält es sich, wenn feststeht, dass der Schuldner seine Zahlungen eingestellt hatte, bevor Ratenzahlung vereinbart wurde. Eine einmal eingetretene Zahlungseinstellung wirkt grundsätzlich fort. Sie kann nur dadurch wieder beseitigt werden, dass die Zahlungen im Allgemeinen wieder aufgenommen werden. Dies hat derjenige zu beweisen, der sich darauf beruft. Hat der anfechtende Verwalter für einen bestimmten Zeitpunkt den ihm obliegenden Beweis der Zahlungseinstellung des Schuldners geführt, muss der Anfechtungsgegner grundsätzlich beweisen, dass diese Voraussetzung zwischenzeitlich wieder entfallen ist.

BGH, Urt. v. 24.3.2016 – IX ZR 242/13, ZIP 2016, 874 Rn. 10, 11 = WM 2016, 797 = NZI 2016, 454.

256 Vor diesem Hintergrund können im Rahmen einer zum Nachweis der Zahlungsunfähigkeit zu erstellenden Liquiditätsbilanz die von einem Vollstreckungsaufschub betroffenen Forderungen außer Betracht bleiben.

BGH, Beschl. v. 8.3.2012 – IX ZR 102/11, WM 2012, 665 Rn. 7.

257 Insbesondere die kalendermäßige Fälligkeit der Forderung macht ein weiteres Zahlungsverlangen entbehrlich. Es ist nicht zu verlangen, dass ein Gläubiger eine Zahlungsaufforderung regelmäßig oder auch nur ein einziges Mal wiederholt.

BGH, Urt. v. 14.5.2009 – IX ZR 63/08, ZIP 2009, 1235, 1238 Rn. 26 = WM 2009, 1202 = NZI 2009, 471;

BGH, Urt. v. 22.11.2012 – IX ZR 62/10, ZIP 2013, 79 = WM 2013, 88 = NZI 2013, 129 = ZInsO 2013, 76 Rn. 12.

258 Zu den fälligen Forderungen gehört auch diejenige Forderung, die den Gegenstand der Anfechtung bildet.

BGH, Urt. v. 14.5.2009 – IX ZR 63/08, ZIP 2009, 1235, 1237 f Rn. 24 = WM 2009, 1202 = NZI 2009, 471.

259 Bei der Annahme, ein Gläubiger habe stillschweigend in eine spätere oder nachrangige Befriedigung seiner Forderung eingewilligt, ist Zurückhaltung geboten. „Erzwungene Stundungen", die dadurch zustande kommen, dass der Schuldner seine fälligen Verbindlichkeiten mangels liquider Mittel nicht mehr oder nur noch mit Verzögerungen begleicht, die Gläubiger aber nicht sofort klagen und vollstrecken, weil sie dies ohnehin für aussichtslos halten oder sie nicht den sofortigen Zusammenbruch des Schuldners verantworten wollen, stehen der Zahlungsunfähigkeit nicht entgegen. Für „erzwungene Stundungen" der Arbeitnehmer gilt dies in besonderem Maße.

BGH, Urt. v. 14.2.2008 – IX ZR 38/04, ZIP 2008, 706, 708 Rn. 23 f = WM 2008, 698 = NZI 2008, 299 = ZInsO 2008, 378, dazu *Dörrscheidt*, EWiR 2008, 533;

BGH, Urt. v. 6.12.2012 – IX ZR 3/12, ZIP 2013, 228 = WM 2013, 174 = NJW 2013, 940 = NZI 2013, 140 = ZInsO 2013, 190 Rn. 34.

Ein Gläubiger, der als Inhaber einer fälligen Forderung über rund 1.000 € dem Schuldner ein langfristig rückzahlbares Darlehen über 40.000 € gewährt, ist im Blick auf die Forderung von 1.000 € mit einer späteren Befriedigung einverstanden, so dass diese Forderung bei der Beurteilung der Zahlungsunfähigkeit außer Betracht zu bleiben hat. 260

BGH, Beschl. v. 6.2.2014 – IX ZR 76/13, Rn. 3.

Den Verbindlichkeiten des Schuldners sind grundsätzlich alle verfügbaren Mittel und darum zu erwartenden Zahlungseingänge gegenüberzustellen. Für die Beurteilung der Zahlungsunfähigkeit ist es ohne Bedeutung, aus welchen Quellen die Einnahmen des Schuldners stammen. Es kommt insbesondere nicht darauf an, ob sich der Schuldner die Zahlungsmittel auf redliche oder unredliche Weise beschafft hat. Deswegen sind selbst aus Straftaten herrührende illegale Einkünfte als liquide Mittel anzusehen. Folglich sind anfechtbar erworbene Zahlungsmittel ebenfalls in die Prüfung der Zahlungsunfähigkeit einzubeziehen. 261

BGH, Urt. v. 14.5.2009 – IX ZR 63/08, ZIP 2009, 1235, 1237 Rn. 19 = WM 2009, 1202 = NZI 2009, 471;

Kreft-*Kirchhof*, InsO, 8. Aufl., § 17 Rn. 16;
Jaeger-*Müller*, InsO, § 17 Rn. 17;
Uhlenbruck-*Uhlenbruck*, InsO, § 17 Rn. 6.

Setzt der Schuldner vorhandene Geldmittel nicht zur Tilgung seiner Verbindlichkeiten, sondern für andere Zwecke ein, liegt ebenfalls eine Zahlungsunfähigkeit vor, weil sich der Schuldner durch diese Ausgaben der Mittel entäußert hat, die er für die Begleichung seiner Verbindlichkeiten benötigt hätte. 262

BGH, Beschl. v. 3.12.2015 – IX ZR 131/15, ZIP 2016, 124 Rn. 5 = WM 2016, 135 = NZI 2016, 225.

Zwecks Feststellung der Zahlungsunfähigkeit ist eine Liquiditätsbilanz aufzustellen. Dabei sind die im maßgeblichen Zeitpunkt verfügbaren und innerhalb von drei Wochen flüssig zu machenden Mittel in Beziehung zu den an demselben Stichtag fälligen und eingeforderten Verbindlichkeiten zu setzen. Von dieser Prüfung hängt es ab, ob die innerhalb von drei Wochen nicht zu beseitigende Liquiditätslücke des Schuldners mehr als 10 % beträgt und folglich Zahlungsunfähigkeit eingetreten ist. 263

BGH, Urt. v. 14.5.2009 – IX ZR 63/08, ZIP 2009, 1235, 1239 Rn. 37 = WM 2009, 1202 = NZI 2009, 471;

BGH, Urt. v. 6.12.2012 – IX ZR 3/12, ZIP 2013, 228 = WM 2013, 174 = NJW 2013, 940 = NZI 2013, 140 = ZInsO 2013, 190 Rn. 119.

In die zur Feststellung der Zahlungsunfähigkeit gemäß § 17 Abs. 2 Satz 1 InsO aufzustellende Liquiditätsbilanz sind auf der Aktivseite neben den ver- 264 fügbaren Zahlungsmitteln (sog. Aktiva I) die innerhalb von drei Wochen flüssig zu machenden Mittel (sog. Aktiva II) einzubeziehen und zu den am Stichtag fälligen und eingeforderten Verbindlichkeiten (sog. Passiva I) sowie den innerhalb von drei Wochen fällig werdenden und eingeforderten Verbindlichkeiten (sog. Passiva II) in Beziehung zu setzen. Auch die innerhalb von drei Wochen nach dem Stichtag fällig werdenden Verbindlichkeiten (Passiva II) sind bei der Feststellung der Zahlungsunfähigkeit zu berücksichtigen.

BGH, Urt. v. 19.12.2017 – II ZR 88/16, BGHZ 217, 130 = ZIP 2018, 283 Rn. 33 ff, dazu *K. Schmidt*, EWiR 2018, 179.

265 Den Gesetzesmaterialien ist zu entnehmen, dass der Begriff der Zahlungsunfähigkeit nicht rein stichtagsbezogen zu verstehen ist. Vielmehr ist auch die zeitliche Dauer einer etwaigen Liquiditätslücke zu berücksichtigen, um die Zahlungsunfähigkeit von einer nur vorübergehenden Zahlungsstockung abzugrenzen.

BGH, Urt. v. 19.12.2017 – II ZR 88/16, BGHZ 217, 130 = ZIP 2018, 283 Rn. 43, dazu *K. Schmidt*, EWiR 2018, 179.

266 Dem von dem Gesetzgeber verfolgten Interesse einer frühzeitigen Verfahrenseröffnung widerspräche es, würde man bei der Feststellung der Zahlungsunfähigkeit lediglich die innerhalb von drei Wochen nach dem Stichtag flüssig zu machenden Mittel, nicht aber die in demselben Zeitraum fälligen Verbindlichkeiten einbeziehen, da damit der Zeitpunkt der Insolvenzreife theoretisch sogar auf Dauer verzögert werden könnte. Dem Schuldner würde ermöglicht, mit den neu hinzukommenden Mitteln lediglich die Altverbindlichkeiten zu begleichen und damit eine unter Umständen erhebliche Unterdeckung dauerhaft vor sich herzuschieben, die am Ende des Dreiwochenzeitraums sogar noch größer sein könnte als zu Beginn.

BGH, Urt. v. 19.12.2017 – II ZR 88/16, BGHZ 217, 130 = ZIP 2018, 283 Rn. 50, dazu *K. Schmidt*, EWiR 2018, 179.

267 Andernfalls würde die Ermittlung der Zahlungsunfähigkeit zeitlich verzerrt und Aktiv- und Passivseite würden bei der Erstellung der Liquiditätsbilanz künstlich einer unterschiedlichen Bewertung unterworfen: Während der Zahlungsmittelbestand dynamisch, nämlich zeitraumbezogen ermittelt würde, würde der Bestand an fälligen Verbindlichkeiten ausschließlich statisch stichtagsbezogen festgestellt. Dies widerspräche allgemeinen betriebswirtschaftlichen Bewertungsgrundsätzen.

BGH, Urt. v. 19.12.2017 – II ZR 88/16, BGHZ 217, 130 = ZIP 2018, 283 Rn. 53, dazu *K. Schmidt*, EWiR 2018, 179.

268 Die Darlegungs- und Beweislast dafür, dass ein Gläubiger, der die Zahlungsunfähigkeit des Schuldners einmal erkannt hatte, aufgrund neuer Tatsachen angenommen hat, die Zahlungsunfähigkeit sei beseitigt, liegt bei dem Gläubiger. Es entspricht gefestigter Rechtsprechung, dass derjenige, der sich auf den nachträglichen Wegfall der objektiven Zahlungsunfähigkeit beruft, dies beweisen muss.

> BGH Urt. v. 27.3.2008 – IX ZR 98/07, ZIP 2008, 930, 932 Rn. 23 = ZVI 2008, 396 = WM 2008, 840 = NZI 2008, 366;
>
> BGH, Urt. v. 24.3.2016 – IX ZR 242/13, ZIP 2016, 874 Rn. 11 = WM 2016, 797 = NZI 2016, 454;
>
> BGH, Urt. v. 16.6.2016 – IX ZR 23/15, ZIP 2016, 1388 Rn. 22 f = WM 2016, 1307,
> dazu *Cranshaw*, EWiR 2016, 637.

b) Zahlungseinstellung

Der Begriff der Zahlungsunfähigkeit beurteilt sich im gesamten Insolvenzrecht und darum auch im Rahmen des Insolvenzanfechtungsrechts nach § 17 InsO. Zur Feststellung der Zahlungsunfähigkeit i. S. d. § 17 Abs. 2 Satz 1 InsO kann eine Liquiditätsbilanz aufgestellt werden. Eine solche Liquiditätsbilanz ist im Anfechtungsprozess jedoch entbehrlich, wenn eine Zahlungseinstellung (§ 17 Abs. 2 Satz 2 InsO) die gesetzliche Vermutung der Zahlungsunfähigkeit begründet. **269**

> BGH, Urt. v. 30.6.2011 – IX ZR 134/10, ZIP 2011, 1416 Rn. 10 = ZVI 2011, 452 = WM 2011, 1429 = ZInsO 2011, 1410,
> dazu *Henkel*, EWiR 2011, 571;
>
> BGH, Urt. v. 15.3.2012 – IX ZR 239/09, ZIP 2012, 735 = WM 2012, 711 Rn. 9;
>
> BGH, Urt. v. 29.3.2012 – IX ZR 40/10, WM 2012, 998 = ZInsO 2012, 976 Rn. 12;
>
> BGH, Urt. v. 6.12.2012 – IX ZR 3/12, ZIP 2013, 228 = WM 2013, 174 = NJW 2013, 940 = NZI 2013, 140 = ZInsO 2013, 190 Rn. 20;
>
> BGH, Urt. v. 18.7.2013 – IX ZR 143/12, ZIP 2013, 2015 = WM 2013, 1993 = ZInsO 2013, 2109 Rn. 7,
> dazu *Wagner*, EWiR 2014, 53;
>
> BGH, Urt. v. 3.4.2014 – IX ZR 201/13, ZIP 2013, 1032 = WM 2014, 1009 Rn. 34,
> dazu *Freudenberg*, EWiR 2014, 591;
>
> BGH, Urt. v. 12.2.2015 – IX ZR 180/12, ZIP 2015, 585 Rn. 18 = ZInsO 2015, 628,
> dazu *Cranshaw*, EWiR 2015, 251;
>
> BGH, Urt. v. 17.12.2015 – IX ZR 61/14, ZIP 2016, 173 Rn. 17, 18 = WM 2016, 172 = NZI 2016, 134,
> dazu *Laroche*, EWiR 2016, 175;
>
> BGH, Urt. v. 21.1.2016 – IX ZR 32/14, ZIP 2016, 481 Rn. 11 = WM 2016, 422 = NZI 2016, 222;
>
> BGH, Urt. v. 16.6.2016 – IX ZR 23/15, ZIP 2016, 1388 Rn. 9 = WM 2016, 1307,
> dazu *Cranshaw*, EWiR 2016, 637;
>
> BGH, Urt. v. 17.11.2016 – IX ZR 65/15, ZIP 2016, 2423 Rn. 18 = NZI 2017, 64.

270 Eine Zahlungseinstellung kann aus einem einzelnen, aber auch aus einer Gesamtschau mehrerer darauf hindeutender, in der Rechtsprechung entwickelter Beweisanzeichen gefolgert werden. Sind derartige Indizien vorhanden, bedarf es nicht einer darüber hinaus gehenden Darlegung und Feststellung der genauen Höhe der gegen den Schuldner bestehenden Verbindlichkeiten oder gar einer Unterdeckung von mindestens 10 v. H.

BGH, Beschl. v. 13.6.2006 – IX ZB 238/05, ZIP 2006, 1457, 1458 Rn. 6 = WM 2006, 1631 = NZI 2006, 591 = ZInsO 2006, 827;

BGH, Urt. v. 30.6.2011 – IX ZR 134/10, ZIP 2011, 1416 Rn. 13 = ZVI 2011, 452 = WM 2011, 1429 = ZInsO 2011, 1410, dazu *Henkel*, EWiR 2011, 571;

BGH, Urt. v. 15.3.2012 – IX ZR 239/09, ZIP 2012, 735 = WM 2012, 711 Rn. 9, dazu *Höpker*, EWiR 2012, 353;

BGH, Urt. v. 6.12.2012 – IX ZR 3/12, ZIP 2013, 228 = WM 2013, 174 = NJW 2013, 940 = NZI 2013, 140 = ZInsO 2013, 190 Rn. 20, dazu *Bremen*, EWiR 2013, 175;

BGH, Urt. v. 18.7.2013 – IX ZR 143/12, ZIP 2013, 2015 = WM 2013, 1993 = ZInsO 2013, 2109 Rn. 10;

BGH, Urt. v. 3.4.2014 – IX ZR 201/13, ZIP 2014, 1032 Rn. 34 = WM 2014, 1009, dazu *Freudenberg*, EWiR 2014, 591;

BGH, Urt. v. 8.1.2015 – IX ZR 203/12, ZIP 2015, 437 Rn. 16 = WM 2015, 381 = ZInsO 2015, 396, dazu *Vosberg*, EWiR 2015, 323;

BGH, Urt. v. 12.2.2015 – IX ZR 180/12, ZIP 2015, 585 Rn. 18 = WM 2015, 591 = ZInsO 2015, 628, dazu *Cranshaw*, EWiR 2015, 251;

BGH, Urt. v. 7.5.2015 – IX ZR 95/14, ZIP 2015, 1234 Rn. 12 = WM 2015, 1202 = NZI 2015, 717, dazu *Pluskat*, EWiR 2015, 649;

BGH, Urt. v. 17.12.2015 – IX ZR 61/14, ZIP 2016, 173 Rn. 17, 18 = WM 2016, 172 = NZI 2016, 134, dazu *Laroche*, EWiR 2016, 175;

BGH, Urt. v. 21.1.2016 – IX ZR 32/14, ZIP 2016, 481 Rn. 12 = WM 2016, 422 = NZI 2016, 222;

BGH, Urt. v. 17.11.2016 – IX ZR 65/15, ZIP 2016, 2423 Rn. 18 = NZI 2017, 64.

271 Verwirklichen sich mehrere gewichtige Beweisanzeichen, ermöglicht dies die Bewertung, dass eine Zahlungseinstellung vorliegt.

BGH, Urt. v. 30.6.2011 – IX ZR 134/10, ZIP 2011, 1416 Rn. 18 = ZVI 2011, 452 = WM 2011, 1429 = ZInsO 2011, 1410;

BGH, Urt. v. 18.7.2013 – IX ZR 143/12, ZIP 2013, 2015 = WM 2013, 1993 = ZInsO 2013, 2109 Rn. 7;

BGH, Urt. v. 10.7.2014 – IX ZR 280/13, ZIP 2014, 1887 Rn. 19 = WM 2014, 1868 = NZI 2014, 863, dazu *Helfeld*, EWiR 2014, 753;

BGH, Urt. v. 8.1.2015 – IX ZR 203/12, ZIP 2015, 437 Rn. 16 = WM 2015, 381 = ZInsO 2015, 396, dazu *Vosberg*, EWiR 2015, 323;

BGH, Urt. v. 12.2.2015 – IX ZR 180/12, ZIP 2015, 585 Rn. 18 = WM 2015, 591 = ZInsO 2015, 628, dazu *Cranshaw*, EWiR 2015, 251.

Als Indiz genügt regelmäßig eine Zahlungseinstellung, die sich wiederum aus den Umständen ergeben kann. **272**

BGH, Urt. v. 11.2.2010 – IX ZR 104/07, ZIP 2010, 682 Rn. 38 = ZVI 2010, 302 = WM 2010, 711 = NZI 2010, 985, dazu *Siepmann/Knapp*, EWiR 2010, 497.

Dazu gehören konkludente Verhaltensweisen des Schuldners wie die Schließung seines Geschäftsbetriebes ohne ordnungsgemäße Abwicklung, die Flucht vor seinen Gläubigern, die Nichtzahlung von Sozialversicherungsbeiträgen oder Löhnen an mehr als einem Zahltermin hintereinander oder die Häufung von Pfändungen oder sonstigen Vollstreckungsmaßnahmen. **273**

BGH, Beschl. v. 13.4.2006 – IX ZB 118/04, ZIP 2006, 1056, 1057 Rn. 14 = WM 2006, 1215 = NZI 2006, 405 = ZInsO 2006, 405;

BGH, Urt. v. 30.6.2011 – IX ZR 134/10, ZIP 2011, 1416 Rn. 14 ff = ZVI 2011, 452 = WM 2011, 1429 = ZInsO 2011, 1410, dazu *Henkel*, EWiR 2011, 571;

BGH, Urt. v. 25.10.2012 – IX ZR 117/11, ZIP 2012, 2355 = WM 2012, 2251 = NZI 2012, 963 = ZInsO 2012, 2244 Rn. 30, dazu *M. Huber*, EWiR 2012, 797.

Erklärt der Schuldner, eine fällige und nicht unbeträchtliche Verbindlichkeit binnen drei Wochen nicht – und zwar auch nicht nur ratenweise – begleichen zu können, wird in aller Regel von einer Zahlungseinstellung des Schuldners im Zeitpunkt der Abgabe der Erklärung auszugehen sein. Dies gilt erst recht, wenn der Schuldner darüber hinaus ausdrücklich erklärt, zahlungsunfähig zu sein. Fehlt es an einer (ausdrücklichen) Erklärung des Schuldners, müssen die für eine Zahlungseinstellung sprechenden Umstände ein der Erklärung entsprechendes Gewicht erreichen. Zahlungsverzögerungen allein, auch wenn sie wiederholt auftreten, reichen dafür häufig nicht. Es müssen dann Umstände hinzutreten, die mit hinreichender Gewissheit dafür sprechen, dass die Zahlungsverzögerung auf der fehlenden Liquidität des Schuldners beruht. **274**

BGH, Urt. v. 22.2.2024 – IX ZR 226/20, ZIP 2024, 897 Rn. 25 = WM 2024, 751.

Die zusätzlich erforderlichen Umstände können darin zu sehen sein, dass der Schuldner Forderungen solcher Gläubiger nicht begleicht, auf deren (weitere) Leistungserbringung er zur Aufrechterhaltung seines Geschäftsbetriebs angewiesen ist. Ferner kann der Mahn- und/oder Vollstreckungsdruck des Gläubigers der Zahlungsverzögerung ein größeres Gewicht verleihen. Ein schematisches Vorgehen verbietet sich auch hier. Maßgebend ist, dass die zusätzlichen Umstände im konkreten Einzelfall ein Gewicht erreichen, das der **275**

Erklärung des Schuldners entspricht, aus Mangel an liquiden Mitteln nicht zahlen zu können.

BGH, Urt. v. 22.2.2024 – IX ZR 226/20, ZIP 2024, 897 Rn. 26 = WM 2024, 751.

276 Eine Zahlungseinstellung ist von einer rechtlich unbeachtlichen Zahlungsstockung abzugrenzen. Die Liquiditätslücke muss also länger als drei Wochen andauern.

BGH, Urt. v. 21.6.2007 – IX ZR 231/04, ZIP 2007, 1469, 1470 Rn. 30 = WM 2007, 1616 = NZI 2007, 517 = ZInsO 2007, 816.

277 Erstreckt sich die Zahlungseinstellung über mehrere Jahre, scheidet ein saisonaler Liquiditätsengpass aus.

BGH, Urt. v. 25.10.2012 – IX ZR 117/11, ZIP 2012, 2355 = WM 2012, 2251 = NZI 2012, 963 = ZInsO 2012, 2244 Rn. 30.

278 Haben im fraglichen Zeitpunkt fällige Verbindlichkeiten bestanden, die bis zur Verfahrenseröffnung nicht mehr beglichen worden sind, ist regelmäßig von Zahlungseinstellung auszugehen.

BGH, Urt. v. 30.6.2011 – IX ZR 134/10, ZIP 2011, 1416 Rn. 12, 15 = ZVI 2011, 452 = WM 2011, 1429 = ZInsO 2011, 1410;

BGH, Urt. v. 10.1.2013 – IX ZR 13/12, ZIP 2013, 174 = WM 2013, 180 = NJW 2013, 611 = NZI 2013, 133 = ZInsO 2013, 179 Rn. 16,
dazu *Römermann*, EWiR 2013, 123;

BGH, Urt. v. 18.7.2013 – IX ZR 143/12, ZIP 2013, 2015 = WM 2013, 1993 = ZInsO 2013, 2109 Rn. 9, 12;

BGH, Urt. v. 10.7.2014 – IX ZR 280/13, ZIP 2014, 1887 Rn. 19 = WM 2014, 1868 = NZI 2014, 863,
dazu *Helfeld*, EWiR 2014, 753;

BGH, Urt. v. 8.1.2015 – IX ZR 203/12, ZIP 2015, 437 Rn. 18 = WM 2015, 381 = ZInsO 2015, 396,
dazu *Vosberg*, EWiR 2015, 323;

BGH, Urt. v. 12.2.2015 – IX ZR 180/12, ZIP 2015, 585 Rn. 19 = WM 2015, 591 = ZInsO 2015, 628,
dazu *Cranshaw*, EWiR 2015, 251.

279 Die Rückgabe von Lastschriften stellt ein erhebliches Beweisanzeichen für eine drohende Zahlungsunfähigkeit dar.

BGH, Urt. v. 1.7.2010 – IX ZR 70/08, WM 2010, 1756 = ZInsO 2010, 1598 Rn. 10;

BGH, Urt. v. 12.2.2015 – IX ZR 180/12, ZIP 2015, 585 Rn. 19 = WM 2015, 591 = ZInsO 2015, 628,
dazu *Cranshaw*, EWiR 2015, 251.

280 Eine bloß vorübergehende Zahlungsstockung liegt nicht vor, wenn es dem Schuldner im Zeitpunkt der angefochtenen Rechtshandlung schon seit mehreren Monaten nicht gelungen war, seine fälligen Verbindlichkeiten spätes-

tens innerhalb von drei Wochen auszugleichen und die rückständigen Beträge insgesamt so erheblich waren, dass von lediglich geringfügigen Liquiditätslücken keine Rede sein kann.

> BGH, Urt. v. 11.2.2010 – IX ZR 104/07, ZIP 2010, 682 Rn. 43 = ZVI 2010, 302 = WM 2010, 711 = NZI 2010, 985, dazu *Siepmann/Knapp*, EWiR 2010, 497;
>
> BGH, Urt. v. 10.1.2013 – IX ZR 13/12, ZIP 2013, 174 = WM 2013, 180 = NJW 2013, 611 = NZI 2013, 133 = ZInsO 2013, 179 Rn. 16.

Richtet sich die Anfechtung gegen die Absicherung einer Forderung, so ist **281**
auch für diese Forderung in die Beurteilung einzubeziehen, ob der Schuldner vor der Absicherung seine Zahlungen eingestellt hatte. Dass die Absicherung den Gläubiger veranlasst hatte, stillzuhalten, ist dabei ohne Belang.

> BGH, Urt. v. 25.9.1997 – IX ZR 231/96, ZIP 1997, 1926 = WM 1997, 2134 = NJW 1998, 607, dazu *Paulus*, EWiR 1998, 121.

Zahlungsunfähigkeit ist in der Regel anzunehmen, wenn der Schuldner seine **282**
Zahlungen eingestellt hat. Die Zahlungseinstellung ist dasjenige äußerliche Verhalten des Schuldners, in dem sich typischerweise eine Zahlungsunfähigkeit ausdrückt. Es muss sich mindestens für die beteiligten Verkehrskreise der berechtigte Eindruck aufdrängen, dass der Schuldner nicht in der Lage ist, seine fälligen und eingeforderten Zahlungsverpflichtungen zu erfüllen. Die tatsächliche Nichtzahlung eines erheblichen Teils der fälligen Verbindlichkeiten reicht für eine Zahlungseinstellung aus. Das gilt selbst dann, wenn tatsächlich noch geleistete Zahlungen beträchtlich sind, aber im Verhältnis zu den fälligen Gesamtschulden nicht den wesentlichen Teil ausmachen. Die Nichtzahlung einer einzigen Verbindlichkeit kann eine Zahlungseinstellung begründen, wenn die Forderung von insgesamt nicht unbeträchtlicher Höhe ist.

> BGH, Urt. v. 30.6.2011 – IX ZR 134/10, ZIP 2011, 1416 Rn. 12 = ZVI 2011, 452 = WM 2011, 1429 = ZInsO 2011, 1410, dazu *Henkel*, EWiR 2011, 571;
>
> BGH, Urt. v. 6.12.2012 – IX ZR 3/12, ZIP 2013, 228 = WM 2013, 174 = NJW 2013, 940 = NZI 2013, 140 = ZInsO 2013, 190 Rn. 21, dazu *Bremen*, EWiR 2013, 175;
>
> BGH, Urt. v. 18.7.2013 – IX ZR 143/12, ZIP 2013, 2015 = WM 2013, 1993 = ZInsO 2013, 2109 Rn. 9.

Schon eine dauerhaft schleppende Zahlungsweise kann aber Indizwirkung für **283**
eine Zahlungseinstellung haben.

> BGH, Urt. v. 18.7.2013 – IX ZR 143/12, ZIP 2013, 2015 = WM 2013, 1993 = ZInsO 2013, 2109 Rn. 12;
>
> BGH, Urt. v. 12.2.2015 – IX ZR 180/12, ZIP 2015, 585 Rn. 19 = WM 2015, 591 = ZInsO 2015, 628, dazu *Cranshaw*, EWiR 2015, 251.

284 Eigene Erklärungen des Schuldners, eine fällige Verbindlichkeit nicht begleichen zu können, deuten auf eine Zahlungseinstellung hin. Daran ändert eine gleichzeitig geäußerte Stundungsbitte nichts; dies kann vielmehr gerade auf die Nachhaltigkeit der Liquiditätskrise hindeuten. Zahlungseinstellung liegt vor, wenn der Schuldner auf eine zum 30. April fällige Forderung seiner Hausbank über 590.000 DM bis Oktober lediglich rund 2.600 DM zahlt.

BGH, Urt. v. 20.12.2007 – IX ZR 93/06, ZIP 2008, 420, 422 Rn. 21, 22 = WM 2008, 452 = NZI 2008, 231 = ZInsO 2008, 273; dazu *Karsten Schmidt*, JuS 2008, 845; *Hörmann*, BB 2008, 637;

BGH, Urt. v. 6.12.2012 – IX ZR 3/12, ZIP 2013, 228 = WM 2013, 174 = NJW 2013, 940 = NZI 2013, 140 = ZInsO 2013, 190 Rn. 21;

vgl. BGH, Urt. v. 25.1.2001 – IX ZR 6/00, ZIP 2001, 524 f = WM 2001, 689 = NZI 2001, 247 = ZInsO 2001, 318, dazu *Eckardt*, EWiR 2001, 321;

BGH, Urt. v. 3.4.2014 – IX ZR 201/13, ZIP 2013, 1032 = WM 2014, 1009 Rn. 34, 36, dazu *Freudenberg*, EWiR 2014, 591;

BGH, Urt. v. 10.7.2014 – IX ZR 280/13, ZIP 2014, 1887 Rn. 28 = WM 2014, 1868 = NZI 2014, 863, dazu *Helfeld*, EWiR 2014, 753;

BGH, Urt. v. 8.1.2015 – IX ZR 203/12, ZIP 2015, 437 Rn. 21 = WM 2015, 381 = ZInsO 2015, 396, dazu *Vosberg*, EWiR 2015, 323;

BGH, Urt. v. 16.6.2016 – IX ZR 23/15, ZIP 2016, 1388 Rn. 18 = WM 2016, 1307, dazu *Cranshaw*, EWiR 2016, 637.

285 Wiederholten Bitten des Schuldners um Zahlungsaufschub und Einräumung von Ratenzahlungen stehen dem Bekenntnis gleich, nicht zahlen zu können.

BGH, Urt. v. 21.1.2016 – IX ZR 32/14, ZIP 2016, 481 Rn. 17 = WM 2016, 422 = NZI 2016, 222;

BGH, Urt. v. 24.3.2016 – IX ZR 242/13, ZIP 2016, 874 Rn. 8 = WM 2016, 797 = NZI 2016, 454.

286 Gleiches gilt, wenn eine Ratenzahlungsbitte unter dem Druck von Zwangsvollstreckungsmaßnahmen und nicht eingehaltenen Zahlungszusagen geäußert wird.

BGH, Urt. v. 21.1.2016 – IX ZR 32/14, ZIP 2016, 481 Rn. 18 = WM 2016, 422 = NZI 2016, 222.

287 Die Bitte des Schuldners auf Abschluss einer Ratenzahlungsvereinbarung ist, wenn sie sich im Rahmen der Gepflogenheiten des Geschäftsverkehrs hält, als solche kein Indiz für eine Zahlungseinstellung oder Zahlungsunfähigkeit. Die Bitte um eine Ratenzahlungsvereinbarung kann auf den verschiedensten Gründen beruhen, die mit einer Zahlungseinstellung nichts zu tun haben, etwa der Erzielung von Zinsvorteilen oder der Vermeidung von Kosten und

Mühen im Zusammenhang mit der Aufnahme eines ohne weiteres erlangbaren Darlehens. Eine Bitte um Ratenzahlung ist nur dann ein Indiz für eine Zahlungseinstellung, wenn sie vom Schuldner mit der Erklärung verbunden wird, seine fälligen Verbindlichkeiten (anders) nicht begleichen zu können.

BGH, Beschl. v. 16.4.2015 – IX ZR 6/14, ZIP 2015, 937 = WM 2015, 933 = ZInsO 2015, 898 Rn. 3 f.

In diesem Sinne verhält es sich, wenn die Bitte um Ratenzahlung nach mehrmaligen fruchtlosen Mahnungen und nicht eingehaltenen Zahlungszusagen gegenüber einem von dem Gläubiger mit dem Forderungseinzug betrauten Inkassounternehmen geäußert wird. **288**

BGH, Beschl. v. 24.9.2015 – IX ZR 308/14, ZIP 2015, 2486 = WM 2015, 2107 Rn. 3.

Eine erst im Rahmen des Rechtsstreits nach Offenbarwerden der Zahlungsschwierigkeiten geschlossene Ratenzahlungsvereinbarung entspricht nicht den üblichen Gepflogenheiten des Geschäftsverkehrs. Kein redlicher Schuldner lässt sich, ohne die geltend gemachte Forderung sachlich abwehren zu wollen, verklagen, nur um die Zahlung hinauszuzögern und dem Kläger eine Ratenzahlungsvereinbarung abzuringen. Angesichts ihres unabwendbaren prozessualen Unterliegens konnte die geäußerte Bitte der Schuldnerin um eine möglichst geringe und zeitlich hinausgeschobene Ratenzahlung nur dahin verstanden werden, ihre fälligen Verbindlichkeiten anders nicht begleichen zu können. **289**

BGH, Urt. v. 25.2.2016 – IX ZR 109/15, ZIP 2016, 627 Rn. 21 = WM 2016, 560 = NZI 2016, 266.

Indizielle Wirkung kommt einem Schreiben des Schuldners an seine Arbeitnehmer zu, das Weihnachtsgeld nicht bezahlen zu können. **290**

BGH, Urt. v. 8.1.2015 – IX ZR 203/12, ZIP 2015, 437 Rn. 21 = WM 2015, 381 = ZInsO 2015, 396, dazu *Vosberg*, EWiR 2015, 323.

Gleiches gilt für eine von dem Schuldner für seine Arbeitnehmer vorformulierte Erklärung, trotz eingehender Information über die eventuell drohende Insolvenz und den damit drohenden Verlust aller Arbeitsplätze mit einer Minderung des monatlichen Gehalts nicht einverstanden zu sein. Wird mit einer derartigen Erklärung Druck auf die Arbeitnehmer ausgeübt, um diese zu Lohnverzichten zu bewegen, muss hierin ein erhebliches Indiz für eine drohende Insolvenz, auf die im Übrigen in dem Schriftstück auch ausdrücklich hingewiesen wird, gesehen werden. **291**

BGH, Urt. v. 8.1.2015 – IX ZR 203/12, ZIP 2015, 437 Rn. 22 = WM 2015, 381 = ZInsO 2015, 396, dazu *Vosberg*, EWiR 2015, 323.

Die Schuldnerin hat ihren Gläubigern durch Rundschreiben vom 4.3.2005 mitgeteilt, in eine wirtschaftliche Situation geraten zu sein, die ihr den Aus- **292** gleich der Verbindlichkeiten „so gut wie unmöglich" mache und ihre kapitalstrukturelle Lage „existenzgefährdend verschlechtert" habe. Vor diesem Hintergrund sei es ihr nur möglich, im Rahmen eines außergerichtlichen Vergleichs bestehende Forderungen quotiell in Höhe von 30 bis maximal 40 v. H. zu begleichen. Diese Erklärung der Schuldnerin, ihre Verbindlichkeiten nicht bedienen zu können, deutet ungeachtet der Bitte um Stundung und Forderungserlass nachdrücklich auf eine Zahlungseinstellung hin.

> BGH, Urt. v. 17.12.2015 – IX ZR 61/14, ZIP 2016, 173 Rn. 20 = WM 2016, 172 = NZI 2016, 134,
> dazu *Laroche*, EWiR 2016, 175.

293 Die tatsächliche Nichtzahlung eines erheblichen Teils der fälligen Verbindlichkeiten reicht für eine Zahlungseinstellung aus. Dies gilt auch dann, wenn tatsächlich noch geleistete Zahlungen beträchtlich sind, aber im Verhältnis zu den fälligen Gesamtschulden nicht den wesentlichen Teil ausmachen. Durch die Nichtzahlung der Sozialversicherungsbeiträge, der Löhne und der sonst fälligen Verbindlichkeiten über einen Zeitraum von mehr als drei Wochen nach Fälligkeit wird für die beteiligten Verkehrskreise hinreichend erkennbar, dass die Nichtzahlung auf einem objektiven Mangel an Geldmitteln beruhte. Gerade Sozialversicherungsbeiträge und Löhne werden typischerweise nur dann nicht bei Fälligkeit bezahlt, wenn die erforderlichen Geldmittel hierfür nicht vorhanden sind. Einer ausdrücklichen Zahlungsverweigerung bedarf es nicht.

> BGH, Urt. v. 12.10.2006 – IX ZR 228/03, ZIP 2006, 2222, 223 f Rn. 19, 2224 Rn. 24 = WM 2006, 2312, 2314 = NZI 2007, 36 = ZInsO 2006, 1210,
> dazu *M. Wagner*, EWiR 2007, 113;
>
> BGH, Urt. v. 15.3.2012 – IX ZR 239/09, ZIP 2012, 735 = WM 2012, 711 Rn. 9,
> dazu *Höpker*, EWiR 2012, 353;
>
> BGH, Urt. v. 25.10.2012 – IX ZR 117/11, ZIP 2012, 2355 = WM 2012, 2251 = NZI 2012, 963 = ZInsO 2012, 2244 Rn. 30,
> dazu *M. Huber*, EWiR 2012, 797;
>
> BGH, Urt. v. 12.10.2017 – IX ZR 50/15, ZIP 2017, 2368 = WM 2017, 2322 = NZI 2018, 34 Rn. 12,
> dazu *M. Wagner*, EWiR 2018, 117.

294 Handelt es sich um Forderungen der Arbeitnehmer, so bildet deren schleppende Zahlung auch im Fall der erzwungenen „Stundung" durch den Arbeitgeber ein Anzeichen für eine Zahlungseinstellung.

> BGH, Urt. v. 8.1.2015 – IX ZR 203/12, ZIP 2015, 437 Rn. 20 = WM 2015, 381 = ZInsO 2015, 396,
> dazu *Vosberg*, EWiR 2015, 323;
>
> BGH, Urt. v. 12.2.2015 – IX ZR 180/12, ZIP 2015, 585 Rn. 19 = WM 2015, 591 = ZInsO 2015, 628,
> dazu *Cranshaw*, EWiR 2015, 251.

295 Eine bloß vorübergehende Zahlungsstockung liegt nicht vor, wenn es dem Schuldner über mehrere Monate nicht gelingt, seine fälligen Verbindlichkeiten spätestens innerhalb von drei Wochen auszugleichen und die rückständigen Beträge insgesamt so erheblich sind, dass von lediglich geringfügigen Liquiditätslücken keine Rede sein kann.

BGH, Urt. v. 30.6.2011 – IX ZR 134/10, ZIP 2011, 1416 Rn. 12 = ZVI 2011, 452 = WM 2011, 1429 = ZInsO 2011, 1410, dazu *Henkel*, EWiR 2011, 571.

Aus Rechtsgründen genügt es, wenn die Zahlungseinstellung aufgrund der Nichtzahlung nur einer – nicht unwesentlichen – Forderung gegenüber einer einzigen Person erkennbar wird. Für eine erfolgreiche Anfechtung muss das dann allerdings gerade der Anfechtungsgegner sein. **296**

BGH, Urt. v. 25.9.1997 – IX ZR 231/96, ZIP 1997, 1926 = WM 1007, 2134, dazu *Paulus*, EWiR 1998, 121;

BGH, Urt. v. 8.10.1998 – IX ZR 337/97, ZIP 1998, 2008 = WM 1998, 2345 = NZI 1998, 118 = ZInsO 1998, 395, dazu *Gerhardt*, EWiR 1998, 1131;

BGH, Urt. v. 11.2.2010 – IX ZR 104/07, ZIP 2010, 682 Rn. 39 m. w. N. = ZVI 2010, 302 = WM 2010, 711 = NZI 2010, 985.

Die Feststellung der Zahlungseinstellung als die äußerlich in Erscheinung getretene Zahlungsunfähigkeit ist objektiv unter Berücksichtigung aller Einzelumstände zu treffen, wobei Erkennbarkeit gegenüber dem Anfechtungsgegner genügt. Die Zahlungseinstellung braucht also nicht vom Willen des Schuldners getragen zu sein und es ist auch nicht erforderlich, dass er selbst seine Zahlungsunfähigkeit kennt, sofern diese nur objektiv vorliegt. Die Zahlungseinstellung kann im Gegenteil auch ohne den Willen oder sogar gegen den Willen des Schuldners vor sich gehen. Es kommt lediglich auf die Frage an, ob die vorliegenden Tatsachen den Schluss rechtfertigen, dass die Zahlungen eingestellt sind. Da die Zahlungseinstellung ein tatsächliches Verhalten des Schuldners ist, setzt sie auch nicht dessen Fähigkeit zu wirksamem rechtsgeschäftlichem Handeln voraus. **297**

BGH, Urt. v. 11.2.2010 – IX ZR 104/07, ZIP 2010, 682 Rn. 40 = ZVI 2010, 302 = WM 2010, 711 = NZI 2010, 985.

Die tatsächliche Nichtzahlung eines erheblichen Teils der fälligen Verbindlichkeiten reicht für eine Zahlungseinstellung aus. Dies gilt auch dann, wenn tatsächlich noch geleistete Zahlungen beträchtlich sind, aber im Verhältnis zu den fälligen Gesamtschulden nicht den wesentlichen Teil ausmachen. Der Schuldner kann also trotz vereinzelter Leistungen in beachtlicher Höhe seine Zahlungen im Rechtssinne eingestellt haben. **298**

BGH, Urt. v. 11.2.2010 – IX ZR 104/07, ZIP 2010, 682 Rn. 41 = ZVI 2010, 302 = WM 2010, 711 = NZI 2010, 985;

BGH, Urt. v. 12.10.2017 – IX ZR 50/15, ZIP 2017, 2368 = WM 2017, 2322 = NZI 2018, 34 Rn. 12, dazu *M. Wagner*, EWiR 2018, 117.

299 Die nicht nach außen verlautbarte Willensentschließung der Hausbank, dem Schuldner keinen Kredit mehr zu gewähren, reicht zur Annahme einer Zahlungseinstellung nicht aus.

> BGH, Urt. v. 30.4.1992 – IX ZR 176/91, BGHZ 118, 171 = ZIP 1992, 778 = WM 1992, 1083 = NJW 1992, 1960, dazu *Canaris*, EWiR 1992, 683; *Uhlenbruck*, WuB VI B. § 30 Nr. 1 KO 1.92.

300 Nach der Rechtsprechung stellt die Nichtabführung von Sozialversicherungsbeiträgen für sich genommen ein starkes Indiz dar, welches für den Eintritt der Zahlungsunfähigkeit spricht, weil diese Forderungen in der Regel wegen der drohenden Strafbarkeit gemäß § 266a StGB bis zuletzt bedient werden.

> BGH, Beschl. v. 13.6.2006 – IX ZB 238/05, ZIP 2006, 1457, 1458 Rn. 6 = WM 2006, 1631 = NZI 2006, 591 = ZInsO 2006, 827;
>
> BGH, Urt. v. 30.6.2011 – IX ZR 134/10, ZIP 2011, 1416 Rn. 15 = ZVI 2011, 452 = WM 2011, 1429 = ZInsO 2011, 1410, dazu *Henkel*, EWiR 2011, 571;
>
> BGH, Urt. v. 12.2.2015 – IX ZR 180/12, ZIP 2015, 585 Rn. 19 = WM 2015, 591 = ZInsO 2015, 628, dazu *Cranshaw*, EWiR 2015, 251;
>
> BGH, Urt. v. 17.12.2015 – IX ZR 61/14, ZIP 2016, 173 Rn. 21 = WM 2016, 172 = NZI 2016, 134, dazu *Laroche*, EWiR 2016, 175.

301 Die mehrmonatige – nicht notwendig halbjährige – Nichtbegleichung von Sozialversicherungsbeiträgen bildet nach ständiger Rechtsprechung ein erhebliches Beweisanzeichen für eine Zahlungseinstellung.

> BGH, Urt. v. 18.7.2013 – IX ZR 143/12, ZIP 2013, 2015 = WM 2013, 1993 = ZInsO 2013, 2109 Rn. 12;
>
> BGH, Urt. v. v. 7.5.2015 – IX ZR 95/14, ZIP 2015, 1234 Rn. 20 = WM 2015, 1202 = NZI 2015, 717, dazu *Pluskat*, EWiR 2015, 649.

302 Ein Indiz für eine Zahlungseinstellung ist aus der Nichtzahlung sowie der schleppenden Zahlung von Steuerforderungen durch den Schuldner herzuleiten.

> BGH, Urt. v. 30.6.2011 – IX ZR 134/10, ZIP 2011, 1416 Rn. 16 = ZVI 2011, 452 = WM 2011, 1429 = ZInsO 2011, 1410;
>
> BGH, Urt. v. v. 7.5.2015 – IX ZR 95/14, ZIP 2015, 1234 Rn. 15 = WM 2015, 1202 = NZI 2015, 717, dazu *Pluskat*, EWiR 2015, 649.

303 Entsprechendes kann gelten, wenn existenznotwendige Betriebskosten wie Energieleistungen, Mieten, Pachten oder Leasingverpflichtungen nicht mehr gezahlt werden. Andererseits schließt die Zahlung dieser Betriebsausgaben Zahlungsunfähigkeit nicht aus, wenn die Zahlungen gegenüber weniger wichtigeren Gläubigern eingestellt werden.

Schiebt der Schuldner infolge der ständigen verspäteten Begleichung seiner allgemeinen Verbindlichkeiten einen Forderungsrückstand vor sich her, so operiert er ersichtlich am Rande des finanzwirtschaftlichen Abgrunds. Die sich immer wieder erneuernden Forderungsrückstände widerlegen die Bewertung, dass kein wesentlicher Teil der Verbindlichkeiten betroffen ist und es sich um lediglich geringfügige Liquiditätslücken handelt. 304

BGH, Urt. v. 30.6.2011 – IX ZR 134/10, ZIP 2011, 1416 Rn. 16 = ZVI 2011, 452 = WM 2011, 1429 = ZInsO 2011, 1410;

BGH, Urt. v. 6.12.2012 – IX ZR 3/12, ZIP 2013, 228 = WM 2013, 174 = NJW 2013, 940 = NZI 2013, 140 = ZInsO 2013, 190 Rn. 21;

BGH, Urt. v. 18.7.2013 – IX ZR 143/12, ZIP 2013, 2015 = WM 2013, 1993 = ZInsO 2013, 2109 Rn. 13;

BGH, Urt. v. 12.2.2015 – IX ZR 180/12, ZIP 2015, 585 Rn. 19 = WM 2015, 591 = ZInsO 2015, 628, dazu *Cranshaw*, EWiR 2015, 251;

BGH, Urt. v. v. 7.5.2015 – IX ZR 95/14, ZIP 2015, 1234 Rn. 15 = WM 2015, 1202 = NZI 2015, 717, dazu *Pluskat*, EWiR 2015, 649;

BGH, Urt. v. 17.12.2015 – IX ZR 61/14, ZIP 2016, 173 Rn. 21 = WM 2016, 172 = NZI 2016, 134, dazu *Laroche*, EWiR 2016, 175.

BGH, Urt. v. 16.6.2016 – IX ZR 23/15, ZIP 2016, 1388 Rn. 16 = WM 2016, 1307, dazu *Cranshaw*, EWiR 2016, 637.

Werden Forderungen nicht beglichen, die der angefochtenen Zahlung zeitlich vorgehen, deutet dies auf eine Zahlungseinstellung hin. 305

BGH, Urt. v. 28.1.2016 – IX ZR 32/14, ZIP 2016, 481 Rn. 14 = WM 2016, 422 = NZI 2016, 222.

Eine Mehrzahl auf eine Zahlungseinstellung deutender Indizien trägt zu dem Gesamtbild eines am Rande des finanzwirtschaftlichen Abgrunds operierenden Schuldners bei, dem es auf Dauer nicht gelingt, bestehende Liquiditätslücken zu schließen, sondern der nur noch darum bemüht ist, trotz fehlender Mittel den Anschein eines funktionstüchtigen Geschäftsbetriebs aufrechtzuerhalten. 306

BGH, Urt. v. 8.1.2015 – IX ZR 203/12, ZIP 2015, 437 Rn. 23 = WM 2015, 381 = ZInsO 2015, 396, dazu *Vosberg*, EWiR 2015, 323;

BGH, Urt. v. 12.2.2015 – IX ZR 180/12, ZIP 2015, 585 Rn. 19 = WM 2015, 591 = ZInsO 2015, 628, dazu *Cranshaw*, EWiR 2015, 251;

BGH, Urt. v. v. 7.5.2015 – IX ZR 95/14, ZIP 2015, 1234 Rn. 15, 21 = WM 2015, 1202 = NZI 2015, 717, dazu *Pluskat*, EWiR 2015, 649;

BGH, Urt. v. 17.12.2015 – IX ZR 61/14, ZIP 2016, 173 Rn. 25 = WM 2016, 172 = NZI 2016, 134, dazu *Laroche*, EWiR 2016, 175.

307 Gegen den Schuldner betriebene, auch durch Zahlungen eines Dritten abgewendete Vollstreckungsverfahren legen ebenfalls die Schlussfolgerung der Zahlungseinstellung nahe.

BGH, Urt. v. v. 7.5.2015 – IX ZR 95/14, ZIP 2015, 1234 Rn. 15 = WM 2015, 1202 = NZI 2015, 717, dazu *Pluskat*, EWiR 2015, 649.

308 Gleiches gilt, wenn ein von ihm hingegebener Scheck mangels Deckung von seiner Bank nicht eingelöst wird. Auch die Vereinbarung von Ratenzahlungen gestattet den Schluss auf eine Zahlungseinstellung.

BGH, Urt. v. 30.6.2011 – IX ZR 134/10, ZIP 2011, 1416 Rn. 17 = ZVI 2011, 452 = WM 2011, 1429 = ZInsO 2011, 1410, dazu *Henkel*, EWiR 2011, 571;

BGH, Urt. v. 8.1.2015 – IX ZR 203/12, ZIP 2015, 437 Rn. 23 = WM 2015, 381 = ZInsO 2015, 396, dazu *Vosberg*, EWiR 2015, 323.

309 Die schleppende Zahlung von Löhnen und Gehältern ist ebenfalls ein Anzeichen für eine Zahlungseinstellung.

BGH, Urt. v. 14.2.2008 – IX ZR 38/04, ZIP 2008, 706, 708 Rn. 20 = WM 2008, 698 = NZI 2008, 299 = ZInsO 2008, 378, dazu *Dörrscheidt*, EWiR 2008, 533;

BGH, Urt. v. 8.1.2015 – IX ZR 203/12, ZIP 2015, 437 Rn. 18 ff = WM 2015, 381 = ZInsO 2015, 396, dazu *Vosberg*, EWiR 2015, 323;

BGH, Urt. v. 12.2.2015 – IX ZR 180/12, ZIP 2015, 585 Rn. 19 = WM 2015, 591 = ZInsO 2015, 628, dazu *Cranshaw*, EWiR 2015, 251.

310 Die Hingabe ungedeckter Schecks muss ebenso wenig wie vorgekommene Wechselproteste als Beweis für die Zahlungsunfähigkeit eines Schuldners gewertet werden. Wenn der spätere Gemeinschuldner auch nach dem Vorkommen von Scheckrückgaben und Wechselprotesten tatsächlich weiterhin über sein Geschäftskonto nicht unerhebliche Zahlungen an Gläubiger geleistet hat, kann aus den genannten Indizien noch nicht auf eine Zahlungseinstellung mit hinreichender Sicherheit geschlossen werden.

BGH, Urt. v. 30.4.1959 – VIII ZR 179/58, WM 1959, 891 = LM § 30 KO Nr. 6;

BGH, Urt. v. 11.10.1961 – VIII ZR 113/60, WM 1961, 1297 = NJW 1962, 102;

BGH, Urt. v. 27.11.1974 – VIII ZR 21/73, WM 1975, 6.

311 Treten allerdings Wechselproteste gehäuft auf, so ist das ein starkes Indiz für die Annahme des Vorliegens einer Zahlungsunfähigkeit. Das Gericht wird dann immer prüfen müssen, ob weitere Vollstreckungsmaßnahmen gegen den Schuldner deshalb unterblieben sind, weil ihm nochmals Kredit eingeräumt wurde, oder ob die Gläubiger von weiteren Zwangsmaßnahmen abgesehen haben, weil sie die Lage des Schuldners ohnedies für hoffnungslos hielten.

BGH, Urt. v. 7.6.1972 – VIII ZR 106/71, WM 1972, 994.

Die Weigerung der Hausbank, die Kreditlinie des Schuldners auszuweiten, kann auf eine Zahlungseinstellung hindeuten. 312

BGH, Urt. v. 21.1.2016 – IX ZR 32/14, ZIP 2016, 481 Rn. 16 = WM 2016, 422 = NZI 2016, 222.

Seine Zahlungen hat auch derjenige eingestellt, der zwar noch geringe laufende Zahlungen im täglichen Geschäftsverkehr leistet, aber einem Großgläubiger, der seine wirtschaftlichen Verhältnisse kennt, erklärt, dass er dessen ernsthaft angeforderte, einen wesentlichen Teil seiner fälligen Verbindlichkeiten bildende Forderung auch nicht mehr teilweise erfüllen oder absichern könne. 313

BGH, Urt. v. 10.1.1985 – IX ZR 4/84, ZIP 1985, 363 = WM 1985, 396 = NJW 1985, 1785, dazu *Merz*, EWiR 1985, 195.

Für die Annahme einer Zahlungseinstellung als erkennbar gewordener Zahlungsunfähigkeit ist es ohne Bedeutung, worauf das Unvermögen des Schuldners zur Leistung beruht. Insbesondere setzt die Zahlungsunfähigkeit weder eine Erfüllungsverweigerung noch ein sonstiges Verhalten des Schuldners voraus, das seine Zahlungsunfähigkeit dokumentiert. 314

BGH, Urt. v. 22.11.1990 – IX ZR 103/90, ZIP 1991, 39 = WM 1991, 152 = NJW 1991, 980, dazu *Wellensiek/Oberle*, EWiR 1991, 277; *Stürner*, WuB VI B. § 30 Nr. 2 KO 3.91.

Eine Zahlungseinstellung kann nicht festgestellt werden, wenn der Schuldner die Zahlungen verweigert hat, weil er die Forderungen für unbegründet hielt. Eine Zahlungseinstellung kann allerdings auch auf Zahlungsunwilligkeit beruhen. Die im Insolvenzrecht unerhebliche Zahlungsunwilligkeit liegt nur vor, wenn gleichzeitig Zahlungsfähigkeit gegeben ist. 315

BGH, Urt. v. 11.2.2010 – IX ZR 104/07, ZIP 2010, 682 Rn. 42 = ZVI 2010, 302 = WM 2010, 711 = NZI 2010, 985 = ZInsO 2010, 673, dazu *Siepmann/Knapp*, EWiR 2010, 497;

BGH, Urt. v. 15.3.2012 – IX ZR 239/09, ZIP 2012, 735 = WM 2012, 711 Rn. 18;

BGH, Urt. v. 12.10.2017 – IX ZR 50/15, ZIP 2017, 2368 = WM 2017, 2322 = NZI 2018, 34 Rn. 13, dazu *M. Wagner*, EWiR 2018, 117.

Eine einmal eingetretene Zahlungseinstellung wirkt grundsätzlich fort. Sie kann nur dadurch wieder beseitigt werden, dass der Schuldner seine Zahlungen allgemein wieder aufnimmt; dies hat derjenige darzulegen und zu beweisen, der sich auf den nachträglichen Wegfall einer zuvor eingetretenen Zahlungseinstellung beruft. Infolge einer Stundung wird die Zahlungseinstellung nur beseitigt, wenn der Schuldner die danach geschuldeten Ratenzahlungen allgemein wieder aufgenommen hat. Die bloße Zahlung einer einzelnen Forderung genügt nicht. 316

BGH, Urt. v. 25.10.2001 – IX ZR 17/01, BGHZ 149, 100, 109 = ZIP 2001, 2235 = WM 2001, 2398 = NZI 2002, 88, dazu *Malitz*, EWiR 2002, 207;

BGH Urt. v. 20.11.2001 – IX ZR 48/01, BGHZ 149, 178, 188 = ZIP 2002, 87 = WM 2002, 137 = NJW 2002, 515 = NZI 2002, 91 = ZInsO 2002, 29, dazu *Wagner*, EWiR 2002, 219;

BGH, Urt. v. 20.12.2007 – IX ZR 93/06, ZIP 2008, 420, 422 Rn. 24 = WM 2008, 452 = NZI 2008, 231 = ZInsO 2008, 273;

BGH Urt. v. 27.3.2008 – IX ZR 98/07, ZIP 2008, 930, 932 Rn. 23 = ZVI 2008, 396 = WM 2008, 840 = NZI 2008, 366;

BGH, Urt. v. 11.2.2010 – IX ZR 104/07, ZIP 2010, 682 Rn. 44 = ZVI 2010, 302 = WM 2010, 711 = NZI 2010, 985;

BGH, Urt. v. 15.3.2012 – IX ZR 239/09, ZIP 2012, 735 = WM 2012, 711 Rn. 9, dazu *Siepmann/Knapp*, EWiR 2010, 497;

BGH, Urt. v. 25.10.2012 – IX ZR 117/11, ZIP 2012, 2355 = WM 2012, 2251 = NZI 2012, 963 = ZInsO 2012, 2244 Rn. 16, dazu *M. Huber*, EWiR 2012, 797;

BGH, Urt. v. 6.12.2012 – IX ZR 3/12, ZIP 2013, 228 = WM 2013, 174 = NJW 2013, 940 = NZI 2013, 140 Rn. 29, 33, dazu *Bremen*, EWiR 2013, 175;

BGH, Urt. v. 25.2.2016 – IX ZR 109/15, ZIP 2016, 627 Rn. 24 = WM 2016, 560 = NZI 2016, 266;

BGH, Urt. v. 24.3.2016 – IX ZR 242/13, ZIP 2016, 874 Rn. 11, 14 = WM 2016, 797 = NZI 2016, 454.

317 Wird eine dem Schuldner eingeräumte Ratenzahlung erheblich – von 40.000 € auf 6.000 € – ermäßigt, weil er die zunächst vereinbarten Raten nicht zahlen kann, kann die Zahlungseinstellung fortbestehen, weil die Ratenzahlungen auf strategische Zahlungen des Schuldners hindeuten, der sich zur Schonung seiner schwindenden Liquidität auf Teilzahlungen beschränkte.

BGH, Urt. v. 6.12.2012 – IX ZR 3/12, ZIP 2013, 228 = WM 2013, 174 = NJW 2013, 940 = NZI 2013, 140 = ZInsO 2013, 190 Rn. 34;

BGH, Urt. v. 7.5.2015 – IX ZR 95/14, ZIP 2015, 1234 Rn. 21 = WM 2015, 1202 = NZI 2015, 717, dazu *Pluskat*, EWiR 2015, 649.

318 Liegt eine Zahlungseinstellung vor, kann die Zahlungsfähigkeit nicht durch eine – gleich ob konzerninterne oder konzernexterne – Patronatserklärung eines Dritten, sondern nur durch die allgemeine Wiederaufnahme der Zahlungen hergestellt werden. Anders verhält es sich nur, wenn etwa die Muttergesellschaft ihre eingegangen Verpflichtungen durch eine Liquiditätsausstattung der Tochtergesellschaft tatsächlich erfüllt. Auch in subjektiver Hinsicht lässt eine etwaige wirksame Patronatserklärung nicht die Kenntnis des Anfechtungsgegners von Umständen, die zwingend auf die Zahlungsunfähigkeit schließen lassen, entfallen.

BGH, Urt. v. 11.2.2010 – IX ZR 104/07, ZIP 2010, 682 Rn. 48 = ZVI 2010, 302 = WM 2010, 711 = NZI 2010, 985, dazu *Siepmann/Knapp*, EWiR 2010, 497;

BGH, Urt. v. 19.5.2011 – IX ZR 9/10, ZIP 2011, 1111 Rn. 16 ff = WM 2011, 1085 = NZI 2011, 536 = ZInsO 2011, 1115, dazu *Hirte/Ede*, EWiR 2011, 575.

Da die im Falle einer Zahlungseinstellung vermutete Zahlungsunfähigkeit auf **319** einem objektiven Mangel an auszugebenden Zahlungsmitteln beruht (Geldilliquidität), kommt es allenfalls insoweit auf ein vorhandenes Vermögen an, als der Schuldner in der Lage wäre, dieses kurzfristig zu liquidieren.

BGH, Urt. v. 12.10.2017 – IX ZR 50/15, ZIP 2017, 2368 = WM 2017, 2322 = NZI 2018, 34 Rn. 15, dazu *M. Wagner*, EWiR 2018, 117.

Darlegungs- und beweispflichtig für die Zahlungseinstellung ist der Insol- **320** venzverwalter. Er trägt für das ernsthafte Einfordern einer Verbindlichkeit hinreichend vor, wenn er eine Gläubigerhandlung darlegt, aus der sich der Wille, vom Schuldner Erfüllung zu verlangen, im Allgemeinen ergibt. Will der Anfechtungsgegner demgegenüber einwenden, der Anspruch sei gleichwohl nicht ernsthaft geltend gemacht worden, hat er Tatsachen vorzutragen und zu beweisen, die ein solches atypisches Verhalten konkret möglich erscheinen lassen. Erst wenn ihm dies gelungen ist, obliegt es dem Verwalter, den Vollbeweis für seine Behauptung zu erbringen.

BGH, Urt. v. 8.10.1998 – IX ZR 337/97, ZIP 1998, 2008 = WM 1998, 2345 = NZI 1998, 118 = ZInsO 1998, 395, dazu *Gerhardt*, EWiR 1998, 1131.

Die Zahlungsunfähigkeit kann vom Prozessgegner etwa durch den Antrag **321** auf Einholung eines Sachverständigengutachtens oder auf Vernehmung vom Zeugen zum Nachweis widerlegt werden, dass eine Liquiditätsbilanz im maßgebenden Zeitraum für den Schuldner eine Deckungslücke von weniger als 10 v. H. auswies.

BGH, Urt. v. 15.3.2012 – IX ZR 239/09, ZIP 2012, 735 = WM 2012, 711 Rn. 18.

Stützt sich der Insolvenzverwalter im Insolvenzanfechtungsprozess zum Nach- **322** weis der Zahlungsunfähigkeit des Schuldners auf ein oder mehrere Beweisanzeichen und auf die im Falle einer Zahlungseinstellung bestehende gesetzliche Vermutung, ist im Rahmen des Prozessrechts auf Antrag des Anfechtungsgegners zur Entkräftung der Beweisanzeichen und zur Widerlegung der Vermutung durch einen Sachverständigen eine Liquiditätsbilanz erstellen zu lassen.

BGH, Beschl. v. 26.3.2015 – IX ZR 134/13, ZIP 2015, 1077 Rn. 6 = WM 2015, 1025 = NZI 2015, 511, dazu *Egerlandt*, EWiR 2015, 451.

Die Voraussetzungen der Zahlungseinstellung können nach den Grundsät- **323** zen der Beweisvereitelung als bewiesen gelten, wenn der Prozessgegner, etwa der nach § 823 Abs. 2 BGB, § 15a InsO in Anspruch genommene Geschäftsführer einer GmbH, seine Pflicht zur Führung und Aufbewahrung von Büchern und Belegen verletzt hat und dem Insolvenzverwalter deshalb die Darlegung näherer Einzelheiten nicht möglich ist.

> BGH, Urt. v. 24.1.2012 – II ZR 119/10, ZIP 2012, 723
> = WM 2012, 702 Rn. 16,
> dazu *Podewils*, EWiR 2012, 523.

324 Hat der Schuldner seine Zahlungseinstellung nicht tatsächlich durch Aufnahme weiterer Kredite abgewendet, braucht der Insolvenzverwalter im Rahmen einer Anfechtungsklage nicht die Möglichkeit einer weiteren Kreditaufnahme auszuräumen, solange nicht bestimmte tatsächliche Anhaltspunkte für die Bereitschaft und die objektive Aussicht des Schuldners festgestellt sind, kurzfristig einen Kredit in der zur Abwendung der Zahlungseinstellung ausreichenden Höhe zu erlangen.

> BGH, Urt. v. 25.9.1997 – IX ZR 231/96, ZIP 1997, 1926
> = WM 1997, 2134 = NJW 1998, 607,
> dazu *Paulus*, EWiR 1998, 121.

325 Eine einmal eingetretene Zahlungseinstellung dauert fort, bis der Schuldner seine Zahlungen im Allgemeinen wieder aufnimmt. Im Allgemeinen wiederaufgenommen sind die Zahlungen nicht schon dann, wenn die Verbindlichkeit, deren Nichtbedienung die Feststellung der Zahlungseinstellung trägt, nicht mehr herangezogen werden kann, weil sie etwa erfüllt oder gestundet worden ist. Zusätzlich erforderlich ist, dass der Schuldner (jedenfalls) den wesentlichen Teil seiner übrigen Verbindlichkeiten bedient.

> BGH, Urt. v. 22.2.2024 – IX ZR 226/20, ZIP 2024, 897 Rn. 28
> = WM 2024, 751.

326 Greift die Fortdauervermutung ein, hat im Grundsatz der Anfechtungsgegner die allgemeine Wiederaufnahme der Zahlungen darzulegen und zu beweisen.

> BGH, Urt. v. 22.2.2024 – IX ZR 226/20, ZIP 2024, 897 Rn. 29
> = WM 2024, 751.

5. Vor/nach dem Eröffnungsantrag

327 § 130 InsO stellt für die Anfechtung nach Absatz 1 Nr. 1 darauf ab, ob die Handlung bis zu drei Monate vor dem Antrag auf Eröffnung des Insolvenzverfahrens vorgenommen worden ist, für die Anfechtung nach Absatz 1 Nr. 2 darauf, ob die Handlung nach dem Eröffnungsantrag vorgenommen worden ist. Der Unterschied kann insbesondere von Bedeutung sein, wenn der Schuldner in den genannten Zeiträumen nicht zahlungsunfähig war. Denn nach Nummer 2 genügt die Kenntnis des Eröffnungsantrags im Zeitpunkt der Rechtshandlung. Eine spätere Kenntnis ist unschädlich.

> Kreft-*Kreft*, InsO, 8. Aufl., § 130 Rn. 22;
> MünchKomm-InsO/*Freudenberg*, § 130 Rn. 53.

Der Antrag ist gestellt, wenn er beim Insolvenzgericht eingegangen ist (§ 139 InsO), nicht erst mit dem Beginn seiner Bearbeitung durch das Insolvenzgericht, und zwar selbst dann nicht, wenn dieses dem Wunsch des Antragstellers entspricht, die Behandlung des Antrags kurzfristig zurückzustellen. 328

> BGH, Urt. v. 13.4.2006 – IX ZR 158/05, BGHZ 167, 190, 194 Rn. 12 = ZIP 2006, 1261 = ZVI 2006, 456 = WM 2006, 1159 = NJW 2006, 2701 = ZInsO 2006, 712,
> dazu *Pape*, EWiR 2007, 117.

Der maßgebliche Eröffnungsantrag richtet sich nach § 139 InsO. Sind mehrere Eröffnungsanträge gestellt, ist der erste zulässige und begründete Antrag maßgeblich, auch wenn das Verfahren aufgrund eines späteren Antrags eröffnet wird. Ist nach Abweisung eines Antrags mangels zureichender Masse (§ 26 InsO) der Insolvenzgrund behoben worden und später erneut eingetreten, kann der erste Antrag nicht mehr ausschlaggebend sein. Anträge, die anfangs zulässig und begründet waren, aber bis zur Entscheidung über die Eröffnung unbegründet wurden, können nicht beachtet werden. Dagegen bleibt der erste Antrag maßgeblich, wenn es sich um eine einheitliche Insolvenz handelt und der Insolvenzgrund bis zur Eröffnung nicht entfallen ist. Dies gilt auch, wenn zwischen dem Erstantrag und dem Antrag, der zur Verfahrenseröffnung geführt hat, ein beträchtlicher Zeitraum (hier: drei Jahre) liegt. 329

> BGH, Urt. v. 15.11.2007 – IX ZR 212/06, ZIP 2008, 235, 236 Rn. 11 ff = ZVI 2008, 213 = WM 2008, 169 = NZI 2008, 184,
> dazu *Freudenberg*, EWiR 2008, 629;
>
> BGH, Urt. v. 2.4.2009 – IX ZR 145/08, ZIP 2009, 921 Rn. 7 = ZVI 2009, 255 = WM 2009, 959 = NZI 2009, 377 = ZInsO 2009, 870.

Anträge, die zurückgenommen werden, sind nicht zu berücksichtigen. 330

> BGH, Urt. v. 14.10.1999 – IX ZR 142/98, ZIP 1999, 1977 = WM 1999, 2417 = NJW 2000, 212 = ZInsO 1999, 712,
> dazu *Eckardt*, EWiR 2000, 83.

Die Vorschrift des § 139 Abs. 2 Satz 2 InsO ist allerdings auch dann (entsprechend) anzuwenden, wenn der fragliche Eröffnungsantrag für erledigt erklärt oder zurückgenommen worden ist. Auf einen für erledigt erklärten Antrag kann das Verfahren ebenso wenig eröffnet werden wie auf einen rechtskräftig abgewiesenen Antrag hin. Das gilt auch dann, wenn der Schuldner nach der Rücknahme des ersten Antrags seine Zahlungsfähigkeit nicht wiedergewonnen hat. 331

> BGH, Urt. v. 20.11.2001 – IX ZR 48/01, BGHZ 149, 178, 180 = ZIP 2002, 87 = WM 2002, 137 = NJW 2002, 515 = ZInsO 2002, 29,
> dazu *Wagner*, EWiR 2002, 219;
>
> BGH, Urt. v. 8.12.2005 – IX ZR 182/01, ZIP 2006, 290 Rn. 6 = WM 2006, 190 = NJW 2006, 1347 = NZI 2006, 159 = ZInsO 2006, 94.

332 Dagegen ist ein im Zeitpunkt des Eröffnungsbeschlusses zulässiger und begründeter Antrag auf Eröffnung des Insolvenzverfahrens auch dann für die Berechnung der Anfechtungsfristen maßgeblich, wenn er nach der Eröffnung wegen prozessualer Überholung für erledigt erklärt worden ist. § 139 Abs. 2 Satz 2 InsO ist nicht bei jeglicher Erledigungserklärung entsprechend anzuwenden. Vielmehr ist ein prozessual überholter Antrag zu berücksichtigen, der sich wegen prozessualer Überholung, aber nicht wegen Wegfalls der Antragsvoraussetzungen erledigte.

> BGH, Urt. v. 2.4.2009 – IX ZR 145/08, ZIP 2009, 921 Rn. 7 = ZVI 2009, 255 = WM 2009, 959 = NZI 2009, 377 = ZInsO 2009, 870.

333 Diese rechtliche Würdigung hat bei mehreren Eröffnungsanträgen (§ 139 Abs. 2 InsO) zur Folge, dass eine nach dem ersten zulässigen und begründeten Eröffnungsantrag vorgenommene Rechtshandlung der Anfechtung unterliegt, wenn der Gläubiger nur diesen Antrag kannte, nicht aber einen späteren Antrag, der zur Eröffnung des Verfahrens führte.

> Kreft-*Kreft*, InsO, 8. Aufl., § 130 Rn. 23;
> MünchKomm-InsO/*Freudenberg*, § 130 Rn. 25;
> Vgl. *Biebinger*, ZInsO 2008, 1188.

334 Nach der Zahlungseinstellung ist eine Rechtshandlung vorgenommen, wenn ihre rechtlichen Wirkungen nach diesem Zeitpunkt eintreten.

> BGH, Urt. v. 8.10.1998 – IX ZR 337/97, ZIP 1998, 2008 = WM 1998, 2345 = NZI 1998, 118 = ZInsO 1998, 395, dazu *Gerhardt*, EWiR 1998, 1131.

335 Im Fall der Vorausabtretung künftiger Forderungen ist dies erst der Zeitpunkt, in dem die zu übertragende Forderung entsteht. Dieser Zeitpunkt ist auch maßgeblich für eine Kenntnis des Anfechtungsgegners von der Zahlungseinstellung sowie für die Fristberechnung.

> BGH, Urt. v. 16.3.1995 – IX ZR 72/94, ZIP 1995, 630 = WM 1995, 995 = NJW 1995, 1668, dazu *Gerhardt*, EWiR 1995, 429;
>
> BGH, Urt. v. 24.10.1996 – IX ZR 284/95, ZIP 1996, 2080 = WM 1996, 2250, dazu *Gerhardt*, EWiR 1997, 33;
>
> BGH, Urt. v. 20.3.1997 – IX ZR 71/96, BGHZ 135, 140 = ZIP 1997, 737 = WM 1997, 831 = NJW 1997, 1857, dazu *Henckel*, EWiR 1997, 943;
>
> BGH, Urt. v. 19.3.1998 – IX ZR 22/97, BGHZ 138, 291 = ZIP 1998, 793 = WM 1998, 968/1848 = NJW 1998, 2592 = ZInsO 1998, 89, dazu *Eckardt*, EWiR 1998, 699.

6. Kenntnis von Zahlungsunfähigkeit und Eröffnungsantrag

a) Aus den Gründen des Verkehrsschutzes wird der Gläubiger der Deckungsanfechtung nach § 130 Abs. 1 Satz 1 Nr. 1 InsO erst ausgesetzt, wenn er die Zahlungsunfähigkeit des Schuldners im maßgeblichen Zeitpunkt (§ 140 InsO) kennt. 336

> BGH, Urt. v. 19.2.2009 – IX ZR 62/08, ZIP 2009, 526, 527 Rn. 12 = ZVI 2009, 152 = WM 2009, 521 = NJW 2009, 1202 = NZI 2009, 228 = ZInsO 2009, 515, dazu *Bork*, EWiR 2009, 275.

Kenntnis i. S. d. § 130 Abs. 1 InsO bedeutet positive Kenntnis, d. h. für sicher gehaltenes Wissen. Dieses muss im Zeitpunkt vor Vornahme der Rechtshandlung, d. h. grundsätzlich bei Eintritt ihrer Rechtswirkungen (§ 140 InsO) vorhanden sein. Eine der Rechtshandlung nachfolgende Kenntnis schadet nicht. Dann kann aber auch eine frühere Kenntnis nicht schaden, falls der Gläubiger im Zeitpunkt der Rechtshandlung nicht „bösgläubig" war. 337

> BGH; Urt. v. 27.3.2008 – IX ZR 98/07, ZIP 2008, 930, 931 Rn. 13 = ZVI 2008, 396 = WM 2008, 840 = NJW 2008, 2191 = NZI 2008, 366;
>
> BGH, Urt. v. 19.5.2011 – IX ZR 9/10, ZIP 2011, 1111 Rn. 15 = WM 2011, 1085 = NZI 2011, 536 = ZInsO 2011, 1115, dazu *Hirte/Ede*, EWiR 2011, 575;
>
> MünchKomm-InsO/*Freudenberg*, § 130 Rn. 31, 33.

Gegenstand der Kenntnis kann nur eine tatsächlich bereits eingetretene Zahlungsunfähigkeit sein; jede Kenntnis kann sich nur auf ein bereits verwirklichtes Ereignis beziehen. Die bloße Vermutung oder billigende Inkaufnahme einer Zahlungsunfähigkeit durch den Anfechtungsgegner genügt nicht. 338

> BGH, Urt. v. 19.5.2011 – IX ZR 9/10, ZIP 2011, 1111 Rn. 25 = WM 2011, 1085 = NZI 2011, 536 = ZInsO 2011, 1115.

Kennt der Gläubiger die Zahlungseinstellung, ist gemäß § 17 Abs. 2 Satz 2 InsO auch seine Kenntnis der Zahlungsunfähigkeit anzunehmen. Denn die dort formulierte Vermutung gilt auch im Rahmen des Insolvenzanfechtungsrechts. Der Gläubiger kennt die Zahlungsunfähigkeit oder die Zahlungseinstellung als komplexe Rechtsbegriffe nur, wenn er die Liquidität oder das Zahlungsverhalten des Schuldners wenigstens laienhaft bewerten kann. Grob fahrlässige Unkenntnis der Zahlungsunfähigkeit genügt nicht. 339

> BGH, Urt. v. 19.2.2009 – IX ZR 62/08, ZIP 2009, 526, 527 Rn. 13 = WM 2009, 521 = NJW 2009, 1202 = NZI 2009, 228 = ZInsO 2009, 515;
>
> BGH, Urt. v. 19.5.2011 – IX ZR 9/10, ZIP 2011, 1111 Rn. 26 = WM 2011, 1085 = NZI 2011, 536 = ZInsO 2011, 1115, dazu *Hirte/Ede*, EWiR 2011, 575, dazu auch *Bork*, EWiR 2009, 275.

Für die Kenntnis von der Zahlungsunfähigkeit des Schuldners genügt es, wenn der Gläubiger aus den ihm bekannten Tatsachen und dem Verhalten 340 des Schuldners bei natürlicher Betrachtungsweise den zutreffenden Schluss zieht, dass jener wesentliche Teile, also 10 v. H. oder mehr, seiner ernsthaft eingeforderten Verbindlichkeiten im Zeitraum der nächsten drei Wochen nicht wird tilgen können.

> BGH, Urt. v. 12.10.2006 – IX ZR 228/03, ZIP 2006, 2222, 2225 Rn. 30 = ZVI 2006, 577 = WM 2006, 2312 = NZI 2007, 36 = ZInsO 2006, 1210,
> dazu *M. Wagner*, EWiR 2007, 113;
>
> BGH, Urt. v. 18.7.2013 – IX ZR 143/12, ZIP 2013, 2015 = WM 2013, 1993 = ZInsO 2013, 2109 Rn. 17.

341 Jedoch setzt § 130 InsO keine genaue Kenntnis der rechtlichen Zusammenhänge voraus. Es genügt, wenn der Anfechtungsgegner aus den ihm bekannten Tatsachen und dem Verhalten des Schuldners in natürlicher Betrachtungsweise den zutreffenden Schluss zieht, dass jener wesentliche Teile seiner ernsthaft eingeforderten Verbindlichkeiten im Zeitraum von drei Wochen nicht wird tilgen können. Dann vermag er sich nicht mit Erfolg darauf zu berufen, dass er den an sich zwingenden Schluss von den Tatsachen auf den Rechtsbegriff selbst nicht gezogen habe.

> BGH, Urt. v. 27.4.1995 – IX ZR 147/94, ZIP 1995, 929, 931 = WM 1995, 1113 = NJW 1995, 2103, 2105,
> dazu *Gerhardt*, EWiR 1995, 689;
>
> BGH, Urt. v. 19.2.2009 – IX ZR 62/08, ZIP 2009, 526, 527 Rn. 14 = WM 2009, 521 = NJW 2009, 1202 = NZI 2009, 228 = ZInsO 2009, 515.

342 Der Antragsgegner kennt die Zahlungseinstellung schon dann, wenn er bei Leistungsempfang seine Ansprüche ernsthaft eingefordert hat, diese verhältnismäßig hoch sind und er weiß, dass der Schuldner nicht in der Lage ist, die Forderung zu erfüllen.

> BGH, Urt. v. 25.9.1997 – IX ZR 231/96, ZIP 1997, 1926 = WM 1997, 2134 = NJW 1998, 607,
> dazu *Paulus*, EWiR 1998, 121;
>
> BGH, Urt. v. 22.1.1998 – IX ZR 99/97, BGHZ 138, 40 = ZIP 1998, 477 = WM 1998, 569 = NJW 1998, 1318.

343 Die bloße Nichtzulassung weiterer Belastungsbuchungen ist dem nicht gleichzusetzen.

> BGH, Urt. v. 22.1.1998 – IX ZR 99/97, BGHZ 138, 40 = ZIP 1998, 477 = WM 1998, 569 = NJW 1998, 1318.

344 Kündigt der Schuldner dem Gläubiger einer in den Vormonaten deutlich angewachsenen fälligen Forderung an, im Falle des Zuflusses neuer Mittel die Verbindlichkeit nur durch eine Einmalzahlung und zwanzig folgende Monatsraten begleichen zu können, offenbart er dem Gläubiger seine Zahlungsunfähigkeit.

BGH, Urt. v. 16.6.2016 – IX ZR 23/15, ZIP 2016, 1388 Rn. 8 ff
= WM 2016, 1307,
dazu *Cranshaw*, EWiR 2016, 637.

Dabei ist davon auszugehen, dass eine einmal eingetretene Zahlungseinstellung grundsätzlich fortwirkt und nur dadurch wieder beseitigt werden kann, dass die Zahlungen im Allgemeinen wieder aufgenommen werden. Entsprechendes gilt für die Kenntnis des Anfechtungsgegners. 345

BGH, Urt. v. 19.5.2011 – IX ZR 9/10, ZIP 2011, 1111 Rn. 26
= WM 2011, 1085 = NZI 2011, 536 = ZInsO 2011, 1115,
dazu *Hirte/Ede*, EWiR 2011, 575.

b) Kenntnis vom **Eröffnungsantrag** hat ein Gläubiger, der weiß, dass ein solcher Antrag gestellt worden ist. 346

BGH, Urt. v. 22.10.2009 – IX ZR 147/06, ZIP 2010, 90 Rn. 24
= WM 2009, 2394 = ZInsO 2009, 2334;

BGH, Urt. v. 29.9.2010 – IX ZR 178/09, ZIP 2010, 2105 Rn. 20
= ZVI 2010, 471 = WM 2010, 2023 = NZI 2010, 938,
dazu *Jungmann*, EWiR 2010, 717;

BGH, Urt. v. 30.9.2010 – IX ZR 177/07, WM 2010, 2167 Rn. 14
= NZI 2010, 981;

BGH, Urt. v. 14.10.2010 – IX ZR 16/10, ZIP 2010, 2358 Rn. 9
= ZVI 2011, 28 = WM 2010, 2319 = NZI 2011, 189 = ZInsO 2010, 2295.

Die notwendige Kenntnis ist gegeben, wenn der Gläubiger weiß, dass ein Eröffnungsantrag bei Gericht eingegangen ist. Bei mehreren zulässigen und begründeten Eröffnungsanträgen (§ 139 Abs. 2 InsO) genügt es, wenn der Gläubiger einen dieser Anträge kannte. 347

Kreft-*Kreft*, InsO, 8. Aufl., § 130 Rn. 28, 29;
MünchKomm-InsO/*Freudenberg*, § 130 Rn. 53, 54.

Allein aus der öffentlichen Bekanntmachung der Bestellung eines vorläufigen Insolvenzverwalters ergibt sich nicht die Kenntnis des Anfechtungsgegners vom Eröffnungsantrag gegen den Schuldner. 348

BGH, Urt. v. 7.10.2010 – IX ZR 209/09, ZIP 2010, 2307 Rn. 19 ff
= ZVI 2010, 469 = WM 2010, 2275 = NZI 2011, 18,
dazu *G. Hölzle*, EWiR 2010, 821.

c) Die Kenntnis von Vertretern (§ 166 Abs. 1 BGB) ist dem Gläubiger zuzurechnen. Das hält sich im Rahmen des allgemeinen Rechtsgedankens, dass derjenige, der sich bei der Erledigung bestimmter Angelegenheiten eines Vertreters bedient, die in diesem Rahmen vom Vertreter erlangte Kenntnis als eigene gelten lassen muss, sich also nicht auf eigene Unkenntnis berufen kann. Die Kenntnis, die der von einem Filialdirektor oder Prokuristen unterbevollmächtigte Kassierer einer Großbankfiliale bei Erfüllung der ihm übertragenen Aufgaben von der Zahlungsunfähigkeit des späteren Gemeinschuldners erlangt hat, ist der Bank auch ohne Unterrichtung ihrer Repräsentanten 349 zuzurechnen. Ebenfalls ausreichend ist die Kenntnis des zuständigen Sachbearbeiters. Entsprechendes gilt auch für die Kenntnis der Mitglieder des Spätdienstes einer Bank, denen Angestellte des Schuldners Geld und Schecks mit dem Bemerken überreichen: „Wir machen Konkurs".

> BGH, Urt. v. 1.3.1984 – IX ZR 34/83, ZIP 1984, 809 = WM 1984, 1309 = NJW 1984, 1953;
>
> BGH, Urt. v. 27.4.1995 – IX ZR 147/94, ZIP 1995, 929, 931 = WM 1995, 1113 = NJW 1995, 2103, 2105, dazu *Gerhardt*, EWiR 1995, 689.

350 Eine Bank muss organisatorisch Vorsorge treffen, damit ihre Kunden betreffende Informationen über die Eröffnung von Insolvenzverfahren oder Sicherungsmaßnahmen im Vorfeld der Insolvenzeröffnung von ihren Entscheidungsträgern zur Kenntnis genommen werden. Wird sie dieser Obliegenheit nicht gerecht, muss sie sich Kenntnisse, die bei einem zur Vornahme von Rechtsgeschäften bestellten und ermächtigten Bediensteten vorhanden sind, als ihr bekannt zurechnen lassen.

> BGH, Urt. v. 15.12.2005 – IX ZR 227/04, ZIP 2006, 138 = ZVI 2006, 111 = WM 2006, 194 = NZI 2006, 175 = ZInsO 2006, 92, dazu *Flitsch/Schellenberger*, EWiR 2006, 213; *Obermüller*, BGH Report 2006, 328.

351 Eine Inkassogesellschaft ist als Empfangsbeauftragte zugleich Wissensvertreterin für die anfechtungsrechtlich maßgebende Kenntnis des Forderungsinhabers.

> BGH, Urt. v. 3.4.2014 – IX ZR 201/13, ZIP 2013, 1032 = WM 2014, 1009 Rn. 38, dazu *Freudenberg*, EWiR 2014, 591.

352 Der Anfechtungsgegner muss auch das Wissen einer für ihn in der Geschäftsleitung des Schuldners zu dessen Kontrolle tätigen Vertrauensperson gegen sich gelten lassen.

> BGH, Urt. v. 15.1.1964 – VIII ZR 236/62, BGHZ 41, 17, 20 = WM 1964, 196.

353 Für die Kenntnis einer Gesellschaft kommt es auf die Kenntnis ihrer Geschäftsführer an.

> BGH, Urt. v. 5.12.2013 – IX ZR 93/11, ZIP 2014, 183 = WM 2014, 170 = ZInsO 2014, 77 Rn. 16, dazu *Luttmann*, EWiR 2014, 391.

354 Im Rahmen des echten Factorings muss sich der Factor die Kenntnis des Forderungsverkäufers von der Zahlungsunfähigkeit des späteren Insolvenzschuldners oder den die Zahlungsunfähigkeit begründenden Umständen regelmäßig nicht allein wegen der den Forderungsverkäufer treffenden Pflichten zur Unterstützung des Factors bei der Forderungsdurchsetzung und zur Information des Factors über eine Zahlungsunfähigkeit begründende Umstände zurechnen lassen.

BGH, Urt. v. 25.5.2023 – IX ZR 116/21, ZIP 2023, 1703 Rn. 12 = NZI 2023, 827 = WM 2023, 1505.

Aus den in einem Factoring-Vertrag geregelten Pflichten des Zedenten, die Zessionarin bei der Durchsetzung von Ansprüchen gegen Debitoren zu unterstützen und Informationen über die Zahlungsunfähigkeit eines Debitors mitzuteilen, folgt keine für eine Wissenszurechnung ausreichende Stellung des Zedenten in Bezug auf die Zessionarin. Bereits die Stellung des § 402 BGB im Gesetz spricht dafür, dass es sich bei der dort normierten Auskunftspflicht um eine reine Nebenpflicht des bisherigen Gläubigers handelt, deren Verletzung allenfalls eine Schadensersatzpflicht des bisherigen Gläubigers nach sich. Hingegen handelt es sich nicht um eine allgemeine Vorschrift zur Wissenszurechnung. 355

BGH, Urt. v. 25.5.2023 – IX ZR 116/21, ZIP 2023, 1703 Rn. 17 = NZI 2023, 827 = WM 2023, 1505.

Eine Zurechnung der Kenntnis eines Dritten als Wissensvertreter könnte auch dann in Betracht kommen, wenn dieser ohne Vertretungsmacht oder ohne Auftrag gehandelt hat. Eine Wissenszurechnung setzt dann aber das Bestehen konkreter Anhaltspunkte dafür voraus, dass das Tätigwerden des Dritten dem Geschäftsherrn bekannt ist und von diesem wenigstens gebilligt wird. Die nach der Rechtsprechung des BGH zur Wissenszurechnung erforderliche willentliche und bewusste Einschaltung des Dritten als Wissensvertreter des Geschäftsherrn darf nicht schlicht vermutet, sondern muss vom Tatrichter auf der Grundlage hinreichend tragfähiger Anhaltspunkte festgestellt werden. Es obliegt dem Insolvenzverwalter darzulegen und zu beweisen, dass der Factor Kenntnis von dem Tätigwerden des Forderungsverkäufers hatte und dies wenigstens gebilligt hat. 356

BGH, Urt. v. 25.5.2023 – IX ZR 116/21, ZIP 2023, 1703 Rn. 20 = NZI 2023, 827 = WM 2023, 1505.

Handelt der Geschäftsführer oder Liquidator einer GmbH auf Weisung des Alleingesellschafters, so ist nach § 166 Abs. 2 BGB dessen Kenntnis von der Zahlungsunfähigkeit des Schuldners der GmbH zuzurechnen. 357

BGH, Urt. v. 1.4.2004 – IX ZR 305/00, ZIP 2004, 957, 959 = WM 2004, 1037 = NZI 2004, 376 = ZInsO 2004, 548,
dazu *M. Huber*, EWiR 2004, 933.

Ein vom Gläubiger mit der Durchsetzung einer Forderung gegen den späteren Insolvenzschuldner beauftragter Rechtsanwalt ist Wissensvertreter des Gläubigers, soweit er sein Wissen aus allgemein zugänglichen Quellen erlangt oder es über seine Internetseite selbst verbreitet hat. 358

BGH, Urt. v. 10.1.2013 – IX ZR 13/12, ZIP 2013, 174 = WM 2013, 180 = NJW 2013, 611 = NZI 2013, 133 = ZInsO 2013, 179 Rn. 25,
dazu *Römermann*, EWiR 2013, 123;

BGH, Urt. v. 8.1.2015 – IX ZR 198/13, ZIP 2015, 279 Rn. 13 = WM 2015, 293 = ZInsO 2015, 299, dazu *Pohlmann-Weide*, EWiR 2015, 221.

359 Ab dem Zeitpunkt, in dem **mehrere Behörden eines Rechtsträgers** bei der Bezahlung einer Rechnung durch Aufrechnung zusammenwirken, ist die Kenntnis einer dieser Behörden von Umständen, die für die Wirksamkeit der Anfechtung von Bedeutung sind, auch den anderen an der Anfechtung beteiligten Behörden zuzurechnen. Ausreichend ist, dass eine der beteiligten Behörden die erforderliche Kenntnis von den Tatsachen hatte, bei deren Vorliegen die Kenntnis von Tatsachen nach § 130 Abs. 3 vermutet wird. Zwar muss sich ein Rechtsträger grundsätzlich nicht das Wissen aller seiner Behörden zurechnen lassen. Nutzt jedoch eine Behörde bei ihrer Tätigkeit in Zusammenarbeit mit anderen Behörden gezielt deren Wissen zum Vorteil des gemeinsamen Rechtsträgers bei der Abwicklung eines konkreten Vertrages, besteht insoweit auch eine **behördenübergreifende Pflicht**, sich gegenseitig über alle hierfür relevanten Umstände zu informieren. Hinsichtlich der Abwicklung dieses Vertrages wird faktisch eine aufgabenbezogene neue Handlungs- und Informationseinheit gebildet; innerhalb dieser Einheit muss sichergestellt werden, dass alle bekannten oder zugehenden rechtserheblichen Informationen unverzüglich an die entscheidenden Personen der Handlungseinheit in den anderen Behörden weitergeleitet und von diesen zur Kenntnis genommen werden. Werden behördenübergreifende Handlungs- und Informationseinheiten gebildet, um Aufrechnungen zu ermöglichen, liegt darin ein besonderer Umstand, der eine Erkundigungs- und Informationspflicht über alle bekannten Tatsachen im Zusammenhang mit der beabsichtigten Aufrechnung auslöst. Teilt der Fiskus die Abwicklung und Bezahlung eines Bauauftrages, bei dem er routinemäßig die Bezahlung – bei entsprechender Möglichkeit – durch Aufrechnung vornimmt, auf mehrere Behörden auf, macht er sich das Wissen der jeweils beteiligten anderen Behörden systematisch zunutze. Dann kann er sich andererseits nicht darauf berufen, dass eine Wissenszurechnung nicht stattfinden dürfe. Ab dem Zeitpunkt, ab dem er selbst von der Möglichkeit der Wissensbeschaffung bei anderen Behörden Gebrauch macht, hat er sich das gesamte rechtserhebliche Wissen der dadurch einbezogenen Behörden hinsichtlich des abgewickelten Vorgangs zurechnen zu lassen.

BGH, Urt. v. 30.6.2011 – IX ZR 155/08, ZIP 2011, 1523 = WM 2011, 1478 Rn. 19 ff = NZI 2011, 684 = ZInsO 2011, 1454, dazu *Eckardt*, EWiR 2011, 577.

360 Es genügt für die Wissenszurechnung, dass die Möglichkeit bestand, die Informationen im maßgeblichen Zeitpunkt innerhalb der Organisation zusammenzuführen. Die Wissenszurechnung findet deshalb auch statt, wenn die zuständige Behörde erst zu einem späteren Zeitpunkt – vorliegend erst im Prozess über die eingeklagte Bauforderung – prüft, ob sie mit rückständigen Steuerforderungen aufrechnen kann.

BGH, Beschl. v. 26.6.2014 – IX ZR 200/12, ZIP 2014, 1497 = WM 2014, 1432 = ZInsO 2014, 1490 Rn. 2.

Beauftragt eine Behörde oder ein Sozialversicherungsträger eine andere zuständige Behörde mit der Vollstreckung fälliger Forderungen mit der Folge, dass diese für das Vollstreckungsverfahren als Gläubigerin der Forderung fingiert wird, muss sich die ersuchende Behörde das Wissen des Sachbearbeiters der ersuchten Behörde zurechnen lassen. Soweit es um die Vollstreckung geht, tritt die ersuchte Vollstreckungsbehörde nicht neutral gegenüber allen Beteiligten auf, sondern rückt in die Gläubigerstellung der Behörde ein, in deren Auftrag sie vollstreckt. Kenntnisse, die sie hinsichtlich einer eventuellen Zahlungsunfähigkeit des Schuldners aufgrund dieser Stellung erlangt, sind ggf. für die ersuchende Behörde zu sammeln und an diese weiterzuleiten. Dies entspricht dem allgemeinen Grundsatz, nach der jede am Rechtsverkehr teilnehmende Organisation sicherstellen muss, dass die ihr zugehenden rechtserheblichen Informationen von ihren Entscheidungsträgern zur Kenntnis genommen werden können, und es deshalb so einrichten, dass ihre Repräsentanten, die dazu berufen sind, im Rechtsverkehr bestimmte Aufgaben in eigener Verantwortung wahrzunehmen, die erkennbar erheblichen Informationen tatsächlich an die entscheidenden Personen weiterleiten. **361**

BGH, Beschl. v. 14.2.2013 – IX ZR 115/12, ZIP 2013, 685 = WM 2013, 567 = NZI 2013, 398 = ZInsO 2013, 608 Rn. 3 ff.

Der Leiter einer Behörde ist neben dem zuständigen Sachbearbeiter ein für die Wissenszurechnung geeigneter Kenntnisträger. Ob der Behördenleiter an der angefochtenen Rechtshandlung beteiligt war oder nicht, ist ohne Bedeutung. **362**

BGH, Urt. v. 8.2.2024 – IX ZR 107/22, ZIP 2024, 581 Rn. 28 = WM 2024, 515.

Das Berufungsgericht hat seine Überzeugung einer Kenntnis zu Unrecht auf den Erfahrungssatz gestützt, der Leiter einer Behörde verfolge generell im üblichen Umfang mediale Berichterstattungen und nehme diese zur Kenntnis. **363**

BGH, Urt. v. 8.2.2024 – IX ZR 107/22, ZIP 2024, 581 Rn. 28 = WM 2024, 515.

Die Kenntnisnahme von regionalen Presseerzeugnissen durch den Leiter einer außerhalb des jeweiligen Verbreitungsgebiets der Erzeugnisse ansässigen Behörde kann nicht erwartet werden. Zur Kenntnisnahme gehört auch nicht, sich einen umfassenden Überblick über jede Art der überregionalen Berichterstattung zu machen. **364**

BGH, Urt. v. 8.2.2024 – IX ZR 107/22, ZIP 2024, 581 Rn. 32 = WM 2024, 515.

Der Einzugsstelle sind bei der Beurteilung der subjektiven Voraussetzungen des Anfechtungstatbestandes Kenntnisse des Vollziehungsbeamten des Hauptzollamts nicht entsprechend § 166 Abs. 1 BGB zuzurechnen. Hier verhält es sich anders als im Fall der Vollstreckung einer öffentlich-rechtlichen Körper- **365** schaft durch eigene Vollstreckungsorgane. Er kann mit dem hier vorliegenden Fall einer Vollstreckung durch das ersuchte Hauptzollamt nicht gleichgesetzt werden.

BGH, Beschl. v. 29.3.2012 – IX ZR 26/10, NZS 2012, 581 Rn. 4;

BGH, Urt. v. 7.5.2015 – IX ZR 95/14, ZIP 2015, 1234 Rn. 23 f = WM 2015, 1202 = NZI 2015, 717, dazu *Pluskat*, EWiR 2015, 649.

366 Eine Wissenszurechnung zwischen **verschiedenen Behörden** kommt in Betracht, wenn diese eine behördenübergreifende Handlungs- und Informationseinheit gebildet haben. Das hat der BGH angenommen für den Fall der Nachforschung einer Behörde bei weiteren Behörden nach Möglichkeiten, eine gegen den Fiskus gerichtete (Werklohn-)Forderung durch Aufrechnung zum Erlöschen zu bringen. Für die Beitreibung von Forderungen des Fiskus durch mehrere Behörden gemeinsam kann nichts anderes gelten. Nicht ausreichend ist jedoch die abstrakt vorgesehene Zusammenarbeit. Die Wissenszurechnung setzt die tatsächliche Zusammenarbeit im konkreten Fall voraus.

BGH, Urt. v. 18.4.2024 – IX ZR 239/22, ZIP 2024, 1089 Rn. 35.

367 Kommt es zur Zusammenarbeit, kann auch Wissen zuzurechnen sein, das nicht im konkreten Fall erworben worden ist. Der BGH hat entschieden, dass die Beauftragung einer Vollstreckungsbehörde mit der Beitreibung einer Forderung zur Zurechnung des Wissens der Vollstreckungsbehörde über weitere, von anderen Gläubigern betriebene Vollstreckungsverfahren führt.

BGH, Urt. v. 18.4.2024 – IX ZR 239/22, ZIP 2024, 1089 Rn. 36.

368 Für die Zurechnung von Wissen, das nicht im Rahmen der konkreten Zusammenarbeit erworben worden ist, reicht indes nicht jede untergeordnete Hilfstätigkeit. Darin läge eine Überschreitung der Zuständigkeitsgrenzen zwischen den Behörden. Für die Zurechnung von außerhalb der konkreten Zusammenarbeit erworbenen Wissens bedarf es einer Einbindung des Wissensträgers, welche die Weitergabe auch dieses Wissens erwarten lässt. Das ist der Fall, wenn es sich um Wissen handelt, dass für die konkrete Tätigkeit von Bedeutung ist. So hängen die Erfolgsaussichten eines Vollstreckungsverfahrens auch davon ab, ob es weitere Vollstreckungsverfahren gibt oder gab und wie diese ausgegangen sind. Für die Tätigkeit als Zahlstelle, die sich in der Entgegennahme und Verbuchung von Zahlungen erschöpft, ist es hingegen ohne Bedeutung, wie sich das Zahlungsverhalten des Schuldners gegenüber anderen Gläubigern ausnimmt.

BGH, Urt. v. 18.4.2024 – IX ZR 239/22, ZIP 2024, 1089 Rn. 36.

7. Kenntnis von zwingenden Umständen

369 Nach § 130 Abs. 2 InsO steht der Kenntnis der Zahlungsunfähigkeit oder des Eröffnungsantrags die Kenntnis von Umständen gleich, die zwingend auf die Zahlungsunfähigkeit oder den Eröffnungsantrag schließen lassen. Grobe

Fahrlässigkeit genügt nicht. Es genügt, dass der Anfechtungsgegner die tatsächlichen Umstände kennt, aus denen bei zutreffender rechtlicher Beurteilung die Zahlungsunfähigkeit zweifelsfrei folgt. Zahlungsunfähigkeit ist auch dann anzunehmen, wenn der Schuldner die Zahlungen eingestellt hat. Kennt der Gläubiger die Tatsachen, aus denen sich die Zahlungseinstellung ergibt, kennt er damit auch die Zahlungsunfähigkeit. Bewertet er das ihm vollständig bekannte Tatsachenbild falsch, kann er sich nicht mit Erfolg darauf berufen, dass er diesen Schluss nicht gezogen hat.

> BGH, Urt. v. 18.7.2013 – IX ZR 143/12, ZIP 2013, 2015 = WM 2013, 1993 = ZInsO 2013, 2109 Rn. 17;
>
> BGH, Urt. v. 16.6.2016 – IX ZR 23/15, ZIP 2016, 1388 Rn. 11 = WM 2016, 1307,
> dazu *Cranshaw*, EWiR 2016, 637.

a) In Bezug auf die **Zahlungsunfähigkeit** wird vorausgesetzt, dass der Gläubiger die tatsächlichen Umstände kennt, aus denen bei zutreffender rechtlicher Bewertung die Zahlungsunfähigkeit zweifelsfrei folgt. Dann vermag er sich nicht mit Erfolg darauf zu berufen, dass er den an sich zwingenden Schluss von den Tatsachen auf die Rechtsfolgen selbst nicht gezogen habe. Wer in diesem Sinn Kenntnis von einer Zahlungsunfähigkeit hatte, verliert diese Kenntnis im Allgemeinen nicht allein dadurch, dass der Schuldner die Forderungen dieses Gläubigers tilgt. Denn dies allein rechtfertigt nach der Lebenserfahrung grundsätzlich nicht den Schluss, der Schuldner habe seine Zahlungen auch im Allgemeinen wieder aufgenommen. 370

> BGH, Urt. v. 20.11.2001 – IX ZR 48/01, BGHZ 149, 178 = ZIP 2002, 87 = WM 2002, 137 = NZI 2002, 91 = ZInsO 2002, 29,
> dazu *G. Wagner*, EWiR 2002, 219.

Der Gläubiger kennt die Zahlungsunfähigkeit seines Schuldners, wenn er die zugrunde liegenden Tatsachen kennt, an die jedermann mit seiner Verkehrserfahrung verständigerweise die Erwartung knüpft, dass der Schuldner wesentliche Zahlungen so gut wie sicher nicht wird erbringen können. Dass ein im Geschäftsleben nicht unerfahrener Gläubiger, der alle für das Vorliegen einer Zahlungseinstellung wesentlichen Tatsachen kennt, die daraus zwingend abzuleitenden Schlussfolgerungen nicht zieht, schließt seine Kenntnis im Rechtssinne nicht aus. Ein Gläubiger, der nach einem eigenen Eröffnungsantrag von dem betroffenen Schuldner Zahlungen erhält, darf deswegen allein grundsätzlich nicht davon ausgehen, dass auch die anderen, nicht antragstellenden Gläubiger in vergleichbarer Weise Zahlungen erhalten. 371

> BGH, Urt. v. 10.7.2003 – IX ZR 89/02, ZIP 2003, 1666, 1669 f = WM 2003, 1776 = NZI 2003, 542 = ZInsO 2003, 755,
> dazu *G. Hölzle*, EWiR 2004, 197.

Ein Gläubiger kennt die Zahlungseinstellung schon dann, wenn er selbst bei Leistungsempfang seine Ansprüche ernsthaft eingefordert hat, diese verhältnismäßig hoch sind und er weiß, dass der Schuldner nicht in der Lage ist, die Forderungen zu erfüllen. Ersatzweise reicht es für die Anfechtung aus, wenn 372 der Leistungsempfänger Indiztatsachen von solcher Beweiskraft kennt, dass sich daraus eine Zahlungseinstellung eindeutig ergibt. Die Umstände müssen konkret sein und ein eindeutiges Urteil über die Liquiditätsgesamtlage des Schuldners ermöglichen. Dazu kann ein einziger Anhaltspunkt von hinreichendem Aussagewert genügen, etwa eigene Erklärungen des Schuldners, fällige Verbindlichkeiten nicht begleichen zu können, auch wenn sie mit einer Stundungsbitte verbunden sind. Wiederholte Bitten des Schuldners um Zahlungsaufschub und Einräumung von Ratenzahlungen stehen dem Bekenntnis gleich, nicht zahlen zu können.

> BGH, Urt. v. 21.1.2016 – IX ZR 32/14, ZIP 2016, 481 Rn. 17 = WM 2016, 422 = NZI 2016, 222;
>
> BGH, Urt. v. 16.6.2016 – IX ZR 23/15, ZIP 2016, 1388 Rn. 18 = WM 2016, 1307, dazu *Cranshaw*, EWiR 2016, 637.

373 Lässt ein gewerblich tätiger Schuldner monatelang einen Rückstand von erheblicher Höhe mit betriebsnotwendigen fortlaufenden Verbindlichkeiten – insbesondere Steuern und Sozialabgaben, aber auch Löhne und Mieten – aufkommen und zahlt er danach unregelmäßig einzelne Raten, ohne jedoch die Gesamtschuld verringern zu können, so deuten diese Tatsachen auf eine Zahlungsunfähigkeit hin.

> BGH, Urt. v. 30.4.2015 – IX ZR 149/14, ZIP 2015, 1549 Rn. 9 = WM 2015, 1339, dazu *d'Avoine*, EWiR 2015, 579.

374 Gespräche des Schuldners mit dem Anfechtungsgegner, in denen auf finanzielle Schwierigkeiten hingewiesen wurde, um Stundung gebeten wurde oder die mangelnde Zahlungsfähigkeit oder finanzielle Schwierigkeiten offenbart wurden, können die Kenntnis vermitteln.

> BGH, Urt. v. 30.4.2015 – IX ZR 149/14, ZIP 2015, 1549 Rn. 12 = WM 2015, 1339, dazu *d'Avoine*, EWiR 2015, 579.

375 Die Kenntnis einzelner Tatsachen, die für eine Zahlungseinstellung oder Zahlungsunfähigkeit sprechen, kann nicht genügen, wenn sie nur die ungewisse Möglichkeit einer Zahlungsunfähigkeit befürchten lassen. Der zwingende Schluss aus den Indiztatsachen auf die Zahlungsunfähigkeit kann vielmehr nur gezogen werden, wenn sich ein redlich Denkender, der vom Gedanken auf den eigenen Vorteil nicht beeinflusst ist, angesichts der ihm bekannten Tatsachen der Einsicht nicht verschließen kann, der Schuldner sei zahlungsunfähig. Mischen sich in die Vorstellungen des Gläubigers – wenngleich möglicherweise irrtümlich – Tatsachen, die bei einer Gesamtbetrachtung den Schluss auf die Zahlungsunfähigkeit des Schuldners nicht zwingend nahe legen, fehlt dem Gläubiger die entsprechende Kenntnis. Bewertet er hingegen das ihm vollständig bekannte Tatsachenbild, dass objektiv die Annahme der Zahlungsunfähigkeit gebietet, falsch, kann er sich nicht mit Erfolg darauf berufen, dass er diesen Schluss nicht gezogen habe.

BGH, Urt. v. 19.2.2009 – IX ZR 62/08, ZIP 2009, 526, 527 Rn. 14 = ZVI 2009, 152 = WM 2009, 521 = NZI 2009, 228, dazu *Bork*, EWiR 2009, 275.

Die Kenntnis von der ausbleibenden Tilgung einer Forderung begründet noch nicht die Kenntnis des Gläubigers von der Zahlungseinstellung und der Zahlungsunfähigkeit. Denn diese kann die verschiedensten Ursachen haben und muss nicht zwingend auf eine Zahlungsunfähigkeit des Schuldners hindeuten. Ebenso wenig muss auf die Kenntnis des Gläubigers von der schuldnerischen Zahlungsunfähigkeit geschlossen werden, wenn der Schuldner eine geringfügige Verbindlichkeit erst nach mehreren Mahnungen begleicht. Die Bitte des Schuldners auf Abschluss einer Ratenzahlungsvereinbarung stellt als solche kein Indiz für eine Zahlungseinstellung oder Zahlungsunfähigkeit dar, wenn sie sich im Rahmen der Gepflogenheiten des Geschäftsverkehrs hält. **376**

BGH, Urt. v. 30.4.2015 – IX ZR 149/14, ZIP 2015, 1549 Rn. 10 = WM 2015, 1339, dazu *d'Avoine*, EWiR 2015, 579.

Eine Kenntnis kann ausscheiden, wenn der Anfechtungsgegner keinen Gesamtüberblick über die Liquiditäts- oder Zahlungslage des Schuldners hat, weil er keinen Einblick in die Geschäftsunterlagen hatte und nichts über das Zahlungsverhalten des Schuldners gegenüber anderen Gläubigern wusste. **377**

BGH, Urt. v. 30.4.2015 – IX ZR 149/14, ZIP 2015, 1549 Rn. 11 = WM 2015, 1339, dazu *d'Avoine*, EWiR 2015, 579.

Nach der Rechtsprechung des Senats deutet gerade die Nichtzahlung von Löhnen und Sozialversicherungsbeiträgen, die typischerweise nur dann nicht bei Fälligkeit ausgeglichen werden, wenn die erforderlichen Geldmittel hierfür nicht vorhanden sind, auf die Zahlungsunfähigkeit des Unternehmens hin. Diese Rechtsprechung betrifft allerdings **institutionelle Gläubiger** oder Gläubiger mit „Insiderkenntnissen". Demgegenüber wird der Überblick eines Arbeitnehmers, insbesondere wenn er weder in der Finanzbuchhaltung des Unternehmens eingesetzt ist noch Leitungsaufgaben im kaufmännischen Bereich wahrzunehmen hat, in aller Regel begrenzt sein und nur Schlussfolgerungen allgemeiner Art wie diejenige auf Zahlungsschwierigkeiten, Zahlungsstockungen oder eine Tendenz zum Vermögensverfall zulassen. Die Vorschrift des § 130 Abs. 2 InsO verlangt hingegen Kenntnisse von den konkreten Umständen, die ein eindeutiges Urteil über die Liquiditätsgesamtlage des Unternehmens ermöglichen. Danach verschafft die Kenntnis von Lohnrückständen einem Arbeitnehmer nicht den erforderlichen Gesamtüberblick über die Liquiditäts- oder Zahlungslage des schuldnerischen Unternehmens. **378**

BGH, Urt. v. 19.2.2009 – IX ZR 62/08, ZIP 2009, 526, 527 f Rn. 16 f = ZVI 2009, 152 = WM 2009, 521 = NZI 2009, 228; vgl. *Bork*, ZIP 2007, 2337.

Redaktionelle Presseberichte, die keine amtlichen Verlautbarungen enthalten, **379**
können durchaus Umstände sein, die den Verdacht der Zahlungsunfähigkeit

begründen. Dies gilt insbesondere, wenn nach ihrem Inhalt – beispielsweise einem Bericht über gesperrte Kreditlinien oder vorübergehende Maßnahmen zur Sicherung der Kredite der Banken – der notwendige kurzfristige Sanierungserfolg des Unternehmens in Frage steht. Derartige Berichte können für einen Großgläubiger wie das Finanzamt oder die Sozialkasse eine Beobachtungs- und Erkundigungspflicht auslösen. Derartige Pflichten treffen hingegen nicht Arbeitnehmer, weil sie nicht zum Kreis der institutionellen Gläubiger gehören, die schon im fiskalischen Allgemeininteresse oder im Interesse der Versichertengemeinschaft die weitere Entwicklung eines krisenbehafteten Unternehmens zu verfolgen haben.

BGH, Urt. v. 19.2.2009 – IX ZR 62/08, ZIP 2009, 526, 528 Rn. 21 f = ZVI 2009, 152 = WM 2009, 521 = NJW 2009, 1202 = NZI 2009, 228 = ZInsO 2009, 515.

380 Allein das Wissen, dass der Arbeitgeber noch anderen Arbeitnehmern Lohn schuldig ist, begründet noch keine Kenntnis der teilweise entlohnten Arbeitnehmer von der Zahlungsunfähigkeit des Arbeitgebers. Anders mag es sich verhalten, wenn den Beschäftigten auf einer Betriebsversammlung der sichere Eindruck vermittelt wird, dass das Unternehmen zahlungsunfähig ist.

BGH, Urt. v. 19.2.2009 – IX ZR 62/08, ZIP 2009, 526, 528 Rn. 21 f = ZVI 2009, 152 = WM 2009, 521 = NJW 2009, 1202 = NZI 2009, 228 = ZInsO 2009, 515.

381 Kenntnis der Zahlungsunfähigkeit kann dagegen eingetreten sein, wenn dem Arbeitnehmer über die eigenen Lohnrückstände hinaus auch Lohnrückstände des Arbeitgebers gegenüber anderen Arbeitnehmern bekannt sind und er infolge seiner leitenden Stellung – etwa als Bauleiter – über die ökonomischen und wirtschaftlichen Hintergründe des Unternehmens im Bilde ist.

BGH, Urt. v. 15.10.2009 – IX ZR 201/08, ZIP 2009, 2306 Rn. 13, 14 = WM 2009, 2322 = NZI 2010, 12 = ZInsO 2009, 2244, dazu *Stiller*, EWiR 2009, 779.

382 Zur Kenntnis von Finanzbeamten von Umständen, die zwingend auf die Zahlungsunfähigkeit des Steuerschuldners schließen lassen

BGH, Urt. v. 9.1.2003 – IX ZR 175/02, ZIP 2003, 410 = WM 2003, 400 = NZI 2003, 322 = ZInsO 2003, 180, dazu *Hölzle*, EWiR 2003, 379.

383 b) Kenntnis von Umständen, die zwingend auf einen **Eröffnungsantrag** schließen lassen, hat etwa ein Gläubiger, der weiß, dass das Insolvenzgericht eine Sicherungsmaßnahme i. S. v. § 21 InsO erlassen hat. Denn dies setzt zwingend voraus, dass zuvor ein Insolvenzantrag gestellt wurde.

Vgl. MünchKomm-InsO/*Freudenberg*, § 130 Rn. 56.

8. Vermutung der Kenntnis

Nach § 130 Abs. 3 InsO wird die Kenntnis von Zahlungsunfähigkeit oder Eröffnungsantrag vermutet, wenn der Gläubiger dem Schuldner bei Vornahme der Rechtshandlung (§ 140 InsO) i. S. v. § 138 InsO nahestand. Entsprechend dem Zweck der – in der Spruchpraxis wenig bedeutenden – Bestimmung, wegen der besonderen Informationsmöglichkeiten über die wirtschaftliche Lage des Schuldners (BT-Drucks. 12/2443 S. 161 f) eine umfassende Beweislastumkehr zu Lasten nahestehender Personen anzuordnen, hat dieser Personenkreis nicht nur zu beweisen, dass er die Zahlungsunfähigkeit und den Eröffnungsantrag nicht kannte, sondern darüber hinaus, dass er auch keine Umstände kannte, die zwingend auf die Zahlungsunfähigkeit oder den Eröffnungsantrag schließen lassen. 384

MünchKomm-InsO/*Freudenberg*, § 130 Rn. 67.

In §§ 130, 131, 132 und 137 InsO wird die grundsätzlich beim Insolvenzverwalter liegende Beweislast für die objektiven und subjektiven Anfechtungsvoraussetzungen bei einer Anfechtung gegenüber nahestehenden Personen für die subjektiven Voraussetzungen umgekehrt. § 133 Abs. 2 InsO erleichtert die Anfechtung wegen vorsätzlicher Benachteiligung bei entgeltlichen Verträgen mit nahestehenden Personen. 385

Der Grund für die erleichterte Anfechtbarkeit liegt zum einen darin, dass nahestehende Personen in der Regel die wirtschaftlichen Verhältnisse des Schuldners kennen, und zum anderen darin, dass sie eher bereit sind, zum Schaden seiner (anderen) Gläubiger mit ihm zu kooperieren. 386

BGH, Urt. v. 10.10.1965 – VIII ZR 168/63, WM 1965, 1152;

BGH, Urt. v. 12.12.1985 – IX ZR 1/85, BGHZ 96, 352 = ZIP 1986, 170 = WM 1986, 175 = NJW 1986, 1047, dazu *Gerhardt*, EWiR 1986, 177; *Uhlenbruck*, WuB VI B. § 31 Nr. 2 KO 1.86.

§ 138 Abs. 1 InsO regelt die näheren Beziehungen zu solchen Schuldnern, die natürliche Personen sind, § 138 Abs. 2 InsO die näheren Beziehungen zu denjenigen Schuldnern, bei denen es sich um juristische Personen oder Gesellschaften ohne Rechtspersönlichkeit handelt. Während nach Absatz 2 juristischen Personen und Gesellschaften ohne Rechtspersönlichkeit sowohl natürliche als auch juristische Personen und Gesellschaften nahestehen können, standen nach dem ursprünglichen Wortlaut von Absatz 1 natürlichen Personen als Schuldnern nur bestimmte natürliche Personen nahe. Diese Normlücke ist durch die Schaffung von § 138 Abs. 1 Nr. 4 geschlossen worden. 387

a) Natürliche Personen als Schuldner

Soweit es um die Frage geht, inwieweit natürlichen Personen als Schuldnern juristische Personen oder Gesellschaften ohne Rechtspersönlichkeit nahe stehen, ist zunächst auf die bisherige Rechtsprechung zurückzugreifen. Da- 388 nach gilt bei Insolvenz einer natürlichen Person eine GmbH jedenfalls dann als naher Angehöriger, wenn ihr geschäftsführender Mehrheitsgesellschafter ein solcher naher Angehöriger,

> BGH, Urt. v. 12.12.1985 – IX ZR 1/85, ZIP 1986, 170 = WM 1986, 175 = NJW 1986, 1047,
> dazu *Gerhardt*, EWiR 1986, 177,

oder der Schuldner selbst war.

> BGH, Urt. v. 15.12.1994 – IX ZR 153/93, ZIP 1995, 134 = WM 1995, 450 = NJW 1995, 659,
> dazu *Gerhardt*, EWiR 1995, 109;
> *Henckel*, JZ 1995, 731;
> *Eckardt*, LM § 3 AnfG Nr. 37;
> *Smid*, WuB VI D § 3 Abs. 1 Nr. 2 AnfG 1.95.

389 Weitere Nähebeziehungen werden in vorsichtiger Analogie zu § 138 Abs. 2 InsO zu entwickeln sein.

b) Juristische Personen oder Gesellschaften ohne Rechtspersönlichkeit als Schuldner

390 Zu den nahestehenden Personen eines Schuldners in der Rechtsform einer juristischen Person gehört nach § 138 Abs. 2 Nr. 2 InsO, wer aufgrund eines Betriebsführungsvertrages mit dem Schuldner die Möglichkeit hat, sich über dessen wirtschaftliche Verhältnisse umfassend zu unterrichten. Das trifft auch auf eine juristische Person zu, deren Geschäftsführer und/oder Alleingesellschafter wiederum eine dem Schuldner nahestehende Person ist.

> BGH, Urt. v. 6.4.1995 – IX ZR 61/94, BGHZ 129, 236 = ZIP 1995, 1021 = WM 1995, 1155 = NJW 1997, 1077,
> dazu *Henckel*, EWiR 1995, 781.

391 Bei einer juristischen Person ist eine weder dem Vertretungs- oder Aufsichtsorgan angehörende noch am Kapital zu mehr als einem Viertel beteiligte natürliche Person grundsätzlich keine nahestehende Person (§ 138 Abs. 2 Nr. 1, 2 InsO), es sei denn, sie hat aufgrund einer dienstvertraglichen Verbindung zum Schuldner die Möglichkeit, sich über dessen wirtschaftliche Verhältnisse zu unterrichten.

> BGH, Urt. v. 23.11.1995 – IX ZR 18/95, BGHZ 131, 189 = ZIP 1996, 83 = WM 1996, 136 = NJW 1996, 461,
> dazu *Gerhardt*, EWiR 1996, 119.

392 Ist der Schuldner eine juristische Person, so sind gemäß § 138 Abs. 2 Nr. 1 InsO unter anderem solche Personen als nahestehend anzusehen, die zu mehr als einem Viertel am Kapital des Schuldners beteiligt sind. Die Bestimmung erfasst auch **mittelbare Beteiligungen** wie sich aus der Entstehungsgeschichte, dem Regelungszusammenhang und Sinn und Zweck des Gesetzes ergibt.

> BGH, Urt. v. 22.2.2024 – IX ZR 106/21, ZIP 2024, 762 Rn. 10 = NZI 2024, 415 = WM 2024, 651.

Die Regelung des § 138 Abs. 2 Nr. 1 InsO beruht darauf, dass zu mehr als einem Viertel am Kapital des Schuldners beteiligte Personen über besondere, das heißt über bloße Auskunftsrechte hinausgehende Möglichkeiten verfügen, sich über die wirtschaftlichen Verhältnisse des Schuldners zu unterrichten. Das Bestehen einer solchen Möglichkeit wird in typisierender Weise bei einer Kapitalbeteiligung von mehr als 25 % unwiderleglich vermutet. Dies muss nach dem Grundgedanken der Regelung auch dann gelten, wenn eine Beteiligung von mehr als 25 % durch die Zwischenschaltung einer anderen natürlichen oder juristischen Person oder einer anderen Personenvereinigung erreicht wird. Für die eine mittelbare Beteiligung begründende Abhängigkeit ausreichend ist der Mehrheitsbesitz der Anteile (§ 16 AktG), auf die Unternehmenseigenschaft des Inhabers kommt es dabei nicht an. **393**

> BGH, Urt. v. 22.2.2024 – IX ZR 106/21, ZIP 2024, 762 Rn. 13
> = NZI 2024, 415 = WM 2024, 651.

Ob der Gesellschafter einer GmbH als nahestehende Person anzusehen ist, hängt nach dem Gesetz aus Gründen der Rechtsklarheit nicht davon ab, in welchem Umfang Rechtsgeschäfte der Geschäftsführer nach dem konkreten Gesellschaftsvertrag der Zustimmung der Gesellschafter bedürfen. **394**

> BGH, Urt. v. 22.2.2024 – IX ZR 106/21, ZIP 2024, 762 Rn. 14
> = NZI 2024, 415 = WM 2024, 651.

Die Vermutung bezieht sich ausschließlich auf die Kenntnis, nicht auf die objektiven Anfechtungsvoraussetzungen. Der Insolvenzverwalter hat demnach auch bei der Insolvenzanfechtung gegenüber einer nahestehenden Person insbesondere die Voraussetzungen der Zahlungsunfähigkeit darzulegen und zu beweisen. **395**

> BGH, Urt. v. 22.2.2024 – IX ZR 106/21, ZIP 2024, 762 Rn. 21
> = NZI 2024, 415 = WM 2024, 651.

In einem Fall, in dem ein Geschäftsführer der Schuldner-GmbH zugleich freiberuflicher Wirtschaftberater des Antragsgegners (ebenfalls einer GmbH) war, hat der BGH unter spiegelbildlicher Heranziehung des § 138 Abs. 2 Nr. 2 InsO geprüft, ob der Antragsgegner deshalb als eine der Schuldnerin nahestehende Person anzusehen sei. Dies könnte allenfalls zutreffen, wenn der Wirtschaftsberater dem Antragsgegner in einer „vergleichbaren gesellschaftsrechtlichen oder dienstvertraglichen Verbindung“ verbunden gewesen wäre wie ein Mitglied des eigenen Vertretungs- oder Aufsichtsorgans, und wenn er aufgrund dessen die Möglichkeit gehabt hätte, sich über die wirtschaftlichen Verhältnisse des Antragsgegners zu unterrichten. Dies hat der BGH verneint. Zwar besteht zwischen einem Wirtschaftsberater und dessen Auftraggeber regelmäßig ein Dienstvertrag, der auf die Leistung von Diensten höherer Art gerichtet ist. Diese Vertragsbeziehung zu einem selbständigen Freiberufler ist aber durchweg nicht intensiv genug, als dass sie dem Vertrag mit dem Mitglied eines Vertretungs- oder Aufsichtsorgans gleichgestellt werden könnte. Die Pflichten eines Wirtschaftberaters sind inhaltlich be- **396** grenzt. Er ist nicht kraft seines Vertrags gehalten, dem Auftraggeber Dinge mitzuteilen, die er – Berater – als Geschäftsführer einer anderen Gesellschaft erfahren hat; dieser gegenüber wäre er dazu vertraglich keinesfalls befugt. Typischerweise darf der Auftraggeber von einem bloßen Wirtschaftsberater nicht eine so weitgehende Unterrichtung erwarten.

> BGH, Urt. v. 30.1.1997 – IX ZR 89/96, ZIP 1997, 513 = WM 1997, 545;
> dazu *Mankowski*, WuB VI G. § 10 GesO 4.97.

397 **Steuerberater oder Rechtsanwälte** sind nach § 138 Abs. 2 Nr. 2 InsO als eine dem Schuldner nahestehende Person zu beurteilen, wenn sie aufgrund einer den Organen oder qualifizierten Gesellschaftern des Schuldners vergleichbaren gesellschaftsrechtlichen oder dienstvertraglichen Verbindung die Möglichkeit hatten, sich über die wirtschaftlichen Verhältnisse des Schuldners zu unterrichten. Dem Freiberufler im Dienste des Schuldners müssen, wenn er als nahestehende Person gemäß § 138 Abs. 2 InsO gelten soll, nach der ihm vertraglich eingeräumten Rechtsstellung wie einem in gleicher Zuständigkeit tätigen Angestellten alle über die wirtschaftliche Lage des Auftraggebers erheblichen Daten üblicherweise im normalen Geschäftsgang zufließen. Werden einem freiberuflichen Dienstleister vom Schuldner planmäßig bestimmte (klassifizierte) Tatsachen vorenthalten, kann kein Näheverhältnis nach § 138 Abs. 2 Nr. 2 InsO entstehen. Daher kann das Mandat eines Sanierungsberaters diesem nur dann die Stellung einer nahestehenden Person i. S. d. § 138 Abs. 2 Nr. 2 InsO verschaffen, wenn es nach seiner rechtlichen und tatsächlichen Prägung dem Sanierungsberater den typischen Wissensvorsprung über die wirtschaftliche Lage des Mandanten vermittelt, den sonst nur damit befasste leitende Angestellte des Unternehmens haben.

> BGH, Urt. v. 3.3.2022 – IX ZR 78/20, BGHZ 233, 70 = BB 2022, 778 Rn. 68 = ZIP 2022, 589 = NZI 2022, 385 = WM 2022, 527.

398 Sofern die bestehende Mandatsbeziehung der Beklagten nach ihrer rechtlichen und tatsächlichen Prägung den typischen Wissensvorsprung über die wirtschaftliche Lage des Mandanten vermittelte, den sonst nur damit befasste leitende Angestellte des Unternehmens oder dessen Vorstände haben, sind die Voraussetzungen des § 138 Abs. 2 Nr. 2 InsO erfüllt.

> BGH, Urt. v. 3.3.2022 – IX ZR 78/20, BGHZ 233, 70 = BB 2022, 778 Rn. 69 = ZIP 2022, 589 = NZI 2022, 385 = WM 2022, 527.

9. Nachträglicher Wegfall von Anfechtungsvoraussetzungen

399 Eine Anfechtung scheidet aus, wenn eine zunächst gegebene Zahlungsunfähigkeit bzw. Kenntnis der Zahlungsunfähigkeit im Zeitpunkt der Vornahme der Rechtshandlung (§ 140 InsO) nicht mehr vorlag.

a) Wegfall der Zahlungsunfähigkeit

Eine einmal nach außen hin in Erscheinung getretene Zahlungseinstellung wirkt grundsätzlich fort. Sie kann nur dadurch wieder beseitigt werden, dass die Zahlungen im Allgemeinen wieder aufgenommen werden. 400

BGH, Urt. v. 25.2.2016 – IX ZR 109/15, ZIP 2016, 627 Rn. 24 = WM 2016, 560 = NZI 2016, 266.

Wenn sich der Anfechtungsgegner auf den nachträglichen Wegfall der objektiven Zahlungsunfähigkeit beruft, hat er dies zu beweisen. Wenn der anfechtende Insolvenzverwalter für einen bestimmten Zeitpunkt den ihm obliegenden Beweis der Zahlungsunfähigkeit des Schuldners geführt hat, ist es Sache des Anfechtungsgegners, seine Behauptung zu beweisen, dass diese Voraussetzung zwischenzeitlich wieder entfallen ist. 401

BGH, Urt. v. 25.10.2001 – IX ZR 17/01, BGHZ 149, 100, 109 = ZIP 2001, 2235 = WM 2001, 1398 = NZI 2002, 88, dazu *Malitz*, EWiR 2002, 207;

BGH, Urt. v. 20.11.2001 – IX ZR 48/01, BGHZ 149, 178, 188 = ZIP 2002, 87 = WM 2002, 137 = NZI 2002, 91, dazu *Wagner*, EWiR 2002, 219;

BGH, Urt. v. 25.10.2012 – IX ZR 117/11, ZIP 2002, 2355 = WM 2012, 2251 = NZI 2012, 963 = ZInsO 2012, 2244 Rn. 16, dazu *M. Huber*, EWiR 2012, 797;

BGH, Urt. v. 6.12.2012 – IX ZR 3/12, ZIP 2013, 228 = WM 2013, 174 = NJW 2013, 940 = NZI 2013, 140 = ZInsO 2013, 190 Rn. 33;

BGH, Urt. v. 25.2.2016 – IX ZR 109/15, ZIP 2016, 627 Rn. 24 = WM 2016, 560 = NZI 2016, 266.

Der Schuldner war im Streitfall lediglich in der Lage, im Anschluss an den gegen ihn gestellten Insolvenzantrag über einen Zeitraum von sieben Monaten seine damaligen Gläubiger nach und nach zu befriedigen. Diese Zeitspanne verdeutlicht, dass dem Schuldner die finanziellen Mittel fehlten, seine einzelnen Verbindlichkeiten jeweils binnen drei Wochen nach Fälligkeit zu begleichen. Schiebt der Schuldner ständig einen Forderungsrückstand vor sich her, den er nur schleppend abträgt, verwirklicht sich ein typisches Merkmal einer Zahlungseinstellung. Ferner geriet der Schuldner unmittelbar nach Befriedigung der Beklagten abermals mit den von ihm zu erbringenden Pachtzahlungen in Rückstand. Folglich war der Schuldner allenfalls an einem bestimmten Stichtag zur Befriedigung seiner Gläubiger, aber nicht auf Dauer zu einer allgemeinen Begleichung seiner alsbald fälligen Verbindlichkeiten im Stande. Gegen den gewerblich tätigen Schuldner wurden aus verschiedensten Rechtsgründen ständig neue Forderungen begründet, denen er nach der Befriedigung der Beklagten und seiner sonstigen Gläubiger nicht mehr im Allgemeinen nachkommen konnte. Von einer Wiederherstellung der Zahlungsfähigkeit kann deshalb nicht ausgegangen werden, wenn sich der Schuldner durch die Befriedigung seiner gegenwärtigen Gläubiger der Mittel entäußert, 402 die er zur Begleichung seiner künftigen, alsbald fällig werdenden Verbindlichkeiten benötigt. Bei dieser Sachlage ist von einer fortwirkenden Zahlungsunfähigkeit des Schuldners auszugehen.

> BGH, Urt. v. 25.10.2012 – IX ZR 117/11, ZIP 2012, 2355 = WM 2012, 2251 = NZI 2012, 963 = ZInsO 2012, 2244 Rn. 18, 19.

b) Wegfall der Kenntnis

403 Für den nachträglichen Wegfall der subjektiven Anfechtungsvoraussetzung der Kenntnis der Zahlungsunfähigkeit gilt Entsprechendes. Ein Gläubiger, der von der einmal eingetretenen Zahlungsunfähigkeit des Schuldners wusste, hat darzulegen und zu beweisen, warum er später davon ausging, der Schuldner habe seine Zahlungen möglicherweise allgemein wieder aufgenommen.

> BGH, Urt. v. 27.3.2008 – IX ZR 98/07, ZIP 2008, 930 = WM 2008, 840 Rn. 23 = NZI 2008, 366;
>
> BGH, Urt. v. 25.10.2012 – IX ZR 117/11, ZIP 2012, 2355 = WM 2012, 2251 = NZI 2012, 963 = ZInsO 2012, 2244 Rn. 16;
>
> BGH, Urt. v. 6.12.2012 – IX ZR 3/12, ZIP 2013, 228 = WM 2013, 174 = NJW 2013, 940 = NZI 2013, 140 = ZInsO 2013, 190 Rn. 33,
> dazu *Bremen*, EWiR 2013, 175;
>
> BGH, Urt. v. 17.12.2015 – IX ZR 61/14, ZIP 2016, 173 Rn. 27 = WM 2016, 172 = NZI 2016, 134,
> dazu *Laroche*, EWiR 2016, 175;
>
> BGH, Urt. v. 25.2.2016 – IX ZR 109/15, ZIP 2016, 627 Rn. 24 = WM 2016, 560 = NZI 2016, 266;
>
> BGH, Urt. v. 14.9.2017 – IX ZR 3/16, ZIP 2017, 2370 = WM 2017, 2319 = NZI 2018, 114 Rn. 16,
> dazu *Opp*, EWiR 2018, 147.

404 Die Schlussfolgerung des Anfechtungsgegners, wonach die Zahlungsunfähigkeit des Schuldners zwischenzeitlich behoben ist, muss von einer ihm nachträglich bekannt gewordenen Veränderung der Tatsachengrundlage und nicht von einem bloßen „Gesinnungswandel" getragen sein. Als erstes dürfen die Umstände, welche die Kenntnis des Anfechtungsgegners begründen, nicht mehr gegeben sein. Der Fortfall der Umstände allein bewirkt nicht zwingend den Verlust der Kenntnis. Vielmehr ist auf der Grundlage aller von den Parteien vorgetragenen Umstände des Einzelfalls zu würdigen, ob eine Kenntnis der Zahlungsunfähigkeit bei Vornahme der Rechtshandlung nicht mehr bestanden hat.

> BGH, Urt. v. 25.10.2012 – IX ZR 117/11, ZIP 2012, 2355 = WM 2012, 2251 = NZI 2012, 963 = ZInsO 2012, 2244 Rn. 21;
>
> BGH, Urt. v. 6.12.2012 – IX ZR 3/12, ZIP 2013, 228 = WM 2013, 174 = NJW 2013, 940 = NZI 2013, 140 = ZInsO 2013, 190 Rn. 39;

BGH, Urt. v. 17.12.2015 – IX ZR 61/14, ZIP 2016, 173 Rn. 27 = WM 2016, 172 = NZI 2016, 134, dazu *Laroche*, EWiR 2016, 175;

BGH, Urt. v. 25.2.2016 – IX ZR 109/15, ZIP 2016, 627 Rn. 28 = WM 2016, 560 = NZI 2016, 266;

BGH, Urt. v. 14.9.2017 – IX ZR 3/16, ZIP 2017, 2370 = WM 2017, 2319 = NZI 2018, 114 Rn. 17, dazu *Opp*, EWiR 2018, 147.

Eine bloß vorübergehende Zahlungsstockung liegt nicht vor, wenn es dem Schuldner über mehrere Monate nicht gelingt, seine fälligen Verbindlichkeiten spätestens innerhalb von drei Wochen auszugleichen und die rückständigen Beträge insgesamt so erheblich sind, dass von lediglich geringfügigen Liquiditätslücken keine Rede sein kann. Die von dem Schuldner bis zur Befriedigung der Verbindlichkeit benötigte Zeitspanne stand als typisches Beispiel einer schleppenden Zahlungsweise einer allgemeinen Aufnahme der Zahlung der fälligen Verbindlichkeiten entgegen. Der Erklärung des Schuldners, die Beklagte als letzte seiner Gläubiger zu befriedigen, war nicht zu entnehmen, dass seine Zahlungsfähigkeit abgesehen von den rückständigen auch für laufende, alsbald fällige Verbindlichkeiten nachhaltig wiederhergestellt war. Angesichts der unveränderten Liquiditätslage musste die Beklagte vielmehr annehmen, dass gegen sämtliche befriedigte Gläubiger Anfechtungsansprüche in Betracht kamen. **405**

BGH, Urt. v. 25.10.2012 – IX ZR 117/11, ZIP 2012, 2355 = WM 2012, 2251 = NZI 2012, 963 = ZInsO 2012, 2244 Rn. 22.

Das objektive, ihm gegenüber erkennbare schleppende Zahlungsverhalten des Schuldners konnte der Anfechtungsgegner nicht dahin deuten, dass jener seine Zahlungen allgemein wieder aufgenommen hatte. Ein Gläubiger, der mit dem Schuldner nach Eintritt der Zahlungseinstellung mehrere Zahlungsvereinbarungen zwecks Abwendung der allein aus seiner Forderung herzuleitenden Insolvenz schließt, darf grundsätzlich nicht davon ausgehen, dass die Forderungen der anderen Gläubiger in vergleichbarer Weise bedient werden wie seine eigenen. Der Beklagte konnte sich nicht der Erkenntnis verschließen, dass andere Gläubiger davon absahen, in gleicher Weise wie er durch den Abschluss von Ratenzahlungsvereinbarungen Druck auf den Schuldner zwecks Eintreibung ihrer Forderungen auszuüben. Vielmehr musste der Beklagte damit rechnen, dass andere Gläubiger – entsprechend seiner eigenen anfänglichen Verfahrensweise – die schleppende Zahlungsweise des Schuldners und damit die Nichtbegleichung ihrer Forderungen hinnehmen würden. Darum entspricht es einer allgemeinen Lebenserfahrung, dass Schuldner – um ihr wirtschaftliches Überleben zu sichern – unter dem Druck eines Großgläubigers Zahlungen bevorzugt an diesen leisten, um ihn zum Stillhalten zu bewegen. Vor diesem Hintergrund verbietet sich im Regelfall ein Schluss des Gläubigers dahin, dass – nur weil er selbst Zahlungen erhalten hat – der Schuldner seine Zahlungen auch im Allgemeinen wieder aufgenommen habe. **406**

BGH, Urt. v. 6.12.2012 – IX ZR 3/12, ZIP 2013, 228 = WM 2013, 174 = NJW 2013, 940 = NZI 2013, 140 = ZInsO 2013, 190 Rn. 42;

BGH, Urt. v. 25.2.2016 – IX ZR 109/15, ZIP 2016, 627 Rn. 30 = WM 2016, 560 = NZI 2016, 266;

BGH, Urt. v. 24.3.2016 – IX ZR 242/13, ZIP 2016, 874 Rn. 15 = WM 2016, 797 = NZI 2016, 454.

407 „Sanierungsbemühungen“ bewirken aus der Sicht des Anfechtungsgegners keine Änderung der Tatsachengrundlage, wenn sie nicht in ein tragfähiges Sanierungskonzept eingemündet waren.

BGH, Urt. v. 17.12.2015 – IX ZR 61/14, ZIP 2016, 173 Rn. 30 = WM 2016, 172 = NZI 2016, 134,
dazu *Laroche*, EWiR 2016, 175.

10. COVID-19-Insolvenzaussetzungsgesetz

408 Der Anfechtung der Zahlung von Abgaben steht nicht § 2 Abs. 1 Nr. 4 des COVID-19-Insolvenzaussetzungsgesetzes entgegen. Dahingestellt bleiben kann, ob die Norm anzuwenden ist, wenn die anfechtbare Rechtshandlung erst nach einem Antrag auf Eröffnung des Insolvenzverfahrens vorgenommen wird. Jedenfalls ist die Norm nicht auf Rechtshandlungen anwendbar, die Deckung für Forderungen aus einem Steuerschuldverhältnis gewährt haben.

BGH, Urt. v. 8.2.2024 – IX ZR 194/22, ZIP 2024, 414 Rn. 21 = NZI 2024, 265.

409 Nach ganz überwiegender Ansicht in der Rechtsprechung und im Schrifttum ist die Norm dahin teleologisch zu reduzieren, dass die Forderung, deren Erfüllung angefochten wird, auf einer **vertraglichen Grundlage** beruhen muss. Forderungen gesetzlicher Gläubiger, insbesondere solche des Fiskus und der Sozialversicherungsträger, sollen aus dem Anwendungsbereich ausgeschlossen sein.

BGH, Urt. v. 8.2.2024 – IX ZR 194/22, ZIP 2024, 414 Rn. 23 = NZI 2024, 265.

410 Der Gesetzgeber hat im Rahmen der COVID-19-Pandemie bei eingetretener Insolvenzreife das erhöhte Risiko gesehen, dass Gläubiger und Vertragspartner des Schuldners erhaltene Leistungen und Zahlungen in einem späteren Insolvenzverfahren infolge einer Insolvenzanfechtung wieder herausgeben müssen. Dies betreffe zum Beispiel Vertragspartner von Dauerschuldverhältnissen wie Vermieter sowie Leasinggeber, aber auch Lieferanten. Wenn solche Vertragspartner befürchten müssten, erhaltene Zahlungen im Falle des Scheiterns der Sanierungsbemühungen des Krisenunternehmens mit anschließender Eröffnung des Insolvenzverfahrens aufgrund einer Anfechtung zurückzahlen zu müssen, wären sie geneigt, die Vertragsbeziehung auf dem schnellsten Wege zu beenden, was wiederum die Sanierungsbemühungen vereiteln würde.

BGH, Urt. v. 8.2.2024 – IX ZR 194/22, ZIP 2024, 414 Rn. 25 = NZI 2024, 265.

Diese Risiken können sich nicht verwirklichen, wenn die Forderungen des Gläubigers nicht auf einem Vertragsverhältnis beruhen, sondern aus einem Steuerschuldverhältnis resultieren. 411

BGH, Urt. v. 8.2.2024 – IX ZR 194/22, ZIP 2024, 414 Rn. 26 = NZI 2024. 265.

II. § 131 InsO

1. Inkongruente Deckung

a) Allgemeines

Inkongruent ist nach der Vorschrift des § 131 Abs. 1 InsO eine Rechtshandlung, die einem Insolvenzgläubiger eine Sicherung oder Befriedigung, d. h. eine Deckung, gewährt oder ermöglicht hat, die er nicht oder nicht in der Art oder nicht zu der Zeit zu beanspruchen hatte. 412

Ein Gläubiger, der eine inkongruente Deckung erhält, ist weniger schutzwürdig als ein Gläubiger, dem eine kongruente Deckung, nämlich das gewährt wird, was er zu fordern hat. Die Insolvenzordnung verzichtet wegen der besonderen Verdächtigkeit inkongruenten Erwerbs für einen Zeitraum von bis zu einem Monat vor dem Eröffnungsantrag und bei Handlungen nach dem Eröffnungsantrag ganz auf subjektive Voraussetzungen in der Person des Anfechtungsgegners (§ 131 Abs. 1 Nr. 1 InsO). Inkongruente Deckungen, die innerhalb des zweiten oder dritten Monats vor dem Eröffnungsantrag vorgenommen wurden, sind anfechtbar, wenn der Schuldner zur Zeit der Gewährung objektiv zahlungsunfähig war (Absatz 1 Nr. 2) – in diesem Fall werden die subjektiven Voraussetzungen auf Seiten des Anfechtungsgegners unwiderleglich vermutet – oder wenn der Anfechtungsgegner, ohne dass Zahlungsunfähigkeit vorliegt, zur Zeit der Handlung die Benachteiligung der anderen Insolvenzgläubiger oder Umstände kannte, die zwingend auf die Benachteiligung schließen lassen (Absatz 1 Nr. 3, Absatz 2 Satz 1). 413

§ 131 Abs. 2 Satz 3 InsO betrifft allein Absatz 2 Satz 1 i. V. m. Absatz 1 Nr. 3 und kehrt die Beweislast zu Lasten von Personen um, die bei Vornahme der Rechtshandlung dem Schuldner nahestanden. 414

b) Begriff der Inkongruenz

Die Beurteilung der Inkongruenz richtet sich nach dem Inhalt des zwischen dem Schuldner und dem Gläubiger bestehenden Schuldverhältnisses. Danach ist eine Deckung – Befriedigung oder Sicherung – inkongruent, wenn der Gläubiger im Zeitpunkt der Leistung keinen Anspruch darauf hatte, das Erlangte zu dieser Zeit und in dieser Form zu erhalten. Eine Deckung, die von dem vereinbarten Schuldverhältnis abweicht, ist inkongruent. Gerade das 415

Recht des Gläubigers, die Leistung einzufordern, unterscheidet kongruente von inkongruenten Rechtshandlungen.

> BGH, Urt. v. 17.6.1999 – IX ZR 62/98, ZIP 1999, 1271, 1272 = NJW 1999, 3780, 3781, dazu *Eckardt*, EWiR 1999, 801;
>
> BGH, Urt. v. 9.6.2005 – IX ZR 152/03, ZIP 2005, 1243, 1244 = WM 2005, 1474 = NZI 2005, 497 = ZInsO 2005, 766, dazu *Paulus*, EWiR 2005, 829.

416 In der Rechtsprechung ist seit jeher anerkannt, dass Befriedigungen, die nicht in der Art erbracht werden, in der sie geschuldet sind, eine inkongruente Deckung gewähren. Für § 131 Abs. 1 InsO gilt dieser Grundsatz, wie schon unmittelbar dem Wortlaut der Bestimmung entnommen werden kann, gleichermaßen. Die Insolvenzgläubiger benachteiligende nicht geschuldete Direktzahlungen, die ein Dritter auf Anweisung des Schuldners erbringt, sind dem Empfänger gegenüber als inkongruente Deckung anfechtbar. Im Streitfall wurden die Zahlungen der Schuldnerin an die Beklagte durch ihren Geschäftsführer erbracht. Mithin liegt das Erfordernis der Inkongruenz vor.

> BGH, Urt. v. 9.11.2017 – IX ZR 319/16, ZIP 2018, 335 = WM 2018, 343 Rn. 9.

417 Kongruenz liegt vor, wenn der Gläubiger erhalten hat, was er zu beanspruchen hatte. Stets bedarf es einer genauen Prüfung, wozu der Schuldner verpflichtet ist. Der Begriff der kongruenten Deckung erfordert im Interesse der Gläubiger eine enge Auslegung.

> BGH, Urt. v. 15.11.1960 – V ZR 35/59, BGHZ 33, 389, 393 = WM 1961, 28;
>
> BGH, Urt. v. 3.4.1968 – VIII ZR 23/66, WM 1968, 683.

418 Die Kongruenz der Deckungshandlung kann durch eine nachträgliche Änderung des Schuldverhältnisses hergestellt werden. Sie ist aber nur beachtlich, wenn sie außerhalb der Fristen des § 131 InsO und damit anfechtungsfest vereinbart wurde.

> BGH, Urt. v. 2.2.2006 – IX ZR 67/02, BGHZ 166, 125 = ZIP 2006, 578 = WM 2006, 621 = NJW 2006, 1800 = NZI 2006, 755 = ZInsO 2006, 322.

419 Vereinbart der Darlehensschuldner in einem Änderungsvertrag zu dem bestehenden Darlehensvertrag eine vorzeitige Fälligstellung des Darlehens, so stellt der Abänderungsvertrag keine wirksame Kongruenzvereinbarung für die spätere Zahlung dar, wenn der Darlehensnehmer zum Zeitpunkt ihrer Vereinbarung bereits zahlungsunfähig und deshalb die Abänderungsvereinbarung selbst gemäß § 131 Abs. 1 Nr. 2 InsO anfechtbar war.

> BGH, Urt. v. 7.5.2013 – IX ZR 113/10, ZIP 2013, 2323 = WM 2013, 1361 = ZInsO 2013, 1419 Rn. 13.

c) Inkongruente Befriedigung

aa) Nicht zu beanspruchende Befriedigung

Unter die Kategorie der nicht zu beanspruchenden Befriedigung fällt die Erfüllung von unvollkommenen, nicht einklagbaren Verbindlichkeiten aus Spiel, Wette oder Differenzgeschäft (§§ 762–764 BGB), von Verbindlichkeiten, denen eine dauernde Einrede (z. B. Verjährung) entgegensteht oder von formungültigen Verträgen, mögen diese – wie nach §§ 311b Abs. 1 Satz 2, 766 Satz 3 BGB n. F. – dadurch auch wirksam werden. 420

> Kreft-*Kreft*, InsO, 8. Aufl., § 131 Rn. 8;
> MünchKomm-InsO/*Freudenberg*, § 131 Rn. 14.

Eine bargeldlose Überweisung des Gemeinschuldners ist inkongruent, wenn der Gläubiger zu dem Zeitpunkt, in dem sein Anspruch gegen das Kreditinstitut auf Gutschrift des Geldeinganges entsteht, keine durchsetzbare Forderung gegen den Gemeinschuldner hat. 421

> BGH, Urt. v. 20.6.2002 – IX ZR 177/99, ZIP 2002, 1408 = WM 2002, 1690 = NZI 2002, 486 = ZInsO 2002, 721.

Vergleichen sich ein Bauunternehmer, der ein nachbesserungsbedürftiges Werk abgeliefert hat, und der Auftraggeber über die Höhe des geschuldeten Werklohns in der Weise, dass dieser unter Verzicht auf eine Nachbesserung ermäßigt wird, kann anfechtungsrechtlich in dem Verzicht auf die weitergehende Forderung ein inkongruentes Deckungsgeschäft liegen. 422

> BGH, Urt. v. 13.5.2004 – IX ZR 128/01, ZIP 2004, 1370 = WM 2004, 1583 = ZInsO 2004, 803,
> dazu *Bork*, EWiR 2004, 1205;
>
> zur Anfechtung eines Vergleichs auch *Gerhardt*, KTS 2004, 195
> sowie *Huber*, ZInsO 2008, 929.

Gewährt ein Vergleichsvertrag einen Anspruch auf die erhaltene Zahlung, kann die in dem Vergleich von dem Schuldner eingegangene Zahlungsverpflichtung jedoch ihrerseits inkongruent sein. Dies ist anzunehmen, wenn der Gläubiger aus einem ungekündigten Darlehen noch keine Zahlung verlangen konnte. Dieser Umstand kann dazu führen, dass auch die Zahlung aufgrund des Vergleichs inkongruent ist. Denn eine Vergleichsvereinbarung entfällt als kongruenzbegründender Schuldgrund für die geleistete Zahlung, wenn sie ihrerseits anfechtbar ist. 423

> BGH, Urt. v. 8.12.2011 – IX ZR 156/09, ZIP 2012, 137 Rn. 10 = ZVI 2012, 110 = WM 2012, 146 = NZI 2012, 142 = ZInsO 2012, 171, dazu *Freudenberg/Wolf*, EWiR 2012, 147.

Eine erst nach der angefochtenen Rechtshandlung ausgesprochene materiellrechtliche Anfechtung des Vertrags berührt nicht das im Zeitpunkt der Rechtshandlung rechtlich und tatsächlich bestehende Recht des Gläubigers, die entsprechende Leistung zu fordern. Die von § 142 Abs. 1 BGB angeordnete Rückwirkung genügt hierfür im Allgemeinen nicht. Solange das anfechtbare 424

Rechtsgeschäft nicht angefochten wird, ist es gültig. Hierfür spricht auch der vergleichbare Fall einer Leistung des Schuldners auf einen zum Zeitpunkt der Rechtshandlung auflösend bedingten Anspruch. Dieser ist – solange die Bedingung nicht eingetreten ist – voll wirksam (§ 158 Abs. 2 BGB). Die Leistung auf einen auflösend bedingten Anspruch ist daher kongruent.

BGH, Urt. v. 6.12.2018 – IX ZR 143/17, BGHZ 220, 280 = ZIP 2019, 679 Rn. 19, dazu EWiR *Lau/Forster*, EWiR 2019, 307.

425 Eine im Zeitpunkt der Rechtshandlung bestehende materiell-rechtliche Anfechtbarkeit eines Vertrags begründet die Inkongruenz der Leistung nur dann, wenn dem Schuldner ein materiell-rechtliches Anfechtungsrecht zustand; es genügt nicht, wenn nur der Insolvenzgläubiger anfechten kann. Leistet der Schuldner in Kenntnis der für ihn bestehenden Anfechtbarkeit des Rechtsgeschäfts, ist eine darin liegende Bestätigung des Rechtsgeschäfts gemäß § 144 Abs. 1 BGB als eine inkongruente, ermöglichende Rechtshandlung anfechtbar, weil dem Insolvenzgläubiger regelmäßig kein Anspruch auf eine Bestätigung des Rechtsgeschäfts zusteht.

BGH, Urt. v. 6.12.2018 – IX ZR 143/17, BGHZ 220, 280 = ZIP 2019, 679 Rn. 21,
dazu EWiR *Lau/Forster*, EWiR 2019, 307.

426 Verlangt dagen der Insolvenzgläubiger Erfüllung, hat der Schuldner keine Möglichkeit, diesen Anspruch abzuwehren. Vielmehr räumt das Gesetz allein dem Anfechtungsberechtigten die freie Wahl ein, ob er die Anfechtung gemäß § 143 Abs. 1 BGB erklärt, das Rechtsgeschäft gemäß § 144 Abs. 1 BGB bestätigt oder die bestehenden Anfechtungsfristen (§§ 121, 124 BGB) verstreichen lässt. Der Gegner hat hierauf keinen Einfluss. Damit ist eine Leistung des Schuldners auf einen nur für den Insolvenzgläubiger anfechtbaren, aber zum Zeitpunkt der Leistung nicht angefochtenen Vertrag kongruent, weil der Gläubiger sie zu diesem Zeitpunkt auch im Prozessweg durchsetzen konnte. Der Gläubiger erhält damit eine Leistung in der Art, wie er sie beanspruchen konnte.

BGH, Urt. v. 6.12.2018 – IX ZR 143/17, BGHZ 220, 280 = ZIP 2019, 679 Rn. 22,
dazu EWiR *Lau/Forster*, EWiR 2019, 307.

bb) Nicht der Art nach zu beanspruchende Befriedigung

427 Nicht in der Art zu beanspruchen hat der Gläubiger eine Befriedigung, die nach dem Inhalt des Schuldverhältnisses von der tatsächlich geschuldeten Leistung abweicht.

BGH, Urt. v. 21.12.1960 – VIII ZR 204/59, BGHZ 34, 254 = WM 1961, 174 = NJW 1961, 456;

BGH, Urt. v. 9.1.2003 – IX ZR 85/02, ZIP 2003, 356 = WM 2003, 398 = NZI 2003, 197 = ZInsO 2003, 178,
dazu *Pape*, EWiR 2003, 281.

Das trifft zu, wenn dem Gläubiger anstelle dessen, was er zu fordern hat – z. B. Geld –, etwas anderes an Erfüllung statt oder erfüllungshalber gegeben wird – z. B. Waren –. Auf die Abtretung einer Forderung erfüllungshalber hat der Gläubiger regelmäßig keinen Anspruch. 428

BGH, Urt. v. 26.5.1971 – VIII ZR 61/70, WM 1971, 908;

BGH, Urt. v. 19.12.2013 – IX ZR 127/11, ZIP 2014, 231 = WM 2014, 226 = ZInsO 2014, 195 Rn. 11 ff, 18, dazu *Habereder*, EWiR 2014, 219.

Erweist sich die Abtretung einer Forderung als anfechtbar, ist die aus der abgetretenen Forderung erzielte Zahlung inkongruent. 429

BGH, Urt. v. 19.12.2013 – IX ZR 127/11, ZIP 2014, 231 = WM 2014, 226 = ZInsO 2014, 195 Rn. 19.

Ebenso ist die Gewährung einer Sicherung durch Pfandrecht, Sicherungsübereignung u. Ä. anstelle der zu erbringenden Leistung inkongruent, wenn nicht außerhalb der kritischen Zeit ein unanfechtbarer Anspruch auf ihre Bestellung begründet war. 430

BGH, Urt. v. 21.12.1960 – VIII ZR 204/57, BGHZ 34, 254, 258 f = WM 1961, 174;

BGH, Urt. v. 30.9.1993 – IX ZR 227/92, BGHZ 123, 320, 324 f = ZIP 1993, 1653 = WM 1993, 2099 = NJW 1993, 3267, dazu *Henckel*, EWiR 1994, 373.

Stellt der Schuldner, statt einen fälligen und eingeforderten Anspruch zu erfüllen, von sich aus im Wege der Abtretung eine Sicherheit mit der Absicht zur Verfügung, dass der Gläubiger sich daraus befriedigt, so gewährt er damit eine inkongruente Deckung. 431

BGH, Urt. v. 8.10.1998 – IX ZR 337/97, ZIP 1998, 2008, 2011 = WM 1998, 2345 = NZI 1999, 118 = ZInsO 1998, 395, dazu *Gerhardt*, EWiR 1998, 1131.

Überweisungen vom eigenen Konto des Schuldners sind kongruent. Gleiches gilt bei einer Zahlung durch Einziehungsermächtigung oder im Abbuchungsverfahren. Ebenso ist wegen Verkehrsüblichkeit die Zahlung einer Schuld durch einen eigenen Scheck kongruent. 432

BGH, Urt. v. 2.2.2006 – IX ZR 67/02, BGHZ 166, 125, 139 Rn. 46 = ZIP 2006, 578 = WM 2006, 621 = NJW 2006, 1800 = NZI 2006, 287 = ZInsO 2006, 322.

Die Lastschrift im Einzugsermächtigungsverfahren hat der BGH wiederholt als verkehrsübliche Zahlungsweise beurteilt, die auch dann zu keiner inkongruenten Befriedigung führt, wenn der Schuldner vertraglich nicht zur Ermächtigung des Gläubigers verpflichtet war. Auch das Abbuchungsauftragsverfahren ist in unternehmerischen Geschäftsbeziehungen verkehrsüblich; denn sonst wäre es nicht im Lastschriftabkommen der Banken behandelt, seit dem 1.11.2009 in § 675x BGB erfasst und im SEPA-Firmenlastschriftver- 433 fahren weiterentwickelt worden. Beide Arten des Lastschriftverfahrens bewirken, dass der Anstoß zur Zahlung nicht mehr vom Schuldner ausgeht, sondern der Gläubiger sie zu veranlassen hat. Einzugsermächtigungs- und Abbuchungsauftragsverfahren unterscheiden sich in dem Zeitpunkt, in dem die Schuld des Zahlenden gegenüber dem Gläubiger erfüllt wird. Denn die Erfüllung im Valutaverhältnis tritt bei Ausübung einer Einzugsermächtigung erst dann ein, wenn der Schuldner dem Gläubiger durch den Widerspruch bei seiner Bank die Leistung nicht mehr entziehen kann. Der Genehmigung des Schuldners gegenüber seiner Bank bedarf es nicht, wenn er ihr einen Abbuchungsauftrag zugunsten eines Gläubigers erteilt hat. Denn hierin liegt zugleich die Vorabautorisierung des Zahlungseinzugs durch den Gläubiger. Die Erfüllung des Anspruchs im Valutaverhältnis tritt demnach bei dieser Form der Lastschrift früher ein. Wird dies übersehen, kann es vorkommen, dass der Gläubiger durch die Lastschrift im Abbuchungsverfahren Erfüllung seines Anspruchs vor Fälligkeit erhält. Das würde zur Inkongruenz der Deckung führen. War die Forderung jedoch zum Zeitpunkt ihres Einzugs fällig, ändert der Gebrauch des Abbuchungsauftragsverfahrens durch den dazu nicht verpflichteten Schuldner an der Kongruenz seiner Leistung ebenso wenig wie die Erteilung einer Einziehungsermächtigung.

> BGH, Urt. v. 13.12.2012 – IX ZR 1/12, ZIP 2013, 324 = WM 2013, 213 = NZI 2013, 301 = ZInsO 2013, 245 Rn. 12, dazu *Beutler/Werner*, EWiR 2013, 215.

434 Im Abbuchungsverfahren wird die Belastung des Schuldnerkontos wirksam, wenn die Lastschrift von der Schuldnerbank eingelöst wird. Denn damit ist der Auftrag ausgeführt und es endet die Befugnis des Schuldners, den Abbuchungsauftrag zu widerrufen. Eingelöst ist die Lastschrift mit der Belastung des Schuldnerkontos, sofern diese den Einlösungswillen der Schuldnerbank zum Ausdruck bringt. Dies ist anzunehmen, wenn die Bank die Voraussetzungen der Abbuchung geprüft hat, bevor sie die Buchung vornimmt (Vordisposition). Anderes kann gelten, wenn die Prüfung erst nach der (automatisierten) Belastungsbuchung erfolgt (Nachdisposition). Nach Nr. 9 Abs. 2 AGB-Banken a. F. gelten Abbuchungsauftragslastschriften als eingelöst, wenn die Belastungsbuchung nicht spätestens am zweiten Bankarbeitstag nach ihrer Vornahme rückgängig gemacht wird. Sind diese Geschäftsbedingungen vereinbart, tritt somit die Wirkung der Einlösung mit Ablauf der Zweitagesfrist ein, sofern die Bank nicht ausnahmsweise einen von den Allgemeinen Geschäftsbedingungen abweichenden individuellen Einlösungsvorbehalt erklärt.

> BGH, Urt. v. 17.1.2013 – IX ZR 184/10, ZIP 2013, 322 = WM 2013, 315 = NZI 2013, 182 = ZInsO 2013, 335 Rn. 8, dazu *Mordhorst*, EWiR 2013, 357.

435 Eine Zahlung im Wege der SEPA-Lastschrift ist erst mit ihrer vorbehaltlosen Einlösung durch die Schuldnerbank insolvenzanfechtungsrechtlich vorgenommen worden. Dies ist der **zweite Bankarbeitstag nach der Belastungsbuchung.**

BGH, Urt. v. 13.10.2022 – IX ZR 70/21, ZIP 2022, 2445 = NZI 2022, 992 = WM 2022, 2279 Rn. 9 ff.

Der Gläubiger erlangt mit der vorbehaltlosen Gutschrift die erforderliche uneingeschränkte Verfügungsbefugnis über den Zahlbetrag. Dass er infolge der Möglichkeit des Zahlungsschuldners, einen Erstattungsanspruch nach § 675x Abs. 2 BGB geltend zu machen, erst acht Wochen nach der Belastungsbuchung (vgl. § 675x Abs. 4 BGB) eine endgültig gesicherte Rechtsposition erlangt, hindert den Eintritt der **Erfüllungswirkung** nicht. **436**

BGH, Urt. v. 13.10.2022 – IX ZR 70/21, ZIP 2022, 2445 = NZI 2022, 992 = WM 2022, 2279 Rn. 11.

Insolvenzanfechtungsrechtlich kommt es allerdings nicht auf die Erfüllung der Forderung im Valutaverhältnis an, sondern darauf, wann der Schuldner endgültig verfügt und wann der Zahlungsempfänger eine gesicherte Rechtsposition erlangt hat. **437**

BGH, Urt. v. 13.10.2022 – IX ZR 70/21, ZIP 2022, 2445 = NZI 2022, 992 = WM 2022, 2279 Rn. 12.

Die Belastung des Schuldnerkontos wird erst dann wirksam, wenn die Lastschrift von der Schuldnerbank eingelöst wird. Unter welchen Voraussetzungen ein Zahlungsdienstleister eine Lastschrift als eingelöst ansieht, kann im Zahlungsdiensterahmenvertrag gesondert geregelt werden. Nach Nr. 9 Abs. 2 der Allgemeinen Geschäftsbedingungen der Bank der Schuldnerin galt eine Lastschrift als eingelöst, wenn die Belastungsbuchung nicht spätestens am zweiten Bankarbeitstag nach ihrer Vornahme rückgängig gemacht wurde. **438**

BGH, Urt. v. 13.10.2022 – IX ZR 70/21, ZIP 2022, 2445 = NZI 2022, 992 = WM 2022, 2279 Rn. 15.

Das Recht des Zahlers (des Schuldners), gemäß § 675x Abs. 1, Abs. 2, Abs. 4 BGB binnen acht Wochen ab Belastungsbuchung von seiner Bank Erstattung des Zahlbetrages verlangen zu können, hat keinen Einfluss auf den Aufwendungsersatzanspruch der Zahlstelle und damit auf den Bestand der Belastungsbuchung. **439**

BGH, Urt. v. 13.10.2022 – IX ZR 70/21, ZIP 2022, 2445 = NZI 2022, 992 = WM 2022, 2279 Rn. 16.

Das Einlösen einer Lastschrift ist eine Rechtshandlung. Sie setzt den Einlösungswillen der Schuldnerbank voraus. Unter welchen Voraussetzungen die Bank eine Lastschrift als eingelöst betrachtet, ergibt sich aus den Bestimmungen des jeweiligen Zahlungsdiensterahmenvertrags. Hier haben die Parteien des Zahlungsdiensterahmenvertrags durch die Einbeziehung der Allgemeinen Geschäftsbedingungen der Schuldnerbank vereinbart, dass eine Lastschrift eingelöst ist, wenn die Belastungsbuchung nicht spätestens am zweiten Bankarbeitstag nach ihrer Vornahme rückgängig gemacht wird. Auf mehr kommt es nicht an. **440**

BGH, Urt. v. 13.10.2022 – IX ZR 70/21, ZIP 2022, 2445 = NZI 2022, 992 = WM 2022, 2279 Rn. 21.

441 Die Weitergabe eines Kundenwechsels oder eines Kundenschecks durch den Gemeinschuldner zur Bezahlung einer Forderung eines Gläubigers wird im Allgemeinen als inkongruente Deckung angesehen werden müssen, weil der Gläubiger anstelle der Barzahlung hier eine Forderung des Gemeinschuldners gegen einen Dritten übertragen erhält.

BGH, Urt. v. 30.9.1993 – IX ZR 227/92, BGHZ 123, 320 = ZIP 1993, 1653 = WM 1993, 2099 = NJW 1993, 3267, dazu *Henckel*, EWiR 1994, 373;

BGH, Urt. v. 14.5.2009 – IX ZR 63/08, ZIP 2009, 1235, 1236 Rn. 11 = WM 2009, 1202, dazu *Ch. Keller*, EWiR 2009, 579.

442 Reicht der Schuldner bei seiner Bank zwecks Darlehensrückführung ihm von einem Dritten zur Erfüllung einer Forderung überlassene Kundenschecks ein, erlangt die Bank eine inkongruente Deckung, wenn ihr die den Schecks zugrunde liegenden Kausalforderungen nicht abgetreten waren. Denn nach Nr. 15 Abs. 2 Banken-AGB bzw. Nr. 25 Abs. 2 AGB-Sparkassen ist mit den eingereichten Schecks zugleich die Kausalforderung abzutreten.

BGH, Urt. v. 14.5.2009 – IX ZR 63/08, ZIP 2009, 1235, 1236 Rn. 11 = WM 2009, 1202.

443 Die Eingehung einer Wechselschuld anstelle einer Zahlung ist im Allgemeinen inkongruent. Anders liegt es bei einer (insolvenzfesten) sog. Kongruenzvereinbarung außerhalb der Fristen des § 131 InsO; dann ist die Eingehung der Wechselschuld kongruent.

BGH, Urt. v. 2.2.2006 – IX ZR 67/02, BGHZ 166, 125 = ZIP 2006, 578 = WM 2006, 621 = NJW 2006, 1800 = NZI 2006, 287 = ZInsO 2006, 322;

BGH, Urt. v. 10.1.2008 – IX ZR 33/07, ZIP 2008, 467, 469 Rn. 18 = WM 2008, 413 = NZI 2008, 233 = ZInsO 2008, 271, dazu *Erdmann/Henkel*, EWiR 2008, 663.

444 Eine inkongruente Deckung gewährt auch der Schuldner, der anstelle der Erfüllung eines fälligen und eingeforderten Anspruchs von sich aus im Wege der Abtretung eine Sicherheit mit der Absicht zur Verfügung stellt, dass der Gläubiger sich daraus befriedige. Das Gleiche trifft zu im Fall einer an einen Dritten gerichteten, durch Ausführung der Zahlung angenommenen Anweisung, wenn der Antragsgegner keinen Anspruch auf diese Art der Erfüllung hatte.

BGH, Urt. v. 8.10.1998 – IX ZR 337/97, ZIP 1998, 2008 = WM 1998, 2345 = NZI 1998, 118 = ZInsO 1998, 395, dazu *Gerhardt*, EWiR 1998, 1131;

BGH, Urt. v. 18.11.2004 – IX ZR 299/00, ZIP 2005, 769 = WM 2005, 804 = NZI 2005, 329 = ZInsO 2005, 439, dazu *Beutler/Vogel*, EWiR 2005, 763.

In der Mittelbarkeit einer Zahlung durch Einschaltung eines Dritten liegt eine Inkongruenz, die ein wesentliches Beweisanzeichen für den Benachteiligungsvorsatz bildet. 445

> BGH, Urt. v. 29.11.2007 – IX ZR 121/06, BGHZ 174, 314, 321 f Rn. 33 = ZIP 2008, 190 = ZVI 2008, 264 = WM 2008, 223 = NJW 2008, 1067 = ZInsO 2008, 814, dazu *Göb*, EWiR 2008, 539;
>
> BGH, Urt. v. 10.1.2013 – IX ZR 13/12, ZIP 2013, 174 = WM 2013, 180 = NJW 2013, 611 = NZI 2013, 133 = ZInsO 2013, 179 Rn. 23, dazu *Römermann*, EWiR 2013, 123.

Erfüllt ein Dritter in der kritischen Zeit die Verbindlichkeit des Schuldners, ohne dass eine insolvenzfeste Vereinbarung zwischen dem Gläubiger und dem Dritten bestand, ist die Befriedigung inkongruent. 446

> BGH, Urt. v. 21.4.2005 – IX ZR 24/04, ZIP 2005, 992 = WM 2005, 1033 = NZI 2005, 389 = ZInsO 2005, 648, dazu *Gerhardt*, EWiR 2005, 545;
>
> BGH, Urt. v. 10.5.2007 – IX ZR 146/05, ZIP 2007, 1162, 1163 Rn. 8 = WM 2007, 1181 = NZI 2007, 456 = ZInsO 2007, 662, dazu *M. Huber*, EWiR 2007, 471;
>
> BGH, Urt. v. 14.10.2010 – IX ZR 16/10, ZIP 2010, 2358 Rn. 8 = ZVI 2011, 28 = WM 2010, 2319 = NZI 2011, 189 = ZInsO 2010, 2295.

Die auf Anweisung des zahlungsunfähigen Zwischenmieters erfolgte Direktzahlung des Endmieters an den Vermieter gewährt diesem eine inkongruente Deckung. 447

> BGH, Urt. v. 20.1.2011 – IX ZR 58/10, ZIP 2011, 438 Rn. 17 = WM 2011, 371 = NZI 2011, 141 = ZInsO 2011, 421, dazu *Koza*, EWiR 2011, 287.

Subunternehmer und Lieferant haben aufgrund ihres Werk- oder Werklieferungsvertrages regelmäßig keinen Anspruch gegen den Auftragnehmer auf Zahlung des Werklohns oder des Kaufpreises durch den Auftraggeber. Befriedigungen, die nicht in der Art erbracht werden, in der sie geschuldet sind, gewähren eine inkongruente Deckung i. S. v. § 131 Abs. 1 InsO. 448

> BGH, Urt. v. 17.7.2014 – IX ZR 240/13, ZIP 2014, 1595 Rn. 17, dazu *Sorg*, EWiR 2014, 653.

Doch haben die Schuldnerin, die Beklagte und die beteiligten Bauherren in jeweils dreiseitigen Verträgen im Februar 2011 in Abänderung der ursprünglichen Verträge vereinbart, dass für die von der Beklagten geschuldeten Baustofflieferungen die Bauherren Direktzahlungen in Höhe des jeweiligen Kaufpreises an die Beklagte vornehmen und die Fenster und Türen dann ausgeliefert werden sollten. Nach dieser Vereinbarung waren die Direktzahlungen der Bauherren, weil sie von der Schuldnerin in dieser Weise geschuldet waren, kongruent. Vertragsparteien können den Inhalt ihrer Vereinbarungen noch 449 abändern, ohne den Charakter der Bardeckung zu gefährden, wenn sie die Abänderungsvereinbarung treffen, bevor die erste Leistung eines Vertragsteils erbracht worden ist. In einem solchen Fall ist nach Sinn und Zweck der §§ 132, 142 InsO eine abändernde Kongruenzvereinbarung, durch die ein Bargeschäft erst ermöglicht wird, der Deckungsanfechtung entzogen.

BGH, Urt. v. 17.7.2014 – IX ZR 240/13, ZIP 2014, 1595 Rn. 18, 21, dazu *Sorg*, EWiR 2014, 653;

BGH, Urt. v. 20.11.2014 – IX ZR 13/14, ZIP 2015, 42 Rn. 24 = WM 2015, 53 = ZInsO 2014, 2568 = NZI 2015, 183.

450 Eine Kongruenzvereinbarung kann bis zu dem **Zeitpunkt** getroffen werden, zu dem einer der Vertragspartner nicht nur eine erste Leistungshandlung vorgenommen, sondern einen ersten Leistungserfolg herbeigeführt hat. Eine Kongruenzvereinbarung kann noch geschlossen werden, wenn im Rahmen eines Werklieferungsvertrages (§ 651 BGB) bestellte Türen und Fenster zwar bereits gefertigt, jedoch noch nicht ausgeliefert worden waren. Ebenso hat der Senat bei einem Werkvertrag (§ 631 Abs. 1 BGB) eine Kongruenzvereinbarung als rechtzeitig erachtet, sofern Trennwände gefertigt, aber noch nicht ausgeliefert und eingebaut worden waren. In Einklang mit diesem Verständnis kann bei einer nach Baufortschritt bemessenen Entlohnung eines Bauunternehmers ein Bargeschäft gegeben sein, weil die abschnittsweise gewährte Vergütung an erbrachte Werkleistungen anknüpft.

BGH, Urt. v. 17.12.2015 – IX ZR 287/14, ZIP 2016, 279 Rn. 23 = WM 2016, 282,
dazu *Bork*, EWiR 2016, 113.

451 Bei einem gegenseitigen Vertrag ist ein Leistungserfolg stets eingetreten, soweit ein Vertragspartner die von ihm geschuldete geldwerte Vergütung entrichtet hat. Fehlt es daran, kommt es darauf an, ob der Vertragsgegner einen ersten Leistungserfolg bewerkstelligt hat. Handelt es sich um einen Kaufvertrag, wird ein solcher, der Beachtlichkeit einer Kongruenzvereinbarung entgegenstehender Leistungserfolg durch den Verkäufer mit der Übergabe der Kaufsache verwirklicht (§ 433 Abs. 1 Satz 1 BGB). Unter Anknüpfung an den ersten Leistungserfolg kann bei einem Mietvertrag eine bargeschäftliche Kongruenzvereinbarung nicht mehr geschlossen werden, sobald der Vermieter die Mietsache bezüglich des maßgeblichen Zeitabschnitts zum Gebrauch überlassen hat (§ 535 Abs. 1 Satz 1 BGB). Im Rahmen eines Dienstvertrages (§ 611 Abs. 1 BGB) scheidet eine Kongruenzvereinbarung ab Aufnahme der Tätigkeit durch den Dienstverpflichteten aus. Bei Abwicklung eines Werkvertrages (§ 631 BGB) ist für eine Kongruenzvereinbarung kein Raum, sobald der Unternehmer eine erste Werkleistung geschaffen hat. Werden im Rahmen eines Werkvertrages Baumaterialien von dem Auftragnehmer lediglich an die Baustelle gebracht, aber nicht eingebaut, fehlt es an einem ersten Leistungserfolg.

BGH, Urt. v. 17.12.2015 – IX ZR 287/14, ZIP 2016, 279 Rn. 24 ff = WM 2016, 282,
dazu *Bork*, EWiR 2016, 113.

Begnügt sich der Gläubiger mit einer Drittzahlung aufgrund einer vorweggenommenen Zahlungsanweisung an den Auftraggeber, ohne dass für ihn ein eigenes Forderungsrecht gegen den Dritten geschaffen wird, bedarf es lediglich des Abschlusses einer Kongruenzvereinbarung zwischen ihm und dem Schuldner. 452

BGH, Urt. v. 17.12.2015 – IX ZR 287/14, ZIP 2016, 279 Rn. 30 = WM 2016, 282,
dazu *Bork*, EWiR 2016, 113.

Anders verhält es sich, wenn der Gläubiger weitergehend verlangt, dass durch die Kongruenzvereinbarung in seiner Person ein selbständiges Forderungsrecht gegen den Dritten erzeugt wird. Einem von dem Auftragnehmer beauftragten Subunternehmer steht – auch im Anwendungsbereich des § 16 Abs. 6 VOB/B – kein Direktanspruch auf Zahlung durch den Auftraggeber zu. Soll zugunsten des Subunternehmers ein eigener Zahlungsanspruch gegen die Bauherrin begründet werden, bedarf es deren Mitwirkung, um eine selbständige Verpflichtung zugunsten des Subunternehmers zu schaffen. 453

BGH, Urt. v. 17.12.2015 – IX ZR 287/14, ZIP 2016, 279 Rn. 31 = WM 2016, 282,
dazu *Bork*, EWiR 2016, 113

Vereinbart der Schuldner mit einem Dritten, dieser solle die geschuldete Zahlung an den Sozialversicherungsträger des Schuldners zur Tilgung einer fälligen Beitragsforderung vornehmen, bewirkt die Zahlung in der Regel eine inkongruente Deckung. 454

BGH, Urt. v. 9.1.2003 – IX ZR 85/02, ZIP 2003, 356 = WM 2003, 398 = NZI 2003, 197 = ZInsO 2003, 178,
dazu *Pape*, EWiR 2003, 281.

Tritt der Schuldner eine ihm gegen einen Dritten zustehende Forderung an den Gläubiger ab, erhält dieser im Fall der Zahlung des Dritten eine inkongruente Deckung. Die Abtretung ist als kongruenzbegründender Schuldgrund ungeeignet, wenn sie entweder wegen einer Vorabtretung ins Leere ging oder als nachträglich bestellte Sicherung ebenfalls inkongruent ist. 455

BGH, Urt. v. 20.9.2011 – IX ZR 74/09, WM 2011, 2293 = NZI 2011, 855 = ZInsO 2011, 1979 Rn. 11.

In diesen Fällen richtet sich die Anfechtung ausschließlich gegen den Leistungsempfänger und nicht den Angewiesenen. Schon der Wortlaut des § 131 InsO legt nahe, dass sich die Rechtsfolgen einer inkongruenten Deckung nur gegen denjenigen richten, der eine Leistung des Schuldners erhält. Dies trifft auf den erfüllenden Drittschuldner nicht zu; denn er ist kein Insolvenzgläubiger, sondern Schuldner des späteren Insolvenzschuldners. Auch der Gesetzgeber der Konkursordnung sah die Erfüllung einer Forderung nicht als inkongruent an. Sie sollte – von der Vorsatzanfechtung abgesehen – nicht anfechtbar sein. Dem entspricht auch der Sinn und Zweck der Anfechtung wegen Inkongruenz. § 131 InsO sieht einen Insolvenzgläubiger – Anfechtungs- 456 gegner – als weniger schutzwürdig an, wenn er eine Leistung erhält, die er so nicht zu beanspruchen hatte.

BGH, Urt. v. 29.11.2007 – IX ZR 121/06, BGHZ 174, 314, 322 f Rn. 36 = ZIP 2008, 190 = WM 2008, 223 = ZInsO 2008, 814, dazu *Göb*, EWiR 2008, 539.

457 Ebenso ist die Leistung des Schuldners auf fremde Schuld an einen Dritten, der nicht zu seinen Gläubigern gehört, gegenüber dem Dritten nicht nach § 131 InsO anfechtbar. Denn die Vorschrift ermöglicht nur die Anfechtung gegenüber einem Insolvenzgläubiger.

BGH, Urt. v. 5.2.2004 – IX ZR 473/00, ZIP 2004, 917 = WM 2004, 932 = NZI 2004, 374 = ZInsO 2004, 499, dazu *Höpfner*, EWiR 2004, 771, und *Henckel*, ZIP 2004, 1671;

BGH, Urt. v. 3.3.2005 – IX ZR 441/00, BGHZ 162, 276, 279 = ZIP 2005, 767 = WM 2005, 853 = ZInsO 2005, 431, dazu *Haas/Panier*, EWiR 2005, 737.

458 Als kongruent ist eine verkehrsübliche Zahlungsweise durch Scheck des Schuldners oder Überweisung zu beurteilen.

BGH, Urt. v. 9.1.2003 – IX ZR 85/02, ZIP 2003, 356 = WM 2003, 398 = NZI 2003, 197 = ZInsO 2003, 178, dazu *Pape*, EWiR 2003, 281;

BGH, Urt. v. 2.2.2006 – IX ZR 67/02, BGHZ 166, 125 = ZIP 2006, 578 = WM 2006, 621 = NZI 2006, 755 = ZInsO 2006, 322.

459 Wird eine verkehrsübliche Zahlungsweise durch eine andere ersetzt, ist auch diese andere kongruent.

BGH, Urt. v. 2.2.2006 – IX ZR 67/02, BGHZ 166, 125 = ZIP 2006, 578 = WM 2006, 621 = NZI 2006, 755 = ZInsO 2006, 322.

460 Auch dann ist keine inkongruente Deckung gegeben, wenn der Schuldner von vornherein vertraglich die Möglichkeit hat, sich durch eine andere Leistung als die geschuldete von seiner Schuld zu befreien, wenn ihm also eine echte „facultas alternativa“ zusteht. So liegt es beispielsweise, wenn eine Bank dem Girokunden gegenüber ausdrücklich verpflichtet ist, dessen Kundenwechsel zur Abdeckung seines Kontos hereinzunehmen.

BGH, Urt. v. 21.12.1977 – VIII ZR 255/76, BGHZ 70, 177 = WM 1978, 133 = NJW 1978, 758.

461 In der Rechtsprechung ist anerkannt, dass Direktzahlungen des Auftraggebers gemäß § 16 Abs. 6 VOB/B (§ 16 Nr. 6 VOB/B a. F.) an einen Nachunternehmer diesem eine inkongruente Deckung gewähren. Denn der Nachunternehmer hat keinen Anspruch darauf, seine Forderung gegen den Auftragnehmer in dieser Art – aufgrund einer vorweggenommenen Zahlungsanweisung an den Auftraggeber – durch diesen als Dritten erfüllt zu erhalten. Darin liegt eine nicht unerhebliche Abweichung vom normalen Zahlungsweg des Auftragnehmers an den Nachunternehmer. Derartige Direktzahlungen sind zudem deswegen besonders verdächtig, weil sie an einen Zahlungsverzug des Auftragnehmers und damit typischerweise an dessen Liquiditätsschwierigkeiten anknüpfen. Es handelt sich um eine nicht in der Art zu beanspruchende Befriedigung i. S. d. § 131 Abs. 1 InsO.

> BGH, (Nichtannahme-)Beschl. v. 6.6.2002 – IX ZR 425/99, ZInsO 2002, 766 = BauR 2002, 1408;
>
> BGH, Urt. v. 16.10.2008 – IX ZR 2/05, ZIP 2008, 2324, 2325 f Rn. 13 = WM 2008, 2377 = NZI 2009, 55 = ZInsO 2008, 1322, dazu *M. Huber*, EWiR 2009, 151;
>
> BGH, Urt. v. 20.1.2011 – IX ZR 58/10, ZIP 2011, 438 Rn. 17 = WM 2011, 371 = NZI 2011, 141 = ZInsO 2011, 421, dazu *Koza*, EWiR 2011, 287;
>
> BGH, Urt. v. 20.11.2014 – IX ZR 13/14, ZIP 2015, 42 Rn. 17 = WM 2015, 53 = ZInsO 2014, 2568 = NZI 2015, 183.

Ein Anspruch des Subunternehmers auf Zahlung durch die Hauptauftraggeber kann – auch wenn der kraft Vereinbarung deutschem Recht unterliegende Vertrag in Belgien erfüllt wurde – nicht aus Art. 1798 des belgischen Zivilgesetzbuchs abgeleitet werden. Diese Norm erweitert die vertraglichen Rechte des Subunternehmers gegen seinen Auftraggeber um das Recht, seinen Vergütungsanspruch bis zur Höhe des Betrags, den der Hauptauftraggeber seinem Auftragnehmer schuldet, unmittelbar gegen den Hauptauftraggeber geltend zu machen. Es handelt sich dabei um eine gesetzlich bestimmte, akzessorische Sicherheit zur Forderung des Subunternehmers gegen seinen Auftraggeber, die in ihrer Auswirkung einem Pfändungs- und Überweisungsbeschluss nach §§ 829, 835 ZPO vergleichbar ist. Dieser Direktanspruch hat seine Grundlage nicht im Hauptauftragsverhältnis. Er betrifft vielmehr die Rechte des Subunternehmers aus dem Subunternehmervertrag und besteht deshalb nur dann, wenn die durch den Direktanspruch geschützte Forderung – mithin der Subunternehmervertrag – dem Recht unterliegt, das den Direktanspruch vorsieht. 462

> BGH, Urt. v. 20.11.2014 – IX ZR 13/14, ZIP 2015, 42 Rn. 18 = WM 2015, 53 = ZInsO 2014, 2568 = NZI 2015, 183.

Wenn in einem Konzern in gesunden wirtschaftlichen Verhältnissen ein externes Cash-Management-System in einer Weise eingerichtet und über zehn Jahre ohne Beanstandungen durchgeführt worden ist, dass eine Konzerngesellschaft über die ganze Zeit die bei den Konzerngesellschaften eingehenden Gelder gesammelt und die an die Konzerngesellschaften gerichteten Rechnungen vereinbarungsgemäß auch dann beglichen hat, wenn die internen Verrechnungskonten der Konzerngesellschaften bei der die Zahlungen vornehmenden Gesellschaft im Soll standen, weicht die Überweisung eines von einer anderen Konzerngesellschaft geschuldeten Geldbetrags durch jene Gesellschaft nur geringfügig von der vereinbarten Zahlungsweise ab. 463

> BGH, Urt. v. 12.9.2019 – IX ZR 16/18, ZIP 2019, 1972 = WM 2019, 1886 Rn. 21 ff, dazu *J. Richter*, EWiR 2019, 691.

464 Das vom Konzern vor Jahren etablierte, jahrelang praktizierte und ohne Beanstandungen bis zur Stellung der Insolvenzanträge funktionierende Cash Pool-Verfahren führt dazu, in der weisungsgemäßen Drittzahlung an die Beklagte eine nur geringe Abweichung zwischen der Vereinbarung zwischen Schuldnerin und der Beklagten und der tatsächlich erfolgten Deckung zu sehen. Der Konzern hatte das Zahlungssystem schon lange vor der Krise eingerichtet. Die für Zahlungen zuständige Konzerngesellschaft handelte seit über zehn Jahren im Konzern als Poolführerin. Sie sammelte die Einnahmen der am Cash Pool beteiligten Gesellschaften auf ihren Konten und überwies im Gegenzug auf Anweisung der am Pool beteiligten Gesellschaften die an diese gerichteten Rechnungen, und zwar unabhängig davon, ob die internen Verrechnungskonten im Soll standen oder ein Guthaben aufwiesen. Zahlungsverzögerungen infolge dieses Zahlungssystems traten nicht auf. Danach trat die Konzerngesellschaft, auch wenn sie keine Zahlungsdienstleisterin im Sinne von war, ähnlich einer Konzernbank auf.

> BGH, Urt. v. 12.9.2019 – IX ZR 16/18, ZIP 2019, 1972 = WM 2019, 1886 Rn. 28,
> dazu *J. Richter*, EWiR 2019, 691.

465 Danach musste die Drittzahlung der Schuldnerin aufgrund der jahrelang geübten Praxis objektiv nicht in jedermann den Verdacht wachrufen, dass die am Cash Pool beteiligten Konzerngesellschaften sich in schlechter Vermögenslage befänden.

> BGH, Urt. v. 12.9.2019 – IX ZR 16/18, ZIP 2019, 1972 = WM 2019, 1886 Rn. 30,
> dazu *J. Richter*, EWiR 2019, 691

466 Eine Befriedigung im Wege der Aufrechnung hat ein Insolvenzgläubiger nicht zu beanspruchen, wenn er auf die Herstellung der Aufrechnungslage keinen Anspruch hatte. Dies trifft zu, wenn auf die Begründung seiner Forderung, die ihm eine Aufrechnung gegen eine Forderung des (Gemein-)Schuldners ermöglicht – etwa auf Abschluss eines Kaufvertrages mit dem Schuldner –, kein Anspruch bestand.

> BGH, Urt. v. 5.4.2001 – IX ZR 216/98, ZIP 2001, 885 = WM 2001, 1041 = NJW 2001, 1940 = NZI 2001, 357 = ZInsO 2001, 464,
> dazu *G. Wagner*, EWiR 2001, 883;
>
> BGH, Urt. v. 29.6.2004 – IX ZR 195/03, ZIP 2004, 1558 = ZVI 2004, 741 = WM 2004, 1693 = NJW 2004, 3118 = NZI 2004, 580 = ZInsO 2004, 852 – auch zur Frage, wann die Aufrechnungslage begründet wurde, wenn eine der gegenseitigen durch Rechtsgeschäft entstandenen Forderungen von einer Bedingung abhängt;
>
> BGH, Urt. v. 9.2.2006 – IX ZR 121/03, ZIP 2006, 818 = WM 2006, 816 = NZI 2006, 345;
>
> BGH, Urt. v. 11.2.2010 – IX ZR 104/07, ZIP 2010, 682 Rn. 27 = ZVI 2010, 302 = WM 2010, 711 = NZI 2010, 985,
> dazu *Siepmann/Knapp*, EWiR 2010, 497;

BGH, Urt. v. 13.12.2012 – IX ZR 1/12, ZIP 2013, 324 = WM 2013, 213 = NZI 2013, 301 = ZInsO 2013, 245 Rn. 11, dazu *Beutler/Werner*, EWiR 2013, 215.

Die Herstellung einer Aufrechnungslage ist inkongruent, soweit die Aufrechnungsbefugnis sich nicht aus dem zwischen dem Schuldner und dem Gläubiger zuerst entstandenen Rechtsverhältnis ergibt. Wird der Gläubiger, der vom Insolvenzschuldner eine Zahlung zu fordern hat, durch pflichtgemäßes Verhalten seinerseits Schuldner einer Gegenforderung des späteren Insolvenzschuldners, so ist die Aufrechnungslage dem Grunde nach kongruent hergestellt. Dies trifft z. B. zu, wenn die Aufrechnungslage durch eine entgeltliche Nutzung von Gegenständen entsteht, welche der Anfechtungsgegner schon vor der kritischen Zeit zu beanspruchen hatte. **467**

BGH, Urt. v. 11.2.2010 – IX ZR 104/07, ZIP 2010, 682 Rn. 27 = ZVI 2010, 302 = WM 2010, 711 = NZI 2010, 985.

Die Herstellung einer Aufrechnungslage ist nicht allein deshalb inkongruent, weil die **Aufrechnungsbefugnis in den letzten drei Monaten** vor dem Antrag auf Eröffnung des Insolvenzverfahrens begründet worden ist. Anders als im Falle der Einzelzwangsvollstreckung tritt die Befugnis des Gläubigers, sich in der kritischen Zeit durch Aufrechnung zu befriedigen, nicht hinter den Schutz der Gläubigergesamtheit zurück. Zwar kommen die Rechtsfolgen einer Aufrechnung im wirtschaftlichen Ergebnis einer (Einzel-)Zwangsvollstreckung gleich. Die Aufrechnung unterliegt jedoch eigenständigen insolvenzrechtlichen Regelungen (§§ 94 ff InsO). Insbesondere wird eine zur Zeit der Eröffnung des Insolvenzverfahrens bestehende Aufrechnungslage durch das Verfahren im Grundsatz nicht berührt (vgl. § 94 InsO). Im Gegensatz zur Einzelzwangsvollstreckung ist daher die Annahme einer durch den Anfechtungstatbestand des § 131 InsO vermittelten Vorwirkung des Grundsatzes der Gläubigergleichbehandlung nicht gerechtfertigt. **468**

BGH, Urt. v. 8.12.2022 – IX ZR 175/21, ZIP 2023, 265 Rn. 12 = NZI 2023, 211 = WM 2023, 282.

Die Begründung der Aufrechnungsbefugnis – hier durch den Unternehmenskaufvertrag, aus dem sowohl Haupt- als auch Gegenforderung erwachsen sind – ist auch nicht selbständig anfechtbar. Anders als in den Fällen einer Aufrechnungs- oder einer Kongruenzvereinbarung wird weder eine von § 387 BGB abweichende Auf- oder Verrechenbarkeit durch Parteivereinbarung hergestellt noch eine zuvor nicht gegebene Kongruenz. Die Aufrechnungsbefugnis ist lediglich ein Wertungskriterium, anhand dessen beurteilt wird, ob der Insolvenzgläubiger einen Anspruch auf Herstellung der Aufrechnungslage hatte, oder ob dies nicht der Fall war. **469**

BGH, Urt. v. 8.12.2022 – IX ZR 175/21, ZIP 2023, 265 Rn. 13 = NZI 2023, 211 = WM 2023, 282.

Nach § 96 Abs. 1 Nr. 3 InsO ist eine Aufrechnung unzulässig, wenn ein Insolvenzgläubiger die Möglichkeit dazu durch eine anfechtbare Rechtshand- **470** lung erlangt hat. Die Verknüpfung der ursprünglichen Gläubigerstellung mit einer eigenen schuldrechtlichen Verpflichtung stellt eine sichernde und die spätere Erfüllung der Forderung vorbereitende Rechtshandlung dar, die unter den in den §§ 129 ff InsO bestimmten Voraussetzungen anfechtbar sein kann. Ob die Begründung der Aufrechnungslage zu einer kongruenten oder einer inkongruenten Deckung führt, richtet sich nach der Rechtsprechung des BGH danach, ob der Aufrechnende einen Anspruch auf Abschluss der Vereinbarung hatte, welche die Aufrechnungslage entstehen ließ, oder ob dies nicht der Fall war. Die Vorschrift des § 131 InsO bezeichnet jede Rechtshandlung als inkongruent, die dem Insolvenzgläubiger eine Befriedigung gewährt, auf die er keinen Anspruch hatte. Deshalb ist die Herstellung einer Aufrechnungslage inkongruent, soweit die Aufrechnungsbefugnis sich nicht aus dem zwischen dem Schuldner und dem Gläubiger zuerst entstandenen Rechtsverhältnis ergibt.

BGH, Urt. v. 8.12.2022 – IX ZR 175/21, ZIP 2023, 265 Rn. 7
= NZI 2023, 211 = WM 2023, 282.

471 In Anwendung der vorstehenden Grundsätze hat der BGH die Herstellung einer Aufrechnungslage für inkongruent gehalten, die durch einen Kauf der (Konkurs-)Gläubigerin bei der späteren Gemeinschuldnerin und die dadurch zur Entstehung gelangte Kaufpreisforderung der Schuldnerin gegen die Gläubigerin eingetreten war. Zwar habe es der Gläubigerin freigestanden, der Schuldnerin den Abschluss eines Kaufvertrags anzutragen. Die Schuldnerin sei aber nicht zur Vertragsannahme verpflichtet gewesen. In einer weiteren Entscheidung hat der BGH eine Pflicht zum Vertragsschluss und damit zur Begründung der Hauptforderung unterstellt, aber eine die Aufrechnungsbefugnis begründende Verknüpfung zwischen Haupt- und Gegenforderung vor Herstellung der Aufrechnungslage vermisst. Auch die Herstellung einer Aufrechnungslage zwischen dem Vergütungsanspruch des Rechtsanwalts und dem Anspruch des Mandanten auf Herausgabe durch den Anwalt eingezogener (Fremd-)Gelder hat der BGH für inkongruent gehalten. Der Rechtsanwalt habe aus dem Anwaltsvertrag keinen Anspruch auf die Erfüllung seines Vergütungsanspruchs durch Aufrechnung gegen den Anspruch des Mandanten auf Herausgabe der Fremdgelder gehabt. Dass der Rechtsanwalt die Fremdgelder, gestützt auf entsprechende Geldempfangsvollmachten und den diese begleitenden Auftrag, berechtigt entgegengenommen habe, bedeute nicht, dass er einen die Kongruenz begründenden Anspruch auf Einzug mit dem Ziel der Verrechnung gehabt habe. Andererseits hat der BGH die Bewertung einer Aufrechnungslage als kongruent gebilligt, die infolge der entgeltlichen Nutzung von Gegenständen durch den späteren Anfechtungsgegner begründet worden war. Maßgeblich dafür war, dass der Anfechtungsgegner die Nutzung schon vor der kritischen Zeit zu beanspruchen gehabt hatte.

BGH, Urt. v. 8.12.2022 – IX ZR 175/21, ZIP 2023, 265 Rn. 8
= NZI 2023, 211 = WM 2023, 282.

Eine die Aufrechnungsbefugnis begründende Verknüpfung zwischen Haupt- und Gegenforderung setzt nicht voraus, dass die **Aufrechnung ausdrücklich vereinbart** wird. Es handelt sich um ein echtes Erfüllungssurrogat, die Aufrechnung ist deshalb nicht ohne weiteres inkongruent. Die Einordnung des Erwerbs einer Aufrechnungslage als kongruent oder inkongruent richtet sich entscheidend nach dem Inhalt der Rechtsbeziehungen zwischen dem Insolvenzschuldner und seinem Gläubiger. Vor diesem Hintergrund genügt eine vor der Herstellung der Aufrechnungslage vorgenommene Verknüpfung, welche die Annahme einer Aufrechnungsbefugnis nach dem zuerst entstandenen Rechtsverhältnis rechtfertigt. Eine solche Verknüpfung ist regelmäßig anzunehmen, wenn **Haupt- und Gegenforderung aus einem einheitlichen Vertragsverhältnis** erwachsen sind. Werden in einem Vertrag wechselseitige Ansprüche begründet und ergibt sich aus den getroffenen Vereinbarungen nicht, dass eine Erfüllung durch Aufrechnung ausgeschlossen sein soll, besteht die zur Annahme der Kongruenz notwendige Aufrechnungsbefugnis. 472

> BGH, Urt. v. 8.12.2022 – IX ZR 175/21, ZIP 2023, 265 Rn. 9 = NZI 2023, 211 = WM 2023, 282.

Die **Wirksamkeit einer Vertragskündigung** steht der Anfechtbarkeit der Herstellung der Aufrechnungslage nicht entgegen. Die Wirksamkeit der insolvenzabhängigen Lösungsklausel des § 8 Abs. 2 Nr. 1 Fall 2 VOB/B und der Bestimmung des § 8 Abs. 2 Nr. 2 Satz 2 VOB/B in Bezug auf §§ 103, 119 InsO sowie auf § 307 BGB ist von der Frage der Anfechtbarkeit der Herstellung der Aufrechnungslage zu trennen. Die insolvenzrechtliche Unwirksamkeit ergreift nur die gläubigerbenachteiligende Wirkung der Herstellung der Aufrechnungslage, nicht jedoch das Grundgeschäft (hier: die Kündigung). Nach § 143 Abs. 1 InsO ist nur dasjenige zur Insolvenzmasse zurückzugewähren, was durch die anfechtbare Handlung aus dem Vermögen des Schuldners veräußert, weggegeben oder aufgegeben worden ist, also der eingetretene Erfolg als solcher. Besteht die objektive Gläubigerbenachteiligung nur in einer einzelnen, abtrennbaren Wirkung einer einheitlichen Rechtshandlung, darf deren Rückgewähr nicht mit der Begründung ausgeschlossen werden, dass die Handlung auch sonstige, für sich nicht anfechtbare Folgen ausgelöst habe. Einen Rechtsgrundsatz, dass mehrere Wirkungen einer Rechtshandlung nur ganz oder gar nicht anfechtbar seien, gibt es im Insolvenzrecht nicht. 473

> BGH, Urt. v. 19.10.2023 – IX ZR 249/22, ZIP 2023, 2588 = NZI 2024, 84 = WM 2023, 2276 Rn. 11.

cc) Nicht zu der Zeit zu beanspruchende Befriedigung

Nicht zu der Zeit zu beanspruchen hat der Gläubiger eine Befriedigung, wenn bei Eintritt der rechtlichen Wirkung der Befriedigungshandlung eine durchsetzbare Forderung gegen den (Gemein-)Schuldner noch nicht bestand. So hat ein Bauunternehmer auf Abschlagszahlungen des Auftraggebers nach § 16 Nr. 1 Abs. 1 und 3 VOB/B nur Anspruch, wenn die Leistungen durch eine prüfbare Aufstellung nachgewiesen werden; die Abschlagszahlungen sind 474 dann binnen 18 Werktagen nach Zugang dieser Aufstellung zu leisten. Bei einer bargeldlosen Überweisung des Gläubigers ist die Befriedigungshandlung in einem solchen Fall inkongruent, wenn zu dem Zeitpunkt, in dem der Anspruch gegen das Kreditinstitut auf Gutschrift des für ihn bestimmten Geldeingangs bestand, diese Voraussetzungen nicht erfüllt waren und deshalb keine durchsetzbare Forderung gegen den (Gemein-)Schuldner bestand. Der auf Überführung des überwiesenen Betrages in das Vermögen des Empfängers gerichtete Anspruch auf Gutschrift entsteht, sobald die Empfängerbank den Betrag erhalten hat, bei einer innerbetrieblichen Überweisung bereits mit der Belastungsbuchung auf dem Konto des Auftraggebers.

> BGH, Urt. v. 20.6.2002 – IX ZR 177/99, ZIP 2002, 1408 = WM 2002, 1690 = NZI 2002, 486 = ZInsO 2002, 721;
> dazu *Paulus/Zenker*, WuB VI B. § 30 Nr. 2 KO 4.02.

475 Wird die Fälligkeit des Darlehens innerhalb der kritischen Zeit durch eine Rechtshandlung des Schuldners – sei es eine Kündigung oder die Mitwirkung an einer Vertragsaufhebung – herbeigeführt, so liegt eine inkongruente Deckung vor. Die Kündigung selbst bildet eine anfechtbare, die Befriedigung erst ermöglichende Rechtshandlung. In dieser Gestaltung räumt der Schuldner durch seine auf einer persönlichen Entschließung fußende Rechtshandlung dem Gläubiger mehr Rechte ein, als diesem kraft seiner eigenen Rechtsstellung gebühren.

> BGH, Urt. 14.5.2009 – IX ZR 63/08, ZIP 2009, 1235, 1236 Rn. 14 = WM 2009, 1202 = NZI 2009, 471,
> dazu *Ch. Keller*, EWiR 2009, 579.

476 Die Verrechnung der Zahlung auf eine zur Sicherung abgetretene Forderung vor Eintritt des Sicherungsfalls ist inkongruent, wenn die Bank sich aus der Zahlung erst nach Eintritt des Sicherungsfalls befriedigen durfte.

> BGH, Urt. v. 19.1.2006 – IX ZR 154/03, ZIP 2006, 959 = WM 2006, 915 = NZI 2006, 700 = ZInsO 2006, 493,
> dazu *Frind*, EWiR 2006, 503.

477 Die Erteilung von Gutschriften auf einem Kontokorrentkonto stellt ein abstraktes Schuldversprechen oder Schuldanerkenntnis der Bank dar, aus welchem der Begünstigte unmittelbar einen Anspruch auf Auszahlung der gutgeschriebenen Beträge erwirbt. In der Insolvenz des Bankkunden kann der Insolvenzverwalter diesen Anspruch gegen die Bank geltend machen, soweit nicht die Bank die Verrechnung mit Gegenforderungen im Rahmen des Kontokorrentverhältnisses oder andere Gegenrechte einwenden kann.

> BGH, Urt. v. 13.6.2013 – IX ZR 259/12, ZIP 2013, 1826 = WM 2013, 1793 = ZInsO 2013, 1898 Rn. 28,
> dazu *Guski*, EWiR 2013, 749.

478 Ein Anspruch der Bank, Gutschriften mit dem Saldo eines Kreditkontos zu verrechnen und dadurch ihre eigene Forderung zu befriedigen, besteht nur dann, wenn sie zum jeweiligen Zeitpunkt der Verrechnung Rückzahlung des

Kredits verlangen kann. Der Kreditgeber kann die Rückzahlung eines ausgereichten Kredits erst nach dessen Fälligkeit fordern. Allein die Giro- oder Kontokorrentabrede stellt den Kredit nicht zur Rückzahlung fällig. Vielmehr wird die Fälligkeit nur durch das Ende einer vereinbarten Laufzeit, eine ordentliche oder außerordentliche Kündigung begründet. Hat der Schuldner einen ungekündigten Kontokorrentkredit nicht ausgeschöpft, führen in kritischer Zeit eingehende, dem Konto gutgeschriebene Zahlungen, denen keine Abbuchungen gegenüberstehen, infolge der damit verbundenen Kredittilgung zu einer inkongruenten Deckung zugunsten des Kreditinstituts.

> BGH, Urt. v. 7.5.2008 – IX ZR 140/08, ZIP 2009, 1124 Rn. 9 = WM 2009, 1101 = NJW 2009, 2307 = NZI 2009, 436, dazu *Hofmann/Würdinger*, EWiR 2009, 513.

Soweit Vorschusszahlungen in bereits abgeschlossenen Angelegenheiten an einen Rechtsanwalt erfolgt sind, sind die Leistungen, weil der Vorschussanspruch mit der Erledigung des Auftrags und dem damit entstehenden Vergütungsanspruch erlischt, inkongruent. Sofern anstelle des Vorschussanspruchs ein Vergütungsanspruch besteht und möglicherweise bereits fällig ist, verbleibt es bei der Inkongruenz, wenn der Vergütungsanspruch mangels einer dem Auftraggeber mitgeteilten Berechnung (§ 10 Abs. 1 RVG) noch nicht eingefordert werden konnte. Inkongruent sind ferner Zahlungen, die auf einen Vergütungsanspruch geleistet worden sind, der noch nicht fällig war, weil die Erledigung der Angelegenheit noch ausstand. **479**

> BGH, Urt. v. 13.4.2006 – IX ZR 158/05, BGHZ 167, 190, 194 Rn. 12 = ZIP 2006, 1261 = ZVI 2006, 456 = WM 2006, 1159, dazu *G. Pape*, EWiR 2007, 117.

Zahlungen auf eine fällige Vergütungsforderung eines Rechtsanwalts sind inkongruent, falls der Rechtsanwalt sie mangels einer dem Auftraggeber mitgeteilten Berechnung noch nicht einfordern konnte (§ 10 Abs. 1 RVG). Dass der Schuldner die Forderung gleichwohl erfüllen darf, mithin auf die ihm aus § 10 Abs. 1 RVG zustehende Einrede verzichten kann, ändert daran nichts. Vielmehr unterscheidet gerade das Recht des Gläubigers, die Leistung zu fordern, kongruente und inkongruente Rechtshandlungen. **480**

> BGH, Urt. v. 3.3.2022 – IX ZR 78/20, BGHZ 233, 70 = BB 2022, 778 Rn. 62 = ZIP 2022, 589 = NZI 2022, 385 = WM 2022, 527.

Die Bestimmung über den Inhalt der Rechnungen nach § 10 Abs. 2 RVG ist dispositiv. Damit können die Parteien vereinbaren, dass der Rechtsanwalt sein Honorar auch ohne eine den Anforderungen des § 10 Abs. 2 RVG entsprechende Rechnungsstellung einfordern und durchsetzen kann. Hier hatten sich die Parteien bereits mit der ursprünglichen Mandatsvereinbarung geeinigt, dass die Abrechnung der Leistungen der Beklagten in der tatsächlich vorgenommenen Art und Weise ausreichend sein soll. **481**

> BGH, Urt. v. 3.3.2022 – IX ZR 78/20, BGHZ 233, 70 = BB 2022, 778 Rn. 64 = ZIP 2022, 589 = NZI 2022, 385 = WM 2022, 527.

482 Die vorzeitige Befriedigung eines sich aus § 426 BGB ergebenden Freistellungsanspruchs kann inkongruent sein.

BGH, Urt. v. 20.7.2006 – IX ZR 44/05, ZIP 2006, 1591 = WM 2006, 1637 = NZI 2006, 581; vgl. *Piekenbrock*, NZI 2007, 384.

483 Zahlt der Schuldner vor Fälligkeit unter Ausnutzung einer befristet eingeräumten Möglichkeit zum Skontoabzug, ist die dadurch bewirkte Deckung regelmäßig nicht inkongruent.

BGH, Beschl. v. 6.5.2010 – IX ZR 114/08, ZIP 2010, 1188 Rn. 5 = ZVI 2010, 307.

484 Zahlungen an eine Tochter-Gesellschaft aus einem Cash-Pool der Muttergesellschaft sind verfrüht, solange sich das Konto der Tochter-Gesellschaft im Haben befindet. Die Installierung eines Früh-Warnsystems, das einen Darlehensabzug vor Fälligkeit auslöst, bedingt Inkongruenz.

Thomas, ZInsO 2007, 77, 78.

485 Allerdings kann auch eine Leistung, die der Gläubiger noch nicht zu beanspruchen hatte, als kongruent zu behandeln sein, wenn die zeitliche Abweichung so geringfügig ist, dass sich die Leistung auch unter Berücksichtigung der Verkehrssitte als unverdächtig darstellt. So ist eine verfrühte Zahlung kongruent, wenn die Zeitspanne der Verfrühung die voraussichtliche Dauer des Zahlungsvorgangs (hier: bargeldlose Überweisung) nicht nennenswert, d. h. nicht um mehr als drei bis fünf Bankgeschäftstage (§ 676a Abs. 2 BGB) überschreitet.

BGH, Urt. v. 9.6.2005 – IX ZR 152/03, ZIP 2005, 1243 = WM 2005, 1474 = ZInsO 2005, 766 = NZI 2005, 497, dazu *Paulus*, EWiR 2005, 829.

486 Wurde eine Leistung vor Fälligkeit erbracht, entfällt eine Inkongruenz grundsätzlich nicht durch den späteren Eintritt der Fälligkeit. Allerdings kann es möglicherweise an einer auf die zeitliche Inkongruenz zurückzuführenden Gläubigerbenachteiligung fehlen und eine Anfechtung – abgesehen von den Zinsen, die bis zur Fälligkeit angefallen wären – nur auf §§ 130, 133 InsO gestützt werden, wenn die Fälligkeit noch vor Eröffnung des Insolvenzverfahrens unanfechtbar eintritt.

So für das Recht der GesO BGH, Urt. v. 13.3.1997 – IX ZR 93/96, ZIP 1997, 853 = WM 1997, 921, dazu *Rattunde*, EWiR 1997, 1131.

487 Ob dies auf die Anfechtung nach § 131 InsO übertragen werden kann, die lediglich eine mittelbare Gläubigerbenachteiligung verlangt, bleibt offen. Diese Frage wird nicht entscheidungserheblich, wenn der Schuldner wegen der Anordnung eines Zustimmungsvorbehalts nach § 21 Abs. 2 Nr. 2 Fall 2, § 24 Abs. 1, § 81 Abs. 1 Satz 1 InsO nicht mehr die Möglichkeit hatte, nach Eintritt der Fälligkeit frei über sein Vermögen zu verfügen, und auch bei einer

Zustimmung des vorläufigen Insolvenzverwalters ein insolvenzrechtlich gesicherter Erwerb ausgeschlossen gewesen wäre.

BGH, Urt. v. 9.6.2005 – IX ZR 152/03, ZIP 2005, 1243 = WM 2005, 1474 = NZI 2005, 497 = ZInsO 2005, 766, dazu *Paulus*, EWiR 2005, 829;

Kreft-*Kreft*, InsO, 8. Aufl., § 131 Rn. 10; MünchKomm-InsO/*Freudenberg*, § 131 Rn. 45.

d) Inkongruente Sicherung

aa) Nicht zu der Zeit zu beanspruchende Sicherung

Nicht zu beanspruchen hat der Insolvenzgläubiger eine Sicherung, wenn er **488** keinen Anspruch auf gerade die Sicherheit hat, die ihm gewährt wird. In dem Anspruch auf Befriedigung ist ein Anspruch auf Besicherung nicht als ein Minus enthalten.

BGH, Urt. v. 2.12.1999 – IX ZR 412/98, ZIP 2000, 82 = WM 2000, 156 = NJW 2000, 957 = NZI 2000, 122, dazu *Eckardt*, EWiR 2000, 291;

BGH, Urt. v. 1.6.2006 – IX ZR 159/04, ZIP 2006, 1362 = ZVI 2006, 348 = WM 2006, 1396 = ZInsO 2006, 771 = NZI 2006, 524, dazu *Stiller*, EWiR 2006, 663.

Aus einer Schadensersatzforderung kann ein Anspruch auf Sicherung nur **489** hergeleitet werden, wenn dadurch eine Naturalherstellung bewirkt wird.

BGH, Urt. v. 3.3.1959 – VIII ZR 176/58, WM 1959, 470 f.

Wird der Werklohnanspruch des Subunternehmers aufgrund einer Vereinba- **490** rung zwischen dem Besteller und dem in Insolvenz gefallenen Hauptunternehmer unmittelbar durch den Besteller befriedigt, hat der Subunternehmer eine inkongruente Deckung erhalten. Der fruchtlose Ablauf der von dem beklagten Subunternehmer gesetzten Frist zur Beibringung einer Sicherheit ändert daran nichts. Die Vorschrift des § 648a BGB gibt dem Unternehmer ein Leistungsverweigerungsrecht, jedoch keinen durchsetzbaren Anspruch auf Gewährung einer Sicherheit. § 648a BGB begründet nicht einmal die Kongruenz einer nachträglichen Vereinbarung über die Abtretung einer Werklohnforderung des Hauptunternehmers gegen den Bauherrn an den Subunternehmer. Für Direktzahlungen des Bauherrn an den Subunternehmer gilt das erst recht. Die (vorzeitige) Erfüllung des Werklohnanspruchs durch Dritte ist in § 648a Abs. 1 BGB nicht vorgesehen und daher schon deshalb grundsätzlich inkongruent.

BGH, Urt. v. 10.5.2007 – IX ZR 146/05, ZIP 2007, 1162, 1163 Rn. 8 = WM 2007, 1181 = NZI 2007, 456 = ZInsO 2007, 662, dazu *M. Huber*, EWiR 2007, 471.

Eine in der kritischen Zeit mit dem Schuldner getroffene Vereinbarung, wo- **491** nach dieser berechtigt ist, sich durch eine andere als die eigentlich geschuldete Leistung von seiner Schuld zu befreien, ist inkongruent. Eine Stundungsvereinbarung der Finanzbehörde mit einem zahlungsunfähigen Schuldner, derzufolge Stundung gegen Abtretung einer Kundenforderung gewährt wird (§ 222 Satz 2 AO), ist auch dann inkongruent, wenn sich die Forderung des Schuldners ebenfalls gegen einen Träger hoheitlicher Gewalt richtet.

BGH, Urt. v. 29.9.2005 – IX ZR 184/04, ZIP 2005, 2025 = WM 2005, 2193 = ZInsO 2005, 1160 = NZI 2005, 671, dazu *Eisner*, EWiR 2006, 151; *Kirchhof*, WuB VI A. § 131 InsO 2.06.

492 Die Inkongruenz kann nicht durch einen Gläubigerwechsel beseitigt werden: Zieht der Gläubiger eine seinem Schuldner von einem Dritten gewährte inkongruente Sicherheit an sich, indem er sich von dem Schuldner dessen gegen den Dritten gerichteten Anspruch nebst Sicherheit abtreten lässt, liegt auch in der Person des Gläubigers eine inkongruente Sicherheit vor. Das Gleiche gilt, wenn der Gläubiger sich von dem Schuldner den Anspruch abtreten und von dem Drittschuldner die Sicherheit gewähren lässt.

BGH, Urt. v. 11.3.2004 – IX ZR 160/02, ZIP 2004, 1060 = WM 2004, 1141 = ZInsO 2004, 616 = NZI 2004, 372, dazu *Gerhardt*, EWiR 2004, 769; *Winter*, BGH Report 2004, 1059.

493 Die Zahlung eines der Sicherung des späteren Vergütungsanspruchs des vorleistungspflichtigen Rechtsanwalts dienenden Vorschusses ist inkongruent, wenn im Zeitpunkt der Zahlung der Auftrag bereits erledigt oder die Angelegenheit beendigt und damit der Vergütungsanspruch fällig geworden ist, aber noch nicht eingefordert werden kann.

BGH, Urt. v. 13.4.2006 – IX ZR 158/05, BGHZ 167, 190, 194 Rn. 12 = ZIP 2006, 1261 = ZVI 2006, 456 = WM 2006, 1159 = NJW 2006, 2701 = ZInsO 2006, 712, dazu *G. Pape*, EWiR 2007, 117; vgl. *Fölsing*, ZIP 2007, 1449.

494 Das Pfandrecht aus Nr. 14 Abs. 2 Satz 2 AGB-Banken bzw. Nr. 21 Abs. 3 Satz 3 AGB-Sparkassen an den Guthaben des Kunden sichert etwaige Ansprüche aus übernommenen Bürgschaften erst ab deren Fälligkeit. Die Ausübung des Pfandrechts im Wege einer Kontensperre ist darum inkongruent. Eine nach Aufhebung der Kontensperre an die Bank vorgenommen Überweisung ist nur inkongruent, wenn sich die Kontosperre auf die Ausführung des Überweisungsauftrags jedenfalls mitursächlich ausgewirkt hat, weil das Guthaben andernfalls abgeflossen wäre. Dies hat der Insolvenzverwalter darzulegen und zu beweisen.

BGH, Urt. v. 18.12.2003 – IX ZR 9/03, ZIP 2004, 324 = WM 2004, 371 = ZInsO 2004, 201 = NZI 2004, 248, dazu *Höpfner*, EWiR 2004, 867; *Rössner/Bolkart*, WuB I A 3. Nr. 21 AGB-Sparkassen 1993 1.04.

495 Von einem Pfandrecht aus Nr. 14 Abs. 2 Satz 1 AGB-Banken hingegen kann eine Bank bei entsprechendem Sicherungsbedürfnis schon vor Pfandreife Ge-

brauch machen, indem sie zur Sicherung einer späteren Verwertung das im Guthaben geführte Konto sperrt, also Verfügungen des Kunden nicht mehr zulässt.

> BGH, Urt. v. 12.2.2004 – IX ZR 98/03, ZIP 2004, 620 = WM 2004, 666 = NJW 2004, 1660 = ZInsO 2004, 342 = NZI 2004, 314, dazu *Fischer/Dissen*, DZWIR 2004, 368.

Wird zugleich mit einem Kredit die Stellung einer bestimmten Sicherheit für dessen Rückzahlung vereinbart, liegt in deren späteren Gewährung keine inkongruente, sondern eine kongruente Deckung. **496**

> BGH, Urt. v. 5.11.1964 – VII ZR 2/63, WM 1965, 84.

Wird eine Sicherheit für einen bereits ausgereichten, bisher unbesicherten Kredit bestellt, ist dieses Rechtsgeschäft inkongruent. Die Gewährung einer Sicherheit ist nur dann kongruent, wenn der Sicherungsnehmer einen Anspruch auf gerade diese Sicherheit hatte. Wird ein Anspruch auf Sicherung in demselben Vertrag eingeräumt, durch den der gesicherte Anspruch selbst entsteht, liegt in der späteren Gewährung der Sicherheit keine inkongruente Deckung, weil von Anfang an ein Anspruch auf die Sicherung bestand. Wird hingegen eine bereits bestehende Verbindlichkeit nachträglich besichert, liegt darin eine inkongruente Deckung. **497**

> BGH, Urt. v. 14.2.2008 – IX ZR 38/04, ZIP 2008, 706, 709 Rn. 31 = WM 2008, 698 = NZI 2008, 299 = ZInsO 2008, 378, dazu *Dörrscheidt*, EWiR 2008, 533;
>
> BGH, Urt. v. 10.1.2013 – IX ZR 13/12, ZIP 2013, 174 = WM 2013, 180 = NJW 2013, 611 = NZI 2013, 133 Rn. 19f, 21, dazu *Römermann*, EWiR 2013, 123.

Die Gewährung einer Grundschuld erweist sich als inkongruent, wenn dem Sicherungsnehmer aus der ursprünglichen Pensionszusage kein Anspruch auf eine Sicherung – weder im Blick auf zunächst verpfändete Versicherungen noch die in Rede stehende Grundschuld – zustand und es sich deshalb um eine nachträgliche Besicherung handelt. **498**

> BGH, Urt. v. 7.11.2013 – IX ZR 248/12, ZIP 2013, 2368 = WM 2013, 2233 = ZInsO 2013, 2376 Rn. 10, dazu *M. Huber*, EWiR 2013, 781.

Das Beweisanzeichen der Inkongruenz ist gegeben, wenn der Schuldner nach Vornahme einer unerlaubten Handlung dem Gläubiger für die dadurch begründete Schadensersatzforderung eine Sicherung gewährt. **499**

> BGH, Urt. v. 18.3.2010 – IX ZR 57/09, ZIP 2010, 841 Rn. 15 ff = ZVI 2010, 221 = WM 2010, 851 = NZI 2010, 439, dazu *Junghans*, EWiR 2010, 655.

Falls für bestimmte Verbindlichkeiten vor oder bei deren Begründung die Stellung einer Sicherheit vereinbart wird, ist daraus kein Anspruch abzuleiten, auch andere – z. B. schon bestehende ältere – Verbindlichkeiten dieser Sicherheit zu unterstellen. **500**

BGH, Urt. v. 4.12.1997 – IX ZR 47/97, ZIP 1998, 248 = WM 1998, 248 = NJW 1998, 1561,
dazu *Gerhardt*, EWiR 1998, 225;

BGH, Urt. v. 7.6.2001 – IX ZR 134/00, ZIP 2001, 1250 = WM 2001, 1473 = ZInsO 2001, 706 = NZI 2001, 465.
dazu *Homann*, EWiR 2002, 75;
Smid, WuB VI G. § 10 GesO 2.01.

501 Soll die für einen (neuen) Kredit gegebene Sicherheit zugleich ältere Ansprüche des Gläubigers sichern, handelt es sich insgesamt um ein inkongruentes Deckungsgeschäft, wenn nicht festgestellt werden kann, in welchem Umfang sich die Sicherheit auf die neuen und die älteren Verbindlichkeiten bezieht. Anders ist dagegen die Rechtshandlung zu beurteilen, sofern die Sicherheit vorrangig die Forderung aus dem im Gegenzug gewährten Kredit abdecken soll und der Erlös nur zur Tilgung dieser Forderung ausreicht; denn in einem solchen Falle ist der Masse ein dem übereigneten Gegenstand entsprechender Wert zugeflossen. Diese Differenzierung kann insbesondere beim Abschluss von Sicherheiten-Poolverträgen von Bedeutung sein.

BGH, Urt. v. 12.11.1992 – IX ZR 236/91, ZIP 1993, 276 = WM 1993, 270 = NJW-RR 1993, 238,
dazu *Onusseit*, EWiR 1993, 161;

BGH, Urt. v. 12.11.1992 – IX ZR 237/91, ZIP 1993, 271 = WM 1993, 265,
dazu *Gerhardt*, EWiR 1993, 61;

BGH, Urt. v. 19.3.1998 – IX ZR 22/97, BGHZ 138, 291, 304 = ZIP 1998, 793 = WM 1998, 968/1848 = NJW 1998, 2592,
dazu *Eckardt*, EWiR 1998, 699;

BGH, Urt. v. 18.11.2004 – IX ZR 299/00, ZIP 2005, 769 = ZVI 2005, 261 = WM 2005, 804 = NZI 2005, 329 = ZInsO 2005, 439,
dazu *Beutler/Vogel*, EWiR 2005, 763.

502 Unschädlich ist es, wenn die Sicherung nachträglich außerhalb der kritischen Zeit vereinbart wurde.

BGH, Urt. v. 12.11.1992 – IX ZR 236/91, ZIP 1993, 271, 273 f = WM 1993, 270 = NJW-RR 1993, 238.

503 Wird eine Grundschuld als nicht akzessorische Sicherheit bestellt und soll diese auch von dem Sicherungsnehmer später erworbene Forderungen sichern, liegt eine inkongruente Deckung vor, wenn der Sicherungsnehmer in der kritischen Zeit durch Abtretung Drittforderungen erwirbt. Denn weder der Zedent noch der Sicherungsnehmer hatte vor der Abtretung einen Anspruch darauf, dass die Forderung in dieser Weise gesichert wurde.

BGH, Urt. v. 25.9.1972 – VIII ZR 216/71, BGHZ 59, 230 = WM 1972, 1187 = NJW 1972, 2084;

BGH, Urt. v. 30.10.1974 – VIII ZR 81/73, WM 1974, 1218 = NJW 1975, 122;

BGH, Urt. v. 25.6.1975 – VIII ZR 71/74, WM 1975, 947.

Ein Anspruch auf Sicherung verhindert eine Inkongruenz dann nicht, wenn der Anspruch nicht hinreichend bestimmt ist. Dies trifft etwa auf das nach den AGB-Banken bestehende Recht der Banken auf Bestellung bankmäßiger Sicherheiten für alle Ansprüche aus der bankmäßigen Geschäftsverbindung zu, 504

BGH, Urt. v. 15.11.1960 – V ZR 35/59, BGHZ 33, 389 = WM 1961, 28 = NJW 1961, 408;

BGH, Urt. v. 30.4.1992 – IX ZR 176/91, BGHZ 118, 171 = ZIP 1992, 778 = WM 1992, 1083 = NJW 1992, 1960, dazu *Canaris*, EWiR 1992, 683;

BGH, Urt. v. 11.5.1995 – IX ZR 170/94, ZIP 1995, 1078 = WM 1995, 1394 = NJW 1995, 2348, dazu *Knothe*, EWiR 1995, 837,

auch wenn das Schuldnervermögen zwischenzeitlich auf ein einziges Sicherungsobjekt geschrumpft ist.

BGH, Urt. v. 3.12.1998 – IX ZR 313/97, ZIP 1999, 76 = WM 1999, 12 = NJW 1999, 645 = ZInsO 1999, 107, dazu *U. Haas*, EWiR 1999, 169.

Dies gilt auch für den Sicherungsanspruch des Bauhandwerkers nach § 648a BGB. 505

BGH, Urt. v. 18.11.2004 – IX ZR 299/00, ZIP 2005, 769 = ZVI 2005, 261 = WM 2005, 804 = ZInsO 2005, 439, dazu *Beutler/Vogel*, EWiR 2005, 763.

Sogar wenn man die Klausel der AGB-Banken dahin auslegt, dass die Bank und der Kunde sich nicht nur über die Pfandrechtsbestellung dinglich einig sind, sondern zugleich einen schuldrechtlichen Anspruch darauf begründen, wird dieser erst in demjenigen Zeitpunkt auf einen bestimmten Pfandgegenstand konkretisiert, in dem die Sache in den Besitz der Bank gelangt oder die Forderung entsteht. 506

BGH, Urt. v. 7.3.2002 – IX ZR 223/01, BGHZ 150, 122 = ZIP 2002, 812 = WM 2002, 951 = NJW 2002, 1722 = ZInsO 2002, 426, dazu *Ringstmeier/Rigol*, EWiR 2002, 685;

BGH, Urt. v. 12.2.2004 – IX ZR 98/03, ZIP 2004, 620 = WM 2004, 666 = NJW 2004, 1660 = ZInsO 2004, 342, dazu *Beutler/Vogel*, EWiR 2004, 1141;

BGH, Urt. v. 2.6.2005 – IX ZR 181/03, ZIP 2005, 1651 = ZVI 2005, 543 = WM 2005, 1790 = NZI 2005, 622 = ZInsO 2005, 932, dazu *Gundlach/Frenzel*, EWiR 2005, 899.

Die insolvenzrechtliche Kongruenz können nur solche Vereinbarungen herstellen, welche auf bestimmte, sogleich wenigstens identifizierbare Gegenstände gerichtet sind. Absprachen, die es dem Ermessen der Beteiligten oder dem Zufall überlassen, welche konkrete Sicherheit erfasst werde, sind dagegen nicht geeignet, die Besserstellung einzelner Gläubiger zu rechtfertigen. 507

Darum wurde das in einem Poolvertrag vereinbarte Pfandrecht, das alle Zahlungseingänge auf den Schuldnerkonten bei den am Pool beteiligten Banken erfassen sollte, als inkongruente Sicherheit bewertet.

> BGH, Urt. v. 29.11.2007 – IX ZR 30/07, BGHZ 174, 297, 301 f Rn. 15 f = ZIP 2008, 183, 184 = WM 2008, 204 = ZInsO 2008, 91,
> dazu *Ries*, EWiR 2007, 187.

508 Ein Pfandrecht an einem Anspruch auf Erteilung einer Gutschrift entsteht erst mit Eingang der Zahlung auf dem Konto des Kunden. Selbst wenn man Nr. 14 Abs. 1 AGB-Banken dahin auslegt, dass die Bank und der Kunde sich nicht nur über die Pfandrechtsbestellung dinglich einig sind, sondern zugleich einen schuldrechtlichen Anspruch darauf begründen, würde dieser erst in demjenigen Zeitpunkt auf einen bestimmten Pfandgegenstand konkretisiert, in dem die verpfändete Forderung entsteht.

> BGH, Urt. v. 8.3.2007 – IX ZR 127/05, ZIP 2007, 924, 925 Rn. 16 = WM 2007, 897 = NJW 2007, 2324 = NZI 2007, 337,
> dazu *Henkel*, EWiR 2007, 529.

509 Gehen Überweisungen nach Antragstellung ein, sind die Pfandrechte innerhalb der kritischen Zeit entstanden. Es handelt sich um eine anfechtbare inkongruente Deckung, weil der Pfandgegenstand nicht bereits im Zeitpunkt der Vereinbarung konkretisiert war.

> BGH, Urt. v. 5.2.2009 – IX ZR 78/07, ZIP 2009, 673, 674 Rn. 16 = WM 2009, 662 = NZI 2009, 307 = ZInsO 2009, 659,
> dazu *Ch. Keller*, EWiR 2009, 481.

510 In Höhe eines vor Beginn des Anfechtungszeitraums bestehenden Auszahlungsanspruchs wäre ein Pfandrecht auch dann nicht gemäß § 131 Abs. 1 Nr. 1 InsO anfechtbar, wenn es in dem nach dieser Vorschrift maßgeblichen Zeitraum (mehrfach) neu entstanden wäre. Es fehlte an einer objektiven Gläubigerbenachteiligung, weil ein masseneutraler Sicherheitentausch vorläge. Der Fall stellt sich wertungsmäßig nicht anders dar, als die vom BGH bislang beurteilten Fälle des Austauschs einer gleichwertigen Sicherheit gegen eine andere.

> BGH, Urt. v. 24.9.2020 – IX ZR 289/18, BGHZ 227, 123 = ZIP 2020, 2079 = NZI 2020, 1046 = ZInsO 2020, 2262 Rn. 41.

511 Nach Nr. 15 Abs. 1 AGB-Banken erwirbt die Bank zur Sicherung ihrer Ansprüche aus der Kontoverbindung an einem eingereichten Scheck im Zeitpunkt der Einreichung Sicherungseigentum; zugleich geht nach Nr. 15 Abs. 2 AGB-Banken auf sie die zugrunde liegende Forderung über. Da die Abtretung folglich erst zum Zeitpunkt der Scheckeinreichung Wirksamkeit erlangt, liegt bei Einreichung des Schecks in kritischer Zeit eine inkongruente Deckung vor.

> BGH, Urt. v. 8.3.2007 – IX ZR 127/05, ZIP 2007, 924, 925 Rn. 17 ff = WM 2007, 897 = NJW 2007, 2324 = NZI 2007, 337.

Die gesicherte Forderung und das Sicherungsgut müssen so bestimmt umschrieben sein, dass auf die Vereinbarung eine Klage auf Einräumung des Sicherungsguts gestützt werden kann. 512

> BGH, Urt. v. 3.4.1968 – VIII ZR 23/66, WM 1968, 683 = LM § 3 AnfG Nr. 14 = BB 1968, 609;
>
> BGH, Urt. v. 12.11.1991 – IX ZR 236/91, ZIP 1993, 276 = WM 1993, 270, dazu *Onusseit*, EWiR 1993, 161.

Zu unbestimmt ist der sich aus Nr. 13 AGB-Banken ergebende allgemeine Anspruch auf Bestellung oder Verstärkung bankmäßiger Sicherheiten, weil die Inkongruenz nur durch einen bestimmten Sicherungsanspruch ausgeschlossen wird, der auf einen von vornherein individualisierbaren Gegenstand gerichtet ist. 513

> BGH, Urt. v. 3.12.1998 – IX ZR 313/97, ZIP 1999, 76, 77 = WM 1999, 12 = NJW 1999, 645 = NZI 1999, 70 = ZInsO 1999, 107, dazu *Haas*, EWiR 1999, 169.

Eine schuldrechtliche Verpflichtung zur Sicherheitenbestellung (etwa zur Sicherungsübereignung) muss indes nicht schon so weit individualisiert sein wie die dingliche Einigungserklärung selbst. Lediglich solche Vereinbarungen reichen nicht aus, welche Art und Umfang der Sicherheit oder die Auswahl der Sicherungsgegenstände noch offenlassen. 514

> BGH, Urt. v. 4.12.1997 – IX ZR 47/97, ZIP 1998, 248 = WM 1998, 248 = NJW 1998, 1561, dazu *Gerhardt*, EWiR 1998, 225.

Die Anforderungen an die Bestimmtheit des Sicherungsguts hat der BGH im Rahmen zur Sicherheit erteilter Globalabtretungen gelockert, um die in der kritischen Zeit entstehenden Forderungen nicht mit dem Verdikt der Inkongruenz zu belegen. Im Zeitpunkt des Globalabtretungsvertrages sind die künftig entstehenden Forderungen zwar nicht konkret bestimmt. Bei Vertragsschluss ist immerhin in allgemeinen Umrissen, jedoch noch nicht in den Einzelheiten erkennbar, wann, woraus und in welchem Umfang neue Forderungen entstehen. Die Begründung zukünftiger Forderungen ist gleichwohl nach Inhalt und Sinn eines Vertrages dem freien Belieben des Schuldners entzogen. Der Umfang der in Zukunft auf die Bank übergehenden Forderungen des Schuldners wird zudem in abstrakter Form bereits rechtlich bindend festgelegt. Die Abtretung der zukünftigen Forderungen enthält bereits selbst alle Merkmale, aus denen der Übertragungstatbestand besteht. Die Entstehung der abgetretenen Forderung gehört sogar dann nicht dazu, wenn noch nicht einmal der Rechtsgrund für sie gelegt ist. Der Zedent nimmt bei der Globalzession die Erfüllungshandlung sofort vor. Die Bezeichnung „sämtliche bestehenden und künftigen Forderungen aus Warenlieferungen und Leistungen von Anfangsbuchstaben A bis Z“ genügt dem Bestimmtheitsgebot im Rahmen des § 398 BGB. Für den Globalzessionsvertrag ist eine solche Formulierung allgemein üblich. Globalzessionsverträge sind darum auch hin- 515 sichtlich der in der kritischen Zeit entstehenden Forderungen grundsätzlich nur als kongruente Deckung anfechtbar.

> BGH, Urt. v. 29.11.2007 – IX ZR 30/07, BGHZ 174, 297, 304, 305 Rn. 26, 27 = ZIP 2008, 183, 184 = WM 2008, 204 = NJW 2008, 430 = ZInsO 2008, 91,
> dazu *Ries*, EWiR 2008, 187.

516 Sind zukünftige Forderungen hinsichtlich ihrer Entstehung als kongruente Deckung zu behandeln, trifft dies auch für die Leistungen zu, die diese Forderungen werthaltig machen.

> BGH, Urt. v. 29.11.2007 – IX ZR 30/07, BGHZ 174, 297, 310 Rn. 38 = ZIP 2008, 183, 184 = WM 2008, 204 = NJW 2008, 430 = ZInsO 2008, 91;
>
> BGH, Urt. v. 26.6.2008 – IX ZR 144/05, ZIP 2008, 1435, 1437 Rn. 23, 27 = WM 2008, 1512 = NZI 2008, 539 = ZInsO 2008, 801,
> dazu *Eckardt*, EWiR 2008, 689;
>
> BGH, Urt. v. 26.6.2008 – IX ZR 47/05, ZIP 2008, 1437, 1439 Rn. 22 = WM 2008, 1442 = NZI 2008, 551 = ZInsO 2008, 803,
> dazu *D. Schulz*, EWiR 2008, 659.

517 Die Forderung eines Schuldners, gegen die ein Gläubiger die Aufrechnung erklärt, wird regelmäßig erst dann werthaltig, wenn der Schuldner die von ihm geschuldete Leistung erbringt; auf den Zeitpunkt der Rechnungsstellung kommt es nicht an. Beim Werkvertrag verschafft erst die erbrachte Werkleistung dem Gegner die Möglichkeit, sich durch Aufrechnung zu befriedigen; das Werthaltigmachen der Forderung unterliegt als rechtserheblicher Realakt selbständig der Anfechtung. Eine Forderung wird erst werthaltig, wenn die bereits mit Vertragsschluss entstandene Aufrechnungslage dem aufrechnenden Gläubiger einen wirtschaftlichen Nutzen bringt; dieser besteht nicht, solange der Schuldner nichts geleistet hat, wofür der Gläubiger eine Vergütung schuldet.

> BGH, Urt. v. 14.2.2013 – IX ZR 94/12, ZIP 2013, 588 = WM 2013, 521 = NZI 2013, 344 = ZInsO 2013, 492 Rn. 12, 13,
> dazu *St. Krüger*, EWiR 2013, 325.

518 Diese Grundsätze sind auf die **Sicherungsübereignung** eines Warenlagers mit wechselndem Bestand übertragbar.

> BGH, Urt. v. 17.3.2011 – IX ZR 63/10, ZIP 2011, 773 Rn. 38 ff = NJW 2011, 1506 = NZI 2011, 366 = ZInsO 2011, 778,
> dazu *Knof*, EWiR 2011, 475;
>
> *Gerhardt*, in: Festschrift Fischer, S. 149, 153 ff;
> vgl. oben Rn. 225.

519 Der BGH hat in einer Sicherungsabtretung, die unter der aufschiebenden Bedingung der Zahlungseinstellung vereinbart wurde, eine inkongruente Deckung gesehen. Der Schuldner hat mit der Abtretung, die sich erst mit der Zahlungseinstellung vollendet, nicht eine Vertragspflicht zur Bestellung einer kongruenten Sicherung erfüllt. Die Inkongruenz ergibt sich daraus, dass die

Sicherungsabtretung ausschließlich für den Fall der Zahlungseinstellung vereinbart wurde. Zu diesem Zeitpunkt konnte der Zessionar die Forderung wegen der Benachteiligung anderer Gläubiger nur noch in anfechtbarer Weise erwerben.

> BGH, Urt. v. 18.2.1993 – IX ZR 129/92, ZIP 1993, 521 = WM 1993, 738 = NJW 1993, 1640, dazu *Paulus*, EWiR 1993, 389.

Inkongruent ist ferner eine Sicherheit, die während der Krise im Wege der Zwangsvollstreckung erlangt wird. Lange Zeit wurde dies damit begründet, dass der Gläubiger auf eine derartige Sicherheit – etwa ein Pfändungspfandrecht – keinen Anspruch gehabt habe. 520

> Etwa BGH, Urt. v. 3.7.1984 – IX ZR 82/83, ZIP 1984, 978 = WM 1984, 1103 = NJW 1985, 200;
>
> BGH, Urt. v. 22.11.1990 – IX ZR 103/90, ZIP 1991, 39 = WM 1991, 152 = NJW 1991, 980, dazu *Wellensiek/Oberle*, EWiR 1991, 277.

Diese Sicht hat der BGH unterdessen variiert. Jetzt leitet er die Inkongruenz aus der zeitlichen Vorziehung des insolvenzrechtlichen Gleichbehandlungsgrundsatzes und der damit verbundenen Zurückdrängung des Prioritätsprinzips sowie aus der Erwägung, dass nach Eintritt der Krise und der damit verbundenen materiellen Insolvenz eine Ungleichbehandlung nicht mehr durch den Einsatz staatlicher Zwangsmittel insolvenzfest erzwungen werden soll. Wenn für die Gesamtheit der Gläubiger nicht mehr die Aussicht besteht, aus dem Vermögen des Schuldners volle Deckung zu erhalten, tritt die Befugnis der Gläubiger, sich mithilfe hoheitlicher Zwangsmittel eine rechtsbeständige Sicherung oder Befriedigung der eigenen fälligen Forderung zu verschaffen, hinter dem Schutz der Gläubigergesamtheit zurück. 521

> BGH, Urt. v. 9.9.1997 – IX ZR 14/97, BGHZ 136, 309 = ZIP 1997, 1929 = WM 1997, 2093 = NJW 1997, 3445, dazu *Gerhardt*, EWiR 1998, 37; *Eckardt*, LM § 30 KO Nr. 64;
>
> vgl. auch Jaeger-*Henckel*, InsO, § 131 Rn. 50 ff.

§ 131 InsO verdrängt in den letzten drei Monaten vor dem Eröffnungsantrag den Prioritätsgrundsatz zugunsten der Gleichbehandlung der Gläubiger. Rechtshandlungen, die während dieses Zeitraums auf hoheitlichem Zwang beruhen, sind inkongruent. Das gilt auch dann, wenn eine Sicherung (oder Befriedigung) unter dem Druck einer drohenden Zwangsvollstreckung gewährt wurde, der Gläubiger also zum Ausdruck gebracht hat, er werde alsbald die Mittel der Vollstreckung einsetzen, wenn der Gläubiger die Forderung nicht erfülle. Für die Beurteilung der Anfechtbarkeit ist es nicht wesentlich, ob die Zwangsvollstreckung im formalrechtlichen Sinne schon begonnen hat. Eine Befriedigung oder Sicherung ist auch inkongruent, wenn sie unter dem Druck unmittelbar bevorstehender Zwangsvollstreckung gewährt wurde. Ein die Inkongruenz begründender Druck einer unmittelbar bevorstehenden 522

Zwangsvollstreckung besteht noch nicht, wenn der Schuldner nach Zustellung eines Vollstreckungsbescheides die titulierte Forderung erfüllt, ohne dass der Gläubiger die Zwangsvollstreckung zuvor eingeleitet oder angedroht hat. Ergibt sich aus dem Schreiben mit Ankündigung der Zwangsvollstreckung, dass der Schuldner nur wenige Tage Zeit hat, um die bereits angekündigte Zwangsvollstreckung durch Zahlung abzuwenden, wird der Vollstreckungsdruck erzeugt, durch dessen Inkongruenz § 131 InsO eingreift. Auf die Verwendung einer nach Tagen bemessenen Frist kommt es dabei nicht an. Die Leistung zur Abwendung der Zwangsvollstreckung kann darum auch dann als inkongruente Deckung anfechtbar sein, wenn der Gläubiger unter Ankündigung der Zwangsvollstreckung zur umgehenden Leistung auffordert, ohne eine letzte konkrete Frist zu setzen.

BGH, Urt. v. 15.5.2003 – IX ZR 194/02, ZIP 2003, 1304 = WM 2003, 1278 = ZInsO 2003, 611 = NZI 2003, 433, dazu *Eckardt*, EWiR 2003, 831; *Paulus/Zenker*, WuB VI C. § 131 InsO 3.03;

BGH, Urt. v. 22.1.2004 – IX ZR 39/03, BGHZ 157, 350 = ZIP 2004, 513 = ZVI 2004, 188 = WM 2004, 517 = NZI 2004, 206;

BGH, Urt. v. 17.2.2004 – IX ZR 318/01, ZIP 2004, 669 = ZVI 2004, 186 = WM 2004, 669 = NZI 2005, 690 = ZInsO 2004, 385, dazu *O'Sullivan*, EWiR 2004, 669;

BGH, Urt. v. 17.2.2004 – IX ZR 315/03, ZIP 2004, 766 = WM 2004, 835 = NZI 2004, 316: zu § 10 Abs. 1 Nr. 4 GesO;

BGH, Urt. v. 23.3.2006 – IX ZR 116/03, BGHZ 167, 11 = ZIP 2006, 916 = ZV 2006, 248 = WM 2006, 921 = NZI 2006, 397, dazu *Eckardt*, EWiR 2006, 537;

BGH, Urt. v. 20.1.2011 – IX ZR 8/10, ZIP 2011, 385 Rn. 7 ff. vgl. auch BGH, Urt. v. 20.11.2001 – IX ZR 159/00, ZIP 2002, 228 = ZInsO 2002, 125 = KTS 2002, 314, dazu *Grote*, EWiR 2002, 297;

OLG Stuttgart, Urt. 13.11.2002 – 3 U 19/02, ZIP 2002, 2264 = WM 2003, 1279 = ZInsO 2002, 1187, dazu *Winter*, EWiR 2003, 171;

kritisch *Gerhardt*, in: Festschrift Kreft, S. 267 ff.

523 Der Schuldner leistet unter dem Druck einer unmittelbar drohenden Zwangsvollstreckung nur dann, wenn der Gläubiger zum Ausdruck gebracht hat, dass er alsbald die Mittel der Zwangsvollstreckung einsetzen werde, sofern der Schuldner die Forderung nicht erfülle. Dies beurteilt sich aus der objektivierten Sicht des Schuldners. Die Schuldnerin hätte deshalb zur Zeit ihrer Leistung damit rechnen müssen, dass ohne sie der Gläubiger nach dem kurz bevorstehenden Ablauf einer letzten Zahlungsfrist mit der ohne weiteres zulässigen Zwangsvollstreckung sofort beginne.

BGH, Urt. v. 28.4.2022 – IX ZR 48/21, ZIP 2022, 1341 = NJW 2022, 2411 Rn. 48.

Inkongruent ist auch die Begleichung einer Geldstrafe auf die Ankündigung der Staatsanwaltschaft, im Falle der Nichtzahlung die Ersatzfreiheitsstrafe zu vollstrecken. 524

BGH, Urt. v. 14.10.2010 – IX ZR 16/10, ZIP 2010, 2358 Rn. 8 = ZVI 2011, 28 = WM 2010, 2319 = NZI 2011, 189.

Der zur Inkongruenz führende Vollstreckungsdruck kann nicht durch Rückstandsanzeigen bezüglich der vorausgegangenen Monatsbeiträge erzeugt werden. Inkongruenz wird durch den zumindest unmittelbar bevorstehenden hoheitlichen Zwang begründet. 525

BGH, Urt. v. 17.6.2010 – IX ZR 134/09, InsVZ 2010, 345 Rn. 8 = ZInsO 2010, 1324.

Wird die **Vorpfändung** schon vor der kritischen Zeit ausgebracht, folgt die Hauptpfändung innerhalb der Monatsfrist des § 845 Abs. 2 ZPO nach und fällt sie in den von § 131 InsO geschützten Zeitraum, richtet sich die Anfechtung insgesamt nach der Vorschrift des § 131 InsO. 526

BGH, Urt. v. 23.3.2006 – IX ZR 116/03, BGHZ 167, 11 = ZIP 2006, 916 = ZVI 2006, 248 = WM 2006, 921 = NZI 2006, 397, dazu *Eckardt*, EWiR 2006, 537.

Zahlt der Schuldner innerhalb der gesetzlichen Dreimonatsfrist freiwillig auf eine fällige Forderung, während andere Gläubiger mit ihren ebenfalls fälligen Forderungen leer ausgehen, so führt diese Verletzung der Gläubigergleichbehandlung nur unter den Voraussetzungen des § 130 InsO zur Anfechtbarkeit. Der befriedigte Gläubiger muss in diesen Fällen, um zur Rückgewähr verpflichtet zu sein, grundsätzlich die Zahlungsunfähigkeit des Schuldners oder den wegen seiner Insolvenz gestellten Eröffnungsantrag gekannt haben. Das ist nach § 131 InsO nicht erforderlich. Die schärfere Haftung nach dieser Vorschrift ist nur gerechtfertigt, wenn der Gläubiger abgesehen von der Erwirkung eines Vollstreckungstitels weiteren Druck auf den Schuldner ausgeübt hat, die fällige Leistung zu erbringen. Erst wenn der Gläubiger deutlich gemacht hat, er werde alsbald die Zwangsvollstreckung einleiten, sofern der titulierte Forderungsbetrag nunmehr nicht beglichen werden sollte, hat er sich eines Mittels bedient, welches mit dem Vorrang der Gläubigergleichbehandlung in dem von den §§ 130–132 InsO besonders geschützten Zeitraum nicht vereinbar ist. 527

BGH, Urt. v. 7.12.2006 – IX ZR 157/05, ZIP 2006, 136, 137 Rn. 15 = WM 2007, 227 = NJW 2007, 848 = NZI 2007, 161, dazu *Hoos*, EWiR 2007, 245.

Eine im letzten Monat vor der Insolvenzeröffnung im Vollstreckungswege erlangte Sicherung bedarf nicht der Anfechtung, weil bereits § 88 ihrer Wirksamkeit entgegensteht. Ausnahmsweise mag eine Anfechtung angezeigt sein, falls die Sicherheit vor Insolvenzeröffnung bereits verwertet wurde. Erfüllt der Schuldner nach Zustellung eines Vollstreckungsbescheides, der keine Vollstreckungsandrohung, letzte Frist oder Zahlungsaufforderung enthält, die titu- 528 lierte Forderung innerhalb der gesetzlichen Dreimonatsfrist, ist die Deckung nicht inkongruent, wenn der Gläubiger die Zwangsvollstreckung zuvor weder eingeleitet noch angedroht hat. Nicht die von Amts wegen veranlasste Zustellung des Titels, sondern eine Ankündigung oder Androhung der Zwangsvollstreckung nimmt der nachfolgenden Leistung des Schuldners aus objektiver Sicht den Charakter der Freiwilligkeit. Beim klausellosen Vollstreckungsbescheid lässt die bloße Zustellung nicht einmal auf Vollstreckungsabsichten des Gläubigers schließen.

BGH, Urt. v. 7.12.2006 – IX ZR 157/05, ZIP 2006, 136, 137 Rn. 15 = WM 2007, 227 = NJW 2007, 848 = NZI 2007, 161.

529 Veranlasst das Kreditinstitut nach Pfändung eines überzogenen Kontos den Schuldner durch Gewährung von Darlehensmitteln, die der Pfändung zugrunde liegende Forderung zu begleichen, liegt eine inkongruente Befriedigung vor, weil der Schuldner keine unmittelbar bevorstehende Zwangsvollstreckung abgewendet, sondern eine bereits in Gang befindliche Zwangsvollstreckung durch Leistung an den Vollstreckungsgläubiger erledigt hat.

BGH, Urt. v. 28.2.2008 – IX ZR 213/06, ZIP 2008, 701, 703 Rn. 21 = WM 2008, 704 = NZI 2008, 297 = ZInsO 2008, 374, dazu *Göb*, EWiR 2008, 757.

530 Die Rechtsprechung des BGH, eine unter dem Druck der Zwangsvollstreckung erwirkte Zahlung des Schuldners auf eine titulierte Forderung innerhalb der Krise sei eine inkongruente Deckung, hat das AG Kerpen für verfassungswidrig (Verstoß gegen den Grundsatz der Gewaltenteilung und der Gleichbehandlung) gehalten. Diese Auffassung hat aber keinen weiteren Nachhall gefunden.

AG Kerpen, Urt. v. 8.11.2005 – 22 C 158/05, ZIP 2005, 2327 = ZInsO 2006, 219,
dazu *Eckardt*, EWiR 2006, 215;
Marotzke, ZInsO 2006, 190.

531 Es entspricht der Rechtsprechung des BGH, dass eine während der „kritischen" Zeit im Wege der Zwangsvollstreckung erlangte Sicherung oder Befriedigung auch dann als inkongruent anzusehen ist, wenn die Vollstreckung auf einer spezialgesetzlichen Ermächtigungsgrundlage der Finanzbehörden beruht. Vollstreckungsbefugnisse staatlicher Stellen lassen also die Inkongruenz nicht entfallen.

BGH, Beschl. v. 11.10.2007 – IX ZR 87/06, ZIP 2007, 2228, 2229 Rn. 3 = WM 2007, 2158 = NZI 2007, 721 = ZInsO 2007, 1223.

532 Zwangsvollstreckungsmaßnahmen sind nur dann als inkongruent anfechtbar, wenn sie- selbst bei schon zuvor gegebener Zahlungsunfähigkeit des Schuldners – in den letzten drei Monaten vor dem Eröffnungsantrag vorgenommen wurden. Zwangsvollstreckungsmaßnahmen von Gläubigern vor diesem Zeitraum können daher nicht als inkongruent angesehen werden, selbst wenn die Verwertung innerhalb der kritischen Zeit erfolgt. Dasselbe gilt dann auch für

Leistungen des Schuldners, die dieser mehr als drei Monate vor dem Eröffnungsantrag auf eine fällige Forderung zur Vermeidung einer unmittelbar bevorstehenden Zwangsvollstreckung erbracht hat. Außerhalb der gesetzlichen Krise geleistete Zahlungen zur Abwendung der Zwangsvollstreckung sind mithin kongruent und nur unter den Voraussetzungen von § 133 Abs. 1 InsO – allerdings ohne Rückgriff auf das Beweisanzeichen der Inkongruenz – anfechtbar.

> BGH, Urt. v. 27.5.2003 – IX ZR 169/02, BGHZ 155, 75 = ZIP 2003, 1506 = ZVI 2003, 410 = WM 2003, 1690 = NZI 2003, 533,
> dazu *Hölzle*, EWiR 2003, 1097;
>
> BGH, Urt. v. 17.7.2003 – IX ZR 215/02, ZIP 2003, 1900 = ZVI 2003, 527 = NZI 2004, 87;
>
> BGH, Urt. v. 17.7.2003 – IX ZR 272/02, ZIP 2003, 1799 = WM 2003, 1923 = ZInsO 2003, 850 = NZI 2003, 597,
> dazu *Gerhardt*, EWiR 2003, 25;
> *Huber*, NZI 2003, 599;
> *Lessing*, LMK 2004, 37;
>
> BGH, Urt. v. 22.1.2004 – IX ZR 39/03, BGHZ 157, 350, 355 = ZIP 2004, 513 = ZVI 2004, 188 WM 2004, 517 = NJW 2004, 1444 = NZI 2004, 206 = ZInsO 2004, 270;
>
> BGH, Urt. v. 13.5.2004 – IX ZR 190/03, ZIP 2004, 1512 = ZVI 2004, 392 = WM 2004, 1587 = NZI 2005, 692 = ZInsO 2004, 859,
> dazu *Pape*, EWiR 2005, 85;
>
> BGH, Urt. v. 8.12.2005 – IX ZR 182/01, ZIP 2006, 290 = WM 2006, 190 = NJW 2006, 1347 = NZI 2006, 159 = ZInsO 2006, 94;
>
> BGH, Beschl. v. 18.6.2009 – IX ZR 7/07, Rn. 6 = ZIP 2009, 1434 = ZVI 2009, 497 = ZInsO 2009, 1394.

Leistet der Schuldner zur Abwendung eines gestellten oder eines angedroh- **533**
ten Insolvenzantrags, bewirkt dies innerhalb und außerhalb der gesetzlichen Krise eine inkongruente Deckung. Der Insolvenzantrag ist niemals ein geeignetes Mittel, um Ansprüche außerhalb eines Insolvenzverfahrens durchzusetzen. Die dadurch bewirkten Leistungen sind inkongruent, weil sie weder dem Inhalt des Schuldverhältnisses entsprechen noch mit Zwangsmitteln erlangt worden sind, die dem einzelnen Gläubiger zur Durchsetzung seiner Ansprüche vom Gesetz zur Verfügung gestellt werden. Dem Schuldner, der einen Gläubiger nach gestelltem Insolvenzantrag befriedigt, kommt es nicht in erster Linie auf die Erfüllung seiner gesetzlichen oder vertraglichen Pflichten an, sondern er will diesen Gläubiger zur Rücknahme des Insolvenzantrags bewegen.

> BGH, Urt. v. 18.12.2003 – IX ZR 199/02, BGHZ 157, 242 = ZIP 2004, 319 = ZVI 2004, 98 = WM 2004, 299 = NZI 2004, 201,
> dazu *Homann*, EWiR 2004, 865;
>
> BGH, Urt. v. 25.10.2012 – IX ZR 117/11, ZIP 2012, 2355 = WM 2012, 2251 = NZI 2012, 963 = ZInsO 2012, 2244 Rn. 10;

BGH, Urt. v. 7.3.2013 – IX ZR 216/12, ZIP 2013, 838 = WM 2013, 806 = NZI 2013, 492 = ZInsO 2013, 778 Rn. 11, dazu *Priebe*, EWiR 2013, 355.

534 Wer den Insolvenzantrag zur Durchsetzung von Ansprüchen eines einzelnen Gläubigers missbraucht, erhält eine Leistung, die ihm nach Sinn und Zweck der gesetzlichen Regelung auf diesem Weg nicht zusteht. Die Leistung ist inkongruent, auch außerhalb des Dreimonatszeitraums der Deckungsanfechtung. Entsprechendes gilt, wenn ein Insolvenzantrag nicht gestellt, sondern nur angedroht ist. Eine die Inkongruenz begründende Drucksituation ist dann anzunehmen, wenn sich die mit der Mahnung verbundenen Hinweise auf ein mögliches Insolvenzverfahren nicht in Unverbindlichkeiten erschöpfen, sondern gezielt als Mittel der persönlichen Anspruchsdurchsetzung verwendet werden. Für die Frage, ob eine die Inkongruenz begründende Drohung mit einem Insolvenzantrag vorliegt, ist es ausreichend, wenn der Schuldner zur Zeit der Leistung aus seiner – ebenfalls objektivierten – Sicht ernsthaft damit rechnen muss, der Gläubiger werde nach Ablauf der gesetzten Zahlungsfrist Insolvenzantrag stellen. Hierfür genügt eine Formulierung, die dies zwar nicht ausdrücklich androht, ein derart geplantes Vorgehen aber „zwischen den Zeilen" deutlich werden lässt.

BGH, Urt. v. 7.3.2013 – IX ZR 216/12, ZIP 2013, 838 = WM 2013, 806 = NZI 2013, 492 = ZInsO 2013, 778 Rn. 12, 13.

535 Nach der Rechtsprechung des Senats bedarf es auch im Falle der Drohung mit einem Insolvenzantrag eines Zurechnungszusammenhangs zwischen der Drohung und der Zahlung. Entscheidend ist hierbei, ob die aus objektivierter Sicht zu beurteilende Wirkung der Androhung bis zur Zahlung fortgewirkt hat, ggf. über die gesetzte Zahlungsfrist hinaus. Erfolgt die Zahlung einen Tag nach Ablauf der gesetzten Frist, dauerten die Wirkungen der Drohung gegen die Schuldnerin offenkundig noch an.

BGH, Urt. v. 7.3.2013 – IX ZR 216/12, ZIP 2013, 838 = WM 2013, 806 = NZI 2013, 492 = ZInsO 2013, 778 Rn. 17.

536 Nach einer Entscheidung des LG Dresden reicht der in einer Mahnung enthaltene Hinweis, dass die Rücknahme eines Insolvenzantrags in der Regel nicht mehr möglich sei, nicht aus, um die Drohung mit einem Insolvenzantrag anzunehmen.

LG Dresden, Beschl. v. 6.7.2006 – 10 O 1330/06, ZInsO 2006, 1000.

537 Bislang wurde die Eintragung einer Vormerkung für einen (unanfechtbar begründeten) Anspruch auf Einräumung einer Bauhandwerkersicherungshypothek nach § 648 Abs. 1 BGB auch dann als kongruent angesehen, wenn die Vormerkung aufgrund einer einstweiligen Verfügung nach § 885 BGB erwirkt wurde.

BGH, Urt. v. 30.4.1959 – VIII ZR 179/58, WM 1959, 891;

BGH, Urt. v. 21.12.1960 – VIII ZR 204/59, BGHZ 61, 254 = WM 1961, 174 = NJW 1961, 174;

BGH, Urt. v. 27.11.1974 – VIII ZR 21/73, WM 1975, 6.

Dies erscheint wegen der zwangsweisen Durchsetzung des Anspruchs mit der neuen Rechtsprechung in dieser Allgemeinheit kaum vereinbar. **538**

Jaeger-*Henckel*, InsO, § 131 Rn. 67 ff;
MünchKomm-InsO/*Freudenberg*, § 131 Rn. 29.

Die aus Vollstreckungsmaßnahmen herrührende Inkongruenz kann nicht auf andere Drucksituationen übertragen werden. Nicht inkongruent ist darum die auf Druck mit einem Strafantrag erlangte Zahlung; gleiches gilt bei Bewirkung der Zahlung aufgrund einer außerordentlichen Kündigung des Mietverhältnisses. Die Anfechtung wegen Inkongruenz ist damit auf diejenigen Fälle beschränkt, in denen „Druck" durch – für sich zulässige – Maßnahmen der Einzel- oder Gesamtvollstreckung ausgeübt wird. Ansonsten sind die unter „Druck" erfolgten Befriedigungen und Sicherungen als kongruent zu bewerten, die unter Umständen nach § 130 InsO anfechtbar sind. **539**

Kirchhof, ZInsO 2004, 1168, 1171;
Kreft, DStR 2005, 1192, 1233.

Die an ein Energieversorgungsunternehmen erbrachten fälligen Zahlungen zur Abwendung einer in Aussicht gestellten Sperre der Versorgungsleistungen unterliegen mangels Androhung von Vollstreckungsmaßnahmen nicht unter dem Gesichtspunkt einer inkongruenten Deckung der Anfechtung. **540**

OLG Köln, Urt. v. 2.11.2006 – 2 U 86/06 HB, ZIP 2007, 137 = ZInsO 2007, 382.

bb) Nicht in der Art zu beanspruchende Sicherung

Nicht in der Art zu beanspruchen hat der Insolvenzgläubiger eine Sicherung, wenn der Schuldner eine andere Sicherheit leistet, als er sie vertraglich oder nach dem Gesetz schuldet. **541**

BGH, Urt. v. 23.5.1985 – IX ZR 124/84, ZIP 1985, 1008 = WM 1985, 923,
dazu *Henckel*, EWiR 1985, 537;

BGH, Urt. v. 12.11.1992 – IX ZR 236/91, ZIP 1993, 276 = WM 1993, 270,
dazu *Onusseit*, EWiR 1993, 161.

Geringfügige Abweichungen schaden nicht, wenn die gewährte Sicherheit mit der geschuldeten gleichwertig ist und nicht den Verdacht erweckt, der Schuldner könne aus Gründen einer finanziellen Schwäche die geschuldete Sicherheit nicht gewähren. So kann eine Inkongruenz zu verneinen sein, wenn statt des versprochenen Pfandrechts an einer Sache diese zur Sicherheit übereignet wird, **542**

RG JW 1909, 734,

oder wenn statt einer Sicherungshypothek eine Grundschuld bestellt wird.

RG WarnRspr. 1933 Nr. 18.

543 Kongruent sind auch Leistungen durch bargeldlose Überweisung und eigene Schecks sowie Abbuchungen im Lastschriftverfahren aufgrund einer Einziehungsermächtigung des Schuldners.

BGH, Urt. v. 9.1.2003 – IX ZR 85/02, ZIP 2003, 356 = WM 2003, 398 = NZI 2003, 197 = ZInsO 2003, 178, dazu *Pape*, EWiR 2003, 281;

BGH, Urt. v. 13.12.2012 – IX ZR 1/12, ZIP 2013, 324 = WM 2013, 213 = NZI 2013, 301 = ZInsO 2013, 245 Rn. 12, dazu *Beutler/Werner*, EWiR 2013, 215.

cc) Nicht zu der Zeit zu beanspruchende Sicherung

544 Nicht zu der Zeit hat der Insolvenzgläubiger eine Sicherung zu beanspruchen, wenn er sie früher erhalten hat als geschuldet.

MünchKomm-InsO/*Freudenberg*, § 131 Rn. 40, 43.

545 Eine Kontosperre ist inkongruent, wenn die Bank zum Zeitpunkt ihrer Ausübung kein Sicherungsrecht an dem Kontoguthaben hat.

BGH, Urt. v. 12.2.2004 – IX ZR 98/03, ZIP 2004, 620 = WM 2004, 666 = NJW 2004, 1660 = ZInsO 2004, 342 = NZI 2004, 314;
dazu *Fischer/Dissen*, DZWIR 2004, 368.

546 Eine Grundschuld stellt eine nicht zu der Zeit zu beanspruchende Sicherheit dar, wenn eine zu sichernde Forderung fehlt.

2. Zeitstufen

547 a) Die Anfechtung nach § 131 Abs. 1 Nr. 1 InsO setzt nur voraus, dass die Deckungshandlung bis zu einem Monat vor dem Eröffnungsantrag oder nach diesem Antrag vorgenommen wurde. Dies richtet sich nach § 140 InsO. Bei mehreren Anträgen gilt § 139 Abs. 2 InsO. Auf eine Zahlungsunfähigkeit oder subjektive Momente kommt es nicht an.

MünchKomm-InsO/*Freudenberg*, § 131 Rn. 46.

548 b) § 131 Abs. 1 Nr. 2 InsO erschwert gegenüber Nummer 1 die Anfechtungsvoraussetzungen für Deckungshandlungen, die innerhalb des zweiten oder dritten Monats vor dem Eröffnungsantrag vorgenommen wurden. Hier muss eine – vom Insolvenzverwalter zu beweisende – Zahlungsunfähigkeit des Schuldners zur Zeit – d. h. bei Vornahme – der Rechtshandlung (§ 140 InsO) hinzukommen. Subjektive Momente spielen auch in diesem Fall keine Rolle.

549 c) § 131 Abs. 1 Nr. 3 InsO, der zusammen mit Absatz 2 zu lesen ist, welcher sich nur auf diesen Fall bezieht, betrifft dieselbe Zeitspanne wie § 131 Abs. 1 Nr. 2 InsO. Diese Variante setzt jedoch nicht das Merkmal der Zahlungsun-

fähigkeit voraus. Stattdessen verlangt sie, dass dem Gläubiger bei Vornahme der Deckungshandlung (§ 140 InsO) die damit verbundene (unmittelbare oder mittelbare) Benachteiligung der Insolvenzgläubiger – die Grundvoraussetzung jeder Anfechtung – bekannt war. Diese Kenntnis hat ein Gläubiger, der weiß, dass mit der Deckungshandlung das Vermögen des Schuldners geschmälert wird und dieser wegen seiner finanziell beengten Lage in absehbarer Zeit nicht in der Lage ist, sämtliche Gläubiger zu befriedigen.

> Vgl. dazu etwa BGH, Urt. v. 5.12.1994 – IX ZR 24/94, BGHZ 128, 196 = ZIP 1995, 293 = WM 1995, 446 = NJW 1995, 1090;
>
> BGH, Urt. v. 26.6.1997 – IX ZR 203/96, ZIP 1997, 1509 = WM 1997, 1633 = NJW 1997, 3175, dazu *M. Huber*, EWiR 1997, 897;
>
> BGH, Urt. v. 26.9.2002 – IX ZR 66/99, ZIP 2003, 128 = WM 2003, 59 = NZI 2003, 93 = ZInsO 2003, 80;
>
> BGH, Urt. v. 18.12.2003 – IX ZR 199/02, BGHZ 157, 242 = ZIP 2004, 319 = ZVI 2004, 98 = WM 2004, 299 = NJW 2004, 1385 = NZI 2004, 201 = ZInsO 2004, 145, dazu *Homann*, EWiR 2004, 865.

§ 131 Abs. 2 Satz 1 InsO stellt der Kenntnis von der Benachteiligung der In- **550** solvenzgläubiger die Kenntnis von Umständen gleich, die zwingend auf die Benachteiligung schließen lassen.

> MünchKomm-InsO/*Freudenberg*, § 131 Rn. 54;
>
> vgl. auch BGH, Urt. v. 22.1.2004 – IX ZR 39/03, BGHZ 157, 350 = ZIP 2004, 513 = ZVI 2004, 188 WM 2004, 517 = NJW 2004, 1444 = NZI 2004, 206 = ZInsO 2004, 270.

Allein aus der Inkongruenz der Deckungshandlung kann eine derartige Kennt- **551** nis schwerlich gefolgert werden, denn sonst wäre dieses subjektive Anfechtungserfordernis überflüssig.

> MünchKomm-InsO/*Freudenberg*, § 131 Rn. 63.

Die Beweislast für die Kenntnis des Gläubigers von der Benachteiligung der **552** Insolvenzgläubiger oder von Umständen, die zwingend auf die Benachteiligung schließen lassen, liegt grundsätzlich beim Insolvenzverwalter.

> BGH, Urt. v. 22.7.2004 – IX ZR 183/03, ZIP 2004, 1819 = WM 2004, 1837 = NZI 2004, 623 = ZInsO 2004, 967, dazu *Holzer*, EWiR 2005, 29.

Ist dem Gläubiger jedoch eine finanziell beengte Lage des Schuldners be- **553** kannt, kann die Inkongruenz einer Deckung auch im Rahmen von § 131 Abs. 1 Nr. 3 InsO ein nach § 286 ZPO zu berücksichtigendes Beweisanzeichen für die Kenntnis von einer Gläubigerbenachteiligung sein.

> BGH, Urt. v. 18.12.2003 – IX ZR 199/02, BGHZ 157, 242 = ZIP 2004, 319 = ZVI 2004, 98 = WM 2004, 299 = NJW 2004, 1385 = NZI 2004, 201 = ZInsO 2004, 145, dazu *Homann*, EWiR 2004, 865;

BGH, Urt. v. 22.7.2004 – IX ZR 183/03, ZIP 2004, 1819 = WM 2004, 1837 = NZI 2004, 623 = ZInsO 2004, 967, dazu *Holzer*, EWiR 2005, 29;

BGH, Urt. v. 2.2.2006 – IX ZR 82/02, ZInsO 2006, 371;

BGH, Urt. v. 20.7.2006 – IX ZR 44/05, ZIP 2006, 1591, 1592 Rn. 10 = ZVI 2006, 401 = WM 2006, 1637, 1638 = NZI 2006, 581.

554 § 131 Abs. 2 Satz 2 InsO kehrt gegenüber Personen, die dem Schuldner zur Zeit der Deckungshandlung i. S. v. § 138 InsO nahestanden, für die subjektiven Voraussetzungen in beiden Alternativen die Beweislast um.

MünchKomm-InsO/*Freudenberg*, § 131 Rn. 64.

III. § 132 InsO

555 Während §§ 130, 131 InsO Leistungen auf bereits bestehende Verbindlichkeiten des Schuldners (also Deckungen) erfassen, will § 132 Abs. 1 InsO dem Insolvenzverwalter vor allem ein Mittel gegen die Begründung von gläubigerbenachteiligenden Verbindlichkeiten des Schuldners in der Krise an die Hand geben. Die Anfechtung dient in erster Linie dazu, durch einen auf sie gestützten Widerspruch des Insolvenzverwalters eine Feststellung der aus den in Rede stehenden Rechtsgeschäften resultierenden Gläubigerforderungen zur Tabelle zu verhindern.

556 Die Regelung ist insbesondere einschlägig, soweit Rechtshandlungen betroffen sind, durch die eine Insolvenzforderung begründet wurde. Ferner werden Rechtshandlungen erfasst, die gegenüber Personen vorgenommen wurden, die nicht als Insolvenzgläubiger anzusehen sind.

557 Die Vorschrift meint insbesondere unmittelbar benachteiligende schuldrechtliche Verträge, durch die der Schuldner, für den auch ein Vertreter handeln kann, etwa Sachen zu einem überhöhten Preis erwirbt oder zwar zu einem angemessenen Preis, aber verbunden mit der Verpflichtung zur Begleichung nicht mehr durchsetzbarer Altverbindlichkeiten.

BGH, Urt. v. 13.3.2003 – IX ZR 56/02, ZIP 2003, 855 = ZInsO 2003, 420;

BGH, Urt. v. 13.3.2003 – IX ZR 64/02, BGHZ 154, 190 = ZIP 2003, 810 = WM 2003, 893 = NZI 2003, 315 = WM 2003, 893, dazu *Huber*, EWiR 2003, 719.

558 Eine Kongruenzvereinbarung ist nur dann gemäß §§ 130, 131 InsO anfechtbar, wenn dadurch die Kongruenz einer Deckung hergestellt werden soll, die nicht auf der Grundlage eines privilegierten Bargeschäfts stattfindet. Die Tatbestände der §§ 130, 131 InsO sollen dagegen nicht solche Fälle erfassen, in denen ein schuldrechtlicher Vertrag i. S. d. § 132 InsO sofort bargeschäftlich erfüllt wird. Da bei einem Bargeschäft (§ 142 InsO) eine unmittelbare Gläubigerbenachteiligung ausscheidet, würde der Zweck des § 132 InsO verfehlt, wenn die Erfüllung eines nicht unmittelbar benachteiligenden und deshalb nach § 132 InsO unanfechtbaren Deckungsgeschäfts als Deckungshandlung anfechtbar wäre. Deshalb verdrängt die Vorschrift des § 132 InsO bei Abschluss einer Kongruenzvereinbarung die Regelung des § 131 InsO, wenn hierdurch eine Sicherung oder Befriedigung auf der Grundlage eines privilegierten Bargeschäfts ermöglicht wird. Nach Sinn und Zweck der §§ 132, 142 InsO ist eine abändernde Kongruenzvereinbarung, durch die ein Bargeschäft erst ermöglicht wird, mithin der Deckungsanfechtung entzogen. Die nachträgliche Kongruenzvereinbarung unterfällt regelmäßig auch nicht der Anfechtung nach § 132 InsO, weil sie infolge der damit verbundenen Leistungserbringung durch den späteren Anfechtungsgegner die Forderung des Schuldners gegen seinen Vertragspartner erst werthaltig machte und deshalb die Gläubiger nicht unmittelbar benachteiligte.

> BGH, Urt. v. 17.12.2015 – IX ZR 287/14, ZIP 2016, 279 Rn. 19
> = WM 2016, 282,
> dazu *Bork*, EWiR 2016, 113.

Da eine unmittelbare Gläubigerbenachteiligung nicht vorlag, hat der BGH offengelassen, ob die Zustimmung des Schuldners zur Einstellung eines Strafverfahrens nach § 153a StPO als Rechtsgeschäft i. S. d. § 132 zu verstehen ist. **559**

> BGH, Urt. v. 5.6.2008 – IX ZR 17/07, ZIP 2008, 1291 f Rn. 9
> = ZVI 2008, 533 = WM 2008, 1412 = NZI 2008, 488.

§ 132 Abs. 2 InsO enthält einen Auffangtatbestand, der von Absatz 1 sowie §§ 130, 131 nicht erfasste Regelungslücken schließen will, die insbesondere bei der Anfechtung von Unterlassungen (§ 129 Abs. 2 InsO) gesehen wurden. Auf diese ist die Norm in erster Linie zugeschnitten. **560**

Im Gegensatz zu Absatz 1, der eine unmittelbare Gläubigerbenachteiligung verlangt, reicht – ungeachtet der Überschrift des § 132 InsO – eine mittelbare Gläubigerbenachteiligung hier regelmäßig aus, weil die tatbestandlichen Voraussetzungen dies erfordern. **561**

> MünchKomm-InsO/*Freudenberg*, § 132 Rn. 27.

§ 132 Abs. 3 InsO erklärt § 130 Abs. 2 und 3 InsO für entsprechend anwendbar. **562**

IV. § 142 InsO (Bargeschäft)

1. Vertragliche Verknüpfung von Leistung und Gegenleistung

Unter dem Gesichtspunkt des Bargeschäfts werden Leistungen privilegiert, für die vereinbarungsgemäß unmittelbar eine gleichwertige Gegenleistung in das Schuldnervermögen gelangt ist (§ 142 InsO). Dieser Ausnahmeregelung liegt der wirtschaftliche Gesichtspunkt zugrunde, dass ein Schuldner, der sich in der Krise befindet, praktisch vom Geschäftsverkehr ausgeschlossen würde, wenn selbst die von ihm abgeschlossenen wertäquivalenten Bargeschäfte der Anfechtung unterlägen. **563**

> BT-Drucks. 12/2443 S. 167;

BGH, Urt. v. 13.4.2006 – IX ZR 158/05, BGHZ 167, 190, 199 Rn. 30 = ZIP 2006, 1261 = ZVI 2006, 456 = WM 2006, 1159 = NJW 2006, 2701 = ZInsO 2006, 712, dazu *Pape*, EWiR 2007, 117;

BGH, Urt. v. 23.9.2010 – IX ZR 212/09, ZIP 2010, 2009 Rn. 24 = NZI 2010, 897 = ZInsO 2010, 1929, dazu *Freudenberg*, EWiR 2010, 825.

564 Maßgebender Zeitpunkt für das Vorliegen eines Bargeschäfts ist derjenige, in dem die zeitlich erste Leistung eines Vertragsteils erbracht wird. Bis dahin können die Beteiligten den Inhalt ihrer Vereinbarungen noch abändern, ohne den Charakter der Bardeckung zu gefährden. Hat hingegen eine Partei – gleich ob der Schuldner oder sein Gläubiger – schon vorgeleistet, erscheint jede nachträgliche Änderung allein mit Bezug auf die Art der Gegenleistung im Hinblick auf die Gleichbehandlung aller Gläubiger als verdächtig.

BGH, Urt. v. 17.12.2015 – IX ZR 287/14, ZIP 2016, 279 Rn. 21 = WM 2016, 282, dazu *Bork*, EWiR 2016, 113.

565 Aus dem Wortlaut des § 142 InsO folgt, dass beim Bargeschäft allenfalls eine unmittelbare, nicht aber ein mittelbare Gläubigerbenachteiligung ausscheidet. Eine mittelbare Gläubigerbenachteiligung ist mit dem Bargeschäft vereinbar. Sie kann etwa vorliegen, wenn ein wertmäßig ausgeglichener und von beiden Vertragsparteien sofort erfüllter Kaufvertrag zu dem Zweck abgeschlossen wurde, dem späteren Insolvenzschuldner Bargeld zukommen zu lassen, um es ihm so zu erleichtern, seinen Gläubigern den Wert der von ihm gelieferten Waren zu entziehen.

MünchKomm-InsO/*Piekenbrock*, § 142 Rn. 24 unter Hinweis auf BGH, Urt. v. 20.9.1993 – IX ZR 227/92, BGHZ 123, 320, 324 = ZIP 1993, 1653 = WM 1993, 2099 = NJW 1993, 3267, dazu auch *Henckel*, EWiR 1994, 373.

566 Der BGH sieht seit jeher in einer Bardeckung eine Leistung des Schuldners, für die unmittelbar eine gleichwertige Gegenleistung in sein Vermögen gelangt. Durch die auf der Grundlage der Rechtsprechung in die Kodifizierung des § 142 InsO eingeflossenen Worte „für die" wird ausgedrückt, dass eine Bardeckung nur vorliegt, wenn Leistung und Gegenleistung durch Parteivereinbarung miteinander verknüpft sind. Nur eine der Parteivereinbarung – etwa dem Inhalt eines Arbeitsvertrages – entsprechende Leistung ist kongruent und geeignet, den Bargeschäftseinwand auszufüllen.

BGH, Urt. v. 23.9.2010 – IX ZR 212/09, ZIP 2010, 2009 Rn. 26 = NZI 2010, 897 = ZInsO 2010, 1929, dazu *Freudenberg*, EWiR 2010, 825;

BGH, Urt. v. 10.7.2014 – IX ZR 192/13, ZIP 2014, 1491 = WM 2014, 1488 Rn. 10.

567 Eine Leistung, die nicht der Parteivereinbarung entspricht, stellt keine Bardeckung dar, weil weder rechtlich noch wirtschaftlich ein Anlass besteht, Umsatzgeschäfte des Schuldners in der Krise zu begünstigen, soweit sie anders abgewickelt werden als vereinbart. Auch der Gesichtspunkt der Vermögensumschichtung betrifft nur das zugrunde liegende Rechtsgeschäft, nicht die davon abweichende Art der Erfüllung oder Sicherung. Im Hinblick auf den Zweck der §§ 130–132 InsO, die Gleichbehandlung aller Gläubiger während der wirtschaftlichen Krise des Gemeinschuldners zu verwirklichen, ist es nicht gleichgültig, ob eine Deckung vereinbarungsgemäß gewährt wird oder nicht. Im Gegenteil stellt der Erwerb desjenigen Gläubigers, der etwas anderes erhält als vereinbart, anfechtungsrechtlich auch dann eine einseitige Begünstigung dar, wenn der Gläubiger seinerseits eine Gegenleistung von gleichem Wert erbracht hat. Diese Einschränkung auf vereinbarungsgemäß erfolgende Leistungen hat zur Folge, dass eine der Art nach inkongruente Deckungshandlung keine Bardeckung darstellt.

> BGH, Urt. v. 20.9.1993 – IX ZR 227/92, BGHZ 123, 320, 328, 329 = ZIP 1993, 1653 = WM 1993, 2099 = NJW 1993, 3267.

An dieser Rechtsprechung hält der BGH uneingeschränkt fest. Demzufolge ist bei inkongruenter Deckung auch dann, wenn im Übrigen die Voraussetzungen des § 142 InsO erfüllt sind, eine Anfechtung nach § 131 InsO möglich. **568**

> BGH, Urt. v. 7.3.2002 – IX ZR 223/01, BGHZ 150, 122 = ZIP 2002, 812 = ZVI 2002, 106 = WM 2002, 951 = NJW 2002, 1722 = NZI 2002, 311 = ZInsO 2002, 426,
> dazu *Ringstmeier/Rigol*, EWiR 2002, 685;
>
> BGH, Urt. v. 17.6.2004 – IX ZR 124/03, ZIP 2004, 1509 = ZVI 2004, 527 = WM 2004, 1576 = NZI 2004, 492 = ZInsO 2004, 856,
> dazu *Flitsch*, EWiR 2004, 1043;
>
> BGH, Urt. v. 13.4.2006 – IX ZR 158/05, BGHZ 167, 190 = ZIP 2006, 1261 = ZVI 2006, 456 = WM 2006, 1159 = NJW 2006, 2701 = ZInsO 2006, 712,
> dazu *G. Pape*, EWiR 2007, 117;
>
> BGH, Urt. v. 15.11.2007 – IX ZR 212/06, ZIP 2008, 235, 236 f Rn. 15 = ZVI 2008, 213 = WM 2008, 169 = NZI 2008, 184 = ZInsO 2008, 159,
> dazu *Freudenberg*, EWiR 2008, 629;
>
> BGH, Urt. v. 7.5.2009 – IX ZR 140/08, ZIP 2009, 1124, 1125 Rn. 13 = WM 2009, 1101 = NJW 2009, 2307 = NZI 2009, 436 = ZInsO 2009, 1054,
> dazu *Hofmann/Würdinger*, EWiR 2009, 513.

Der Wortlaut des § 142 InsO ist also dahin einzuschränken, dass unter einer „Leistung“ des Schuldners nur die nach der Vereinbarung geschuldete – also nur eine kongruente Deckung – zu verstehen ist, bei einer inkongruenten Deckung mithin die Voraussetzungen des § 142 InsO nicht vorliegen und ein Bargeschäft schon begrifflich ausscheidet. **569**

> MünchKomm-InsO/*Piekenbrock*, § 142 Rn. 7, 21.

Gewährt ein Dritter dem Arbeitnehmer Arbeitsentgelt, unterfällt die Schenkungsanfechtung in der Insolvenz des Dritten nicht dem Bargeschäftsprivi- **570** leg. § 142 Abs. 2 Satz 2 und 3 InsO enthalten Sonderregelungen für die Gewährung von Arbeitsentgelt. Gewährt der Schuldner seinem Arbeitnehmer Arbeitsentgelt, ist gemäß § 142 Abs. 2 Satz 2 InsO ein enger zeitlicher Zusammenhang gegeben, wenn der Zeitraum zwischen Arbeitsleistung und Gewährung des Arbeitsentgelts drei Monate nicht übersteigt. Das entspricht der Rechtsprechung des Bundesarbeitsgerichts zum alten Recht. § 142 Abs. 2 Satz 2 und 3 InsO ist eine im Laufe des Gesetzgebungsverfahrens hinzugekommene Vorschrift. Danach steht der Gewährung des Arbeitsentgelts durch den Schuldner die Gewährung dieses Arbeitsentgelts durch einen Dritten nach § 267 BGB gleich, wenn für den Arbeitnehmer nicht erkennbar war, dass ein Dritter die Leistung bewirkt hat.

BGH, Urt. v. 10.3.2022 – IX ZR 4/21, ZIP 2022, 650 = WM 2022, 630 = NZI 2022, 522 = ZInsO 2022, 886 Rn. 14.

571 Nach dem Wortlaut der Vorschrift wird die Gewährung des Arbeitsentgelts durch einen Dritten nach § 267 BGB der Gewährung dieses Arbeitsentgelts durch den Schuldner gleichgestellt. Inwieweit die Gleichstellung erfolgt, sagt das Gesetz nicht. Da sonst nur § 142 Abs. 2 Satz 2 InsO eine Regelung zur Gewährung von Arbeitsentgelt trifft, scheint sich § 142 Abs. 2 Satz 3 InsO nur auf § 142 Abs. 2 Satz 2 InsO zu beziehen. Dafür spricht auch die Regelungssystematik.

BGH, Urt. v. 10.3.2022 – IX ZR 4/21, ZIP 2022, 650 = WM 2022, 630 = NZI 2022, 522 = ZInsO 2022, 886 Rn. 17.

572 Dieser **Deutungsansatz ist allerdings verfehlt**. Bezöge sich § 142 Abs. 2 Satz 3 InsO nur auf § 142 Abs. 2 Satz 2 InsO, erschöpfte sich die Gleichstellung mit der Gewährung von Arbeitsentgelt durch den Schuldner in der Beurteilung des engen zeitlichen Zusammenhangs zwischen Leistung und Gegenleistung. Das Problem der Drittleistung i. S. d. § 142 Abs. 2 Satz 3 InsO liegt jedoch vor allem in der Inkongruenz, welche die Annahme eines Bargeschäfts nach der Rechtsprechung des BGH ausschließt.

BGH, Urt. v. 10.3.2022 – IX ZR 4/21, ZIP 2022, 650 = WM 2022, 630 = NZI 2022, 522 = ZInsO 2022, 886 Rn. 18.

573 Es gibt auch sonst keinen Grund, die Regelung des § 142 Abs. 2 Satz 3 InsO auf die Schenkungsanfechtung in der Insolvenz des das Arbeitsentgelt gewährenden Dritten anzuwenden. Eine Gewährung des Bargeschäftsprivilegs kommt schon deshalb nicht in Betracht, weil eine unentgeltliche Leistung i. S. d. § 134 InsO nicht Teil eines Bargeschäfts gemäß § 142 InsO sein kann.

BGH, Urt. v. 10.3.2022 – IX ZR 4/21, ZIP 2022, 650 = WM 2022, 630 = NZI 2022, 522 = ZInsO 2022, 886 Rn. 22.

574 Nach der Rechtsprechung des BGH kann die Zahlung der in der Lohnsteuer und den Sozialversicherungsbeiträgen enthaltenen Arbeitnehmeranteile durch den Arbeitgeber nicht als Bargeschäft gewertet werden, weil es an einer Vereinbarung zwischen ihm und dem Steuerfiskus sowie den Sozialversicherungs-

trägern fehlt und er von ihnen gleichwertige Leistungen nicht erhalten hat. Soweit Sozialversicherungsbeiträge im Raum stehen, fehlt es außerdem an einer Gegenleistung zugunsten der Masse, weil der Versicherungsschutz nicht der Masse zugutekommt und eine ihr tatsächlich zugutegekommene Arbeitsleistung der Arbeitnehmer nicht von dem Sozialversicherungsträger herrührt.

> BGH, Urt. v. 22.1.2004 – IX ZR 39/03, BGHZ 157, 350 = ZIP 2004, 513 = ZVI 2004, 188 WM 2004, 517 = NJW 2004, 1444 = NZI 2004, 206 = ZInsO 2004, 270;
>
> BGH, Urt. v. 9.6.2005 – IX ZR 152/03, ZIP 2005, 1245 = ZVI 2005, 359 = WM 2005, 1474 = NZI 2005, 497 = ZInsO 2005, 766, dazu *Paulus*, EWiR 2005, 829;
>
> BGH, Urt. v. 8.12.2005 – IX ZR 182/01, ZIP 2006, 290 = WM 2006, 190 = NJW 2006, 1347 = NZI 2006, 159 = ZInsO 2006, 94;
>
> ähnlich FG Köln, Urt. v. 12.9.2005 – 8 K 5677/01, ZIP 2006, 470 = ZVI 2005, 590,
> dazu *Kahlert*, EWiR 2006, 293;
> vgl. dazu auch BFH 27.2.2007 – VII R 67/05, ZIP 2007, 1604.

Der BFH hat dies in Bezug auf die Lohnsteuer anders gesehen und hat eine **575** Gläubigerbenachteiligung verneint, weil die Abführung der Lohnsteueranteile Teil eines Bargeschäfts zwischen Arbeitgeber und Arbeitnehmer sei; die Entrichtung an das Finanzamt könne ebenso wenig wie die Auszahlung des Nettolohns an den Arbeitnehmer als eine objektive Benachteiligung der übrigen Gläubiger des Schuldners angesehen werden.

> BFH, Urt. v. 21.12.1998 – VII B 175/98, BFH/NV 1999, 745 = GmbHR 1999, 881;

Zwischenzeitlich hat er aber zu erkennen gegeben, der Auffassung des BGH **576** möglicherweise zu folgen.

> BFH, Beschl. v. 11.8.2005 – VII B 244/04, BFHE 210, 410 = ZIP 2005, 1797 = NJW 2005, 3805 = ZInsO 2005, 1105,
> dazu *Hölzle*, EWiR 2005, 827
> sowie *Kayser*, ZIP 2007, 49.

Toleriert eine Bank – in der Absicht, dem Schuldner bei der Sanierung behilf- **577** lich zu sein – ständig Kreditüberziehungen in nicht exakt festgelegter Höhe, solange ihr nur ohne Absprache Kundenschecks, in welcher Höhe auch immer, avisiert und dann auch bei ihr eingereicht wurden, scheidet mangels einer vertraglichen Absprache ein Bargeschäft aus.

> BGH, Urt. v. 30.4.1992 – IX ZR 176/91, BGHZ 118, 171, 173 = ZIP 1992, 778 = WM 1992, 1083 = NJW 1992, 1960.

Maßgebender Zeitpunkt für das Vorliegen einer Bardeckung ist derjenige, zu **578** dem die zeitlich erste Leistung eines Vertragsteils erbracht wird. Bis dahin können die Beteiligten den Inhalt der Vereinbarungen noch abändern, ohne den Charakter der Bardeckung zu gefährden. Hat aber eine Seite – sei es Schuldner oder Gläubiger – schon vorgeleistet, erscheint jede nachträgliche

Änderung der Art der Gegenleistung im Hinblick auf die Gleichbehandlung aller Gläubiger verdächtig.

BGH, Urt. v. 20.9.1993 – IX ZR 227/92, BGHZ 123, 320, 328 f = ZIP 1993, 1653 = WM 1993, 2099 = NJW 1993, 3267, dazu *Henckel*, EWiR 1994, 373;

vgl. auch BGH, Urt. v. 10.7.1997 – IX ZR 234/96, ZIP 1997, 1551 = WM 1997, 1681 = NJW 1997, 3028, dazu *Uhlenbruck*, EWiR 1997, 851 – Zahlungen und Sicherheiten eines Sequesters zur Aufrechterhaltung des Schuldnerunternehmens.

579 Der Annahme eines Bargeschäfts steht es nicht entgegen, wenn die Gegenleistung vor Stellung des Insolvenzantrags in das Vermögen des Schuldners gelangt, seine Leistung aber erst nach der Antragstellung erfolgt.

LG Bad Kreuznach, Urt. v. 23.3.2005 – 3 O 152/04, NZI 2006, 45.

580 Die Erfüllung beliebiger gegenseitiger Verträge kann unter die Bargeschäftsausnahme fallen.

BGH, Urt. v. 13.4.2006 – IX ZR 158/05, BGHZ 167, 190, 199 Rn. 32 = ZIP 2006, 1261 = ZVI 2006, 456 = WM 2006, 1159, dazu *Pape*, EWiR 2007, 117.

581 Die Leistung des Schuldners kann auch dazu dienen, für die erhaltene Gegenleistung eine Sicherheit zu gewähren. Um eine der Anfechtung nicht unterliegende Bardeckung kann es sich folglich handeln, wenn der Anfechtungsgegner dem Schuldner einen Darlehensbetrag ausgehändigt hat in der Erwartung, dass dieser unverzüglich vereinbarungsgemäß die Bestellung einer Hypothek als Sicherheit für die Darlehensforderung in die Wege leiten werde, und wenn der Gemeinschuldner sich dementsprechend verhalten hat und die Eintragung der Hypothek alsbald erfolgt.

BGH, Urt. v. 26.1.1977 – VIII ZR 122/75, NJW 1977, 718 = WM 1977, 254.

582 Der Einräumung eines Grundstücks als Sacheinlage kann die Verpflichtung der Gesellschaft gegenüberstehen, Zug um Zug eine Grundschuld zu bestellen, um den von dem Gesellschafter zwecks Erwerbs des Grundstücks aufgenommenen Kredit zu finanzieren.

BGH, Urt. v. 15.12.1994 – IX ZR 153/93, BGHZ 128, 184, 189 = ZIP 1995, 134 = WM 1995, 450 = NJW 1995, 659.

583 Ein Bargeschäft liegt auch dann vor, wenn der Schuldner eine Darlehensrückzahlung gegen Freigabe einer entsprechend werthaltigen Sicherheit aus seinem Vermögen vornimmt oder die Freigabe der zugunsten des Zahlungsempfängers an einem Bankguthaben des Schuldners bestellten Sicherheit dessen Verfügung über das Guthaben ermöglicht.

BAG, Urt. v. 21.2.2008 – 6 AZR 273/07, ZIP 2008, 1184, 1188 f Rn. 48 = NZA 2009, 105.

Nach der neuen Rechtsprechung des Senats zu § 142 InsO enthält das Stehenlassen einer Darlehensforderung keine ausgleichende Gegenleistung, weil allein damit dem Schuldner kein neuer Vermögenswert zugeführt wird. Der Schuldner hat ihn vielmehr bereits durch die Darlehensgewährung erhalten; das bloße Unterlassen der Rückforderung bedeutet keine Zuführung eines neuen Vermögenswertes. 584

BGH, Urt. v. 29.11.2007 – IX ZR 30/07, BGHZ 174, 297, 311 f Rn. 42 = ZIP 2008, 183, 184 = WM 2008, 204, dazu *Ries*, EWiR 2008, 187;

BGH, Urt. v. 7.5.2009 – IX ZR 71/08, ZIP 2009, 1122, 1123 Rn. 12 = WM 2009, 1099 = NJW 2009, 2065 = ZInsO 2009, 1056, dazu *Henkel*, EWiR 2009, 487.

Bei einer Globalabtretung künftig entstehender Forderungen scheidet ein Bargeschäft aus. Die notwendige rechtsgeschäftliche Verknüpfung zwischen Leistung und Gegenleistung ist hier hinsichtlich der ausscheidenden und der hinzukommenden Forderungen nicht gegeben. Ferner könnte das Entstehen neuer Forderungen allenfalls dann eine gleichwertige Sicherheit darstellen, wenn diese nicht nur betragsmäßig, sondern auch in ihrem wirtschaftlichen Wert den untergegangenen Forderungen gleichkämen, so dass bei vergleichender Betrachtung eine Schmälerung des Schuldnervermögens ausgeschlossen wäre. Diese Voraussetzungen sind bei Globalzessionen typischerweise nicht gegeben, weil der Sicherungswert von vielen Faktoren, insbesondere der Qualität der Leistung des Schuldners sowie der Vertragstreue und finanziellen Leistungsfähigkeit seines Kunden abhängt und deshalb nicht generell, sondern nur bezogen auf die jeweilige Einzelforderung bestimmt werden kann. 585

BGH, Urt. v. 29.11.2007 – IX ZR 30/07, BGHZ 174, 297, 311 f Rn. 42 = ZIP 2008, 183, 184 = WM 2008, 204, dazu *Ries*, EWiR 2008, 187.

Rechnet der Aufrechnungsgegner auf, fehlt es an der vertraglichen Verknüpfung von Leistung und Gegenleistung. 586

BGH, Urt. v. 11.2.2010 – IX ZR 104/07, ZIP 2010, 682 Rn. 32 = ZVI 2010, 302 = WM 2010, 711 = NZI 2010, 985, dazu *Siepmann/Knapp*, EWiR 2010, 497.

Veräußert ein Tankstellenbetreiber im Namen und für Rechnung eines Mineralölunternehmens in dessen Eigentum stehende Kraftstoffe an Endkunden und überweist er die zunächst für fremde Rechnung vereinnahmten Barerlöse nach Einzahlung auf seinem allgemeinen Geschäftskonto an das Mineralölunternehmen, so scheidet ein Bargeschäft aus. Eine von dem Anfechtungsgegner an einen Dritten – hier die Tankkunden – erbrachte Zuwendung kann nicht als eine ein Bargeschäft rechtfertigende Gegenleistung anerkannt werden. Dies gilt insbesondere, wenn es sich bei dem Dritten um einen Gläubiger des Schuldners handelt, dessen Forderung durch die Zahlung – zum Nachteil der Gläubigergesamtheit – erfüllt werden soll. Erst recht bleibt eine Gegenleis- 587 tung unberücksichtigt, die – wie hier bei den Tankkunden – an dem Schuldner rechtlich nicht verbundene Dritte erbracht wird und dem Schuldner nicht einmal mittelbar zugutekommt.

> BGH, Urt. v. 23.9.2010 – IX ZR 212/09, ZIP 2010, 2009 Rn. 30 ff = NZI 2010, 897 = ZInsO 2010, 1929, dazu *Freudenberg*, EWiR 2010, 825.

588 Dem Tätigwerden des vorläufigen Insolvenzverwalters liegt nicht ein Vertrag mit dem Schuldner zugrunde, sondern die Bestellung durch das Insolvenzgericht nach § 21 Abs. 2 Satz 1 Nr. 1 InsO. § 142 InsO stellt jedoch nach seinem Wortlaut lediglich darauf ab, ob für die Leistungen des Schuldners unmittelbar eine gleichwertige Gegenleistung in sein Vermögen gelangt ist. Insoweit erscheint erwägenswert, auch dem vorläufigen Insolvenzverwalter für seine Vergütung im nicht eröffneten Verfahren die Privilegierung des Bargeschäfts zu gewähren.

> BGH, Urt. v. 15.12.2011 – IX ZR 118/11, ZIP 2012, 333 Rn. 20 ff = ZVI 2012, 115 = WM 2012, 276 = NZI 2012, 135.

2. Unmittelbarkeit der Gegenleistung

589 Unter dem Gesichtspunkt des Bargeschäfts werden gemäß § 142 InsO Leistungen privilegiert, für die unmittelbar eine gleichwertige Gegenleistung in das Schuldnervermögen gelangt ist. Leistung und Gegenleistung müssen beim Bargeschäft zwar nicht Zug um Zug erbracht werden. Allerdings setzt das in der Vorschrift enthaltene Tatbestandsmerkmal „unmittelbar" voraus, dass Leistung und Gegenleistung in einem engen zeitlichen Zusammenhang ausgetauscht werden. Der Gesichtspunkt der bloßen Vermögensumschichtung greift nur, wenn der Leistungsaustausch in einem unmittelbaren zeitlichen Zusammenhang vorgenommen wird. Der hierfür unschädliche Zeitraum lässt sich nicht allgemein festlegen. Er hängt wesentlich von der Art der ausgetauschten Leistungen und davon ab, in welcher Zeitspanne sich der Austausch nach den Gepflogenheiten des Geschäftsverkehrs vollzieht. Eine sich in „verspäteten Entgeltzahlungen" ausdrückende Kreditgewährung schließt, weil es notwendigerweise an einem engen zeitlichen Zusammenhang des Leistungsaustausches mangelt, ein Bargeschäft aus.

> BGH, Urt. v. 10.7.2014 – IX ZR 192/13, ZIP 2014, 1491 = WM 2014, 1488 Rn. 15.

590 Das Merkmal der Unmittelbarkeit der Gegenleistung für die Leistung des Schuldners weist auf den für ein Bargeschäft typischen engen zeitlichen Zusammenhang des Leistungsaustauschs hin. Grundsätzlich hat dieser sofort zu geschehen. Doch muss nicht stets eine Zug-um-Zug-Leistung vorliegen. Vielmehr kommt einer geringen zeitlichen Differenz zwischen Leistung und Gegenleistung keine rechtserhebliche Bedeutung zu.

> BGH, Urt. v. 30.4.1992 – IX ZR 176/91, BGHZ 116, 171 = ZIP 1992, 778 = WM 1992, 1083 = NJW 1992, 1960, dazu *Canaris*, EWiR 1992, 683.

Dabei ist gleichgültig, ob der Schuldner oder dessen Vertragspartner vorgeleistet hat. 591

BGH, Urt. v. 13.4.2006 – IX ZR 158/05, BGHZ 167, 190 = ZIP 2006, 1261 = ZVI 2006, 456 = WM 2006, 1159, dazu *Pape*, EWiR 2007, 117.

Leistung und Gegenleistung müssen beim Bargeschäft nicht Zug um Zug erbracht werden; vielmehr genügt es, wenn sie aufgrund einer Parteivereinbarung in einem engen zeitlichen Zusammenhang ausgetauscht werden. Der für ein Bargeschäft unschädliche Zeitraum lässt sich kaum allgemein festlegen. Er hängt wesentlich von der Art der ausgetauschten Leistungen und davon ab, in welcher Zeitspanne sich der Austausch nach den Gepflogenheiten des Geschäftsverkehrs vollzieht. Allerdings gilt: Jede Kreditgewährung (an den Schuldner) durch verzögerte Abwicklung schließt ein Bargeschäft aus. 592

BGH, Urt. v. 29.5.2008 – IX ZR 42/07, ZIP 2008, 1241, 1242 Rn. 12 = WM 2008, 1327 = NZI 2008, 482 = ZInsO 2008, 749;

BGH, Urt. v. 11.2.2010 – IX ZR 104/07, ZIP 2010, 682 Rn. 31 = ZVI 2010, 302 = WM 2010, 711 = NZI 2010, 985, dazu *Siepmann/Knapp*, EWiR 2010, 497;

MünchKomm-InsO/*Piekenbrock*, § 142 Rn. 15.

Eine dem Bargeschäft schädliche Kreditgewährung kann auch in einer Stundung liegen. 593

BGH, Urt. v. 19.12.2002 – IX ZR 377/99, ZIP 2003, 488 = WM 2003, 524 = NZI 2003, 253 = ZInsO 2003, 324, dazu *Gerhardt*, EWiR 2003, 427.

Zum unmittelbaren zeitlichen Zusammenhang zwischen Mietzahlung durch Scheck und Mietgebrauch 594

BGH, Urt. v. 2.2.2006 – IX ZR 67/02, BGHZ 166, 125 = ZIP 2006, 578 = WM 2006, 621 = NJW 2006, 1800 = NZI 2006, 755.

Der für ein Bargeschäft unschädliche Zeitraum lässt sich nicht allgemein festlegen. Bei Kaufverträgen über bewegliche Sachen und ähnlichen Verträgen (Leasing) ist eine Zeitspanne von ein bis zwei Wochen zwischen Lieferung und Zahlung nicht zu lang, um ein Bargeschäft anzunehmen. 595

BGH, Urt. v. 21.5.1980 – VIII ZR 40/79, ZIP 1980, 518 = WM 1980, 779 = NJW 1990, 1961;

BGH, Urt. v. 29.5.2008 – IX ZR 42/07, ZIP 2008, 1241, 1242 Rn. 12 = ZVI 2008, 439 = WM 2008, 1327 = NZI 2008, 482;

BGH, Urt. v. 2.4.2009 – IX ZR 171/07, ZIP 2009, 1334 = WM 2009, 958, 959 Rn. 10, 11 = NZI 2009, 378 = ZInsO 2009, 869.

Bei einem Kaufvertrag über bewegliche Sachen dürfen aber jedenfalls zwischen Leistung und Gegenleistung nicht mehr als 30 Tage liegen. 596

BGH, Urt. v. 21.6.2007 – IX ZR 231/04, ZIP 2007, 1469, 1472 Rn. 51 = WM 2007, 1616 = NZI 2007, 517 = ZInsO 2007, 816.

597 Zieht der Verkäufer im unmittelbaren Anschluss an eine von ihm erbrachte Lieferung den Kaufpreis aufgrund einer Einziehungsermächtigung von dem Konto des Schuldners ein und wird der Lastschrifteinzug von dem Schuldner oder dem Insolvenzverwalter nachfolgend genehmigt, ist bei der Beurteilung, ob eine Bardeckung vorliegt, auf den Zeitpunkt des Lastschrifteinzugs und nicht den der späteren Genehmigung abzustellen.

> BGH, Urt. v. 29.5.2008 – IX ZR 42/07, ZIP 2008, 1241, 1242 Rn. 12 = WM 2008, 1327 = NZI 2008, 482 = ZInsO 2008, 749;
>
> BGH, Urt. v. 2.4.2009 – IX ZR 171/07, ZIP 2009, 1334 = WM 2009, 958, 959 Rn. 10, 11 = NZI 2009, 378 = ZInsO 2009, 869; vgl. *Wagner*, NZI 2008, 401.

598 Zeiträume von mehr als einem oder sogar zwei Monaten hat der BGH bei solchen Geschäften als mit einem Bargeschäft vereinbar angesehen, die eine Eintragung im Grundbuch erfordern.

> BGH, Urt. v. 9.2.1955 – IV ZR 173/54, WM 1955, 404;
>
> BGH, Urt. v. 26.1.1977 – VIII ZR 122/75, WM 1977, 254 = NJW 1977, 718.

599 Ein Zeitraum von sechs Monaten erweist sich als zu lang. Für die Annahme eines Bargeschäfts ist folglich kein Raum, wenn allein zwischen der Valutierung des Darlehens und der Stellung des Antrags auf Eintragung der Grundschuld mehr als sechs Monate verstrichen sind.

> BGH, Beschl. v. 8.5.2008 – IX ZR 116/07, MittBayNot 2009, 61;
>
> OLG Brandenburg, Urt. v. 21.3.2002 – 8 U 71/01, ZIP 2002, 1902 = ZInsO 2002, 929, 931.

600 Bei länger währenden Vertragsbeziehungen ist für die Annahme eines Bargeschäfts zu verlangen, dass die jeweiligen Leistungen und Gegenleistungen zeitlich oder gegenständlich teilbar sind und zeitnah – entweder in Teilen oder abschnittsweise – ausgetauscht werden. So können Zahlungen, mit denen ein Bauunternehmer nach Baufortschritt entlohnt wird, Bargeschäfte sein, falls der Abstand zwischen den einzelnen Raten nicht zu groß wird. Entsprechendes gilt für die Saldierung von Soll- und Habenbuchungen im Rahmen eines debitorisch geführten Kontos; hier ist der erforderliche unmittelbare Leistungsaustausch gegeben, wenn zwischen den Buchungen weniger als zwei Wochen vergehen; die Abrechnungsperiode des Kontokorrents wäre zu lang.

> BGH, Urt. v. 13.4.2006 – IX ZR 158/05, BGHZ 167, 190, 201 Rn. 34 = ZIP 2006, 1261 = WM 2006, 1159, dazu *Pape*, EWiR 2007, 117.

601 Ferner hat der BGH eine Zeitspanne von fast zwei Monaten zwischen der Fälligkeit des Honorars für die Sanierungsbemühungen eines Rechtsanwalts und der Zahlung als zu lang angesehen und deshalb ein unanfechtbares Bargeschäft verneint.

> BGH, Urt. v. 18.7.2002 – IX ZR 480/00, ZIP 2002, 1540 = WM 2002, 1808 = NZI 2002, 602;

dazu *Lwowski/Wunderlich*, in: Festschrift Kirchhof, S. 311 ff;
Meyer, DZWIR 2003, 6 ff.

Wenn zwischen dem Beginn der anwaltlichen Tätigkeit und der Erbringung der Gegenleistung mehr als 30 Tage liegen, handelt es sich nicht mehr um ein Bargeschäft. Insoweit kann § 286 Abs. 3 BGB als Maßstab dienen, zumal da Rechtsanwälte Vorschüsse verlangen können. Allerdings sind die Voraussetzungen eines Bargeschäfts insoweit nicht erfüllt, wenn der Rechtsanwalt einen Vorschuss in einer Höhe geltend macht, der die wertäquivalente Vergütung für die nächsten 30 Tage überschreitet. Einem Rechtsanwalt, der in den Genuss der Bargeschäftsausnahme kommen will, ist es möglich und zumutbar, in regelmäßigen Abständen Vorschüsse einzufordern, die in etwa dem Wert seiner inzwischen entfalteten oder der in den nächsten 30 Tagen noch zu erbringenden Tätigkeit entsprechen. Ferner kann vereinbart werden, Teilleistungen gegen entsprechende Vergütung zu erbringen. 602

BGH, Urt. v. 13.4.2006 – IX ZR 158/05, BGHZ 167, 190
= ZIP 2006, 1261 = ZVI 2006, 456 = WM 2006, 1159,
dazu *Pape*, EWiR 2007, 117;

BGH, Urt. v. 6.12.2007 – IX ZR 113/06, ZIP 2008, 232, 234
Rn. 20 = WM 2008, 229 = NZI 2008, 173 = ZInsO 2008, 101,
dazu *Freudenberg*, EWiR 2008, 409.

Die Voraussetzungen des Bargeschäfts liegen bei der Vergütung eines vorläufigen Verwalters nicht vor, wenn es an der Unmittelbarkeit des Leistungsaustausches fehlt. Für das anwaltliche Mandatsverhältnis hat der Senat die Annahme eines Bargeschäfts ausgeschlossen, wenn zwischen dem Beginn der anwaltlichen Tätigkeit und der Erbringung der Gegenleistung mehr als 30 Tage liegen. Zwischen Beginn der Tätigkeit des vorläufigen Verwalters und der Zahlung lagen in der zu entscheidenden Sache mehr als vier Monate. Darum war für ein Bargeschäft kein Raum. 603

BGH, Urt. v. 15.12.2011 – IX ZR 118/11, ZIP 2012, 333 Rn. 24 ff
= ZVI 2012, 115 = WM 2012, 276 = NZI 2012, 135.

Es fehlt jedenfalls an einem unmittelbaren Leistungsaus**tausch, wenn monatlich fällige** Lohnzahlungen zwei Monate nach Beendigung der damit korrespondierenden Arbeitstätigkeit erbracht werden. 604

BGH, Urt. v. 10.7.2014 – IX ZR 192/13, ZIP 2014, 1491 = WM
2014, 1488 Rn. 16.

Nach der Rechtsprechung des BAG liegt hingegen bereits ein Bargeschäft vor, wenn der Arbeitgeber in der Krise Arbeitsentgelt für Arbeitsleistungen zahlt, die der Arbeitnehmer in den vorhergehenden drei Monaten erbracht hat. 605

BAG, Urt. v. 6.10.2011 – 6 AZR 262/10, ZIP 2011, 2366
= ZInsO 2012, 37 Rn. 15 ff.

Bei länger währenden Vertragsbeziehungen ist nach der Rechtsprechung des Senats für die Annahme eines Bargeschäfts zu verlangen, dass die jeweiligen Leistungen und Gegenleistungen zeitlich oder gegenständlich teilbar sind und 606 zeitnah – entweder in Teilen oder abschnittsweise – ausgetauscht werden. Wenn zwischen dem Beginn einer anwaltlichen Tätigkeit und der Erbringung einer Gegenleistung mehr als 30 Tage liegen, ist ein Bargeschäft zu verneinen. Bei Anforderung eines Vorschusses ist eine anfechtungsrechtliche Bargeschäftsausnahme anzunehmen, wenn in regelmäßigen Abständen Vorschüsse eingefordert werden, die in etwa dem Wert einer zwischenzeitlich entfalteten oder in den nächsten 30 Tagen noch zu erbringenden Tätigkeit entsprechen. Ferner kann vereinbart werden, Teilleistungen gegen entsprechende Vergütungen zu erbringen. Diese aus § 286 Abs. 3 BGB für die Annahme eines Bargeschäfts bei der Zahlung der Anwaltsvergütung hergeleiteten Grundsätze können mit der Modifizierung, dass die Frist von 30 Tagen nicht ab Beginn der Tätigkeit, sondern ab Fälligkeit der Vergütung zu berechnen ist, auf die Gewährung von Arbeitsentgelten bei monatlicher Lohnzahlung übertragen werden.

BGH, Urt. v. 10.7.2014 – IX ZR 192/13, ZIP 2014, 1491
= WM 2014, 1488 Rn. 33, 34.

607 Da der Vorleistung des Arbeitnehmers keine Kreditfunktion zukommt, beurteilt sich die Unmittelbarkeit der Lohnzahlung nach dem Zeitraum zwischen der Fälligkeit des Vergütungsanspruchs und seiner tatsächlichen Erfüllung. Mit dieser Maßgabe kann die Rechtsprechung zum Baraustausch bei anwaltlichen Beratungsleistungen auf Arbeitnehmer übertragen werden. Danach ist der für ein Bargeschäft erforderliche Unmittelbarkeitszusammenhang noch gegeben, wenn im Falle einer monatlichen Vorleistungspflicht die Entgeltzahlung innerhalb von 30 Tagen nach Fälligkeit vorgenommen wird. Für die Beurteilung als Bargeschäft ist es unschädlich, wenn der Fälligkeitszeitpunkt entsprechend den tarifvertraglichen Übungen anstelle des ersten Tages nicht länger als bis zum fünfzehnten Tag des Folgemonats hinausgeschoben wird. Ist die Vergütung nach kürzeren Zeitabschnitten zu leisten, scheidet ein Bargeschäft aus, wenn zum Zeitpunkt der Zahlung bereits der Lohn für den nächsten Zeitabschnitt fällig war.

BGH, Urt. v. 10.7.2014 – IX ZR 192/13, ZIP 2014, 1491
= WM 2014, 1488 Rn. 37.

3. Gleichwertigkeit der Gegenleistung

608 Die Gegenleistung des Anfechtungsgegners muss der von dem Schuldner erbrachten gleichwertig sein, weil nur dann bei dem Schuldner keine Vermögensverschiebung zu Lasten seiner Gläubiger, sondern eine bloße Vermögensumschichtung eingetreten ist.

BGH, Urt. v. 20.9.1993 – IX ZR 227/92, BGHZ 123, 320, 323
= ZIP 1993, 1653 = WM 1993, 2099,
dazu *Henckel*, EWiR 1994, 373;

BGH, Urt. v. 10.7.2014 – IX ZR 192/13, ZIP 2014, 1491
= WM 2014, 1488 Rn. 12.

Unschädlich ist es, wenn dem Schuldner ein höherer Wert als dem Gegner zufließt. 609

BGH, Urt. v. 10.7.2014 – IX ZR 192/13, ZIP 2014, 1491 = WM 2014, 1488 Rn. 13.

Die Zahlung einer offenen Stromrechnung wird nicht durch die dadurch bewirkte Weiterbelieferung ausgeglichen, weil diese Leistung ihrerseits in Rechnung gestellt wird. 610

BGH, Urt. v. 30.1.1986 – IX ZR 79/85, BGHZ 97, 87, 94 = ZIP 1986, 448 = WM 1986, 433 = NJW 1986, 1496.

Soweit ein Tankstellenbetreiber mit der Überweisung der von den Kunden treuhänderisch für das Mineralölunternehmen eingenommenen Gelder die Fortsetzung des Vertragsverhältnisses einschließlich der Weiterbelieferung sicherzustellen sucht, liegt darin keine berücksichtigungsfähige Gegenleistung, weil die künftigen Leistungen ihrerseits wieder in Rechnung gestellt werden. Folglich ist ebenso wie bei der gesetzlichen Pflicht zur Zahlung von Steuern und Sozialversicherungsbeiträgen auch bei der hier gegebenen Abführung der im Rahmen eines Handelsvertreterverhältnisses erlangten Zahlungen (§ 667 BGB) kein diesen Zahlungen entsprechender Wert auf Veranlassung des Mineralölunternehmens „in das Vermögen“ (§ 142 InsO) des Tankstellenbetreibers gelangt. 611

BGH, Urt. v. 23.9.2010 – IX ZR 212/09, ZIP 2010, 2009 Rn. 33 = NZI 2010, 897 = ZInsO 2010, 1929, dazu *Freudenberg*, EWiR 2010, 825.

Leistung und Gegenleistung sind einander gleichwertig, wenn der objektive Wert beider Leistungen gleich ist, so dass nur eine Vermögensumschichtung stattfindet. So scheidet ein Bargeschäft aus bei Bemühungen eines Rechtsanwalts um einen außergerichtlichen Vergleich, wenn diese Bemühungen wegen der finanziellen Lage des Schuldners von vornherein nicht sachgerecht waren. 612

BGH, Urt. v. 26.10.2000 – IX ZR 289/99, ZIP 2001, 33 = WM 2001, 98 = ZInsO 2001, 71 = NZI 2001, 81; dazu *Smid*, WuB IV A. § 675 BGB 3.01.

In der Vereinbarung eines Frachtführers mit dem Empfänger und dem Absender, der offene (Alt-)Forderungen nicht bezahlen kann, den vorerst unter Berufung auf das Frachtführerpfandrecht angehaltenen Transport auszuführen, sofern die bei Ablieferung des Frachtguts zu realisierende Werklohnforderung gegen den Empfänger in entsprechender Höhe an den Frachtführer abgetreten oder das Pfandrecht darauf erstreckt wird, liegt ein unanfechtbares Bargeschäft, wenn der Wert des Frachtführerpfandrechts dem Wert der abgetretenen oder verpfändeten Forderung entspricht. 613

BGH, Urt. v. 21.4.2005 – IX ZR 24/04, ZIP 2005, 992 = WM 2005, 1033 = NZI 2005, 389 = ZInsO 2005, 648, dazu *Gerhardt*, EWiR 2005, 545.

614 Das Bargeschäft setzt voraus, dass die Leistung des anderen Teils tatsächlich in das Aktivvermögen des Schuldners gelangt ist. Daher reicht – ebenso wenig wie eine bloße Verringerung der Verbindlichkeiten durch Erlöschen der befriedigten Forderung – die Aufrechnung oder Verrechnung mit einem schon bestehenden Anspruch gegen einen neuen Anspruch des Schuldners als Gegenleistung nicht aus.

BGH, Urt. v. 11.2.2010 – IX ZR 104/07, ZIP 2010, 682 Rn. 36 = ZVI 2010, 302 = WM 2010, 711 = NZI 2010, 985, dazu *Siepmann/Knapp*, EWiR 2010, 497.

615 Bei der Vergütung eines vorläufigen Verwalters erscheint die Annahme einer gleichwertigen Gegenleistung möglich. Denn der vorläufige Insolvenzverwalter hat wegen seiner Tätigkeit bei nicht eröffnetem Verfahren einen materiellrechtlichen Anspruch auf Vergütung und Auslagenersatz gegen den Schuldner.

BGH, Urt. v. 15.12.2011 – IX ZR 118/11, ZIP 2012, 333 Rn. 23 = ZVI 2012, 115 = WM 2012, 276 = NZI 2012, 135.

4. Verrechnungen eines Kreditinstituts als Bargeschäft

616 Nach der gefestigten Rechtsprechung kann im ungekündigten Kontokorrentverhältnis unter näher bestimmten Voraussetzungen die Herstellung der Aufrechnungslage als kongruente Erfüllung der Kontokorrentabrede zu werten sein. Dies eröffnet auf den entsprechenden Einwand des Anfechtungsgegners hin den Weg zum Bargeschäft, welches tatbestandlich nur bei kongruenten Rechtshandlungen in Betracht kommt.

BGH, Urt. v. 15.11.2007 – IX ZR 212/06, ZIP 2008, 235, 236 Rn. 15 = ZVI 2008, 213 = WM 2008, 169 = NZI 2008, 184, dazu *Freudenberg*, EWiR 2008, 629;

BGH, Urt. v. 24.1.2013 – IX ZR 11/12, ZIP 2013, 371 = WM 2013, 361 = NZI 2013, 249 = ZInsO 2013, 384 Rn. 15.

617 In kritischer Zeit vorgenommene Verrechnungen eines Kreditinstituts von Ansprüchen seines Kunden aus Gutschriften aufgrund von Überweisungen mit Forderungen, die dem Institut gegen den Kunden aus der in Anspruch genommenen Kreditlinie eines Kontokorrentkredits zustehen, können nach §§ 130, 131 InsO anfechtbar und deshalb nach § 96 Abs. 1 Nr. 3 InsO unzulässig sein. Welche Norm eingreift, hängt davon ab, ob – etwa wegen Kündigung des Kreditvertrages – ein Anspruch der Bank auf Rückzahlung des Kredits fällig ist oder nicht. Ein Anspruch der Bank, Gutschriften mit dem Saldo eines Kreditkontos zu verrechnen und dadurch ihre eigene Forderung zu befriedigen, besteht nur dann, wenn sie zum jeweiligen Zeitpunkt der Verrechnung Rückzahlung des Kredits verlangen kann.

BGH, Urt. v. 17.6.2004 – IX ZR 124/03, ZIP 2004, 1509 = ZVI 2004, 527 = WM 2004, 1576 = NZI 2004, 492 = ZInsO 2004, 856, dazu *Flitsch*, EWiR 2004, 1043;

BGH, Urt. v. 22.1.1998 – IX ZR 99/97, BGHZ 138, 40 = ZIP 1998, 477 = WM 1998, 569 = NJW 1998, 1318;

BGH, Urt. v. 7.5.2009 – IX ZR 140/08, ZIP 2009, 1124 Rn. 8 = WM 2009, 1101 = NJW 2009, 2307 = NZI 2009, 436, dazu *Hofmann/Würdinger*, EWiR 2009, 513.

Der Kreditgeber kann die Rückzahlung eines ausgereichten Kredits erst nach dessen Fälligkeit fordern. Allein die Giro- oder Kontokorrentabrede stellt den gewährten Kredit nicht zur Rückzahlung fällig. Vielmehr wird die Fälligkeit nur durch das Ende einer vereinbarten Laufzeit, eine ordentliche oder außerordentliche Kündigung begründet. Eine Verrechnung vor Fälligkeit ist als inkongruente Deckung der Bargeschäftseinrede nicht zugänglich. **618**

BGH, Urt. v. 7.5.2009 – IX ZR 140/08, ZIP 2009, 1124 Rn. 9 = WM 2009, 1101 = NJW 2009, 2307 = NZI 2009, 436.

Setzt ein Kreditinstitut eine Frist zur Rückführung eines ausgereichten Kontokorrentkredits, so stellt die Rückführung des Kredits vor Fristablauf auch dann eine inkongruente Befriedigung dar, wenn das Kreditinstitut gleichzeitig ankündigt, weitere Belastungen schon sofort nicht mehr zuzulassen. **619**

BGH, Urt. v. 1.10.2002 – IX ZR 360/99, ZIP 2002, 2182 = WM 2002, 2369 = NJW 2003, 360 = NZI 2003, 34 = ZInsO 2002, 1136, dazu *M. Huber*, EWiR 2003, 29.

Fraglich sind die Fälle der einseitigen Überziehung der Kreditlinie. Hier hängt es von den Umständen des Einzelfalls ab, ob in der Duldung der Bank eine stillschweigende Erweiterung der Kreditlinie liegt (dann ohne Kündigung Inkongruenz) oder ob die Bank einen sofortigen Anspruch auf Rückführung hat (dann Kongruenz). **620**

BGH, Urt. v. 17.6.1999 – IX ZR 62/98, ZIP 1999, 1271 = WM 1999, 1577 = NJW 1999, 3780, 3781 = NZI 1999, 361, dazu *Eckardt*, EWiR 1999, 801;

BGH, Urt. v. 13.1.2005 – IX ZR 457/00, ZIP 2005, 585 = WM 2005, 319 = ZInsO 2005, 373, dazu *Hoos/Kleinschmidt*, EWiR 2005, 713.

Das Kreditinstitut ist im Rahmen des Girovertrages einerseits berechtigt und verpflichtet, für den Kunden bestimmte Geldeingänge entgegenzunehmen und seinem Konto gutzuschreiben. Andererseits hat das Kreditinstitut Überweisungsaufträge des Kunden zu Lasten seines Girokontos auszuführen, sofern dieses eine ausreichende Deckung aufweist oder eine Kreditlinie nicht ausgeschöpft ist. Setzt das Kreditinstitut unter Beachtung dieser Absprachen den Giroverkehr fort, handelt es vertragsgemäß und damit kongruent. **621**

BGH, Urt. v. 7.5.2009 – IX ZR 140/08, ZIP 2009, 1124 f Rn. 11 = WM 2009, 1101 = NJW 2009, 2307 = NZI 2009, 436;

BGH, Urt. v. 26.4.2012 – IX ZR 67/09, ZIP 2012, 1301 = WM 2012, 1200 = NZI 2012, 667 = ZInsO 2012, 1429 Rn. 13, dazu *Lau*, EWiR 2012, 735.

Der Bargeschäftseinwand greift durch, soweit die Bank dem Schuldner aufgrund der Kontokorrentabrede allgemein gestattet, den durch die Gutschriften **622** eröffneten Liquiditätsspielraum wieder in Anspruch zu nehmen, wenn und soweit der Schuldner den ihm versprochenen Kredit auch tatsächlich wieder abruft. Dient die erneute Inanspruchnahme des Kredits der Erfüllung von Forderungen von Fremdgläubigern, ist die Deckungsanfechtung einzelner Gutschriften mit dem Ziel, den Gegenwert nach § 143 Abs. 1 InsO zur Masse zu ziehen, ausgeschlossen. Anfechtbar ist dann nur die Rückführung des ausgereichten Dispositionskredits, zu dem es dadurch kommt, dass die Summe der in das Kontokorrent eingestellten Einzahlungen die der fremdnützigen Auszahlungen übersteigt.

> BGH, Urt. v. 24.1.2013 – IX ZR 11/12, ZIP 2013, 371 = WM 2013, 361 = NZI 2013, 249 = ZInsO 2013, 384 Rn. 15, dazu *Luttmann*, EWiR 2013, 391.

623 Es liegt also in dem Umfang ein nicht anfechtbares Bargeschäft vor, in dem eine Bank, die Zahlungseingänge ins Kontokorrent einstellt, ihren Kunden (den späteren Insolvenzschuldner) vereinbarungsgemäß wieder über den Gegenwert verfügen lässt. Darauf, ob der Schuldner den vereinbarten Kreditrahmen voll ausnutzt und ob ohne die Verrechnung die Kreditobergrenze überschritten worden wäre, kommt es nicht an. Unerheblich ist ferner die genaue Reihenfolge der Ein- und Auszahlungen. Jedenfalls ein Zeitraum von zwei Wochen zwischen den Ein- und Auszahlungen übersteigt den Rahmen des engen zeitlichen Zusammenhangs noch nicht.

> BGH, Urt. v. 7.3.2002 – IX ZR 223/01, BGHZ 150, 122 = ZIP 2002, 812 = ZVI 2002, 106 = WM 2002, 951 = NZI 2002, 311, dazu *Ringstmeier/Rigol*, EWiR 2002, 685.

624 Ein unanfechtbares Bargeschäft kann auch insoweit vorliegen, als das Kreditinstitut zwar nicht alle, aber einzelne Verfügungen des späteren Gemeinschuldners über sein im Soll geführtes Konto im Ausgleich gegen verrechnete Eingänge ausführt. Wesentliche Voraussetzung ist, dass das eigene Bestimmungsrecht des Schuldners gewahrt bleibt, also nicht gegen seinen Willen Verrechnungen durchgeführt werden.

> BGH, Urt. v. 1.10.2002 – IX ZR 360/99, ZIP 2002, 2182 = WM 2002, 2369 = NJW 2003, 360 = NZI 2003, 34 = ZInsO 2002, 2236, dazu *M. Huber*, EWiR 2003, 29;
>
> BGH, Urt. v. 26.4.2012 – IX ZR 67/09, ZIP 2012, 1301 = WM 2012, 1200 = NZI 2012, 667 = ZInsO 2012, 1429 Rn. 13, dazu *Lau*, EWiR 2012, 735.

625 Da es auf die Reihenfolge von Ein- und Auszahlungen nicht ankommt, kann ein Bargeschäft auch dann in Betracht kommen, wenn die Bank der Schuldnerin vor dem Eingang der Zahlungen gestattet hat, die vereinbarte Kreditlinie nach eigenem Ermessen durch Belastungsverfügungen zu Gunsten Dritter wieder in Anspruch zu nehmen.

> BGH, Urt. v. 26.4.2012 – IX ZR 67/09, ZIP 2012, 1301 = WM 2012, 1200 = NZI 2012, 667 = ZInsO 2012, 1429 Rn. 14.

Werden Zahlungen von dem Schuldner an ein Schwesterunternehmen bewirkt und dadurch dessen Kredit bei dem gemeinsamen Kreditinstitut verringert, scheidet ein Bargeschäft aus. 626

> BGH, Urt. v. 26.4.2012 – IX ZR 67/09, ZIP 2012, 1301 = WM 2012, 1200 = NZI 2012, 667 = ZInsO 2012, 1429 Rn. 16.

Ebenso kommt ein Bargeschäft nicht in Betracht, soweit durch Kontobelastungen unmittelbar oder mittelbar Forderungen der kontoführenden Bank getilgt werden. 627

> BGH, Urt. v. 26.4.2012 – IX ZR 67/09, ZIP 2012, 1301 = WM 2012, 1200 = NZI 2012, 667 = ZInsO 2012, 1429 Rn. 13.

Voraussetzung eines Bargeschäfts i. S. v. § 142 InsO ist, dass der Leistung 628 des Schuldners eine gleichwertige Gegenleistung gegenüber steht. Nur dann ist das Geschäft für die (spätere) Masse wirtschaftlich neutral. Im Fall der Verrechnung einer auf einem debitorischen Konto eingehenden Gutschrift liegt die Leistung des Schuldners in der Rückführung seiner Verbindlichkeit gegenüber der Bank. Die Gegenleistung der Bank besteht in der erneuten Gewährung von Kredit. Die Bank erfüllt eine gleichwertige Pflicht aus dem Kontokorrentvertrag jedoch nur dann, wenn die Verfügung des Schuldners fremdnützig wirkt, der finanzielle Vorteil daraus also grundsätzlich allein einem Dritten zufließt. Daher begründet eine Zahlung aus dem Kontokorrent, die mittelbar auch der Bank zugutekommt, in der Regel kein Bargeschäft.

> BGH, Urt. v. 11.10.2007 – IX ZR 195/04, ZIP 2008, 237, 238 Rn. 9 = WM 2008, 222 = NZI 2008, 175 = ZInsO 2008, 163.

Anfechtbar sind darum stets Verrechnungen, mit denen eigene Forderungen 629 der Gläubigerbank getilgt werden. Selbst wenn neben den Zahlungseingängen von dem Schuldner veranlasste Überweisungen in eine Kontoverbindung einzustellen sind, liegt insoweit eine durch die Verrechnung bewirkte anfechtbare Kredittilgung vor, als die Summe der Eingänge die der Ausgänge übersteigt. Die Saldierungsvereinbarung deckt also nicht die endgültige Rückführung des eingeräumten Kredits, sondern lediglich das Offenhalten der Kreditlinie für weitere Verfügungen des Kunden.

> BGH, Urt. v. 7.5.2009 – IX ZR 140/08, ZIP 2009, 1124, 1125 Rn. 12, dazu *Hofmann/Würdinger*, EWiR 2009, 513.

Für die Anfechtung der Rückführung eines Kontokorrentkredits durch die 630 Bank kommt es auf den Betrag an, um den die verrechneten Einzahlungen die berücksichtigungsfähigen Auszahlungen im Anfechtungszeitraum übersteigen; der höchste erreichte Sollstand ist grundsätzlich unerheblich. Für eine Anfechtung nach § 131 Abs. 1 Nr. 1 InsO kommt es auf den Betrag an, um den die verrechneten Einzahlungen **in diesem Zeitraum** die Auszahlungen überstiegen. Allein in diesem Umfang hat die Bank den Schuldner letztlich nicht wieder über die Eingänge verfügen lassen. Unerheblich ist deshalb, wenn der Sollstand auf dem Konto des Schuldners im Anfechtungszeitraum, aber auch schon zuvor, den Kontokorrentkredit ausschöpfte, ja sogar überstieg. Hierdurch verloren entgegen der Auffassung der Klägerin die diesen Sollständen zeitlich vorausgehenden Kontobewegungen, soweit sie im Anfechtungszeitraum stattfanden, nicht ihre Bedeutung. Weist das Konto zu Beginn des Anfechtungszeitraums und im Zeitpunkt seiner Schließung ein Guthaben aus, scheidet eine Anfechtung aus.

BGH, Urt. v. 15.11.2007 – IX ZR 212/06, ZIP 2008, 235, 237 Rn. 17, 18, dazu *Freudenberg*, EWiR 2008, 629.

631 Verrechnungen im Kontokorrent zur Erfüllung eigener Ansprüche der Bank sind also nicht als Bardeckung unanfechtbar. Hat sich die Bank für die Erfüllung einer Verbindlichkeit verbürgt, erfüllt sie mit der Gewährung von Kredit zur Ablösung der gesicherten Forderung nicht nur ihre Verpflichtung gegenüber dem Schuldner, ihm im vereinbarten Rahmen Kredit zu gewähren. Sie wird vielmehr unabhängig davon, ob sie schon aus der Bürgschaft in Anspruch genommen worden ist, von ihrer eigenen Verbindlichkeit gegenüber dem Bürgschaftsgläubiger aus § 765 Abs. 1 BGB befreit. Der BGH hat bereits entschieden, dass es sich bei einer Belastung, durch welche die Bank dem Schuldner eine Rückgriffforderung aus der Inanspruchnahme wegen einer Bürgschaft (§ 774 Abs. 1 BGB) in Rechnung stellt, nicht um eine grundsätzlich unanfechtbare Bardeckung handelt. Die Gewährung von Kredit zur Ablösung der durch die Bürgschaft gesicherten Forderung kann nicht anders behandelt werden. Das gilt jedenfalls dann, wenn eine erneute Inanspruchnahme der Bürgin aus dem Kreditvertrag ausgeschlossen werden kann. Ob die Bank ihren Rückgriffanspruch aus § 774 Abs. 1 BGB durchsetzt oder die Ablösung der gesicherten Verbindlichkeit durch Gewährung weiteren Kredits ermöglicht, spielt bei wertender Betrachtung keine Rolle. Der Kredit zur Erfüllung einer durch eine Bürgschaft der Bank gesicherten Forderung ist keine gleichwertige Gegenleistung für die Rückführung des Kredits. Ein Bargeschäft (§ 142 InsO) scheidet aus.

BGH, Urt. v. 11.10.2007 – IX ZR 195/04, ZIP 2008, 237, 238 Rn. 10 = WM 2008, 222 = NZI 2008, 175 = ZInsO 2008, 163.

632 Bei der Prüfung, ob ein Bargeschäft i. S. v. § 142 InsO vorliegt, kommt es auf die Reihenfolge von Gutschriften und Belastungsbuchungen nicht an, soweit das Merkmal der Unmittelbarkeit des Leistungsaustauschs betroffen ist. Die Verrechnung einer Gutschrift darf aber nicht der letzte Akt sein, bevor das Kreditinstitut das Konto des Schuldners schließt. Es müssen vielmehr weitere Verfügungen zugelassen werden.

BGH, Beschl. v. 14.1.2010 – IX ZR 153/07, DZWir 2010, 290 Rn. 2.

633 Die Übernahme der Bürgschaft kann nicht als Gegenleistung i. S. d. § 142 InsO gewertet werden, wenn die Bank aus der Bürgschaft – für deren Stellung sie die vereinbarte Avalvergütung erhalten hat – tatsächlich gar nicht in Anspruch genommen wurde. Mangels einer den Zahlungseingängen gleichwertigen Gegenleistung sind die Voraussetzungen des § 142 InsO bereits im Ansatz nicht erfüllt.

BGH, Urt. v. 7.5.2009 – IX ZR 140/08, ZIP 2009, 1124, 1125 Rn. 13 = WM 2009, 1101 = NZI 2009, 436 = ZInsO 2009, 1054, dazu *Hofmann/Würdinger*, EWiR 2009, 513.

Bei der Saldierung von Soll- und Habenbuchungen im Rahmen eines debitorisch geführten Kontos ist der erforderliche unmittelbare Leistungsaustausch jedenfalls gegeben, wenn zwischen den Buchungen weniger als zwei Wochen vergehen; die Abrechnungsperiode des Kontokorrents wäre zu lang. **634**

BGH, Urt. v. 13.4.2006 – IX ZR 158/05, BGHZ 167, 190, 201 Rn. 34 = ZIP 2006, 1261 = WM 2006, 1159, dazu *Pape*, EWiR 2007, 117;

BGH, Urt. v. 17.6.2004 – IX ZR 2/01, ZIP 2004, 1464, 1465 = WM 2004, 1575 = NZI 2004, 491 = ZInsO 2004, 854.

Die Voraussetzungen eines Bargeschäfts hat der Anfechtungsgegner darzulegen. **635**

BGH, Urt. v. 1.10.2002 – IX ZR 360/99, ZIP 2002, 2182 = WM 2002, 2369 = NZI 2003, 34 = ZInsO 2002, 2236, dazu *M. Huber*, EWiR 2003, 29.

V. § 133 InsO

1. Anfechtungsfrist

§ 133 Abs. 2 sieht für die Vorsatzanfechtung von **Deckungshandlungen** einen Anfechtungszeitraum von **vier Jahren** vor. Damit soll das Risiko einer Anfechtung in dem in der Praxis bedeutsamen Bereich der Deckungshandlungen kalkulierbarer werden. Für alle sonstigen Rechtshandlungen verbleibt es bei dem bisherigen **zehnjährigen Anfechtungszeitraum**. Damit wird sichergestellt, dass etwa nachteilige Vereinbarungen gerade für den Insolvenzfall und Vermögensverschiebungen weit im Vorfeld der Krise nicht generell anfechtungsfest sind. **636**

BT-Drucks. 18/7054, S. 18.

Hat der Schuldner dem anderen Teil eine Sicherung oder Befriedigung früher als vier Jahre vor der Anfechtung gewährt, kann diese der Vorsatzanfechtung unterliegen, wenn der Schuldner das Grundgeschäft mit dem dem anderen Teil bekannten Vorsatz vorgenommen hat, seine Gläubiger zu benachteiligen. **637**

Zwar soll § 3 Abs. 2 AnfG (§ 133 Abs. 2 InsO) sowohl für kongruente als auch für inkongruente Deckungshandlungen gelten. Im Hinblick auf den Willen des Gesetzgebers, die paradigmatischen Fälle der Vorsatzanfechtung unverändert der zehnjährigen Anfechtungsfrist zu unterwerfen, muss bei der Anfechtung einer Sicherung in den Blick genommen werden, ob der Rechtsgrund der gewährten Sicherung seinerseits in einer die Voraussetzungen der Vorsatzanfechtung erfüllenden Weise begründet worden ist. Daher ist der **638**

Anwendungsbereich des § 3 Abs. 1 AnfG (§ 133 Abs. 1 InsO) hinsichtlich der gewährten Deckung auch jenseits des Vierjahreszeitraumes jedenfalls dann eröffnet, wenn das der angefochtenen Leistung zugrundeliegende Grundgeschäft die subjektiven Voraussetzungen der Vorsatzanfechtung nach § 3 Abs. 1 AnfG (§ 133 Abs. 1 InsO) erfüllt.

> BGH, Urt. v. 25.3.2021 – IX ZR 70/20, ZIP 2021, 967 Rn. 50 = WM 2021, 898 = NZI 2021, 577.

2. Rechtshandlung des Schuldners

639 Während die Tatbestände der §§ 130, 131 InsO lediglich allgemein eine Rechtshandlung verlangen, diese demzufolge auch von einem Dritten ausgehen kann, bezeichnet § 133 Abs. 1 InsO allein solche Rechtshandlungen als anfechtbar, die der Schuldner mit dem Vorsatz, seine Gläubiger zu benachteiligen, vorgenommen hat. Schon dies deutet darauf hin, dass der Tatbestand ohne ein vom Schuldner gesteuertes Verhalten nicht erfüllt werden kann. Zwangsvollstreckungshandlungen des Gläubigers sind darum ohne eine vorsätzliche Rechtshandlung oder eine ihr gleichstehende Unterlassung des Schuldners nicht nach § 133 Abs. 1 InsO anfechtbar. Dies bedeutet, dass vor der kritischen Zeit der §§ 130, 131 InsO vorgenommen Maßnahmen der Zwangsvollstreckung anfechtungsfest sind.

> BGH, Urt. v. 10.2.2005 – IX ZR 211/02, BGHZ 162, 143, 147 = ZIP 2005, 494 = WM 2005, 564 = NJW 2005, 1121, dazu *Eckardt*, EWiR 2005, 607;
> kritisch *Brinkmann/Luttmann*, ZInsO 2007, 565.

640 Eine Anwendung von § 133 Abs. 1 InsO kommt in den Fällen, in denen der Schuldner unter dem Druck einer angedrohten Zwangsvollstreckung leistet, nur in Betracht, wenn der Schuldner verantwortungsgesteuert handelte. Nur wer darüber entscheiden kann, ob er die angeforderte Leistung erbringt oder verweigert, nimmt eine Rechtshandlung i. S. d. § 129 InsO vor. Diese Voraussetzung ist zu bejahen, wenn der Schuldner zur Abwendung einer ihm angedrohten, demnächst zu erwartenden Vollstreckung leistet. In diesem Fall ist er noch in der Lage, über den angeforderten Betrag nach eigenem Belieben zu verfügen. Er kann, statt ihn an den Gläubiger zu zahlen, ihn auch selbst verbrauchen, ihn Dritten zuwenden oder Insolvenzantrag stellen und den Gläubiger davon in Kenntnis setzen. Hat der Schuldner dagegen nur noch die Wahl, die geforderte Zahlung sofort zu leisten oder die Vollstreckung durch die bereits anwesende Vollziehungsperson zu dulden, ist jede Möglichkeit zu einem selbstbestimmten Handeln ausgeschaltet. Dann fehlt es an einer willensgeleiteten Rechtshandlung des Schuldners, wie sie § 133 Abs. 1 InsO voraussetzt.

> BGH, Urt. v. 10.2.2005 – IX ZR 211/02, BGHZ 162, 143 = ZIP 2005, 494 = WM 2005, 564 = NJW 2005, 1121;
>
> BGH, Urt. v. 8.12.2005 – IX ZR 182/01, ZIP 2006, 290 = WM 2006, 190 = NJW 2006, 1347 = NZI 2006, 159 = ZInsO 2006, 94;

BGH, Urt. v. 7.5.2015 – IX ZR 95/14, ZIP 2015, 1234 Rn. 8 = WM 2015, 1202 = NZI 2015, 717, dazu *Pluskat*, EWiR 2015, 649.

Erlangt ein Gläubiger Befriedigung im Wege der Zwangsvollstreckung, fehlt es an der für eine Vorsatzanfechtung erforderlichen Rechtshandlung des Schuldners (**§§ 129, 133 Abs. 1 Satz 1 InsO**). Erbringt der Schuldner hingegen selbst eine Leistung, sei es auch unter dem Druck und zur Abwendung einer angedrohten Zwangsvollstreckung, liegt grundsätzlich eine eigene Rechtshandlung des Schuldners vor. Ausnahmsweise kann es in einem solchen Fall an einer Rechtshandlung des Schuldners fehlen, wenn jede Möglichkeit des Schuldners zu einem selbstbestimmten Handeln ausgeschlossen ist, weil er nur noch die Wahl hat, die geforderte Zahlung sofort zu leisten oder die Vollstreckung durch die bereits anwesende Vollziehungsperson zu dulden. **641**

BGH, Urt. v. 23.3.2006 – IX ZR 116/03, BGHZ 167, 11, 14 Rn. 7 = ZIP 2006, 916 = ZVI 2006, 248 = WM 2006, 921 = NZI 2006, 397 = ZInsO 2006, 553, dazu *Eckardt*, EWiR 2006, 537;

BGH, Beschl. v. 19.2.2009 – IX ZR 22/07, ZIP 2009, 728 Rn. 3 = WM 2009, 810 = NZI 2009, 312 = ZInsO 2009, 717;

BGH, Urt. v. 3.2.2011 – IX ZR 213/09, ZIP 2011, 531 Rn. 5 = ZVI 2011, 220 = WM 2011, 501 = NZI 2011, 249 = ZInsO 2011, 574, dazu *M. Huber*, EWiR 2011, 289;

BGH, Beschl. v. 26.1.2012 – IX ZR 33/09, Rn. 2, 3;

BGH, Urt. v. 14.6.2012 – IX ZR 145/09, ZIP 2012, 1422 = WM 2012, 1401 = NJW 2013, 53 = NZI 2012, 658 Rn. 8, dazu *M. Huber*, EWiR 2012, 567;

BGH, Urt. v. 25.10.2012 – IX ZR 117/11, ZIP 2012, 2355 = WM 2012, 2251 = NZI 2012, 963 = ZInsO 2012, 2244 Rn. 25, dazu *M. Huber*, EWiR 2012, 797.

Die Anfechtung setzt eine Rechtshandlung des Schuldners und damit dessen willensgeleitetes, verantwortungsgesteuertes Handeln voraus. Der Schuldner muss darüber entscheiden können, ob er eine Leistung erbringt oder verweigert. Grundsätzlich fehlt es an einer solchen Rechtshandlung des Schuldners, wenn der Gläubiger eine Befriedigung im Wege der Zwangsvollstreckung erlangt. Eine durch Zwangsvollstreckungsmaßnahmen des Gläubigers erlangte Zahlung kann der Vorsatzanfechtung unterliegen, wenn eine Schuldnerhandlung oder eine der Handlung gleichstehende Unterlassung zum Erfolg der Vollstreckungsmaßnahme beigetragen hat. Der Beitrag des Schuldners muss bei wertender Betrachtung dazu führen, dass die Vollstreckungstätigkeit zumindest auch als eigene, willensgeleitete Entscheidung des Schuldners anzusehen ist. In dieser Hinsicht muss der Beitrag des Schuldners ein der Vollstreckungstätigkeit des Gläubigers zumindest vergleichbares Gewicht erreichen. Daran fehlt es, wenn der Schuldner sich darauf beschränkt, die berechtigte Vollstreckung eines Gläubigers hinzunehmen, und sich angesichts einer bevorstehenden oder bereits eingeleiteten Vollstreckungsmaßnahme nicht **642** anders verhält, als er dies auch ohne die Vollstreckungsmaßnahme getan hätte, und seinen Geschäftsbetrieb in üblicher Weise fortsetzt.

BGH, Urt. v. 1.6.2017 – IX ZR 48/15, ZIP 2017, 1281 Rn. 14 ff, dazu *d'Avoine*, EWiR 2017, 533;

BGH, Urt. v. 1.6.2017 – IX ZR 114/16, WM 2017, 1348 Rn. 6 ff.

643 Vollstreckt ein Gläubiger aus einem Anerkenntnisurteil, führt das Anerkenntnis durch den Schuldner zu keiner eigenen mitwirkenden Rechtshandlung, wenn die anerkannte Forderung bestand und eingefordert werden konnte und der Schuldner dem Gläubiger durch das Anerkenntnis nicht beschleunigt einen Titel verschaffen wollte. Die untätige Hinnahme von Zwangsvollstreckungsmaßnahmen oder der Titulierung von Ansprüchen führt nur dann zu einer eigenen Rechtshandlung des Schuldners, wenn sie gerade in der Vorstellung und mit dem Willen erfolgt, dass durch das Unterlassen einer möglichen Handlung die anstehende Vermögensverlagerung auf den vollstreckenden Gläubiger gefördert wird. Für ein entsprechend zielgerichtetes Unterlassen reicht es nicht aus, dass der Schuldner die Bevorzugung eines einzelnen Gläubigers lediglich geschehen lässt. Dieses Bewusstsein kann vorhanden sein, wenn erfolgversprechende Rechtsbehelfs- oder Angriffs- und Verteidigungsmöglichkeiten gegen eine rechtswidrige Vollstreckung oder die Titulierung nicht bestehender oder noch nicht fälliger Ansprüche nicht genutzt werden. Anders verhält es sich, wenn ein Schuldner durch ein prozessuales Anerkenntnis die Titulierung zwar aktiv befördert, der Anspruch des Gläubigers aber begründet und fällig ist und der Schuldner durch das prozessuale Anerkenntnis dem Gläubiger nicht beschleunigt einen Vollstreckungstitel verschaffen wollte.

BGH, Urt. v. 14.9.2017 – IX ZR 108/16, ZIP 2017, 1962 = WM 2017, 1988 = NZI 2017, 926 Rn. 33.

644 Vollstreckt ein Gläubiger aus einem Anerkenntnisurteil, das auf einem Vergleich beruht, kann in dem Vergleichsschluss nur dann eine mitwirkende Rechtshandlung des Schuldners liegen, wenn der Vergleichsinhalt den Bereich verlässt, der bei objektiver Beurteilung ernstlich zweifelhaft sein kann. Wird die ernstliche Ungewissheit darüber, was der Gesetzeslage entspricht, durch gegenseitiges Nachgeben beseitigt, ist die Vermutung gerechtfertigt, dass das gegenseitige Nachgeben der Beteiligten in der ungewissen Sach- und Rechtslage begründet ist. Das vergleichsweise Nachgeben eines Teils kann danach erst dann als unentgeltliche Leistung (§ 134 InsO) gewertet werden, wenn der Vergleichsinhalt den Bereich verlässt, der bei objektiver Beurteilung ernstlich zweifelhaft sein kann. Die gleichen Wertungen sind hinzuzuziehen, wenn es darum geht zu beurteilen, ob trotz einer auf einem Vergleich beruhenden Vollstreckungshandlung eines Gläubigers eine Rechtshandlung des Schuldners vorliegen kann, der in dem Abschluss des Vergleichs liegenden Rechtshandlung des Schuldners also ein zumindest gleiches Gewicht zukommt wie der Vollstreckungshandlung des Gläubigers. Dies kann nur dann angenommen werden, wenn der Vergleichsinhalt den Bereich verlässt, der bei objektiver Beurteilung ernstlich zweifelhaft sein kann.

BGH, Urt. v. 14.9.2017 – IX ZR 108/16, ZIP 2017, 1962 = WM 2017, 1988 = NZI 2017, 926 Rn. 36.

Zahlungen des Schuldners an den anwesenden, vollstreckungsbereiten Vollziehungsbeamten erfüllen danach regelmäßig nicht die Voraussetzungen einer eigenen Rechtshandlung des Schuldners i. S. v. § 133 Abs. 1 InsO. Anderes gilt nur, wenn der Schuldner wegen der Besonderheiten des Falles erwarten konnte, ein zwangsweiser Zugriff des Vollziehungsbeamten werde nicht sogleich möglich sein. Der Vortrag solcher Besonderheiten obliegt dem Insolvenzverwalter, weil er als Kläger die anspruchsbegründenden Voraussetzungen, zu denen auch die Rechtshandlung des Schuldners gehört, darzulegen hat. 645

BGH, Urt. v. 3.2.2011 – IX ZR 213/09, ZIP 2011, 531 Rn. 5 = ZVI 2011, 220 = WM 2011, 501 = NZI 2011, 249 = ZInsO 2011, 574,
dazu *M. Huber*, EWiR 2011, 289;

BGH, Urt. v. 25.10.2012 – IX ZR 117/11, ZIP 2012, 2355 = WM 2012, 2251 = NZI 2012, 963 = ZInsO 2012, 2244 Rn. 25.

Übergibt ein Schuldner dem Vollstreckungsbeamten Bargeld, auf das dieser andernfalls sogleich zugreifen könnte, liegt kein freier Willensentschluss zur Leistung; vielmehr kommt der Schuldner in einer solchen Situation nur dem sonst unabwendbaren Zugriff des Vollstreckungsbeamten zuvor. Anders verhält es sich aber, wenn dessen Zugriff tatsächliche Hindernisse – etwa die Verwahrung in einer schwarzen Kasse oder einem Versteck – entgegengestanden hätten. 646

BGH, Urt. v. 25.10.2012 – IX ZR 117/11, ZIP 2012, 2355 = WM 2012, 2251 = NZI 2012, 963 = ZInsO 2012, 2244 Rn. 26.

Da eine Unterlassung einer Rechtshandlung gleichsteht (§ 129 Abs. 2 InsO), kann eine Rechtshandlung vorliegen, wenn der Schuldner an den ohne richterliche Durchsuchungsanordnung erschienenen Vollziehungsbeamten zur Abwendung der Vollstreckung zahlt, ohne auf einer den Vollstreckungszugriff erst eröffnenden richterlichen Durchsuchungsanordnung zu bestehen. Dies gilt aber nur, wenn dem Schuldner die Möglichkeit der Vereitelung der Vollstreckung durch den Hinweis auf die Notwendigkeit einer Durchsuchungsanordnung bewusst war. 647

BGH, Urt. v. 3.2.2011 – IX ZR 213/09, ZIP 2011, 531 Rn. 8 ff = ZVI 2011, 220 = WM 2011, 501 = NZI 2011, 249 = ZInsO 2011, 574,
dazu *M. Huber*, EWiR 2011, 289.

Stellt bereits die Ausstellung eines Schecks eine Rechtshandlung des Schuldners dar, so ist für die Anfechtbarkeit der Scheckzahlung nach § 133 Abs. 1 InsO unerheblich, ob eine weitere Rechtshandlung des Schuldners darin liegt, die zwischen der Ausstellung des Schecks und dessen Einlösung mögliche Schecksperre bewusst unterlassen zu haben. 648

BGH, Urt. v. 14.6.2012 – IX ZR 145/09, ZIP 2012, 1422 = WM 2012, 1401 = NJW 2013, 53 = NZI 2012, 658 Rn. 11, dazu *M. Huber*, EWiR 2012, 567.

649 Eine Rechtshandlung des Schuldners ist bei Leistungen zur Abwendung der Zwangsvollstreckung gegeben. Eine Anfechtung ist folglich möglich, wenn der Schuldner nach Übersendung einer Vollstreckungsankündigung, aber noch vor Beginn der Vollstreckung den geschuldeten Betrag zahlt. Ebenso verhält es sich, wenn der Schuldner zwar unmittelbar vor Beginn einer Vollstreckung zahlt, diese aber mangels pfändbarer Gegenstände erfolglos verlaufen wäre. Eine Rechtshandlung des Schuldners ist gleichfalls gegeben, wenn er nach einer Kontopfändung den geschuldeten Betrag durch einen auf ein anderes Konto gezogenen Scheck bezahlt.

BGH, Beschl. v. 19.2.2009 – IX ZR 22/07, ZIP 2009, 728 Rn. 4, 5, 6 = WM 2009, 810 = NZI 2009, 312 = ZInsO 2009, 717;

BGH, Urt. v. 7.5.2015 – IX ZR 95/14, ZIP 2015, 1234 Rn. 8 = WM 2015, 1202 = NZI 2015, 717, dazu *Pluskat*, EWiR 2015, 649.

650 In der Einzelzwangsvollstreckung können ratenweise Leistungen des Vollstreckungsschuldners nicht auf einen einheitlichen hoheitlichen Zugriff zurückgeführt werden. Bleibt ein Pfändungsversuch ganz oder teilweise fruchtlos, setzt sich dieser am Beginn des Verfahrens stehende hoheitliche Zugriff nicht fort, wenn der Schuldner einige Zeit später doch Leistungen an den Gerichtsvollzieher erbringt. Der erste Zugriff ist dann vielmehr zunächst erfolglos geblieben, die spätere Leistung beruht auf der eigenen freien Entscheidung des Schuldners.

BGH, Urt. v. 10.12.2009 – IX ZR 128/08, ZIP 2010, 191 Rn. 13 = ZVI 2010, 54 = WM 2010, 360 = NZI 2010, 184, dazu *M. Huber*, EWiR 2010, 189.

651 Leistet der Schuldner nach Fehlschlagen einer Zwangsvollstreckung zur Abwendung einer weiteren ihm angedrohten Zwangsvollstreckung, so ist eine anfechtbare Rechtshandlung gegeben, weil er noch in der Lage war, über den angeforderten Betrag nach eigenem Belieben zu verfügen.

BGH, Urt. v. 3.4.2014 – IX ZR 201/13, ZIP 2013, 1032 = WM 2014, 1009 Rn. 30, dazu *Freudenberg*, EWiR 2014, 591.

652 Überweisungen, Lastschriften und Scheckbegebungen erfordern zwingend, dass der Schuldner noch freien Zugriff auf sein Girokonto hat. Eine vom Schuldner veranlasste Banküberweisung ist eine Rechtshandlung, auch wenn zuvor zu Gunsten des Zahlungsempfängers der Anspruch auf Auszahlung des Bankguthabens gepfändet und ihm zur Einziehung überwiesen wurde.

BGH, Urt. v. 21.11.2013 – IX ZR 128/13, ZIP 2014, 35 = WM 2014, 44 = ZInsO 2014, 31 Rn. 9 ff, dazu *Fehst*, EWiR 2014, 119.

653 Ist das Konto wegen Überziehung gesperrt oder unterliegt es einer Pfändung, wird der vom Schuldner veranlasste Zahlungsvorgang erfolglos bleiben. Akzeptiert die Bank die Kontobelastung, beruht die Zahlung auf der eigenverantwortlichen Verfügung des Schuldners über sein Konto und ist daher anfechtbar. Auch Bareinzahlungen des Schuldners bei einer Bank mit anschließender Überweisung des eingezahlten Betrages auf das Dienstkonto des Gerichtsvollziehers führen nicht zu Abgrenzungsschwierigkeiten. Sie sind ebenso willensgetragene Leistungen des Schuldners wie Ratenzahlungen, die er in bar am Dienstsitz des Gerichtsvollziehers erbringt.

BGH, Urt. v. 10.12.2009 – IX ZR 128/08, ZIP 2010, 191 Rn. 16, 19 = ZVI 2010, 54 = WM 2010, 360 = NZI 2010, 184.

654 Teilzahlungen des Schuldners, die dieser nach fruchtloser Zwangsvollstreckung im Rahmen einer vom Gerichtsvollzieher herbeigeführten Ratenzahlungsvereinbarung erbringt, beruhen auf einer Rechtshandlung des Schuldners und sind daher wegen vorsätzlicher Gläubigerbenachteiligung anfechtbar. Die Situation, dass eine einzelne Zwangsvollstreckungsmaßnahme erfolglos geblieben ist und deshalb demnächst weitere Maßnahmen drohen, unterscheidet sich nicht wesentlich von derjenigen, in welcher der Beginn der Zwangsvollstreckung noch bevor steht. Nach wie vor kann der Schuldner frei entscheiden, ob er Vermögenswerte, die das Vollstreckungsorgan bislang nicht aufgefunden hat oder die er noch von dritter Seite bekommen kann, zur Befriedigung des Vollstreckungsgläubigers einsetzt oder statt dessen die Fortsetzung des Zwangsvollstreckungsverfahrens hinnimmt und die Konsequenz zieht, selbst Insolvenzantrag zu stellen.

BGH, Urt. v. 10.12.2009 – IX ZR 128/08, ZIP 2010, 191 Rn. 12 = ZVI 2010, 54 = WM 2010, 360 = NZI 2010, 184;

BGH, Urt. v. 6.7.2017 – IX ZR 178/16, ZIP 2017, 1677 Rn. 6, dazu *Heublein*, EWiR 2017, 1677.

655 Fördert ein Schuldner aktiv eine Vollstreckungsmaßnahme des Gläubigers, kann dies die Bewertung der Vollstreckungsmaßnahme als Rechtshandlung des Schuldners rechtfertigen. In dieser Weise verhält es sich, wenn der Schuldner die Voraussetzungen für eine dann erfolgreiche Vollstreckungshandlung schafft, etwa wenn er den Gläubiger von dem bevorstehenden Zugriff anderer Gläubiger mit der Aufforderung, diesen zuvorzukommen, benachrichtigt, wenn er Pfändungsgegenstände verheimlicht, um sie gerade für den Zugriff des zu begünstigenden Gläubigers bereitzuhalten, oder wenn der Schuldner dem Gläubiger vorzeitig oder beschleunigt einen Vollstreckungstitel gewährt. Ebenso ist es zu bewerten, wenn der Schuldner in Erwartung eines Vollstreckungsversuchs seine Ladenkasse gezielt aufgefüllt hat, um eine Befriedigung des Gläubigers zu ermöglichen.

BGH, Urt. v. 10.12.2009 – IX ZR 128/08, ZIP 2010, 191 Rn. 11 ff = ZVI 2010, 54 = WM 2010, 360 = NZI 2010, 184;

BGH, Urt. v. 3.2.2011 – IX ZR 213/09, ZIP 2011, 531 Rn. 12 = ZVI 2011, 220 = WM 2011, 501 = NZI 2011, 249.

656 In gleicher Weise verhält es sich, wenn der Schuldner mit seinem Gläubiger übereinkommt, dass dieser für seine offene Forderung einen Titel erwirken soll, um nach Eingang einer erwarteten größeren Zahlung auf dem Konto des Schuldners in dieses pfänden zu können.

> BGH, Urt. v. 21.11.2013 – IX ZR 128/13, ZIP 2014, 35 = WM 2014, 44 = ZInsO 2014, 31 Rn. 9 ff, 14 ff, dazu *Fehst*, EWiR 2014, 119.

657 Stellt ein Schuldner einen Scheck aus und übergibt diesen einem anwesenden und vollstreckungsbereiten Vollziehungsbeamten, so beruht die durch Einlösung des Schecks erfolgte Zahlung auch dann auf einer Rechtshandlung des Schuldners, wenn der Vollziehungsbeamte ohne die Ausstellung des Schecks erfolgreich in das sonstige Vermögen des Schuldners vollstreckt hätte. Damit ermöglicht er dem Gläubiger einen Zahlungsweg, den der anwesende Vollziehungsbeamte nicht zwangsweise hätte durchsetzen können. Eine Scheckzahlung setzt vielmehr ebenso wie eine Banküberweisung voraus, dass der Schuldner über sein Konto noch selbst verfügen kann, und beruht daher auf einer Rechtshandlung des Schuldners. Auch gegenüber einem anwesenden und vollstreckungsbereiten Vollziehungsbeamten bleibt dem Schuldner die Wahlmöglichkeit, die Zwangsvollstreckung in sein bewegliches Vermögen hinzunehmen oder die Vollstreckung abzuwenden, indem er der Vollstreckungsperson durch Ausstellung eines Schecks den Zugriff auf sein Bankguthaben ermöglicht. Lässt sich der Vollziehungsbeamte darauf ein, im Gegenzug zur Ausstellung eines Schecks von Pfändungsmaßnahmen abzusehen, so beruht die Scheckanweisung zwar auf dem ausgeübten Vollstreckungsdruck, hätte jedoch ohne die Mitwirkung des Schuldners nicht erfolgen können.

> BGH, Urt. v. 14.6.2012 – IX ZR 145/09, ZIP 2012, 1422 = WM 2012, 1401 = NJW 2013, 53 = NZI 2012, 658, dazu *M. Huber*, EWiR 2012, 567.

658 Der Umstand, dass die Schuldnerin die Zahlungen nicht selbst an das Finanzamt als Anfechtungsgegner geleistet hat, steht der Annahme einer Schuldnerhandlung nicht entgegen. Die Schuldnerin hat die Gelder ihrem Geschäftsführer durch Überweisungen auf sein Privatkonto zur Verfügung gestellt. Dem dabei jeweils angegebenen Verwendungszweck, der Bezeichnung des Finanzamts und der Angabe der Steuernummer der Schuldnerin, war zu entnehmen, dass die Überweisung der Gelder nicht zur freien Verfügung durch den Geschäftsführer erfolgte, sondern zur Begleichung von Steuerverbindlichkeiten der Schuldnerin durch die dann auch erfolgte Weiterleitung an das Finanzamt. Danach handelte es sich um mittelbare Zuwendungen der Schuldnerin an das Finanzamt und deshalb um Schuldnerhandlungen i. S. d. § 133 Abs. 1 InsO a. F.

> BGH, Urt. v. 28.1.2021 – IX ZR 64/20, ZIP 2021, 416 = WM 2021, 458 Rn. 13 = NZI 2021, 387.

659 Entsteht ein Pfändungspfandrecht dadurch, dass die Schuldnerin ein Darlehen aufgenommen hat und den Darlehensbetrag auf das gepfändete Konto

einzahlt, so beruht das Pfandrecht auf einer Rechtshandlung der Schuldnerin und ist folglich der Anfechtung nach § 133 Abs. 1 InsO zugänglich. War die Überweisung nicht durch ein insolvenzfestes Pfändungspfandrecht gedeckt, so liegt eine objektive Gläubigerbenachteiligung vor, weil auch die Zahlung mit Mitteln eines vom Schuldner abgerufenen Dispositionskredits gläubigerbenachteiligende Wirkung hat.

BGH, Urt. v. 14.6.2012 – IX ZR 145/09, ZIP 2012, 1422 = WM 2012, 1401 = NJW 2013, 53 = NZI 2012, 658 Rn. 22;

BGH, Urt. v. 19.9.2013 – IX ZR 4/13, ZIP 2013, 2113 = DB 2013, 2496 = WM 2013, 2074 Rn. 10, dazu *Lau*, EWiR 2014, 153.

Wurde eine Überweisung aus der Kontokorrentkreditlinie der Schuldnerin bei ihrer Bank ausgeführt, ist ein Pfändungspfandrecht erst mit dem Abruf des eingeräumten Dispositionskredits durch die Schuldnerin entstanden und beruht damit auf einer Rechtshandlung der Schuldnerin, weil die Inanspruchnahme einer Kreditlinie nur durch den Kontoinhaber selbst erfolgen kann. **660**

BGH, Urt. v. 14.6.2012 – IX ZR 145/09, ZIP 2012, 1422 = WM 2012, 1401 = NJW 2013, 53 = NZI 2012, 658 = ZInsO 2012, 1318 Rn. 25.

Eine von dem Schuldner bewirkte Überweisung bildet eine Rechtshandlung, auch wenn zuvor zugunsten des Zahlungsempfängers Ansprüche auf Auszahlung gepfändet und ihm zur Einziehung überwiesen wurden. Jedoch fehlt es an einer Gläubigerbenachteiligung, wenn der Anfechtungsgegner aufgrund des Pfändungspfandrechts zur abgesonderten Befriedigung (**§ 50 Abs. 1 InsO**) aus dem überwiesenen Guthaben bei der Drittschuldnerin berechtigt war. Hat der Gläubiger ein anfechtungsfestes Pfandrecht erworben, so braucht er davon gedeckte Zahlungen nicht zurückzugewähren, weil sie die Gläubiger nicht benachteiligen. Die Pfändung des Guthabens selbst unterliegt als Rechtshandlung des Gläubigers nicht der Vorsatzanfechtung. **661**

BGH, Urt. v. 22.11.2012 – IX ZR 142/11, ZIP 2012, 2513 = WM 2013, 48 = NZI 2013, 247 = ZInsO 2013, 247 Rn. 9 ff, dazu *Junghans*, EWiR 2013, 155.

Ein Pfändungspfandrecht beruht auf einer Rechtshandlung des Schuldners, wenn er mit dem Gläubiger vereinbart, dass dieser seine Forderung im Wege des Mahnbescheids titulieren lassen und danach in ein bestimmtes werthaltiges Konto vollstrecken soll. **662**

BGH, Urt. v. 21.11.2013 – IX ZR 128/13, ZIP 2014, 35 = WM 2014, 44 = ZInsO 2014, 31 Rn. 9 ff, 14 ff, dazu *Fehst*, EWiR 2014, 119.

Eine Rechtshandlung des Schuldners liegt in der jeweils an seinen Vater als Kontoinhaber gerichteten Anweisung, zugunsten von Empfängern einzelne Überweisungen auszuführen. Die Überweisungen selbst sind als Rechtshandlungen des Vaters zu bewerten, weil dieser Kontoinhaber war und der Schuldner **663** als dessen Vertreter tätig geworden ist. Die Gläubigerbenachteiligung äußert sich in der Weggabe der Zahlungsmittel an den Beklagten, durch die das auf dem Konto des Vaters befindliche Treugut des Schuldners vermindert und zugleich das für seine Verbindlichkeiten haftende Vermögen verkürzt wurde.

> BGH, Urt. v. 24.10.2013 – IX ZR 104/13, ZIP 2013, 2262 = WM 2013, 2231 Rn. 8 = NZI 2014, 66 = ZInsO 2013, 1378, dazu *Henkel*, EWiR 2014, 151.

3. Anfechtungsgegner

664 Der Tatbestand der Vorsatzanfechtung setzt abweichend von §§ 130, 131 InsO nicht voraus, dass der Anfechtungsgegner als Insolvenzgläubiger zu betrachten ist. Vielmehr unterliegt der Vorsatzanfechtung jeder Leistungsempfänger.

> BGH, Urt. v. 29.9.2011 – IX ZR 202/10, WM 2012, 85 Rn. 11 = NZI 2012, 137 = ZInsO 2012, 138.

665 Die Vorsatzanfechtung richtet sich nach dem Wortlaut des § 133 Abs. 1 Satz 1 InsO gegen den „anderen Teil“ als Anfechtungsgegner. Damit ist jede Person gemeint, die durch die Rechtshandlung des Schuldners eine vermögenswerte Position zum Nachteil der Masse erlangt hat. Anfechtungsgegner ist folglich der Inhaber des nach § 143 InsO zurückzugewährenden Vermögenswerts, ohne dass es sich dabei um einen Vertragspartner oder Insolvenzgläubiger des Schuldners handeln muss.

> BGH, Urt. v. 29.11.2007 – IX ZR 121/06, BGHZ 174, 314 Rn. 23 = ZIP 2008, 190 = WM 2008, 223 = NZI 2008, 167, dazu *Göb*, EWiR 2008, 539;
>
> BGH, Urt. v. 29.9.2011 – IX ZR 202/10, WM 2012, 85 Rn. 11 = NZI 2012, 137 = ZInsO 2012, 138;
>
> BGH, Beschl. v. 24.5.2012 – IX ZR 142/11, NZI 2012, 713 Rn. 2;
>
> BGH, Beschl. v. 23.1.2014 – IX ZR 15/13, Rn. 5.

666 Wird ein GmbH-Geschäftsanteil treuhänderisch übertragen und nimmt der Treuhänder bei der GmbH ein Darlehen auf, das diese mit auf den Geschäftsanteil entfallenden Gewinnansprüchen verrechnet, kommt eine Anfechtung des Treugebers nur gegen den Treuhänder, aber nicht gegen die GmbH in Betracht.

> BGH, Beschl. v. 23.1.2014 – IX ZR 15/13, Rn. 5.

667 Erfüllt der Schuldner die von einer Bürgschaft gesicherte Hauptschuld und wird der Bürge dadurch von seiner Bürgschaftsverpflichtung frei, ist diese Befreiung von der Bürgschaftsverbindlichkeit gegenüber dem Bürgen grundsätzlich nicht anfechtbar. Eine Doppelwirkung folgt nicht daraus, dass der Bürge infolge der Zahlung des Schuldners an den Gläubiger von seiner Verpflichtung aus der Bürgschaft frei wird.

> BGH, Urt. v. 7.12.2023 – IX ZR 36/22, ZIP 2024, 196 = NZI 2024, 219 = ZInsO 2024, 195 Rn. 16.

Die Tilgung einer fremden Schuld kann dem Gläubiger gegenüber nach § 133 Abs. 1 InsO und § 134 InsO anfechtbar sein. In solchen Fällen ist die Vorsatzanfechtung des Insolvenzverwalters in der Rechtsprechung des BGH nur gescheitert, wenn die Kenntnis des Gläubigers vom Benachteiligungsvorsatz des Leistungsmittlers nicht festgestellt werden konnte. Tilgt ein später insolventer Leistungsmittler fremde Schulden, ist mithin die Vorsatzanfechtung seines Insolvenzverwalters gegen den Gläubiger möglich, ohne dass die Gesetzessystematik oder eine Interessenabwägung dem entgegensteht. **668**

> BGH, Urt. v. 22.11.2012 – IX ZR 22/12, ZIP 2013, 81 = WM 2013, 51 = NZI 2013, 145 = ZInsO 2013, 73 Rn. 8 ff, dazu *Luttmann*, EWiR 2013, 181.

Tilgt der Schuldner eine Zwecke des Forderungseinzugs treuhänderisch abgetretene Forderung gegenüber einem Inkassounternehmen als Forderungszessionar, kann die Zahlung gegenüber dem ursprünglichen Forderungsinhaber angefochten werden. Gleiches gilt bei Zahlung an einen Einziehungsermächtigten. **669**

> BGH, Urt. v. 3.4.2014 – IX ZR 201/13, ZIP 2013, 1032 = WM 2014, 1009 Rn. 13 ff, dazu *Freudenberg*, EWiR 2014, 591.

4. Benachteiligungsvorsatz

Weitere Voraussetzung der Anfechtung nach § 133 Abs. 1 InsO ist, dass der Schuldner die Rechtshandlung mit Benachteiligungsvorsatz vorgenommen hat. Der Benachteiligungsvorsatz ist gegeben, wenn der Schuldner bei Vornahme der Rechtshandlung (§ 140 InsO) die Benachteiligung der Gläubiger im Allgemeinen als Erfolg seiner Rechtshandlung gewollt oder als mutmaßliche Folge – sei es auch als unvermeidliche Nebenfolge eines an sich erstrebten anderen Vorteils – erkannt und gebilligt hat. **670**

> BGH, Urt. v. 13.4.2006 – IX ZR 158/05, BGHZ 167, 190, 194 Rn. 14 = ZIP 2006, 1261 = WM 2006, 1159 = NJW 2006, 2701 = ZInsO 2006, 712, dazu *Pape*, EWiR 2007, 117;
>
> BGH, Urt. v. 5.3.2009 – IX ZR 85/07, ZIP 2009, 922, 923 Rn. 10 = WM 2009, 905 = NJW 2009, 1601 = NZI 2009, 372, dazu *Wallner*, EWiR 2009, 485;
>
> BGH, Urt. v. 12.2.2015 – IX ZR 180/12, ZIP 2015, 585 Rn. 16 = ZInsO 2015, 628, dazu *Cranshaw*, EWiR 2015, 251;
>
> BGH, Urt. v. 17.12.2015 – IX ZR 61/14, ZIP 2016, 173 Rn. 16 = WM 2016, 172 = NZI 2016, 134, dazu *Laroche*, EWiR 2016, 175;
>
> BGH, Urt. v. 24.3.2016 – IX ZR 242/13, ZIP 2016, 874 Rn. 7 = WM 2016, 797 = NZI 2016, 454.

Der Schuldner handelt dann mit Benachteiligungsvorsatz, wenn er die Benachteiligung der Gläubiger im Allgemeinen als Erfolg seiner Rechtshand- **671** lung will oder als mutmaßliche Folge erkennt und billigt. Er muss also entweder wissen, dass er neben dem Anfechtungsgegner nicht alle Gläubiger innerhalb angemessener Zeit befriedigen kann, oder aber sich diese Folge als möglich vorgestellt, sie aber in Kauf genommen haben, ohne sich durch die Vorstellung dieser Möglichkeit von seinem Handeln abhalten zu lassen. Hat der Schuldners sich die Benachteiligung nur als möglich vorgestellt, so ist zu unterscheiden, ob er den Fall, daß sie nicht eintrete, erwartet und wünscht, oder ob er die Benachteiligung in Kauf nimmt, ohne sich durch die Vorstellung dieser Möglichkeit von seinem Handeln abhalten zu lassen. Im ersteren Fall hat er die Benachteiligung nicht gewollt, im zweiten dagegen ist der Benachteiligungsvorsatz gegeben.

> BGH, Beschl. v. 10.7.2014 – IX ZR 287/13, ZInsO 2014, 1661 Rn. 3.

672 Danach waren die Voraussetzungen eines Benachteiligungsvorsatzes in einer höchstrichterlich entschiedenen Sache erfüllt. Der Schuldner hat, wie die Beklagte erkannte, eine Gläubigerbenachteiligung gebilligt, weil er in Kenntnis der gegen ihn gerichteten Forderungen seiner Arbeitnehmer, ohne die gerichtliche Klärung der bereits anhängigen Rechtsstreitigkeiten abzuwarten, die Beklagte bevorzugt befriedigt hat. Selbst wenn er die Forderungen der Arbeitnehmer persönlich als unbegründet erachtete, hat er in Kauf genommen, dass diese Forderungen, wenn sie – wie tatsächlich geschehen – rechtskräftig zuerkannt werden, infolge der vorherigen Befriedigung der Beklagten einen Ausfall erleiden.

> BGH, Beschl. v. 10.7.2014 – IX ZR 287/13, ZInsO 2014, 1661 Rn. 4.

673 Der Benachteiligungsvorsatz ist gegeben, wenn der Schuldner bei Vornahme der Rechtshandlung (§ 140 InsO) die Benachteiligung der Gläubiger im Allgemeinen als Erfolg seiner Rechtshandlung gewollt oder als mutmaßliche Folge – sei es auch als unvermeidliche Nebenfolge eines an sich erstrebten anderen Vorteils – erkannt und gebilligt hat. Ein Schuldner, der zahlungsunfähig ist und seine Zahlungsunfähigkeit kennt, handelt in aller Regel mit Benachteiligungsvorsatz, weil er weiß, dass sein Vermögen nicht ausreicht, um sämtliche Gläubiger zu befriedigen.

> BGH, Urt. v. 10.7.2014 – IX ZR 280/13, ZIP 2014, 1887 Rn. 17 = WM 2014, 1868 = NZI 2014, 863, dazu *Helfeld*, EWiR 2014, 753;
>
> BGH, Urt. v. 8.1.2015 – IX ZR 203/12, ZIP 2015, 437 Rn. 12 = WM 2015, 381 = ZInsO 2015, 396, dazu *Vosberg*, EWiR 2015, 323;
>
> BGH, Urt. v. 7.5.2015 – IX ZR 95/14, ZIP 2015, 1234 Rn. 11 = WM 2015, 1202 = NZI 2015, 717, dazu *Pluskat*, EWiR 2015, 649;
>
> BGH, Urt. v. 10.9.2015 – IX ZR 215/13, ZIP 2015, 2083 Rn. 20 = WM 2015, 1996, dazu *Lau/Schlicht*, EWiR 2015, 775;

BGH, Urt. v. 25.2.2016 – IX ZR 109/15, ZIP 2016, 627 Rn. 11 = WM 2016, 560 = NZI 2016, 266;

BGH, Urt. v. 24.3.2016 – IX ZR 242/13, ZIP 2016, 874 Rn. 7 = WM 2016, 797 = NZI 2016, 454;

BGH, Urt. v. 6.7.2017 – IX ZR 178/16, ZIP 2017, 1677 Rn. 9, dazu *Heublein*, EWiR 2017, 635;

BGH, Urt. v. 12.10.2017 – IX ZR 50/15, ZIP 2017, 2368 Rn. 9, dazu M. Wagner, EWiR 2018, 117.

Das Gesetz begnügt sich mit der schwächsten Vorsatzform des dolus eventualis; es genügt also, wenn der Schuldner die Benachteiligung der Gläubiger zur Verwirklichung seines eigentlichen Ziels, regelmäßig einer Selbstbegünstigung oder Begünstigung nahestehender Personen, hinnimmt. **674**

BGH, Urt. v. 20.12.2007 – IX ZR 93/06, ZIP 2008, 420, 421 Rn. 19 = WM 2008, 452 = NZI 2008, 231 = ZInsO 2008, 273;

BT-Drucks. 12/2443 S. 160;

BGH, Urt. v. 10.7.2014 – IX ZR 280/13, ZIP 2014, 1887 Rn. 22 = WM 2014, 1868 = NZI 2014, 863, dazu *Helfeld*, EWiR 2014, 753.

Ein Benachteiligungsvorsatz ist deshalb nicht nur dann gegeben, wenn der Schuldner bei Vornahme der Rechtshandlung (§ 140 InsO) die Benachteiligung der Gläubiger im Allgemeinen als Erfolg seiner Rechtshandlung gewollt hat, sondern auch dann, wenn er lediglich die Benachteiligung als mutmaßliche Folge – sei es auch als unvermeidliche Nebenfolge eines an sich erstrebten anderen Vorteils – erkannt und gebilligt hat. **675**

BGH, Urt. v. 22.2.2024 – IX ZR 226/20, ZIP 2024, 897 Rn. 17 = WM 2024, 751 = NZI 2024, 456.

Der Benachteiligungswille wird folglich nicht dadurch ausgeschlossen, dass es dem Schuldner allein darauf angekommen sein mag, mit der Zahlung der Vollstreckung der Ersatzfreiheitsstrafe zu entgehen. Der Strafdruck als Motiv gläubigerbenachteiligender Rechtshandlungen ist bei anfechtbaren Abführung von Arbeitnehmerbeiträgen an die Einzugsstelle der Sozialversicherung geradezu die Regel (vgl. § 266a StGB), ohne dass dies dem bedingten Vorsatz der Gläubigerbenachteiligung entgegensteht. **676**

BGH, Urt. v. 10.7.2014 – IX ZR 280/13, ZIP 2014, 1887 Rn. 22 = WM 2014, 1868 = NZI 2014, 863, dazu *Helfeld*, EWiR 2014, 753.

Der unter Vorlage von Zahlungsaufstellungen gehaltene Vortrag des Insolvenzverwalters, der Schuldner habe Sozialversicherungsbeiträge nicht nur an den beklagten Anfechtungsgegner, sondern auch an weitere Sozialversicherungsträger erst nach der Beauftragung des Hauptzollamtes mit der Vollstreckung beglichen, reicht aus, um die Voraussetzungen für eine Zurechnung des Wissens des Hauptzollamtes zu schaffen; nähere Darlegungen zur Person des Erstellers der Listen und zu den Informationsquellen sind keine Schlüssigkeitsvoraussetzungen. **677**

BGH, Urt. v. 31.10.2019 – IX ZR 170/18, ZIP 2020, 83
= WM 2020, 95 Rn. 12 ff.

678 Die Anforderungen an die subjektiven Voraussetzungen dürfen nicht überspannt werden. Deshalb muss sich der Gläubigerbenachteiligungsvorsatz des Schuldners nicht gerade auf die später tatsächlich eingetretene Benachteiligung bezogen haben. Ebenso ist es nicht erforderlich, dass der Anfechtungsgegner alle Umstände, aus denen sich der Benachteiligungsvorsatz des Schuldners ergibt, im Einzelnen kennt. Vielmehr reicht es aus, wenn er im Allgemeinen von dem Benachteiligungsvorsatz gewusst hat. Deshalb muss der Anfechtungsgegner auch die Rechtshandlung, welche die Gläubigerbenachteiligung ausgelöst hat, nicht in allen Einzelheiten kennen. Ausreichendes Indiz kann etwa eine dauerhaft schleppende Zahlungsweise sein, bei der Verbindlichkeiten des Schuldners ständig in beträchtlichem Umfang nicht ausgeglichen werden und sich der Gläubiger den Umständen nach bewusst ist, dass es bei dem gewerblichen Schuldner noch weitere Gläubiger mit ungedeckten Ansprüchen gibt.

BGH, Urt. v. 31.10.2019 – IX ZR 170/18, ZIP 2020, 83
= WM 2020, 95 Rn. 12.

679 Besonderes Gewicht für den Nachweis einer Zahlungseinstellung kommt dem Beweisanzeichen der Nichtbegleichung von Sozialversicherungsbeiträgen zu, weil diese Forderungen in der Regel wegen der drohenden Strafbarkeit (§ 266a StGB) bis zuletzt entrichtet werden. Eine mehrmonatige – nicht notwendig sechsmonatige – Nichtabführung von Sozialversicherungsbeiträgen ist geeignet, eine Zahlungseinstellung nahezulegen. Entrichtet der Schuldner die Sozialversicherungsbeiträge fortlaufend mit einer Verzögerung von zwei bis drei Monaten und erstreckt sich dieses Verhalten über einen Zeitraum von rund elf Monaten, entbehrt die Annahme eines lediglich vorübergehenden Liquiditätsengpasses einer tatsächlichen Grundlage. Neben dem Beitragsrückstand treten weitere auf eine Zahlungseinstellung deutende Indizien hinzu, wenn der Sozialversicherungsträger Beitragszahlungen des Schuldners nur unter Anwendung von Vollstreckungsdruck erwirken kann, was die kritische Liquiditätslage der Schuldnerin unterstreicht.

BGH, Urt. v. 31.10.2019 – IX ZR 170/18, ZIP 2020, 83
= WM 2020, 95 Rn. 13.

680 Bedient sich der Sozialversicherungsträger bei der Vollstreckung seiner Bescheide nach § 66 Abs. 1 Satz 1 SGB X, § 4 Buchst. b VwVG, § 249 Abs. 1 Satz 3 AO, § 1 Nr. 3 FVG des Hauptzollamtes, sind ihm zudem bei der Beurteilung der subjektiven Voraussetzungen des § 133 Abs. 1 InsO dessen Kenntnisse über von weiteren Einzugsstellen wegen Beitragsrückständen gegen die Schuldnerin betriebenen Vollstreckungsverfahren entsprechend § 166 Abs. 1 BGB zuzurechnen. Aus dem gemäß § 5 Abs. 1 VwVG anzuwendenden § 252 AO folgt eine gesetzliche Fiktion, nach der Gläubiger des zu vollstreckenden Anspruchs die Vollstreckungsbehörde wird, die mit der Vollstreckung beauftragt ist. Eine Wissenszurechnung findet auch statt, soweit es

um das Wissen des Hauptzollamts geht, wonach der Schuldner zur Abwendung der Zwangsvollstreckung zahlte.

> BGH, Urt. v. 31.10.2019 – IX ZR 170/18, ZIP 2020, 83 = WM 2020, 95 Rn. 14.

Bedingtem Vorsatz steht nicht entgegen, dass der Schuldner durch die Zahlung seinen bei Vollstreckung der Ersatzfreiheitsstrafe gefährdeten Arbeitsplatz zu erhalten sucht. **681**

> BGH, Urt. v. 10.7.2014 – IX ZR 280/13, ZIP 2014, 1887 Rn. 23 = WM 2014, 1868 = NZI 2014, 863, dazu *Helfeld*, EWiR 2014, 753.

Der Vorsatz zur Gläubigerbenachteiligung gemäß § 133 Abs. 1 InsO setzt auch kein unlauteres Zusammenwirken von Schuldner und Gläubiger voraus oder irgendeine Art von Treu- oder Sittenwidrigkeit. **682**

> BGH, Urt. v. 5.6.2008 – IX ZR 17/07, ZIP 2008, 1291, 1293 Rn. 20 = WM 2008, 1412 = NJW 2008, 2506 = NZI 2008, 488.

Der Gläubigerbenachteiligungsvorsatz des Schuldners muss sich nicht gerade auf die Benachteiligung bezogen haben, die später tatsächlich eingetreten ist. Voraussetzung nach § 133 InsO ist lediglich der Gläubigerbenachteiligungsvorsatz. Die objektive Gläubigerbenachteiligung ist eine objektive Voraussetzung jeder Insolvenzanfechtung nach § 129 InsO. **683**

> BGH, Urt. v. 10.1.2008 – IX ZR 33/07, ZIP 2008, 467, 469 Rn. 20 = WM 2008, 413 = NZI 2008, 233 = ZInsO 2008, 271, dazu *Erdmann/Henkel*, EWiR 2008, 663.

Im Falle der Vorsatzanfechtung nach § 133 Abs. 1 InsO genügt eine mittelbare, erst künftig eintretende Gläubigerbenachteiligung. Für den auf eine solche Benachteiligung gerichteten Vorsatz des Schuldners ist es daher unerheblich, ob er sich gegen alle oder nur einzelne, gegen bestimmte oder unbestimmte, gegen schon vorhandene oder nur mögliche künftige Gläubiger richtet. Eine Anfechtung nach § 133 Abs. 1 InsO ist selbst dann nicht ausgeschlossen, wenn der Schuldner zum Zeitpunkt der angefochtenen Rechtshandlung noch gar keine Gläubiger hatte. **684**

> BGH, Urt. v. 13.8.2009 – IX ZR 159/06, ZIP 2009, 1966 Rn. 5 = ZVI 2009, 450 = WM 2009, 1943 = NZI 2009, 768, dazu *Heublein*, EWiR 2010, 25;
>
> BGH, Urt. v. 21.1.2016 – IX ZR 84/13, Rn. 14.

Der Benachteiligungsvorsatz muss bei Vornahme der Rechtshandlung gegeben sein. Diese richtet sich nach § 140 InsO. **685**

> BGH, Urt. v. 11.3.2004 – IX ZR 160/02, ZIP 2004, 1060 = WM 2004, 1141 = NZI 2004, 372 = ZInsO 2004, 616, dazu *Gerhardt*, EWiR 2004, 769;

BGH, Urt. v. 13.4.2006 – IX ZR 158/05, BGHZ 167, 190 = ZIP 2006, 1261 = ZVI 2006, 456 = WM 2006, 1159, dazu *Pape*, EWiR 2007, 117;

BGH, Urt. v. 21.1.2016 – IX ZR 84/13, Rn. 13.

686 Handelt der Schuldner im Zeitpunkt der Eingehung einer Verpflichtung oder der Sicherung oder Verstärkung einer Verpflichtung mit Benachteiligungsvorsatz, so bildet dieser Umstand regelmäßig ein wesentliches Beweisanzeichen dafür, dass der Vorsatz bis zu der Erfüllung der Verpflichtung, der Sicherung oder der Verstärkung fortbesteht. Denn die Eingehung der Verpflichtung, der Sicherung oder der Verstärkung soll die Gläubigerbenachteiligung gerade durch die Erfüllung herbeiführen.

BGH, Urt. v. 10.1.2008 – IX ZR 33/07, ZIP 2008, 467, 468 f Rn. 15 = WM 2008, 413 = NZI 2008, 233 = ZInsO 2008, 271.

687 Eine von einem Schuldner durch eine Anweisung bewirkte Vermögensverschiebung beruht auf einem einheitlichen Vorgang. Der Benachteiligungsvorsatz des Schuldners ist darum im Deckungs- und im Valutaverhältnis einheitlich zu bestimmen. Der Gläubigerbenachteiligungsvorsatz bezieht sich auf die spätere Masse, deren Schmälerung sich aus der Perspektive des Valutaverhältnisses nicht anders darstellt als aus der des Deckungsverhältnisses. Die zwischen dem Schuldner und seinem Subunternehmer vereinbarte Mittelbarkeit der Zahlung begründet eine inkongruente Deckung. Hierin liegt regelmäßig ein erhebliches Beweisanzeichen für den Benachteiligungsvorsatz.

BGH, Urt. v. 29.11.2007 – IX ZR 121/06, BGHZ 174, 314, 321 f Rn. 33 = ZIP 2008, 190 = WM 2008, 223, dazu *Göb*, EWiR 2008, 539; vgl. auch *Kirstein/Sietz*, ZInsO 2008, 761

688 Ist die Schuldnerin eine GmbH, so hat diese eine Rechtshandlung mit Gläubigerbenachteiligungsvorsatz auch dann vorgenommen, wenn der Alleingesellschafter der GmbH den Geschäftsführer oder den Liquidator zu der Rechtshandlung angewiesen und dabei mit Gläubigerbenachteiligungsvorsatz gehandelt hat.

BGH, Urt. v. 1.4.2004 – IX ZR 305/00, ZIP 2004, 957 = WM 2004, 1037 = NZI 2004, 376 = ZInsO 2004, 548, dazu *M. Huber*, EWiR 2004, 933.

689 Die Anfechtung nach § 133 InsO kann nicht darauf gestützt werden, dass der Schuldner den Insolvenzantrag vorsätzlich verspätet gestellt und dadurch bewirkt hat, dass die Rechtshandlung des Gläubigers nicht in den von §§ 130–132 InsO geschützten zeitlichen Bereich fällt.

BGH, Urt. v. 10.2.2005 – IX ZR 211/02, BGHZ 162, 143 = ZIP 2005, 494 = WM 2005, 564 = NZI 2005, 215 = ZInsO 2005, 260, dazu *Eckardt*, EWiR 2005, 607;

BGH, Urt. v. 23.3.2006 – IX ZR 116/03, BGHZ 167, 11 = ZIP 2006, 916 = ZVI 2006, 248 = WM 2006, 921 = NZI 2006, 397, dazu *Eckardt*, EWiR 2006, 537.

5. Feststellung des Vorsatzes

690 Die Beweislast für den Benachteiligungsvorsatz des Schuldners liegt ebenso wie für sämtliche sonstigen Voraussetzungen des § 133 Abs. 1 Satz 1 InsO beim Insolvenzverwalter.

> BGH, Urt. v. 17.7.2003 – IX ZR 272/02, ZIP 2003, 1799 = WM 2003, 1923 = NZI 2003, 597 = ZInsO 2003, 850, dazu *Gerhardt*, EWiR 2003, 25;
>
> BT-Drucks 12/1443 S. 160.

691 Der Tatrichter hat sich seine Überzeugung nach § 286 ZPO zu bilden und dabei das entscheidungserhebliche Parteivorbringen, das Ergebnis einer Beweisaufnahme und Erfahrungssätze erschöpfend zu berücksichtigen.

> BGH, Urt. v. 11.11.1993 – IX ZR 257/92, BGHZ 124, 76 = ZIP 1994, 40 = WM 1994, 171 = NJW 1994, 449, dazu *U. Haas*, EWiR 1994, 169;
>
> BGH, Urt. v. 23.11.1995 – IX ZR 18/95, BGHZ 131, 189 = ZIP 1996, 83 = WM 1996, 136 = NJW 1996, 491, dazu *Gerhardt*, EWiR 1996, 119;
>
> BGH, Urt. v. 17.7.2003 – IX ZR 272/02, ZIP 2003, 1799 = WM 2003, 1923 = NZI 2003, 597 = ZInsO 2003, 850, dazu *Gerhardt*, EWiR 2003, 25.

692 Der Gläubigerbenachteiligungsvorsatz des Schuldners ist eine innere, dem Beweis nur eingeschränkt zugängliche Tatsache. Er kann daher in aller Regel nur mittelbar aus objektiven (Hilfs-)Tatsachen hergeleitet werden. Es ist Aufgabe des Tatrichters, die ihm unterbreiteten Hilfstatsachen auf der Grundlage des Gesamtergebnisses der mündlichen Verhandlung und einer etwaigen Beweisaufnahme umfassend und widerspruchsfrei zu würdigen. Dabei hat er die Rechtsprechung des BGH zu den für und gegen den Gläubigerbenachteiligungsvorsatz sprechenden Beweisanzeichen zu berücksichtigen. Die einzelnen Beweisanzeichen dürfen dabei nicht schematisch angewandt werden.

> BGH, Urt. v. 22.2.2024 – IX ZR 226/20, ZIP 2024, 897 Rn. 19 = WM 2024, 751 = NZI 2024, 456.

693 Bei der Feststellung des Vorsatzes darf der Richter sich nicht allein mit der Prüfung der objektiven Umstände begnügen.

> BGH, Urt. v. 6.12.1984 – IX ZR 119/83, WM 1985, 295.

694 Entscheidend ist die Auffassung des Schuldners über die wirtschaftliche Lage bei Vornahme der Rechtshandlung. So kann ein Benachteiligungsvorsatz ungeachtet der für einen solchen Vorsatz sprechenden objektiven Umstände fehlen, wenn der Schuldner persönlich annimmt, eine ihm erbrachte Leistung gleichwertig auszugleichen.

> BGH, Urt. v. 5.12.1991 – IX ZR 270/90, ZIP 1992, 109 = WM 1992, 366 = NJW 1992, 830 insoweit nicht abgedruckt in BGHZ 116, 222, dazu *Henckel*, EWiR 1992, 307;

BGH, Urt. v. 4.12.1997 – IX ZR 47/97, ZIP 1998, 248 = WM 1998, 248 = NJW 1998, 1561,
dazu *Gerhardt*, EWiR 1998, 225.

a) Vorsatznachweis mittels Beweisanzeichen

695 Zur Feststellung eines Benachteiligungsvorsatzes hat die Rechtsprechung bestimmte aus der Lebenserfahrung abgeleitete Beweisanzeichen entwickelt. Die subjektiven Tatbestandsmerkmale der Vorsatzanfechtung können – weil es sich um innere, dem Beweis nur eingeschränkt zugängliche Tatsachen handelt – meist nur mittelbar aus objektiven Tatsachen hergeleitet werden. Soweit dabei Rechtsbegriffe wie die Zahlungsunfähigkeit betroffen sind, muss deren Kenntnis außerdem oft aus der Kenntnis von Anknüpfungstatsachen erschlossen werden. Dabei darf aber nicht übersehen werden, dass solche Tatsachen nur mehr oder weniger gewichtige Beweisanzeichen darstellen, die eine Gesamtwürdigung nicht entbehrlich machen und nicht schematisch im Sinne einer vom anderen Teil zu widerlegenden Vermutung angewandt werden dürfen. Die subjektiven Voraussetzungen der Vorsatzanfechtung hat der Tatrichter gemäß § 286 ZPO unter Würdigung aller maßgeblichen Umstände des Einzelfalls auf der Grundlage des Gesamtergebnisses der Verhandlung und einer etwaigen Beweisaufnahme zu prüfen. Objektive Tatsachen, aus denen die subjektiven Tatbestandsvoraussetzungen der Vorsatzanfechtung hergeleitet werden, begründen – wie der BGH klargestellt hat – also keine von dem Anfechtungsgegner zu widerlegende Vermutung, sondern stellen nur mehr oder weniger gewichtige Beweisanzeichen dar.

BGH, Urt. v. 13.8.2009 – IX ZR 159/06, ZIP 2009, 1966 Rn. 8 = ZVI 2009, 450 = WM 2009, 1943 = NZI 2009, 768,
dazu *Heublein*, EWiR 2010, 25;

BGH, Urt. v. 18.3.2010 – IX ZR 57/09, ZIP 2010, 841 Rn. 18 = ZVI 2010, 221 = WM 2010, 851 = NZI 2010, 439 = ZInsO 2010, 807,
dazu *Junghans*, 2010, 655;

BGH, Urt. v. 26.4.2012 – IX ZR 74/11, BGHZ 193, 129 = ZIP 2012, 1038 = WM 2012, 999 = NZI 2012, 453 Rn. 20,
dazu *Jacoby*, EWiR 2012, 391;

BGH, Urt. v. 10.1.2013 – IX ZR 13/12, ZIP 2013, 174 = WM 2013, 180 = NJW 2013, 611 = NZI 2013, 133 = ZInsO 2013, 179 Rn. 25,
dazu *Römermann*, EWiR 2013, 123;

BGH, Urt. v. 19.9.2013 – IX ZR 4/13, ZIP 2013, 2113 = WM 2013, 2074 = ZInsO 2013, 2213 Rn. 14,
dazu *Lau*, EWiR 2014, 153;

BGH, Urt. v. 24.10.2013 – IX ZR 104/13, ZIP 2013, 2262 = WM 2013, 2231 Rn. 9 = NZI 2014, 66 = ZInsO 2013, 1378,
dazu *Henkel*, EWiR 2014, 151;

BGH, Urt. v. 7.11.2013 – IX ZR 248/12, ZIP 2013, 2368 = WM 2013, 2233 = ZInsO 2013, 2376 Rn. 7,
dazu *M. Huber*, EWiR 2013, 781.

BGH, Urt. v. 8.1.2015 – IX ZR 198/13, ZIP 2015, 279 Rn. 9 = WM 2015, 293 = ZInsO 2015, 299, wo die Bedeutung der Beweisanzeichen betont wird,
dazu *Pohlmann-Weide*, EWiR 2015, 221;

BGH, Urt. v. 25.2.2016 – IX ZR 109/15, ZIP 2016, 627 Rn. 11 = WM 2016, 560 = NZI 2016, 266;

BGH, Urt. v. 24.3.2016 – IX ZR 242/13, ZIP 2016, 874 Rn. 7 = WM 2016, 797 = NZI 2016, 454;

BGH, Urt. v. 14.7.2016 – IX ZR 188/15, ZIP 2016, 1686 Rn. 12 = NZI 2016, 837;

BGH, Urt. v. 14.9.2017 – IX ZR 3/16, ZIP 2017, 2370 = WM 2017, 2319 = NZI 2018, 114 Rn. 8,
dazu *Opp*, EWiR 2018, 147.

Der Katalog der vom BGH herausgebildeten Beweisanzeichen ist nicht abschließend. Es ist nicht nur die wirtschaftliche Lage des Schuldners in den Blick zu nehmen. Auch Art und Weise der angefochtenen Rechtshandlung können für den Gläubigerbenachteiligungsvorsatz i. S. d. § 133 Abs. 1 InsO sprechen. Insbesondere zu Vermögensverschiebungen, die zur Benachteiligung der Gläubigergesamtheit vorgenommen werden, kann es bereits im Vorfeld einer wirtschaftlichen Krise kommen. Deshalb hat der Tatrichter neben den wirtschaftlichen Verhältnissen des Schuldners auch die Umstände in seine Würdigung einzubeziehen, unter denen die angefochtene Rechtshandlung vorgenommen worden ist. Zu diesen Umständen zählen etwa die Gewährung einer inkongruenten Deckung, die Bewirkung einer unmittelbaren Gläubigerbenachteiligung und die Übertragung von Vermögensgegenständen an nahestehende Dritte. **696**

BGH, Urt. v. 22.2.2024 – IX ZR 226/20, ZIP 2024, 897 Rn. 20 = WM 2024, 751 = NZI 2024, 456.

Die revisionsgerichtliche Kontrolle der vom Berufungsgericht zur Kenntnis des Benachteiligungsvorsatzes getroffenen Feststellungen beschränkt sich darauf, ob sich der Tatrichter entsprechend dem Gebot des § 286 ZPO mit dem Prozessstoff umfassend und widerspruchsfrei auseinandergesetzt hat, die Beweiswürdigung also vollständig und rechtlich möglich ist und nicht gegen Denkgesetze und Erfahrungssätze verstößt. **697**

BGH, Urt. v. 7.11.2013 – IX ZR 49/13, ZIP 2013, 2318 = WM 2013, 2272 Rn. 8,
dazu *Laroche*, EWiR 2014, 51;

BGH, Urt. v. 10.7.2014 – IX ZR 280/13, ZIP 2014, 1887 Rn. 18 = WM 2014, 1868 = NZI 2014, 863,
dazu *Helfeld*, EWiR 2014, 753;

BGH, Urt. v. 25.2.2016 – IX ZR 109/15, ZIP 2016, 627 Rn. 12 = WM 2016, 560 = NZI 2016, 266;

BGH, Urt. v. 16.6.2016 – IX ZR 23/15, ZIP 2016, 1388 Rn. 13 = WM 2016, 1307,
dazu *Cranshaw*, EWiR 2016, 637;

BGH, Urt. v. 14.7.2016 – IX ZR 188/15, ZIP 2016, 1686 Rn. 12 = NZI 2016, 837.

698 Danach kann sich ergeben, dass die festgestellten Beweisanzeichen nach der revisionsrechtlich unangreifbaren Würdigung des Berufungsgerichts nicht den Schluss auf eine Kenntnis des Beklagten von der Zahlungsunfähigkeit des Schuldners und darum seines Benachteiligungsvorsatzes gestatten. Erklärt der Schuldner seinem Gläubiger, eine fällige Zahlung nicht in einem Zug erbringen und nur Ratenzahlungen leisten zu können, muss dieser allein aus diesem Umstand nicht zwingend darauf schließen, dass der Schuldner seine Zahlungen eingestellt hat. Der bestehende Forderungsrückstand betraf nicht betriebsnotwendige laufende Verbindlichkeiten, sondern Forderungen aus der Lieferung von Baustoffen, die ohne weiteres auch von dritter Seite hätten bezogen werden können. Zudem hatte der Schuldner nachfolgend durch seine Zahlungen die Gesamtverbindlichkeiten gegenüber der Beklagten tatsächlich um rund ein Drittel zurückgeführt. Infolge der tatsächlich bewirkten Zahlungen kam es nicht zu einem sprunghaften Anwachsen der Zahlungsrückstände, was ein Indiz für die Kenntnis der Zahlungseinstellung bildet. Ferner ist zu berücksichtigen, dass die Beklagte in der Erwartung weiterer freiwilliger Zahlungen des Schuldners keine Titulierung und Vollstreckung ihrer Forderung angestrebt hat. Überdies ist der Zahlungsverzug als weniger schwerwiegend einzustufen, weil die Beklagte gleichwohl die Geschäftsbeziehung zu dem Schuldner aufrechterhielt und nicht etwa zur Durchsetzung ihrer Forderung eine Liefersperre verhängte.

BGH, Urt. v. 14.7.2016 – IX ZR 188/15, ZIP 2016, 1686 Rn. 14 ff = NZI 2016, 837.

b) Kongruente Deckung

699 Hat der Schuldner mit der angefochtenen Rechtshandlung dem Gläubiger nur das gewährt, worauf dieser einen Anspruch hatte, also eine kongruente Deckung, sind erhöhte Anforderungen an die Darlegung und den Beweis des Benachteiligungsvorsatzes zu stellen.

700 Der Schluss allein von der erkannten Zahlungsunfähigkeit auf den Gläubigerbenachteiligungsvorsatz fügt sich im Falle der Gewährung einer kongruenten Deckung nicht ohne Bruch in die Systematik der Anfechtungstatbestände ein. Entsprechendes gilt für die Systematik des § 133 InsO selbst. Die Annahme der subjektiven Voraussetzungen der Vorsatzanfechtung allein aufgrund erkannter Zahlungsunfähigkeit lässt vor diesem Hintergrund einen entsprechenden Willen des Gesetzgebers zweifelhaft erscheinen. Es kommt hinzu, dass die erkannte Zahlungsunfähigkeit für sich genommen in einer nicht zu vernachlässigenden Zahl der Fälle nicht mit hinreichender Gewissheit (§ 286 ZPO) auf die subjektiven Voraussetzungen der Vorsatzanfechtung schließen lässt. Dies gilt insbesondere dann, wenn der Schuldner aus der maßgeblichen Sicht ex ante trotz eingetretener Zahlungsunfähigkeit berech-

tigterweise davon ausgehen durfte, noch alle seine Gläubiger befriedigen zu können.

BGH, Urt. v. 18.4.2024 – IX ZR 239/22, ZIP 2024, 1089 Rn. 15.

Deshalb kann im Falle der Gewährung einer kongruenten Deckung nicht allein von der erkannten Zahlungsunfähigkeit auf den Gläubigerbenachteiligungsvorsatz geschlossen werden. Ist der Schuldner im Zeitpunkt der angefochtenen Rechtshandlung erkanntermaßen zahlungsunfähig, kommt es vielmehr zusätzlich darauf an, ob er wusste oder jedenfalls billigend in Kauf nahm, seine anderen Gläubiger auch zu einem späteren Zeitpunkt nicht vollständig befriedigen zu können. 701

BGH, Urt. v. 18.4.2024 – IX ZR 239/22, ZIP 2024, 1089 Rn. 16.

Hatte die Deckungslücke ein Ausmaß erreicht, das selbst bei optimistischer Einschätzung der zukünftigen Entwicklung in absehbarer Zeit keine vollständige Befriedigung der bereits vorhandenen und der absehbar hinzutretenden Gläubiger erwarten ließ, musste dem Schuldner klar sein, dass er nicht einzelne Gläubiger befriedigen konnte, ohne andere zu benachteiligen. Befriedigt er in dieser Lage einzelne Gläubiger, handelt er deshalb mit Gläubigerbenachteiligungsvorsatz. 702

BGH, Urt. v. 18.4.2024 – IX ZR 239/22, ZIP 2024, 1089 Rn. 18.

Dazu müssen die Verbindlichkeiten nach Art, (Gesamt-)Höhe, Anzahl und Bedeutung so beschaffen sein, dass aus der Sicht ex ante für jeden objektiven Betrachter in der Position des Schuldners selbst bei optimistischer Betrachtung unzweifelhaft klar sein muss, diese würden nicht mehr vollständig befriedigt. Das kommt etwa Betracht, wenn es sich um Verbindlichkeiten handelt, welche die erwartbare Schuldendeckungsfähigkeit des Schuldners offensichtlich bei weitem übersteigen. Für die Annahme derartiger Verbindlichkeiten kann es daher sprechen, dass diese bis zur Eröffnung des Insolvenzverfahrens nicht mehr beglichen worden sind. Für sich genommen ausreichend ist dies jedoch nicht. Es muss sich vielmehr um Verbindlichkeiten handeln, welche aus der Sicht ex ante für sich genommen und ohne nähere Betrachtung des liquiden Vermögens sowie der künftigen Geschäftsentwicklung einen wirtschaftlichen Zusammenbruch des Schuldners zur Folge haben und diesen in ein Insolvenzverfahren führen mussten. 703

BGH, Urt. v. 18.4.2024 – IX ZR 239/22, ZIP 2024, 1089 Rn. 22.

Dabei ist zu berücksichtigen, dass insbesondere Gläubiger hoher Forderungen nicht selten zu Zugeständnissen (Stundungen, Ratenzahlungsvereinbarungen, Teilerlasse) bereit sind, um jedenfalls eine teilweise Realisierung ihrer Forderungen außerhalb des Insolvenzverfahrens zu erreichen. Die Darlegungs- und Beweislast für die Deckungslücke und den Umstand, dass die erwartbare Entwicklung der Vermögenslage keine vollständige Befriedigung erwarten ließ, trägt der Insolvenzverwalter. 704

BGH, Urt. v. 13.5.2004 – IX ZR 190/03, ZIP 2004, 1512 = ZVI 2004, 392 = WM 2004, 1587 = NZI 2005, 692 = ZInsO 2004, 859, dazu *Pape*, EWiR 2005, 85;

BGH, Urt. v. 18.4.2024 – IX ZR 239/22, ZIP 2024, 1089 Rn. 24.

705 Hier wird sich der Wille des Schuldners regelmäßig darin erschöpfen, seinen Verbindlichkeiten gerecht zu werden. Das gilt namentlich für das Bargeschäft.

BGH, Urt. v. 30.9.1993 – IX ZR 227/92, BGHZ 123, 320 = ZIP 1993, 1653 = WM 1993, 2099 = NJW 1993, 3267, dazu *Henckel*, EWiR 1994, 373;

BGH, Urt. v. 4.12.1997 – IX ZR 47/97, ZIP 1998, 248 = WM 1998, 248 = NJW 1998, 1561, dazu *Gerhardt*, EWiR 1998, 225.

706 Gleiches gilt, wenn der Schuldner irrtümlich annimmt, eine wirksame Verpflichtung zu erfüllen.

BGH, Urt. v. 3.4.1968 – VIII ZR 23/66, WM 1968, 683;

BGH, Urt. v. 18.4.1991 – IX ZR 149/90, ZIP 1991, 807 = WM 1991, 1273 = NJW 1991, 2144, dazu *Gerhardt*, EWiR 1991, 597.

707 Bei kongruenten Deckungshandlungen wird ein Benachteiligungsvorsatz regelmäßig nur nachzuweisen sein, wenn der Schuldner entweder Gläubiger durch die Entziehung von Vollstreckungsobjekte zu schädigen oder den Leistungsempfänger mit einer Zuwendung zu begünstigen sucht. Danach liegt Benachteiligungsvorsatz bei kongruenten Deckungsgeschäften etwa vor, wenn es dem Schuldner – in dem maßgeblichen Zeitpunkt – nicht so sehr auf die Erfüllung seiner Vertragspflicht als auf die Vereitelung der Ansprüche anderer Gläubiger angekommen ist.

BGH, Urt. v. 4.2.1954 – IV ZR 164/53, BGHZ 12, 238;

BGH, Urt. v. 11.12.1997 – IX ZR 341/95, BGHZ 137, 267 = ZIP 1998, 257 = WM 1998, 275, dazu *Henckel*, EWiR 1998, 219;

BGH, Urt. v. 19.3.1998 – IX ZR 22/97, BGHZ 138, 291 = ZIP 1998, 793 = NJW 1998, 2592, 2597, dazu *Eckardt*, EWiR 1998, 699.

708 Dies ist anzunehmen, wenn der Schuldner mit dem Gläubiger in der Absicht zusammenwirkt, den anderen Gläubigern Zugriffsobjekte zu entziehen.

BGH, Urt. v. 14.7.1969 – VIII ZR 109/67, WM 1969, 1079 = NJW 1969, 1719.

709 Bildet eine gläubigerbenachteiligende Klausel keinen essentieller Bestandteil des Vertrages, sondern ist sie gezielt für den Insolvenzfall abgeschlossen worden, so hat der Schuldner dem Gläubiger gerade für diesen Fall einseitig einen Sondervorteil eingeräumt, der zwangsläufig die Rechte der anderen Gläubiger schmälern musste. Das trägt nach allgemeiner Erfahrung den Schluss auf einen entsprechenden Willen.

BGH, Urt. v. 19.4.2007 – IX ZR 59/06, ZIP 2007, 1120, 1123 Rn. 27 = WM 2007, 1218 = ZInsO 2007, 600, vgl. *Wilmowsky*, ZIP 2007, 553.

Gläubigerbenachteiligungsvorsatz ist gegeben, falls der Schuldner seine letzten Mittel zur bevorzugten Befriedigung einzelner Gläubiger einsetzt. Umgekehrt liegt auch Vorsatz vor, falls der Schuldner durch die bevorzugte Befriedigung eines Gläubigers Vorteile zu erlangen oder Nachteile abzuwenden sucht. Dies kann bei Ausübung besonderen Drucks durch den Anfechtungsgegner anzunehmen sein. 710

BGH, Urt. v. 28.9.2004 – IX ZR 155/03, BGHZ 160, 259 = ZIP 2004, 2194, 2197 = ZInsO 2004, 1201, 1203.

Ebenso verhält es sich, wenn eine durch die Zahlungsunfähigkeit aufschiebend bedingte Sicherungsübertragung vereinbart wird, die sich gegen die anderen Gläubiger richtet. 711

BGH, Urt. v. 18.2.1993 – IX ZR 129/92, ZIP 1993, 521 = WM 1993, 738 = NJW 1993, 1640, dazu *Paulus*, EWiR 1993, 389; *ders.*, ZIP 1996, 2141, 2142;

BGH, Urt. v. 10.10.1996 – IX ZR 333/95, ZIP 1996, 1977 = WM 1996, 2194 = NJW 1997, 52;

BGH, Urt. v. 2.4.1998 – IX ZR 232/96, ZIP 1998, 830 = WM 1998, 1037.

Schließt eine GmbH zur Absicherung von Versorgungszusagen gegenüber Gesellschaftergeschäftsführern Lebensversicherungsverträge ab und verpfändet sie ihre Ansprüche aus diesen Versicherungen an die Geschäftsführer, so begründet der Umstand allein, dass die Verpfändung als Sicherheit vor allem bei Zahlungsschwierigkeiten des Verpfänders bedeutsam wird, noch nicht ohne Weiteres die Vermutung, dass eine Gläubigerbenachteiligung gewollt war und der Pfandnehmer dieses wusste. Dies wird nur für den Fall angenommen, dass eine Sicherung gerade für den Insolvenzfall bestellt war. Bei einer sofort wirksamen und unbedingten Sicherheitenbestellung entscheidet demgegenüber, ob der Sicherungsgeber den Eintritt seiner Insolvenz während der Dauer des Sicherungsgeschäfts konkret für wahrscheinlich hielt. Die Sicherheitenbestellung kann insbesondere deswegen sinnvoll erscheinen, weil sich die Mehrheitsverhältnisse im schuldenden Unternehmen ändern können. Ferner verstößt das Bestreben des Geschäftsführers, seine sachlich angemessene Versorgungsanwartschaft mit zusätzlichen Mitteln insolvenzfest zu sichern, nicht schon deswegen gegen den Insolvenzzweck, weil er zugleich mitbeherrschender Gesellschafter ist. Der Zweck der Gläubigergleichbehandlung verbietet es diesem Geschäftsführer nicht schlechthin, seinen Anspruch auf die geschuldete Gegenleistung für seinen eigenen, gleichwertigen Einsatz rechtzeitig insolvenzfest zu sichern. 712

BGH, Urt. v. 10.7.1997 – IX ZR 161/96, BGHZ 136, 220 = ZIP 1997, 1596 = WM 1997, 1720 = NJW 1998, 312, dazu *Blomeyer*, EWiR 1997, 999; *Hess*, WuB VI B. § 69 KO 1.97; *Pape*, LM § 67 KO Nr. 3.

713 Die Zahlung zur Abwendung einer unmittelbar drohenden Zwangsvollstreckung gestattet die Vermutung eines Benachteiligungsvorsatzes. Zahlt der Schuldner zur Abwendung der Zwangsvollstreckung, ist davon auszugehen, dass er nicht in erster Linie zur Erfüllung seiner vertraglichen Pflichten gegenüber dem Vertragspartner, sondern mit dem Vorsatz leistete, den Vertragspartner zur Abwendung der Zwangsvollstreckung zu bevorzugen.

BGH, Urt. v. 20.12.2007 – IX ZR 93/06, ZIP 2008, 420, 423 Rn. 32 = WM 2008, 452 = NZI 2008, 231 = ZInsO 2008, 273;

BGH, Beschl. v. 26.1.2012 – IX ZR 33/09, Rn. 5.

714 Erfolgt eine solche Zahlung außerhalb des Drei-Monats-Zeitraums, führt sie nicht zur Indizwirkung der Inkongruenz.

BGH, Urt. v. 27.5.2003 – IX ZR 169/02, BGHZ 155, 75, 83 f = ZIP 2003, 1506 = WM 2003, 1690 = NZI 2003, 533, dazu *Hölzle*, EWiR 2003, 1097;

BGH, Urt. v. 18.12.2003 – IX ZR 199/02, BGHZ 157, 242, 254 f = ZIP 2004, 319 = WM 2004, 299 = NZI 2004, 201, dazu *Homann*, EWiR 2004, 865;

BGH, Beschl. v. 18.6.2009 – IX ZR 7/07, Rn. 6 = ZIP 2009, 1434 = ZInsO 2009, 1394.

6. Neujustierung der Vorsatzanfechtung bei Zahlungsunfähigkeit

a) Grundlagen

715 Der Schluss von der erkannten Zahlungsunfähigkeit auf den Gläubigerbenachteiligungsvorsatz und auf die Kenntnis von diesem fügt sich nicht ohne Bruch in die Systematik der Anfechtungstatbestände ein. Entsprechendes gilt für die Systematik des § 133 Abs. 1 InsO selbst. Die Annahme der subjektiven Voraussetzungen der Vorsatzanfechtung allein aufgrund erkannter Zahlungsunfähigkeit lässt vor diesem Hintergrund einen entsprechenden Willen des Gesetzgebers zweifelhaft erscheinen. Es kommt hinzu, dass die erkannte Zahlungsunfähigkeit für sich genommen in einer nicht zu vernachlässigenden Zahl der Fälle nicht mit hinreichender Gewissheit (§ 286 ZPO) auf die subjektiven Voraussetzungen der Vorsatzanfechtung schließen lässt. Dies gilt insbesondere dann, wenn der Schuldner aus der maßgeblichen Sicht ex ante trotz eingetretener Zahlungsunfähigkeit berechtigterweise davon ausgehen durfte, noch alle seine Gläubiger befriedigen zu können. Der Senat hält es deshalb für erforderlich, den Bezugspunkt des Gläubigerbenachteiligungsvorsatzes zu erweitern. Es reicht nicht aus, dass der Schuldner weiß, dass er im Zeitpunkt der Vornahme der später angefochtenen Rechtshandlung nicht alle seine Gläubiger befriedigen kann. Entscheidend ist, dass er weiß oder je-

denfalls billigend in Kauf nimmt, dass er auch künftig nicht dazu in der Lage sein wird.

BGH, Urt. v. 25.3.2021 – IX ZR 70/20, ZIP 2021, 697 Rn. 31 = WM 2021, 898 = NZI 2021, 577.

Der Schluss von der erkannten Zahlungsunfähigkeit auf die subjektiven Voraussetzungen der Vorsatzanfechtung führt im Falle der Gewährung kongruenter Deckungen zu einem weitgehenden Gleichlauf mit den Voraussetzungen der Deckungsanfechtung nach § 130 Abs. 1 Satz 1 InsO und damit faktisch zu einer Verlängerung des nach dieser Vorschrift maßgeblichen Anfechtungszeitraums von drei Monaten auf zehn Jahre nach altem Recht (§ 133 Abs. 1 Satz 1 InsO a. F.) und auf vier Jahre nach neuem Recht (§ 133 Abs. 1 Satz 1, Abs. 2 InsO). Das stößt nicht nur auf **gesetzessystematische Bedenken**. 716

BGH, Urt. v. 25.3.2021 – IX ZR 70/20, ZIP 2021, 697 Rn. 33 = WM 2021, 898 = NZI 2021, 577.

Die Ausschöpfung des längeren Zeitraums darf aber nicht unter den gleichen Voraussetzungen möglich sein, unter denen die Anfechtung nach § 130 Abs. 1 Satz 1 InsO auf die kritische Zeit von drei Monaten vor dem Antrag auf Eröffnung des Insolvenzverfahrens begrenzt ist. 717

BGH, Urt. v. 25.3.2021 – IX ZR 70/20, ZIP 2021, 697 Rn. 34 = WM 2021, 898 = NZI 2021, 577.

b) Folgerung

Der Gläubigerbenachteiligungsvorsatz des Schuldners setzt voraus, dass er bei Vornahme der Rechtshandlung die Benachteiligung der Gläubiger im Allgemeinen als Erfolg seiner Rechtshandlung gewollt oder als mutmaßliche Folge seiner Rechtshandlung erkannt und gebilligt hat. 718

BGH, Urt. v. 7.12.2023 – IX ZR 36/22, ZIP 2024, 196 = NZI 2024, 219 = ZInsO 2024, 195 Rn. 40.

Das Wissen des Schuldners um seine gegenwärtige Zahlungsunfähigkeit ist nur ein Aspekt. Der Gläubigerbenachteiligungsvorsatz kann nicht allein daraus abgeleitet werden, dass der Schuldner im Zeitpunkt der Rechtshandlung nicht in der Lage ist, sämtliche Gläubiger zu befriedigen. Von entscheidender Bedeutung für den Gläubigerbenachteiligungsvorsatz ist vielmehr, dass der Schuldner weiß oder jedenfalls billigend in Kauf nimmt, **dass er seine (übrigen) Gläubiger auch zu einem späteren Zeitpunkt nicht vollständig befriedigen** können wird. Dies kann aus der im Moment der Rechtshandlung gegebenen Liquiditätslage nicht in jedem Fall mit hinreichender Gewissheit abgeleitet werden. Die gegenwärtige Zahlungsunfähigkeit allein spricht für den Gläubigerbenachteiligungsvorsatz im hier verwendeten Sinne, wenn sie ein Ausmaß angenommen hat, das eine **vollständige Befriedigung der übrigen Gläubiger auch in Zukunft** nicht erwarten lässt, etwa deshalb, weil ein Insolvenzverfahren unausweichlich erscheint. Das mag in einer überwiegenden 719

Zahl der nach Maßgabe des § 133 Abs. 1 InsO zu beurteilenden Fälle anzunehmen sein. Es bleibt aber eine nicht zu vernachlässigende Anzahl von Fallgestaltungen, in denen die Krise noch nicht so weit fortgeschritten ist oder aus anderen Gründen berechtigte Hoffnung auf Besserung besteht. Entsprechendes gilt für die Kenntnis des Anfechtungsgegners vom Gläubigerbenachteiligungsvorsatz des Schuldners.

BGH, Urt. v. 25.3.2021 – IX ZR 70/20, ZIP 2021, 967 Rn. 36 = WM 2021, 898 = NZI 2021, 577.

720 Soweit der Senat in der Vergangenheit allein aus der erkannten drohenden Zahlungsunfähigkeit des Schuldners auf die subjektiven Voraussetzungen des § 133 Abs. 1 InsO geschlossen hat, wird daran nicht festgehalten.

BGH, Urt. v. 25.3.2021 – IX ZR 70/20, ZIP 2021, 967 Rn. 39 = WM 2021, 898 = NZI 2021, 577.

721 Der Senat schließt nicht aus, dass auch im Stadium der nur drohenden Zahlungsunfähigkeit vorgenommene Deckungshandlungen nach § 133 Abs. 1 InsO anfechtbar sein können. Dann müssen jedoch weitere Umstände hinzutreten. Zur Vorsatzanfechtung kann es etwa führen, wenn im Zustand der nur drohenden Zahlungsunfähigkeit und in der sicheren Erwartung des Eintritts der Zahlungsunfähigkeit mit den noch vorhandenen Mitteln gezielt bestimmte (womöglich nahestehende) Altgläubiger außerhalb des ordnungsgemäßen Geschäftsgangs befriedigt werden.

BGH, Urt. v. 25.3.2021 – IX ZR 70/20, ZIP 2021, 967 Rn. 40 = WM 2021, 898 = NZI 2021, 577.

c) Notwendigkeit von Zahlungsunfähigkeit und künftig fehlender Schuldendeckungsfähigkeit

722 Auf Vorsatz und Kenntnis des Vorsatzes kann nur geschlossen werden, wenn bei eingetretener Zahlungsunfähigkeit Befriedigung der Gläubiger auch in Zukunft nicht zu erwarten ist.

aa) Anforderungen an Kenntnis der Zahlungsunfähigkeit

723 Eine besonders aussagekräftige Grundlage für die Überzeugung der Zahlungseinstellung ist die eigene Erklärung des Schuldners. Erklärt der Schuldner, eine fällige und nicht unbeträchtliche Verbindlichkeit binnen drei Wochen nicht – und zwar auch nicht nur ratenweise – begleichen zu können, wird in aller Regel von einer Zahlungseinstellung des Schuldners im Zeitpunkt der Abgabe der Erklärung auszugehen sein. Dies gilt erst recht, wenn der Schuldner darüber hinaus ausdrücklich erklärt, zahlungsunfähig zu sein. Fehlt es an einer (ausdrücklichen) Erklärung des Schuldners, müssen die für eine Zahlungseinstellung sprechenden Umstände ein der Erklärung entsprechendes Gewicht erreichen. Zahlungsverzögerungen allein, auch wenn sie wiederholt auftreten, reichen dafür häufig nicht. Es müssen dann Umstände

hinzutreten, die mit hinreichender Gewissheit dafürsprechen, dass die Zahlungsverzögerung auf der fehlenden Liquidität des Schuldners beruht.

BGH, Urt. v. 25.3.2021 – IX ZR 70/20, ZIP 2021, 967 Rn. 41 = WM 2021, 898 = NZI 2021, 577.

Die zusätzlich erforderlichen Umstände können darin zu sehen sein, dass der Schuldner Forderungen solcher Gläubiger nicht begleicht, auf deren (weitere) Leistungserbringung er zur Aufrechterhaltung seines Geschäftsbetriebs angewiesen ist. Ferner kann der Mahn- und/oder Vollstreckungsdruck des Gläubigers der Zahlungsverzögerung ein größeres Gewicht verleihen. **724**

BGH, Urt. v. 25.3.2021 – IX ZR 70/20, ZIP 2021, 967 Rn. 42 = WM 2021, 898 = NZI 2021, 577.

Im Grundsatz hält der Senat auch daran fest, dass die Fortdauer der einmal eingetretenen Zahlungseinstellung zu vermuten ist. **725**

BGH, Urt. v. 25.3.2021 – IX ZR 70/20, ZIP 2021, 967 Rn. 43 = WM 2021, 898 = NZI 2021 577.

bb) Weiteres Merkmal der Unerfüllbarkeit der Gläubigerforderungen

Ist der Schuldner im Zeitpunkt der angefochtenen Rechtshandlung erkanntermaßen zahlungsunfähig, kommt es zusätzlich darauf an, ob er wusste oder jedenfalls billigend in Kauf nahm, seine anderen Gläubiger auch zu einem späteren Zeitpunkt nicht vollständig befriedigen zu können. Von Bedeutung ist in diesem Zusammenhang die im Moment der angefochtenen Rechtshandlung bestehende Deckungslücke zwischen dem liquiden Vermögen des Schuldners und seinen Verbindlichkeiten. Hatte die Deckungslücke ein Ausmaß erreicht, das selbst bei optimistischer Einschätzung der zukünftigen Entwicklung in absehbarer Zeit keine vollständige Befriedigung der bereits vorhandenen und der absehbar hinzutretenden Gläubiger erwarten ließ, musste dem Schuldner klar sein, dass er nicht einzelne Gläubiger befriedigen konnte, ohne andere zu benachteiligen. Befriedigt er in dieser Lage einzelne Gläubiger, handelt er deshalb mit Gläubigerbenachteiligungsvorsatz. Der Anfechtungsgegner weiß um diesen Vorsatz, wenn er die zu dessen Annahme führenden Umstände kennt. **726**

BGH, Urt. v. 25.3.2021 – IX ZR 70/20, ZIP 2021, 967 Rn. 46 = WM 2021, 898 = NZI 2021 577.

Besteht – abhängig vom Ausmaß der bestehenden Deckungslücke und der aus objektiver Sicht erwartbaren und vom Schuldner erkannten Entwicklung – Aussicht auf nachhaltige Beseitigung der gegenwärtigen Zahlungsunfähigkeit, rückt der hierfür erforderliche Zeitraum in den Mittelpunkt der Betrachtung. Der Schuldner muss davon ausgehen dürfen, dass ihm dieser Zeitraum verbleibt. Das hängt vom Verhalten der (übrigen) Gläubiger ab. Sieht sich der Schuldner im Zeitpunkt der angefochtenen Rechtshandlung erheblichem Mahn- und/oder Vollstreckungsdruck ausgesetzt, begrenzt dies den **727** für eine Beseitigung der vorhandenen Deckungslücke zur Verfügung stehenden Zeitraum. Der Schuldner handelt mit Gläubigerbenachteiligungsvorsatz, wenn er einen Zeitraum in seine Überlegungen einbezieht, der ihm unter Berücksichtigung des Verhaltens seiner übrigen Gläubiger ersichtlich nicht zur Verfügung steht.

BGH, Urt. v. 25.3.2021 – IX ZR 70/20, ZIP 2021, 967 Rn. 47 = WM 2021, 898 = NZI 2021, 577.

728 Danach ist von entscheidender Bedeutung, dass der Schuldner weiß oder jedenfalls billigend in Kauf nimmt, seine (übrigen) Gläubiger auch zu einem späteren Zeitpunkt nicht vollständig befriedigen zu können. Dies kann aus der im Moment der Rechtshandlung gegebenen Liquiditätslage nicht in jedem Fall mit hinreichender Gewissheit abgeleitet werden. **Die gegenwärtige Zahlungsunfähigkeit allein spricht für den Gläubigerbenachteiligungsvorsatz im hier verwendeten Sinne, wenn sie ein Ausmaß angenommen hat, das eine vollständige Befriedigung der übrigen Gläubiger auch in Zukunft nicht erwarten** lässt, etwa deshalb, weil ein Insolvenzverfahren unausweichlich erscheint.

BGH, Urt. v. 7.12.2023 – IX ZR 36/22, ZIP 2024, 196 = NZI 2024, 219 = ZInsO 2024, 195 Rn. 46.

729 Die zusätzlich erforderlichen Umstände können darin zu sehen sein, dass der Schuldner Forderungen solcher Gläubiger nicht begleicht, auf deren (weitere) Leistungserbringung er zur Aufrechterhaltung seines Geschäftsbetriebs angewiesen ist. Ferner kann der Mahn- und/oder Vollstreckungsdruck des Gläubigers der Zahlungsverzögerung ein größeres Gewicht verleihen. Ein schematisches Vorgehen verbietet sich auch hier. Maßgebend ist, dass die zusätzlichen Umstände im konkreten Einzelfall ein Gewicht erreichen, das der Erklärung des Schuldners entspricht, aus Mangel an liquiden Mitteln nicht zahlen zu können.

BGH, Urt. v. 18.4.2024 – IX ZR 239/22, ZIP 2024, 1089 Rn. 30.

730 Es ist dabei Aufgabe des Tatrichters, die ihm unterbreiteten Hilfstatsachen auf der Grundlage des Gesamtergebnisses der mündlichen Verhandlung und einer etwaigen Beweisaufnahme umfassend und widerspruchsfrei zu würdigen. Dabei hat er die Rechtsprechung des BGH zu den für und gegen den Gläubigerbenachteiligungsvorsatz und die Kenntnis von diesem sprechenden Beweisanzeichen zu berücksichtigen.

BGH, Urt. v. 7.12.2023 – IX ZR 36/22, ZIP 2024, 196 = NZI 2024, 219 = ZInsO 2024, 195 Rn. 41.

731 Die im einzelnen Fall für die Würdigung in Betracht kommenden Beweisanzeichen können einerseits die wirtschaftliche Lage des Schuldners im Zeitpunkt der angefochtenen Rechtshandlung, andererseits aber auch die Art und Weise der Rechtshandlung betreffen. Zu den Beweisanzeichen in diesem Sinne gehört etwa die (drohende) Zahlungsunfähigkeit des Schuldners, wobei ihr Vorliegen für die Annahme des Gläubigerbenachteiligungsvorsatzes nur dann genügt, wenn zugleich die zusätzlichen Voraussetzungen vorliegen, die sich aus der Neuausrichtung der Rechtsprechung des BGH ergeben. Ein weiteres Beweisanzeichen kann beispielsweise in der Übertragung von Vermögensgegenständen an nahestehende Dritte liegen, insbesondere dann, wenn es sich um den letzten werthaltigen Gegenstand handelt.

> BGH, Urt. v. 7.12.2023 – IX ZR 36/22, ZIP 2024, 96 = NZI 2024, 219 = ZInsO 2024, 195 Rn. 42.

cc) Erkannte Zahlungseinstellung

Im Fall der Gewährung einer kongruenten Deckung der Benachteiligungs- 732
vorsatz des Schuldners ebenso wie der Vollbeweis der Kenntnis des Anfechtungsgegners von diesem Vorsatz nicht mehr allein darauf gestützt werden können, dass der Schuldner im Zeitpunkt der angefochtenen Rechtshandlung erkanntermaßen zahlungsunfähig ist. Es reicht für den Benachteiligungsvorsatz nicht aus, dass der Schuldner weiß, dass er im Moment der Rechtshandlung nicht alle seine Gläubiger befriedigen kann. Hinzu kommen muss, dass der Schuldner weiß oder jedenfalls billigend in Kauf nimmt, seine anderen Gläubiger auch zu einem späteren Zeitpunkt nicht vollständig befriedigen zu können. In diesen Fällen ist für den Gläubigerbenachteiligungsvorsatz von entscheidender Bedeutung, dass der Schuldner weiß oder jedenfalls billigend in Kauf nimmt, dass er seine (übrigen) Gläubiger auch zu einem späteren Zeitpunkt nicht vollständig befriedigen können wird. Dies kann aus der im Moment der Rechtshandlung gegebenen Liquiditätslage nicht in jedem Fall mit hinreichender Gewissheit abgeleitet werden.

> BGH, Urt. v. 10.2.2022 – IX ZR 148/19, ZIP 2022, 537 Rn. 13 = WM 2022, 477 = NZI 2022, 397;
>
> BGH, Urt. v. 24.2.2022 – IX ZR 250/20, ZIP 2022, 654 = WM 2022, 522 = NZI 2022, 425 = ZInsO 2022, 757 Rn. 21;
>
> BGH, Urt. v. 13.10.2022 – IX ZR 130/21, ZIP 2022, 2501 = WM 2022, 2391 Rn. 24 = NZI 2023, 143.

Entsprechendes gilt für den Vollbeweis der Kenntnis des Anfechtungsgeg- 733
ners vom Benachteiligungsvorsatz.

> BGH, Urt. v. 10.2.2022 – IX ZR 148/19, ZIP 2022, 537 Rn. 13 = WM 2022, 477 = NZI 2022, 397;
>
> BGH, Urt. v. 24.2.2022 – IX ZR 250/20, ZIP 2022, 654 = WM 2022, 522 = NZI 2022, 425 = ZInsO 2022, 757 Rn. 21.

Entscheidend ist, dass der Schuldner im Zeitpunkt der Rechtshandlung weiß 734
oder jedenfalls billigend in Kauf nimmt, seine anderen Gläubiger auch künftig, zu einem späteren Zeitpunkt, nicht vollständig befriedigen zu können. Die Liquiditätslage des Schuldners im Moment der Rechtshandlung ist keine hinreichend sichere Beurteilungsgrundlage für den Benachteiligungsvorsatz. Aus ihr kann nicht in jedem Fall mit hinreichender Gewissheit abgeleitet

werden, dass der Schuldner weiß oder jedenfalls billigend in Kauf nimmt, dass er seine (übrigen) Gläubiger auch zu einem späteren Zeitpunkt nicht vollständig befriedigen können wird.

> BGH, Urt. v. 3.3.2022 – IX ZR 78/20, BGHZ 233, 70 = BB 2022, 778 Rn. 19 = ZIP 2022, 589 = WM 2022, 527 = NZI 2022, 385.

735 Bedeutung für die Vorstellung des Schuldners, seine übrigen Gläubiger auch zukünftig nicht befriedigen zu können, hat die Krisenursache. Maßgeblich ist, ob der Schuldner aufgrund der ihm bekannten Krisenursachen nach den objektiven Umständen erkannt hat, dass ein Insolvenzverfahren unvermeidlich ist und er tatsächlich keine Aussichten mehr hat, seine Gläubiger zukünftig zu befriedigen. Daran fehlt es, wenn der Schuldner nach den objektiven Umständen noch annehmen konnte, dass die Krise nur vorübergehend ist oder die von ihm eingeleiteten Schritte zur Überwindung der Krise oder die begonnenen Sanierungsmaßnahmen Erfolg haben werden. Dabei ist auch zu berücksichtigen, ob der Schuldner damit rechnet, dass alsbald ein anderer Gläubiger einen zulässigen und begründeten Insolvenzantrag stellen wird.

> BGH, Urt. v. 3.3.2022 – IX ZR 78/20, BGHZ 233, 70 = BB 2022, 778 Rn. 26 = ZIP 2022, 589 = WM 2022, 527 = NZI 2022, 385.

736 Erforderlich ist, dass die Einschätzung des Schuldners von objektiven Anhaltspunkten ausgeht, **die ex ante eine optimistische Einschätzung** rechtfertigen. Dass keine begründete Aussicht auf Beseitigung der Deckungslücke bestand, ist regelmäßig anzunehmen, wenn die Ursache für die Entstehung der Zahlungsunfähigkeit nicht beseitigt war oder absehbar beseitigt werden würde. Hatte die Deckungslücke ein Ausmaß erreicht, das selbst bei optimistischer Einschätzung der zukünftigen Entwicklung in absehbarer Zeit keine vollständige Befriedigung der bereits vorhandenen und der absehbar hinzutretenden Gläubiger erwarten ließ, musste dem Schuldner klar sein, dass er nicht einzelne Gläubiger befriedigen konnte, ohne andere zu benachteiligen.

> BGH, Urt. v. 3.3.2022 – IX ZR 78/20, BGHZ 233, 70 = BB 2022, 778 Rn. 75 = ZIP 2022, 589 = WM 2022, 527 = NZI 2022, 385.

737 Ist die Krise noch nicht so weit fortgeschritten oder besteht aus anderen Gründen berechtigte Hoffnung auf Besserung, genügt der Blick auf die momentane Liquiditätslage nicht für eine i. S. d. § 286 ZPO sichere Überzeugung. Besteht – abhängig vom Ausmaß der bestehenden Deckungslücke und der aus objektiver Sicht erwartbaren und vom Schuldner erkannten Entwicklung – Aussicht auf nachhaltige Beseitigung der gegenwärtigen Zahlungsunfähigkeit, darf der Schuldner davon ausgehen, dass ihm der hierfür erforderliche Zeitraum verbleibt. Der Schuldner handelt daher dann mit Gläubigerbenachteiligungsvorsatz, wenn er einen Zeitraum in seine Überlegungen einbezieht, der ihm unter Berücksichtigung des Verhaltens der übrigen Gläubiger ersichtlich nicht zur Verfügung steht. Sieht sich der Schuldner im Zeitpunkt der angefochtenen Rechtshandlung erheblichem Mahn- und Vollstreckungsdruck ausgesetzt, begrenzt dies den für eine Beseitigung der vorhandenen Deckungslücke zur

Verfügung stehenden Zeitraum. Aus der Insolvenzantragspflicht nach § 15a InsO oder dem Zahlungsverbot nach § 15b InsO ergibt sich allerdings keine Begrenzung des Zeitraums, den der Schuldner für eine künftige Befriedigung seiner Gläubiger in Betracht ziehen darf, wie der Senat nach Erlass des Berufungsurteils entschieden hat. Für die Beurteilung des Benachteiligungsvorsatzes ist im Übrigen ausschließlich die Perspektive ex ante, zum Zeitpunkt der Rechtshandlung, maßgebend. Dies gilt insbesondere auch für die Frage, ob der Schuldner weiß oder jedenfalls billigend in Kauf nimmt, seine anderen Gläubiger auch zu einem späteren Zeitpunkt nicht vollständig befriedigen zu können.

> BGH, Urt. v. 13.10.2022 – IX ZR 130/21, ZIP 2022, 2501 = WM 2022, 2391 Rn. 24 = NZI 2023, 143.

In einer höchstrichterlich entschiedenen Sache durfte die Schuldnerin, die am 27.12.2012 die angefochtene Zahlung von 50.000 € erbrachte, davon ausgehen, die vorhandene Deckungslücke vollständig zu schließen. Aufgrund eines bereits am 2.7.2012 geschlossenen Vertrags stand bis zum 31.3.2013 die Zurverfügungstellung eines Betrags von 525.000 € an die Schuldnerin durch die künftige stille Gesellschafterin zu erwarten. Dieser Betrag hätte die am 27.12.2012 fälligen beziehungsweise bis zum 31.12.2012 fällig werdenden Darlehensverbindlichkeiten von insgesamt etwa 415.000 € mehr als gedeckt. Es war nicht mit dem Fälligwerden weiterer Verbindlichkeiten in der kommenden Zeit rechnen. Insbesondere war der ihr eingeräumte Kontokorrentkredit ungekündigt. Aus der maßgeblichen Sicht im Zeitpunkt der in Frage stehenden Zahlung war ein Insolvenzverfahren nicht unausweichlich. Die Schuldnerin konnte davon ausgehen, dass ihr der Zeitraum bis zur vereinbarten Einzahlung der stillen Einlage Ende März 2013 und damit bis zur nachhaltigen Wiederherstellung ihrer Zahlungsfähigkeit verbleiben würde. Bis zu diesem Datum waren seinerzeit auch keine Gläubigermaßnahmen gegen sie zu erwarten. 738

> BGH, Urt. v. 13.10.2022 – IX ZR 130/21, ZIP 2022, 2051 = WM 2022, 2391 Rn. 27 = NZI 2023, 143.

Fehlerhaft hatte das Berufungsgericht in einer höchstrichterlich entschiedenen Sache seine Annahme eines Gläubigerbenachteiligungsvorsatzes auf die objektive wirtschaftliche Lage der Schuldnerin gestützt, ohne allerdings auch nur eine drohende Zahlungsunfähigkeit im maßgeblichen Zeitpunkt der Zahlung festzustellen. 739

> BGH, Urt. v.7.12.2023 – IX ZR 36/22, ZIP 2024, 196 = NZI 2024, 219 = ZInsO 2024, 195 Rn. 44.

Die nach den Feststellungen erwirtschafteten Jahresfehlbeträge und der Rückgang der Umsatzerlöse weisen ebenso wie die Aufforderung an die Ehefrau des Beklagten, die offene Hafteinlage zu erbringen, nur auf eine finanziell beengte Lage der Schuldnerin hin. Eine finanziell beengte Lage der Schuldnerin auch vor Eintritt der (drohenden) Zahlungsunfähigkeit genügt für sich genommen nicht für den Schluss auf einen Benachteiligungsvorsatz. Eine le- 740 diglich finanziell beengte Lage des Schuldners kann grundsätzlich nur im Zusammenhang mit weiteren Beweisanzeichen für die Annahme des Gläubigerbenachteiligungsvorsatzes Bedeutung entfalten. So kann namentlich bei Erbringung inkongruenter Leistungen durch den Schuldner in einer finanziell beengten Lage auf seinen Benachteiligungsvorsatz geschlossen werden.

BGH, Urt. v. 7.12.2023 – IX ZR 36/22, ZIP 2024, 196 = NZI 2024, 219 = ZInsO 2024, 195 Rn. 45.

(1) Wissen um Zahlungseinstellung

(a) Zweifel an Begründetheit gegen den Schuldner gerichteter Forderungen

741 Die Zahlungsunfähigkeit stellt nur dann ein Indiz für den Benachteiligungsvorsatz dar, wenn der Schuldner seine Zahlungsunfähigkeit erkannt hat. Hält der Schuldner eine Forderung, welche die Zahlungsunfähigkeit begründet, aus Rechtsgründen für nicht durchsetzbar oder nicht fällig, steht dies einer Kenntnis entgegen, sofern bei einer Gesamtwürdigung der Schluss auf die Zahlungsunfähigkeit nicht zwingend naheliegt.

742 Ob der Schuldner seine Zahlungsunfähigkeit erkannt hat, hängt in erster Linie davon ab, ob er die Tatsachen kennt, welche die Zahlungsunfähigkeit begründen, und ob die gesamten Umstände zwingend auf eine eingetretene Zahlungsunfähigkeit hinweisen. Hierzu muss der Schuldner nicht nur die Forderungen kennen, sondern auch deren Fälligkeit i. S. d. § 17 Abs. 2 Satz 1 InsO. Hält der Schuldner eine Forderung, welche die Zahlungsunfähigkeit begründet, aus Rechtsgründen für nicht durchsetzbar oder nicht fällig, steht dies einer Kenntnis entgegen, sofern bei einer Gesamtwürdigung der Schluss auf die Zahlungsunfähigkeit nicht zwingend naheliegt. Der Schluss liegt zwingend nahe, wenn sich ein redlich Denkender, der vom Gedanken auf den eigenen Vorteil nicht beeinflusst ist, angesichts der ihm bekannten Tatsachen der Einsicht nicht verschließen kann, der Schuldner sei zahlungsunfähig.

BGH, Urt. v. 24.2.2022 – IX ZR 250/20, ZIP 2022, 654 = WM 2022, 522 = NZI 2022, 425 = ZInsO 2022, 757 Rn. 24.

(b) Fortdauer der Zahlungsunfähigkeit

743 Wird die Verbindlichkeit, welche die Annahme einer Zahlungseinstellung des Schuldners trägt, erfüllt oder gestundet, und will der Verwalter die Vermutung der Fortdauer der Zahlungseinstellung für sich in Anspruch nehmen, kann er unter dem Gesichtspunkt der sekundären Darlegungslast gehalten sein, zum Zahlungsverhalten des Schuldners im Übrigen, insbesondere zu weiterhin nicht bedienten Verbindlichkeiten des Schuldners vorzutragen.

744 Nach der Rechtsprechung des BGH wirkt eine einmal eingetretene Zahlungseinstellung fort, bis der Schuldner seine Zahlungen im Allgemeinen wiederaufnimmt.

BGH, Urt. v. 10.2.2022 – IX ZR 148/19, ZIP 2022, 537 Rn. 17
= WM 2022, 477 = NZI 2022, 397.

Greift die Fortdauervermutung ein, hat nach der bisherigen Rechtsprechung des BGH der Anfechtungsgegner die allgemeine Wiederaufnahme der Zahlungen darzulegen und zu beweisen. Damit wird dem Anfechtungsgegner in vielen Fällen Unmögliches abverlangt. **745**

BGH, Urt. v. 10.2.2022 – IX ZR 148/19, ZIP 2022, 537 Rn. 18
= WM 2022, 477 = NZI 2022, 397.

Vor diesem Hintergrund hält es der Senat für angezeigt, die Anforderungen an den für die Entkräftung der Fortdauervermutung erforderlichen Vortrag durch eine sekundäre Darlegungslast des Insolvenzverwalters zu beschränken. Danach obliegt es danach dem Verwalter, zum Zahlungsverhalten des Schuldners im Übrigen, insbesondere zu weiterhin nicht bedienten Verbindlichkeiten des Schuldners vorzutragen. Hierfür genügt es jedoch nicht schon, dass der Anfechtungsgegner sich auf eine allgemeine Wiederaufnahme der Zahlungen beruft. Erforderlich, um eine **sekundäre Darlegungslast** auszulösen, ist vielmehr, dass der Anfechtungsgegner einen Umstand beweist oder ein solcher unstreitig ist, der eine Wiederaufnahme der Zahlungen im Allgemeinen als möglich erscheinen lässt. Dies ist etwa anzunehmen, wenn die Verbindlichkeit, deren Nichtbedienung die Feststellung der Zahlungseinstellung trägt, nicht mehr herangezogen werden kann und dem Anfechtungsgegner Kenntnisse über das Zahlungsverhalten des Schuldners im Übrigen fehlen. **746**

BGH, Urt. v. 10.2.2022 – IX ZR 148/19, ZIP 2022. 537 Rn. 19
= WM 2022, 477 = NZI 2022, 397.

(2) Bedeutsame Indizien

Eine besonders aussagekräftige Grundlage für diese Überzeugung ist die **eigene Erklärung des Schuldners**. Erklärt der Schuldner, eine fällige und nicht unbeträchtliche Verbindlichkeit binnen drei Wochen nicht – und zwar auch nicht nur ratenweise – begleichen zu können, wird in aller Regel von einer Zahlungseinstellung des Schuldners im Zeitpunkt der Abgabe der Erklärung auszugehen sein. Dies gilt erst recht, wenn der Schuldner darüber hinaus ausdrücklich erklärt, zahlungsunfähig zu sein. Fehlt es an einer (ausdrücklichen) Erklärung des Schuldners, müssen die für eine Zahlungseinstellung sprechenden Umstände ein der Erklärung entsprechendes Gewicht erreichen. Zahlungsverzögerungen allein, auch wenn sie wiederholt auftreten, reichen dafür häufig nicht. Es müssen dann Umstände hinzutreten, die mit hinreichender Gewissheit dafürsprechen, dass die Zahlungsverzögerung auf fehlender Liquidität des Schuldners beruht. **747**

BGH, Urt. v. 10.2.2022 – IX ZR 148/19, ZIP 2022, 537 Rn. 22
= WM 2022, 477 = NZI 2022, 397.

Die zusätzlich erforderlichen Umstände können darin zu sehen sein, dass der Schuldner Forderungen solcher Gläubiger nicht begleicht, auf deren (weitere) **748**

Leistungserbringung er zur weiteren Aufrechterhaltung seines Geschäftsbetriebs angewiesen ist. Ferner kann der Mahn- und/oder Vollstreckungsdruck des Gläubigers der Zahlungsverzögerung ein größeres Gewicht verleihen.

BGH, Urt. v. 10.2.2022 – IX ZR 148/19, ZIP 2022, 537 Rn. 23 = WM 2022, 477 = NZI 2022, 397.

(3) Nicht hinreichende Indizien

749 Bezieht sich ein im Wesentlichen gleichbleibendes, dauerhaft schleppendes Zahlungsverhalten des späteren Schuldners auch auf einen Zeitraum, in dem der Schuldner seine Zahlungen unstreitig noch nicht eingestellt hatte, kann aus dem Zahlungsverhalten nicht auf eine später eingetretene Zahlungseinstellung geschlossen werden. Einem Anfechtungsgegner, der nur das Zahlungsverhalten des Schuldners ihm gegenüber kennt, fehlt in der Regel der für die Beurteilung einer drohenden Zahlungsunfähigkeit erforderliche Überblick über die wirtschaftlichen Verhältnisse des Schuldners.

BGH, Urt. v. 10.2.2022 – IX ZR 148/19, ZIP 2022, 537 Rn. 24 ff = WM 2022, 477 = NZI 2022, 397.

d) Anfechtung der Zahlung von Sozialversicherungsbeiträgen

750 Ob das Zahlungsverhalten des zahlungsunfähigen Schuldners gegenüber einem Sozialversicherungsträger den Schluss rechtfertigt, dass der Schuldner wusste oder billigend in Kauf nahm, seine (übrigen) Gläubiger auch zu einem späteren Zeitpunkt nicht vollständig befriedigen zu können, richtet sich nach einer Gesamtwürdigung, insbesondere der Dauer des Rückstands für einzelne Beitragsmonate, des Zeitraums, in dem rückständige Beiträge auftreten, und der Entwicklung der rückständigen Beiträge.

BGH, Urt. v. 28.4.2022 – IX ZR 48/21, ZIP 2022, 1341 = NJW 2022, 2411 Rn. 30 ff = WM 2022, 1287 = NZI 2022, 733.

751 Die mehr als halbjährige Nichtbegleichung von Sozialversicherungsbeiträgen bildet nach ständiger Rechtsprechung ein erhebliches Beweisanzeichen für eine Zahlungseinstellung, das den Schluss allein tragen kann. Eine mehrmonatige – nicht notwendig sechsmonatige – Nichtabführung von Sozialversicherungsbeiträgen ist geeignet, eine Zahlungseinstellung nahezulegen. Daher kann ein Rückstand von mehr als vier vollen Monatsbeiträgen bei einem einzigen Sozialversicherungsträger die Zahlungseinstellung begründen.

BGH, Urt. v. 28.4.2022 – IX ZR 48/21, ZIP 2022, 1341 = WM 2022, 1287 = NJW 2022, 2411 Rn. 31.

752 Entrichtet der Schuldner die **Sozialversicherungsbeiträge** fortlaufend mit einer Verzögerung von zwei bis drei Monaten, kommt es regelmäßig darauf an, ob weitere für eine Zahlungseinstellung sprechende Umstände vorliegen. Erst recht haben durchgängig um einen Monat verspätete Zahlungen, auch wenn es sich um ein Indiz für eine Zahlungseinstellung handelt, allein keine

ausreichende Aussagekraft, um den Schluss auf eine Zahlungseinstellung ziehen zu können. In diesen Fällen müssen zum Beitragsrückstand weitere auf eine Zahlungseinstellung deutende Indizien hinzutreten, so etwa wenn der Sozialversicherungsträger Beitragszahlungen des Schuldners nur unter Anwendung von Vollstreckungsdruck erwirken kann. Dabei hat die Würdigung Ausmaß und Entwicklung des Rückstandes im Verhältnis zum späteren Anfechtungsgegner mit in den Blick zu nehmen. Bezieht sich ein im Wesentlichen gleichbleibendes, dauerhaft schleppendes Zahlungsverhalten des späteren Schuldners auch auf einen Zeitraum, in dem der Schuldner seine Zahlungen unstreitig noch nicht eingestellt hatte, kann aus dem Zahlungsverhalten nicht auf eine später eingetretene Zahlungseinstellung geschlossen werden.

BGH, Urt. v. 28.4.2022 – IX ZR 48/21, ZIP 2022, 1341 = WM 2022, 1287 = NJW 2022, 2411 Rn. 32.

Zahlt der Schuldner Sozialversicherungsbeiträge stets vollständig, aber im Wesentlichen gleichbleibend durchgängig um einen bis weniger als zwei Monate verspätet, stellt dies für sich genommen kein ausreichendes Indiz dar, um eine Zahlungseinstellung zu begründen. 753

BGH, Urt. v. 28.4.2022 – IX ZR 48/21, ZIP 2022, 1341 = WM 2022, 1287 = NJW 2022, 2411 Rn. 33.

Auch bei Zahlungen an einen Sozialversicherungsträger ist für den Gläubigerbenachteiligungsvorsatz von entscheidender Bedeutung, ob der erkannt zahlungsunfähige Schuldner im Zeitpunkt der Rechtshandlung weiß oder billigend in Kauf nimmt, dass er seine (übrigen) Gläubiger auch zu einem späteren Zeitpunkt nicht vollständig befriedigen können wird. Dass im Allgemeinen Sozialversicherungsträger von Unternehmern, die sich in finanzieller Bedrängnis befinden, vor anderen Gläubigern bedient werden, genügt nicht, um stets auf ein entsprechendes Bewusstsein des Schuldners schließen zu können. 754

BGH, Urt. v. 28.4.2022 – IX ZR 48/21, ZIP 2022, 1341 = WM 2022, 1287 = NJW 2022, 2411 Rn. 38.

Die spätere Entwicklung nach der angefochtenen Rechtshandlung darf nur in die Würdigung einbezogen werden, soweit die Tatsachen ihrer Art nach ohne Rückschaufehler einen verlässlichen Schluss auf die Verhältnisse zum Zeitpunkt der Rechtshandlung erlauben. So stellt es nach der Rechtsprechung des BGH ein deutliches Indiz für eine Zahlungseinstellung dar, wenn im fraglichen Zeitpunkt fällige Verbindlichkeiten erheblichen Umfangs bestanden haben, die bis zur Verfahrenseröffnung nicht mehr beglichen worden sind. Wenn solche Verbindlichkeiten nach Art, (Gesamt-)Höhe, Anzahl und Bedeutung den Schluss zulassen, dass der Schuldner bereits zum Zeitpunkt der Rechtshandlung erkannt oder billigend in Kauf genommen hat, sie nicht mehr vollständig befriedigen zu können, spricht dies für einen Benachteiligungsvorsatz. 755

BGH, Urt. v. 28.4.2022 – IX ZR 48/21, ZIP 2022, 1341 = WM 2022, 1287 = NJW 2022, 2411 Rn. 41.

e) Ratenzahlungsvereinbarung

756 § 133 Abs. 3 Satz 2 enthält schließlich eine Klarstellung für die Behandlung der praktisch bedeutsamen Fallgruppe der **Zahlungserleichterung**: Hatte der Anfechtungsgegner mit dem Schuldner eine Zahlungsvereinbarung getroffen oder diesem in sonstiger Weise eine Zahlungserleichterung gewährt, wird vermutet, dass er zur Zeit der Handlung die Zahlungsunfähigkeit des Schuldners nicht kannte. Die in Teilen der Wirtschaft verbreitete und bewährte Praxis, mit Schuldnern bei vorübergehenden Liquiditätsschwierigkeiten einen **Zahlungsaufschub** oder **Ratenzahlungen** zu vereinbaren und diesen damit eine Art Überbrückungs-finanzierung zu gewähren, wird so auf rechtssicheren Boden gestellt. Darüber hinaus wird denjenigen Gläubigern Rechtssicherheit verschafft, die im Rahmen der Durchsetzung ihrer Forderung auf eine gütliche Erledigung bedacht sind und auf der Grundlage gesetzlicher Regelungen (vgl. etwa § 802b ZPO, §§ 222, 258 AO, § 76 SGB IV, § 42 StGB, § 459a StPO) mit dem Schuldner Zahlungsvereinbarungen treffen oder diesem in anderer Weise Zahlungserleichterungen gewähren. Hinter der Regelung steht der Gedanke, dass die mit einer Stundungs- oder Ratenzahlungsbitte dem Gläubiger offenbar werdende Liquiditätslücke mit Gewährung der Stundung respektive Abschluss der Ratenzahlungsvereinbarung regelmäßig beseitigt sein wird. Bei der Feststellung der Zahlungseinstellung und Zahlungsunfähigkeit sind Forderungen, die rechtlich oder tatsächlich gestundet sind, nicht zu berücksichtigen. Ein Gläubiger, der einer Stundungs- oder Ratenzahlungsbitte seines Schuldners entspricht, hat daher grundsätzlich keinen Anlass, von der Insuffizienz des schuldnerischen Vermögens auszugehen.

BT-Drucks. 18/7054, S. 18.

757 Diese Regelung ist ein Widerspruch in sich, soweit aus Bitten des Schuldners um zahlungserleichterungen generell keine Kenntnis der Zahlungeinstellung abzuleiten sucht. Tatsächlich ist jede bitte um Zahlungserleichterung Ausdruck einer Zahlungsschwäche. Deswegen wird man in Einklang mit der bisherigen Rechtsprechung eine Bitte um Ratenzahlung nur dann als unschädlich ansehen können, wenn sie den Gepflogenheiten des üblichen Geschäftsverkehrs entspricht. Ist dies nicht der Fall, wird die Vermutung des Absatzes 3 wirderlegt. Die Vermutung hat die Wirkung, dass der Insolvenzverwalter den ihm ohnehin obliegenden Beweis der Kenntnis des Anfechtungsgegners von der Zahlungsunfähigkeit des Schuldners weder auf die Gewährung der Zahlungserleichterung noch auf die dieser Gewährung typischerweise zugrunde liegende Bitte des Schuldners stützen kann, wenn keine weiteren Umstände hinzutreten. Umstände, die hierüber hinausgehen, kann der Verwalter hingegen uneingeschränkt geltend machen. Solche Umstände können im Verhältnis des Schuldners zum Anfechtungsgegner angelegt sein, wie es z. B. der Fall ist, wenn der Schuldner die geschlossene **Ratenzahlungsvereinbarung nicht einhält** oder anderweitig, etwa mit neu entstandenen Forderungen, in erheblichen **Zahlungsrückstand** gerät. In Betracht kommen ferner Umstände, die darauf hindeuten, dass der Schuldner gegenüber weiteren Gläubi-

gern erhebliche fällige Verbindlichkeiten hat, die er nicht, auch nicht ratenweise, bedienen kann. Zu denken ist dabei an die **eigene Erklärung des Schuldners**, alle oder einen erheblichen Teil seiner fälligen Zahlungspflichten nicht mehr erfüllen zu können, oder an dem Anfechtungsgegner bekannte erfolglose **Vollstreckungsversuche** durch andere Gläubiger. Von Bedeutung kann insoweit auch sein, ob der Anfechtungsgegner Grund zur Annahme hat, der Schuldner werde bis zuletzt **nur seine Forderung** (und nicht die anderer Gläubiger) bedienen. So kann es etwa liegen, wenn der Anfechtungsgegner in einem **persönlichen Näheverhältnis** zum Schuldner steht, er **Großgläubiger** des Schuldners ist oder ihm bekannt ist, dass die Nichterfüllung seiner Forderung für den Schuldner **strafrechtliche Sanktionen** nach sich ziehen würde. Sucht der Schuldner in einem solchen Fall um die Anpassung einer gewährten Zahlungserleichterung oder um weitere Zahlungserleichterungen nach, ohne seine Zahlungsfähigkeit plausibel zu erläutern, liegt die Annahme nahe, dass der Schuldner auch fällige Zahlungspflichten, die er gegenüber anderen Gläubigern hat, nicht (mehr) erfüllen kann.

BT-Drucks. 18/7054, S. 18 f.

Bei der Vermutung des § 133 Abs. 3 Satz 2 InsO, dass der andere Teil im Falle einer Zahlungsvereinbarung oder einer sonstigen Zahlungserleichterung die Zahlungsunfähigkeit des Schuldners zur Zeit der angefochtenen Handlung nicht kannte, handelt es sich um eine widerlegbare gesetzliche Vermutung. 758

Die Regelung in § 133 Abs. 3 Satz 2 InsO enthält eine widerlegliche gesetzliche Vermutung. Vermutungstatbestand ist der Abschluss einer Zahlungsvereinbarung oder die Gewährung einer sonstigen Zahlungserleichterung, Vermutungsfolge die Nichtkenntnis der Zahlungsunfähigkeit des Schuldners zur Zeit der angefochtenen Handlung. Um die Vermutungsfolge zu widerlegen, kann sich der Insolvenzverwalter auf sämtliche Umstände berufen mit Ausnahme der den Vermutungstatbestand bildenden Umstände. Nach der Begründung zum Entwurf des Gesetzes vom 29.3.2017 muss der Insolvenzverwalter zur Widerlegung der Vermutung des Absatzes 3 Satz 2 konkret Umstände darlegen und gegebenenfalls beweisen, die darauf schließen lassen, dass dem Anfechtungsgegner die Zahlungsunfähigkeit des Schuldners zum Zeitpunkt der angefochtenen Handlung doch bekannt war. Die Vermutung habe vor diesem Hintergrund die Wirkung, dass der Insolvenzverwalter den ihm ohnehin obliegenden Beweis der Kenntnis des Anfechtungsgegners von der Zahlungsunfähigkeit des Schuldners weder auf die Gewährung der Zahlungserleichterung noch auf die dieser Gewährung typischerweise zugrundeliegende Bitte des Schuldners stützen könne. Umstände, die hierüber hinausgehen, könne der Verwalter hingegen uneingeschränkt geltend machen. Auf eine kritische Stellungnahme des Bundesrats hin bekräftigte die Bundesregierung in ihrer Gegenäußerung nochmals ihre Ansicht, dass die in § 133 Abs. 3 Satz 2 InsO vorgesehene Vermutung lediglich die Wirkung habe, dass der Verwalter den ihm obliegenden Beweis weder auf die Gewährung der Zahlungserleichterung noch auf die darauf gerichtete Bitte des Schuldners stützen könne. 759

In der Begründung des Gesetzesentwurfs sind beispielhaft verschiedene Umstände angeführt, die vom Insolvenzverwalter zur Widerlegung der Vermutung geltend gemacht werden können. Anders als die Revision meint, kommen dafür nicht nur Umstände in Betracht, die nach der Gewährung der Zahlungserleichterung aufgetreten sind. Auch dem Anfechtungsgegner bekannt gewordene Umstände aus der Zeit vor der Zahlungsvereinbarung können den Beweis erbringen, dass dieser im Zeitpunkt der angefochtenen Rechtshandlung Kenntnis von der Zahlungsunfähigkeit des Schuldners hatte. War dem Anfechtungsgegner zum Zeitpunkt einer Zahlungsvereinbarung oder einer sonstigen Zahlungserleichterung bereits aus anderen Gründen bekannt, dass der Schuldner zahlungsunfähig war, beseitigt die Vereinbarung einer Zahlungserleichterung diese Kenntnis in der Regel nicht. Der Abschluss einer Ratenzahlungsvereinbarung über die Verbindlichkeit des Schuldners gegenüber dem Anfechtungsgegner lässt dessen Kenntnis von der Zahlungsunfähigkeit des Schuldners nur dann entfallen, wenn die Zahlungsunfähigkeit des Schuldners auf dieser Verbindlichkeit beruhte.

BGH, Urt. v. 7.5.2020 – IX ZR 18/19, Rn. 18.

7. Indiz der drohenden Zahlungsunfähigkeit

760 Der Benachteiligungsvorsatz kann nicht allein auf das Indiz der drohenden Zahlungsunfähigkeit gestützt werden.

BGH, Urt. v. 3.3.2022 – IX ZR 78/20, BGHZ 233, 70 = ZIP 2022, 589 = BB 2022, 778 Rn. 101 = WM 2022. 527 = NZI 2022, 385.

761 Ein zusätzliches Indiz kann zum einen darin liegen, dass der Eintritt der Zahlungsunfähigkeit sicher zu erwarten war und alsbald bevorstand, die Schuldnerin sich bewusst war, dass sie kurzfristig einen Insolvenzantrag stellen würde, und sie – nachdem der Sanierungsversuch gescheitert war – gleichwohl Gläubiger in der verbleibenden Zeit bis zum ohnehin beabsichtigten Insolvenzantrag gezielt befriedigte.

BGH, Urt. v. 3.3.2022 – IX ZR 78/20, BGHZ 233, 70 = ZIP 2022, 589 = BB 2022, 778 Rn. 102 = WM 2022. 527 = NZI 2022, 385.

762 Ein zusätzliches Indiz kann weiter in dem mit der Rechtshandlung eingetretenen und vom Schuldner erkannten Ausmaß der Gläubigerbenachteiligung liegen.

BGH, Urt. v. 3.3.2022 – IX ZR 78/20, BGHZ 233, 70 = ZIP 2022, 589 = BB 2022, 778 Rn. 103 = WM 2022. 527 = NZI 2022, 385.

763 Die Voraussetzungen einer unmittelbaren Gläubigerbenachteiligung können bei der Bezahlung von Beraterhonoraren erfüllt sein. So benachteiligen Dienst- oder Geschäftsbesorgungsverträge, die der Schuldner mit Dritten abschließt, die Gläubiger unmittelbar, wenn die vergüteten Dienste objektiv schon bei Abschluss des Vertrags keinen gleichwertigen Nutzen bringen konnten.

BGH, Urt. v. 3.3.2022 – IX ZR 78/20, BGHZ 233, 70 = ZIP 2022, 589 = BB 2022, 778 Rn. 104 = WM 2022. 527 = NZI 2022, 385.

Bei der Bezahlung von Beratungsleistungen kann es ein zusätzliches Indiz für einen Benachteiligungsvorsatz darstellen, wenn die Beratungsleistung zu einem erkennbar untauglichen Sanierungsversuch erfolgt und der Schuldner dies billigend in Kauf nimmt. Gleiches gilt für Leistungen eines Sanierungsberaters, die dieser erbringt, nachdem der ursprünglich aussichtsreiche Sanierungsversuch erkennbar gescheitert ist. Ist der Schuldner drohend zahlungsunfähig, hat ein untauglicher Sanierungsversuch oder die Fortführung eines erkennbar gescheiterten oder nunmehr aussichtslosen Sanierungsversuchs für den Schuldner und die Gläubigergesamtheit keinen Nutzen. 764

> BGH, Urt. v. 3.3.2022 – IX ZR 78/20, BGHZ 233, 70 = ZIP 2022, 589 = BB 2022, 778 Rn. 105 = WM 2022. 527 = NZI 2022, 385.

Zusätzliche Umstände, die im Zusammenhang mit einer nur drohenden Zahlungsunfähigkeit des Schuldners ausnahmsweise die Annahme eines Benachteiligungsvorsatzes rechtfertigen, können also zusammenfassend darin liegen, dass der Eintritt der Zahlungsunfähigkeit bereits sicher ist und alsbald bevorsteht, der Schuldner sich bewusst ist, dass er kurzfristig einen Insolvenzantrag stellen wird, und er gleichwohl einzelne Gläubiger in der verbleibenden Zeit bis zum ohnehin beabsichtigten Insolvenzantrag gezielt befriedigt. Ein anderes Indiz, das zusammen mit der drohenden Zahlungsunfähigkeit auf einen Benachteiligungsvorsatz schließen lässt, kann in dem Ausmaß der erkannten Gläubigerbenachteiligung liegen. Dieses Beweisanzeichen kommt vor allem für eine mit der Vollendung der Rechtshandlung verwirklichte unmittelbare Gläubigerbenachteiligung in Betracht. Gleiches gilt, wenn zwar keine unmittelbare Gläubigerbenachteiligung vorliegt, der Schuldner das Sanierungsrisiko aber mit einem untauglichen Sanierungsversuch bewusst den künftigen Insolvenzgläubigern auferlegt, indem er eine Beratungsleistung zu einem erkennbar von Anfang an untauglichen oder zu einem im Verlauf erkennbar gescheiterten Sanierungsversuch entgegennimmt. In diesem Fall führt die Beratung zum Abfluss weiterer Mittel aus dem Schuldnervermögen, ohne dass für die übrigen Gläubiger noch eine Aussicht bestünde, mittelbar von den Leistungen des Sanierungsberaters zu profitieren. 765

> BGH, Urt. v. 23.6.2022 – IX ZR 75/21, ZIP 2022, 1608 Rn. 22 = NZI 2022, 777.

8. Indiz der rechtlichen Überschuldung

Auch eine Überschuldung i. S. d. § 19 Abs. 2 InsO gehört zu den Umständen, die in die Gesamtwürdigung aller für und gegen den Gläubigerbenachteiligungsvorsatz des Schuldners und die Kenntnis von diesem sprechende Umstände einzubeziehen sind. Der entscheidende Grund dafür ist die negative Fortführungsprognose, welche den Eintritt der Zahlungsunfähigkeit wahrscheinlich macht. 766

> BGH, Urt. v. 3.3.2022 – IX ZR 53/19, NJW 2022, 1457 Rn. 14.

767 Die ist nicht nur Hinweis auf eine drohende Zahlungsunfähigkeit, sondern ein **eigenständiges Beweisanzeichen** für die subjektiven Voraussetzungen der Vorsatzanfechtung nach § 133 Abs. 1 InsO.

BGH, Urt. v. 3.3.2022 – IX ZR 53/19, NJW 2022, 1457 Rn. 15.

768 Die Stärke des Beweisanzeichens entspricht allerdings weitgehend dem der drohenden Zahlungsunfähigkeit.

BGH, Urt. v. 3.3.2022 – IX ZR 53/19, NJW 2022, 1457 Rn. 16.

769 Die Wahrscheinlichkeit des Eintritts der Zahlungsunfähigkeit beeinflusst die Stärke des Beweisanzeichens. Steht der Eintritt der Zahlungsunfähigkeit nicht sicher oder nicht unmittelbar bevor, bedarf es anderer zusätzlicher Umstände, um den Gläubigerbenachteiligungsvorsatz zu begründen.

BGH, Urt. v. 3.3.2022 – IX ZR 53/19, NJW 2022, 1457 Rn. 17.

770 Die Zahlungsunfähigkeit kann unmittelbar bevorstehen oder erst am Ende des Prognosezeitraums eintreten. Vor diesem Hintergrund gilt für die Stärke des Beweisanzeichens der insolvenzrechtlichen Überschuldung nichts anderes als für die drohende Zahlungsunfähigkeit. Es bedarf daher zusätzlicher, in der Art und Weise der Rechtshandlung liegender Umstände, um den Gläubigerbenachteiligungsvorsatz des Schuldners zu begründen.

BGH, Urt. v. 3.3.2022 – IX ZR 53/19, NJW 2022, 1457 Rn. 18.

771 Allein aus der ansteigenden, zuletzt für den 31.12.2011 festgestellten handelsbilanziellen Überschuldung lässt sich nicht auf die Kenntnis der Finanzverwaltung vom Gläubigerbenachteiligungsvorsatz der Schuldnerin in den nach § 140 InsO maßgeblichen Zeitpunkten der angefochtenen Lastschriftzahlungen schließen.

BGH, Urt. v. 3.3.2022 – IX ZR 53/19, NJW 2022, 1457 Rn. 22.

772 Der nach § 133 Abs. 1 InsO anfechtende Insolvenzverwalter muss daher im Ausgangspunkt sowohl die rechnerische Überschuldung i. S. d. § 19 Abs. 1 Satz 1 InsO darlegen und beweisen als auch die negative Fortführungsprognose. Die objektiv vorliegende insolvenzrechtliche Überschuldung muss zur Kenntnis des Schuldners gelangt und – weil es hier um den Vollbeweis der Kenntnis vom Benachteiligungsvorsatz geht – auch dem Anfechtungsgegner bekannt geworden sein. Auch dies muss im Grundsatz der Insolvenzverwalter darlegen und beweisen.

BGH, Urt. v. 3.3.2022 – IX ZR 53/19, NJW 2022, 1457 Rn. 24.

773 Der Nachweis der objektiv vorliegenden insolvenzrechtlichen Überschuldung wird im Insolvenzanfechtungsprozess grundsätzlich nicht durch eine Handelsbilanz erleichtert, die einen nicht durch Eigenkapital gedeckten Fehlbetrag ausweist. Dies gilt gleichermaßen für den Nachweis der Kenntnis des Anfechtungsgegners von der Überschuldung, wenn diesem eine solche Handelsbilanz bekannt geworden ist.

BGH, Urt. v. 3.3.2022 – IX ZR 53/19, NJW 2022, 1457 Rn. 25 ff.

Die im Rahmen des Besteuerungsverfahrens erfolgende Übermittlung eines Jahresabschlusses, dem sich ein nicht durch Eigenkapital gedeckter Fehlbetrag entnehmen lässt, ist jedenfalls kein Umstand, der eine Beobachtungs- und Erkundigungsobliegenheit der Finanzverwaltung im Blick auf eine mögliche insolvenzrechtliche Überschuldung auslöst. Die Übermittlung des Jahresabschlusses dient der Informationsgewinnung im Besteuerungsverfahren. Die Finanzverwaltung erhält Informationen für die Anordnung und Durchführung von Außenprüfungen (§§ 193 f AO). Anhand des Jahresabschlusses kann sie prüfen, ob die Angaben in der Steuererklärung plausibel sind. Das Risikomanagementsystem der Finanzverwaltung wird effektuiert. **774**

BGH, Urt. v. 3.3.2022 – IX ZR 53/19, NJW 2022, 1457 Rn. 32.

9. Inkongruente Deckung

Zu den Beweisanzeichen, die für den Gläubigerbenachteiligungsvorsatz des Schuldners sprechen, zählen nicht nur die erkannte drohende, die erkannte bereits eingetretene Zahlungsunfähigkeit oder die erkannte insolvenzrechtliche Überschuldung. Auch die Gewährung einer inkongruenten Deckung bei **finanziell beengten Verhältnissen** kann für den Gläubigerbenachteiligungsvorsatz des Schuldners und für die Kenntnis des Anfechtungsgegners von diesem Vorsatz sprechen. Weitere Beweisanzeichen, die für eine Annahme der subjektiven Voraussetzungen des § 133 Abs. 1 InsO streiten, sind eine durch die angefochtene Rechtshandlung bewirkte unmittelbare Gläubigerbenachteiligung oder die Übertragung des letzten werthaltigen Gegenstands auf einen – womöglich nahestehenden – Dritten. Auch die Gewährung eines Sondervorteils für den Fall der Insolvenz spricht für einen Gläubigerbenachteiligungsvorsatz und die Kenntnis von diesem. **775**

BGH, Urt. v. 3.3.2022 – IX ZR 53/19, ZIP 2022, 704 Rn. 11
= WM 2022, 589 = NZI 2022, 476;

BGH, Urt. v. 22.2.2024 – IX ZR 226/20, ZIP 2024, 897 Rn. 20
= WM 2024, 751 = NZI 2024, 456.

Nach der Rechtsprechung des BGH bildet eine inkongruente Deckung in der Regel ein Beweisanzeichen für den Benachteiligungsvorsatz des Schuldners und für die Kenntnis des Gläubigers von diesem Vorsatz, wenn die Wirkungen der Rechtshandlung zu einem Zeitpunkt eintreten, als zumindest aus der Sicht des Empfängers der Leistung Anlass bestand, an der Liquidität des Schuldners zu zweifeln. **776**

BGH, Urt. v. 15.2.1990 – IX ZR 149/88, ZIP 1990, 459
= WM 1990, 649 = NJW 1990, 2687,
dazu *Hess*, EWiR 1990, 591;

BGH, Urt. v. 11.5.1995 – IX ZR 170/94, ZIP 1995, 1078
= WM 1995, 1394 = NJW 1995, 2348,
dazu *Knothe*, EWiR 1995, 837;

BGH, Urt. v. 26.6.1997 – IX ZR 203/96, ZIP 1997, 1509 = WM 1997, 1633 = NJW 1997, 3175, dazu *M. Huber*, EWiR 1997, 897;

BGH, Urt. v. 19.3.1998 – IX ZR 22/97, BGHZ 138, 291 = ZIP 1998, 793 = WM 1998, 968/1848 = NJW 1998, 2592, 2597, dazu *Eckardt*, EWiR 1998, 699;

BGH, Urt. v. 2.4.1998 – IX ZR 232/96, ZIP 1998, 830 = WM 1998, 1037;

BGH, Urt. v. 8.10.1998 – IX ZR 33/97, ZIP 1998, 2008 = WM 1998, 2345, dazu *Gerhardt*, EWiR 1998, 1131;

BGH, Urt. v. 7.6.2001 – IX ZR 134/00, ZIP 2001, 1250 = WM 2001, 1473 = NZI 2001, 465 = ZInsO 2001, 706, dazu *Homann*, EWiR 2002, 75;

BGH, Urt. v. 20.6.2002 – IX ZR 177/99, ZIP 2002, 1408 = WM 2002, 1690 = NZI 2002, 486 = ZInsO 2002, 721, dazu *Paulus/Zenker*, WuB VI B. § 30 Nr. 2 KO 4.02;

BGH, Urt. v. 6.12.2012 – IX ZR 3/12, ZIP 2013, 228 = WM 2013, 174 = NJW 2013, 940 = NZI 2013, 140 = ZInsO 2013, 190 Rn. 46, dazu *Bremen*, EWiR 2013, 175;

BGH, Urt. v. 10.1.2013 – IX ZR 13/12, ZIP 2013, 174 = WM 2013, 180 = NJW 2013, 611 = NZI 2013, 133 = ZInsO 2013, 179 Rn. 19, dazu *Römermann*, EWiR 2013, 123;

BGH, Urt. v. 18.7.2013 – IX ZR 219/11, ZIP 2013, 1579 = WM 2013, 1565 = NZI 2013, 742 = ZInsO 2013, 1573 Rn. 33, dazu *Bork*, EWiR 2013, 521;

BGH, Urt. v. 19.9.2013 – IX ZR 4/13, ZIP 2013, 2113 = DB 2013, 2496 = WM 2013, 2074 Rn. 14, dazu *Lau*, EWiR 2014, 153;

BGH, Urt. v. 7.11.2013 – IX ZR 248/12, ZIP 2013, 2368 = WM 2013, 2233 = ZInsO 2013, 2376 Rn. 12, dazu *M. Huber*, EWiR 2013, 781;

BGH, Urt. v. 19.12.2013 – IX ZR 127/11, ZIP 2014, 231 = WM 2014, 226 = ZInsO 2014, 195 Rn. 17, dazu *Habereder*, EWiR 2014, 219.

777 Für einen Benachteiligungsvorsatz spricht die Inkongruenz der Leistung bei gleichzeitig beengten finanziellen Verhältnissen. Hieran hat die Neuausrichtung der Vorsatzanfechtung nichts geändert.

BGH, Urt. v. 23.6.2022 – IX ZR 75/21, ZIP 2022, 1608 Rn. 40 = NZI 2022, 777.

778 Eine inkongruente Deckung bildet nur dann ein Beweisanzeichen für den Benachteiligungsvorsatz des Schuldners und für die Kenntnis des Gläubigers von diesem Vorsatz, wenn die Wirkungen der Rechtshandlung zu einem Zeitpunkt eintraten, als zumindest aus der Sicht des Empfängers der Leistung Anlass bestand, an der Liquidität des Schuldners zu zweifeln. Beweisanzeichen wie eine Inkongruenz machen eine Gesamtwürdigung nicht entbehrlich und dürfen nicht schematisch im Sinne einer vom anderen Teil zu widerlegenden Vermutung angewandt werden. Die subjektiven Voraussetzungen der Vorsatzanfechtung hat der Tatrichter gemäß § 286 ZPO unter Würdigung aller maßgeblichen Umstände des Einzelfalls auf der Grundlage des Gesamtergebnisses der Verhandlung und einer etwaigen Beweisaufnahme zu prüfen. Ob ein bestimmter Gläubiger Kenntnis von der Zahlungseinstellung oder der (drohenden) Zahlungsunfähigkeit hat, hängt davon ab, welche konkreten Tatsachen dieser Gläubiger spätestens unmittelbar vor der jeweils angefochtenen Zahlung kannte.

> BGH, Beschl. v. 28.11.2019 – IX ZR 8/19, NZI 2020, 65 = ZInsO 2020, 140 Rn. 9.

Finanziell beengte Verhältnisse liegen vor, wenn die finanziellen Reserven des Schuldners nicht ausreichen, um einen Einfluss der inkongruenten Leistung auf die Gleichheit der Befriedigungschancen anderer Gläubiger auszuschließen. **779**

> BGH, Urt. v. 17.9.2020 – IX ZR 174/19, ZIP 2020, 2135 = WM 2020, 1919 Rn. 24.

Die Frage, ob eine inkongruente Deckung vorliegt, richtet sich grundsätzlich nach den rechtlichen und tatsächlichen Verhältnissen zum Zeitpunkt der angefochtenen Rechtshandlung. Die Darlegungs- und Beweislast für die Inkongruenz trägt der Insolvenzverwalter. **780**

> BGH, Urt. v. 23.6.2022 – IX ZR 75/21, ZIP 2022, 1608 Rn. 42 = NZI 2022, 777.

Dabei unterscheidet gerade das Recht des Gläubigers, die Leistung zu fordern, kongruente und inkongruente Rechtshandlungen. Was ein Gläubiger beanspruchen kann und wozu der Schuldner verpflichtet ist, ist keine spezifisch insolvenzrechtliche, sondern zuvörderst eine materiell-rechtliche Frage. Folgt der Anspruch aus einer vertraglichen Vereinbarung, kommt es darauf an, was vertraglich vereinbart worden ist. Haben die Vertragsparteien nicht alle Fragen rechtsgeschäftlich geregelt, ist auf die entsprechenden gesetzlichen Regeln zurückzugreifen. Soweit rechtsgeschäftliche Regelungen möglich sind, ist immer nur maßgeblich, was die Vertragsparteien tatsächlich – ausdrücklich oder konkludent – vereinbart haben, nicht was sie hätten vereinbaren können. Maßstab ist allein die objektive Rechtslage. Es kommt nicht darauf an, welche Vorstellungen die Parteien hatten, insbesondere müssen sie die Inkongruenz weder erkannt noch fahrlässig nicht erkannt haben. Daher spielt auch der gute Glaube beider Parteien, dass die Deckung in vollem Umfang dem Schuldverhältnis entspreche, keine Rolle. Nicht in der Art geschuldet sind sämtliche Befriedigungen, die mit dem geschuldeten Leistungsprogramm nicht im Einklang stehen, also nach dem Inhalt des Schuldverhältnisses von der tatsächlich geschuldeten Leistung abweichen. **781**

> BGH, Urt. v. 23.6.2022 – IX ZR 75/21, ZIP 2022, 1608 Rn. 43 = NZI 2022, 777.

782 Auf der Grundlage eines Beherrschungs- und Gewinnabführungsvertrages entstand ein Zahlungsanspruch der beklagten Muttergesellschaft hinsichtlich des Jahresüberschusses für das Jahr 2008 frühestens mit dem Bilanzstichtag oder mit Feststellung des Jahresabschlusses. Die zuvor erbrachte Zahlung war inkongruent.

> BGH, Urt. v. 17.9.2020 – IX ZR 174/19, ZIP 2020, 2135 = WM 2020, 1919 Rn. 20.

783 Die Berücksichtigung der mit einer inkongruenten Deckung verbundenen Indizwirkung wird durch die Vermutungsregel des § 133 Abs. 1 Satz 2 InsO nicht verdrängt. Es ist ein wesentliches Anliegen der Insolvenzordnung, das Anfechtungsrecht gegenüber den Anfechtungstatbeständen der Konkursordnung zu verschärfen. Für die Annahme, der Gesetzgeber hätte als Ausgleich für die weiter gefassten Anfechtungstatbestände zu Lasten der Masse in das System des zivilprozessualen Beweisrechts eingreifen wollen, liefert die Entstehungsgeschichte keinen Anhalt.

> BGH, Urt. v. 18.12.2003 – IX ZR 199/02, BGHZ 157, 242, 251 f = ZIP 2004, 319 = WM 2004, 299 = NZI 2004, 201, dazu *Homann*, EWiR 2004, 865.

784 Der Grund dafür, dass die Gewährung einer inkongruenten Deckung als ein Beweisanzeichen in diesem Sinn verstanden wird, liegt darin, dass nach allgemeiner Erfahrung im Geschäftsverkehr Schuldner regelmäßig nicht bereit sind, anderes oder gar mehr zu geben als sie schulden. Tun sie das dennoch, so müssen dafür im Allgemeinen besondere Beweggründe vorliegen. Dies weiß auch der Leistungsempfänger; eine solche Begünstigung muss in ihm den entsprechenden Verdacht wecken. Zugleich liegt es auf der Hand, dass wegen der Bevorzugung einzelner Gläubiger über das Maß des ihnen von Rechts wegen Zustehenden hinaus für andere Gläubiger entsprechend weniger übrigbleibt. Auf die gesicherte und zweifelsfreie Zahlungsfähigkeit jedes beliebigen Schuldners vertraut heute erfahrungsgemäß niemand ohne Weiteres.

> BGH, Urt. v. 30.1.1997 – IX ZR 89/96, ZIP 1997, 513, 515 = WM 1997, 545;
>
> BGH, Urt. v. 29.4.1999 – IX ZR 163/98, ZIP 1999, 973 = WM 1999, 1218 = NZI 1999, 268 = ZInsO 1999, 409, dazu *M. Huber*, EWiR 1999, 957;
>
> BGH, Urt. v. 2.12.1999 – IX ZR 412/98, ZIP 2000, 82 = WM 2000, 156 = NJW 2000, 957 = NZI 2000, 122, dazu *Eckardt*, EWiR 2000, 291;
>
> BGH, Urt. v. 7.11.2013 – IX ZR 248/12, ZIP 2013, 2368 = WM 2013, 2233 = ZInsO 2013, 2376 Rn. 12.

785 Voraussetzung des Beweisanzeichens ist allerdings, dass die Wirkungen der Rechtshandlung zu einem Zeitpunkt eintraten, als zumindest aus der Sicht des Empfängers der Leistung Anlass bestand, an der Liquidität des Schuldners zu zweifeln. Mithin entfällt die Indizwirkung einer inkongruenten De-

ckung, wenn der Schuldner bei Vornahme der Rechtshandlung zweifelsfrei liquide war.

BGH, Urt. v. 21.1.1999 – IX ZR 329/97, ZIP 1999, 406 = WM 1999, 456 = ZInsO 1999, 165, dazu *Kranemann*, EWiR 1999, 465;

BGH, Urt. v. 18.12.2003 – IX ZR 199/02, BGHZ 157, 242, 251 = ZIP 2004, 319 = WM 2004, 299 = NZI 2004, 201, dazu *Homann*, EWiR 2004, 865;

BGH, Urt. v. 18.11.2004 – IX ZR 299/00, ZIP 2005, 769 = ZVI 2005, 261 = WM 2005, 804 = NZI 2005, 329 = ZInsO 2005, 439, dazu *Beutler/Vogel*, EWiR 2005, 763;

BGH, Urt. v. 6.12.2012 – IX ZR 3/12, ZIP 2013, 228 = WM 2013, 174 = NJW 2013, 940 = NZI 2013, 140 = ZInsO 2013, 190 Rn. 46, dazu *Bremen*, EWiR 2013, 175;

BGH, Urt. v. 7.11.2013 – IX ZR 248/12, ZIP 2013, 2368 = WM 2013, 2233 = ZInsO 2013, 2376 Rn. 12, dazu *M. Huber*, EWiR 2013, 781;

BGH, Urt. v. 19.12.2013 – IX ZR 127/11, ZIP 2014, 231 = WM 2014, 226 = ZInsO 2014, 195 Rn. 17, dazu *Habereder*, EWiR 2014, 219.

Verdächtig wird die Inkongruenz – in Abkehr früherer Rechtsprechung – **786** erst, sobald ernsthafte Zweifel an der Zahlungsfähigkeit des Schuldners auftreten, die Gegenmaßnahmen gut informierter und durchsetzungskräftiger Gläubiger auslösen, welche in einer späteren Insolvenz die Gleichbehandlung aller Gläubiger durchbrechen. Der auslösende Umstand für die von einer inkongruenten Deckung vermittelte Indizwirkung liegt danach in einer ernsthaften Besorgnis bevorstehender Zahlungskürzungen oder -stockungen des Schuldners, weil sich damit die Gefährdung der anderen, nicht in gleicher Weise begünstigten Gläubiger aufdrängt.

BGH, Urt. v. 7.11.2013 – IX ZR 248/12, ZIP 2013, 2368 = WM 2013, 2233 = ZInsO 2013, 2376 Rn. 12.

Die durch die Androhung eines Insolvenzantrags bewirkte inkongruente De- **787** ckung bildet auch bei Anfechtungen nach § 133 Abs. 1 InsO in der Regel ein starkes Beweisanzeichen für einen Gläubigerbenachteiligungsvorsatz des Schuldners und eine Kenntnis des Gläubigers hiervon. Die aus der Inkongruenz von Leistungen zur Abwendung eines angedrohten Insolvenzantrags folgenden Beweiserleichterungen sind bei der Vorsatzanfechtung auch außerhalb der Dreimonatsfrist des § 131 Abs. 1 Nr. 3 InsO anzuwenden.

BGH, Urt. v. 18.12.2003 – IX ZR 199/02, BGHZ 157, 242, 254 = ZIP 2004, 319 = WM 2004, 299 = NZI 2004, 201, dazu *Homann*, EWiR 2004, 865;

BGH, Beschl. v. 18.6.2009 – IX ZR 7/07, Rn. 6 = ZIP 2009, 1434 = ZInsO 2009, 1394;

BGH, Urt. v. 25.10.2012 – IX ZR 117/11, ZIP 2012, 2355 = WM 2012, 2251 = NZI 2012, 963 = ZInsO 2012, 2244 Rn. 10, dazu *M. Huber*, EWiR 2012, 797;

BGH, Urt. v. 19.9.2013 – IX ZR 4/13, ZIP 2013, 2113 = DB 2013, 2496 = WM 2013, 2074 Rn. 16, dazu *Lau*, EWiR 2014, 153.

788 In der Mittelbarkeit einer Zahlung durch Einschaltung eines Dritten liegt eine Inkongruenz, die ein wesentliches Beweisanzeichen für den Benachteiligungsvorsatz bildet.

BGH, Urt. v. 29.11.2007 – IX ZR 121/06, BGHZ 174, 314, 321 f Rn. 33 = ZIP 2008, 190 = WM 2008, 223, dazu *Göb*, EWiR 2008, 539;

BGH, Urt. v. 14.10.2010 – IX ZR 16/10, ZIP 2010, 2358 = WM 2010, 2319 = NZI 2011, 189 = ZInsO 2010, 2295 Rn. 8;

BGH, Urt. v. 7.11.2013 – IX ZR 248/12, ZIP 2013, 2368 = WM 2013, 2233 = ZInsO 2013, 2376 Rn. 11, dazu *M. Huber*, EWiR 2013, 781.

789 Eine Leistung des Schuldners auf die gegen einen Dritten gerichtete Verbindlichkeit ist inkongruent, weil der Leistungsempfänger keinen Anspruch darauf hat, mit Hilfe einer freiwilligen Drittzahlung (§ 267 BGB) Befriedigung seiner Forderung zu erlangen. Soweit in Fällen einer Drittzahlung auch eine Anfechtung nach § 134 Abs. 1 InsO in Betracht kommt, steht dies einer Anwendbarkeit des § 133 Abs. 1 InsO nicht entgegen, weil eine Anfechtung nach § 134 InsO ungeachtet der Vermögenslage des Schuldners zum Zeitpunkt der Leistung durchgreift, während § 133 Abs. 1 InsO an die zusätzliche Voraussetzung einer unsicheren Liquiditätslage des Schuldners geknüpft ist. Angesichts der jeweils eigenständigen Anspruchsvoraussetzungen können § 133 Abs. 1 und § 134 Abs. 1 InsO nebeneinander angewendet werden.

BGH, Urt. v. 6.12.2012 – IX ZR 3/12, ZIP 2013, 228 = WM 2013, 174 = NZI 2013, 140 = ZInsO 2013, 190 Rn. 46 f.

790 Die Gewährung einer Sicherheit ist nur dann kongruent, wenn der Sicherungsnehmer einen Anspruch auf gerade diese Sicherheit hatte. Wird ein Anspruch auf Sicherung in demselben Vertrag eingeräumt, durch den der gesicherte Anspruch selbst entsteht, liegt in der späteren Gewährung der Sicherheit keine inkongruente Deckung, weil von Anfang an ein Anspruch auf die Sicherung bestand. Wird hingegen eine bereits bestehende Verbindlichkeit nachträglich besichert, liegt darin eine inkongruente Deckung.

BGH, Urt. v. 10.1.2013 – IX ZR 13/12, ZIP 2013, 174 = WM 2013, 180 = NZI 2013, 133 = ZInsO 2013, 179 Rn. 19f, 21.

791 Wird hingegen eine bereits bestehende Verbindlichkeit nachträglich besichert, kann darin eine inkongruente Deckung liegen. Inkongruent ist also eine nach Entstehen einer Verbindlichkeit gewährte Sicherung. Die Gewährung einer Grundschuld erweist sich als inkongruent, wenn dem Sicherungsnehmer aus der ursprünglichen Pensionszusage kein Anspruch auf eine Sicherung – weder im Blick auf zunächst verpfändete Versicherungen noch die in Rede stehende Grundschuld – zustand und es sich deshalb um eine nachträgliche Besicherung handelt.

> BGH, Urt. v. 7.11.2013 – IX ZR 248/12, ZIP 2013, 2368 = WM 2013, 2233 = ZInsO 2013, 2376 Rn. 10.

Das Beweisanzeichen der Inkongruenz ist gegeben, wenn der Schuldner nach Vornahme einer unerlaubten Handlung dem Gläubiger für die dadurch begründete Schadensersatzforderung eine Sicherung gewährt. **792**

> BGH, Urt. v. 18.3.2010 – IX ZR 57/09, ZIP 2010, 841 Rn. 15 ff = ZVI 2010, 221 = WM 2010, 851 = NZI 2010, 439, dazu *Junghans*, 2010, 655.

Benachteiligungsvorsatz kann auch bei inkongruenter Deckung fehlen, wenn der Schuldner bei Vornahme der Rechtshandlung davon ausging, mit Sicherheit sämtliche Gläubiger befriedigen zu können. **793**

> BGH, Urt. v. 12.7.1990 – IX ZR 245/89, ZIP 1990, 1088 = WM 1990, 1588 (insoweit in BGHZ 112, 136 nicht abgedruckt), dazu *Gerhardt*, EWiR 1990, 919;
>
> BGH, Urt. v. 4.12.1997 – IX ZR 47/97, ZIP 1998, 248 = WM 1998, 248 = NJW 1998, 1561, dazu *Gerhardt*, EWiR 1998, 225;
>
> BGH, Urt. v. 19.3.1998 – IX ZR 22/97, BGHZ 138, 291 = ZIP 1998, 793 = WM 1998, 968/1848 = NJW 1998, 2592, 2597, dazu *Eckardt*, EWiR 1998, 699;
>
> BGH, Urt. v. 11.3.2004 – IX ZR 160/02, ZIP 2004, 1060 = WM 2004, 1141 = ZInsO 2004, 616 = NZI 2004, 372, dazu *Gerhardt*, EWiR 2004, 769.

Auch können Art und Umfang der Inkongruenz für die Beurteilung der Benachteiligungsabsicht wesentliche Hinweise liefern. Das in der Gewährung einer inkongruenten Deckung liegende Beweisanzeichen für eine Benachteiligungsabsicht ist in der Regel weit weniger bedeutungsvoll, wenn nur eine geringe Inkongruenz besteht. Darauf hat der BGH in einem Fall hingewiesen, in dem der Gemeinschuldner zur Sicherung aller bestehenden und künftigen Ansprüche mehrerer durch einen Poolvertrag zusammengefasster Banken dem Poolführer – der zugleich als Treuhänder der übrigen Poolbanken auftrat – Gegenstände übereignet hatte. Da hier eine Gleichwertigkeit von Leistung und Gegenleistung nur deshalb ausschied, weil das Sicherungsgut nicht nur für die Schulden des beklagten Poolführers, sondern zusätzlich für andere Schulden haftete, die beklagte Bank selbst nur einen den Wert der Sicherheiten nicht ausschöpfenden Kredit gewährt hatte und hinsichtlich der von den übrigen Banken gegebenen Kredite eigene Verpflichtungen nicht eingegangen war, ließ der BGH einen Schluss von der Inkongruenz auf eine Benachteiligungsabsicht nicht ohne Weiteres zu. **794**

> BGH, Urt. v. 12.11.1992 – IX ZR 236/91, ZIP 1993, 276 = WM 1993, 270, dazu *Onusseit*, EWiR 1993, 161;

vgl. auch BGH, Urt. v. 4.12.1997 – IX ZR 47/97, ZIP 1998, 248 = WM 1998, 248 = NJW 1998, 1561, dazu *Gerhardt*, EWiR 1998, 225;

BGH, Urt. v. 18.11.2004 – IX ZR 299/00, ZIP 2005, 769 = WM 2005, 804 = NZI 2005, 329 = ZInsO 2005, 439, dazu *Beutler/Vogel*, EWiR 2005, 763.

795 Ist der Bauhauptunternehmer dem Sicherungsverlangen eines Subunternehmers nach § 648a BGB nachgekommen, indem er sich anstelle der Sicherheitenbestellung dem Subunternehmer gegenüber in der Höhe von dessen Forderung zur Abtretung von Teilen seines Werklohnanspruchs gegen den Bauherrn verpflichtet hat, ist die Inkongruenz der Sicherungsvereinbarung ebenfalls so schwach, dass daraus ein starkes Beweisanzeichen für eine Gläubigerbenachteiligungsabsicht des Schuldners nicht abgeleitet werden kann.

BGH, Urt. v. 18.11.2004 – IX ZR 299/00, ZIP 2005, 769 = WM 2005, 804 = NZI 2005, 329 = ZInsO 2005, 439, dazu *Beutler/Vogel*, EWiR 2005, 763.

796 Dies kann jedoch anders zu beurteilen sein, wenn im Zeitpunkt der Leistung die Insolvenz bereits droht.

BGH, Urt. v. 13.3.1997 – IX ZR 93/96, IX ZR 93/96, ZIP 1997, 853 = WM 1997, 921, dazu *Rattunde*, EWiR 1997, 1131.

10. Anschubfinanzierung

797 Überträgt eine neu gegründete GmbH zwecks Erlangung eines Kredits ihr gesamtes Vermögen auf eine Bank, scheidet ein Indiz für einen Gläubigerbenachteiligungsvorsatz aus, weil die GmbH infolge des gewährten Kredits zahlungsfähig ist. Die Entziehung von Haftungsmasse durch die Gestellung von Sicherheiten kann für sich allein einen Gläubigerbenachteiligungsvorsatz noch nicht begründen. Andernfalls wären Sicherungsgeschäfte durchweg zehn Jahre lang nach § 133 InsO anfechtbar, wenn der Erhalt eines Kredites unter Einsatz des gesamten Vermögens des Kreditnehmers besichert wird und der Kreditgeber das erkennt. Die Finanzierung von Unternehmensgründungen würde zu einem unkalkulierbaren Risiko, weil damit gerechnet werden müsste, dass die Sicherheitenbestellung auch dann noch anfechtbar ist, wenn die Krise weitab von der in der Gründungsphase geleisteten Anschubfinanzierung eintritt. Ist das Gründungskonzept für das Überleben eines Unternehmens objektiv ungeeignet, ist gleichwohl für einen Benachteiligungsvorsatz kein Raum, wenn der Gründungsgesellschafter tatsächlich von guten Marktchancen ausgeht. War die Hoffnung unberechtigt, begründet dies nur den Vorwurf der groben Fahrlässigkeit. Die für ein Sanierungsdarlehen geltenden Grundsätze, wonach das Beweisanzeichen der inkongruenten Deckung entkräftet ist, wenn die Gewährung der inkongruenten Deckung Bestandteil eines ernsthaften, letztlich allerdings fehlgeschlagenen Sanierungsversuchs ist, können auf eine eines tragfähigen Konzepts entbehrende Anschubfinanzierung nicht übertragen werden. Denn es fehlt sowohl an einer Krise als auch an einer inkongruenten Deckung.

BGH, Urt. v. 5.3.2009 – IX ZR 85/07, ZIP 2009, 922, 924 Rn. 16 ff = WM 2009, 905 = NJW 2009, 1601 = ZInsO 2009, 873, dazu *Wallner*, EWiR 2009, 485.

11. Unmittelbare Gläubigerbenachteiligung, hohes Ausmaß der Gläubigerbenachteiligung

Für einen Benachteiligungsvorsatz spricht die Inkongruenz der Leistung bei gleichzeitig beengten finanziellen Verhältnissen. Eine indizielle Bedeutung können weiter der Eintritt einer unmittelbaren Gläubigerbenachteiligung und das besondere Ausmaß der Beeinträchtigung haben. Dies gilt insbesondere, wenn der Schuldner seine letzten werthaltigen Vermögensgegenstände auf einen Dritten überträgt. Es kann ein weiteres Indiz für einen Benachteiligungsvorsatz daraus folgen, dass zwischen dem Schuldner und dem Dritten, auf den der Schuldner seine letzten werthaltigen Vermögensgegenstände überträgt, ein besonderes Näheverhältnis besteht. 798

BGH, Urt. v. 17.9.2020 – IX ZR 174/19, ZIP 2020, 2135 = WM 2020, 1919 Rn. 18.

Die Zahlungsempfängerin war zum Zeitpunkt der Rechtshandlung als herrschendes Unternehmen nahestehende Person gemäß § 138 Abs. 2 Nr. 2 InsO. Auf der Grundlage des maßgeblichen Vortrags handelt es sich bei der Weiterleitung des erlösten Kaufpreises um eine Übertragung der letzten werthaltigen Vermögensgegenstände auf einen Dritten, weil die Schuldnerin von der Zahlungsempfängerin für die Weiterleitung des Kaufpreises keine Vermögenswerte Gegenleistung erhielt. Die inkongruente Übertragung des letzten werthaltigen Vermögens auf einen nahestehenden Dritten ist ein Indiz für den Benachteiligungsvorsatz. 799

BGH, Urt. v. 17.9.2020 – IX ZR 174/19, ZIP 2020, 2135 = WM 2020, 1919 Rn. 40.

Die **Veräußerung eines Gegenstands der künftigen Masse unter Wert** kann eine unmittelbare Gläubigerbenachteiligung i. S. d. § 129 Abs. 1 InsO begründen, wenn die objektive Gläubigerbenachteiligung ohne das Hinzutreten weiterer Umstände schon mit der Vornahme der Rechtshandlung eingetreten ist Eine unmittelbare Gläubigerbenachteiligung ist ein eigenständiges – wenn auch für sich genommen nicht ausreichendes – Beweisanzeichen für die subjektiven Voraussetzungen der Vorsatzanfechtung. Der Schluss auf den Gläubigerbenachteiligungsvorsatz erfordert eine Gesamtwürdigung der das Rechtsgeschäft begleitenden Umstände. 800

BGH, Urt. v. 22.2.2024 – IX ZR 226/20, ZIP 2024, 897 Rn. 34 = WM 2024, 751 = NZI 2024, 456.

Die der höchstrichterlichen Rechtsprechung zu § 138 BGB entlehnte 90 %-Grenze gilt für die Prüfung des Benachteiligungsvorsatzes nicht. Insbeson- 801 dere schließt eine Unterschreitung der Grenze den Benachteiligungsvorsatz nicht aus.

BGH, Urt. v. 22.2.2024 – IX ZR 226/20, ZIP 2024, 897 Rn. 35 = WM 2024, 751 = NZI 2024, 456.

802 Ein Benachteiligungsvorsatz könnte sich dann ergeben, wenn die Schuldnerin mit ihrem letzten werthaltigen Vermögen den Anfechtungsgegner begünstigt haben sollte. Hierzu wird das Berufungsgericht die persönliche Stellung des Anfechtungsgegners als Ehemann der Gesellschafterin der Schuldnerin und damit als nahestehende Person gemäß § 138 Abs. 2 Nr. 3, Abs. 1 Nr. 1 InsO zu erwägen haben. Ebenso wird sein, dass die Ehefrau des Anfechtungsgegners ihre erweiterte Hafteinlage in Höhe von 200.000 € von einem gemeinsamen Konto der Eheleute erbrachte und die Schuldnerin nach dem zeitlichen Ablauf diese möglicherweise letzten verfügbaren Mittel dazu einsetzte, um dem Anfechtungsgegner Vorteile gegenüber anderen Gläubigern zu verschaffen.

BGH, Urt. v. 7.12.2023 – IX ZR 36/22, ZIP 2024, 196 = NZI 2024, 219 = ZInsO 2024, 195 Rn. 50.

803 Die in dem Abschluss eines schuldrechtlich verpflichtenden Vertrages liegende unmittelbare Gläubigerbenachteiligung stellt kein allgemein gültiges, festes Beweisanzeichen für einen Benachteiligungsvorsatz des Schuldners dar, sondern ist vom Tatrichter frei zu würdigen (§ 286 ZPO). So kann die Vereinbarung einer Sicherungsübertragung, die wertmäßig über eine Krediterhöhung hinausgeht, unter Umständen auf einen Benachteiligungsvorsatz hinweisen.

BGH, Urt. v. 4.12.1997 – IX ZR 47/97, ZIP 1998, 248 = WM 1998, 248 = NJW 1998, 1561,
dazu *Gerhardt*, EWiR 1998, 225;

BGH, Urt. v. 2.4.1998 – IX ZR 232/96, ZIP 1998, 830 = WM 1998, 1037.

804 Auch kann die Vereinbarung einer zweifelsfreien Übersicherung (hier: durch Abtretung der Ansprüche aus einer Brandschadensversicherung) für einen Benachteiligungsvorsatz sprechen.

BGH, Urt. v. 22.3.2001 – IX ZR 407/98, ZIP 2001, 893 = WM 2001, 1038 = NJW 2001, 2545 = NZI 2001, 414 = ZInsO 2001, 663,
dazu *Neußner*, EWiR 2002, 299.

805 Die Weggabe eines wertvollen Vermögensgegenstandes ohne Gegenleistung kann in gleicher Weise wie eine inkongruente Deckung ein Indiz für einen Benachteiligungsvorsatz begründen.

BGH, Urt. v. 6.12.2001 – IX ZR 158/00, ZIP 2002, 85 = WM 2002, 141 = NZI 2002, 175;
dazu *Pape*, WuB VI D. § 3 AnfG 1.02.

806 Wird ein Grundstück unter Wert veräußert und fließt die vereinbarte Gegenleistung als höchstpersönliches unübertragbares Nutzungsrecht in die dem

Gläubigerzugriff verschlossene Vermögenssphäre des Schuldners, kann die in dieser Gestaltung liegende unmittelbare Gläubigerbenachteiligung bereits ein gewisses Beweisanzeichen für die Kenntnis des Beklagten von dem Benachteiligungsvorsatz des Schuldners bilden.

BGH, Urt. v. 18.12.2008 – IX ZR 79/07, ZIP 2009, 573, 575 Rn. 18 = WM 2009, 615 = NZI 2009, 239 = ZInsO 2009, 518.

Rechtsfehlerhaft erwägt das Berufungsgericht das Ausmaß der Gläubigerbenachteiligung nicht. Soweit die Auszahlungen ohne ausgleichende Gegenleistung erfolgten und der Vermögensverlust auch nicht anderweitig ausgeglichen wurde, liegt eine unmittelbare Gläubigerbenachteiligung vor. Unmittelbar ist eine Benachteiligung, die ohne Hinzukommen späterer Umstände schon mit der Vornahme der angefochtenen Rechtshandlung selbst eintritt. Maßgeblicher Zeitpunkt dafür ist derjenige der Vollendung der Rechtshandlung. 807

BGH, Urt. v. 17.9.2020 – IX ZR 174/19, ZIP 2020, 2135 = WM 2020, 1919 Rn. 41.

12. Ungewöhnliche Vertragsgestaltung

Nach der Rechtsprechung kann auch eine besondere, den Gläubiger im Vergleich zu üblichen Abreden über Gebühr begünstigende Vertragsgestaltung auf einen Benachteiligungsvorsatz hindeuten. Die in einem Darlehensvertrag enthaltene Bestimmung, wonach die an den späteren Insolvenzschuldner ausgereichte Darlehensvaluta mittelbar an den Darlehensgeber zurückfließen soll, kann den Schluss auf den Gläubigerbenachteiligungsvorsatz rechtfertigen. 808

BGH, Urt. v. 14.2.2008 – IX ZR 38/04, ZIP 2008, 706, 708 Rn. 34 ff = WM 2008, 698 = NZI 2008, 299 = ZInsO 2008, 378, dazu *Dörrscheidt*, EWiR 2008, 533.

Wird ein Entgelt für Leistungen versprochen und gezahlt, die aufgrund einer früheren Vereinbarung als unentgeltlich hätten beansprucht werden können, so stellt dies – ebenso wie eine sog. inkongruente Deckung – ein starkes Beweisanzeichen dafür dar, dass die Gemeinschuldnerin sich einer Benachteiligung ihrer Gläubiger bewusst ist. 809

BGH, Urt. v. 15.12.1994 – IX ZR 18/94, ZIP 1995, 297 = WM 1995, 503 = NJW 1995, 1093, dazu *Johlke*, EWiR 1995, 281.

Hat der Käufer für ein mit einer Zwangshypothek belastetes Betriebsgrundstück auch unter Berücksichtigung der Übernahme dieser dinglichen Belastung eine nicht annähernd dem Verkehrswert entsprechende Zahlung zu erbringen und räumt er hinsichtlich der Differenz zwischen seiner Zahlungspflicht und dem Verkehrswert dem Verkäufer ein entgeltliches, auf den dem Verkehrswert entsprechenden Kaufpreis angerechnetes Nutzungsrecht höchstpersönlicher, unübertragbarer Art ein, kann die einen dringenden Liquiditätsbedarf des Verkäufers nahe legende, zu Lasten seiner Gläubiger wirkende Vertragsgestaltung ein Indiz für eine Kenntnis des Käufers sowohl von der 810 drohenden Zahlungsunfähigkeit des Verkäufers und als auch der Gläubigerbenachteiligung bilden.

BGH, Urt. v. 18.12.2008 – IX ZR 79/07, ZIP 2009, 573, 574 f Rn. 18 = WM 2009, 615 = NZI 2009, 239 = ZInsO 2009, 518.

811 Die Anfechtungsgegnerin selbst hatte in einer höchstrichterlich entschiedenen Sache unstreitig nur 48.000 € auf die Kaufpreisschuld von 1,25 Mio € gezahlt. Diese Zahlung erfolgte erst, nachdem die Schuldnerin ihr zwei Tage zuvor 50.000 € überwiesen hatte. Die Schuldnerin hat weitere Zahlungen in Höhe von mehr als 300.000 € direkt auf das Treuhandkonto des Notars überwiesen, der den Unternehmenskaufvertrag beurkundet hatte. Die übrigen Zahlungen hat die Darlehensgeberin geleistet. Für sich genommen könnte es sich bei den Zahlungen jedenfalls der Schuldnerin und der Darlehensgeberin zumindest ebenso gut um Zahlungen auf die Verpflichtung der Schuldnerin aus dem Unternehmenskaufvertrag gehandelt haben. Das spräche für die behauptete Vermögensverschiebung.

BGH, Urt. v. 22.2.2024 – IX ZR 226/20, ZIP 2024, 897 Rn. 38 = WM 2024, 751 = NZI 2024. 456.

13. Vorteile speziell für den Insolvenzfall

812 Eine Vereinbarung, die Nachteile für das Schuldnervermögen erst im Insolvenzfall begründet, gestattet den Schluss auf einen Benachteiligungsvorsatz des Schuldners und seine Kenntnis bei dem Anfechtungsgegner.

BGH, Urt. v. 11.11.1993 – IX ZR 257/92, BGHZ 124, 76, 82 = ZIP 1994, 40 = WM 1994, 171;

BGH, Urt. v. 7.11.2013 – IX ZR 248/12, ZIP 2013, 2368 = WM 2013, 2233 = ZInsO 2013, 2376 Rn. 15, dazu *M. Huber*, EWiR 2013, 781.

813 Die gezielte Gewährung eines Sondervorteils gerade für den Insolvenzfall muss zwangsläufig die Rechte der anderen Gläubiger schmälern und begründet darum nach allgemeiner Erfahrung den Schluss auf einen entsprechenden Willen. In dieser Weise verhält es sich, sofern eine besondere Sicherung aufschiebend bedingt gerade für den Fall der Insolvenz des Schuldners vereinbart wird, um bei Insolvenzreife dem Sicherungsnehmer Sicherungsgut zu verschaffen und damit den übrigen Gläubigern zu entziehen.

BGH, Urt. v. 7.11.2013 – IX ZR 248/12, ZIP 2013, 2368 = WM 2013, 2233 = ZInsO 2013, 2376 Rn. 15.

814 Eine solche Gestaltung kann anzunehmen sein, wenn die gewählte vertragliche Gestaltung des Eintritts der Muttergesellschaft in einen mit der Tochtergesellschaft geschlossenen Mietvertrag allein den Zweck hatte, im Insolvenzfall anstelle der finanziell schwach ausgestatteten Tochtergesellschaft Zahlungen durch die potentiell massereiche Schuldnerin sicherzustellen. Dies gilt insbesondere, wenn die Muttergesellschaft ohnehin für die Mietforderungen als Bürgin einzustehen hatte und der Vertragseintritt deren Hochstufung zu

Masseforderungen (§ 55 Abs. 1 Nr. 2 Fall 2, § 108 Abs. 1 Satz 1, § 109 Abs. 1 Satz 1 InsO) bezweckte.

BGH, Beschl. v. 26.4.2012 – IX ZR 73/11, WM 2012, 1079 = ZInsO 2012, 971 Rn. 8.

Hingegen scheidet ein insolvenzbezogener Sondervorteil aus, wenn dem Sicherungsnehmer mit einer Grundschuld eine sofort gültige und nicht erst im Insolvenzfall wirksame Sicherung gewährt wurde, auf die er ungeachtet einer Insolvenz der Schuldnerin zugreifen konnte. Da die Sicherung außerhalb einer Insolvenz der Schuldnerin verwertet werden konnte, brauchte der Sicherungsnehmer nicht mit einer erst durch die Verfahrenseröffnung bedingten Gläubigerbenachteiligung zu rechnen. Der Umstand, dass Sicherungen vor allem bei Zahlungsschwierigkeiten des Sicherungsgebers wirtschaftlich bedeutsam werden, begründet nicht die Vermutung, dass eine Gläubigerbenachteiligung gewollt war und dies von dem Sicherungsnehmer erkannt wurde. Bei einer sofort wirksamen und unbedingten Sicherheitenbestellung kann ein Benachteiligungsvorsatz und dessen Kenntnis nur angenommen werden, wenn die Beteiligten den Eintritt einer Insolvenz während der Dauer des Sicherungsgeschäfts konkret für wahrscheinlich halten. 815

BGH, Urt. v. 7.11.2013 – IX ZR 248/12, ZIP 2013, 2368 = WM 2013, 2233 = ZInsO 2013, 2376 Rn. 17.

Diese Würdigung beruht auf der Erkenntnis, dass wirksam (vgl. § 81 Abs. 1, §§ 88, 91 Abs. 1 und 2 InsO) begründete dingliche Sicherungen, die dem Schutz des Gläubigers gegen wirtschaftliche Schwierigkeiten seines Schuldners dienen, auch und gerade in der **Insolvenz beachtlich** sind und den Gläubiger gemäß §§ 49 ff InsO zur **abgesonderten Befriedigung** berechtigen. Zwar kann die Gewährung einer Sicherung wie die Befriedigung der Insolvenzanfechtung unterliegen (vgl. §§ 130, 131 InsO). Das gilt auch für den Anwendungsbereich des § 133 Abs. 1 InsO. Bei der Auslegung der einschlägigen Vorschriften ist aber zu beachten, dass Absonderungsrechte dem **Schutz des Art. 14 Abs. 1 GG** unterstehen. Fehlt es an Beweisanzeichen eines Benachteiligungsvorsatzes, können Sicherungsgeschäfte nicht für die Dauer von zehn Jahren der Anfechtung nach § 133 Abs. 1 InsO unterstellt werden, nur weil sie regelmäßig erst in der Krise wirtschaftlich bedeutsam werden. Würde die Vorsatzanfechtung des **§ 133 Abs. 1 InsO** bereits allein deswegen durchgreifen, weil die Sicherung auch für den Insolvenzfall gewährt wurde, wären sämtliche innerhalb der Anfechtungsfrist von zehn Jahren bestellten Sicherungen – insbesondere auch bei einem ernsthaften, letztlich aber fehlgeschlagenen Sanierungsversuch – nach Verfahrenseröffnung ohne Weiteres anfechtbar. Als Folge der damit verbundenen **Aushöhlung der Absonderungsrechte** wäre zu befürchten, dass die Bereitschaft zur Kreditgewährung in Ermangelung anfechtungsfester Sicherungen nachhaltig beeinträchtigt würde. Dies entspricht indessen nicht der Vorstellung des Gesetzgebers, der anknüpfend an die Vorläuferregelungen der Konkursordnung mit der institutionellen Garantie der Absonderungsrechte die zivilrechtliche Haftungsord- 816 nung auch bei der Verwertung des Schuldnervermögens und mithin ein Sicherungsbedürfnis der Gläubiger grundsätzlich auch für den Insolvenzfall anerkannt hat.

BGH, Urt. v. 7.11.2013 – IX ZR 248/12, ZIP 2013, 2368 = WM 2013, 2233 = ZInsO 2013, 2376 Rn. 18.

14. Schneeballsystem

817 Die Schuldnerin betreibt mit Hilfe eines Schneeballsystems ein betrügerisches Anlagegeschäft, wenn sie eingeworbene Gelder nicht anlegt, sondern durch gezielte Barabhebungen und Weiterüberweisungen an Dritte verschiebt. Darum fehlt die Absicht, Gelder für Anleger gewinnbringend anzulegen. Diese Umstände können den Schluss rechtfertigen, dass die Schuldnerin bei der Zahlung mit dem bedingten Vorsatz handelte, ihre Gläubiger zu benachteiligen. Dabei hat der Tatrichter die für und gegen einen Benachteiligungsvorsatz sprechenden Indizien unter Würdigung aller maßgeblichen Umstände des Einzelfalls zu prüfen. Verschiebt ein Schuldner sein Vermögen planmäßig bewusst und gewollt an Dritte, um es dem Zugriff seiner Gläubiger zu entziehen, ist dies ein deutliches Indiz für einen Benachteiligungsvorsatz. Dies gilt erst recht, wenn dies erfolgt, um das durch ein betrügerisches Anlagemodell eingeworbene Geld für die Hintermänner zu sichern.

BGH, Urt. v. 29.4.2021 – IX ZR 266/19, ZIP 2021, 1347 Rn. 18 f = WM 2021, 1192 = NZI 2021, 727.

15. Kenntnis des anderen Teils

a) Kenntnis von Rechtshandlung und Gläubigerbenachteiligung

818 Die Vorsatzanfechtung setzt gemäß § 133 Abs. 1 InsO voraus, dass „der andere Teil", d. h. der Anfechtungsgegner, zur Zeit der Handlung (§ 140 InsO) den Vorsatz des Schuldners kannte. Der Antragsgegner muss mithin gewusst haben, dass die Rechtshandlung des Schuldners dessen Gläubiger benachteiligt und dass der Schuldner dies auch wollte. Da Gegenstand des Benachteiligungsvorsatzes des Schuldners die von ihm veranlasste gläubigerbenachteiligende Rechtshandlung bildet, muss der Anfechtungsgegner neben der Willensrichtung des Schuldners auch die von ihm ausgehende Rechtshandlung nebst der dadurch hervorgerufenen Gläubigerbenachteiligung im Allgemeinen erkannt haben. Der von § 133 Abs. 1 Satz 1 InsO verlangte Benachteiligungsvorsatz des Schuldners knüpft an die von ihm vorgenommene, eine Gläubigerbenachteiligung hervorrufende Rechtshandlung an. Spiegelbildlich muss der Anfechtungsgegner erkannt haben, dass die Rechtshandlung des Schuldners dessen Gläubiger benachteiligt und dass der Schuldner dies auch wollte. Der Benachteiligungsvorsatz des Schuldners und seine Kenntnis bei dem Anfechtungsgegner sind mithin auf die gläubigerbenachteiligende Rechtshandlung des Schuldners bezogen.

BGH, Urt. v. 19.9.2013 – IX ZR 4/13, ZIP 2013, 2113 = DB 2013, 2496 = WM 2013, 2074 Rn. 17 f, dazu *Lau*, EWiR 2014, 153;

BGH, Urt. v. 24.10.2013 – IX ZR 104/13, ZIP 2013, 2262 = WM 2013, 2231 Rn. 12 f = NZI 2014, 66 = ZInsO 2013, 1378, dazu *Henkel*, EWiR 2014, 151;

BGH, Urt. v. 12.4.2018 – IX ZR 88/17, ZIP 2018, 1033 = WM 2018, 958 = NZI 2018, 562 Rn. 8, dazu *d'Avoine*, EWiR 2018, 467.

Allerdings dürfen die Anforderungen an die subjektiven Voraussetzungen **819** der Vorschrift nicht überspannt werden. Deshalb muss sich der Gläubigerbenachteiligungsvorsatz des Schuldners nicht gerade auf die später tatsächlich eingetretene Benachteiligung bezogen haben. Ebenso ist es nicht erforderlich, dass der Anfechtungsgegner alle Umstände, aus denen sich der Benachteiligungsvorsatz des Schuldners ergibt, im Einzelnen kennt. Vielmehr reicht es aus, wenn er im Allgemeinen von dem Benachteiligungsvorsatz gewusst hat. Deshalb muss der Anfechtungsgegner auch die Rechtshandlung, welche die Gläubigerbenachteiligung ausgelöst hat, nicht in allen Einzelheiten kennen.

BGH, Urt. v. 19.9.2013 – IX ZR 4/13, ZIP 2003, 2113 = DB 2013, 2496 = WM 2013, 2074 Rn. 19;

BGH, Urt. v. 24.10.2013 – IX ZR 104/13, ZIP 2013, 2262 = WM 2013, 2231 Rn. 14 = NZI 2014, 66 = ZInsO 2013, 1378;

BGH, Urt. v. 12.4.2018 – IX ZR 88/17, ZIP 2018, 1033 = WM 2018, 958 = NZI 2018, 562 Rn. 9, dazu *d'Avoine*, EWiR 2018, 467.

Darum hat derjenige allgemeine Kenntnis von dem Benachteiligungsvorsatz **820** des Schuldners, der im Wissen um die Willensrichtung des Schuldners auf der Grundlage einer von diesem tatsächlich veranlassten Rechtshandlung befriedigt wird, die unter den äußerlich zutage getretenen Gegebenheiten nach allgemeiner Erfahrung auf den Schuldner zurückgehen kann. Es ist dann ohne Bedeutung, ob der Anfechtungsgegner über den genauen Hergang des Zahlungsflusses unterrichtet war. Dies gilt auch etwa für einen Gläubiger, der nach einer misslungenen Zwangsvollstreckung mit Hilfe eines Insolvenzantrags eine Zahlung des Schuldners durchsetzt. Es genügt sein Einverständnis, anstelle einer Vollstreckungsmaßnahme zumindest im Wege einer Rechtshandlung des Schuldners, die typischerweise eine Gläubigerbenachteiligung auslöst, befriedigt zu werden. Eine fehlende Kenntnis kann nur in besonders gelagerten Ausnahmefällen anerkannt werden, in denen der Anfechtungsgegner über den maßgeblichen Geschehensablauf im Ansatz unterrichtet ist, aber auf der Grundlage des für ihn nicht vollständig erkennbaren Sachverhalts – etwa im berechtigten Vertrauen auf einen ihm mitgeteilten Zahlungsweg – bei unvoreingenommener Betrachtung eine Rechtshandlung des Schuldners oder eine Gläubigerbenachteiligung zuverlässig ausschließen darf.

BGH, Urt. v. 19.9.2013 – IX ZR 4/13, ZIP 2013, 2113 = DB 2013, 2496 = WM 2013, 2074 Rn. 24;

BGH, Urt. v. 24.10.2013 – IX ZR 104/13, ZIP 2013, 2262 = WM 2013, 2231 Rn. 19 = NZI 2014, 66 = ZInsO 2013, 1378;

BGH, Urt. v. 12.4.2018 – IX ZR 88/17, ZIP 2018, 1033 = WM 2018, 958 = NZI 2018, 562 Rn. 10, dazu *d'Avoine*, EWiR 2018, 467.

821 Vielfach hält sich die gläubigerbenachteiligende Rechtshandlung innerhalb des normalen Geschäftsverkehrs. Die seitens der Schuldnerin veranlasste Auffüllung eines gepfändeten Kontos stellte eine übliche, von dem Anfechtungsgegner mangels greifbarer Anhaltspunkte für eine andere Gestaltung redlicherweise zu berücksichtigende Tilgungsleistung dar. Da die Pfändung in das Konto der Schuldnerin mangels hinreichender Deckung fehlgeschlagen war, konnte Befriedigung bei realistischer Betrachtung nur noch dank einer – dem Anfechtungsgegner nicht unwillkommenen – Rechtshandlung der Schuldnerin erwartet werden. Nachdem der Anfechtungsgegner nunmehr einen Insolvenzantrag gestellt hatte, lag es auf der Hand, dass die Schuldnerin zur Vermeidung einer Verfahrenseröffnung das Konto aufgefüllt hatte.

BGH, Urt. v. 19.9.2013 – IX ZR 4/13, ZIP 2013, 2113 = DB 2013, 2496 = WM 2013, 2074 Rn. 25.

822 Bewirkt der Schuldner eine Überweisung, indem er eigene Mittel über das Konto seines Vaters einem Gläubiger zuwendet, so kann sich dieser als Anfechtungsgegner nicht der Möglichkeit verschließen, dass die Zahlung auf einer Rechtshandlung des Schuldners beruht und die Gläubigergesamtheit benachteiligt. Es entspricht allgemeiner Erfahrung im geschäftlichen Umgang mit insolventen Personen, dass diese mangels Zugriffs auf ein intaktes Konto ihren Zahlungsverkehr über die Kontoverbindung einer ihnen nahestehenden Person abwickeln. Hierfür kann zusätzlich der in Überweisungen enthaltene Zahlungszweck der Tilgung der bestimmten Schuldnerverbindlichkeiten sprechen. Den Schuldner begünstigende Drittleistungen eines Verwandten liegen fern, wenn Überweisungen der Höhe nach ungeeignet sind, die gesamte offene Verbindlichkeit zu begleichen.

BGH, Urt. v. 24.10.2013 – IX ZR 104/13, ZIP 2013, 2262 = WM 2013, 2231 Rn. 20 = NZI 2014, 66 = ZInsO 2013, 1378.

823 Der Anfechtungsgegner kann sich nicht darauf berufen, er habe von einer Zahlung des Schuldners aus seinem pfändungsfreien Vermögen ausgehen können, weil dieser zeitweise Sozialhilfe bezogen habe. Er muss wegen der naheliegenden Möglichkeit einer Zahlung aus dem Entgelt einer zwischenzeitlich aufgenommen Arbeitstätigkeit oder aus angesparten Sozialleistungen nach allgemeiner Erfahrung eine gläubigerbenachteiligende Rechtshandlung des Schuldners zugrunde legen.

BGH, Urt. v. 10.7.2014 – IX ZR 280/13, ZIP 2014, 1887 Rn. 29 = WM 2014, 1868 = NZI 2014, 863, dazu *Helfeld*, EWiR 2014, 753.

Es ist nicht erforderlich, dass der Anfechtungsgegner alle Umstände, aus denen sich der Benachteiligungsvorsatz des Schuldners ergibt, im Einzelnen kennt. Vielmehr reicht es aus, wenn er im Allgemeinen von dem Benachteiligungsvorsatz gewusst hat. Deshalb muss der Anfechtungsgegner auch die Rechtshandlung, welche die Gläubigerbenachteiligung ausgelöst hat, nicht in allen Einzelheiten kennen. Mehr oder weniger wahrscheinliche Sachverhaltsalternativen, die eine Rechtshandlung der Schuldnerin oder (auch) eine Gläubigerbenachteiligung ausschließen könnten, stehen einer Kenntnis der Rechtshandlung und der durch sie bewirkten Gläubigerbenachteiligung nicht entgegen. Eine fehlende Kenntnis kann nur in besonders gelagerten Ausnahmefällen anerkannt werden, in denen der Anfechtungsgegner über den maßgeblichen Geschehensablauf im Ansatz unterrichtet ist, aber auf der Grundlage des für ihn nicht vollständig erkennbaren Sachverhalts, etwa im berechtigten Vertrauen auf einen ihm mitgeteilten Zahlungsweg, bei unvoreingenommener Betrachtung eine Rechtshandlung des Schuldners oder eine Gläubigerbenachteiligung zuverlässig ausschließen darf. 824

BGH, Urt. v. 28.1.2021 – IX ZR 64/20, ZIP 2021, 416 = WM 2021, 458 Rn. 31 = NZI 2021, 387.

Nach der Rechtsprechung des BGH beurteilt sich die Frage, ob der Dritte die Tilgung einer Eigen- oder Fremdverbindlichkeit bezweckt, aus der objektiven Warte des Leistungsempfängers. 825

BGH, Urt. v. 28.1.2021 – IX ZR 64/20, ZIP 2021, 416 = WM 2021, 458 Rn. 33 = NZI 2021, 387.

Nicht jede neben der Verbindlichkeit des späteren Schuldners bestehende Eigenverbindlichkeit des leistenden Dritten rechtfertigt die Annahme, dieser habe auf die Eigenverbindlichkeit zahlen wollen. Vielmehr muss die Annahme aus der Sicht einer vernünftigen Person in der Lage des Empfängers nach Treu und Glauben mit Rücksicht auf die Verkehrssitte naheliegen. Das ist regelmäßig nicht der Fall, wenn die Eigenverbindlichkeit des Dritten im Vergleich zu der des späteren Schuldners dem Grunde und/oder der Höhe nach zweifelhaft ist und es keinen Anhaltspunkt dafür gibt, der Dritte wolle auf eine derart zweifelhafte Verbindlichkeit zahlen. 826

BGH, Urt. v. 28.1.2021 – IX ZR 64/20, ZIP 2021, 416 = WM 2021, 458 Rn. 34 = NZI 2021, 387.

Der Anspruch gegen den Geschäftsführer aus § 69 AO hat Schadensersatzcharakter. Die Haftung beschränkt sich auf den Betrag, der infolge der vorsätzlichen oder grob fahrlässigen Pflichtverletzung nicht oder nicht rechtzeitig festgesetzt oder entrichtet wurde. 827

BGH, Urt. v. 28.1.2021 – IX ZR 64/20, ZIP 2021, 416 = WM 2021, 458 Rn. 37 = NZI 2021, 387.

Wegen der Beschränkung auf den infolge der schuldhaften Pflichtverletzung nicht rechtzeitig entrichteten Betrag und mangels (bestandskräftiger) Festset- 828 zung durch einen Haftungsbescheid war der Anspruch, im Gegensatz zur Steuerverbindlichkeit der Schuldnerin, jedenfalls der Höhe nach zweifelhaft.

BGH, Urt. v. 28.1.2021 – IX ZR 64/20, ZIP 2021, 416 = WM 2021, 458 Rn. 38 = NZI 2021, 387.

829 Weiß das Finanzamt, dass ein Dritter, welcher sich für die Steuerverbindlichkeiten des Schuldners verbürgt hat, auf Weisung und unter Verrechnung mit einer Kaufpreisforderung des Schuldners die Steuerschulden tilgt, hat es Kenntnis von der gläubigerbenachteiligenden Rechtshandlung des Schuldners.

BGH, Urt. v. 12.4.2018 – IX ZR 88/17, ZIP 2018, 1033 = WM 2018, 958 = NZI 2018, 562 Rn. 10 ff, dazu *d'Avoine*, EWiR 2018, 467.

830 Der Benachteiligungsvorsatz des Schuldners und seine Kenntnis bei dem Anfechtungsgegner sind auf die gläubigerbenachteiligende Rechtshandlung des Schuldners bezogen. Der Anfechtungsgegner muss zum Zeitpunkt ihrer Vornahme (§ 140 InsO) gewusst haben, dass die Rechtshandlung des Schuldners dessen Gläubiger benachteiligt und dass der Schuldner dies auch wollte. Maßgeblicher Beurteilungszeitpunkt ist derjenige der Vollendung des Rechtserwerbs, also der Akt, durch den die Masse endgültig geschmälert worden ist. Die anfechtungsrechtliche Schwäche des Rechtserwerbs wird dadurch gerechtfertigt, dass wenigstens im abschließenden Erwerbszeitpunkt ein Benachteiligungsvorsatz des Schuldners vorliegt und der Leistungsempfänger das auch weiß. Die Kenntnis fehlt, wenn der Anfechtungsgegner durch die Zahlung des Schuldners auf ein Darlehen von einer dafür gestellten Sicherung befreit wird, von dieser Zahlung aber erst nach Verfahrenseröffnung erfährt.

BGH, Beschl. v. 6.2.2013 – IX ZR 148/13, ZInsO 2014, 495 Rn. 2 f.

831 Wird eine mittelbare Zuwendung gegenüber dem Leistungsempfänger angefochten, die in der Weise bewirkt worden ist, dass ein Geldbetrag auf das Konto einer Zwischenperson überwiesen wurde und diese den Betrag an den Leistungsempfänger durch Überweisung weitergeleitet hat, ist die Wertstellung auf dem Konto des Leistungsempfängers der für die Beurteilung der subjektiven Voraussetzungen der Vorsatzanfechtung maßgebliche Zeitpunkt. Ob die Voraussetzungen eines Anfechtungstatbestands gegeben sind, beurteilt sich nach den tatsächlichen Verhältnissen in dem nach § 140 InsO maßgeblichen Zeitpunkt. Für die subjektiven Voraussetzungen der Vorsatzanfechtung nach § 133 Abs. 1 InsO aF gilt nichts Anderes. Wird eine mittelbare Zuwendung dadurch bewirkt, dass der Schuldner Gelder an den Leistungsmittler überträgt, die bestimmungsgemäß an einen seiner Gläubiger weitergeleitet werden sollen, kommen zwei Zeitpunkte in Betracht – der Eingang der Gelder beim Leistungsmittler oder deren Weiterleitung an den Gläubiger.

BGH, Urt. v. 28.1.2021 – IX ZR 64/20, ZIP 2021, 416 = WM 2021, 458 Rn. 22 = NZI 2021, 387.

Wird das Insolvenzverfahren über das Vermögen des Schuldners nach Übertragung der Mittel auf den Leistungsmittler, aber vor deren Weiterleitung an den Leistungsempfänger eröffnet, hat sich die Rechtsposition des Leistungsempfängers durch den Abfluss der Gelder aus dem Schuldnervermögen nicht verändert. Vorbehaltlich etwaiger gesondert vereinbarter Zugriffsrechte auf die Gelder gibt es nichts, was ohne eine Anfechtung im Insolvenzverfahren über das Vermögen des Schuldners zu Gunsten des Leistungsempfängers beachtet werden müsste. Daraus folgt, dass der Zeitpunkt des Vermögensabflusses für die Beurteilung der Voraussetzungen der Anfechtung einer mittelbaren Zuwendung gegenüber dem Leistungsempfänger nicht der nach § 140 Abs. 1 InsO maßgebliche sein kann. 832

BGH, Urt. v. 28.1.2021 – IX ZR 64/20, ZIP 2021, 416 = WM 2021, 458 Rn. 27 = NZI 2021, 387.

Es ist vielmehr auf die Weiterleitung der Gelder abzustellen. Erfolgt diese durch Überweisung, ist die maßgebliche Rechtsposition begründet, wenn der Anspruch des Leistungsempfängers gegen seine Bank auf Gutschrift des für ihn bestimmten Geldbetrags entsteht. 833

BGH, Urt. v. 28.1.2021 – IX ZR 64/20, ZIP 2021, 416 = WM 2021, 458 Rn. 28 = NZI 2021, 387.

b) Kenntnis des Benachteiligungsvorsatzes

Für die gesetzliche Vermutung der Kenntnis vom Gläubigerbenachteiligungsvorsatz des Schuldners muss der Anfechtungsgegner nicht wissen, dass der Schuldner seine übrigen Gläubiger auch künftig nicht wird befriedigen können. 834

Der BGH hat ausgesprochen, dass die Annahme der subjektiven Voraussetzungen der Vorsatzanfechtung nach § 133 Abs. 1 InsO nicht allein darauf gestützt werden kann, dass der Schuldner im Zeitpunkt der angefochtenen Rechtshandlung erkanntermaßen zahlungsunfähig war. Für den Nachweis des Gläubigerbenachteiligungsvorsatzes, für den § 133 Abs. 1 Satz 2 InsO nicht gilt, muss hinzukommen, dass der Schuldner im maßgeblichen Zeitpunkt wusste oder jedenfalls billigend in Kauf nahm, seine übrigen Gläubiger auch künftig nicht vollständig befriedigen zu können. Entsprechendes gilt für den Vollbeweis der Kenntnis des Anfechtungsgegners vom Gläubigerbenachteiligungsvorsatz. Der Nachweis der Kenntnis vom Gläubigerbenachteiligungsvorsatz wird allerdings durch die gesetzliche Vermutung des § 133 Abs. 1 Satz 2 InsO erleichtert. Die Voraussetzungen des Vermutungstatbestands sind von der Neuausrichtung der Rechtsprechung nicht betroffen. Für das Eingreifen der gesetzlichen Vermutung der Kenntnis vom Gläubigerbenachteiligungsvorsatz muss der Anfechtungsgegner demnach nicht wissen, dass der Schuldner seine übrigen Gläubiger auch künftig nicht wird befriedigen können. 835

BGH, Beschl. v. 12.1.2023 – IX ZR 71/22, ZIP 2023, 769 = WM 2023, 573 Rn. 2 = NZI 2023, 389.

836 Der Anfechtungsgegner muss die Benachteiligungsabsicht des Schuldners nur kennen, nicht aber selbst die anderen Gläubiger benachteiligen wollen. Ein Benachteiligungsvorsatz des Antragsgegners ist also nicht erforderlich.

> BGH, Urt. v. 23.5.1985 – IX ZR 124/84, ZIP 1985, 1008 = WM 1985, 923, dazu *Henckel*, EWiR 1985, 537;
>
> BGH, Urt. v. 13.7.1995 – IX ZR 81/94, BGHZ 130, 314 = ZIP 1995, 1364 = WM 1995, 1735 = NJW 1995, 2846, dazu *Gerhardt*, EWiR 1995, 845;
>
> BGH, Urt. v. 9.1.1997 – IX ZR 47/96, ZIP 1997, 423 = WM 1997, 436, dazu *Eckardt*, EWiR 1997, 1133.

837 Nach § 133 Abs. 1 Satz 2 InsO wird die Kenntnis des anderen Teils vermutet, wenn er wusste, dass die Zahlungsunfähigkeit des Schuldners i. S. d. § 18 Abs. 2 InsO drohte und dass die Handlung die Gläubiger benachteiligte. Das Wissen des Antragsgegners von der drohenden Zahlungsunfähigkeit und der Gläubigerbenachteiligung hat der Insolvenzverwalter zu beweisen.

> BGH, Urt. v. 17.7.2003 – IX ZR 272/02, ZIP 2003, 1799, 1800 = WM 2003, 1923 = NJW 2003, 3560 = ZInsO 2003, 850, dazu *Gerhardt*, EWiR 2003, 25.

838 Die Vorsatzanfechtung setzt gemäß § 133 Abs. 1 InsO voraus, dass der andere Teil, d. h. der Anfechtungsgegner, zur Zeit der Handlung (§ 140 InsO) den Vorsatz des Schuldners kannte. Der Anfechtungsgegner muss mithin gewusst haben, dass die Rechtshandlung des Schuldners dessen Gläubiger benachteiligt und dass der Schuldner dies auch wollte. Sofern der Anfechtungsgegner auf der Grundlage des gegebenen Sachverhalts eine Gläubigerbenachteiligung ausschließen kann, ist ihm der Benachteiligungsvorsatz des Schuldners nicht bekannt. Danach scheidet eine Kenntnis von dem Gläubigerbenachteiligungsvorsatz des Schuldners aus, wenn der Anfechtungsgegner in Kenntnis der Zahlungsunfähigkeit des Schuldners von einer umfassenden, insolvenzfesten Sicherung seiner Forderungen ausgehen darf.

> BGH, Beschl. v. 9.2.2012 – IX ZR 48/11, NZI 2012, 514 Rn. 4 f.

839 Die Kenntnis eines Vertreters oder einer vom Antragsgegner eingeschalteten vergleichbaren Person genügt.

> BGH, Urt. v. 3.4.2013 – IX ZR 201/13, ZIP 2013, 1032 = WM 2013, 1009 Rn. 38, dazu *Freudenberg*, EWiR 2014, 591.

840 Kenntnisse eines Rechtsanwalts aus anderen Mandaten werden dem Mandanten im Hinblick auf die Verschwiegenheitspflicht des Anwalts zwar grundsätzlich nicht zugerechnet. Anderes gilt jedoch, wenn der Anwalt seine Kenntnisse nicht aus diesen anderen Mandaten bezogen hat, sondern aus allgemein zugänglichen Quellen. Hat der Anwalt die fraglichen Kenntnisse sogar auf seiner Internetseite oder gegenüber einer Zeitung öffentlich bekanntgegeben, kann der Mandant einer Wissenszurechnung ebenfalls nicht mehr durch Hinweis auf die anwaltliche Schweigepflicht entgegentreten.

BGH, Urt. v. 8.1.2015 – IX ZR 198/13, ZIP 2015, 279 Rn. 13
= WM 2015, 293 = ZInsO 2015, 299,
dazu *Pohlmann-Weide*, EWiR 2015, 221.

Ebenso können Kenntnisse von Vertretern Behörden wechselseitig zuzurechnen sein (vgl. oben Rn. 351 ff). **841**

Die Feststellung, ob dem Anfechtungsgegner die (drohende) Zahlungsunfähigkeit des Schuldners bekannt ist, hängt von den jeweiligen Gegebenheiten des konkreten Einzelfalls ab. Dabei kommt der Funktion des Anfechtungsgegners als Insolvenzverwalter keine ausschlaggebende Bedeutung zu. Maßgeblich kann vielmehr sein, ob der Anfechtungsgegner im Einzelfall etwa aufgrund einer ständigen Geschäftsbeziehung nähere Kenntnisse über die Vermögenslage des Schuldners erlangt hat. **842**

BGH, Beschl. v. 3.12.2015 – IX ZR 102/15, ZInsO 2016, 148
Rn. 2.

Für den Fall, dass ein Schuldner mit Gläubigerbenachteiligungsvorsatz Vermögensgegenstände auf sein beschränkt geschäftsfähiges Kind überträgt, für das dem Schuldner auch die elterliche Gewalt obliegt, soll diese Übertragung nicht der Vorsatzanfechtung unterliegen, wenn das Kind bei Abgabe der zum Erwerb erforderlichen Willenserklärung den Benachteiligungsvorsatz des Schuldners nicht kannte. **843**

BGH, Urt. v. 25.4.1985 – IX ZR 141/84, BGHZ 94, 232 = ZIP
1985, 690 = WM 1985, 851 = NJW 1985, 2407 (zweifelhaft).

Im Blick auf Beweiserleichterungen gelten die gleichen Grundsätze, welche die Annahme eines Benachteiligungsvorsatzes bei dem Schuldner rechtfertigen, sozusagen spiegelbildlich für den Anfechtungsgegner: Sind ihm die Beweisanzeichen bewusst, die einen Benachteiligungsvorsatz des Schuldners begründen, kann von seiner Kenntnis ausgegangen werden. **844**

BGH, Urt. v. 4.12.1997 – IX ZR 47/97, ZIP 1998, 248
= WM 1998, 248 = NJW 1998, 1561,
dazu *Gerhardt*, EWiR 1998, 225;

BGH, Urt. v. 29.4.1999 – IX ZR 163/98, ZIP 1999, 973
= WM 1999, 1218 = NZI 1999, 268 = ZInsO 1999, 409,
dazu *M. Huber*, EWiR 1999, 957
– Sicherheit durch einen Bürgschaftsvertrag;

BGH, Urt. v. 22.5.2014 – IX ZR 95/13, ZIP 2014, 1289
= WM 2014, 1296 = ZInsO 2014, 1326 Rn. 27.

Auch im Blick auf die Kenntnis des Anfechtungsgegners bilden die von der Rechtsprechung entwickelten Fallgruppen keine von der Gegenseite zu widerlegenden Vermutungen, sondern bloße Beweisanzeichen, die der Tatrichter im Rahmen seiner Gesamtwürdigung zu berücksichtigen hat. **845**

BGH, Urt. v. 13.8.2009 – IX ZR 159/06, ZIP 2009, 1966 Rn. 8
= ZVI 2009, 450 = WM 2009, 1943 = NZI 2009, 768,
dazu *Heublein*, EWiR 2010, 25.

aa) Inkongruente Deckung

846 Die Kenntnis der Inkongruenz ist ein wesentliches Beweisanzeichen dafür, dass der Anfechtungsgegner die Gläubigerbenachteiligungsabsicht gekannt hat. Es muss bei dem Empfänger einer inkongruenten Leistung Verdacht wecken, wenn er sich vor anderen in einer Weise begünstigt sieht, die er so nicht zu fordern hat. Für die Kenntnis von der Inkongruenz genügt es, wenn der Betreffende die Umstände kennt, bei deren Vorliegen der Rechtsbegriff der Inkongruenz erfüllt ist.

> BGH, Urt. v. 8.12.2005 – IX ZR 182/01, ZIP 2006, 290 = WM 2006, 190 = NJW 2006, 1347 = NZI 2006, 159 = ZInsO 2006, 94;
>
> BGH, Urt. v. 2.12.1999 – IX ZR 412/98, ZIP 2000, 82 = WM 2000, 156 = NJW 2000, 957 = NZI 2000, 122, dazu *Eckardt*, EWiR 2000, 291;
>
> BGH, Urt. v. 20.9.1993 – IX ZR 227/92, BGHZ 123, 320, 326 = ZIP 1993, 1653 = WM 1993, 2099 = NJW 1993, 3267, dazu *Henckel*, EWiR 1994, 373.

847 Allerdings bildet eine inkongruente Deckung nur dann ein Beweisanzeichen für die Kenntnis des Benachteiligungsvorsatzes, wenn die Wirkungen der Rechtshandlung zu einem Zeitpunkt eintraten, als zumindest aus der Sicht des Empfängers der Leistung Anlass bestand, an der Liquidität des Schuldners zu zweifeln.

> BGH, Urt. v. 25.10.2012 – IX ZR 117/11, ZIP 2012, 2355 = WM 2012, 2251 = NZI 2012, 963 = ZInsO 2012, 2244 Rn. 13, dazu *M. Huber*, EWiR 2012, 797;
>
> BGH, Urt. v. 6.12.2012 – IX ZR 3/12, ZIP 2013, 228 = WM 2013, 174 = NJW 2013, 940 = NZI 2013, 140 = ZInsO 2013, 190 Rn. 46, dazu *Bremen*, EWiR 2013, 175;
>
> BGH, Urt. v. 18.7.2013 – IX ZR 219/11, ZIP 2013, 1579 = WM 2013, 1565 = NZI 2013, 742 = ZInsO 2013, 1573 Rn. 33, 34, dazu *Bork*, EWiR 2013, 521;
>
> BGH, Urt. v. 19.9.2013 – IX ZR 4/13, ZIP 2013, 2113 = DB 2013, 2496 = WM 2013, 2074 Rn. 14, dazu *Lau*, EWiR 1014, 153.

848 Weiß der Anfechtungsgegner also, dass ihm eine inkongruente Deckung gewährt wird, liegt darin also ein Beweisanzeichen dafür, dass er die Benachteiligungsabsicht kennt.

> BGH, Urt. v. 30.9.1993 – IX ZR 227/92, BGHZ 123, 320 = ZIP 1993, 1653 = WM 1993, 2099 = NJW 1993, 3267, dazu *Henckel*, EWiR 1994, 373;
>
> BGH, Urt. v. 11.5.1995 – IX ZR 170/94, ZIP 1995, 1078 = WM 1995, 1394 = NJW 1995, 2348, dazu *Knothe*, EWiR 1995, 837;
>
> BGH, Urt. v. 30.1.1997 – IX ZR 89/96, ZIP 1997, 513 = WM 1997, 545;

BGH, Urt. v. 8.12.2005 – IX ZR 182/01, ZIP 2006, 290 = WM 2006, 190 = NJW 2006, 1347 = NZI 2006, 159 = ZInsO 2006, 94;

BGH, Urt. v. 26.4.2012 – IX ZR 74/11, BGHZ 193, 129 = ZIP 2012, 1038 = WM 2012, 999 = NZI 2012, 453 Rn. 37, dazu *Jacoby*, EWiR 2012, 391;

BGH, Urt. v. 25.4.2013 – IX ZR 235/12, ZIP 2013, 1127 = WM 2013, 1044 = NZI 2013, 583 = ZInsO 2013, 1077 Rn. 28, dazu *Rußwurm*, EWiR 2013, 491;

BGH, Urt. v. 19.9.2013 – IX ZR 4/13, ZIP 2013, 2113 = WM 2013, 2074 Rn. 16.

Allerdings kann die Indizwirkung einer inkongruenten Deckung entfallen, **849**
wenn die Handlung zu einer Zeit vorgenommen wird, in welcher aus der Sicht des Anfechtungsgegners noch keine ernsthaften Zweifel an der Liquidität des Schuldners zu bestehen scheinen.

BGH, Urt. v. 11.3.2004 – IX ZR 160/02, ZIP 2004, 1060 = WM 2004, 1141 = ZInsO 2004, 616 = NZI 2004, 372, dazu *Gerhardt*, EWiR 2004, 769;

BGH, Urt. v. 5.6.2008 – IX ZR 163/07, ZIP 2008, 1385, 1387 Rn. 19 = WM 2008, 1459 = NZI 2008, 556 = ZInsO 2008, 811.

Für die Kenntnis des Anfechtungsgegners von der Inkongruenz genügt, dass er **850**
die Umstände kennt, bei deren Vorliegen der Rechtsbegriff der Inkongruenz erfüllt ist.

BGH, Urt. v. 2.12.1999 – IX ZR 412/98, ZIP 2000, 82 = WM 2000, 156 = NJW 2000, 957 = NZI 2000, 122, dazu *Eckardt*, EWiR 2000, 291;

BGH, Urt. v. 11.3.2004 – IX ZR 160/02, ZIP 2004, 1060 = WM 2004, 1141 = ZInsO 2004, 616 = NZI 2004, 372, dazu *Gerhardt*, EWiR 2004, 769;

BGH, Urt. v. 8.12.2005 – IX ZR 182/01, ZIP 2006, 290 = WM 2006, 190 = NJW 2006, 1347 = NZI 2006, 159 = ZInsO 2006, 94.

Im Drei-Personen-Verhältnis tritt das Beweisanzeichen der Inkongruenz im **851**
Blick auf die Kenntnis des Anfechtungsgegners von dem Benachteiligungsvorsatz zurück: Die Beweiswirkung der Inkongruenz ist vielmehr im Deckungs- und Valutaverhältnis gesondert zu beurteilen. Veranlasst der spätere Insolvenzschuldner mit Gläubigerbenachteiligungsvorsatz seinen Schuldner, unmittelbar an seinen Gläubiger zu zahlen, kommt die Vorsatzanfechtung auch gegen den Angewiesenen in Betracht. Der Gläubigerbenachteiligungsvorsatz des Schuldners kann im Valuta- und im Deckungsverhältnis nur einheitlich bestimmt werden. Die Kenntnis des Angewiesenen (Anfechtungsgegners) von der Inkongruenz der Deckung im Valutaverhältnis begründet jedoch, weil er nicht Leistungsempfänger ist, kein Beweisanzeichen für die Kenntnis vom Gläubigerbenachteiligungsvorsatz des Schuldners.

BGH, Urt. v. 29.11.2007 – IX ZR 121/06, BGHZ 174, 314, 322 f Rn. 35 ff = ZIP 2008, 190 = WM 2008, 223 = ZInsO 2008, 814, dazu *Göb*, EWiR 2008, 539;

BGH, Urt. v. 11.12.2008 – IX ZR 194/07, ZIP 2009, 228, 230 Rn. 17 = WM 2009, 237 = NZI 2009, 165 = ZInsO 2009, 143; dazu *R. Weiß*, EWiR 2009, 387.

852 Die Inkongruenz eines Abfindungsvergleichs kann ihre indizielle Wirkung verlieren, wenn der Betrag, auf den der Schuldner gegenüber seinem Vertragspartner verzichtet, bei wirtschaftlicher Betrachtungsweise im Wesentlichen durch die Verringerung der von ihm selbst zu erbringenden Leistung abgegolten wird. Ebenso kann bei einem Vergleichsschluss ein Benachteiligungsvorsatz ausscheiden, wenn ein von dem Schuldner gewährter Forderungsnachlass wegen der unklaren Rechtslage durch die rechtlichen Risiken der Durchsetzung der Gesamtforderung aufgewogen wird.

BGH, Urt. v. 8.3.2012 – IX ZR 51/11, ZIP 2012, 984 = WM 2012, 857.

bb) Kenntnis der Zahlungsunfähigkeit: Vermutung des § 133 Abs. 1 Satz 2 InsO

853 Gemäß § 133 Abs. 1 Satz 2 InsO wird vermutet, dass der Gläubiger den Benachteiligungsvorsatz des Schuldners, kannte, wenn er wusste, dass die Zahlungsunfähigkeit des Schuldners drohte und dass die Rechtshandlung die Gläubiger benachteiligte. Nach § 133 Abs. 3 Satz 1 InsO tritt an die Stelle der drohenden Zahlungsunfähigkeit die eingetretene, wenn die Rechtshandlung dem anderen Teil eine Sicherung oder Befriedigung gewährt oder ermöglicht hat, welche dieser in der Art und zu der Zeit beanspruchen konnte. Die erste Voraussetzung des Vermutungstatbestands ist erfüllt, wenn der Gläubiger in den nach § 140 InsO maßgeblichen Zeitpunkten Umstände kannte, die mit der von § 286 ZPO vorausgesetzten Gewissheit auf die (drohende) Zahlungsunfähigkeit oder die Zahlungseinstellung des Schuldners schließen ließen. Das Wissen um die Benachteiligung der (übrigen) Gläubiger, die zweite Voraussetzung des Vermutungstatbestands, wird durch die Kenntnis von drohender oder bereits eingetretener Zahlungsunfähigkeit indiziert, wenn der Anfechtungsgegner weiß, dass es noch andere Gläubiger gibt, deren Forderungen vom Schuldner nicht vollständig bedient werden. Mit letzterem muss ein Gläubiger rechnen, wenn der Schuldner unternehmerisch tätig ist.

BGH, Urt. v. 22.2.2024 – IX ZR 226/20, Rn. 41.

854 Für die gesetzliche Vermutung der Kenntnis vom Gläubigerbenachteiligungsvorsatz des Schuldners muss der Anfechtungsgegner nicht wissen, dass der Schuldner seine übrigen Gläubiger auch künftig nicht wird befriedigen können.

855 Der BGH hat ausgesprochen, dass die Annahme der subjektiven Voraussetzungen der Vorsatzanfechtung nach § 133 Abs. 1 InsO nicht allein darauf gestützt werden kann, dass der Schuldner im Zeitpunkt der angefochtenen Rechtshandlung erkanntermaßen zahlungsunfähig war. Für den Nachweis des Gläubigerbenachteiligungsvorsatzes, für den § 133 Abs. 1 Satz 2 InsO nicht gilt, muss hinzukommen, dass der Schuldner im maßgeblichen Zeitpunkt

wusste oder jedenfalls billigend in Kauf nahm, seine übrigen Gläubiger auch künftig nicht vollständig befriedigen zu können. Entsprechendes gilt für den Vollbeweis der Kenntnis des Anfechtungsgegners vom Gläubigerbenachteiligungsvorsatz. Der Nachweis der Kenntnis vom Gläubigerbenachteiligungsvorsatz wird allerdings durch die gesetzliche Vermutung des § 133 Abs. 1 Satz 2 InsO erleichtert. Die Voraussetzungen des Vermutungstatbestands sind von der Neuausrichtung der Rechtsprechung nicht betroffen. Für das Eingreifen der gesetzlichen Vermutung der Kenntnis vom Gläubigerbenachteiligungsvorsatz muss der Anfechtungsgegner demnach nicht wissen, dass der Schuldner seine übrigen Gläubiger auch künftig nicht wird befriedigen können.

BGH, Beschl. v. 12.1.2023 – IX ZR 71/22, WM 2023, 573 Rn. 2.

Der Kenntnis von der Zahlungsunfähigkeit steht auch im Rahmen des § 133 Abs. 1 InsO die Kenntnis von Umständen gleich, die zwingend auf eine bereits eingetretene Zahlungsunfähigkeit hinweisen. Es genügt daher, dass der Anfechtungsgegner die tatsächlichen Umstände kennt, aus denen bei zutreffender rechtlicher Bewertung die Zahlungsunfähigkeit zweifelsfrei folgt. Bewertet der Gläubiger das ihm vollständig bekannte Tatsachenbild falsch, kann er sich nicht mit Erfolg darauf berufen, dass er diesen Schluss nicht gezogen hat. **856**

BGH, Urt. v. 8.1.2015 – IX ZR 203/12, ZIP 2015, 437 Rn. 25 = WM 2015, 381 = ZInsO 2015, 396, dazu *Vosberg*, EWiR 2015, 323;

BGH, Urt. v. 17.12.2015 – IX ZR 61/14, ZIP 2016, 173 Rn. 23 = WM 2016, 172 = NZI 2016, 134, dazu *Laroche*, EWiR 2016, 175;

BGH, Urt. v. 21.1.2016 – IX ZR 32/14, ZIP 2016, 481 Rn. 21 = WM 2016, 422 = NZI 2016, 222.

Auf Kenntnis des Benachteiligungsvorsatzes ist außerdem zu schließen, wenn dem Anfechtungsgegner bei Erhalt der Leistung der gegen den Schuldner gestellte Insolvenzantrag geläufig ist. Aufgrund des bei Vornahme der Rechtshandlung bereits gestellten Eröffnungsantrags ist aus der Warte sowohl des Schuldners als auch des Anfechtungsgegners eine Rettung des Unternehmens und eine erfolgreiche Fortsetzung seiner Geschäftstätigkeit ausgeschlossen. Angesichts der unmittelbar zu erwartenden Eröffnung des Insolvenzverfahrens und der von dem Schuldner dem Anfechtungsgegner noch nach der Antragstellung gewährten bevorzugten Befriedigung ergibt sich zwangsläufig, dass der Schuldner mit Benachteiligungsvorsatz handelte und der Anfechtungsgegner dies erkannte. **857**

BGH, Urt. v. 29.9.2011 – IX ZR 202/10, WM 2012, 85 Rn. 15 = NZI 2012, 137 = ZInsO 2012, 138.

Kenntnis der Anfechtungsgegner die Zahlungsunfähigkeit des Schuldners oder ist er über einen gegen den Schuldner gestellten Eröffnungsantrag unterrichtet, so weiß er auch, dass Leistungen aus dessen Vermögen die Befriedigungsmöglichkeit anderer Gläubiger vereiteln oder zumindest erschweren und ver- **858** zögern. Mithin ist der Anfechtungsgegner zugleich regelmäßig über den Benachteiligungsvorsatz im Bilde. Dies gilt insbesondere, wenn der Schuldner gewerblich tätig ist, weil der Gläubiger in diesem Fall mit weiteren Gläubigern des Schuldners mit ungedeckten Ansprüchen rechnen muss.

> BGH, Urt. v. 25.4.2013 – IX ZR 235/12, ZIP 2013, 1127 = WM 2013, 1044 = NZI 2013, 583 = ZInsO 2013, 1077 Rn. 28, dazu *Rußwurm*, EWiR 2013, 491;
>
> BGH, Urt. v. 10.9.2015 – IX ZR 215/13, ZIP 2015, 2083 Rn. 23 = WM 2015, 1996, dazu *Lau/Schlicht*, EWiR 2015, 775;
>
> BGH, Urt. v. 25.2.2016 – IX ZR 109/15, Rn.11.

859 Eine Zahlungsunfähigkeit ist einem (früheren) Gesellschafter bekannt, wenn sein Anspruch auf Ausgleich seines Kapitalkontos nicht erfüllt werden kann. Gleiches gilt, wenn die Liquidität nur durch Einlagen und Verzicht auf Entnahmen aufrechterhalten werden kann. Für eine Kenntnis spricht der Umstand, dass ein Gesellschafter Schreiben an die Arbeitnehmer entwirft, in denen die Unfähigkeit zur Zahlung des Weihnachtsgeldes eingeräumt und um Lohnverzichte gebeten wird.

> BGH, Urt. v. 8.1.2015 – IX ZR 203/12, ZIP 2015, 437 Rn. 27 ff. = WM 2015, 381 = ZInsO 2015, 396, dazu *Vosberg*, EWiR 2015, 323.

860 Zahlt der Schuldner auf Steuerforderungen nur noch unter Vollstreckungsdruck und weiß der Steuergläubiger, dass die Hausbank des Schuldners eine Ausweitung seines ausgeschöpften Kreditlimits ablehnt und Zahlungen nur noch aus einer geduldeten Kontoüberziehung erfolgen, kann daraus auf eine Zahlungseinstellung des Schuldners und einen Benachteiligungsvorsatz sowie dessen Kenntnis geschlossen werden.

> BGH, Urt. v. 21.1.2016 – IX ZR 32/14, ZIP 2016, 481 Rn. 15 ff = WM 2016, 422 = NZI 2016, 222.

861 Werden dem Schuldner Vermögensdelikte angelastet, kann wegen der darin zum Ausdruck kommenden Unzuverlässigkeit in finanziellen Dingen ebenfalls von dem Entstehen weiterer Verbindlichkeiten ausgegangen werden.

> BGH, Urt. v. 18.3.2010 – IX ZR 57/09, ZIP 2010, 841 Rn. 22 = ZVI 2010, 221 = WM 2010, 851 = NZI 2010, 439 = ZInsO 2010, 807.

862 Die Voraussetzungen des § 133 Abs. 1 Satz 2 InsO können schon dann gegeben sein, wenn die Verbindlichkeiten des Schuldners bei dem späteren Anfechtungsgegner über einen längeren Zeitraum hinweg ständig in beträchtlichem Umfang nicht ausgeglichen werden und jenem den Umständen nach bewusst ist, dass es noch weitere Gläubiger mit ungedeckten Ansprüchen gibt, die infolge der Zahlung zurückstehen müssen.

BGH, Urt. v. 27.5.2003 – IX ZR 169/02, BGHZ 155, 75 = ZIP 2003, 1506 = ZVI 2003, 410 = WM 2003, 1689 = NZI 2003, 533, dazu *Hölzle*, EWiR 2003, 1097;

BGH, Urt. v. 13.5.2004 – IX ZR 190/03, ZIP 2004, 1512 = ZVI 2004, 392 = WM 2004, 1587 = NZI 2005, 692 = ZInsO 2004, 859, dazu *Pape*, EWiR 2005, 85;

BGH, Urt. v. 17.2.2004 – IX ZR 318/01, ZIP 2004, 669, 671 = WM 2004, 669 = NZI 2005, 690 = ZInsO 2004, 385, dazu *O'Sullivan*, EWiR 2004, 669;

BGH, Urt. v. 24.5.2007 – IX ZR 97/06, ZIP 2007, 1511, 1513 Rn. 24 = WM 2007, 1579 = NZI 2007, 512 = ZInsO 2007, 819;

BGH, Beschl. v. 26.1.2012 – IX ZR 33/09, Rn. 6;

vgl. auch BGH, Urt. v. 8.12.2005 – IX ZR 182/01, ZIP 2006, 290 = WM 2006, 190 = NZI 2006, 159 = ZInsO 2006, 94.

Der Anfechtungsgegner erkennt als Energieversorger die Zahlungsunfähigkeit des Schuldners, wenn dieser illegal Energieleistungen anzapft und sich außerstande zeigt, den aufgelaufenen Zahlungsrückstand vereinbarungsgemäß ratenweise zu begleichen. Gleiches gilt, wenn der Schuldner trotz Androhung einer Liefersperre nur Teilzahlungen erbringt. **863**

BGH, Urt. v. 8.10.2009 – IX ZR 173/07, ZIP 2009, 2253 Rn. 12 ff = ZVI 2009, 495 = WM 2009, 2229 = NZI 2009, 847, dazu *Koza*, EWiR 2010, 63.

Die Rückgabe von Lastschriften stellt ein erhebliches Beweisanzeichen für eine Zahlungsunfähigkeit dar. Die Erklärung des Schuldners, seine fälligen Verbindlichkeiten innerhalb von drei Wochen nicht vollständig befriedigen zu können, ist, auch wenn sie mit einer Stundungsbitte versehen war, dahin zu verstehen, dass der Schuldner selbst der Auffassung war, zahlungsunfähig zu sein. **864**

BGH, Urt. v. 1.7.2010 – IX ZR 70/08, WM 2010, 1756 = ZInsO 2010, 1598 Rn. 10;

BGH, Urt. v. 6.12.2012 – IX ZR 3/12, ZIP 2013, 228 = WM 2013, 174 = NJW 2013, 940 = NZI 2013, 140 = ZInsO 2013, 190 Rn. 31,
dazu *Bremen*, EWiR 2013, 175:

BGH, Urt. v. 10.7.2014 – IX ZR 280/13, ZIP 2014, 1887 Rn. 28 = WM 2014, 1868 = NZI 2014, 863,
dazu *Helfeld*, EWiR 2014, 753.

Angesichts der partiellen Strafbewehrtheit seiner Forderungen muss sich insbesondere einem Sozialversicherungsträger die allgemeine Erfahrung aufdrängen, dass seine Ansprüche oft vorrangig vor anderen befriedigt werden, deren Nichterfüllung für den insolvenzreifen Schuldner weniger gefährlich ist. Für ihn ist darum offensichtlich, dass die Verbindlichkeiten des gewerblich tätigen Schuldners gegenüber ihm und anderen Sozialversicherungsträgern nicht annähernd die einzigen waren. **865**

BGH, Urt. v. 27.5.2003 – IX ZR 169/02, BGHZ 155, 75, 86 = ZIP 2003, 1506 = WM 2003, 1690 = NZI 2003, 533, dazu *Hölzle*, EWiR 2003, 1097; zurückhaltend *Güther/Kohly*, ZIP 2007, 1349.

866 Schweigt der Schuldner einer erheblichen Forderung während eines monatelangen Zeitraums auf Rechnungen und Mahnungen und bietet er nach Einschaltung eines Inkassounternehmens und Erwirken eines Mahnbescheids in dem auf seinen Widerspruch eingeleiteten gerichtlichen Verfahren die ratenweise Zahlung der Gesamtforderung einschließlich der Zinsen und der angefallenen Kosten an, hat der Gläubiger die Zahlungseinstellung des Schuldners, dessen Zahlungsverzug nicht mit einer fortdauernden Anspruchsprüfung erklärt werden kann, erkannt. Das monatelange völlige Schweigen der Schuldnerin auf die Rechnungen und vielfältigen Mahnungen des Gläubigers begründete schon für sich genommen ein Indiz für eine Zahlungseinstellung. Die in dem ständigen Schieben der Forderung zum Ausdruck kommende schlechte Zahlungsmoral verdeutlichte, dass die Schuldnerin am Rande des finanzwirtschaftlichen Abgrunds operierte. Ein Gläubiger kennt die Zahlungseinstellung schon dann, wenn er selbst bei Leistungsempfang seine Ansprüche ernsthaft eingefordert hat, diese verhältnismäßig hoch sind und er weiß, dass der Schuldner nicht in der Lage ist, die Forderungen zu erfüllen. Aus Rechtsgründen genügt es, wenn die Zahlungseinstellung auf Grund der Nichtbezahlung nur einer – nicht unwesentlichen – Forderung dem Anfechtungsgegner bekannt wird.

BGH, Urt. v. 25.2.2016 – IX ZR 109/15, ZIP 2016, 627 Rn. 12 ff. = WM 2016, 560 = NZI 2016, 266;

BGH, Urt. v. 16.6.2016 – IX ZR 23/15, ZIP 2016, 1388 Rn. 16 = WM 2016, 1307, dazu *Cranshaw*, EWiR 2016, 637;

BGH, Urt. v. 18.1.2018 – IX ZR 144/16, ZIP 2018, 432 Rn. 9 ff.

867 Das Wissen des Anfechtungsgegners von der Zahlungsunfähigkeit und der Gläubigerbenachteiligung hat der Insolvenzverwalter zu beweisen. Insbesondere der Nachweis der Kenntnis von einer drohenden Zahlungsunfähigkeit wird oft nicht leicht zu führen sein.

BGH, Urt. v. 17.7.2003 – IX ZR 272/02, ZIP 2003, 1799 = WM 2003, 1923 = NZI 2003, 597 = ZInsO 2003, 850, dazu *Gerhardt*, EWiR 2003, 25;

vgl. auch BGH, Urt. v. 27.5.2003 – IX ZR 169/02, BGHZ 155, 75 = ZIP 2003, 1506 = ZVI 2003, 410 = WM 2003, 1689 = NZI 2003, 533 = ZInsO 2003, 764.

868 Allerdings wird es nicht selten genügen, wenn der Insolvenzverwalter die Kenntnis des Anfechtungsgegners von Umständen beweist, die zwingend auf eine Zahlungsunfähigkeit hinweisen. Im Rahmen von § 286 ZPO kann insoweit von einem Beweisanzeichen ausgegangen werden. Von einem Gläubiger, der Umstände kennt, die auf eine mindestens drohende Zahlungsunfähigkeit schließen lassen, ist deshalb zu vermuten, dass er auch die drohende Zahlungsunfähigkeit selbst kennt.

> BGH, Urt. v. 17.7.2003 – IX ZR 272/02, ZIP 2003, 1799 = WM 2003, 1923 = NZI 2003, 597 = ZInsO 2003, 850, dazu *Gerhardt*, EWiR 2003, 25;
>
> BGH, Urt. v. 17.2.2004, IX ZR 318/01, ZIP 2004, 669 = WM 2004, 669 = NZI 2005, 690 = ZInsO 2004, 385, dazu *O'Sullivan*, EWiR 2004, 669;
>
> BGH, Urt. v. 13.5.2004 – IX ZR 190/03, ZIP 2004, 1512 = ZVI 2004, 392 = WM 2004, 1587 = NZI 2005, 692 = ZInsO 2004, 859, dazu *Pape*, EWiR 2005, 85;
>
> BGH, Urt. v. 20.11.2008 – IX ZR 188/07, ZIP 2009, 189, 190 Rn. 10 = WM 2009, 274 = NZI 2009, 168 = ZInsO 2009, 145, dazu *Henkel*, EWiR 2009, 213;
>
> vgl. *Kübler*, in: Festschrift Greiner, S. 159, 165 ff.

Kann der Insolvenzverwalter die Kenntnis des Anfechtungsgegners von einer Zahlungsunfähigkeit beweisen, wird damit folglich nicht selten auch die Kenntnis des Anfechtungsgegners von einer Gläubigerbenachteiligung bewiesen sein. Wer nämlich weiß, dass der Schuldner voraussichtlich nicht in der Lage sein wird, die bestehenden Zahlungspflichten bei Fälligkeit zu erfüllen (§ 18 Abs. 2 InsO), weiß in der Regel auch, dass die Rechtshandlung die Gläubiger benachteiligt. **869**

> BGH, Urt. v. 20.11.2008 – IX ZR 188/07, ZIP 2009, 189, 190 Rn. 10 = WM 2009, 274 = NZI 2009, 168 = ZInsO 2009, 145, dazu *Henkel*, EWiR 2009, 213.

Wenn der Anfechtungsgegner im Zeitpunkt der angefochtenen Rechtshandlung die Zahlungseinstellung des Schuldners und die Gläubigerbenachteiligung kennt, kann der Gegenbeweis nicht allein dadurch geführt werden, dass er darlegt und beweist, von einer Zahlungseinstellung des Schuldners infolge Zahlungsunwilligkeit ausgegangen zu sein. Der Kenntnis der (drohenden) Zahlungsunfähigkeit steht im Rahmen des § 133 Abs. 1 InsO die Kenntnis von Umständen gleich, die zwingend auf die drohende oder bereits eingetretene Zahlungsunfähigkeit schließen lassen. Es genügt daher, dass der Anfechtungsgegner die tatsächlichen Umstände kennt, aus denen bei zutreffender rechtlicher Beurteilung die drohende Zahlungsunfähigkeit zweifelsfrei hervorgeht. Der Anfechtungsgegner kann sich deshalb nicht darauf berufen, er habe von der ihm bekannten Zahlungseinstellung nicht auf Zahlungsunfähigkeit geschlossen. **870**

> BGH, Urt. v. 15.3.2012 – IX ZR 239/09, ZIP 2012, 735 = WM 2012, 711 Rn. 16 f, dazu *Höpker*, EWiR 2012, 353.

Tilgt der Schuldner Sozialversicherungsbeiträge über einen Zeitraum von zehn Monaten jeweils mit einer Verspätung von drei bis vier Wochen, kann das Tatgericht zu der Würdigung gelangen, dass der Sozialversicherungsträ- **871** ger allein aus diesem Umstand nicht auf eine Zahlungseinstellung des Schuldners schließen musste. In Fällen einer verspäteten Zahlung wird angenommen, dass erst eine mehrmonatige Nichtabführung von Sozialversicherungsbeiträgen eine Zahlungseinstellung umfassend glaubhaft macht. Das Beweisanzeichen ist überdies auch deshalb als nicht sehr schwerwiegend zu gewichten, weil die Zahlungsrückstände angesichts von Beträgen zwischen 1.300 € und 2.300 € mit Rücksicht auf den Umfang des Geschäftsbetriebs der Schuldnerin und ihre von dem Kläger mitgeteilten Gesamtverbindlichkeiten von mehr als 390.000 € keine besonders hohen Summen erreichten. Auch wenn die Schuldnerin zur Tilgung der Rückstände eine Frist von drei bis vier Wochen benötigte und damit den für eine Kreditbeschaffung eröffneten Zeitraum überschritten hatte, konnte aus Sicht der Beklagten wegen der geringen Höhe der Verbindlichkeiten eine nur geringfügige Liquiditätslücke vorliegen.

> BGH, Urt. v. 7.11.2013 – IX ZR 49/13, ZIP 2013, 2318 = WM 2013, 2272 = ZInsO 2013, 2434 Rn. 12 ff,
> dazu *Laroche*, EWiR 2014, 51.

872 Eine mehrmonatige – nicht notwendig sechsmonatige – Nichtabführung von Sozialversicherungsbeiträgen ist geeignet, eine Zahlungseinstellung nahezulegen.

> BGH, Urt. v. 7.5.2015 – IX ZR 95/14, ZIP 2015, 1234 Rn. 20 = WM 2015, 1202 = NZI 2015, 717,
> dazu *Pluskat*, EWiR 2015, 649.

873 Wussten die Bevollmächtigten des Anfechtungsgegners, dass die Schuldnerin ein nur durch neue Anleihen zu finanzierendes „Schneeballsystem" betrieb, kannten sie auch die der Schuldnerin mindestens drohende Zahlungsunfähigkeit. Ein derartiges Finanzierungsmodell ist nicht stabil. Reichen die neu eingeworbenen Gelder nicht mehr zur Begleichung der Zins- und Rückzahlungsverpflichtungen, bricht es zusammen. Wer weiß, dass ein Schuldner seine Gläubiger nur befriedigen kann, wenn er Anleger in immer größerer Anzahl findet, weiß auch, dass dies früher oder später nicht mehr möglich sein wird. Im Rahmen eines derartigen Systems geleistete Zahlungen stammen jeweils aus dem Geld der später geworbenen Anleger, deren Befriedigung immer unsicherer wird. Der Schuldner, der so verfährt, handelt regelmäßig im Bewusstsein seiner mindestens drohenden Zahlungsunfähigkeit. Hatte der Anfechtungsgegner Kenntnis hiervon, liegt darin ein sicheres Beweisanzeichen für die Kenntnis vom Gläubigerbenachteiligungsvorsatz des Schuldners.

> BGH, Urt. v. 8.1.2015 – IX ZR 198/13, ZIP 2015, 279 Rn. 14 = WM 2015, 293 = ZInsO 2015, 299,
> dazu *Pohlmann-Weide*, EWiR 2015, 221.

874 Der Anfechtungsgegner kann sich weder auf eine vermeintliche insolvenzfeste Sicherung noch eine vermeintliche Sanierung des Schuldners berufen, wenn ihm tatsächliche Umstände bekannt sind, die das Gegenteil ausweisen.

BGH, Urt. v. 12.2.2015 – IX ZR 180/12, ZIP 2015, 585 Rn. 31
= WM 2015, 591 = ZInsO 2015, 628,
dazu *Cranshaw*, EWiR 2015, 251.

Setzt ein Gläubiger eine unbestrittene Forderung erfolgreich zwangsweise durch, kann daraus nicht geschlossen werden, dass der Gläubiger die Zahlungsunfähigkeit oder Zahlungseinstellung kannte, wenn der Gläubiger außer dieser Forderung und den von ihm zur zwangsweisen Durchsetzung der Forderung unternommenen erfolgreichen Schritte keine weiteren konkreten Tatsachen über die Zahlungsunfähigkeit oder die Vermögenslage seines Schuldners kennt. Zum Schutz vor einer möglichen Zahlungsunwilligkeit, bewussten Zahlungsverzögerungen oder einem erzwungenen Lieferantenkredit muss dem Gläubiger, demgegenüber erstmalig ein Zahlungsrückstand auftritt und der über keine weiteren Erkenntnisse zur Zahlungsfähigkeit des Schuldners verfügt, möglich sein, außerhalb des von der besonderen Insolvenzanfechtung erfassten Zeitraums seine Forderung ohne Anfechtungsrisiko auf gerichtlichem Weg durchzusetzen. Solange der Gläubiger im Rahmen der Forderungsdurchsetzung keine weiteren Umstände erfährt, die zu einem zwingenden Schluss auf eine Zahlungsunfähigkeit führen, genügen Verzug des Schuldners und sein Schweigen auf die gerichtliche Durchsetzung der Forderung nicht. Der Schluss auf die Kenntnis der Zahlungsunfähigkeit setzt deshalb voraus, dass andere Erklärungsmöglichkeiten hinreichend sicher ausscheiden. 875

BGH, Urt. v. 22.6.2017 – IX ZR 111/14, ZIP 2017, 1379
= WM 2017, 1424 = NZI 2017, 718 Rn. 22,
dazu *Breitenströter-Brüggemann/Lau*, EWiR 2017, 637.

Erklärt sich der Schuldner einer geringfügigen Forderung gegenüber dem Gerichtsvollzieher zum Abschluss einer Zahlungsvereinbarung bereit, muss der Gläubiger allein aus diesem Umstand nicht zwingend darauf schließen, dass der Schuldner seine Zahlungen eingestellt hat. 876

BGH, Urt. v. 6.7.2017 – IX ZR 178/16, ZIP 2017, 1677 Rn. 11 ff,
dazu *Heublein*, EWiR 2017, 635.

cc) Darlegungs- und Beweislast

(1) Grundsatz

Darlegungs- und beweisbelastet für die tatsächlichen Umstände, die über die erkannte (drohende) Zahlungsunfähigkeit hinaus für den Gläubigerbenachteiligungsvorsatz erforderlich sind, ist der Insolvenzverwalter. Dies gilt auch, soweit es sich – wie etwa bei dem Umstand, dass keine begründete Aussicht auf Beseitigung der Illiquidität bestand – um negative Tatsachen handelt. Dass keine begründete Aussicht auf Beseitigung der Deckungslücke bestand, ist allerdings regelmäßig anzunehmen, wenn die Ursache für die Entstehung der Zahlungsunfähigkeit nicht beseitigt war oder absehbar beseitigt werden würde. 877

BGH, Urt. v. 25.3.2021 – IX ZR 70/20, ZIP 2021, 967 Rn. 48 = WM 2021, 898 = NZI 2021, 577;

BGH, Urt. v. 3.3.2022 – IX ZR 78/20, BGHZ 233, 70 = BB 2022, 778 Rn. 74 = ZIP 2022, 589 = WM 2022, 527 = NZI 2022, 385;

BGH, Urt. v. 18.4.2024 – IX ZR 239/22, ZIP 2024, 1089 Rn. 24.

878 Unternimmt der Schuldner einen Sanierungsversuch, hat der Insolvenzverwalter darzulegen und zu beweisen, dass dieser Sanierungsversuch untauglich war und der Schuldner dies erkannt oder billigend in Kauf genommen hat. Gleiches gilt, soweit der ursprünglich erfolgversprechende Sanierungsversuch gescheitert oder seine Fortführung nachträglich aussichtslos geworden ist.

BGH, Urt. v. 3.3.2022 – IX ZR 78/20, BGHZ 233, 70 = BB 2022, 778 Rn. 74 = ZIP 2022, 589 = WM 2022, 527 = NZI 2022, 385;

879 Der Insolvenzverwalter genügt seiner Beweislast, wenn aufgrund der objektiven Umstände aus der Sicht ex ante die zukünftige Befriedigung der Gläubiger fernlag oder unrealistisch war. Es muss den objektiven Umständen nach feststehen, dass aus der Sicht ex ante ein Vertrauen auf die zukünftige Befriedigung der Gläubiger nicht gerechtfertigt war. Den objektiven Umständen nach mögliche zukünftige Entwicklungen darf der Schuldner zugrunde legen, wenn hierfür eine begründete Aussicht bestand.

BGH, Urt. v. 3.3.2022 – IX ZR 78/20, BGHZ 233, 70 = BB 2022, 778 Rn. 78 = ZIP 2022, 589 = WM 2022, 527 = NZI 2022, 385.

(2) Vermutung der Kenntnis des Vorsatzes bei Anfechtungsgegner

880 In einer höchstrichterlich entschiedenen Sache hatte das Berufungsgericht keine Feststellungen zum Benachteiligungsvorsatz der Schuldnerin und zum Eingreifen des Vermutungstatbestands des § 133 Abs. 1 Satz 2 InsO a. F. getroffen. Revisionsrechtlich war daher zu unterstellen, dass die Schuldnerin mit Benachteiligungsvorsatz handelte und der beklagte Anfechtungsgegner die gemäß § 133 Abs. 1 Satz 2 InsO a. F. genügende drohende Zahlungsunfähigkeit der Schuldnerin und die Gläubigerbenachteiligung kannte. Zu Unrecht meinte das Berufungsgericht, dass der Anfechtungsgegner die Vermutung der Kenntnis vom Benachteiligungsvorsatz der Schuldnerin widerlegt habe.

BGH, Versäumnisurt. v. 26.10.2023 – IX ZR 112/22, ZIP 2024, 140 = WM 2024, 80 Rn. 10 = NZI 2024, 177.

(a) Entkräftung der Vermutung durch Beweis des Gegenteils

881 Liegen die Voraussetzungen des Vermutungstatbestands (§ 133 Abs. 1 Satz 2 InsO) vor, muss der Anfechtungsgegner den Beweis des Gegenteils führen. Er muss darlegen und beweisen, dass er den Benachteiligungsvorsatz des Schuldners nicht kannte. Der Beweis erfordert die volle Überzeugung des Tatrichters i. S. d. § 286 ZPO von der Unkenntnis. Es reicht weder aus, dass der Richter in seiner Überzeugung unsicher geworden ist, noch, dass eine gewisse Wahrscheinlichkeit für das Gegenteil der Vermutung spricht.

BGH, Versäumnisurt. v. 26.10.2023 – IX ZR 112/22, ZIP 2024, 140 = WM 2024, 80 Rn. 12 = NZI 2024, 177.

Der Schuldner, der in dem nach § 140 InsO maßgeblichen Zeitpunkt zahlungsunfähig ist, handelt im Falle der Gewährung einer kongruenten Deckung nur dann mit Gläubigerbenachteiligungsvorsatz, wenn er zumindest billigend in Kauf nimmt, dass er auch künftig nicht in der Lage sein wird, seine übrigen Gläubiger in der dafür zur Verfügung stehenden Zeit zu befriedigen. Dementsprechend hat der Anfechtungsgegner keine Kenntnis vom Benachteiligungsvorsatz des Schuldners, wenn er von einer Befriedigung der übrigen Gläubiger in der dafür zur Verfügung stehenden Zeit ausgehen durfte. 882

BGH, Versäumnisurt. v. 26.10.2023 – IX ZR 112/22, ZIP 2024, 140 = WM 2024, 80 Rn. 14 = NZI 2024, 177.

Der Beweis des Gegenteils zur Widerlegung der Vermutung des § 133 Abs. 1 Satz 2 InsO ist geführt, wenn der Anfechtungsgegner zur Überzeugung des Tatrichters davon ausgehen durfte, der Schuldner werde in der dafür zur Verfügung stehenden Zeit seine übrigen, bereits vorhandenen und absehbar hinzutretenden Gläubiger vollständig befriedigen. 883

BGH, Versäumnisurt. v. 26.10.2023 – IX ZR 112/22, ZIP 2024. 140 = WM 2024, 80 Rn. 13 = NZI 2024, 177.

Eine bloße Hoffnung auf Befriedigung der übrigen Gläubiger ist nicht geeignet, die Vermutung der Kenntnis vom Benachteiligungsvorsatz zu widerlegen. Es muss sich um eine aus objektiver Sicht gerechtfertigte Annahme handeln, die auf ausreichender Tatsachengrundlage beruht. 884

BGH, Versäumnisurt. v. 26.10.2023 – IX ZR 112/22, ZIP 2024, 140 = WM 2024, 80 Rn. 15 = NZI 2024, 177.

(b) Beispiele für Widerlegung der Vermutung

Die Annahme, die übrigen Gläubiger würden in der dafür zur Verfügung stehenden Zeit befriedigt, kann auf der Grundlage eines Sanierungsversuchs gerechtfertigt sein. Von einem schlüssigen Sanierungskonzept des Schuldners kann der Anfechtungsgegner jedoch nur dann ausgehen, wenn er in den Grundzügen über die wesentlichen Grundlagen des Konzepts informiert ist, insbesondere über die Ursachen der Insolvenz, die Maßnahmen zu deren Beseitigung und eine positive Fortführungsprognose. Erlangt der Anfechtungsgegner Kenntnis von einem schlüssigen Sanierungskonzept, ist er nicht verpflichtet, das Konzept fachmännisch zu prüfen oder prüfen zu lassen; er darf sich auf die Angaben des Schuldners oder dessen Beraters zu den Erfolgsaussichten des Konzepts verlassen, solange er keine Anhaltspunkte dafür hat, dass er getäuscht werden soll oder dass der Plan keine Chancen auf dauerhaften Erfolg hat. 885

BGH, Versäumnisurt. v. 26.10.2023 – IX ZR 112/22, ZIP 2024, 140 = WM 2024, 80 Rn. 17 = NZI 2024, 177.

886 Der Versuch einer Sanierung ist nicht der einzige Tatbestand, der aus der maßgeblichen Sicht ex ante des Schuldners oder des Anfechtungsgegners die berechtigte Erwartung begründen kann, die übrigen Gläubiger würden noch befriedigt. Die Ursache der Krise des Schuldners, die zu seiner Zahlungsunfähigkeit geführt hat, kann vorübergehend sein. Der Einzelunternehmer oder Freiberufler kann erkranken und deshalb vorübergehend nicht in der Lage sein, seine geschäftliche Tätigkeit auszuführen. Die Ursache einer solchen Krise kann auch von außen kommen und in einer vorübergehenden (etwa pandemiebedingten) Schließung des Geschäftsbetriebs durch die zuständige Behörde bestehen. In derartigen Fällen bedarf es keines Sanierungsversuchs, sondern eines Konzepts, welches das wirtschaftliche Überleben für die Dauer der Krise sichert und etwa in einer Stillhaltevereinbarung mit Gläubigern des Schuldners liegen kann.

> BGH, Versäumnisurt. v. 26.10.2023 – IX ZR 112/22, ZIP 2024, 140 = WM 2024, 80 Rn. 18 = NZI 2024, 177.

887 In der entschiedenen Sache sollte es ausweislich der E-Mails Angebote zum Erwerb des Hausgrundstücks (Asset Deal) der Schuldnerin zu einem Preis oberhalb des Kaufpreises für die von der Schuldnerin gekauften Gesellschaftsanteile gegeben haben. Ob auf der Grundlage eines Verkaufs des Hausgrundstücks davon ausgegangen werden konnte, die Schuldnerin würde auch ihre übrigen Gläubiger in der dafür zur Verfügung stehenden Zeit befriedigen, kann offenbleiben, weil der damalige Geschäftsführer der Schuldnerin nicht beabsichtigte, das Hausgrundstück zu veräußern. Er bevorzugte, angeblich aus steuerlichen Gründen, eine Veräußerung der Gesellschaftsanteile (Share Deal). Ob ein solcher Verkauf zustande kommen würde, stand noch nicht fest. Der Geschäftsführer äußerte lediglich die Hoffnung, eine Veräußerung der Gesellschaftsanteile gelinge zeitnah. Auf eine bloße Hoffnung kann die Erwartung einer Befriedigung der übrigen Gläubiger nicht gestützt werden.

> BGH, Versäumnisurt. v. 26.10.2023 – IX ZR 112/22, ZIP 2024, 140 = WM 2024, 80 Rn. 22 = NZI 2024, 177.

16. Gegenindiz des ernsthaften, aber gescheiterten Sanierungsversuchs

a) Erfolgversprechender Sanierungsversuch

888 Rechtshandlungen, die im Rahmen eines ernsthaften Sanierungsversuchs vorgenommen werden, können ohne Benachteiligungsvorsatz erfolgen. Denn in diesem Fall ist die Rechtshandlung von einem anderen, anfechtungsrechtlich unbedenklichen Willen geleitet, und das Bewusstsein der Benachteiligung anderer Gläubiger tritt infolgedessen in den Hintergrund.

> BGH, Urt. v. 21.2.2013 – IX ZR 52/10, ZIP 2013, 894 = WM 2013, 763 = NZI 2013, 500 = ZInsO 2013, 780 Rn. 11, dazu *Hölzle*, EWiR 2013, 555;
>
> BGH, Urt. v. 3.4.2014 – IX ZR 201/13, ZIP 2013, 1032 = WM 2014, 1009 Rn. 40, dazu *Freudenberg*, EWiR 2014, 591;

BGH, Urt. v. 10.7.2014 – IX ZR 192/13, ZIP 2014, 1491
= WM 2014, 1488 Rn. 43.

Das kommt insbesondere dann in Betracht, wenn die Gewährung der inkongruenten Sicherung den Bestandteil eines ernsthaften, letztlich aber fehlgeschlagenen Sanierungsversuchs bildete. Die Hoffnung des Gemeinschuldners, auf diese Weise sein Unternehmen retten zu können, genügt allerdings grundsätzlich nicht, wenn die dazu erforderlichen Bemühungen über die Entwicklung von Plänen und die Erörterung von Hilfsmöglichkeiten nicht hinausgekommen sind. Zu fordern ist vielmehr ein in sich schlüssiges Konzept, das jedenfalls in den Anfängen schon in die Tat umgesetzt ist und infolgedessen auf der Seite des Schuldners zur Zeit der angefochtenen Rechtshandlung ernsthafte und begründete Aussicht auf Erfolg rechtfertigt. Der Benachteiligungsvorsatz fehlt, wenn der Sanierungsversuch für den Schuldner zwar erkennbar mit Risiken belastet ist, die Bemühungen um eine Rettung des Unternehmens jedoch ganz im Vordergrund stehen und aufgrund konkret benennbarer Umstände eine positive Prognose nachvollziehbar und vertretbar erscheint. Andernfalls würde nicht hinreichend berücksichtigt, dass der Gemeinschuldner nur dann mit dem erforderlichen Vorsatz handelt, wenn er nicht nur die Möglichkeit der Benachteiligung seiner Gläubiger erkennt – was regelmäßig schon dann der Fall ist, wenn ihm das mit der Sanierung verbundene Risiko bewusst ist –, sondern diese Folge billigend in Kauf nimmt. 889

BGH, Urt. v. 12.11.1992 – IX ZR 236/91, ZIP 1993, 276
= WM 1993, 270 = NJW-RR 1993, 238, 241,
dazu *Onusseit*, EWiR 1993, 161;

BGH, Urt. v. 8.12.2011 – IX ZR 156/09, ZIP 2012, 137 Rn. 12
= ZVI 2012, 110 = WM 2012, 146 = NZI 2012, 142,
dazu *Freudenberg/Wolf*, EWiR 2012, 147;

BGH, Urt. v. 17.12.2015 – IX ZR 61/14, ZIP 2016, 173 Rn. 33
= WM 2016, 172 = NZI 2016, 134,
dazu *Laroche*, EWiR 2016, 175.

Der Benachteiligungsvorsatz ist also im Falle realistischer Sanierungsbemühungen nicht gegeben. 890

BGH, Urt. v. 21.6.2007 – IX ZR 231/04, ZIP 2007, 1469 Rn. 18
= WM 2007, 1616 = NZI 2007, 517 = ZInsO 2007, 816.

Voraussetzung ist, dass zu der Zeit der angefochtenen Handlung ein schlüssiges, von den tatsächlichen Gegebenheiten ausgehendes Sanierungskonzept vorliegt, das mindestens in den Anfängen schon in die Tat umgesetzt worden ist und beim Schuldner die ernsthafte und begründete Aussicht auf Erfolg rechtfertigt. Daran fehlt es, wenn auch nach Umsetzung des Konzepts ein weiterer Finanzbedarf der Gesellschaft besteht. Ebenso verhält es sich, wenn nicht erkennbar ist, dass die Ausgliederung eines Geschäftsbereichs geeignet war, die wirtschaftliche Lage der Schuldnerin dauerhaft zu stabilisieren, oder ob lediglich eine entsprechende Hoffnung bestand. 891

BGH, Urt. v. 21.2.2013 – IX ZR 52/10, ZIP 2013, 894 = WM 2013, 763 = NZI 2013, 500 = ZInsO 2013, 780 Rn. 11 ff, dazu *Hölzle*, EWiR 2013, 555:

BGH, Urt. v. 12.5.2016 – IX ZR 65/14, BGHZ 210, 249 = ZIP 2016, 1235 Rn. 15, dazu *Jacoby*, EWiR 2016, 403;

BGH, Urt. v. 14.6.2018 – IX ZR 22/15, ZIP 2018, 1794 Rn. 10, dazu *Egerlandt*, EWiR 2018, 755.

892 Ein erfolgversprechendes Sanierungskonzept setzt nicht in jedem Fall eine Einbeziehung sämtlicher Gläubiger voraus. Ein Sanierungsversuch kann auch aussichtsreich sein, wenn sich die beabsichtigten Maßnahmen nur auf einen Teil der Gläubiger erstrecken, etwa wenn umfangreiche Forderungsverzichte der hauptsächlichen Kreditgeber dem Schuldner neue Liquidität verschaffen sollen, mittels der er in die Lage versetzt wird, seine übrigen Gläubiger vollständig zu befriedigen.

BGH, Urt. v. 8.12.2011 – IX ZR 156/09, ZIP 2012, 137 Rn. 13 = ZVI 2012, 110 = WM 2012, 146 = NZI 2012, 142 = ZInsO 2012, 171, dazu *Freudenberg/Wolf*, EWiR 2012, 147;

BGH, Urt. v. 12.5.2016 – IX ZR 65/14, BGHZ 210, 249 = ZIP 2016, 1235 Rn. 16, dazu *Jacoby*, EWiR 2016, 403;

BGH, Urt. v. 14.6.2018 – IX ZR 22/15, ZIP 2018, 1794 Rn. 12, dazu *Egerlandt*, EWiR 2018, 755.

893 Als wesentlicher Inhalt eines Sanierungsmodells muss ein in sich geschlossenes Konzept zur Bereinigung sämtlicher Verbindlichkeiten des Schuldners entwickelt werden. Es muss dargelegt werden, welche weiteren Vereinbarungen – neben dem Vergleich mit einem einzelnen Gläubiger – Bestandteil des Konzepts sein sollten. Ferner muss erkennbar sein, auf welchen tatsächlichen Grundlagen das Sanierungskonzept beruhte und was bei einer unvoreingenommenen, fachkundigen Prüfung der Lage der Schuldnerin die Annahme rechtfertigte, dass bei einer Realisierung des Konzepts die übrigen Gläubiger vollständig befriedigt werden konnten.

BGH, Urt. v. 8.12.2011 – IX ZR 156/09, ZIP 2012, 137 Rn. 14 = ZVI 2012, 110 = WM 2012, 146 = NZI 2012, 142;

BGH, Urt. v. 10.1.2013 – IX ZR 13/12, ZIP 2013, 174 = WM 2013, 180 = NJW 2013, 611 = NZI 2013, 133 = ZInsO 2013, 179 Rn. 17;

BGH, Urt. v. 14.6.2018 – IX ZR 22/15, ZIP 2018, 1794 Rn. 10, dazu *Egerlandt*, EWiR 2018, 755.

894 Sowohl für die Frage der Erkennbarkeit der Ausgangslage als auch für die Prognose der Durchführbarkeit ist auf die Beurteilung eines unvoreingenommenen branchenkundigen Fachmanns abzustellen, dem die vorgeschriebenen oder üblichen Buchhaltungsunterlagen zeitnah vorliegen. Erforderlich ist eine Analyse der Verluste und der Möglichkeit deren künftiger Vermeidung, eine Beurteilung der Erfolgsaussichten und der Rentabilität des Unternehmens in der Zukunft und Maßnahmen zur Vermeidung oder Beseitigung der (drohenden) Insolvenzreife. Bei einem Sanierungsvergleich muss zumindest festgestellt werden die Art und Höhe der Verbindlichkeiten, die Art und Zahl der Gläubiger und die zur Sanierung erforderlichen Quote des Erlasses der Forderungen. Ein Sanierungsplan, der zu einer Verneinung des Gläubigerbenachteiligungsvorsatzes des Insolvenzschuldners führt, muss dagegen nicht bestimmten formalen Erfordernissen entsprechen, wie sie etwa das Institut für Wirtschaftsprüfer e. V. in dem IDW Standard S 6 (IDW S 6) oder das Institut für die Standardisierung von Unternehmenssanierungen (ISU) als Mindestanforderungen an Sanierungskonzepte (MaS) aufgestellt haben.

> BGH, Urt. v. 12.5.2016 – IX ZR 65/14, BGHZ 210, 249 = ZIP 2016, 1235 Rn. 18 f, dazu *Jacoby*, EWiR 2016, 403;
>
> BGH, Urt. v. 14.6.2018 – IX ZR 22/15, ZIP 2018, 1794 Rn. 10, dazu *Egerlandt*, EWiR 2018, 755.

Diese Voraussetzungen sind vielfach nicht gegeben. Weder lag in einer vom BGH entschiedenen Sache das Sanierungskonzept zum Zeitpunkt der angefochtenen Handlungen bereits vor noch war mit seiner Umsetzung begonnen, und im Hinblick auf die erforderliche, aber sehr fragliche Mitwirkung der Gesellschafter bot das Konzept auch keine ausreichende Erfolgsaussicht. **895**

> BGH, Urt. v. 21.1.2016 – IX ZR 84/13, ZIP 2016, 374 Rn. 17 = WM 2016, 366 = NZI 2016, 355.

In einer vom BGH entschiedenen Sache war ein Sanierungskonzept, welches Grundlage der angefochtenen vier Zahlungen war, nicht schon deshalb untauglich und deshalb unbeachtlich, weil es die Ursachen der wirtschaftlichen Lage der Schuldnerin nicht behandelte. Der Anfechtungsgegner hatte vorgetragen, ausweislich der Sanierungsskizze sei die finanzielle Schieflage der Schuldnerin auf einen Umsatzrückgang infolge schwacher Auftragslage, eine der Umsatzentwicklung nicht angepassten Kostenstruktur, eine zu geringe Eigenkapitaldecke und ein daraus folgendes Liquiditätsdefizit zurückzuführen. Er hatte weiter unter Beweisantritt dazu vorgetragen, welche Maßnahmen in der Sanierungsskizze vorgeschlagen und welche der vorgeschlagenen Maßnahmen bereits teilweise umgesetzt worden seien. Es sei ein Stillhalteabkommen über ein Volumen von 2,8 Mio. € erzielt worden. Der vorgesehene Eigenkapitalbetrag sei eingeworben worden. Der Personalbestand sei um 44 Mitarbeiter auf 108 Mitarbeiter reduziert worden. Die Mieten seien reduziert worden. Die Lieferantenforderungen seien durch Verzichte reduziert worden. Schließlich sei eine Anschlussfinanzierung gelungen. Der Geschäftsführer der Schuldnerin sei von der Schlüssigkeit des Konzeptes und dessen Umsatzbarkeit überzeugt gewesen und habe deshalb mit Rundschreiben an die Lieferanten erklärt, die Schuldnerin sei derzeit weder zahlungsunfähig noch überschuldet. **896**

> BGH, Urt. v. 28.3.2019 – IX ZR 7/18, ZIP 2019, 1537 Rn. 9, dazu *Knof*, EWiR 2019, 631.

Den über die Zahlungsunfähigkeit des Schuldners unterrichteten Anfechtungsgegner trifft die Darlegungs- und Beweislast dafür, spätere Zahlungen des **897**

Schuldners auf der Grundlage eines schlüssigen Sanierungskonzepts erlangt zu haben.

> BGH, Urt. v. 3.4.2014 – IX ZR 201/13, ZIP 2013, 1032 = WM 2014, 1009 Rn. 40,
> dazu *Freudenberg*, EWiR 2014, 591;
>
> BGH, Urt. v. 17.12.2015 – IX ZR 61/14, ZIP 2016, 173 Rn. 33 = WM 2016, 172 = NZI 2016, 134,
> dazu *Laroche*, EWiR 2016, 175.

898 Vertraut der Schuldner auf den Erfolg eines Sanierungsversuchs, spricht dies gegen den Benachteiligungsvorsatz, wenn eine begründete Aussicht auf Beseitigung der Deckungslücke bestand. Dies ist insbesondere dann der Fall, wenn aus der Sicht ex ante das Sanierungskonzept objektiv die Ausgangslage des Schuldners zutreffend erfasste und dem Schuldner eine tragfähige Prognose eines unvoreingenommenen branchenkundigen Fachmanns vorlag, die bei objektiver Betrachtung die ernsthafte und begründete Aussicht auf Erfolg rechtfertigte.

> BGH, Urt. v. 3.3.2022 – IX ZR 78/20, BGHZ 233, 70 = BB 2022, 778 Rn. 76 = ZIP 2022, 589 = WM 2022, 527 = NZI 2022, 385.

899 Dies ist jedoch nicht zwingend erforderlich. Sofern das Sanierungskonzept bei objektiver Betrachtung aus der Sicht ex ante nicht (weiter) erfolgversprechend war, kommt es für den Benachteiligungsvorsatz darauf an, ob der Schuldner dies erkannt oder billigend in Kauf genommen hat. Nimmt der Schuldner für seinen Sanierungsversuch die Beratung eines unvoreingenommenen, fachlich ausgewiesenen Experten in Anspruch, darf er auf ihre Richtigkeit grundsätzlich vertrauen, sofern nicht hinreichende Anhaltspunkte bestehen, dass die Beratung den Anforderungen an ein erfolgversprechendes Sanierungskonzept nicht genügte. Dies kann der Fall sein, wenn während des Sanierungsversuchs für den Schuldner nachteilige Entwicklungen eintreten und der Schuldner erkennt oder billigend in Kauf nimmt, dass eine Fortführung des Sanierungsversuchs keine ausreichende Aussicht auf Erfolg mehr hat.

> BGH, Urt. v. 3.3.2022 – IX ZR 78/20, BGHZ 233, 70 = BB 2022, 778 Rn. 77 = ZIP 2022, 589 = WM 2022, 527 = NZI 2022, 385.

900 Ob der Schuldner aufgrund eines Sanierungsversuchs eine begründete Aussicht hatte, seine Gläubiger zukünftig befriedigen zu können, hängt nicht ausnahmslos davon ab, in welchem Umfang die einzelnen Sanierungsschritte bereits in die Tat umgesetzt worden sind.

> BGH, Urt. v. 3.3.2022 – IX ZR 78/20, BGHZ 233, 70 = BB 2022, 778 Rn. 79 = ZIP 2022, 589 = WM 2022, 527 = NZI 2022, 385

901 Demgemäß kann es bei Leistungen eines Sanierungsberaters – insbesondere zur Prüfung, ob ein erfolgversprechender Sanierungsversuch möglich ist oder zur Entwicklung eines erfolgversprechenden Sanierungskonzepts – der Annahme eines Benachteiligungsvorsatzes auch dann entgegenstehen, wenn der Schuldner diese Leistungen bezahlt, bevor mit der Umsetzung des Sanierungskonzepts begonnen worden ist. Ist der Sanierungsversuch nicht von vornherein aussichtslos und handelt der Schuldner mit der Vorstellung, dass eine Vergütung dieser Beratungsleistungen erforderlich ist, um die Erfolgsaussichten einer Sanierung prüfen oder eine Sanierung beginnen zu können, spricht dies auch dann gegen einen Benachteiligungsvorsatz, wenn das Sanierungskonzept noch nicht einmal in den Anfängen in die Tat umgesetzt worden ist.

BGH, Urt. v. 3.3.2022 – IX ZR 78/20, BGHZ 233, 70 = BB 2022, 778 Rn. 80 = ZIP 2022, 589 = WM 2022, 527 = NZI 2022, 385.

Strebt der Schuldner zur Sanierung eine Umwandlung von Verbindlichkeiten in Eigenkapital an, muss er einen erfolgversprechenden Weg verfolgen. Es ist nicht erforderlich, dass dieser Weg rechtlich risikolos ist. Der Schuldner muss jedoch eine Einschätzung der rechtlichen Risiken vornehmen. Auf den Stand der höchstrichterlichen Rechtsprechung darf er hinsichtlich der Erfolgsaussichten des Sanierungsversuchs vertrauen. Fehlt es an einer höchstrichterlichen Rechtsprechung, muss der Schuldner prüfen, ob der vorgesehene Weg nach dem Meinungsstand in veröffentlichter Literatur und Rechtsprechung Aussicht auf Erfolg hat. Beantwortet eine deutlich überwiegende Meinung die Rechtsfrage zum Nachteil des Schuldners, scheidet eine Sanierung auf dieser Grundlage aus, wenn dem Schuldner die Zeit für eine verbindliche Klärung zu seinen Gunsten nicht zur Verfügung steht. 902

BGH, Urt. v. 3.3.2022 – IX ZR 78/20, BGHZ 233, 70 = BB 2022, 778 Rn. 86 = ZIP 2022, 589 = WM 2022, 527 = NZI 2022, 385.

Erfordert das Sanierungskonzept in rechtlicher Hinsicht die Zustimmung der Anleihegläubiger und der Aktionäre, muss es eine taugliche Prognose darüber enthalten, ob sich die Zustimmung im erforderlichen Maß erreichen lässt. Das Sanierungskonzept bietet keine ausreichende Erfolgsaussicht, wenn die erforderliche Mitwirkung der Anleihegläubiger und der Gesellschafter oder Anteilseigner von vornherein sehr fraglich ist oder gar nicht erreicht werden kann. 903

BGH, Urt. v. 3.3.2022 – IX ZR 78/20, BGHZ 233, 70 = BB 2022, 778 Rn. 87 = ZIP 2022, 589 = WM 2022, 527 = NZI 2022, 385.

Ein taugliches Sanierungskonzept darf sich nicht auf die finanzwirtschaftliche Seite beschränken, sondern muss auch die Ursachen einbeziehen, die zur Zahlungsunfähigkeit geführt haben. Erforderlich sind eine Analyse der Verluste und der Möglichkeit deren künftiger Vermeidung, eine Beurteilung der Erfolgsaussichten und der Rentabilität des Unternehmens in der Zukunft und Maßnahmen zur Vermeidung oder Beseitigung der (drohenden) Insolvenzreife. Beschränkt sich ein Sanierungsversuch allein darauf, dass alle oder ein Teil der Gläubiger quotal auf ihre Forderungen verzichten, ist dies nur dann erfolgversprechend, wenn der Insolvenzgrund allein auf einem Finanzierungsproblem beruht, etwa dem Ausfall berechtigter Forderungen des Schuldners, das Schuldnerunternehmen aber grundsätzlich profitabel arbeitet. 904

Das Sanierungskonzept muss berücksichtigen, ob zur Sanierung ein Forderungsverzicht der Gläubiger ausreichend ist oder ob Umstrukturierungsmaßnahmen erforderlich sind.

BGH, Urt. v. 3.3.2022 – IX ZR 78/20, BGHZ 233, 70 = BB 2022, 778 Rn. 83 = ZIP 2022, 589 = WM 2022, 527 = NZI 2022, 385.

905 Der Schuldner muss beobachten und bewerten, wie sich die rechtlichen Risiken während des Sanierungsversuchs entwickeln. Bei bislang ungeklärten oder neuen Rechtsfragen hat der Schuldner für ihn nachteilige veröffentlichte Rechtsprechung einzubeziehen. Dabei muss der Schuldner stets das für den Sanierungsversuch zur Verfügung stehende Zeitfenster beachten. Wesentlicher Gesichtspunkt für das Zeitfenster ist die fortbestehende Zahlungsfähigkeit des Schuldners und die Frage, welche Aussichten bestehen, eine Zahlungsunfähigkeit durch den Sanierungsversuch abzuwenden oder zu beseitigen. Das Zeitfenster endet, wenn der Insolvenzantrag aus der Perspektive ex ante unabwendbar ist.

BGH, Urt. v. 3.3.2022 – IX ZR 78/20, BGHZ 233, 70 = BB 2022, 778 Rn. 88 = ZIP 2022, 589 = WM 2022, 527 = NZI 2022, 385.

906 Den über die Zahlungsunfähigkeit des Schuldners unterrichteten Anfechtungsgegner trifft die Darlegungs- und Beweislast dafür, spätere Zahlungen des Schuldners auf der Grundlage eines schlüssigen Sanierungskonzepts erlangt zu haben.

BGH, Urt. v. 12.5.2016 – IX ZR 65/14, BGHZ 210, 249 = ZIP 2016, 1235 Rn. 23, dazu *Jacoby*, EWiR 2016, 403;

BGH, Urt. v. 14.6.2018 – IX ZR 22/15, ZIP 2018, 1794 = WM 2018, 1703 = NZI 2018, 840 Rn. 13, dazu *Egerlandt*, EWiR 2018, 755.

907 Hinsichtlich der Kenntnis vom Vorliegen der Voraussetzungen eines ernsthaften Sanierungsversuchs sind allerdings nicht dieselben Anforderungen zu stellen, wie sie für den Schuldner oder dessen Geschäftsführer gelten. Der Anfechtungsgegner muss aber konkrete Umstände darlegen und beweisen, die es naheliegend erscheinen lassen, dass ihm im Hinblick auf den Sanierungsversuch der (hier unterstellte) Gläubigerbenachteiligungsvorsatz des Schuldners unbekannt geblieben war. Das Sanierungskonzept des Schuldners muss der Gläubiger allerdings nicht selbst fachmännisch überprüfen oder durch Sachverständige überprüfen lassen. Er darf sich grundsätzlich auf schlüssige Angaben des Schuldners verlassen.

BGH, Urt. v. 12.5.2016 – IX ZR 65/14, BGHZ 210, 249 = ZIP 2016, 1235 Rn. 24, dazu *Jacoby*, EWiR 2016, 403;

BGH, Urt. v. 14.6.2018 – IX ZR 22/15, ZIP 2018, 1794 = WM 2018, 1703 = NZI 2018, 840 Rn. 13, dazu *Egerlandt*, EWiR 2018, 755.

aa) Sanierung durch Forderungsverzicht

908 Beschränkt sich ein Sanierungsversuch allein darauf, dass alle oder ein Teil der Gläubiger quotal auf ihre Forderungen verzichten, ist dies nur dann erfolgversprechend, wenn der Insolvenzgrund allein auf einem Finanzierungsproblem beruht, etwa dem Ausfall berechtigter Forderungen des Schuldners, das Schuldnerunternehmen aber grundsätzlich profitabel arbeitet. Kann in diesem Fall durch einen Schuldenschnitt die Zahlungsfähigkeit dauerhaft wiederhergestellt und die Überschuldung beseitigt werden, werden hierdurch andere, auch künftige Gläubiger nicht benachteiligt. Ging der Anfechtungsgegner in einem solchen Fall bei Entgegennahme einer quotalen Teilleistung des Schuldners davon aus, dass bei der Höhe der an ihn ausgezahlten Quote das Vermögen des Schuldners ausreiche, an alle anderen gegenwärtigen Gläubiger, die einem solchen Vorgehen zugestimmt haben, ebenfalls eine Quote zu zahlen, mit der diese einverstanden waren, dann sollen nach seinen Vorstellungen andere Gläubiger vom Schuldner nicht benachteiligt werden. Dass der Sanierungserfolg mit einem reinen Quotenvergleich der Gläubiger herbeigeführt werden kann, ist jedoch ungewöhnlich. Hiervon kann der Gläubiger eines zahlungsunfähigen Schuldners nur ausgehen, wenn ihm derartige besondere Umstände vom Schuldner oder dessen Beratern schlüssig dargelegt worden sind.

> BGH, Urt. v. 12.5.2016 – IX ZR 65/14, BGHZ 210, 249 = ZIP 2016, 1235 Rn. 31 ff, dazu *Jacoby*, EWiR 2016, 403.

bb) Sanierung durch Restrukturierung

909 Beruht die Insolvenz des Schuldners nicht lediglich auf dem Ausfall berechtigter Forderungen, sondern – wie im Regelfall – vor allem auf dem dauerhaft unwirtschaftlichen Betrieb des Unternehmens, kann ein Gläubiger von einem erfolgversprechenden Sanierungskonzept nur ausgehen, wenn vom Schuldner oder dessen Beratern zumindest die Grundlagen einer weitergehenden Sanierung schlüssig dargelegt wurden.

> BGH, Urt. v. 12.5.2016 – IX ZR 65/14, BGHZ 210, 249 = ZIP 2016, 1235 Rn. 34, dazu *Jacoby*, EWiR 2016, 403.

910 Erforderlich ist die Darlegung der Ursache der drohenden Insolvenz, insbesondere ob diese lediglich aus Problemen auf der Finanzierungsseite resultiert, oder ob der Betrieb unwirtschaftlich, insbesondere nicht kostendeckend oder sonst mit Verlusten arbeitet.

> BGH, Urt. v. 12.5.2016 – IX ZR 65/14, BGHZ 210, 249 = ZIP 2016, 1235 Rn. 35, dazu *Jacoby*, EWiR 2016, 403.

911 Sofern, wie im Regelfall, ein finanzieller Beitrag der Gläubiger verlangt wird, etwa in Form eines quotalen Verzichts auf Forderungen, ist zumindest Art und Höhe der bei Sanierungsbeginn bestehenden ungedeckten Verbindlichkeiten des Schuldners offenzulegen (Finanzlage).

BGH, Urt. v. 12.5.2016 – IX ZR 65/14, BGHZ 210, 249 = ZIP 2016, 1235 Rn. 36, dazu *Jacoby*, EWiR 2016, 403.

912 Schließlich muss dem Gläubiger bekannt sein, in welcher Weise mit dem Sanierungsplan der Insolvenzgrund beseitigt werden soll. Das beinhaltet zum einen die Frage, in welcher Höhe Verbindlichkeiten erledigt werden müssen, etwa durch Verzicht der Gläubiger, und die Festlegung der mindestens zu erzielenden Vergleichsquote (Forderungsanteil, auf den insgesamt verzichtet werden muss). Auf der anderen Seite beinhaltet dies ggf. die Darstellung der Notwendigkeit der Einwerbung frischen Kapitals, der Erfolgsaussicht dieser Maßnahmen und ihre Auswirkungen auf den Insolvenzgrund. Insoweit kommen vor allem neues Eigenkapital oder Darlehen mit qualifiziertem Rangrücktritt in Betracht. Auch insoweit müssen dem Gläubiger nur die Grundzüge, keine Details bekannt gemacht werden.

BGH, Urt. v. 12.5.2016 – IX ZR 65/14, BGHZ 210, 249 = ZIP 2016, 1235 Rn. 38, dazu *Jacoby*, EWiR 2016, 403.

913 Aus den Informationen, die dem Gläubiger danach mitgeteilt worden sind, muss sich aus seiner Sicht das Sanierungskonzept als schlüssig darstellen und erfolgversprechend erscheinen. Sicher muss der Erfolg nicht sein. Es genügen gute Chancen für eine Sanierung.

BGH, Urt. v. 12.5.2016 – IX ZR 65/14, BGHZ 210, 249 = ZIP 2016, 1235 Rn. 39, dazu *Jacoby*, EWiR 2016, 403.

914 Von einem erfolgversprechenden Sanierungsplan kann der Gläubiger nicht ausgehen, wenn er keine Kenntnis von den Ursachen der drohenden Insolvenz sowie den Gründen für eine positive Fortführungsprognose hat. Die Reduzierung allein der Schulden durch (Teil-)Verzicht der Gläubiger ist für eine Sanierung in der Regel nicht erfolgversprechend, wenn dadurch die Ursachen der Krise nicht beseitigt werden und in der Zukunft unverändert fortwirken würden.

BGH, Urt. v. 12.5.2016 – IX ZR 65/14, BGHZ 210, 249 = ZIP 2016, 1235 Rn. 40, dazu *Jacoby*, EWiR 2016, 403.

b) Gescheiterter Sanierungsversuch

915 Ist erst das Planungsstadium erreicht, fehlt es an einem schlüssigen Sanierungskonzept. Ein an die Gläubiger versandtes Rundschreiben diente erst dazu, die Grundlagen für die Entwicklung eines Sanierungskonzepts zu schaffen. Maßgebliche Voraussetzung der Sanierung bildete nach seinem Inhalt die Gewährung eines Zahlungsaufschubs durch die Gläubiger über einen Zeitraum von sechs bis neun Monaten. Das Einverständnis der Gläubiger musste – wie sich aus der ihnen mitgeteilten Stellungnahmefrist von zehn Tagen ergibt – erst noch eingeholt werden. Waren die Gläubiger mehrheitlich mit dem erbetenen Zahlungsaufschub nicht einverstanden, war für eine Sanierung von vornherein kein Raum. Fand sich die Mehrheit der Gläubiger zu einem Zahlungsaufschub bereit, bedurfte es der Klärung, ob eine Sanierung mit Rücksicht auf

die sonstigen, sofort zu befriedigenden Forderungen Erfolg versprach. Bei dieser Sachlage war allenfalls das Planungsstadium einer Sanierung erreicht.

> BGH, Urt. v. 3.4.2014 – IX ZR 201/13, ZIP 2013, 1032 = WM 2014, 1009 Rn. 41, dazu *Freudenberg*, EWiR 2014, 591;
>
> BGH, Urt. v. 17.12.2015 – IX ZR 61/14, ZIP 2016, 173 Rn. 34 = WM 2016, 172 = NZI 2016, 134, dazu *Laroche*, EWiR 2016, 175.

Die bloße Hoffnung des Schuldners auf eine Sanierung räumt seinen Benachteiligungsvorsatz nicht aus, wenn die dazu erforderlichen Bemühungen über die Entwicklung von Plänen und die Erörterung von Hilfsmöglichkeiten nicht hinausgekommen sind. **916**

> BGH, Urt. v. 3.4.2014 – IX ZR 201/13, ZIP 2013, 1032 = WM 2014, 1009 Rn. 40, dazu *Freudenberg*, EWiR 2014, 591;
>
> BGH, Urt. v. 14.6.2018 – IX ZR 22/15, ZIP 2018, 1794 Rn. 10, dazu *Egerlandt*, EWiR 2018, 755.

Allein die Steigerung des Umsatzes und die daraus abgeleitete Erwartung einer finanziellen Konsolidierung des Schuldners genügen jedoch nicht, um Zweifel an den subjektiven Voraussetzungen auf Seiten des Schuldners und des Anfechtungsgegners zu begründen. **917**

> BGH, Urt. v. 15.12.1994 – IX ZR 18/94, ZIP 1995, 297 = WM 1995, 503 = NJW 1995, 1093, dazu *Johlke*, EWiR 1995, 281.

Ein Sanierungsversuch ist gescheitert, wenn eine weitere Fortsetzung der Sanierungsbemühungen aus der Perspektive ex ante innerhalb der noch zur Verfügung stehenden Zeit keinen Erfolg mehr verspricht. Hängt der Erfolg der Sanierung davon ab, dass eine Rechtsfrage in einer bestimmten Weise zu beantworten ist, ist der Sanierungsversuch gescheitert, wenn sich die rechtlichen Risiken verwirklichen. **918**

> BGH, Urt. v. 3.3.2022 – IX ZR 78/20, BGHZ 233, 70 = BB 2022, 778 Rn. 35 = ZIP 2022, 589 = WM 2022, 527 = NZI 2022, 385.

Dies ist der Fall, wenn ein Gericht die rechtlichen Fragen zu Lasten des Schuldners entscheidet und keine ernsthafte Möglichkeit besteht, eine dem Schuldner günstige Beurteilung der Rechtsfragen herbeizuführen. Kann der Schuldner Rechtsmittel einlegen, kommt es nicht nur auf die Erfolgsaussichten des Rechtsmittels, sondern auch darauf an, ob dem Schuldner die für die Durchführung eines Rechtsmittels erforderliche Zeit noch zur Verfügung steht. Unter entsprechenden Voraussetzungen haben sich die rechtlichen Risiken zudem dann verwirklicht, wenn eine dem Schuldner nachteilige, gefestigte Rechtsauffassung des zuständigen Gerichts besteht oder sich eine solche Rechtsauffassung aus in vergleichbaren Fällen getroffenen Entscheidungen ergibt. **919**

BGH, Urt. v. 3.3.2022 – IX ZR 78/20, BGHZ 233, 70 = BB 2022, 778 Rn. 36 = ZIP 2022, 589 = WM 2022, 527 = NZI 2022, 385.

c) Kenntnisse des Anfechtungsgegners

920 Es ist zu berücksichtigen, dass eine bloße Sanierungshoffnung nicht genügt, andererseits ein Erfolg aber auch nicht sicher sein muss. Der Gläubiger ist nicht verpflichtet, die laufende Umsetzung des erfolgversprechenden Sanierungskonzepts zu überprüfen. Erst wenn er Anhaltspunkte dafür hat, dass er getäuscht werden soll oder das Sanierungskonzept keine Aussicht auf Erfolg hat oder gescheitert ist oder der Schuldner die Sanierungsbemühungen eingestellt hat, entfällt der Vertrauensschutz. Solche Anhaltspunkte können gegeben sein, wenn einzelne Umsetzungsmaßnahmen ausbleiben, von denen der Gläubiger nach den Umständen, insbesondere nach dem Inhalt des Sanierungskonzepts, erfahren müsste. Hierzu genügt es nicht, wenn es bei der Umsetzung des Sanierungskonzepts zu Verzögerungen kommt, solange diese Verzögerungen keine Anhaltspunkte dafür enthalten, dass das Sanierungskonzept nunmehr keine Aussicht auf Erfolg mehr hat, gescheitert ist oder der Gläubiger über die (weitere) Sanierung getäuscht werden soll.

BGH, Urt. v. 23.6.2022 – IX ZR 75/21, ZIP 2022, 1608 Rn. 33 = NZI 2022, 777.

17. Gegenindiz des Bargeschäfts

a) Rechtszustand seit dem Jahr 2017

921 § 142 Abs. 1 erstreckt das Bargeschäftsprivileg teilweise auf die Vorsatzanfechtung nach § 133 InsO (Absatz 1). Absatz 1 schränkt die für die Vorsatzanfechtung bestehende Ausnahme vom Bargeschäftsprivileg ein. Die Vorsatzanfechtung nach § 133 Absätze 1 bis 3 InsO-E soll bei Bargeschäften künftig nur noch dann möglich sein, wenn der Schuldner unlauter handelte und der andere Teil dies erkannt hat. Damit geht der Entwurf über die Grundsätze hinaus, die die Rechtsprechung für die Fallgruppe des fortführungsnotwendigen Bargeschäfts entwickelt hat. Nach diesen Grundsätzen spricht ein bargeschäftlicher Leistungsaustausch als entkräftendes Beweisanzeichen gegen das Vorliegen eines Gläubigerbenachteiligungsvorsatzes. Dies soll aber nicht gelten, wenn der Schuldner erkennt, dass die **Fortführung des Unternehmens unrentabel** ist, so dass sie für die Gläubiger auch auf längere Sicht ohne Nutzen ist (BGH, Urt. v. 12.2.2015 – IX ZR 180/12, Rn. 25). Da es im Vorlauf zu den meisten Verfahrenseröffnungen zur Fortschreibung von Verlusten kommen dürfte, ist unklar, ob und unter welchen Voraussetzungen der bargeschäftsähnliche Austausch unter diesen Rechtsprechungsgrundsätzen einer Vorsatzanfechtung überhaupt noch entgegenstehen kann. Nach dem neugefassten Absatz soll es deshalb nicht mehr darauf ankommen, ob die in das Vermögen des Schuldners gelangende Gegenleistung den Gläubigern **konkreten Nutzen** verspricht. Stattdessen sollen bargeschäftliche Austausche grundsätzlich vom Bargeschäftsprivileg erfasst werden. Anfechtbar

sollen sie allein dann sein, wenn der Leistungsempfänger erkennt, dass der Schuldner unlauter handelt.

BT-Drucks. 18/7054, S. 19.

Insoweit dürfte der Gesetzgeber die Rechtsprechung verkannt haben. Danach kommt es nicht darauf an, ob der Schuldner allgemein rentabel arbeitet, sondern ob das konkrete Geschäft die Unkosten deckt. 922

Ein unlauteres Verhalten des Schuldners setzt mehr voraus als die Vornahme der Rechtshandlung in dem Bewusstsein, nicht mehr in der Lage zu sein, alle Gläubiger befriedigen zu können. Unter den Bedingungen eines Bargeschäfts, bei dem der Abfluss des Leistungsgegenstands aus dem schuldnerischen Vermögen zeitnah durch den Zufluss der Gegenleistung kompensiert wird, müssen hinreichend gewichtige Umstände hinzutreten, um in dem vollzogenen Austausch einen besonderen Unwert zu erkennen. Ein solcher ist für die Annahme eines unlauteren Handelns erforderlich. Ein unlauteres Handeln liegt bei gezielter Benachteiligung von Gläubigern vor, wie sie etwa gegeben ist, wenn es dem Schuldner in erster Linie darauf ankommt, durch die Befriedigung des Leistungsempfängers andere Gläubiger zu schädigen. Unlauter handelt ein Schuldner bei Kenntnis der eigenen Zahlungsunfähigkeit auch, wenn er Vermögen für Leistungen verschleudert, die den Gläubigern unter keinem erdenklichen Gesichtspunkt nutzen können, wie dies etwa bei Ausgaben für flüchtige Luxusgüter der Fall ist. Auch das Abstoßen von Betriebsvermögen, das zur Aufrechterhaltung des Betriebs unverzichtbar ist, kann unlauter sein, wenn der Schuldner den vereinnahmten Gegenwert seinen Gläubigern entziehen will. Solange der Schuldner allerdings Geschäfte führt, die allgemein zur Fortführung des Geschäftsbetriebs erforderlich sind, fehlt es demgegenüber auch dann an der Unlauterkeit, wenn der Schuldner erkennt, dass die Betriebsfortführung verlustträchtig ist. Der Leistungsempfänger muss erkannt haben, dass der Schuldner unlauter handelte. Da in § 133 Absatz 3 Satz 1 i. V. m. Absatz 1 Satz 2 allein eine Vermutung für die Kenntnis des Anfechtungsgegners vom Benachteiligungsvorsatz des Schuldners aufgestellt wird, reichen die Anknüpfungstatsachen dieser Vermutung nicht aus, um auf die Kenntnis eines unlauteren schuldnerischen Verhaltens i. S. v. § 142 Absatz 1 schließen zu können. 923

BT-Drucks. 18/7054, S. 19.

Dem Schuldner kann im Falle einer bargeschäftsähnlichen Lage infolge des gleichwertigen Leistungsaustauschs die dadurch eintretende mittelbare Gläubigerbenachteiligung nicht bewusst geworden sein. Darum handelt ein Schuldner in der Regel nicht mit Gläubigerbenachteiligungsvorsatz, wenn er eine kongruente Leistung Zug um Zug gegen eine zur Fortführung seines eigenen Unternehmens unentbehrliche Gegenleistung erbracht hat, die den Gläubigern im allgemeinen nützt. 924

BGH, Urt. v. 10.7.2014 – IX ZR 192/13, ZIP 2014, 1491 = WM 2014, 1488 Rn. 44;

BGH, Urt. v. 10.7.2014 – IX ZR 280/13, ZIP 2014, 1887 Rn. 24 = WM 2014, 1868 = NZI 2014, 863, dazu *Helfeld*, EWiR 2014, 753;

BGH, Urt. v. 17.7.2014 – IX ZR 240/13, ZIP 2014, 1595 Rn. 29, dazu *Sorg*, EWiR 2014, 653;

BGH, Urt. v. 12.2.2015 – IX ZR 180/12, ZIP 2015, 585 Rn. 22 = WM 2015, 591 = ZInsO 2015, 628, dazu *Cranshaw*, EWiR 2015, 251;

BGH, Urt. v. 17.12.2015 – IX ZR 61/14, ZIP 2016, 173 Rn. 36 = WM 2016, 172 = NZI 2016, 134, dazu *Laroche*, EWiR 2016, 175;

BGH, Beschl. v. 26.9.2019 – IX ZR 25/19, Rn. 11.

925 Diese Voraussetzungen können erfüllt sein, wenn der Schuldner tarifvertraglich geschuldete Beiträge an eine Urlaubskasse im Bewusstsein zahlt, dadurch eine zwingende rechtliche Voraussetzung für die Durchsetzung von Erstattungsansprüchen gegen den Beklagten zu schaffen.

BGH, Urt. v. 21.11.2019 – IX ZR 238/18, WM 2020, 100 Rn. 24 = NZI 2020, 170.

926 Der subjektive Tatbestand kann hiernach nicht festgestellt werden, wenn im unmittelbaren Zusammenhang mit der potentiell anfechtbaren Rechtshandlung eine gleichwertige Gegenleistung in das Vermögen des Schuldners gelangt, also ein Leistungsaustausch ähnlich einem Bargeschäft stattfindet.

BGH, Beschl. v. 26.9.2019 – IX ZR 25/19, Rn. 12.

927 Zu den für die Betriebsfortführung unverzichtbaren Gegenleistungen gehört die Tätigkeit der Arbeitnehmer, deren Mitwirkung für jede betriebliche Wertschöpfung unabdingbar ist. Deswegen scheidet regelmäßig ein Benachteiligungsvorsatz aus, wenn durch Gehaltszahlungen im Zuge eines Baraustauschs die für die Betriebsfortführung unerlässliche Gegenleistung der Arbeitstätigkeit entgolten wird.

BGH, Urt. v. 10.7.2014 – IX ZR 192/13, ZIP 2014, 1491 = WM 2014, 1488 Rn. 44.

928 Ebenso verhält es sich bei der Lieferung von Baumaterial als Gegenleistung von dem Schuldner als Bauunternehmer erbrachter Zahlungen.

BGH, Urt. v. 17.7.2014 – IX ZR 240/13, ZIP 2014, 1595 Rn. 30, dazu *Sorg*, EWiR 2014, 653;

BGH, Urt. v. 17.12.2015 – IX ZR 287/14, ZIP 2016, 279 Rn. 34 = WM 2016, 282, dazu *Bork*, EWiR 2016, 113.

929 Bei der Vereinbarung eines erweiterten Eigentumsvorbehalts in der Form, dass der Schuldner Eigentum an den erstandenen Sachen erst erwerben soll, wenn er nicht nur den Kaufpreis bezahlt, sondern auch alle anderen oder zumindest bestimmte andere Ansprüche aus der Geschäftsverbindung tilgt, fehlt es sowohl an einem unmittelbaren Austausch zwischen Leistung und Gegenleistung als auch an der Gleichwertigkeit der erbrachten Gegenleistung.

> BGH, Urt. v. 12.2.2015 – IX ZR 180/12, ZIP 2015, 585 Rn. 24
> = WM 2015, 591 = ZInsO 2015, 628,
> dazu *Cranshaw*, EWiR 2015, 251.

Selbst wenn eine bargeschäftsähnliche Situation vorliegt, wird sich der Schuldner der eintretenden mittelbaren Gläubigerbenachteiligung gleichwohl bewusst werden, wenn er weiß, dass er trotz Belieferung zu marktgerechten Preisen fortlaufend unrentabel arbeitet und deshalb bei der Fortführung seines Geschäfts mittels der durch bargeschäftsähnliche Handlungen erworbenen Gegenstände weitere Verluste anhäuft, die die Befriedigungsaussichten der Gläubiger weiter mindern, ohne dass auf längere Sicht Aussicht auf Ausgleich besteht. Die Fortführung der Produktion war für die Gläubiger ohne Nutzen, weil die Schuldnerin unwirtschaftlich arbeitete und damit die Zahlungsrückstände ständig erhöhte. **930**

> BGH, Urt. v. 12.2.2015 – IX ZR 180/12, ZIP 2015, 585 Rn. 25
> = WM 2015, 591 = ZInsO 2015, 628,
> dazu *Cranshaw*, EWiR 2015, 251;
>
> BGH, Urt. v. 7.5.2017 – IX ZR 285/16, ZIP 2017, 1232
> = WM 2017, 1221 Rn. 7.
> dazu *M. Huber*, EWiR 2017, 433;
>
> BGH, Urt. v. 19.9.2019 – IX ZR 148/18, ZIP 2019, 2225
> Rn. 16 ff,
> dazu *Jakobs*, EWiR 2020, 47.

Der BGH hat für den Fall des Austausches von Leistungen des zahlungsunfähigen Schuldners mit einem Gläubiger in bargeschäftsähnlicher Weise entschieden, allein aus dem Wissen des Gläubigers um die zumindest drohende Zahlungsunfähigkeit des Schuldners könne nicht auf sein Wissen von einer Gläubigerbenachteiligung geschlossen werden. Ein solcher Schluss setze vielmehr das Wissen des Anfechtungsgegners voraus, dass die Belieferung des Schuldners mit gleichwertigen Waren für die übrigen Gläubiger nicht von Nutzen ist, weil der Schuldner fortlaufend unrentabel arbeitet und weitere Verluste erwirtschaftet. **931**

> BGH, Urt. v. 19.9.2019 – IX ZR 148/18, ZIP 2019, 2225 Rn. 19,
> dazu *Jakobs*, EWiR 2020, 47.

Der Anfechtungsgegner trägt die Darlegungs- und Beweislast für den Einwand eines bargeschäftsähnlichen Leistungsaustauschs. Den Gegeneinwand, der Schuldner habe nicht mit einem Nutzen für die Gläubiger rechnen dürfen, weil er fortlaufend unrentabel gearbeitet und deshalb auch mittels der in bargeschäftsähnlicher Weise erlangten Leistungen nur weitere Verluste angehäuft habe, hat der Insolvenzverwalter darzulegen und erforderlichenfalls zu beweisen. **932**

> BGH, Beschl. v. 27.9.2018 – IX ZR 313/16, ZIP 2018, 2124
> = WM 2018, 2097 = NZI 2019, 74 Rn. 4;

BGH, Urt. v. 19.9.2019 – IX ZR 148/18, ZIP 2019, 2225 Rn. 23, dazu *Jakobs*, EWiR 2020, 47;

BGH, Beschl. v. 26.9.2019 – IX ZR 25/19, Rn. 16.

933 Dem Antrag, zwecks Nachweises einer rentablen Arbeitsweise ein Sachverständigengutachten einzuholen, hat das Gericht zu folgen.

BGH, Beschl. v. 26.9.2019 – IX ZR 25/19, Rn. 15.

934 Diese Ausnahme kann außerhalb eines vertraglichen Austauschverhältnisses keine Bedeutung gewinnen. Das Bestreben des Schuldners, durch Zahlungen seinen Arbeitsplatz zu erhalten, lässt schon mangels einer geldwerten Gegenleistung das Bewusstsein einer Gläubigerbenachteiligung nicht entfallen. Durch eine Zahlung erstrebte mittelbare finanzielle Vorteile haben außer Betracht zu bleiben, weil dies mit der im Insolvenzanfechtungsrecht gebotenen Einzelsicht unvereinbar wäre.

BGH, Urt. v. 10.7.2014 – IX ZR 280/13, ZIP 2014, 1887 Rn. 24 = WM 2014, 1868 = NZI 2014, 863, dazu *Helfeld*, EWiR 2014, 753.

b) Rechtszustand bis zum Jahr 2017

935 Schon vor der Modifizierung des § 142 Abs. 1 InsO konnte der Schuldner in Fällen kongruenter Leistungen trotz der Indizwirkung einer erkannten Zahlungsunfähigkeit nicht mit Gläubigerbenachteiligungsvorsatz handeln, wenn er seine Leistung Zug um Zug gegen eine zur Fortführung seines Unternehmens unentbehrliche Gegenleistung erbracht hat, die den Gläubigern im Allgemeinen nutzt.

BGH, Urt. v. 3.3.2022 – IX ZR 78/20, BGHZ 233, 70 = BB 2022, 778 Rn. 46 = ZIP 2022, 589 = WM 2022, 527.

936 Die indizielle Bedeutung der erkannten Zahlungsunfähigkeit kann für das Vorliegen eines Benachteiligungsvorsatzes des Schuldners gemindert sein, wenn der Schuldner, der seine Zahlungsunfähigkeit kennt, eine Leistung in der berechtigten Annahme erbringt, dadurch eine Gegenleistung in sein Vermögen zu veranlassen. Unter diesen Umständen kann ihm eine gleichwohl eingetretene Gläubigerbenachteiligung verborgen geblieben sein, auch wenn die Voraussetzungen eines bargeschäftsähnlichen Leistungsaustauschs nicht gegeben sind. Diese Voraussetzungen können erfüllt sein, wenn der Schuldner tarifvertraglich geschuldete Beiträge an eine Urlaubskasse im Bewusstsein zahlt, dadurch eine zwingende rechtliche Voraussetzung für die Durchsetzung von Erstattungsansprüchen gegen den Beklagten zu schaffen.

BGH, Urt. v. 21.11.2019 – IX ZR 238/18, WM 2020, 100 Rn. 24 = NZI 2020, 170.

937 Entsprechendes kann gelten, wenn ein Schuldner bei Vornahme der Zahlungen von Unterhalt im Hinblick darauf, dass diese Ansprüche sowohl in der Einzel- wie auch in der Gesamtvollstreckung besonders geschützt sind, davon ausging, dass die Unterhaltsansprüche den Ansprüchen seiner übrigen Gläubiger in der Vollstreckung vorgingen und diese deswegen durch die Unterhaltszahlungen nicht benachteiligt würden. Unterhaltsansprüche, die kraft Gesetzes einem Verwandten, dem Ehegatten, einem früheren Ehegatten, dem Lebenspartner, einem früheren Lebenspartner oder nach §§ 1615l, 1615n BGB einem Elternteil zustehen, sind sowohl in der Einzel- wie auch in der Gesamtvollstreckung gegen den Unterhaltsverpflichteten in mehrfacher Hinsicht begünstigt. Angesichts dieser Gesetzeslage kann der Tatrichter davon ausgehen, dass der unterhaltsverpflichtete Schuldner trotz erkannter Zahlungsunfähigkeit ohne Gläubigerbenachteiligungsvorsatz gehandelt hat, wenn dieser Unterhaltszahlungen vornimmt und sich die einzelnen Unterhaltszahlungen in einer Größenordnung bewegen, die es nahelegt, dass es sich wirtschaftlich um Zahlungen aus dem zugunsten der Unterhaltsgläubiger pfändungsgeschützten Teil des Einkommens oder von einem jederzeit schützbaren Konto handelt.

> BGH, Urt. v. 12.9.2019 – IX ZR 264/18, ZIP 2019, 1921 = WM 2019, 1849 Rn. 30 ff = NZI 2019, 851.

Die Bezahlung von Leistungen eines Sanierungsberaters erfüllt nicht die Voraussetzungen der bargeschäftsähnlichen Lage. Allerdings kann ein Bargeschäft gemäß § 142 InsO auch für die Bezahlung von Dienstleistungen eines Rechtsanwalts im Zusammenhang mit einer Sanierungsberatung in Betracht kommen. Die Zahlung eines angemessenen Honorars für ernsthafte und nicht von vornherein als aussichtslos erscheinende Sanierungsbemühungen kann selbst dann, wenn diese gescheitert sind, ein Bargeschäft sein. Ein Bargeschäft i. S. d. § 142 InsO voraus, dass die Leistungen des Sanierungsberaters einen praktischen Nutzen für den Schuldner haben oder dessen Vermögen anreichern. 938

> BGH, Urt. v. 3.3.2022 – IX ZR 78/20, BGHZ 233, 70 = BB 2022, 778 Rn. 47 = ZIP 2022, 589 = WM 2022, 527 = NZI 2022, 385.

Die Leistungen des Sanierungsberaters stellen keine für die Fortführung des Unternehmens unentbehrliche Leistungen im Sinne der Rechtsprechung des BGH zur bargeschäftsähnlichen Lage dar. Dies meint solche Leistungen, die der Schuldner für seine unternehmerische Tätigkeit benötigt. 939

> BGH, Urt. v. 3.3.2022 – IX ZR 78/20, BGHZ 233, 70 = BB 2022, 778 Rn. 48 = ZIP 2022, 589 = WM 2022, 527 = NZI 2022, 385.

Für eine anfechtungsfeste Bezahlung von Leistungen eines Sanierungsberaters ist ein Schutz nach den Grundsätzen der bargeschäftsähnlichen Lage zudem nicht erforderlich. Strebt der Schuldner eine erfolgversprechende Sanierung an und bezahlt er in diesem Rahmen die Leistungen des Sanierungsberaters, spricht bereits dies gegen einen Benachteiligungsvorsatz des Schuldners. Insoweit vermag eine bargeschäftliche Abwicklung der Zahlungen die Zweifel an einem Benachteiligungsvorsatz zu verstärken. 940

BGH, Urt. v. 3.3.2022 – IX ZR 78/20, BGHZ 233, 70 = BB 2022, 778 Rn. 49 = ZIP 2022, 589 = WM 2022, 527 = NZI 2022, 385.

941 In Fällen kongruenter Leistungen ist anerkannt, dass der Schuldner trotz Kenntnis der Zahlungsunfähigkeit ausnahmsweise ohne Gläubigerbenachteiligungsvorsatz handelt, wenn er seine Leistung Zug um Zug gegen eine zur Fortführung seines Unternehmens unentbehrliche Gegenleistung erbracht hat, die den Gläubigern im Allgemeinen nutzt. Der subjektive Tatbestand kann hiernach entfallen, wenn in unmittelbarem Zusammenhang mit der potentiell anfechtbaren Rechtshandlung eine gleichwertige Gegenleistung in das Vermögen des Schuldners gelangt, also ein Leistungsaustausch ähnlich einem Bargeschäft stattfindet. Dem liegt zugrunde, dass dem Schuldner in diesem Fall infolge des gleichwertigen Leistungsaustauschs die dadurch eingetretene mittelbare Gläubigerbenachteiligung nicht bewusst geworden sein kann. Auch im Falle eines bargeschäftsähnlichen Leistungsaustausches wird sich der Schuldner der eintretenden mittelbaren Gläubigerbenachteiligung allerdings dann bewusst werden, wenn er weiß, dass er trotz Belieferung zu marktgerechten Preisen fortlaufend unrentabel arbeitet und deshalb bei der Fortführung seines Geschäfts mittels der durch bargeschäftsähnliche Handlungen erworbenen Gegenstände weitere Verluste anhäuft, die die Befriedigungsaussichten der Gläubiger weiter mindern, ohne dass auf längere Sicht Aussicht auf Ausgleich besteht.

BGH, Urt. v. 7.5.2017 – IX ZR 285/16, ZIP 2017, 1232 = WM 2017, 1221 Rn. 7, dazu *M. Huber*, EWiR 2017, 433.

942 Im Falle eines bargeschäftsähnlichen Leistungsaustausches ist der Schluss von erkannter drohender oder eingetretener Zahlungsunfähigkeit des Schuldners auf eine durch die angefochtene Zahlung bewirkte Gläubigerbenachteiligung nicht gerechtfertigt. Insofern gilt für die Kenntnis des Anfechtungsgegners nichts anderes als für den Benachteiligungsvorsatz des Schuldners. Dem Gläubiger kann in diesem Fall wegen des gleichwertigen Leistungsaustauschs wie dem Schuldner trotz Kenntnis von dessen Zahlungsunfähigkeit die gläubigerbenachteiligende Wirkung der an ihn bewirkten Leistung nicht bewusst geworden sein. Anders liegt es nur, wenn der Anfechtungsgegner weiß, dass der Schuldner unrentabel arbeitet und bei der Fortführung seines Geschäfts weitere Verluste erwirtschaftet. Dann weiß er auch, dass der bargeschäftsähnliche Leistungsaustausch den übrigen Gläubigern des Schuldners nicht nutzt, sondern infolge der an den Anfechtungsgegner fließenden Zahlungen Nachteile bringt. Da der Beklagte von der defizitären Unternehmensfortführung der Schuldnerin nichts wusste, durfte er davon ausgehen, dass die übrigen Gläubiger der Schuldnerin durch den bargeschäftsähnlichen Austausch gleichwertiger Leistungen trotz der von ihm erkannten Zahlungsunfähigkeit der Schuldnerin nicht benachteiligt wurden.

BGH, Urt. v. 7.5.2017 – IX ZR 285/16, ZIP 2017, 1232 = WM 2017, 1221 Rn. 9, 10, dazu *M. Huber*, EWiR 2017, 433.

943 Erbringt ein Schuldner, der seine Zahlungsunfähigkeit kennt, eine Leistung in der berechtigten Annahme, dadurch eine Gegenleistung in sein Vermögen zu veranlassen, indem er die Voraussetzungen eines Erstattungsanspruchs schafft, kann ihm eine gleichwohl eingetretene Gläubigerbenachteiligung nicht bewusst geworden sein, auch wenn die Voraussetzungen eines bargeschäftsähnlichen Leistungsaustauschs nicht gegeben sind. Hindernisse, die bei ausgeglichenem Beitragskonto einer Leistung des Beklagten entgegenstanden, sofern die weiteren Anspruchsvoraussetzungen gegeben waren, waren nicht zu erkennen. Wenn die Schuldnerin zum Zeitpunkt der jeweiligen Beitragszahlung annehmen konnte, dass ein vollständiger Ausgleich des Beitragskontos zu erreichen war und es tatsächlich zu Erstattungsleistungen des Beklagten kommen würde, kann ihr im Umfang der zu erwartenden Vermögenszuflüsse das Bewusstsein einer Gläubigerbenachteiligung gefehlt haben.

BGH, Urt. v. 18.7.2019 – IX ZR 258/18, ZIP 2019, 1624
= WM 2019, 1605 Rn. 23,
dazu *M. Huber*, EWiR 2019, 629.

944 Ein unterhaltspflichtiger Schuldner kann trotz erkannter Zahlungsunfähigkeit bei Vornahme von Unterhaltszahlungen ohne Gläubigerbenachteiligungsvorsatz handeln, wenn sich die einzelnen Unterhaltszahlungen in einer Größenordnung bewegen, die es nahelegt, dass es sich wirtschaftlich um Zahlungen aus dem zu Gunsten der Unterhaltsgläubiger pfändungsgeschützten Teil des Einkommens oder von einem jederzeit schützbaren Konto handelt. In diesem Fall muss der Insolvenzverwalter für die Anfechtung von Unterhaltszahlungen weitere Umstände darlegen und beweisen, die für einen Benachteiligungsvorsatz sprechen, etwa eine erheblich die Pfändungsfreigrenzen übersteigende Höhe der monatlichen Einnahmen des Schuldners.

BGH, Urt. v. 12.9.2019 – IX ZR 264/18, ZIP 2019, 1921
Rn. 30 ff.

18. Gegenindiz kalter Zwangsverwaltung

945 Ein Benachteiligungsvorsatz kann auch fehlen, wenn sich der Schuldner vor der Eröffnung des Insolvenzverfahrens gegenüber dem Grundpfandgläubiger damit einverstanden erklärt, die aus § 1123 Abs. 1 BGB (i. V. m. § 1192 Abs. 1 BGB) folgende Haftung von Miet- oder Pachtforderungen außergerichtlich in einer Art und Weise zu verwirklichen, die in ihren Wirkungen einer Zwangsverwaltung nach den §§ 146 ff ZVG entspricht. Dem liegt zugrunde, dass die Durchführung einer Zwangsverwaltung den Insolvenzbeschlag in den Haftungsverband fallender Miet- oder Pachtforderungen zugunsten des Grundpfandgläubigers überwindet (vgl. §§ 49, 110 InsO). Dementsprechend kann die Vorstellung des Schuldners gerechtfertigt sein, dass die mit dem Grundpfandgläubiger vor der Eröffnung des Insolvenzverfahrens vereinbarte Verwirklichung der Haftung von Miet- oder Pachtforderungen seine übrigen Gläubiger nicht benachteilige. Die Vorstellung bedarf allerdings einer hinreichenden Grundlage. Fehlvorstellungen des Schuldners sind nicht geschützt.

BGH, Urt. v. 19.3.2020 – IX ZR 162/16, ZIP 2020, 1253 Rn. 54 = WM 2020, 1169 = NZI 2020, 687.

19. Gegenindiz des Zeitablaufs

946 Verwirklicht sich die Gläubigerbenachteiligung durch einen Insolvenzantrag erst lange Zeit nach der Rechtshandlung, kann dies den aus den zum Zeitpunkt der Rechtshandlung bestehenden Indizien gezogenen Schluss auf den Gläubigerbenachteiligungsvorsatz in Frage stellen. Dies ist insbesondere der Fall, wenn der Fortbestand des schuldnerischen Unternehmens über einen längeren Zeitraum durchgreifende Zweifel begründet, ob die für den Zeitpunkt der Rechtshandlung angenommene Besorgnis bevorstehender Zahlungskürzungen oder -stockungen des Schuldners und die sich daraus aufdrängende Gefährdung der anderen, nicht in gleicher Weise begünstigten Gläubiger tatsächlich gerechtfertigt war.

BGH, Urt. v. 17.9.2020 – IX ZR 174/19, ZIP 2020, 2135 = WM 2020, 1919 Rn. 36.

947 Die Fortexistenz des Schuldners ist erst dann ein Gegenindiz, wenn dieser weiter geschäftlich tätig ist und regelmäßig Einnahmen und Ausgaben zu verbuchen hat.

BGH, Urt. v. 17.9.2020 – IX ZR 174/19, ZIP 2020, 2135 = WM 2020, 1919 Rn. 37.

20. Anfechtung gegen Leistungsmittler

948 Ein uneigennütziger Treuhänder unterliegt ebenso wie ein Kreditinstitut der Vorsatzanfechtung, wenn er nach Kenntnis der Zahlungsunfähigkeit des Schuldners ihm überlassene Geldbeträge vereinbarungsgemäß an bestimmte, bevorzugt zu behandelnde Gläubiger des Schuldners weiterleitet. Wird ein Anfechtungsgegner als bloße Zahlstelle des Schuldners tätig, ist der Leistungsmittler an dem Zahlungsvorgang nur in dieser technischen Funktion als Zahlstelle beteiligt, ohne einen eigenen Vorteil zu erlangen. Bei der Würdigung, ob eine Vorsatzanfechtung gegen eine Bank als Leistungsmittler durchgreift, ist zu beachten, dass diese selbst in Kenntnis der Zahlungsunfähigkeit des Schuldners oder eines gegen ihn gestellten Eröffnungsantrages in ihrer Funktion als Zahlstelle verpflichtet sein kann, von dem Schuldner veranlasste Zahlungsaufträge durchzuführen. Wird ein Anfechtungsgegner als bloße Zahlstelle des Schuldners tätig und ist er an dem Zahlungsvorgang nur in technischen Funktionen beteiligt, kann auch bei Kenntnis der Zahlungsunfähigkeit oder des Insolvenzantrags nicht auf die Kenntnis des Benachteiligungsvorsatzes geschlossen werden. Setzt die Schuldnerbank als Zahlstelle die Erledigung von Aufträgen des Schuldners lediglich zahlungstechnisch um, kommt eine Vorsatzanfechtung ihr gegenüber auch bei Kenntnis der Zahlungsunfähigkeit des Schuldners regelmäßig nicht in Betracht, weil es sich bei der Abwicklung des Zahlungsverkehrs durch ein Kreditinstitut um alltägliche Geschäftsvorgänge handelt, denen ein Wille des Überweisenden, seine Gläubi-

ger zu benachteiligen, für die Bank regelmäßig nicht zu entnehmen ist. Denn für das Kreditinstitut sind verschiedene Konstellationen denkbar, bei denen trotz Kenntnis von der Zahlungsunfähigkeit des Schuldners dessen Zahlungsaufträge keinen anfechtungsrechtlichen Bedenken begegnen. Vielmehr kann eine Kenntnis vom Gläubigerbenachteiligungsvorsatz des Schuldners nur unter besonderen Voraussetzungen bejaht werden.

> BGH, Urt. v. 26.4.2012 – IX ZR 74/11, BGHZ 193, 129 = ZIP 2012, 1038 = WM 2012, 999 = NZI 2012, 453 Rn. 21, dazu *Jacoby*, EWiR 2013, 391;
>
> BGH, Urt. v. 24.1.2013 – IX ZR 11/12, ZIP 2013, 371 = WM 2013, 361 = NZI 2013, 249 = ZInsO 2013, 384 Rn. 31 ff, dazu *Luttmann*, EWiR 2013, 391;
>
> BGH, Urt. v. 25.4.2013 – IX ZR 235/12, ZIP 2013, 1127 = WM 2013, 1044 = NZI 2013, 583 = ZInsO 2013, 1077 Rn. 30, dazu *Rußwurm*, EWiR 2013, 491.

Ein uneigennütziger Treuhänder unterliegt der Vorsatzanfechtung, wenn er nach Kenntnis der Zahlungsunfähigkeit des Schuldners ihm überlassene Geldbeträge vereinbarungsgemäß an bestimmte, bevorzugt zu befriedigende Gläubiger weiterleitet. Dem liegt zugrunde, dass der zahlungsvermittelnde Verwaltungstreuhänder nicht schutzwürdig ist, wenn er infolge seiner Kenntnis von einem Gläubigerbenachteiligungsvorsatz des Schuldners, der sich nicht nur auf die Begründung der Verwaltungstreuhand beschränkt, sondern eine Masseverkürzung durch die auf diesem Wege ermöglichten mittelbaren Zuwendungen an bestimmte Insolvenzgläubiger einschließt, sich auch die weitere Gläubigerbenachteiligung zurechnen lassen muss. **949**

> BGH, Urt. v. 19.3.2020 – IX ZR 162/16, ZIP 2020, 1253 Rn. 22 = WM 2020, 1169 = NZI 2020, 687.

Schutzwürdig ist hingegen der Anfechtungsgegner, der, typischerweise eine Bank, als bloße Zahlstelle des Schuldners tätig wird, also an dem Zahlungsvorgang nur in dieser technischen Funktion als Zahlstelle beteiligt ist, ohne einen eigenen Vorteil zu erlangen. **950**

> BGH, Urt. v. 19.3.2020 – IX ZR 162/16, ZIP 2020, 1253 Rn. 23 = WM 2020, 1169 = NZI 2020, 687.

Nach diesen Grundsätzen kann eine Bank eine Verrechnungslage durch eine anfechtbare Rechtshandlung erlangt haben, wenn sie im Zuge der Verfolgung von Sonderinteressen bei der Ausführung von Zahlungsanweisungen des Schuldners in eine vom Schuldner angestrebte Gläubigerbenachteiligung eingebunden ist. **951**

> BGH, Urt. v. 19.3.2020 – IX ZR 162/16, ZIP 2020, 1253 Rn. 24 = WM 2020, 1169 = NZI 2020, 687.

Sofern sich die Mitwirkung der Bank nicht in der Erledigung von Zahlungsvorgängen erschöpft, sondern diese über die allgemein geschuldeten Dienstleistungen einer Zahlstelle hinaus im Eigen- oder Fremdinteresse aktiv an einer **952** vorsätzlichen Gläubigerbenachteiligung des Schuldners teilhat, kann aus dieser Mitwirkung in Verbindung mit der Kenntnis der Zahlungsunfähigkeit auf die Kenntnis des Benachteiligungsvorsatzes geschlossen werden. Danach erkennt der Leistungsmittler den Benachteiligungsvorsatz des Schuldners, wenn er bei Ausführung von Zahlungsaufträgen nicht nur über dessen Zahlungsunfähigkeit unterrichtet ist, sondern im Zuge der Verfolgung von Sonderinteressen in eine von dem Schuldner angestrebte Gläubigerbenachteiligung eingebunden ist. In einem solchen Fall ist der Leistungsmittler nicht mehr als reine Zahlstelle anzusehen.

> BGH, Urt. v. 26.4.2012 – IX ZR 74/11, BGHZ 193, 129 = ZIP 2012, 1038 = WM 2012, 999 = NZI 2012, 453 Rn. 21 ff;
>
> BGH, Urt. v. 24.1.2013 – IX ZR 11/12, ZIP 2013, 371 = WM 2013, 361 = NZI 2013, 249 = ZInsO 2013, 384 Rn. 30 f;
>
> BGH, Urt. v. 7.9.2017 – IX ZR 224/16, ZIP 2017, 1863 = WM 2017, 1910 = NZI 2017, 854 Rn. 25, dazu *A. Henkel*, EWiR 2018, 21.

953 Es sind vielfältige Gestaltungen denkbar, in denen eine Gläubigerbenachteiligung auf kollusives Zusammenwirken des Schuldners mit dem Zahlungsmittler zurückgeht. Eine solche Konstellation ist anzunehmen, wenn es sich um ein zwischen dem Schuldner und dem Leistungsmittler mit Rücksicht auf die wirtschaftliche Zwangslage des Schuldners abgestimmtes, einzelne Gläubiger begünstigendes Zahlungsverhalten handelt. In solchen Fällen besteht kein Unterschied, ob es sich bei dem Zahlungsmittler um einen beauftragten Treuhänder oder um eine Bank handelt. Der Benachteiligungsvorsatz wird etwa erkannt, wenn der Leistungsmittler mangels insgesamt hinreichender Deckung in Absprache mit dem Schuldner bestimmte Gläubiger durch eine Zahlung befriedigt. Ebenso ist von einer Kenntnis des Benachteiligungsvorsatzes auszugehen, wenn eine Bank bei unzureichender Deckung, ohne sich mit dem Schuldner ins Benehmen zu setzen, lediglich einzelne Zahlungsaufträge an von ihr bevorzugte Empfänger zum Zwecke einer selektiven Befriedigung ausführt. Gleiches gilt bei Duldung einer Überschreitung der Kreditlinie, die allein deshalb erfolgt, weil die Bank die Befriedigung eines bestimmten Zahlungsempfängers sicherstellen will. In einer solchen Situation schaltet sich die Bank anders als im normalen Giroverkehr mit eigenem Benachteiligungswillen in die konkreten Zahlungsabläufe zwischen dem Schuldner und seinen Gläubigern ein. Die Kenntnis des Benachteiligungsvorsatzes ist schließlich nicht zu bezweifeln, wenn ein Kreditinstitut seine Funktion als Zahlstelle missbraucht, indem es bei insgesamt nicht genügender Deckung eine Überweisung von einem Guthabenkonto des Schuldners auf ein bei dem Kreditinstitut geführtes Darlehenskonto des Schuldners zulässt, die in der Art einer Vorwegbefriedigung zur Verringerung eines dem Schuldner von der Bank gewährten Kredits führt.

> BGH, Urt. v. 26.4.2012 – IX ZR 74/11, BGHZ 193, 129 = ZIP 2012, 1038 = WM 2012, 999 = NZI 2012, 453 Rn. 26 ff.

Der beklagte Versicherungsmakler hatte sich verpflichtet, monatlich die anteiligen Versicherungsbeiträge bei der Schuldnerin einzuziehen, zu sammeln und bei Fälligkeit quartalsweise an den Versicherer weiterzuleiten. Er hat damit bei der Befriedigung des Versicherers eine eigene maßgebliche Rolle übernommen, die die Zahlung der Versicherungsbeiträge sicherstellen sollte. Damit verfolgte der Beklagte, der die Versicherungsverträge vermittelt hatte, offensichtlich auch eigene Interessen, jedenfalls aber Interessen der Schuldnerin. Im anfechtungsrechtlich maßgeblichen Zeitpunkt der Genehmigung wusste er nicht nur vom Insolvenzantrag, sondern auch von der durch die Genehmigung der Abbuchung eintretenden Gläubigerbenachteiligung. Der Beklagte kannte auch die näheren Umstände. Er wusste, dass die Zahlung nicht etwa zur Befriedigung eines insolvenzfest gesicherten Gläubigers verwendet oder ein solches Sicherungsrecht abgelöst werden sollte. Eine Zahlung aus unpfändbarem Vermögen kam schon im Hinblick auf die Rechtsform der Schuldnerin nicht in Betracht; ebenso wenig konnte unter dem Gesichtspunkt der Deckungsanfechtung ein Bargeschäft vorliegen, schon weil es hier am unmittelbaren zeitlichen Zusammenhang zwischen Leistung und Gegenleistung fehlte. Der Beklagte nahm einen erheblichen eigenen Handlungsspielraum in Anspruch. Er war, indem er den Zahlungszeitpunkt bestimmte, selbst in die Gläubigerbenachteiligung eingebunden. Der Umstand, dass der Beklagte, nachdem er von der Einleitung des Insolvenzeröffnungsverfahrens erfahren hatte, noch über einen Monat zuwartete, bis er das Geld an den Versicherer weiterleitete, zeigt abermals seine weitreichende eigenständige Handlungsbefugnis. 954

BGH, Urt. v. 25.4.2013 – IX ZR 235/12, ZIP 2013, 1127 = WM 2013, 1044 = NZI 2013, 583 = ZInsO 2013, 1077 Rn. 31 ff.

Eine Anfechtung gegen den Leistungsmittler ist begründet, wenn er plangemäß von dem Schuldner an ihn überwiesene Zahlungen diesem bar rückerstattet, um einen Zugriff der Gläubiger des Schuldners zu vereiteln. 955

BGH, Urt. v. 10.9.2015 – IX ZR 215/13, ZIP 2015, 2083 Rn. 22 f = WM 2015, 1996,
dazu *Lau/Schlicht*, EWiR 2015, 775.

Der Umstand, dass Zahlungen auch gegenüber Zahlungsempfängern anfechtbar sein können, hindert eine Anfechtung gegenüber dem Zahlungsmittler nicht. Der Zahlungsmittler ist nicht schutzwürdig, wenn er sich infolge seiner Kenntnis vom Gläubigerbenachteiligungsvorsatz des Schuldners die in der Zahlung an Dritte liegende Gläubigerbenachteiligung zurechnen lassen muss. Denn durch die Ausführung eines vorsätzlich gläubigerbenachteiligenden Zahlungsauftrages wird der Leistungsmittler, der hierüber im Bilde ist, nicht entlastet. Er ist unter diesen Umständen ggf. neben dem Zahlungsempfänger gesamtschuldnerisch zur Rückgewähr des weggegebenen Geldes verpflichtet. Allerdings kann er den Empfänger möglicherweise im Wege des Gesamtschuldnerausgleiches auf Regress in Anspruch nehmen. Umgekehrt schließt jedoch der Umstand, dass die Leistung gegenüber dem Zahlungsempfänger 956 nicht anfechtbar ist, eine Anfechtung gegenüber dem Leistungsmittler nicht aus. Dieser hat dann allerdings keinen Regressanspruch.

> BGH, Urt. v. 24.1.2013 – IX ZR 11/12, ZIP 2013, 371 = WM 2013, 361 = NZI 2013, 249 = ZInsO 2013, 384 Rn. 21.

957 Die möglicherweise eine Vorsatzanfechtung gegen den Leistungsmittler tragenden Kenntnisse ihrer Eltern wirken nicht zum Nachteil der beschränkt geschäftsfähigen (§§ 106, 107 BGB) Beklagten, wenn die Eltern in Ausübung ihrer unbegrenzten Vertretungsmacht (§ 1629 Abs. 1 BGB) das Konto der Beklagten ohne Rücksicht auf die für sie damit verbundenen abträglichen Rechtsfolgen zu einer Zahlstelle der Schuldnerin zweckentfremdet haben.

> BGH, Urt. v. 7.9.2017 – IX ZR 224/16, ZIP 2017, 1863 Rn. 26, dazu *A. Henkel*, EWiR 2018, 21.

958 Ein Wissen der Eltern kann in Anwendung des § 133 Abs. 1 InsO einem Minderjährigen dann nicht zugerechnet werden, wenn sich die Eltern in Verfolgung ihrer eigenen wirtschaftlichen Belange aus eigensüchtigen Beweggründen über die Vermögensinteressen des Kindes hinwegsetzen. Die Eltern hatten sämtliche Überweisungen aus eigenem Willensentschluss ohne Rücksicht auf der Minderjährigen aus einer möglichen Insolvenzanfechtung drohenden Rechtsnachteile ausschließlich zur Förderung ihrer persönlichen wirtschaftlichen Interessen als Gesellschafter und Geschäftsführer der Schuldnerin vorgenommen. Da die minderjährige, selbst rechtlich nicht handlungsfähige Beklagte außerstande war, das eigenmächtige, ihre Vermögensinteressen beeinträchtigende Verhalten ihrer gesetzlichen Vertreter zu unterbinden, können ihr deren Kenntnisse nicht angelastet werden.

> BGH, Urt. v. 7.9.2017 – IX ZR 224/16, ZIP 2017, 1863 Rn. 28, dazu *A. Henkel*, EWiR 2018, 21.

959 Die Anfechtung gegen einen Leistungsmittler ist begründet, wenn eine Steuerberaterin mit Hilfe einer Einziehungsermächtigung Gelder vom Konto des Schuldners einzieht und an das Finanzamt weiterleitet, um dieses zur Rücknahme eines Insolvenzantrags zu veranlassen und einer Pfändung des Kontos durch Drittgläubiger zuvorzukommen.

> BGH, Urt. v. 14.9.2017 – IX ZR 3/16, ZIP 2017, 2370 Rn. 22, dazu *Opp*, EWiR 2018, 147.

960 Zu Unrecht hat sich das Berufungsgericht in einer vom BGH entschiedenen Sache bei seiner Würdigung auf die Erfahrungssätze gestützt, die nach der Rechtsprechung des Senats für die subjektiven Voraussetzungen der Vorsatzanfechtung von Zahlungen des Schuldners gegenüber Leistungsmittlern wie der das Konto des Schuldners führenden Bank gelten. In solchen Fällen kann eine Kenntnis der Bank von einem Benachteiligungsvorsatz des Schuldners regelmäßig nicht angenommen werden, sofern sich die Bank auf ihre Funktion als Zahlstelle beschränkt und nicht im Eigen- oder Fremdinteresse aktiv an einer vorsätzlichen Gläubigerbenachteiligung des Schuldners teil-

nimmt. Diese Erfahrungssätze sind hier nicht anwendbar, weil die Beklagte nicht als Leistungsmittlerin bei der Ausführung eines ihr von der Schuldnerin erteilten Zahlungsauftrags tätig geworden ist, sondern als Gläubigerin von einer Ermächtigung der Schuldnerin Gebrauch gemacht hat, eine eigene Forderung von einem Konto der Schuldnerin bei einer anderen Bank einzuziehen.

> BGH, Urt. v. 21.1.2016 – IX ZR 84/13, ZIP 2016, 374 Rn. 10 = WM 2016, 366 = NZI 2016, 355.

21. Verträge mit nahestehenden Personen

§ 133 Abs. 4 (Abs. 2 a. F.) InsO sieht für die Anfechtbarkeit von entgeltlichen, die Insolvenzgläubiger unmittelbar benachteiligenden Verträgen des Schuldners mit nahen Angehörigen eine doppelte Beweiserleichterung zugunsten des Insolvenzverwalters vor: Die Beweislast wird zugunsten des Insolvenzverwalters nicht nur für die Kenntnis von einem Benachteiligungsvorsatz des Schuldners, sondern auch für den Zeitpunkt des Vertragsschlusses (zwei Jahre vor dem Eröffnungsantrag) umgekehrt. Der Kreis der beweisbelasteten Personen wird weit gezogen. § 133 Abs. 2 InsO enthält keinen besonderen Anfechtungstatbestand, sondern eine Erweiterung von Absatz 1. Dieser ist im Verhältnis zu Absatz 2 Auffangtatbestand und greift ein, wenn der Vertrag früher als zwei Jahre vor dem Eröffnungsantrag geschlossen wurde oder im Einzelfall die besonderen Voraussetzungen des Absatzes 2 – entgeltlicher Vertrag, unmittelbare Gläubigerbenachteiligung – nicht festzustellen sind. **961**

> MünchKomm-InsO/*Freudenberg*, § 133 Rn. 5, 39.

Praktische Bedeutung hat die Regelung nicht gewonnen. Der Wortlaut der Norm verlangt (nur) einen entgeltlichen Vertrag, den der Schuldner mit einer ihm nahestehenden Person geschlossen hat. Mehr als diese Tatbestandsmerkmale braucht der Anfechtungskläger nicht vorzutragen. Der Begriff des Vertrages ist in einem weiten Sinn zu verstehen und umschließt alle Rechtshandlungen des Schuldners, die in Übereinstimmung mit dem Willen des Anfechtungsgegners vorgenommen werden. Darunter fallen sowohl alle schuldrechtlichen Absprachen wie Kauf-, Miet- und Pachtvertrag einschließlich Schuldanerkenntnis als auch alle dinglichen Vereinbarungen wie Übereignung, Abtretung oder Sicherheitenbestellung. Gleiches gilt für eine güterrechtliche Vereinbarung. **962**

> BGH, Urt. v. 1.7.2010 – IX ZR 58/09, ZIP 2010, 1702 Rn. 9 = ZVI 2010, 385 = WM 2010, 1659 = NZI 2010, 738.

Erfasst werden nicht nur schuldrechtliche Verträge, sondern auch sachenrechtliche Abkommen wie Grundstücksübertragungen und die Gewährung von Hypothekenbestellungen. Die einvernehmliche Einräumung der Sicherungshypothek durch den Schuldner bildet mithin einen Vertrag. **963**

> BGH, Urt. v. 9.6.2016 – IX ZR 153/15, ZIP 2016, 1491 Rn. 13, dazu *Eckhardt*, EWiR 2016, 469.

964 Wenn sich der Schuldner durch die Abtretung von Ruhegehaltsansprüchen von seiner Unterhaltsschuld gegenüber seiner Ehefrau befreit hat, ist die Voraussetzung der Entgeltlichkeit erfüllt. Denn als entgeltlich sind Verträge anzusehen, wenn der Leistung des Schuldners eine ausgleichende Zuwendung – etwa die Befreiung von einer Verbindlichkeit – der ihm nahestehenden Person gegenübersteht und beide rechtlich voneinander abhängen.

BGH, Urt. v. 20.12.2012 – IX ZR 130/10, ZIP 2013, 374 = WM 2013, 333 = ZInsO 2013, 337 Rn. 26, dazu *Dahl/D. Schmitz*, EWiR 2013, 421.

965 In Abgrenzung zu § 134 liegt Entgeltlichkeit vor, wenn die Leistung des Schuldners nach der Vorstellung der Beteiligten durch eine darauf bezogene Gegenleistung der nahestehenden Peron ausgeglichen wird. Hierfür kommt jeder wirtschaftliche Vorteil – Zahlungserleichterungen, Stundungen – in Betracht. Bei einem zinslosen Kredit äußert sich die Unentgeltlichkeit nicht in der Gewährung des Geldbetrages, sondern lediglich in der Zinsbefreiung.

OLG Rostock, Urt. v. 30.4.2007 – 3 U 162/06, ZIP 2007, 2040 = NZI 2007, 468 = ZInsO 2007, 713, 715.

966 Auch reine Erfüllungsgeschäfte sind zu den entgeltlichen Verträgen zu rechnen. Das Entgelt besteht bei solchen Verträgen in der Befreiung von der Schuld.

BGH, Urt. v. 15.2.1990 – IX ZR 149/88, ZIP 1990, 459 = WM 1990, 649 = NJW 1990, 2687, dazu *Hess*, EWiR 1990, 591;

BGH, Urt. v. 20.12.2012 – IX ZR 130/10, ZIP 2013, 374 = WM 2013, 333 = ZInsO 2013, 337 Rn. 26;

BGH, Urt. v. 10.7.2014 – IX ZR 192/13, ZIP 2014, 1491 = WM 2014, 1488 Rn. 47;

a. A. offenbar BGH, Urt. v. 15.11.2012 – IX ZR 205/11, ZIP 2012, 2449 = WM 2012, 2343 = NZI 2013, 39 = ZInsO 2012, 2335 Rn. 7, wonach die Erfüllung einer bestehenden Verbindlichkeit den Tatbestand nicht erfüllt, dazu *H. F. Müller*, EWiR 2013, 55;

BGH, Urt. v. 9.6.2016 – IX ZR 153/15, ZIP 2016, 1491 Rn. 15, dazu *Eckhardt*, EWiR 2016, 469.

967 Bedeutet die Erfüllung einer Verbindlichkeit eine entgeltliche Leistung, hat das ebenfalls für ihre Sicherung zu gelten. Darum äußert sich in der nachträglichen Bestellung einer Sicherheit für eine eigene, entgeltlich begründete Verbindlichkeit eine entgeltliche Leistung. Folglich ist die Hypothekenbestellung, die der Sicherung des nach dem revisionsrechtlich zu unterstellenden Sachverhalt zuvor erwachsenen Darlehensrückzahlungsanspruchs diente, als entgeltlich einzustufen.

BGH, Urt. v. 9.6.2016 – IX ZR 153/15, ZIP 2016, 1491 Rn. 16, dazu *Eckhardt*, EWiR 2016, 469.

968 Gegenstand der Anfechtung nach dieser Norm ist ein vom Schuldner mit einer nahestehenden Person geschlossener entgeltlicher Vertrag, durch den die Insolvenzgläubiger unmittelbar benachteiligt werden. Die Vereinbarung zwischen der Schuldnerin und der Beklagten, nach der die Beklagte anstelle der Schuldnerin in die Mietverträge eintreten sollte, kommt als solcher Vertrag in Betracht. Der Umstand, dass die Wirksamkeit der Vertragsübernahme von einer Zustimmung oder Genehmigung der jeweils verbleibenden Vertragspartei abhing, steht dem nicht entgegen. Der Begriff des Vertrages in § 133 Abs. 2 InsO ist weit zu verstehen. Er deckt jegliche Rechtshandlungen des Schuldners ab, die in Übereinstimmung mit dem Willen des Anfechtungsgegners vorgenommen werden, und erfasst sogar Rechtshandlungen Dritter, sofern der Schuldner an ihnen einvernehmlich mitgewirkt hat. Umso mehr werden Verträge des Schuldners erfasst, die lediglich der Zustimmung eines Dritten bedürfen.

BGH, Urt. v. 1.3.2018 – IX ZR 207/15, ZIP 2018, 792 Rn. 13, dazu *M. Huber*, EWiR 2018, 371.

969 Eine unmittelbare Benachteiligung liegt vor, wenn die Rechtshandlung des Schuldners die Zugriffsmöglichkeiten der Gläubigergesamtheit unmittelbar verschlechterte, ohne dass weitere Umstände hätten hinzutreten müssen. Sie liegt in der Abtretung künftiger Ruhegehaltsansprüche.

BGH, Urt. v. 20.12.2012 – IX ZR 130/10, ZIP 2013, 374 = WM 2013, 333 = ZInsO 2013, 337 Rn. 27;

BGH, Urt. v. 10.7.2014 – IX ZR 192/13, ZIP 2014, 1491 = WM 2014, 1488 Rn. 48;

BGH, Urt. v. 9.6.2016 – IX ZR 153/15, ZIP 2016, 1491 Rn. 17, dazu *Eckhardt*, EWiR 2016, 469.

970 Durch einen Vertrag, auf Grund dessen der Schuldner für das, was er aufgibt, eine vollwertige Gegenleistung erhält, werden die Gläubiger auch dann nicht unmittelbar benachteiligt, wenn diese Gegenleistung infolge eines weiteren, nicht zu dem Gesamttatbestand des Rechtsgeschäfts gehörenden Umstandes in dem Zeitpunkt nicht mehr in dem Vermögen des Schuldners vorhanden ist, in dem die von ihm zu erbringende Leistung endgültig aus seinem Vermögen herausgeht.

BGH, Urt. v. 10.7.2014 – IX ZR 192/13, ZIP 2014, 1491 = WM 2014, 1488 Rn. 48.

971 Die Schuldnerin hat unmittelbar durch den Vertragsübergang auf die Beklagte vermögenswerte Rechte verloren, insbesondere den Anspruch auf Zahlung von Miete gegen die Untermieterin. Zugleich ist sie von Verpflichtungen wie derjenigen zur Mietzahlung an ihren Vermieter frei geworden. Dies gleicht aber den Verlust des Anspruchs gegen die Untermieterin nicht aus.

BGH, Urt. v. 1.3.2018 – IX ZR 207/15, ZIP 2018, 371 Rn. 16, dazu *M. Huber*, EWiR 2018, 371

972 Die Regelung einer ehelichen Vermögensauseinandersetzung und deren dinglicher Vollzug haben unmittelbar benachteiligend insgesamt die Zugriffsmöglichkeiten der Gläubiger verschlechtert.

BGH, Urt. v. 1.7.2010 – IX ZR 58/09, ZIP 2010, 1702 Rn. 11 = ZVI 2010, 385 = WM 2010, 1659 = NZI 2010, 738.

973 Der Wortlaut des § 133 Abs. 2 InsO verlangt (nur) einen unmittelbar benachteiligenden entgeltlichen Vertrag, den der Schuldner mit einer ihm nahestehenden Person geschlossen hat. Mehr als diese Tatbestandsmerkmale braucht der Anfechtungskläger nicht vorzutragen. Der Gläubigerbenachteiligungsvorsatz des Schuldners sowie die Kenntnis des Anfechtungsgegners werden gesetzlich vermutet.

BGH, Urt. v. 1.7.2010 – IX ZR 58/09, ZIP 2010, 1702 Rn. 11 = ZVI 2010, 385 = WM 2010, 1659 = NZI 2010, 738.

974 Dem Anfechtungsgegner wird jeweils auferlegt, die Ausnahmetatbestände darzulegen und zu beweisen. Er muss insbesondere beweisen, dass ihm zur Zeit des Vertragsschlusses ein Vorsatz des Schuldners, die Gläubiger zu benachteiligen, nicht bekannt war. Dieser Beweis kann auch in der Form geführt werden, dass schon ein Gläubigerbenachteiligungsvorsatz nicht vorlag. Die Gläubigerbenachteiligung muss nicht das Ziel des Schuldnerhandelns sein. Der Tatbestand ist auch erfüllt, wenn bei einem auf einen anderen Zweck gerichteten Handeln der Schuldner die Benachteiligung als mögliche Folge seines Handelns erkennt und billigend in Kauf nimmt.

BGH, Urt. v. 20.10.2005 – IX ZR 276/02, ZIP 2006, 387 = WM 2006, 490 = ZInsO 2006, 151, dazu *Völzmann-Stickelbrock*, EWiR 2006, 387;

BGH, Urt. v. 1.7.2010 – IX ZR 58/09, ZIP 2010, 1702 Rn. 11 = ZVI 2010, 385 = WM 2010, 1659 = NZI 2010, 738.

975 Im Anwendungsbereich des § 133 Abs. 2 InsO kann die Widerlegung der vermuteten subjektiven Tatbestandsmerkmale, bei denen es sich um innere, dem Beweis nur eingeschränkt zugängliche Tatsachen handelt, regelmäßig nur mittelbar aus objektiven Tatsachen hergeleitet werden. Ein Beweis durch Zeugen über bestimmt bezeichnete Tatsachen, aus denen der Richter auf den fehlenden Vorsatz des Schuldners oder die fehlende Kenntnis des Anfechtungsgegners von diesem Vorsatz schließen müsste, ist möglich. Jedoch ist dazu insbesondere die Behauptung ungeeignet, dass ein einziger Zeuge, der die ungünstige Vermögens- oder Liquiditätslage des Schuldners kannte, die Vertragsschließenden hierüber nicht unterrichtete.

BGH, Urt. v. 1.7.2010 – IX ZR 58/09, ZIP 2010, 1702 Rn. 16 = ZVI 2010, 385 = WM 2010, 1659 = NZI 2010, 738.

22. Haftung wegen existenzvernichtenden Eingriffs

976 Sind die tatbestandlichen Voraussetzungen einer Vorsatzanfechtung gegeben, kann außerdem eine Haftung wegen existenzvernichtenden Eingriffs in

Betracht kommen. Die Haftung wegen Existenzvernichtung begründet einen originären Anspruch der GmbH gegen einen Gesellschafter, der seine Grundlage in § 826 BGB findet. Eine Existenzvernichtung liegt vor, wenn der Gesellschafter auf die Zweckbindung des Gesellschaftsvermögens keine angemessene Rücksicht nimmt, indem er der Gesellschaft durch offene oder verdeckte Entnahmen ohne angemessenen Ausgleich Vermögenswerte entzieht, die sie zur Erfüllung ihrer Verbindlichkeiten benötigt, und sie dadurch in die Insolvenz führt oder eine bereits bestehende Insolvenz vertieft. Der existenzvernichtende Eingriff ist sittenwidrig, weil die Gesellschaft dadurch um Vermögen gebracht wird, das sie zur vorrangigen Befriedigung ihrer Gläubiger benötigt. Als Haftende kommen neben dem unmittelbaren Gesellschafter der GmbH auch mittelbare Gesellschafter (Gesellschafter-Gesellschafter) sowie Mittäter, Anstifter und Gehilfen (§ 830 BGB) in Betracht.

> BGH, Urt. v. 21.2.2013 – IX ZR 52/10, ZIP 2013, 894
> = WM 2013, 763 = NZI 2013, 500 = ZInsO 2013, 780 Rn. 20,
> dazu *Hölzle*, EWiR 2013, 555.

Eine besondere auf die Schädigung der Gesellschaft oder ihrer Gläubiger gerichtete Absicht setzt die Haftung wegen Existenzvernichtung nicht voraus. **977** Die Sittenwidrigkeit folgt bereits aus der Erfüllung der objektiven Voraussetzungen. In subjektiver Hinsicht genügt bedingter Vorsatz. Ein solcher liegt vor, wenn dem handelnden Gesellschafter bewusst ist, dass durch von ihm selbst oder mit seiner Zustimmung veranlasste Maßnahmen das Gesellschaftsvermögen sittenwidrig geschädigt wird; dafür reicht es aus, dass ihm die Tatsachen bewusst sind, die den Eingriff sittenwidrig machen, während ein Bewusstsein der Sittenwidrigkeit nicht erforderlich ist. Eine derartige Sittenwidrigkeit betrifft nicht nur die Fälle, in denen die Vermögensentziehung geschieht, um den Zugriff der Gläubiger auf dieses Vermögen zu verhindern, sondern ist auch dann anzunehmen, wenn die faktische dauerhafte Beeinträchtigung der Erfüllung der Verbindlichkeiten die voraussehbare Folge des Eingriffs ist und der Gesellschafter diese Rechtsfolge in Erkenntnis ihres möglichen Eintritts billigend in Kauf genommen hat.

> BGH, Urt. v. 21.2.2013 – IX ZR 52/10, ZIP 2013, 894
> = WM 2013, 763 = NZI 2013, 500 = ZInsO 2013, 780 Rn. 21.

Die Übertragung von Vermögen der Schuldnerin auf eine von ihrem Alleingesellschafter beherrschte Schwestergesellschaft kann zur Haftung des Ge- **978** sellschafters wegen Existenzvernichtung führen, wenn die Übertragung ohne angemessenen Wertausgleich erfolgt. An einem solchen Wertausgleich kann es im Streitfall fehlen, falls die Zuwendungen Darlehen betrafen, die nach den damals geltenden Grundsätzen zum Eigenkapitalersatz rechtlich gebunden waren. Dann konnten sie nicht zurückgefordert werden und waren im Insolvenzverfahren über das Vermögen der Schuldnerin nachrangig.

> BGH, Urt. v. 21.2.2013 – IX ZR 52/10, ZIP 2013, 894
> = WM 2013, 763 = NZI 2013, 500 = ZInsO 2013, 780 Rn. 23.

23. Haftung wegen Firmenbestattung

979 Eine vorsätzliche sittenwidrige Schädigung liegt etwa im Fall einer sogenannten Firmenbestattung vor. Kennzeichnend ist ein Verhalten, bei dem sich die Verantwortlichen dazu entschließen, eine Gesellschaft verdeckt zu liquidieren, um ein Insolvenzverfahren zu vermeiden oder solange wie möglich hinauszuzögern. Regelmäßig werden dazu planmäßig die Vermögensgegenstände der Gesellschaft soweit wie möglich an nahestehende Personen, Nachfolgeunternehmen oder mit den Verantwortlichen verbundene Dritte übertragen, Forderungen der Gläubiger soweit möglich hingegen nicht mehr erfüllt. Für einen Anspruch aus einer vorsätzlich sittenwidrigen Schädigung gemäß § 826 BGB genügt es auch, wenn ein Fall planvollen und zielgerichteten Entzugs von Vermögen bei Insolvenzreife des Schuldners vorliegt, dieser im Vordergrund des Rechtsgeschäfts steht und aufgrund der persönlichen Beziehungen zwischen den Vertragsparteien der Sache nach einem Insichgeschäft nahesteht. Weiter kommt ein Schadensersatzanspruch aus § 826 BGB nach der Rechtsprechung des Senats in Betracht, wenn der Schuldner planmäßig mit eingeweihten Helfern zusammenwirkt, um sein wesentliches Vermögen dem Zugriff von Gläubigern zu entziehen.

> BGH, Urt. v. 22.2.2024 – IX ZR 226/20, ZIP 2024, 897 Rn. 45 = WM 2024, 751 = NZI 2024, 456.

980 Insoweit konnte in einer höchstrichterlich entschiedenen Sache zu berücksichtigen sein, dass die Schuldnerin ihre Zahlungen eingestellt hatte und deshalb gemäß § 17 Abs. 2 Satz 2 InsO von ihrer Insolvenzreife auszugehen war. Sie musste die Zwangsvollstreckung jedenfalls durch den Kläger als Verwalter in dem Insolvenzverfahren über das Vermögen einer G fürchten. Auch das behauptete Missverhältnis zwischen dem Wert der Grundstücke und dem im Grundstückskaufvertrag vereinbarten Kaufpreis würde im Rahmen der vorzunehmenden Gesamtwürdigung für eine sittenwidrige vorsätzliche Schädigung sprechen. In die Gesamtwürdigung wären zudem die Zahlungsvorgänge einzubeziehen, die vorbehaltlich einer stichhaltigen Erklärung auch aus der Sicht der Beklagten verdächtig waren. Das gleiche gilt für den Umstand, dass die Vereinbarung über die Anmietung der Grundstücke von der Beklagten durch die Schuldnerin zu keinem Zeitpunkt durch Vornahme von Mietzahlungen gelebt worden ist.

> BGH, Urt. v. 22.2.2024 – IX ZR 226/20, ZIP 2024, 897 Rn. 46 = WM 2024, 751 = NZI 2024, 456.

VI. § 134 (Anfechtung unentgeltlicher Leistungen)

981 Der Wortlaut des § 134 Abs. 1 InsO erklärt eine unentgeltliche Leistung des Schuldners für anfechtbar. Der Anfechtungszeitraum beträgt vier Jahre vor dem Eröffnungsantrag. § 134 Abs. 2 InsO nimmt gebräuchliche Gelegenheitsgeschenke von der Anfechtung aus, allerdings nur solche von geringem Wert. § 134 Abs. 1 InsO gestattet die Anfechtung nur gegenüber dem Zu-

wendungsempfänger, nicht einem mittelbar Begünstigten; zu mittelbaren Zuwendungen aber Rn. 983.

BGH, Beschl. v. 23.1.2014 – IX ZR 15/13, Rn. 6.

§ 134 Abs. 1 InsO bezweckt weniger die Durchsetzung der par condicio creditorum, sondern beruht in erster Linie auf Billigkeitsgesichtspunkten. Freigebige Zuwendungen sind allgemein weniger schutzwürdig als ein Erwerb, für den der Empfänger ein ausgleichendes **Vermögensopfer** zu erbringen hatte. Der Empfänger soll die Zuwendung daher billigerweise zugunsten der Gläubigergesamtheit rückgängig machen. **982**

BT-Drucks. 12/2443 S. 161;

BGH, Urt. v. 15.4.1964 – VIII ZR 232/62, BGHZ 41, 298 = WM 1964, 590 = NJW 1964, 1960;

BGH, Urt. v. 15.3.1972 – VIII ZR 159/70, BGHZ 58, 240 = WM 1972, 471 = NJW 1972, 870;

BGH, Urt. v. 28.2.1991 – IX ZR 74/90, BGHZ 113, 393, 396 = ZIP 1991, 454 = WM 1991, 1053 = NJW 1991, 1610, dazu *Gerhardt*, EWiR 1991, 331.

1. Mittelbare Zuwendung

Hat der Schuldner eine Zwischenperson eingeschaltet, die für ihn im Wege einer einheitlichen Handlung eine Zuwendung an einen Dritten bewirkt und damit zugleich das den Insolvenzgläubigern haftende Vermögen vermindert hat, so richtet sich die Anfechtung gegen den Dritten als Empfänger, wenn es sich für diesen erkennbar um eine Leistung des Schuldners handelte. Diese Zuordnungskriterien entsprechen denen des Leistungsbegriffs im bereicherungsrechtlichen Sinne. Diese Rechtsprechung gilt zwar vornehmlich in Fällen der Deckungsanfechtung. Eine mittelbare Zuwendung kommt freilich ebenso im Anwendungsbereich des § 134 InsO in Betracht. Darum hat im Falle der Einschaltung eines **uneigennützigen Treuhänders** die Schenkungsanfechtung grundsätzlich nicht diesem gegenüber, sondern gegenüber dem Empfänger der Leistung stattzufinden. Bei einer mittelbaren unentgeltlichen Zuwendung muss der Empfänger jedoch erkennen, von wem die Leistung herrührt. Darum muss er wissen, dass es sich um eine freigiebige Leistung des Schuldners handelt. Dies beurteilt sich nach objektiven Kriterien aus der Sicht des Empfängers. **983**

BGH, Urt. v. 5.7.2018 – IX ZR 126/17, ZIP 2018, 1505 Rn. 14.

Ist ausweislich eines Veräußerungsvertrages der Erwerber verpflichtet, den **Kaufpreis an den Notar** zu entrichten, der die empfangenen Mittel an den Verkäufer auszukehren hat, kann der Verkäufer, zumal keine Anhaltspunkte für ein uneigennütziges Dazwischentreten eines Dritten bestehen, bei objektiver Betrachtung allein davon ausgehen, dass der Notar eine von dem Käufer und nicht einem Dritten erhaltene Zahlung an ihn weiterleitet. **984**

BGH, Urt. v. 5.7.2018 – IX ZR 126/17, ZIP 2018, 1505 Rn. 16.

985 Eine etwaige Kenntnis des beurkundeten Notars ist dem Verkäufer nicht zuzurechnen. Nach ständiger Rechtsprechung des BGH haben Zahlungen auf ein Notaranderkonto in der Regel – wenn die Vertragsparteien nichts anderes vereinbart haben – keine Erfüllungswirkung. Ein Notar, der als Treuhänder Geld zur Aufbewahrung oder Ablieferung übernimmt, wird nicht als Vertreter einer Partei, sondern als unparteiischer Betreuer für sämtliche Beteiligten tätig (§ 14 Abs. 1 Satz 2 BnotO).

BGH, Urt. v. 5.7.2018 – IX ZR 126/17, ZIP 2018, 1505 Rn. 17 f.

2. Rechtshandlung

986 Nach § 134 InsO sind unentgeltliche Leistungen des Schuldners in den letzten vier Jahren vor dem Antrag auf Eröffnung des Insolvenzverfahrens anfechtbar. „Leistung" des Schuldners im Sinne dieser Vorschrift ist jede Schmälerung des Schuldnervermögens, durch welche die Insolvenzgläubiger unmittelbar oder mittelbar benachteiligt werden bzw. jede Rechtshandlung, die dazu dient, einen zugriffsfähigen Gegenstand aus dem Vermögen des Schuldners zu entfernen.

BGH, Urt. v. 19.4.2007 – IX ZR 79/05, ZIP 2007, 1118, 1119 Rn. 14 = WM 2007, 1135 = NZI 2007, 403 = ZInsO 2007, 598, dazu *Runkel/J.M. Schmidt*, EWiR 2007, 601;

BGH, Urt. v. 22.10.2020 – IX ZR 208/18, ZIP 2020, 2348 Rn. 8 = WM 2020, 2231 = NZI 2021, 26.

987 Der Begriff der Leistung in § 134 InsO entspricht nicht demjenigen des bürgerlichen Rechts (§ 812 Abs. 1 BGB). Nach der Begründung des Regierungsentwurfs wurde der in § 32 KO verwandte Begriff der unentgeltlichen Verfügung durch denjenigen der unentgeltlichen Leistung ersetzt, um deutlich zu machen, dass nicht nur rechtsgeschäftliche Verfügungen im engen materiellrechtlichen Sinne erfasst werden sollen. Angefochten und nach § 143 Abs. 1 InsO rückgängig gemacht wird nicht die Rechtshandlung selbst, sondern ihre gläubigerbenachteiligende Wirkung. Eine **Zahlung kann mehrere Leistungen i. S. v. § 134 InsO** umfassen, also mehrere rechtliche Wirkungen nach sich ziehen, die anfechtungsrechtlich gesondert zu betrachten sind. Gegenstand der Anfechtung ist hier die Ablösung der Grundschuld. Mit der Ablösung einer auf einem unentgeltlich übertragenen Grundstück lastenden Grundschuld hat die Schuldnerin nicht nur ihre eigene Darlehensverbindlichkeit gegenüber der Bank getilgt (§ 362 Abs. 1 BGB), sondern zugleich eine Leistung an den Grundstückseigentümer erbracht, dessen Grundstück infolge der Zahlung frei von Rechten Dritter wurde. Ohne Bedeutung ist, dass der Grundstückseigentümer nicht persönlich für die gesicherte Verbindlichkeit haftete.

BGH, Urt. v. 13.2.2014 – IX ZR 133/13, ZIP 2014, 528 = WM 2014, 516 Rn. 10 ff, dazu *Baumert*, EWiR 2014, 325.

Der Begriff der Leistung erfasst nicht lediglich dingliche, eine Rechtsänderung unmittelbar herbeiführende, sondern auch verpflichtende Rechtsgeschäfte. Erforderlich ist lediglich, dass die Rechtshandlung dazu dient, einen zugriffsfähigen Gegenstand aus dem Vermögen des Schuldners zu entfernen; sie braucht dagegen, für sich betrachtet, nicht schon die Ausscheidung zu bewirken. **988**

BGH, Urt. v. 21.1.1993 – IX ZR 275/91, BGHZ 121, 179, 182 = ZIP 1993, 208 = WM 1993, 476 = NJW 1993, 663, dazu *Schott*, EWiR 1993, 427.

Eine Leistung i. S. v. § 134 InsO muss **nicht als Willenserklärung** wirksam sein. Nach dem Gesetzeszweck, einseitige Schmälerungen des haftenden Schuldnervermögens rückgängig zu machen, entscheidet allein, dass ein Gegenstand aus dem Vermögen des Schuldners – ohne Entgelt – übertragen wurde. **989**

BGH, Urt. v. 22.3.2001 – IX ZR 373/98, ZIP 2001, 889, 890 = WM 2001, 1005 = NZI 2001, 360 = ZInsO 2001, 555, dazu *Eckardt*, 2001, 683.

Die Gläubigerbenachteiligung folgt bereits aus der Unentgeltlichkeit, wenn die Verfügung das den Gläubigern haftende Vermögen betrifft. **990**

BGH, Urt. v. 3.3.2005 – IX ZR 441/00, BGHZ 162, 276, 283 = ZIP 2005, 767 = WM 2005, 853 = ZInsO 2005, 431, dazu *Haas/Panier*, EWiR 2005, 737.

3. Unentgeltlichkeit

Im Allgemeinen wird eine unentgeltliche Leistung des Schuldners angenommen, wenn ein Vermögenswert des Verfügenden zugunsten einer anderen Person aufgegeben wird, ohne dass dem Verfügenden ein entsprechender Gegenwert zufließen soll. Entgeltlich soll eine Verfügung sein, wenn der Schuldner für seine Leistung eine ausgleichende Gegenleistung erhalten hat. Die Unentgeltlichkeit einer **Erfüllungshandlung** richtet sich nach dem Grundgeschäft und mithin nach den vertraglichen Rechten und Pflichten. **991**

BGH, Urt. v. 29.11.1990 – IX ZR 29/90, BGHZ 113, 98, 101 f = ZIP 1991, 35 = WM 1991, 112 = NJW 1991, 560, dazu *Ackmann*, EWiR 1991, 75;

BGH, Urt. v. 5.6.2008 – IX ZR 17/07, ZIP 2008, 1291 = WM 2008, 1412 = NJW 2008, 2506 = NZI 2008, 488 Rn. 11;

BGH, Urt. v. 26.4.2012 – IX ZR 146/11, ZIP 2012, 1183 = WM 2012, 1131 = NZI 2012, 562 = ZInsO 2012, 1127 Rn. 39, dazu *Mohr*, EWiR 2012, 565;

BGH, Urt. v. 11.11.2021 – IX ZR 237/20, ZIP 2021, 2655 Rn. 53 = NZI 2022, 71 (Mietvertrag);

BGH, Urt. v. 10.03.2022 – IX ZR 4/21, ZIP 2022, 650 Rn. 10 = WM 2022, 630 = NZI 2022, 522.

992 Soweit der durch die Schenkung eines Grundstücks Begünstigte mit der Ablösung der Grundschuld seinen **vertraglichen Anspruch auf Übertragung lastenfreien Eigentums** gegen den insolventen Schenker verlor, ist die **Unentgeltlichkeit** der Zuwendung nicht ausgeschlossen. Auch eine Leistung, die aufgrund eines **Schenkungsvertrages** – also **mit Rechtsgrund** – erfolgt, ist **unentgeltlich**. Die Unentgeltlichkeit einer Leistung, die kein Verpflichtungsgeschäft darstellt, ist nach dem Grundgeschäft zu beurteilen. Die Leistung der Schuldnerin beruhte auf dem Übergabevertrag, der keine Gegenleistung des Beklagten vorsah.

> BGH, Urt. v. 13.2.2014 – IX ZR 133/13, ZIP 2014, 528 = WM 2014, 516 Rn. 15.

993 Über die Unentgeltlichkeit entscheidet grundsätzlich das objektive Verhältnis der ausgetauschten Werte. Maßgebend ist also **in erster Linie der objektive Sachverhalt**.

> BGH, Urt. v. 3.3.2005 – IX ZR 441/00, BGHZ 162, 276, 281 = ZIP 2005, 767 = WM 2005, 853 = ZInsO 2005, 431, dazu *Haas/Panier*, EWiR 2005, 737;
>
> BGH, Urt. v. 9.11.2007 – IX ZR 285/03, ZIP 2006, 2391, 2392 Rn. 15 = WM 2007, 708 = NZI 2007, 101 = ZInsO 2006, 1322;
>
> BGH, Urt. v. 5.6.2008 – IX ZR 163/07, ZIP 2008, 1385, 1386 Rn. 12 = WM 2008, 1459 = NZI 2008, 556 = ZInsO 2008, 811, dazu *Eisner*, EWiR 2009, 29;
>
> BGH, Urt. v. 5.6.2008 – IX ZR 17/07, ZIP 2008, 1291 = WM 2008, 1412 = NJW 2008, 2506 = NZI 2008, 488 Rn. 11;
>
> BGH, Urt. v. 26.4.2012 – IX ZR 146/11, ZIP 2012, 1183 = WM 2012, 1131 = NZI 2012, 562 = ZInsO 2012, 1127 Rn. 39.

994 Leistung und Gegenleistung müssen allerdings **nicht durch ein vertragliches Synallagma** verknüpft sein; es genügt für die Entgeltlichkeit auch eine freiwillige Leistung. Denn nur der Empfänger einer freigiebigen Zuwendung ist nach § 134 InsO weniger schutzwürdig als derjenige, der für die erhaltene Leistung oder durch diese eine eigene Rechtsposition aufgibt.

> BGH, Urt. v. 26.4.2012 – IX ZR 146/11, ZIP 2012, 1183 = WM 2012, 1131 = NZI 2012, 562 = ZInsO 2012, 1127 Rn. 39;
>
> BGH, Urt. v. 10.9.2015 – IX ZR 215/13, ZIP 2015, 2083 Rn. 7 = WM 2015, 1996, dazu *Lau/Schlicht*, EWiR 2015, 775.

995 Der anfechtungsrechtliche Begriff der unentgeltlichen Verfügung ist wegen der Belange des Gläubigerschutzes weit auszulegen und setzt eine Einigung über die Unentgeltlichkeit als solche nicht voraus. Maßgebend ist in erster Linie der objektive Sachverhalt. Erst wenn feststeht, dass der Zuwendungsempfänger einen Gegenwert für seine Zuwendung erbracht hat, ist zu prüfen, ob gleichwohl der Hauptzweck des Geschäftes Freigiebigkeit gewesen ist.

BGH, Urt. v. 3.3.2005 – IX ZR 441/00, BGHZ 162, 276, 280 f
= ZIP 2005, 767 = WM 2005, 853 = ZInsO 2005, 431,
dazu *Haas/Panier*, EWiR 2005, 737.

Ferner ist anerkannt, dass der Begriff der unentgeltlichen Leistung insbesondere eine Einigung über die Unentgeltlichkeit nicht verlangt. 996

BGH, Urt. v. 29.11.1990 – IX ZR 29/90, BGHZ 113, 98, 102 f
= ZIP 1991, 35 = WM 1991, 112 = NJW 1991, 560,
dazu *Ackmann*, EWiR 1991, 75.

Irrigen Vorstellungen des Leistungsempfängers über eine Entgeltlichkeit der Leistung kommt auch dann keine ausschlaggebende Bedeutung zu, wenn der Irrtum durch den Schuldner bewusst hervorgerufen wurde. Mithin kann auch der von den tatsächlichen Gegebenheiten und dem wirklichen Willen des Schuldners abweichende objektive Erklärungswert seines Handelns für die Frage der Entgeltlichkeit einer von ihm erbrachten Leistung im Anfechtungsrecht allein nicht ausschlaggebend sein. Auch einseitige Vorstellungen des Schuldners über mögliche wirtschaftliche Vorteile, die nicht in rechtlicher Abhängigkeit zu der von ihm erbrachten Leistung stehen, vermögen eine Entgeltlichkeit nicht zu begründen. 997

BGH, Urt. v. 29.11.1990 – IX ZR 29/90, BGHZ 113, 98, 102 f
= ZIP 1991, 35 = WM 1991, 112 = NJW 1991, 560,
dazu *Ackmann*, EWiR 1991, 75;

BGH, Urt. v. 29.11.1990 – IX ZR 55/90, WM 1991, 331;

BGH, Urt. v. 3.3.2005 – IX ZR 441/00, BGHZ 162, 276, 280 f
= ZIP 2005, 767 = WM 2005, 853 = ZInsO 2005, 431,
dazu *Haas/Panier*, EWiR 2005, 737;

BGH, Urt. v. 1.6.2006 – IX ZR 159/04, ZIP 2006, 1362
= WM 2006, 1396 = NZI 2006, 524 = ZInsO 2006, 771,
dazu *Stiller*, EWiR 2006, 663 – zum Stehenlassen einer nicht mehr durchsetzbaren Forderung.

Die subjektiven Vorstellungen und Absichten des Schuldners und seines Vertragspartners, auch soweit sie erklärt worden sind, sind grundsätzlich nicht entscheidend, sondern die objektive Wertrelation zwischen der Leistung des Schuldners und der Gegenleistung des Empfängers ist es. Anderenfalls könnten die Beteiligten allein dadurch, dass sie einer für den Schuldner objektiv wertlosen Leistung in ihren rechtsgeschäftlichen Erklärungen einen (subjektiven) Wert beimessen, den Zweck des Gesetzes vereiteln. Erst, aber immerhin dann, wenn feststeht, dass, objektiv betrachtet, der Schuldner überhaupt einen Gegenwert für seine Zuwendung erhalten hat oder ihm eine werthaltige Gegenleistung versprochen worden ist, besteht Anlass zu prüfen, ob die Beteiligten die erbrachte oder versprochene Gegenleistung als Entgelt angesehen haben oder mit der Verfügung des Schuldners Freigebigkeit, wenn auch nur zum Teil, bezweckt war. 998

BGH, Urt. v. 28.2.1991 – IX ZR 74/90, BGHZ 113, 393
= ZIP 1991, 454 = WM 1991, 1053 = NJW 1991, 1610,
dazu *Gerhardt*, EWiR 1991, 331.

999 Allerdings ist der **BGH teilweise von einer objektiven Betrachtung abgerückt**. Entrichtet der Schuldner den vereinbarten Kaufpreis von 175.000 € für einen nach den tatsächlichen Gegebenheiten objektiv wertlosen GmbH-Geschäftsanteil über einen Nennwert von 5.400 € an den Verkäufer, scheidet eine Anfechtung wegen einer unentgeltlichen Leistung aus, wenn beide Teilenach den objektiven Umständen von einem Austausch-Marktgeschäft ausgegangen und in gutem Glauben von der Werthaltigkeit des Kaufgegenstands überzeugt sind.

1000 Die Regelung des § 134 Abs. 1 InsO ist jedenfalls nicht einschlägig, wenn beide Teile nach den objektiven Umständen der Vertragsanbahnung, der Vorüberlegungen der Parteien und des Vertragsschlusses selbst von einem Austauschgeschäft ausgehen und zudem in gutem Glauben von der Werthaltigkeit der dem Schuldner gewährten Gegenleistung überzeugt sind, die sich erst aufgrund einer nachträglichen Prüfung als wertlos erweist. In einer höchstrichterlich entschiedenen Sache hatten die Schuldnerin und der Beklagte durch einen Geschäftsanteilskaufvertrag (§§ 433, 453 BGB) ein vertragliches Austauschgeschäft vereinbart. In seinem Rahmen unterliegt es aufgrund der Vertragsfreiheit der Entschließung der Beteiligten, die wechselseitig zu erbringenden Leistungen zu konkretisieren. Dabei ist davon auszugehen, dass jeder Vertragsteil zum Schutz gegen eine Übervorteilung seine eigenen Interessen bei der Bewertung von Leistung und Gegenleistung hinreichend wahrnimmt. Deshalb bildet der Irrtum über den Wert einer Sache keinen Beschaffenheitsmangel, so dass die Wirksamkeit des ohne Täuschung über das Wertverhältnis begründeten synallagmatischen **Austauschgeschäfts** nicht berührt wird. Eine Leistung ist nicht unentgeltlich, wenn der Schuldner zu der Leistung verpflichtet gewesen ist. Der von der Rechtsordnung bei der Anfechtung wegen unentgeltlicher Leistung (§ 134 Abs. 1 InsO) zu beachtende Beurteilungsspielraum wird darum jedenfalls dann nicht verlassen, sofern **beide Parteien subjektiv in gutem Glauben** der Überzeugung sind, bei der Bemessung von Leistung und Gegenleistung einen interessengerechten Ausgleich gefunden zu haben. Nachträgliche bessere Erkenntnisse sind nicht geeignet, die von den Parteien in Wahrnehmung ihrer eigenen Belange ohne Willensmangel frei verantwortete Preisgestaltung in Frage zu stellen.

BGH, Urt. v. 15.9.2016 – IX ZR 250/15, ZIP 2016, 2329 Rn. 23 = WM 2016, 2312 = NZI 2017, 68;

BGH, Urt. v. 22.10.2020 – IX ZR 208/18, ZIP 2020, 2348 = WM 2020, 2231 = NZI 2021, 26.

1001 Beruft sich der Anfechtungsgegner einer Schenkungsanfechtung darauf, die Vertragsparteien seien von einem gleichwertigen Leistungsaustausch ausgegangen, muss der Insolvenzverwalter beweisen, dass die Fehlvorstellung keine Grundlage in den objektiven Umständen des Vertragsschlusses hatte. Nach den Grundsätzen der **sekundären Darlegungslast** muss jedoch der Anfechtungsgegner solche Umstände substanziiert darlegen

BGH, Urt. v. 22.10.2020 – IX ZR 208/18, ZIP 2020, 2348 Rn. 11
= WM 2020, 2231 = NZI 2021, 26.

In einer Vereinbarung, mit der der Schuldner seiner Ehefrau seinen hälftigen Miteigentumsanteil an einem Grundstück gegen deren Verzicht auf den Pflichtteil überträgt, liegt kein entgeltliches Geschäft. Durch einen Pflichtteilsverzicht seines Ehegatten kann der zuvor testamentarisch gebundene Schuldner allenfalls Testierfreiheit erlangen. Darin liegt keine Gegenleistung für die Übereignung wertvollen Grundbesitzes, die die Unentgeltlichkeit ausschließen könnte. Jedes beliebige Interesse des Schuldners reicht nicht aus, die Werthaltigkeit einer Zuwendung zu bejahen. Der Pflichtteilsverzicht hat keine Zugriffsmöglichkeit für Gläubiger des Schuldners eröffnet. 1002

BGH, Urt. v. 28.2.1991 – IX ZR 74/90, BGHZ 113, 393
= ZIP 1991, 454 = WM 1991, 1053 = NJW 1991, 1610,
dazu *Gerhardt*, EWiR 1991, 331.

In der **Insolvenz eines Ehegatten** sind güterrechtliche Vereinbarungen (§ 1408 Abs. 1 BGB) nicht anders zu behandeln als schuldrechtliche Vereinbarungen zwischen Eheleuten. Die güterrechtliche Vereinbarung, wonach das künftige Alleineigentum an einem Hausgrundstück sowie Kontoguthaben bei deutschen Banken dem Anfangsvermögen der Ehefrau zugerechnet werden soll, benachteiligt die Ehefrau im Falle der Durchführung des Zugewinnausgleichs nicht, sondern begünstigt diese, weil diese Vermögenswerte bei der Berechnung ihres Zugewinns außer Betracht blieben (§ 1373 BGB). Nachteilig für die Ehefrau ist bei Durchführung des Zugewinnausgleichs die Vereinbarung, wonach sämtliche Vermögenswerte aus den geschäftlichen Aktivitäten des Ehemannes im Ausland sowie dessen Guthaben bei ausländischen Banken dessen Anfangsvermögen zuzurechnen sind. Die Übertragung des Hälfteanteils des zuvor je zur Hälfte im Eigentum beider Ehegatten stehenden Grundstücks auf die Ehefrau ist im Ergebnis unentgeltlich, wenn die gleichzeitig getroffene Vereinbarung über einen Zugewinnausgleich im Falle der Durchführung dem übertragenden Ehemann keinen Vorteil verschafft. 1003

BGH, Urt. v. 8.12.2011 – IX ZR 33/11, Rn. 44 ff = ZIP 2012,
234 = WM 2012, 185 = ZInsO 2012, 128.

Die Relevanz von **subjektiven Vorstellungen** der Partner ist nach den wiedergegebenen Entscheidungen des BGH nur noch insoweit offen, als es um einen gemeinsamen Irrtum und ferner darum geht, ob eine Gegenleistung den Wert der Leistung des Schuldners erreicht. Bei dieser Einschätzung hat der BGH den Beteiligten einen angemessenen Bewertungsspielraum zugestanden. 1004

BGH, Urt. v. 13.3.1978 – VIII ZR 241/76, BGHZ 71, 61
= WM 1978, 371 = NJW 1978, 1326;

BGH, Urt. v. 24.6.1993 – IX ZR 96/92, ZIP 1993, 1170
= WM 1993, 1801,
dazu *Brehm/Berger*, EWiR 1993, 933;

BGH, Urt. v. 19.3.1998 – IX ZR 22/97, BGHZ 138, 291 = ZIP 1998, 793 = WM 1998, 968/1848 = NJW 1998, 2592, 2597, dazu *Eckardt*, EWiR 1998, 699;

BGH, Urt. v. 1.4.2004 – IX ZR 305/00, ZIP 2004, 957 = WM 2004, 1037 = NZI 2004, 376 = ZInsO 2004, 548, dazu *M. Huber*, EWiR 2004, 933.

1005 An einer näheren Konkretisierung des **Spielraums** fehlt es bislang; freilich hat der BGH die Parteien vor einer Anfechtung geschützt, soweit sie von einem marktgerechten Austauschgeschäft ausgegangen sind und ausgehen durften (dazu oben Rn. 999); diese Rechtsprechung ist im Fluss. Auch die Annahme einer teilweise entgeltlichen, im Übrigen unentgeltlichen Verfügung kommt in Betracht.

BGH, Urt. v. 25.6.1992 – IX ZR 4/91, ZIP 1992, 1089 = WM 1992, 1502 = NJW 1992, 2421, dazu *Marotzke/Assmann*, EWiR 1992, 841;

BGH, Urt. v. 24.6.1993 – IX ZR 96/92, ZIP 1993, 1170 = WM 1993, 1801, dazu *Brehm/Berger*, EWiR 1993, 933.

1006 Unentgeltlichkeit ist freilich zu verneinen, wenn der Schuldner aufgrund der Abrede mit dem Anfechtungsgegner Anspruch auf einen seine Leistung ausgleichenden Gegenwert hatte, dieser Gegenwert aber ausgeblieben ist. Denn dann bleiben dem Schuldner u. a. Ansprüche auf Schadensersatz statt der Leistung.

BGH, Urt. v. 21.11.1999 – IX ZR 429/97, ZIP 1999, 316 = WM 1999, 394 = NJW 1999, 1033 = NZI 1999, 111 = ZInsO 1999, 163, dazu *Gerhardt*, EWiR 1999, 367;

BGH, Urt. v. 11.11.2021 – IX ZR 237/20, ZIP 2021, 2655 Rn. 53 = NZI 2022, 71.

1007 Der Insolvenzverwalter kann die Auszahlung von auf Geschäftsbesorgungsverträgen beruhenden, in „**Schneeballsystemen**" erzielten, aber nicht geschuldeten Scheingewinnen durch den späteren Insolvenzschuldner als objektiv unentgeltliche Leistung nach § 134 Abs. 1 InsO anfechten. Einseitigen Vorstellungen des Leistungsempfängers über eine Entgeltlichkeit der Leistung kommt in diesen Fällen selbst dann keine Bedeutung zu, wenn der Irrtum durch den Schuldner hervorgerufen worden ist.

BGH, Urt. v. 11.12.2008 – IX ZR 195/07, BGHZ 179, 137 = ZIP 2009, 186 f Rn. 6 = WM 2009, 178 = NZI 2009, 103, dazu *Runkel/J.M. Schmidt*, EWiR 2009, 419;

BGH, Beschl. v. 21.12.2010 – IX ZR 199/10, ZIP 2011, 484 Rn. 10 ff = NZI 2011, 107 = ZInsO 2011, 183.

1008 **Provisionen** für den Vertrieb eines Anlagemodells unterliegen als objektiv unentgeltliche Leistung der Anfechtung, wenn der Betrag der an Anleger ausgezahlten Scheingewinne ihre Berechnungsgrundlage bildet.

BGH, Beschl. v. 21.12.2010 – IX ZR 199/10, ZIP 2011, 484 Rn. 10 ff = NZI 2011, 107 = ZInsO 2011, 183;

BGH, Urt. v. 22.9.2011 – IX ZR 209/10, ZIP 2011, 2264 = WM 2011, 2237 Rn. 14 = NZI 2011, 976 = ZInsO 2011, 2232, dazu *Ludwig*, EWiR 2012, 93.

Bei Provisionszahlungen ist aber stets zu **unterscheiden**. Lag der Zahlung ein (von etwaigen Gewinnausschüttungen unabhängiger) entgeltlicher Vertrag (z. B. mit einem Anleger für die Vermittlung von Neukunden) zugrunde, der auch wirksam bleibt, ist die Zahlung entgeltlich. Zahlt ein Schuldner vereinbarungsgemäß Maklerlohn für die Vermittlung von Verträgen, stellt die Zahlung der sich an der Höhe der in den Hauptverträgen vereinbarten Vergütung orientierenden Provision keine unentgeltliche Leistung dar, auch wenn die Hauptverträge zivilrechtlich anfechtbar sind oder die Kunden des Schuldners verlangen könnten, schadensersatzrechtlich so gestellt zu werden, als ob die Verträge nicht geschlossen worden seien, weil der Schuldner sie bei Abschluss der Verträge betrogen hat. 1009

BGH, Urt. v. 10.6.2021 – IX ZR 157/20, ZIP 2021, 1503 Rn. 11 ff = WM 2021, 1380 = NZI 2021, 883.

Als unentgeltlich ist auch die Erfüllung einer **Gewinnzusage** einzustufen. 1010

BGH, Urt. v. 13.3.2008 – IX ZR 117/07, ZIP 2008, 975 = WM 2008, 1033 = NZI 2008, 389 = ZInsO 2008, 505.

Eine teilweise unentgeltliche Leistung unterliegt der Anfechtung insoweit, als deren Wert den der Gegenleistung übersteigt und die Vertragsparteien den ihnen zustehenden Bewertungsspielraum überschritten haben. Haben die Vertragsparteien den Kaufpreis auf 90 % des jeweiligen Grundstücksverkehrswertes festgesetzt haben, folgt daraus allein noch nicht zwingend eine teilweise Unentgeltlichkeit, wenn die nicht auszuschließenden Restitutionsansprüche und Altlasten trotz ihrer Berücksichtigung beim Kaufpreis die Verkehrsfähigkeit der Grundstücke möglicherweise (erheblich) eingeschränkt haben. 1011

BGH, Urt. v. 1.4.2004 – IX ZR 305/00, ZIP 2004, 957, 960 = WM 2004, 1037 = NZI 2004, 376 = ZInsO 2004, 548, dazu *M. Huber*, EWiR 2004, 933.

Davon zu unterscheiden ist: Umgekehrt hat die für den Tatbestand der **Sittenwidrigkeit** nach § 138 BGB relevante 90 %-Grenze bei einer Wertüberschreitung oder -unterschreitung (d. h. nicht 90 % des wahren Werts, sondern mindestens 90 % über oder unter dem wahren Wert) keine Relevanz für die Einordnung als unentgeltlich (und im Übrigen auch nicht für die Frage des Vorsatzes bei § 133 InsO). 1012

BGH, Urt. v. 22.2.2024 – IX ZR 226/20, ZIP 2024, 897 Rn. 35, 52 = WM 2024, 751.

Eine **teilweise Unentgeltlichkeit** kann gegeben sein, wenn ein Darlehen über 300.000 zzgl. 7,5 % Zinsen durch eine Grundschuld über 400.000 zzgl. 15 % Zinsen gesichert wird. 1013

BGH, Urt. v. 25.6.1992 – IX ZR 4/91, ZIP 1992, 1089
= WM 1992, 1502 = NJW 1992, 2421,
dazu *Marotzke/Assmann*, EWiR 1992, 841;
Grunsky, LM AnfG § 3 Nr. 35.

1014 Ist die unentgeltliche Zuwendung an einen Empfangsbeauftragten erbracht worden, ist nicht dieser, sondern der Gläubiger der Leistung Anfechtungsgegner.

BGH, Urt. v. 17.12.2009 – IX ZR 16/09, ZIP 2010, 531 Rn. 12
= ZVI 2010, 48 = NZI 2010, 295 = ZInsO 2010, 521.

1015 **Beweispflichtig** für die Unentgeltlichkeit einer Verfügung und damit auch für die Wertinadäquanz einer etwaigen Gegenleistung ist der Anfechtende.

BGH, Urt. v. 25.6.1992 – IX ZR 4/91, ZIP 1992, 1089
= WM 1992, 1502 = NJW 1992, 2421,
dazu *Marotzke/Assmann*, EWiR 1992, 841;

BGH, Urt. v. 21.1.1999 – IX ZR 429/97, ZIP 1999, 316 = WM 1999, 394 = NJW 1999, 1033 = NZI 1999, 111 = ZInsO 1999, 163,
dazu *Gerhardt*, EWiR 1999, 367;

BGH, Urt. v. 30.3.2006 – IX ZR 84/05, ZIP 2006, 957, 959 Rn. 15 = WM 2006, 1156 = NZI 2006, 399,
dazu *Henkel*, EWiR 2006, 469;

BGH. Urt. v. 11.11.2021 – IX ZR 237/20, ZIP 2021, 2655 Rn. 51
= NZI 2022, 71.

1016 Entrichtet der Angeschuldigte einen Geldbetrag an die Staatskasse, um eine Auflage zu erfüllen, von der die Einstellung eines Strafverfahrens gegen ihn abhängt, erbringt er keine unentgeltliche Leistung, wenn die erteilte Auflage in einem ausgewogenen Verhältnis zu dem Verurteilungsrisiko und dem öffentlichen Interesse an der Durchsetzung des staatlichen Strafanspruchs steht.

BGH, Urt. v. 5.6.2008 – IX ZR 17/07, ZIP 2008, 1291
= WM 2008, 1412 = NJW 2008, 2506 = NZI 2008, 488
= ZInsO 2008, 738 Rn. 13 ff.

1017 Die Unentgeltlichkeit einer Leistung ist nach den rechtlichen und tatsächlichen Verhältnissen in dem Zeitpunkt zu beurteilen, in dem die jeweilige Leistung vorgenommen wurde. Die erst rund 20 Monate nach der angefochtenen Rechtshandlung (§ 140 Abs. 1 InsO) erfolgte Anfechtung des Darlehensvertrags wegen arglistiger Täuschung ist nicht geeignet, rückwirkend die Voraussetzungen für eine unentgeltliche Leistung i. S. d. § 134 Abs. 1 InsO herbeizuführen. Ob die Voraussetzungen eines Anfechtungstatbestandes erfüllt sind, richtet sich grundsätzlich nach den rechtlichen und tatsächlichen Verhältnissen zum Zeitpunkt der angefochtenen Rechtshandlung. Damit ist die Unentgeltlichkeit nach dem Zeitpunkt zu beurteilen, in dem die jeweilige Leistung vorgenommen wurde.

BGH, Urt. v. 6.12.2018 – IX ZR 143/17, BGHZ 220, 280
= ZIP 2019, 679 = WM 2019, 592 Rn. 12,
dazu *Lau/Forster*, EWiR 2019, 307;

BGH, Urt. v. 19.7.2018 – IX ZR 296/17, ZIP 2018, 1606 Rn. 9 = WM 2018, 1565 = NZI 2018, 746;

BGH, Urt. v. 6.12.2018 – IX ZR 143/17, BGHZ 220, 280 Rn. 12 = ZIP 2019, 679 = WM 2019, 592 = NZI 2019, 509.

Eine Leistung des Schuldners **im Zwei-Personen-Verhältnis** ist nicht schon 1018
deshalb als unentgeltlich anzusehen, weil objektiv zweifelhaft ist, ob der zur Rückzahlung verpflichtete Empfänger wirtschaftlich leistungsfähig ist, wenn die rechtlich geschuldete und vereinbarte ausgleichende Gegenleistung später tatsächlich erbracht wird. Im Hinblick auf die Werthaltigkeit eines Rückzahlungsanspruchs im Zwei-Personen-Verhältnis ist zwischen der durch die Auszahlung eingetretenen Gläubigerbenachteiligung und der Unentgeltlichkeit der Auszahlung zu unterscheiden. Unentgeltlich ist die Auszahlung nur, soweit bereits im Zeitpunkt der Rechtshandlung feststeht, dass der Schuldner keine ausgleichende Gegenleistung erhalten wird. Dies kann sich aus einer entsprechenden – stillschweigenden – Willensübereinkunft der Vertragsparteien ergeben, etwa aufgrund eines Verzichts oder einer verschleierten Schenkung. Zahlt der Empfänger bei einem Darlehen – hier die Schuldnerin – die erhaltenen Gelder tatsächlich zurück, rechtfertigt bei einem Zwei-Personen-Verhältnis die zum Zeitpunkt der Auszahlung bestehende Insolvenzreife des Empfängers nicht, die Auszahlung als unentgeltliche Leistung einzuordnen.

BGH, Urt. v. 18.7.2019 – IX ZR 167/18, ZIP 2019, 1577 Rn. 84, dazu *Swierczok/Schubert*, EWiR 2019, 595.

4. Unentgeltlichkeit im Zwei-Personen-Verhältnis

Im Zwei-Personen-Verhältnis, d. h. bei einer schuldrechtlichen Beziehung 1019
zwischen Schuldnerin und dem Empfänger ist eine Leistung als unentgeltlich anzusehen, wenn ihr nach dem Inhalt des Rechtsgeschäfts keine Leistung gegenübersteht, dem Leistenden also keine Gegenleistung zufließen soll, die dem aufgegebenen Vermögenswert oder der eingegangenen Verpflichtung entspricht.

BGH, Urt. v. 26.4.2012 – IX ZR 146/11, ZIP 2012, 1183 = WM 2012, 1131 = NZI 2012, 562 = ZInsO 2012, 1127 Rn. 40, dazu *Mohr*, EWiR 2012, 565;

BGH, Urt. v. 17.10.2013 – IX ZR 10/13, ZIP 2013, 2208 = WM 2013, 2182 = NZI 2013, 1017 = ZInsO 2013, 2265 Rn. 6, dazu *Budnik*, EWiR 2014, 15;

BGH, Urt. v. 29.10.2015 – IX ZR 123/13, ZIP 2015, 2484 Rn. 6 = WM 2016, 44 = NZI 2016, 80, dazu *Dimassi*, EWiR 2016, 79;

BGH, Urt. v. 4.2.2016 – IX ZR 42/14, ZIP 2016, 478 Rn. 9 = WM 2016, 465 = NZI 2016, 307;

BGH, Urt. v. 19.7.2018 – IX ZR 307/16, ZIP 2018, 1601 Rn. 88 = WM 2018, 1560.

Übernimmt der spätere Insolvenzschuldner die **Verpflichtung eines Dritten** 1020
aus einem Vertrag, indem er an dessen Stelle in diesen Vertrag eintritt, kommt

es für die Beurteilung der zu erbringenden Gegenleistung darauf an, welche Leistungen der Vertragspartner des Insolvenzschuldners diesem künftig nach dem übernommenen Vertrag zu erbringen hat. Hat der Vertragspartner für die Vertragsübernahme als solche eine gesonderte Gegenleistung erbracht, ist diese bei der Beurteilung der Angemessenheit der Gegenleistung zusätzlich zu berücksichtigen. Der Umstand, dass für die Vertragsübernahme selbst keine gesonderte Gegenleistung erbracht wurde, macht diese jedoch nicht unentgeltlich, wenn die Vertragspflichten für sich genommen ausgewogen gestaltet sind. Hier hat die Vermieterin sich dazu verpflichtet, ihre Pflichten aus dem Mietvertrag gegenüber der Schuldnerin zu erfüllen und die vormalige Mieterin aus allen Pflichten zu entlassen. Damit hatte die Vermieterin nunmehr der Schuldnerin, der hierauf zuvor kein Anspruch zustand, die Mietsache zur Nutzung zu überlassen, und zwar auch für die Zeit, in der nach Eröffnung eines Insolvenzverfahrens über das Vermögen der Schuldnerin der Mietvertrag mit Wirkung für die Masse nach § 108 Abs. 1 InsO fortbestand.

> BGH, Urt. v. 26.4.2012 – IX ZR 146/11, ZIP 2012, 1183 = WM 2012, 1131 = NZI 2012, 562 = ZInsO 2012, 1127 Rn. 40, 41.

1021 Eine taugliche Gegenleistung kann auch die Gegenleistung an einen Dritten sein. Offen ist, ob dann die Verpflichtung dazu genügt; das wird wohl zu bejahen sein, weil auch darin bereits ein Vermögensopfer liegt.

> BGH, Urt. v. 29.4.2021 – IX ZR 266/19, ZIP 2021, 1347 Rn. 16 = WM 2021, 1192 = NZI 2021, 727 (Darlehensrückzahlung).

1022 Übernimmt der spätere Insolvenzschuldner die Verpflichtung eines Dritten aus einem Vertrag, indem er an dessen Stelle in diesen Vertrag eintritt, kommt es für die Beurteilung der zu erbringenden Gegenleistung darauf an, welche Leistungen der Vertragspartner des Insolvenzschuldners diesem künftig nach dem übernommenen Vertrag zu erbringen hat. Hat der Vertragspartner für die Vertragsübernahme als solche eine gesonderte Gegenleistung erbracht, ist diese bei der Beurteilung der Angemessenheit der Gegenleistung zusätzlich zu berücksichtigen. Der Umstand, dass für die **Vertragsübernahme** selbst keine gesonderte Gegenleistung erbracht wurde, macht diese jedoch nicht unentgeltlich. Entsprechendes hat zu gelten, wenn der spätere Insolvenzschuldner eine vertragliche Rechtsstellung mit Zustimmung des Vertragspartners auf einen Dritten überträgt. Ob der Dritte die darin liegende Leistung des Schuldners unentgeltlich erlangt hat, beurteilt sich auch hier im ersten Zugriff nach dem objektiven Verhältnis der ausgetauschten Werte. Unentgeltlichkeit ist gegeben, wenn ein Mietvertrag übertragen wird, demzufolge die Untermiete die von dem Schuldner zu entrichtende Hauptmiete um 4.000 € übersteigt.

> BGH, Urt. v. 1.3.2018 – IX ZR 207/15, ZIP 2018, 792 = WM 2018, 815 = NZI 2018, 491 Rn. 11 ff, dazu *M. Huber*, EWiR 2018, 371.

1023 Unentgeltlichkeit liegt vor, soweit die Schuldnerin bei einer Vertragsübernahme die Verpflichtung übernimmt, für vor ihrem Eintritt begründete Verpflichtungen des früheren Vertragspartners einzustehen. Anders im Sinne von Entgeltlichkeit verhält es sich aber, wenn die Schuldnerin für diese Forderungen bereits zuvor eine Einstandspflicht durch eine Bürgschaft übernommen hatte.

BGH, Urt. v. 26.4.2012 – IX ZR 146/11, ZIP 2012, 1183 = WM 2012, 1131 = NZI 2012, 562 = ZInsO 2012, 1127 Rn. 42.

Der BGH lehnt es ab, in der **Bestellung einer Sicherheit für eine eigene entgeltlich begründete Verbindlichkeit** des Schuldners eine unentgeltliche Verfügung zu sehen. Gleiches gilt für die nachträgliche Bestellung einer Sicherheit für eine eigene, entgeltlich begründete Verbindlichkeit. Dies beruht auf folgender Erwägung: Da die Erfüllung einer solchen Verbindlichkeit nicht unentgeltlich ist, weil der Schuldner damit von der Schuld frei wird, kann auch die bloße Sicherung einer aus dieser Verbindlichkeit resultierenden Forderung keine unentgeltliche Verfügung sein; denn der Gläubiger erhält im Ergebnis nicht mehr als den ihm zustehenden Anspruch. Eine Anfechtung kommt hier nur nach §§ 130 f, 133 InsO in Betracht. **1024**

BGH, Urt. v. 12.7.1990 – IX ZR 245/89, BGHZ 112, 136 = ZIP 1990, 1088 = WM 1990, 1588 = NJW 1990, 2626, dazu *Gerhardt*, EWiR 1990, 919;

bestätigt durch BGH, Urt. v. 11.12.1997 – IX ZR 341/95, BGHZ 137, 267 = ZIP 1998, 257 = WM 1998, 275, dazu *Henckel*, EWiR 1998, 219;

BGH, Urt. v. 11.12.1997 – IX ZR 278/96, ZIP 1998, 247 = WM 1998, 304, dazu *Pape*, EWiR 1998, 315;

BGH, Urt. v. 6.4.2000 – IX ZR 122/99, ZIP 2000, 932 = WM 2000, 1072 = NZI 2000, 364, dazu *M. Huber*, EWiR 2001, 117;

BGH, Urt. v. 22.7.2004 – IX ZR 183/03, ZIP 2004, 1819 = WM 2004, 1837 = NZI 2004, 623 = ZInsO 2004, 967, dazu *Holzer*, EWiR 2005, 29;

vgl. auch BGH, Urt. v. 1.6.2006 – IX ZR 159/04, ZIP 2006, 1362 = WM 2006, 1396 = NZI 2006, 524 = ZInsO 2006, 771, dazu *Stiller*, EWiR 2006, 663;

BGH, Urt. v. 26.4.2012 – IX ZR 146/11, ZIP 2012, 1183 = WM 2012, 1131 = NZI 2012, 562 = ZInsO 2012, 1127 Rn. 43, dazu *Mohr*, EWiR 2012, 565;

BGH, Urt. v. 26.4.2012 – IX ZR 149/11, ZIP 2012, 1254 = WM 2012, 1205 = NZI 2012, 711 = ZInsO 2012, 878 Rn. 20, dazu *Dörrscheidt*, EWiR 2012, 633;

BGH, Beschl. v. 6.12.2012 – IX ZR 105/12, WM 2013, 136 = NZI 2013, 81 = ZInsO 2013, 73 Rn. 3;

BGH, Urt. v. 19.7.2018 – IX ZR 296/17, ZIP 2018, 1606 Rn. 17 = WM 2018, 1565 = NZI 2018, 746;

BGH, Urt. v. 27.6.2019 – IX ZR 167/18, BGHZ 222, 283 Rn. 84 = ZIP 2019, 1577 = WM 2019, 1561.

1025 Ebenso stellt die nachträgliche Bestellung einer Sicherung durch den Schuldner für eine Verbindlichkeit aus einer von ihm begangenen **unerlaubten Handlung** eine entgeltliche Leistung dar; Gleiches gilt für die Verstärkung des Anspruchs durch Schuldanerkenntnis.

> BGH, Urt. v. 18.3.2010 – IX ZR 57/09, ZIP 2010, 841 Rn. 10, 11 = ZVI 2010, 221 = WM 2010, 851 = NZI 2010, 439 = ZInsO 2010, 807, dazu *Junghans*, 2010, 655;
>
> BGH, Urt. v. 22.11.2012 – IX ZR 22/12, ZIP 2013, 81 = WM 2013, 51 = NZI 2013, 145 = ZInsO 2013, 73 Rn. 4.

1026 Der Schuldner, der im Zwei-Personen-Verhältnis auf eine tatsächlich nicht bestehende Schuld leistet, nimmt keine unentgeltliche Leistung vor, wenn er irrtümlich annimmt, zu einer entgeltlichen Leistung verpflichtet zu sein. Leistet der Schuldner, weil er sich irrtümlich hierzu verpflichtet hält, steht ihm hinsichtlich der Leistung ein Bereicherungsanspruch nach § 812 Abs. 1 Satz 1 BGB zu. Insoweit fehlt es bei einer solchen Leistung an einem endgültigen, vom Empfänger nicht auszugleichenden, freigiebigen Vermögensverlust des Schuldners. Wer irrtümlich auf eine entgeltliche Nichtschuld leistet, erstrebt eine Gegenleistung, an deren Stelle der Rückforderungsanspruch gegen den Empfänger tritt. In solchen Fällen handelt es sich regelmäßig nicht um eine freigiebige Handlung des Schuldners. Ist der Empfänger jedoch einem Anspruch auf Rückgewähr ausgesetzt, liegt regelmäßig keine freigiebige Leistung vor. Anders ist dies, wenn der Empfänger nicht mit einer Verpflichtung belastet wird, die der Unentgeltlichkeit entgegenstehen kann. Dies ist bei einer **rechtsgrundlosen** Leistung der Fall, sofern dem Schuldner kein Rückforderungsanspruch zusteht. Daher liegt eine unentgeltliche und deshalb anfechtbare Leistung des Schuldners vor, wenn er in Kenntnis des fehlenden Rechtsgrundes handelt. Unter diesen Umständen ist eine Rückforderung nach § 814 BGB ausgeschlossen.

> BGH, Urt. v. 20.4.2017 – IX ZR 252/16, BGHZ 214, 350 = ZIP 2017, 1233 = WM 2017, 1215 Rn. 13 ff, dazu *Jacoby*, EWiR 2017, 403.

1027 Unentgeltlichkeit liegt vor, wenn der Schuldner **bewusst** eine rechtsgrundlose Leistung erbringt und der Empfänger aufgrund eines von dem Schuldner hervorgerufenen Irrtums meint, eine vertraglich geschuldete Leistung erhalten zu haben. Unter diesen Umständen ist eine **Rückforderung nach § 814 BGB ausgeschlossen**. Im Unterschied dazu scheidet Unentgeltlichkeit aus, wenn der Schuldner annahm, zu der Leistung wirksam verpflichtet gewesen zu sein, weil dann der Bereicherungsanspruch an die Stelle der erbrachten Leistung tritt. Das Vermögensopfer des Anfechtungsgegners liegt hier in der Belastung mit diesem Anspruch.

> BGH, Urt. v. 7.9.2017 – IX ZR 224/16, ZIP 2017, 1863 = WM 2017, 1910 = NZI 2017, 854 Rn. 18.

1028 Die Vorschrift des § 814 BGB wird unabhängig von den subjektiven Voraussetzungen allgemein als unanwendbar betrachtet, wenn der Empfänger nicht darauf vertrauen durfte, die Leistung behalten zu dürfen. Dies gilt etwa beim Empfang von Darlehensgelder, die auch bei einem unwirksamen Vertrag erstattet werden müssen. Ebenso verhält es sich in einem Treuhandverhältnis, weil die Mittel nicht endgültig im Vermögen des Treuhänders verbleiben sollen. Greift § 814 BGB nicht ein, fehlt es an der Unentgeltlichkeit, weil dann der Bereicherungsanspruch erhalten bleibt.

> BGH, Urt. v. 7.9.2017 – IX ZR 224/16, ZIP 2017, 1863 = WM 2017, 1910 = NZI 2017, 854 Rn. 20.

Bei **Dividendenzahlungen** an Aktionäre ist entscheidend, ob im Zeitpunkt 1029
der Zahlung ein wirksamer Gewinnverwendungsbeschluss zugrunde lag, also der Aktionär Anspruch auf die Dividende hatte. Ist der Beschluss nichtig, handelt es sich um eine rechtsgrundlose Leistung. Sie ist dann unentgeltlich, wenn nicht ein Rückforderungsanspruch der Schuldnerin an die Stelle der Leistung tritt. Insoweit gilt im Aktienrecht § 62 AktG, der als lex specialis §§ 812 ff BGB verdrängt. Nach § 62 Abs. 1 Satz 2 AktG kommt es darauf an, ob der Aktionär gutgläubig war. Dann ist der aktienrechtliche Rückforderungsanspruch gesperrt, wohl aber § 134 InsO gegeben. Umgekehrt unterliegt der bösgläubige Empfänger nur dem aktienrechtlichen Rückforderungsanspruch. Der BGH hat diese Systematik gegen Kritik aus dem Schrifttum verteidigt. Auch auf die Kenntnis des Schuldners von der Nichtigkeit entsprechend § 814 BGB soll es nicht ankommen.

> BGH, Urt. v. 30.3.2023 – IX ZR 121/22, ZIP 2023, 1031 Rn. 22 ff = WM 2023, 924 = NZI 2023, 543.

Die vergleichbaren Grundsätze wie bei einem Bereicherungsanspruch, der an 1030
die Stelle der Leistung tritt, wendet die Rechtsprechung an, wenn der Empfänger der Leistung mit einem anderen Rückforderungsanspruch der Schuldnerin belastet wird, z. B. aufgrund § 326 Abs. 4 BGB i. V. m. § 346 BGB. Steht dem Schuldner bei einem gegenseitigen Vertrag hinsichtlich der von ihm erbrachten Gegenleistung ein Rückgewähranspruch nach Rücktrittsrecht zu, ist die von ihm erbrachte Gegenleistung auch dann nicht als unentgeltliche Leistung anfechtbar, wenn der Schuldner wusste, dass die Leistung des anderen Teils unmöglich war.

> BGH, Urt. v. 26.1.2023 – IX ZR 17/22, ZIP 2023, 598 Rn. 11 = WM 2023, 527 = NZI 2023, 332.

Eine unentgeltliche Leistung kann vorliegen, wenn die zuwendende Hand- 1031
lung des Schuldners zwar von einem vollmachtlosen Vertreter vorgenommen wird, den Begünstigten aber in die Lage versetzt, das zugewendete Vermögen (hier: Bundesligalizenz) tatsächlich zu nutzen und weiter zu übertragen.

> BGH, Urt. v. 22.3.2001 – IX ZR 373/98, ZIP 2001, 889 = WM 2001, 1005 = NZI 2001, 360 = ZInsO 2001, 555, dazu *Eckardt*, 2001, 683.

Ein Schuldner, der im Zwei-Personen-Verhältnis auf eine nicht bestehende 1032
Schuld leistet, nimmt eine entgeltliche Leistung vor, wenn nur der Empfän-

ger durch die Annahme der Leistung gegen die guten Sitten verstößt. Dass der Gläubiger keinen durchsetzbaren Anspruch auf Rückzahlung der Darlehensvaluta besitzt, macht die Rückzahlung nicht zu einer unentgeltlichen Leistung des Schuldners. Dies gilt auch für die Erfüllung der Rückzahlungsansprüche des Darlehensgebers aus einem wegen **Sittenwidrigkeit nichtigen Darlehensvertrag.** Zum einen steht § 817 Satz 2 BGB bei einer Nichtigkeit eines Darlehensvertrags gemäß § 138 BGB oder wegen eines Gesetzesverstoßes dem Rückforderungsanspruch des Darlehensgebers hinsichtlich des Darlehenskapitals grundsätzlich nicht entgegen. Als Leistung i. S. d. § 817 Satz 2 BGB sind nur solche Zuwendungen anzusehen, die nach dem – nichtigen – Vertragsverhältnis endgültig in das Vermögen des Empfängers übergehen sollten.

BGH, Urt. v. 28.6.2019 – IX ZR 167/18, ZIP 2019, 1577 Rn. 87, dazu *Swierczok/Schubert*, EWiR 2019, 595.

1033 Im Übrigen ordnet § 817 Satz 2 BGB nicht an, dass die jeweiligen Bereicherungsansprüche erlöschen, sondern nimmt den Bereicherungsansprüchen die gerichtliche Durchsetzbarkeit. Es handelt sich um eine Kondiktionssperre, die eine rechtshindernde Einwendung begründet. Eine solche Kondiktionssperre führt – wie nach § 814 BGB bei einer Leistung in Kenntnis des fehlenden Rechtsgrundes – dazu, dass der Leistende, der seine Leistung aufgrund der Kondiktionssperre nicht zurückfordern kann, eine unentgeltliche Leistung i. S. d. § 134 Abs. 1 InsO erbringt, wenn nicht ein anderes Vermögensopfer des Empfängers in Betracht kommt

BGH, Urt. v. 14.12.2023 – IX ZR 10/23, WM 2024, 353 Rn. 11 = NZI 2024, 215.

1034 Soweit der Bereicherungsschuldner hingegen eine erhaltene Leistung trotz eines ihm zustehenden Leistungsverweigerungsrechts erstattet, führt dies zwar zu einer inkongruenten, nicht jedoch zu einer unentgeltlichen Leistung i. S. d. § 134 Abs. 1 InsO. Der Schuldner, der auf einen nach § 817 Satz 2 BGB ausgeschlossenen Rückforderungsanspruch leistet, erfüllt eine bestehende, aber nicht durchsetzbare Verbindlichkeit. Sie ist entgeltlich, sofern dem Schuldner im rechtlichen Zusammenhang mit dieser Verbindlichkeit eine ausgleichende Gegenleistung zugeflossen ist. Eine hierfür ausreichende rechtliche Verknüpfung liegt vor, wenn die Verbindlichkeit darauf beruht, dass der Schuldner zuvor von Anfang an rückzahlbare Darlehensvaluta erhalten hat.

BGH, Urt. v. 28.6.2019 – IX ZR 167/18, ZIP 2019, 1577 Rn. 94, dazu *Swierczok/Schubert*, EWiR 2019, 595.

1035 Die **Erfüllung einer einredebehafteten Forderung** stellt keine unentgeltliche Leistung dar, wenn die Forderung entgeltlich begründet worden ist. Auch wenn der Schuldner sich gegen seine Zahlungspflicht verteidigen kann, diese Verteidigung jedoch nicht vornimmt, bleibt es dabei, dass die Zahlung – sofern eine entsprechende entgeltliche Verbindlichkeit bestand – entgeltlich ist. Ebenso wie im Fall einer Leistung ohne Rechtsgrund gebietet der Schutzzweck des § 134 InsO bei einer Leistung trotz bestehender Einrede keine uneingeschränkte Anfechtung als unentgeltliche Leistung. Kann sich der Schuldner gegenüber einem Anspruch des Gläubigers mit einer Einrede oder Einwendung verteidigen, stellt eine Leistung des Schuldners trotz bestehender Einrede eine Leistung dar, die der Empfänger nicht, nicht in der Art oder nicht zu der Zeit zu beanspruchen hat und die deshalb inkongruent ist. Mithin ist diese Rechtshandlung unter den Voraussetzungen des § 131 InsO und ggf, des § 133 Abs. 1 InsO anfechtbar. Die Erweiterung des Begriffs der Unentgeltlichkeit in § 134 InsO auf sämtliche einredebehaftete Leistungen würde regelmäßig alle insoweit inkongruenten Leistungen erfassen und damit die Möglichkeit ihrer Anfechtbarkeit in sachlicher und zeitlicher Hinsicht deutlich ausdehnen. Dies würde die Abgrenzung der Anfechtungswürdigkeit eines Verhaltens nach § 131 InsO unterlaufen.

> BGH, Urt. v. 28.6.2019 – IX ZR 167/18, ZIP 2019, 1577 Rn. 93, dazu *Swierczok/Schubert*, EWiR 2019, 595.

Die vom Versicherer an den Bezugsberechtigten ausgezahlte Versicherungssumme stellt eine mittelbare Zuwendung des Erblassers dar, für welche der Bezugsberechtigte seinerseits keine Leistung zu erbringen hatte. **1036**

> BGH, Urt. v. 27.9.2012 – IX ZR 15/12, ZIP 2012, 2409 = WM 2012, 2294 = NJW 2013, 232 = ZInsO 2012, 229 Rn. 6, dazu *Henkel*, EWiR 2013, 83.

Da § 134 InsO nach seinem Schutzzweck jeglichem unentgeltlichen Erwerb eine geringere anfechtungsrechtliche Bestandskraft beimisst, ist es ohne Bedeutung, ob die Entgeltlichkeit der Leistung auf einer vertraglichen oder gesetzlichen Verpflichtung beruht. Darum ist auch die Erfüllung von Ansprüchen aus gesetzlichen Schuldverhältnissen nicht unentgeltlicher Natur. Die Erfüllung einer eigenen entgeltlichen rechtsbeständigen Schuld schließt als Gegenleistung die dadurch bewirkte Schuldbefreiung mit ein. **1037**

> BGH, Urt. v. 18.3.2010 – IX ZR 57/09, ZIP 2010, 841 Rn. 9 = ZVI 2010, 221 = WM 2010, 851 = NZI 2010, 439 = ZInsO 2010, 807, dazu *Junghans*, 2010, 655.

Die Leistung desjenigen, der einer Schuld beigetreten ist und an den Gläubiger des insolventen Forderungsschuldners zahlt, ist als entgeltlich zu beurteilen, weil mit der Leistung auch die eigene Verpflichtung des Leistenden gegenüber dem Gläubiger aus dem Schuldbeitritt erlischt. **1038**

> BGH, Urt. v. 3.3.2005 – IX ZR 441/00, BGHZ 162, 276, 282 = ZIP 2005, 767 = WM 2005, 853, dazu *Haas/Panier*, EWiR 2005, 737;
>
> BGH, Urt. v. 29.10.2015 – IX ZR 123/13, ZIP 2015, 2484 Rn. 9 = WM 2016, 44 = NZI 2016, 80, dazu *Dimassi*, EWiR 2016, 79.

Als **Komplementärin** haftet die Schuldnerin nach § 161 Abs. 2, § 128 Satz 1 HGB persönlich und unbeschränkt für die Verbindlichkeiten der KG. Ihre **1039** daraus resultierenden Verbindlichkeiten sind von denjenigen der KG verschieden. Es handelt sich um eine gesetzliche, primäre, zur Schuld der Gesellschaft akzessorische Haftung. Zahlt die Schuldnerin, wovon die Beklagte mangels einer abweichenden Tilgungsbestimmung (§ 366 Abs. 1 BGB) der Schuldnerin im Zweifel ausgehen musste, auf ihre Haftungsverbindlichkeit, erlosch diese. Die Zahlung stellt sich dann als eine entgeltliche Leistung im Zwei-Personen-Verhältnis dar. Entgeltlichkeit wird dort nicht nur dadurch begründet, dass dem Leistenden eine vereinbarte Gegenleistung zufließt. Die Erfüllung einer eigenen entgeltlichen rechtsbeständigen Schuld schließt als Gegenleistung die dadurch bewirkte Schuldbefreiung mit ein. Darum ist auch die Erfüllung von Ansprüchen aus gesetzlichen Schuldverhältnissen entgeltlich.

BGH, Urt. v. 29.10.2015 – IX ZR 123/13, ZIP 2015, 2484 Rn. 9
= WM 2016, 44 = NZI 2016, 80,
dazu *Dimassi*, EWiR 2016, 79.

1040 In der Regel wird die Übernahme der persönlichen Haftung für die Forderungen, die durch auf einem Grundstück lastende **Grundpfandrechte** gesichert sind, eine Gegenleistung für die Übertragung des Grundstücks sein; denn der Übernehmer haftet dann nicht nur mit dem übernommenen Grundstück, sondern auch mit seinem übrigen Vermögen für die gesicherten Verbindlichkeiten. Anderes mag gelten, wenn der Übernehmer über kein nennenswertes sonstiges Vermögen verfügt, die Übernahme also praktisch wertlos ist.

BGH, Urt. v. 20.10.2005 – IX ZR 276/02, ZIP 2006, 387
= WM 2006, 490 = ZInsO 2006, 151,
dazu *Völzmann-Stickelbrock*, EWiR 2006, 387.

1041 Eine Sonderzuwendung mit Entgeltcharakter und nicht eine unentgeltliche Verfügung hat der BGH im Anschluss an die Rechtsprechung des BAG in einer freiwillig übernommenen **Weihnachtsgratifikation** des Dienstherrn zugunsten des Dienstverpflichteten gesehen. Solche Zuwendungen werden um früher geleisteter Dienste willen und deshalb erbracht, um den Dienstverpflichteten anzuspornen, dem Dienstherrn die Treue zu halten und sich auch in Zukunft für die dienstlichen Belange voll einzusetzen. Dabei ist die objektive Wertrelation zwischen der Gratifikation und den Leistungen des Empfängers maßgeblich. Die Besonderheit des Falles lag darin, dass hier nicht der juristische Arbeitgeber (eine AG), sondern der wirtschaftliche Alleininhaber des Unternehmens aus seinem Privatvermögen die Gratifikation erbracht hatte und später in Insolvenz fiel. Der BGH hat gemeint, der wirtschaftliche Inhaber sei nicht als beliebiger Dritter zu betrachten, sondern bei der gebotenen Interessenabwägung der AG gleichzusetzen. Er habe die Weihnachtsgratifikation aus denselben Gründen wie ein Arbeitgeber erbracht, so dass der begünstigte Arbeitnehmer, den der Konkursverwalter des wirtschaftlichen Alleininhabers im Wege der Schenkungsanfechtung in Anspruch nahm, ebenso schutzwürdig sei, wie wenn er die Leistung unmittelbar von der AG erhalten hätte. Die ausschließlich vermögensrechtlichen Beziehungen zwischen einem Kreditgeber und einem Kreditnehmer, um die es in der Entscheidung

BGH, Urt. v. 25.6.1992 – IX ZR 4/91, ZIP 1992, 1089 = WM 1992, 1502 = NJW 1992, 2421, dazu *Marotzke/Assmann*, EWiR 1992, 841

gegangen sei, ließen sich mit einem Arbeitsverhältnis und dessen Besonderheiten nicht vergleichen.

BGH, Urt. v. 12.12.1996 – IX ZR 76/96, ZIP 1997, 247 = WM 1997, 277 = NJW 1997, 866, dazu *M. Huber*, EWiR 1997, 267 (kritisch); *Paulus*, WuB VI B. § 32 Nr. 1 KO 1.97 (zust.);

BAG, Urt. v. 17.12.2015 – 6 AZR 186/14, BAGE 154, 28 Rn. 14 ff = ZIP 2016, 377.

Eine Leistung ist **unentgeltlich**, wenn ihr nach dem Inhalt des ihr zugrunde 1042 liegenden Rechtsgeschäfts **keine Gegenleistung gegenübersteht**, dem Leistenden also keine dem von ihm aufgegebenen Vermögenswert entsprechende Gegenleistung zufließt. Eine Sonderzahlung beruht auf dem Darlehensvertrag und führt zum Erlöschen der Forderung aus § 488 BGB, welche die Bank durch Abschluss des Darlehensvertrages und Ausreichung des vereinbarten Darlehens, also entgeltlich, erworben hatte. Im Verhältnis zur **Bank** ist die Leistung folglich **nicht unentgeltlich**.

BGH, Urt. v. 13.2.2014 – IX ZR 133/13, ZIP 2014, 528 = WM 2014, 516 Rn. 14, dazu *Baumert*, EWiR 2014, 325.

Zwar ist die Hingabe der Darlehensvaluta entgeltlich, weil der Empfänger 1043 zur Rückzahlung des Darlehens verpflichtet ist. Dies ändert jedoch nichts daran, dass die mit der zinslosen Überlassung auf Zeit eingeräumte Kapitalnutzung eine unentgeltliche Leistung darstellt. Eine unentgeltliche Leistung im Zwei-Personen-Verhältnis liegt stets vor, wenn der leistende Schuldner für den von ihm aufgegebenen Vermögenswert keine diesem entsprechende Gegenleistung erhalten soll, weil den Empfänger seinerseits keine Leistungsverpflichtung trifft und insoweit kein die Leistung des Schuldners ausgleichender Vermögenswert vorliegt.

BGH, Urt. v. 15.11.2018 – IX ZR 229/17, ZIP 2019, 233 Rn. 25, dazu *Mordhorst*, EWiR 2019, 343.

Dass die darlehensweise Hingabe der Darlehensvaluta eine entgeltliche Leis- 1044 tung darstellt, steht einer Anfechtung hinsichtlich der unentgeltlichen Kapitalnutzung nicht entgegen. Insoweit liegt bei einem zinslosen Darlehen eine teilweise unentgeltliche Leistung vor, die gemäß § 134 InsO anfechtbar ist. Ist die Leistung des Schuldners teilbar, kann die Anfechtung auf den unentgeltlichen Teil der Leistung beschränkt werden.

BGH, Urt. v. 15.11.2018 – IX ZR 229/17, ZIP 2019, 233 Rn. 26, dazu *Mordhorst*, EWiR 2019, 343.

Maßgeblich für die Beurteilung der Frage, ob eine Zuwendung entgeltlich 1045 oder unentgeltlich ist, ist der **Zeitpunkt der Vollendung des Rechtserwerbs** (§ 140 InsO).

BGH, Urt. v. 24.6.1993 – IX ZR 96/92, ZIP 1993, 1170
= WM 1993, 1801,
dazu *Brehm/Berger*, EWiR 1993, 933;

BGH, Urt. v. 3.3.2005 – IX ZR 441/00, BGHZ 162, 276, 280 f
= ZIP 2005, 767 = WM 2005, 853,
dazu *Haas/Panier*, EWiR 2005, 737;

BGH, Urt. v. 30.3.2006 – IX ZR 84/05, ZIP 2006, 957
= WM 2006, 1156 = NZI 2006, 399,
dazu *Henkel*, EWiR 2006, 469.

1046 Der Insolvenzverwalter kann die Auszahlung von auf Geschäftsbesorgungsverträgen beruhenden, in „Schneeballsystemen" erzielten, nicht geschuldeten Scheingewinnen durch den späteren Insolvenzschuldner als objektiv unentgeltliche Leistung nach § 134 Abs. 1 InsO anfechten.

BGH, Urt. v. 18.7.2013 – IX ZR 198/10, ZIP 2013, 1533 Rn. 9
= WM 2013, 1504 = NZI 2013, 841;

BGH, Urt. v. 1.10.2020 – IX ZR 247/19, ZIP 2020, 2242 Rn. 10 f
= WM 2020, 2073;

BGH, Urt. v. 22.7.2021 – IX ZR 26/20, ZIP 2021, 1768 Rn. 12
= WM 2021, 1646 = NZI 2021, 973;

BGH, Urt. v. 14.12.2023 – IX ZR 10/23, WM 2024, 353 Rn. 12
= NZI 2024, 215.

1047 Dies entsprach schon der Rechtsprechung unter Geltung der Konkursordnung, die der BGH im Anwendungsbereich der Insolvenzordnung fortgeführt. Einseitigen Vorstellungen des Leistungsempfängers über eine Entgeltlichkeit der Leistung kommt selbst dann keine Bedeutung zu, wenn der Irrtum durch den Schuldner hervorgerufen worden ist.

1048 Allerdings ist zu differenzieren, ob es sich tatsächlich um Scheingewinne handelt, auf die der Anleger keinen Anspruch hatte. Sind die Anlageverträge so ausgestaltet, dass der Anleger auch dann einen wirksamen Anspruch auf Zahlungen hat, wenn keine Gewinne erwirtschaftet worden sind (z. B. bei einer „Garantiezahlung" oder „Mindestverzinsung" oder ähnlichem), ist die Zahlung entgeltlicher Natur. Dass ein Schneeballsystem betrieben wurde, sagt für sich genommen über die Frage nach den Ansprüchen des Anlegers nichts aus. Daher kommt es stets darauf, worauf nach den ggf. auszulegenden Verträgen Anspruch bestand.

BGH, Urt. v. 14.12.2023 – IX ZR 10/23, WM 2024, 353 Rn. 12
= NZI 2024, 215.

1049 Auch Auszahlungen auf die Einlage – etwa nach einer Kündigung der Beteiligung – sind keine unentgeltliche Leistung. Die Rückzahlung der Einlage stellt in diesen Fällen den Gegenwert für die vom Anleger erbrachte Einlage dar. Dies setzt jedoch voraus, dass dem Anleger ein entsprechender Anspruch auf Rückzahlung der Einlage zustand, woran es fehlt, wenn der Anleger am Verlust teilnnimmt und die Einlage durch Verluste aufgezehrt ist.

BGH, Urt. v. 22.4.2010 – IX ZR 163/09, ZIP 2010, 1253 Rn. 11 = WM 2010, 1182;

BGH, Urt. v. 22.4.2010 – IX ZR 225/09, ZIP 2010, 1455 Rn. 9 ff = WM 2010, 1507 = NZI 2010, 764;

BGH, Urt. v. 14.12.2023 – IX ZR 10/23, WM 2024, 353 Rn. 13 = NZI 2024, 215.

Sind die Ansprüche des Anlegers **gewinnabhängig** und nicht gewinnunabhängig, kommt es allein darauf an, ob die Schuldnerin in den streitgegenständlichen Jahren tatsächlich Gewinne erwirtschaftet hat. Ob dies der Fall war, hängt davon ab, ob die **Jahresabschlüsse**, welche jeweils Gewinne ausgewiesen haben, **fehlerhaft** und bei fehlerfreier Erstellung der Jahresabschlüsse Gewinne nicht angefallen sind. Soweit die vertraglichen Bedingungen in Bezug auf die Ausschüttungen an die Anleger (hier: Genussrechtsinhaber) die Begriffe „Jahresergebnis", „Jahresüberschuss" und „Jahresfehlbetrag" verwenden, sind sie in ihrer handesbilanzrechtlichen Bedeutung zu verstehen. Dabei handelt es sich um Begriffe aus der Buchführung (§§ 238 ff HGB). Jahresüberschuss oder Jahresfehlbetrag werden in der Gewinn- und Verlustrechnung ausgewiesen; diese bildet zusammen mit der Bilanz den Jahresabschluss (§ 242 Abs. 2 und 3, § 275 HGB, § 158 AktG). Der gemeinsame Oberbegriff von Jahresüberschuss und Jahresfehlbetrag ist das Jahresergebnis (vgl. § 268 Abs. 1 Satz 1 HGB). In Allgemeinen Geschäftsbedingungen verwendete Rechtsbegriffe sind in der Regel entsprechend ihrer juristischen Fachbedeutung zu verstehen, insbesondere, wenn sie erkennbar auf eine gesetzliche Regelung Bezug nehmen. Enthalten die Jahresabschlüsse handelsrechtlich zulässige Bewertungen, liegt ein Fehler nicht vor. 1050

BGH, Urt. v. 2.12.2021 – IX ZR 110/20, WM 2022, 126 Rn. 18.

Besteht mangels Gewinnen kein Anspruch, ist regelmäßig von einer rechtsgrundlosen Leistung auszugehen, die auch nicht durch einen gleichzeitig entstehenden Bereicherungsanspruch kompensiert wird und deshalb unentgeltlich ist. Denn Weiß der Schuldner, dass er keine Gewinne, sondern im Gegenteil Verluste erwirtschaftet und ein betrügerisches Schneeballsystem betreibt, dann weiß er auch, dass die vereinbarten Voraussetzungen für die Ausschüttung nicht vorliegen und die Anleger keine Ansprüche auf die Ausschüttungen gegen ihn haben. Dagegen spricht nicht, dass die festgestellten Jahresabschlüsse fälschlich Gewinne und keine Jahresfehlbeträge ausweisen und von einem Wirtschaftsprüfer bestätigt worden sind. Denn der Schuldner hat aufgrund seiner Kenntnis, dass er nur noch Verluste erwirtschaftet und das eingeworbene Kapital ganz oder aber zu einem großen Teil benutzen muss, um die früheren Anleger zu bezahlen, auch Kenntnis davon, dass die betroffenen Jahresabschlüsse fehlerhaft sind und keine Grundlage für die vereinbarten Ausschüttungen darstellen können. Vertraglich vereinbarte, von Jahresüberschüssen abhängige Gewinnausschüttungen sind unentgeltlich, wenn die Jahresabschlüsse fehlerhaft sind, fehlerfrei erstellte Jahresabschlüsse 1051 keine Gewinne ausgewiesen hätten und der Schuldner aufgrund einer Parallelwertung in der Laiensphäre darum wusste.

> BGH, Urt. v. 1.10.2020 – IX ZR 247/19, ZIP 2020, 2242 Rn. 31 = WM 2020, 2073;
>
> BGH, Urt. v. 22.7.2021 – IX ZR 26/20, ZIP 2021, 1768 Rn. 36 = WM 2021, 1646 = NZI 2021, 973;
>
> BGH, Urt. v. 14.12.2023 – IX ZR 10/23, WM 2024, 353 Rn. 22 = NZI 2024, 215.

1052 Der Anfechtungsgegner ist nicht so zu stellen, als könne er mit seinen gegen den Schuldner begründeten Schadensersatzansprüchen gegen den Rückgewähranspruch **aufrechnen**. War der Anleger unter der Geltung der Konkursordnung ohne die Vorschrift des § 814 BGB nicht verpflichtet, die an ihn ausgeschütteten Scheingewinne nach Bereicherungsrecht an die Masse zurückzuzahlen, sondern konnte er mit Schadensersatzansprüchen gegen den Schuldner aufrechnen, sollte dieses Ergebnis durch die Anwendung des § 814 BGB, der den Schutz des Schuldners des Bereicherungsanspruchs bezweckt, nicht vereitelt werden. Um diesen Normwiderspruch zu vermeiden, war der Anleger nach der damaligen Rechtsprechung des BGH so zu stellen, als hätte er mit Schadensersatzansprüchen aufrechnen können

1053 Mit der Einführung der Insolvenzordnung hat sich die Rechtslage in dem hier maßgeblichen Punkt geändert. Anders als im Anwendungsbereich der Konkursordnung wird durch § 814 BGB ein Normwiderspruch nicht mehr hervorgerufen. Im Anwendungsbereich der Insolvenzordnung kann der Empfänger einer nicht geschuldeten, aber auch anfechtbaren Leistung des Schuldners nicht einwenden, er könne gegen den neben § 143 InsO bestehenden Bereicherungsanspruch nur wegen § 814 BGB nicht aufrechnen; der Aufrechnung steht nunmehr auch § 96 Abs. 1 Nr. 3 InsO entgegen. Zu dieser Vorschrift ist anerkannt, dass die gläubigerbenachteiligende Wirkung, die mit der Herstellung einer Aufrechnungslage eintritt, selbständig angefochten werden kann. Als Rechtshandlung kann an jedes Geschäft angeknüpft werden, das zum anfechtbaren Erwerb einer Gläubiger- oder Schuldnerstellung führt. Es kommen alle Anfechtungstatbestände in Betracht, auch die Anfechtung unentgeltlicher Leistungen nach § 134 InsO. Danach wäre eine Aufrechnung durch den Anfechtungsgegner auch dann insolvenzrechtlich unwirksam, wenn dem Schuldner ein nicht an § 814 BGB scheiternder Bereicherungsanspruch zugestanden hätte. Der Anfechtungsgegner hätte die Möglichkeit der Aufrechnung dadurch erhalten, dass er durch eine unentgeltliche und damit nach § 134 Abs. 1 InsO anfechtbare Leistung der Schuldnerin zugleich auch Schuldner eines Bereicherungsanspruchs geworden wäre, nachdem er zuvor bereits Gläubiger eines Schadensersatzanspruchs war. Der Insolvenzverwalter hätte den Bereicherungsanspruch nach § 96 Abs. 1 Nr. 3 InsO unabhängig von der Gegenforderung des Anfechtungsgegners durchsetzen können; eine etwa schon vor Eröffnung des Insolvenzverfahrens erfolgte Aufrechnungserklärung wäre mit Eröffnung insolvenzrechtlich unwirksam geworden.

BGH, Urt. v. 11.12.2008 – IX ZR 195/07, BGHZ 179, 137
= ZIP 2009, 186, 187 Rn. 7 ff = WM 2009, 178
= NJW 2009, 363 = ZInsO 2009, 185,
dazu *Runkel/J.M. Schmidt*, EWiR 2009, 419;

BGH, Urt. v. 13.3.2008 – IX ZR 117/07, ZIP 2008, 975 f Rn. 6 ff;

BGH, Urt. v. 22.4.2010 – IX ZR 163/09, ZIP 2010, 1253 Rn. 8 ff
= WM 2010, 1182 = NZI 2010, 605 = ZInsO 2010, 1185,
dazu *M. Hofmann*, EWiR 2010, 619;

BGH, Urt. v. 22.4.2010 – IX ZR 225/09, ZIP 2010, 1455 Rn. 7
= WM 2010, 1507 = NZI 2010, 764 = ZInsO 2010, 1454,
dazu *Rigol*, EWiR 2010, 753;

BGH, Urt. v. 9.12.2010 – IX ZR 60/10, ZIP 2011, 390 Rn. 5
= WM 2011, 364 = ZInsO 2011, 428,
dazu *Kirstein*, EWiR 2011, 291.

Der aus der Anfechtung von Ausschüttungen im Rahmen eines Schneeballsystems resultierende Rückgewähranspruch erstreckt sich mangels Unentgeltlichkeit nicht auf Auszahlungen, mit denen – etwa nach einer Kündigung der Mitgliedschaft in der Anlegergemeinschaft – **vom Anleger erbrachte Einlagen** zurückgewährt worden sind, wenn und weil der Anleger Anspruch auf die Rückgewähr hat. Erhält der Anleger, der sich an einem nach dem Schneeballsystem konzipierten betrügerischen Kapitalanlagemodell beteiligt hat, Auszahlungen, die sowohl auf Scheingewinne als auch auf die Einlage erfolgen, so sind diese nur gemäß § 134 Abs. 1 InsO anfechtbar, soweit es um Auszahlungen auf Scheingewinne geht. Auszahlungen auf die Einlage – etwa nach einer Kündigung der Beteiligung – sind mangels unentgeltlicher Leistung nicht anfechtbar. Die Rückzahlung der Einlage stellt in diesen Fällen den Gegenwert für die vom Anleger erbrachte Einlage dar. 1054

BGH, Urt. v. 22.4.2010 – IX ZR 225/09, ZIP 2010, 1455 Rn. 11 ff
= WM 2010, 1507 = NZI 2010, 764 = ZInsO 2010, 1454,
dazu *Rigol*, EWiR 2010, 753;

BGH, Urt. v. 9.12.2010 – IX ZR 60/10, ZIP 2011, 390 Rn. 5
= WM 2011, 364 = ZInsO 2011, 428,
dazu *Kirstein*, EWiR 2011, 291;

BGH, Urt. v. 10.2.2011 – IX ZR 18/10, ZIP 2011, 674 Rn. 8
= WM 2011, 659 = NZI 2011, 324 = ZInsO 2011, 728.

In dem über den Betrag der Einzahlung hinausgehenden Umfang handelt es sich um die Auszahlung von Scheingewinnen, die als unentgeltliche Leistung der Anfechtung nach § 134 Abs. 1 InsO unterliegt. Soweit die Auszahlung auf die **ungeschmälerte** Einlage erfolgt, sind die Voraussetzungen einer Schenkungsanfechtung hingegen nicht gegeben. Erbringt der Schuldner eine Leistung im Rahmen eines entgeltlichen Vertrags, ist seine Leistung entgeltlich, soweit durch sie eine bestehende Verbindlichkeit erfüllt wird. Gegenleistung ist dann die vom Schuldner erlangte Befreiung von seiner Schuld. Die Rückzahlung der Einlage ist daher grundsätzlich nur insoweit entgeltlich, als der 1055

Schuldner nach den vertraglichen Vereinbarungen verpflichtet war, die Einlage an den Anleger zurückzuzahlen. Der anfechtende Insolvenzverwalter kann sich nicht darauf berufen, die Einlage sei durch Verluste und Verwaltungsgebühren teilweise aufgebraucht, weil diesem Einwand § 242 BGB entgegensteht.

> BGH, Urt. v. 9.12.2010 – IX ZR 60/10, ZIP 2011, 390 Rn. 9 ff = WM 2011, 364 = ZInsO 2011, 428;
>
> BGH, Urt. v. 10.2.2011 – IX ZR 18/10, ZIP 2011, 674 Rn. 14 = WM 2011, 659 = NZI 2011, 324 = ZInsO 2011, 728;
>
> BGH, Urt. v. 22.9.2011 – IX ZR 209/10, ZIP 2011, 2264 = WM 2011, 2237 Rn. 19 = NZI 2011, 976 = ZInsO 2011, 2232, dazu *Ludwig*, EWiR 2012, 93;
>
> BGH, Urt. v. 14.12.2023 – IX ZR 10/23, WM 2024, 353 Rn. 13 = NZI 2024, 215.

1056 Durch die Teilnahme an dem praktizierten Anlagemodell haben die Anleger auch dann keinen Anspruch auf die Auszahlung von Scheingewinnen erlangt, wenn diese auf von der Schuldnerin erstellten Kontoauszügen zu Gunsten der Anleger gebucht worden sind. Stellen Umbuchungen der Gewinnzuweisungen keine Schuldumschaffung dar, so hat sich nichts an der rechtlichen Qualität des Guthabens geändert. Meldet ein Anleger einen solchen Anspruch zur Tabelle an, kann der Verwalter im Wege des Widerspruchs (§ 178 Abs. 1 Satz 1 InsO) geltend machen, dass die Forderung nicht besteht. Wird angenommen, die Umbuchung habe eine neue Einlagenforderung begründet (§ 364 Abs. 1 BGB), so ist die Umwandlung der Gewinnzuweisung in eine Einlagenforderung gemäß § 134 Abs. 1 InsO anfechtbar. Auch die Anfechtbarkeit einer angemeldeten Forderung kann vom Verwalter mit dem Widerspruch gemäß § 178 Abs. 1 Satz 1 InsO geltend gemacht werden.

> BGH, Urt. v. 29.3.2012 – IX ZR 207/10, ZIP 2012, 931 = WM 2012, 886 = NJW 2012, 2195 = ZInsO 2012, 875 Rn. 19, dazu *Kruth*, EWiR 2012, 425.

1057 Ausschüttungen im Rahmen eines als Schneeballsystem geführten Anlagemodells erfolgen in der Regel zunächst auf ausgewiesene Scheingewinne und erst danach auf die geleistete Einlage. Verlangte der Anleger die Auszahlung nur eines Teilbetrags des Guthabens, entsprach es grundsätzlich dem Anlagekonzept und den Interessen der Beteiligten, den Betrag der Einlage nach Möglichkeit zur weiteren Tätigung von Anlagegeschäften stehen zu lassen und nur die bisher erwirtschafteten Gewinne abzuziehen. Ein Auszahlungsauftrag ist daher regelmäßig dahin auszulegen, dass in erster Linie eine Auszahlung der erzielten Gewinne erfolgen sollte und nur dann eine Auszahlung der Einlage, wenn das aus den Gewinnen resultierende Guthaben für die beantragte Auszahlung nicht ausreichte.

> BGH, Urt. v. 10.2.2011 – IX ZR 18/10, ZIP 2011, 674 Rn. 10 ff = WM 2011, 659 = NZI 2011, 324 = ZInsO 2011, 728.

Wird **das Guthaben bei einem Finanzdienstleister auf Weisung des Kontoinhabers auf das Konto eines Dritten bei demselben Finanzinstitut umgebucht**, so liegt hierin zugleich die Rückzahlung des Guthabens an den ursprünglichen Forderungsinhaber. Die Umbuchung von in „Schneeballsystemen" erzielten Scheingewinnen auf ein anderes Anlagekonto desselben Anlegers begründet dagegen keinen anfechtungsrechtlichen Rückgewähranspruch. Wird im Zwei-Personen-Verhältnis ein Bankkredit durch einen anderen Kredit unter Verwendung eines neuen Kontos abgelöst, so liegt im Zweifel keine Schuldumschaffung (§ 364 Abs. 1 BGB), sondern eine bloße Vertragsänderung vor. Dieser Grundsatz gilt für die Umbuchung eines Guthabens bei einem Finanzdienstleister entsprechend. Sie ist dahingehend auszulegen (§§ 133, 157 BGB), dass lediglich das Vertragsverhältnis aus dem Konto des Erblassers mit dem bisherigen Konto der Beklagten zusammengeführt worden ist, ohne hierdurch neue Ansprüche zu begründen. 1058

BGH, Urt. v. 29.3.2012 – IX ZR 207/10, ZIP 2012, 931 = WM 2012, 886 = NJW 2012, 2195 = ZInsO 2012, 875 Rn. 12 f.

Der Insolvenzverwalter kann die Auszahlung eines gesellschaftsrechtlichen Scheinauseinandersetzungsguthabens als unentgeltliche Leistung anfechten, wenn tatsächlich keine Erträge erwirtschaftet worden sind, sondern die Auszahlung aus einer im Schneeballsystem gewonnenen Einlage ermöglicht wird. Da der Anleger die Geldmittel nicht im Rahmen eines Geschäftsbesorgungsvertrages zur Verfügung gestellt hat, sondern der Anlagegesellschaft als Gesellschafter beigetreten ist, hat er nach Kündigung seiner Beteiligung nur einen Anspruch auf Abfindung in Höhe des Werts seiner Beteiligung, anders als bei Abschluss eines Geschäftsbesorgungsvertrages aber nicht auf Rückerstattung seiner Einlage. Im Unterschied zur Teilnahme an Optionsgeschäften kann bei Beendigung einer stillen Beteiligung die Einlage also nur zurückverlangt werden, wenn ein entsprechendes Gesellschaftsvermögen vorhanden ist. Der Anspruch bemisst sich nach dem Wert der Beteiligung im Kündigungszeitpunkt. Denn der Anleger nimmt an den bis zu diesem Zeitpunkt eingetretenen Gewinnen und Verlusten der Gesellschaft im Verhältnis seiner Beteiligung teil, weil seiner Kündigung nach den Regeln des Gesellschaftsrechts keine Rückwirkung zukommt. 1059

BGH, Urt. v. 18.7.2013 – IX ZR 198/10, ZIP 2013, 1533 = WM 2013, 1504 = NZI 2013, 841 = ZInsO 2013, 1577 Rn. 10 ff, dazu *H. F. Müller*, EWiR 2013, 587.

Bei den **Gewinnvorauszahlungen** handelt es sich um unentgeltliche Leistungen. Denn die Schuldnerin hat nicht bestehende Forderungen des Beklagten erfüllt. Bei den Zahlungen handelte es sich entweder um die Auszahlung von Scheingewinnen oder aber um monatliche Vorauszahlungen auf künftige Gewinne. In beiden Fällen hatte der Beklagte auf die Zahlungen keinen Anspruch. 1060

BGH, Urt. v. 18.7.2013 – IX ZR 198/10, ZIP 2013, 1533 = WM 2013, 1504 = NZI 2013, 841 = ZInsO 2013, 1577 Rn. 33 ff.

1061 Die Zahlung einer **Kommanditgesellschaft** an ihren Kommanditisten, der ein gewinn*un*abhängiges Zahlungsversprechen im Gesellschaftsvertrag zugrunde liegt, ist nicht schon deswegen unentgeltlich, weil die Zahlung nicht durch Gewinne der Kommanditgesellschaft gedeckt ist.

1062 Zahlungen, mit denen eine Kommanditgesellschaft den Anspruch auf Rückgewähr einer Einlage oder auf Zahlung eines Auseinandersetzungsguthabens erfüllt, sind keine unentgeltliche Leistung. Über die Regelung des § 169 Abs. 1 HGB hinaus sind Ausschüttungen an die Kommanditisten zulässig, wenn der Gesellschaftsvertrag dies vorsieht oder die Ausschüttung durch das Einverständnis aller Gesellschafter gedeckt ist. Solche Ausschüttungen können in der Weise vereinbart werden, dass sie auch insoweit zu gewähren und zu belassen sind, als sie nicht durch Gewinne gedeckt sind, also letztlich in Form einer festen Kapitalverzinsung oder garantierter Mindesttantieme zu Lasten des Kapitals gehen. Sie sind entgeltlich, wenn sie Gegenleistung für die Pflichteinlage sind. Dass diese Zinszahlungen auf etwaige Gewinne angerechnet werden, lässt die Verpflichtung zu deren Zahlung nicht für den Fall entfallen, dass Gewinne nicht erwirtschaftet werden. Vielmehr ist ein Kommanditist, wenn an ihn auf der Grundlage einer Ermächtigung im Gesellschaftsvertrag eine Auszahlung geleistet wurde, obwohl sein Kapitalanteil durch Verlust unter den auf die bedungene Einlage geleisteten Betrag herabgemindert ist oder durch die Auszahlung unter diesen Betrag herabgemindert wird oder eine bereits bestehende Belastung vertieft wird, nur dann zur Rückzahlung an die Gesellschaft verpflichtet, wenn der Gesellschaftsvertrag dies hinreichend klar vorsieht.

> BGH, Urt. v. 20.4.2017 – IX ZR 189/16, ZIP 2017, 1284 = WM 2017, 1312, Rn. 7 ff,
> dazu *Freitag*, EWiR 2017, 503.

1063 Zahlungen des Inhabers eines Handelsgewerbes an **einen stillen Gesellschafter**, denen ein gewinnunabhängiges Zahlungsversprechen im Gesellschaftsvertrag zugrunde liegt, sind entgeltliche Leistungen, wenn sie die Gegenleistung für die erbrachte Einlage darstellen.

1064 Auszahlungen an einen stillen Gesellschafter, mit denen nach einer Kündigung der Gesellschaftsbeteiligung die Einlage des stillen Gesellschafters zurückgewährt wird, sind entgeltlich, soweit ein Auseinandersetzungsguthaben des stillen Gesellschafters besteht. Zahlungen an einen stillen Gesellschafter, die auf die Gewinnbeteiligung des stillen Gesellschafters gemäß §§ 231, 232 HGB erfolgen, sind entgeltlich, soweit ein auf den stillen Gesellschafter entfallender Gewinnanteil tatsächlich erzielt worden ist oder der Gesellschaft für überzahlte Gewinne bereicherungsrechtliche oder vertragliche Rückzahlungsansprüche gegen den stillen Gesellschafter zustehen. Hingegen sind Zahlungen auf Scheingewinne unentgeltlich, wenn der Schuldner wusste, dass kein Anspruch auf Auszahlung eines Gewinns bestand.

> BGH, Urt. v. 5.7.2018 – IX ZR 139/17, ZIP 2018, 1746 Rn. 13,
> dazu *Vosberg/Klawa*, EWiR 2019, 53;

BGH, Urt. v. 14.12.2023 – IX ZR 10/23, WM 2024, 353 Rn. 13 ff = NZI 2024, 215.

Auch wenn die Gesellschaft keine Gewinne erzielte, sind über die Regelung der §§ 231, 232 HGB hinaus Zahlungen an die stillen Gesellschafter zulässig, wenn der Gesellschaftsvertrag dies vorsieht. Solche Ausschüttungen können – abweichend von der gesetzlichen Regel – in der Weise vereinbart werden, dass dem stillen Gesellschafter eine feste Verzinsung seiner Einlage versprochen wird, die unabhängig davon ist, ob der jährliche Gewinn zur Deckung des garantierten Betrages ausreicht oder ob überhaupt Gewinn erzielt wird. Sie gehen damit letztlich zu Lasten des Kapitals. Sie sind entgeltlich, wenn sie die Gegenleistung für die Pflichteinlage darstellen. 1065

BGH, Urt. v. 5.7.2018 – IX ZR 139/17, ZIP 2018, 1746 Rn. 14, dazu *Vosberg/Klawa*, EWiR 2019, 53.

Eine Anfechtung kommt insbesondere in Betracht, wenn ein insolventer Ehegatte den Anteil an einem gemeinsamen **Hausgrundstück** an den anderen Ehegatten verschenkt. Hat der Schuldner seinen Miteigentumsanteil an einem Grundstück auf den anderen Miteigentümer nach § 134 InsO anfechtbar übertragen, kann der Gläubiger vom nunmehrigen Alleineigentümer als Anfechtungsgegner auch ohne vorherige Pfändung und Überweisung der Ansprüche auf Aufhebung der Gemeinschaft sowie auf Teilung und Auskehrung des Erlöses die Duldung der Zwangsversteigerung des ganzen Grundstücks verlangen, allerdings nur zwecks Befriedigung aus dem Teil des Versteigerungserlöses, der dem Schuldner ohne die anfechtbare Rechtshandlung zugestanden hätte. Dieses Vorgehen bietet sich an, wenn der halbe Grundstückswert (150.000 €) die Summe der dinglichen Belastungen (200.000 €) unterschreitet, aber bei einer Veräußerung des gesamten Grundstücks ein die dinglichen Belastungen übersteigender Erlös (300.000 €) zu erwarten ist. Damit ist dem Anfechtungskläger die Möglichkeit eröffnet, die Versteigerung des ganzen Grundstücks zu betreiben und so zu erreichen, dass ein die Grundpfandrechte und die Verfahrenskosten übersteigender Erlös erzielt und der Überschuss zur Hälfte an ihn ausgekehrt wird. 1066

BGH, Urt. v. 23.2.1984 – IX ZR 26/83, BGHZ 90, 207 = ZIP 1984, 489 = WM 1984, 440 = NJW 1984, 1968.

Hat der Schuldner seinen hälftigen Miteigentumsanteil an einem Grundstück dem anderen Miteigentümer geschenkt, so umfasst die Anfechtung die in der Regel auch unentgeltlich zugewendeten Anteile des Schuldners an den Ansprüchen auf Rückgewähr nicht valutierter Grundschulden. Dies ist insbesondere von Bedeutung, wenn das Grundstück mit Grundschulden belastet ist, dies aber nicht mehr oder nur noch zu Teilen valutieren. In diesem Fall kann der Gläubiger ohne vorherige Pfändung und Überweisung von Ansprüchen die Duldung der Zwangsversteigerung des ganzen Grundstücks verlangen, allerdings nur zwecks Befriedigung aus dem Teil des Versteigerungserlöses, der dem Schuldner ohne die anfechtbare Rechtshandlung, also unter 1067

Berücksichtigung auch seiner früheren Anteile an den Rückgewähransprüchen, zugestanden hätten.

> BGH, Urt. v. 10.1.1985 – IX ZR 2/84, ZIP 1985, 372 = WM 1985, 427, dazu *Gerhardt*, EWiR 1985, 245;
>
> BGH, (Nichtannahme-)Beschl. v. 6.4.2000 – IX ZR 160/98, BGHR AnfG § 7 Abs. 1 – Rückgewähr 14.

1068 Hat der Schuldner seinen **Miterbenanteil** dem einzigen anderen Miterben anfechtbar übertragen, so ist eine Rückgewähr in Natur ebenfalls nicht allgemein ausgeschlossen. Sie ist jedenfalls möglich, wenn der Nachlass nur aus einem Grundstück besteht. Der Anfechtungsgegner ist zur Wiederherstellung der Zugriffslage verpflichtet, die ohne die anfechtbare Handlung des Schuldners bestanden hätte. Er muss sich schuldrechtlich so behandeln lassen, dass das durch die anfechtbare Rechtshandlung für den Zugriff des Gläubigers geschaffene Hindernis beseitigt wird. Das bedeutet, dass der Anfechtungsgegner zur Duldung der Zwangsvollstreckung in das gesamte Grundstück zwecks Befriedigung der titulierten, fälligen Forderungen des Klägers aus dem Teil des Versteigerungserlöses verpflichtet ist, der nach Abzug der im Versteigerungsverfahren vorrangig zu berücksichtigenden Rechte und der sonstigen Nachlassverbindlichkeiten dem Schuldner als Miterbe zugestanden hätte. Die Beschränkung der Befriedigung auf diesen Teil des Versteigerungserlöses muss der Kläger bereits in seinem Klageantrag zum Ausdruck bringen.

> BGH, Urt. v. 19.3.1992 – IX ZR 14/91, ZIP 1992, 558 = WM 1992, 1199, dazu *Gerhardt*, EWiR 1992, 531.

1069 Überträgt eine BGB-Gesellschaft einen Vermögensgegenstand auf einen ihrer Gesellschafter und wirkt hierbei ein Gesellschafter unter den Voraussetzungen des § 134 InsO mit, so kann die Übertragung insgesamt anfechtbar sein. Pfändet ein Gläubiger den Anteil seines Schuldners am Vermögen der BGB-Gesellschaft und lässt er ihn sich überweisen, so kann er – nach einer Kündigung der Gesellschaft – grundsätzlich auch den Anspruch des Gesellschafter-Schuldners auf Durchführung der Auseinandersetzung ausüben. Auskunfts- oder Verwaltungsrechte sind damit nicht verbunden. Verwaltet eine BGB-Gesellschaft nur einen einzigen Vermögensgegenstand, so kann der pfändende und kündigende Gläubiger eines Gesellschafters unmittelbar auf Duldung der öffentlichen Veräußerung des Gegenstands und Auszahlung des dem Gesellschafter-Schuldner nach Berichtigung der Gesellschaftsschulden gebührenden Anteils am Reinerlös klagen, wenn die übrigen Gesellschafter ihrerseits keine bessere Art der Verwertung anbieten oder sich jeder Auseinandersetzung widersetzen.

> BGH, Urt. v. 5.12.1991 – IX ZR 270/90, BGHZ 116, 222 = ZIP 1992, 109 = WM 1992, 366 = NJW 1992, 830, dazu *Henckel*, EWiR 1992, 307;
> *Brehm*, ZZP 105 (1992), 495.

1070 Lässt der Schuldner unentgeltliche Zuwendungen an einen Angehörigen aus dem Vermögen einer OHG erbringen, an der er beteiligt ist, und lässt er bei der OHG dafür zum Ausgleich sein Kapitalkonto mit entsprechenden Beträgen belasten, dann leistet er anfechtbar etwas aus seinem Vermögen.

> BGH, Urt. v. 23.11.1981 – VIII ZR 190/80, ZIP 1982, 76
> = WM 1982, 43.

Das **Stehenlassen einer Gesellschafterleistung**, das zur Umqualifizierung in Eigenkapital nach dem früheren Eigenkapitalersatzrecht führt, ist in der Insolvenz des Gesellschafters gegenüber der Gesellschaft als unentgeltliche Leistung anfechtbar. Bei einer Leistung, die der Gesellschafter an die Gesellschaft erbringt und die sofort nach Eingang bei der Gesellschaft eigenkapitalersetzend wird, kann die Anfechtbarkeit nach § 134 InsO nicht zweifelhaft sein. Eine Leistung des Gesellschafters liegt hier zweifelsfrei vor. Sie ist auch unentgeltlich, weil keine ausgleichende Gegenleistung erfolgt. Das Stehenlassen der Gesellschafterleistung, das zur Umqualifizierung der Leistung in Eigenkapital führt, ist – wenn es willentlich stattfindet – der aktiven Zuführung eigenkapitalersetzender Mittel zu einem Zeitpunkt, in dem sich die Gesellschaft in einer Krise im Sinne des Eigenkapitalersatzrechts befindet, gleichzusetzen. **1071**

> BGH, Urt. v. 2.4.2009 – IX ZR 236/07, ZIP 2009, 1080 Rn. 14 ff
> = WM 2009, 1042 = NZI 2009, 429 = ZInsO 2009, 1060,
> dazu *Brinkmann/Luttmann*, EWiR 2009, 549.

Die Auszahlung eines Gesellschafterdarlehens an die Gesellschaft kann nach dem durch das MoMiG begründeten Rechtszustand in der Insolvenz des Gesellschafters nicht mehr als unentgeltliche Leistung des Gesellschafters angefochten werden. Die Ausreichung eines Darlehens ist grundsätzlich ein entgeltliches Geschäft, weil der Darlehensvertrag den Darlehensnehmer nach § 488 Abs. 1 Satz 2 BGB verpflichtet, einen vereinbarten Zins zu zahlen, jedenfalls aber das zur Verfügung gestellte Darlehen bei Fälligkeit zurückzuzahlen. Handelt es sich nach diesen Grundsätzen um ein entgeltliches Geschäft, kann die von dem Schuldner erbrachte Zuwendung nicht schon deshalb als unentgeltlich angefochten werden, weil die Gegenleistung ausgeblieben ist. Hiervon sind Fallgestaltungen zu unterscheiden, in denen ein verlorener Zuschuss formal in die Form eines Darlehens gekleidet worden ist. Hierdurch kann der Schutz der Gläubigergesamtheit vor unentgeltlichen Verfügungen des Schuldners nicht vereitelt werden. Dem Darlehen steht – neben einer etwaigen Verzinsung des Darlehensbetrages – als vereinbarte Gegenleistung der außerhalb der Insolvenz der Gesellschaft rechtlich durchsetzbare Anspruch auf Rückzahlung des Darlehens nach Fälligkeit (§ 488 Abs. 1 Satz 2 BGB) gegenüber. Die Abwertung des Rückzahlungsanspruchs beschränkt sich vielmehr in tatsächlicher und zeitlicher Hinsicht auf Fälle, in denen das Insolvenzverfahren über das Vermögen der Gesellschaft eröffnet worden ist. § 39 Abs. 1 Nr. 5 InsO enthält lediglich eine für den Fall der Insolvenz der Gesellschaft eingreifende Regelung. Auf eine Gewährung oder das Stehenlassen eines Darlehens in der Krise der Gesellschaft i. S. d. § 32a Abs. 1 GmbHG a. F. kann für die nach neuem Recht zu beurteilenden Fälle aufgrund der Aufgabe des Merkmals „kapitalersetzend" und der nun voraussetzungslosen **1072**

Anordnung des Nachrangs für alle Ansprüche aus Gesellschafterdarlehen und Forderungen aus Rechtshandlungen, die einem solchen Darlehen wirtschaftlich entsprechen, nicht mehr abgestellt werden.

BGH, Urt. v. 13.10.2016 – IX ZR 184/14, ZIP 2016, 2483 Rn. 14 ff;

vgl. auch BGH, Urt. v. 27.6.2019 – IX ZR 167/18, BGHZ 222, 283 Rn. 60 = ZIP 2019, 1577 = WM 2019, 1561.

1073 Soll eine **Rangrücktrittsvereinbarung** die Vermeidung einer Insolvenz sicherstellen, muss sie nach der bis zum Inkrafttreten des MoMiG am 1.11.2008 maßgeblichen Gesetzeslage sowohl vor als nach Verfahrenseröffnung ausschließen, dass eine Darlehensforderung als Verbindlichkeit in die Bilanz aufgenommen wird. Demzufolge muss sich der Regelungsbereich einer Rangrücktrittsvereinbarung auf den Zeitraum vor und nach Insolvenzeröffnung erstrecken.

BGH, Urt. v. 5.3.2015 – IX ZR 133/14, ZIP 2015, 638 Rn. 16 = WM 2015, 623 = NZI 2015, 315, dazu *Bork*, EWiR 2015, 219.

1074 Nach dem Inhalt des bis zum Inkrafttreten des MoMiG maßgeblichen Rechts genügt ein Rücktritt in den Rang von § 39 Abs. 2 InsO a. F. den Anforderungen an einen qualifizierten Rangrücktritt, wenn der Gesellschafter in dieser Klasse an die letzte Stelle tritt. Als Folge des Rangrücktritts besteht keine Notwendigkeit, die Forderung in den Schuldenstatus der Gesellschaft aufzunehmen.

BGH, Urt. v. 5.3.2015 – IX ZR 133/14, ZIP 2015, 638 Rn. 17 = WM 2015, 623 = NZI 2015, 315, dazu *Bork*, EWiR 2015, 219.

1075 Diesen Anforderungen ist auch auf der Grundlage des durch das MoMiG umgestalteten Rechts (§ 19 Abs. 2 Satz 2, § 39 Abs. 2 InsO) im Wesentlichen zu genügen. Abweichend von dem früheren Verständnis kann die Erklärung nach dem Wortlaut des § 19 Abs. 2 Satz 2, § 39 Abs. 2 darauf beschränkt werden, hinter die Forderungen aus § 39 Abs. 1 Nr. 5 InsO zurückzutreten, ohne darüber hinaus eine Gleichstellung mit den Einlagerückgewähransprüchen zu verlautbaren.

BGH, Urt. v. 5.3.2015 – IX ZR 133/14, ZIP 2015, 638 Rn. 18 = WM 2015, 623 = NZI 2015, 315, dazu *Bork*, EWiR 2015, 219.

1076 In Einklang mit dem bisherigen Recht ist zur Vermeidung der andernfalls unumgänglichen Insolvenzantragspflicht (§ 15a InsO) zu verlangen, dass der Rangrücktritt auch den Zeitraum vor Verfahrenseröffnung erfasst. Eine Forderung kann nicht vor Verfahrenseröffnung durchsetzbar sein, nach Verfahrenseröffnung aber ausgeblendet werden, wenn es um die Feststellung der Überschuldung geht. Der Überschuldungsstatus würde die Schuldendeckungsfähigkeit nicht zutreffend abbilden, wenn eine vorinsolvenzliche Durchsetzungssperre fehlte.

BGH, Urt. v. 5.3.2015 – IX ZR 133/14, ZIP 2015, 638 Rn. 19
= WM 2015, 623 = NZI 2015, 315,
dazu *Bork*, EWiR 2015, 219.

Die Parteien haben mit einem Rangrücktritt ein rechtsgeschäftliches Zahlungsverbot vereinbart, als dessen Rechtsfolge Zahlungen des Schuldners an den Gläubiger im Stadium der Insolvenzreife bewusst ohne Rechtsgrund erbracht werden. Rechtlich sind ein gesetzliches und ein rechtsgeschäftliches Zahlungsverbot gleich zu behandeln. Mithin führt auch das zwischen den Parteien kraft des Rangrücktritts vereinbarte rechtsgeschäftliche Zahlungsverbot zur Rechtsgrundlosigkeit und damit Unentgeltlichkeit der in Kenntnis der Rechtsgrundlosigkeit (§ 814 BGB) erbrachten Leistung. 1077

BGH, Urt. v. 5.3.2015 – IX ZR 133/14, ZIP 2015, 638 Rn. 51, 52
= WM 2015, 623 = NZI 2015, 315,
dazu *Bork*, EWiR 2015, 219.

Sofern die Vermögenswerte auf der Grundlage einer wirksamen Vereinbarung treuhänderisch übertragen werden sollten, kann die Vermögensverlagerung infolge des Rückforderungsanspruchs des Treugebers nicht als unentgeltlich betrachtet werden. 1078

BGH, Urt. v. 7.9.2017 – IX ZR 224/16, ZIP 2017, 1863 Rn. 15,
dazu *A. Henkel*, EWiR 2018, 21.

Nichts anderes gilt, sofern das Treuhandverhältnis unwirksam gewesen sein sollte oder die Schuldnerin und die Beklagte tatsächlich kein Treuhandverhältnis eingegangen sind. Bei dieser Sachlage hätte die Beklagte die Zahlungen ohne Rechtsgrund erbracht. Dies führt jedoch nicht zur Anwendung des § 134 Abs. 1 InsO. 1079

BGH, Urt. v. 7.9.2017 – IX ZR 224/16, ZIP 2017, 1863 Rn. 16,
dazu *A. Henkel*, EWiR 2018, 21.

Die **treuhänderische Übertragung** einer gesellschaftsrechtlichen Beteiligung kann infolge des Rückforderungsanspruchs des Treugebers nicht als unentgeltlich betrachtet werden. 1080

BGH, Beschl. v. 23.1.2014 – IX ZR 15/13, Rn. 6;

BGH, Urt. v. 10.9.2015 – IX ZR 215/13, ZIP 2015, 2083 Rn. 7
= WM 2015, 1996,
dazu *Lau/Schlicht*, EWiR 2015, 775;

BGH, Urt. v. 6.12.2016 – IX ZR 257/15, ZIP 2017, 91 Rn. 42
= NZI 2017, 105.

Ein Vertrag, durch den einem Dienstleister von einer Wohnungsbaugenossenschaft für die bloße Präsentation von Immobilien, die im Falle eines Erwerbs seitens der Wohnungsbaugenossenschaft durch Ausgabe von öffentlich geförderten Genossenschaftsanteilen vertrieben werden sollen, eine monatliche erfolgsunabhängige Vergütung erheblicher Größenordnung zugesagt wird, kann wegen eines groben Missverhältnisses von Leistung und Gegenleistung sittenwidrig sein. In diesem Fall kann eine Schenkungsanfechtung ausscheiden, 1081 wenn der Dienstleister im Rahmen eines Vergleichs auf seine Forderung teilweise verzichtet. Wird ein Vergleich abgeschlossen, um die bei verständiger Würdigung des Sachverhalts oder der Rechtslage bestehende Ungewissheit durch gegenseitiges Nachgeben zu beseitigen, so lässt dies vermuten, dass die vereinbarte Regelung die gegenseitigen Interessen ausgewogen berücksichtigt hat. Innerhalb der von objektiver Ungewissheit gekennzeichneten Vergleichslage haben die Parteien für ihr gegenseitiges Nachgeben einen Ermessens- und Bewertungsspielraum. Wird die ernstliche Ungewissheit darüber, was der Gesetzeslage entspricht, durch gegenseitiges Nachgeben beseitigt, ist die Vermutung gerechtfertigt, dass das gegenseitige Nachgeben der Beteiligten in der ungewissen Sach- und Rechtslage begründet ist und demzufolge eine unentgeltliche Leistung ausschließt. Auf eine rechnerische Gegenüberstellung des beiderseitigen Nachgebens gegenüber der jeweiligen Ausgangsposition kommt es in diesem Rahmen nicht an. Das vergleichsweise Nachgeben eines Teils kann danach erst dann als unentgeltliche Leistung gewertet werden, wenn der Vergleichsinhalt den Bereich verlässt, der bei objektiver Beurteilung ernstlich zweifelhaft sein kann.

BGH, Urt. v. 9.11.2006 – IX ZR 285/03, ZIP 2006, 2391 Rn. 16 ff = WM 2007, 708 = NZI 2007, 101;

BGH, Urt. v. 8.3.2012 – IX ZR 51/11, ZIP 2012, 984 = WM 2012, 857.

1082 Diese Rechtsprechung ist nicht einschlägig, wenn der Verwalter nicht die im Vergleich getroffene Vereinbarung selbst angefochten hat, sondern die von der Schuldnerin auf die Verpflichtung aus dem Vergleich erbrachte Leistung. Der Umstand, dass mit dieser Leistung der im Vergleich vereinbarte Verzicht der Beklagten auf weitergehende Forderungen wirksam wurde, begründet im Verhältnis zur Schuldnerin ebenfalls nicht die Entgeltlichkeit der Leistung; insoweit kommt es, wie bei der durch die Zahlung erfüllten Forderung, auf die Werthaltigkeit der Forderungen an.

BGH, Urt. v. 25.2.2016 – IX ZR 12/14, ZIP 2016, 581 Rn. 12 = WM 2016, 553 = NZI 2016, 398.

1083 Unterwirft sich der Verletzer eines Markenrechts dem Anspruch des Verletzten durch die Abgabe einer strafbewehrten Unterlassungserklärung, stellt weder die für den Fall einer Zuwiderhandlung übernommene Verpflichtung zu einer Vertragsstrafe noch deren Zahlung eine unentgeltliche Leistung des Verletzers dar. Der aus der Unterwerfungserklärung Berechtigte erlangt zwar durch das Vertragsstrafeversprechen einen Anspruch, der nicht bereits von Gesetzes wegen oder aufgrund einer gegebenen vertraglichen Verpflichtung des Schuldners bestand. Er verliert aber zugleich das Recht, seinen Anspruch auf Unterlassung (§ 14 Abs. 5 MarkenG) auf dem gesetzlich vorgesehenen Weg durchzusetzen, weil mit der Abgabe einer strafbewehrten Unterlassungserklärung die aus einer Kennzeichenverletzung folgende tatsächliche Vermutung für das Vorliegen einer Wiederholungsgefahr als einer materiellrechtlichen Voraussetzung eines Unterlassungsanspruchs entfällt. Darin liegt die ausgleichende Gegenleistung des Berechtigten, welche die Unentgeltlichkeit ausschließt.

> BGH, Beschl. v. 16.4.2015 – IX ZR 180/13, ZIP 2015, 1306 Rn. 4 = WM 2015, 1153 = NZI 2015, 653.

Handelt es sich bei der strafbewehrten Unterlassungsverpflichtung des Schuldners um eine entgeltliche Leistung, gilt dies in gleicher Weise für die auf dieser Verpflichtung beruhende Zahlung. 1084

> BGH, Beschl. v. 16.4.2015 – IX ZR 180/13, ZIP 2015, 1306 Rn. 6 = WM 2015, 1153 = NZI 2015, 653.

Eine Spende bildet eine unentgeltliche Leistung. Im Zweipersonenverhältnis ist bei der Beurteilung, ob Unentgeltlichkeit vorliegt, maßgebend, ob der Leistung des Schuldners nach dem Inhalt des Rechtsgeschäfts keine Leistung gegenübersteht, dem Leistenden also keine dem von ihm aufgegebenen Vermögenswert entsprechende Gegenleistung zufließen soll. Die Leistungen, welche die beklagte Kirchengemeinde dem Schuldner als Mitglied erbracht haben mag, wären nach dem Inhalt des Rechtsgeschäfts keine Gegenleistung für dessen Spenden, weil sie unabhängig hiervon erbracht wurden. 1085

> BGH, Urt. v. 4.2.2016 – IX ZR 77/15, ZIP 2016, 583 Rn. 14 = WM 2016, 518 = NZI 2016, 359, dazu *Bork*, EWiR 2016, 209.

Im Zweipersonenverhältnis wird Entgeltlichkeit allerdings nicht nur dadurch begründet, dass dem Leistenden eine Gegenleistung zufließt. Die Erfüllung einer eigenen entgeltlichen rechtsbeständigen Schuld schließt als Gegenleistung die dadurch bewirkte Schuldbefreiung mit ein. Darum ist auch die Erfüllung von Ansprüchen aus gesetzlichen Schuldverhältnissen entgeltlich, ohne dass es darauf ankäme, ob der Anspruch gegen den Leistenden selbst zuvor werthaltig erschien. Aus demselben Grund ist auch die Erfüllung von eigenen (vollstreckbaren) Steuer- und Abgabeschulden durch den Schuldner keine anfechtbare unentgeltliche Leistung. Die Erfüllung von Ansprüchen aus gesetzlichen Schuldverhältnissen ist stets entgeltlich. Eine Kirchengemeinde als Empfängerin von Spenden kann sich nicht darauf berufen, sie hätte die Möglichkeit gehabt, eine allgemeine Kirchensteuerschuld für alle Gemeindeangehörigen zu begründen, deren Erfüllung durch den Schuldner in Höhe seiner tatsächlich erbrachten unentgeltlichen Leistung dann nach § 134 InsO unanfechtbar gewesen wäre. Dem steht schon das Verbot der hypothetischen Betrachtungsweise entgegen, das im Insolvenzanfechtungsrecht generell gilt. Danach ist für nur gedachte Kausalverläufe kein Raum. 1086

> BGH, Urt. v. 4.2.2016 – IX ZR 77/15, ZIP 2016, 583 Rn. 15, 16 = WM 2016, 518 = NZI 2016, 359, dazu *Bork*, EWiR 2016, 209.

Eine andere Bewertung ist nicht aus verfassungsrechtlichen Gründen (Art. 140 GG i. V. m. Art. 137 Abs. 3, 6 WRV) geboten. Die Entscheidung der beklagten Kirchengemeinde für ihre Finanzierung durch freiwillige Leistung des „Zehn- 1087 ten" durch ihre Gemeindemitglieder ist verfassungsrechtlich geschützt. Es mag sein, dass die beklagte Kirchengemeinde sich nach ihren religiösen Vorstellungen daran gehindert sieht, für ihre Angehörigen eine Kirchensteuer einzuführen. Es ist aber nicht nachvollziehbar dargelegt, dass sie sich durch § 134 InsO entgegen ihren religiösen Anschauungen aus finanziellen Gründen zur Einführung einer Kirchensteuer gezwungen sehen könnte. Deshalb ist nicht erkennbar, dass ihre Selbstentfaltung durch § 134 InsO in relevanter Weise eingeschränkt wäre. Das gilt auch im Hinblick darauf, dass selbst die Zahlung von Kirchensteuer gemäß den §§ 130, 131, 133 InsO anfechtbar sein kann. Wenn die beklagte Kirchengemeinde ihre Finanzierung auf freiwillige Leistungen ihrer Angehörigen aufbaut, muss sie nicht nur berücksichtigen, dass sie diese Leistungen von vornherein nicht erzwingen kann, sondern auch, dass solche ihr zugewandten freiwilligen Leistungen, die zur objektiven Benachteiligung der Insolvenzgläubiger führen, nach der Wertung des staatlichen Gesetzgebers weniger schutzwürdig und deshalb nach § 134 InsO leichter anfechtbar sind als entsprechende Zahlungen auf Kirchensteuerverbindlichkeiten.

> BGH, Urt. v. 4.2.2016 – IX ZR 77/15, ZIP 2016, 583 Rn. 22, 23
> = WM 2016, 518 = NZI 2016, 359,
> dazu *Bork*, EWiR 2016, 209.

5. Unterscheidung von Leistungen im Zwei- und Drei-Personen-Verhältnis

1088 Für die Abgrenzung, ob die Grundsätze über das Zwei-Personen-Verhältnis anwendbar sind, kommt es darauf an, ob zwischen Insolvenzschuldner und Empfänger eine schuldrechtliche Leistungsbeziehung besteht oder nicht. Entscheidend ist, ob der Empfänger einen eigenen Anspruch gegen den leistenden Insolvenzschuldner hat. Der Schuldner hat mit dem Beklagten einen Nutzungsvertrag geschlossen, der ihn dazu verpflichtete, dem Beklagten die Nutzung der Gebäude zu überlassen. Es handelt sich mithin nicht um eine Leistung auf fremde Schuld, sondern eine Leistung auf eigene Schuld. Ein Ausgleich des vom Schuldner durch die Zuwendung aufgegebenen Vermögenswertes kann aus dem Vermögen eines Dritten erfolgen. Eine unentgeltliche Leistung scheidet im Zwei-Personen-Verhältnis auch dann aus, wenn nicht der Empfänger, sondern ein Dritter die ausgleichende Gegenleistung erbringt, sofern zwischen der Leistung des Schuldners und der ausgleichenden Gegenleistung des Dritten ein ausreichender rechtlicher Zusammenhang besteht. In casu ging es um Dotationszahlungen für Versicherungsverträge, die der Vertragspartner abschließen sollte, so dass die Gegenleistung in Form des Versicherungsschutzes durch den dritten Versicherer, aber eben gerade aufgrund der vom Schuldner bezahlten Vermittlung durch den Vertragspartner bewirkt wurde. Soll im Zwei-Personen-Verhältnis die von einem Dritten an den Schuldner zu erbringende Leistung der Unentgeltlichkeit entgegenstehen, muss es sich um eine Leistung handeln, die dem Schuldner gerade für die von ihm erbrachte Leistung zugeflossen oder versprochen ist. Insoweit ist eine rechtliche Zuordnung und eine entsprechende rechtliche Verknüpfung erforderlich. Eine **konditionale Verknüpfung** liegt regelmäßig vor, wenn entweder die Leistungsverpflichtung des Schuldners von einem Bewirken einer entsprechenden Gegenleistung oder die dem Schuldner versprochene Gegenleistung von einem Bewirken der Leistung des Schuldners abhängt.

BGH, Urt. v. 19.7.2018 – IX ZR 307/16, ZIP 2018, 1601, dazu *Eckhardt*, EWiR 2018, 529.

6. Unentgeltlichkeit im Drei-Personenverhältnis

Im „Zwei-Personen-Verhältnis“ ist eine Verfügung als unentgeltlich anzusehen, wenn ihr nach dem Inhalt des Rechtsgeschäfts keine Leistung gegenübersteht, dem Verfügenden also keine Gegenleistung zufließen soll, die dem von ihm aufgegebenen Vermögenswert entspricht. Wird eine dritte Person in den Zuwendungsvorgang eingeschaltet, kommt es nicht entscheidend darauf an, ob der Verfügende selbst einen Ausgleich für seine Verfügung erhalten hat. Maßgebend ist vielmehr, ob der Zuwendungsempfänger seinerseits eine Gegenleistung zu erbringen hat. Denn es entspricht der Wertung des § 134 InsO, dass der Empfänger einer Leistung dann einen geringeren Schutz verdient, wenn er keine ausgleichende Gegenleistung zu erbringen hat. 1089

BGH, Urt. v. 5.6.2008 – IX ZR 163/07, ZIP 2008, 1385, 1386 Rn. 11 m. w. N. = WM 2008, 1459 = NZI 2008, 556, dazu *Eisner*, EWiR 2009, 29;

BGH, Urt. v. 11.12.2008 – IX ZR 194/07, ZIP 2009, 228, 229 Rn. 14 = WM 2009, 237 = NZI 2009, 165 = ZInsO 2009, 143, dazu *R. Weiß*, EWiR 2009, 387;

BGH, Urt. v. 7.5.2009 – IX ZR 71/08, ZIP 2009, 1122, 1123 Rn. 12 = WM 2009, 1099 = NJW 2009, 2065 = ZInsO 2009, 1056, dazu *Henkel*, EWiR 2009, 487; kritisch *Wilk*, NZI 2008, 407;

BGH, Urt. v. 17.10.2013 – IX ZR 10/13, ZIP 2013, 2208 = WM 2013, 2182 = NZI 2013, 1017 = ZInsO 2013, 2265 Rn. 6, dazu *Budnik*, EWiR 2014, 15;

BGH, Urt. v. 13.2.2014 – IX ZR 133/13, ZIP 2014, 528 = WM 2014, 516 Rn. 14, dazu *Baumert*, EWiR 2014, 325;

BGH, Urt. v. 29.10.2015 – IX ZR 123/13, ZIP 2015, 2484 Rn. 6 = WM 2016, 44 = NZI 2016, 80, dazu *Dimassi*, EWiR 2016, 79;

BGH, Urt. v. 4.2.2016 – IX ZR 42/14, ZIP 2016, 478 Rn. 9 = WM 2016, 465 = NZI 2016, 307.

Die Leistung auf eine fremde Schuld ist als unentgeltliche Verfügung anfechtbar, wenn die Forderungen des Leistungsempfängers gegenüber seinem Schuldner wertlos waren. Maßgebend für die Beurteilung der Frage, ob der Leistungsempfänger eine werthaltige Gegenleistung erbringt, ist der Zeitpunkt der Vollendung des Rechtserwerbs. Wertlosigkeit ist ohne die Notwendig- 1090 keit einer weiteren Prüfung anzunehmen, wenn der Schuldner zu diesem Zeitpunkt zahlungsunfähig oder überschuldet ist. Dann hat der Zuwendungsempfänger wirtschaftlich nichts verloren, was als Gegenleistung für die Zuwendung angesehen werden kann. Diese Grundsätze gelten auch bei der Anfechtung von Zahlungen auf Arbeitslohnansprüche.

BGH, Urt. v. 16.11.2007 – IX ZR 194/04, BGHZ 174, 228 Rn. 8 = ZIP 2008, 125 = WM 2008, 173 = NZI 2008, 163, dazu *Keller*, EWiR 2008, 211;

BGH, Urt. v. 6.12.2007 – IX ZR 113/06, ZIP 2008, 232 = WM 2008, 229 Rn. 14 = NZI 2008, 173, dazu *Freudenberg*, EWiR 2008, 409;

BGH, Urt. v. 22.10.2009 – IX ZR 182/08, ZIP 2009, 2303 = WM 2009, 2283 Rn. 8 = NZI 2009, 891, dazu *Michel/Geiger*, EWiR 2010, 125;

BGH, Urt. v. 19.11.2009 – IX ZR 9/08, ZIP 2010, 36 = WM 2010, 129 Rn. 8 = NZI 2010, 145, dazu *Freudenberg*, EWiR 2010, 257;

BGH, Urt. v. 17.6.2010 – IX ZR 186/08, ZIP 2010, 1402 = WM 2010, 1421 Rn. 7 = NZI 2010, 678, dazu *Hahn*, EWiR 2010, 755;

BGH, Urt. v. 18.4.2013 – IX ZR 90/10, ZIP 2013, 1131 = WM 2013, 1079 = NZI 2013, 592 = ZInsO 2013, 1085 Rn. 6, dazu *Cranshaw*, EWiR 2013, 453

BGH, Urt. v. 10.9.2015 – IX ZR 220/14, ZIP 2015, 2135 Rn. 8 = WM 2015, 2062, dazu *Huber*, EWiR 2015, 741;

BGH, Urt. v. 25.2.2016 – IX ZR 12/14, ZIP 2016, 581 Rn. 10 = WM 2016, 553 = NZI 2016, 398;

ZIP 2022, 650 = WM 2022, 630 = NZI 2022, 522 = ZInsO 2022, 886;

BGH, Urt. v. 10.3.2022 – IX ZR 4/21, ZIP 2022, 650 = WM 2022, 630 = NZI 2022, 522 = ZInsO 2022, 886 Rn. 10;

BGH, Urt. v. 23.2.2023 – IX ZR 136/22, Rn. 14.

1091 Das Erlöschen einer Forderung (§ 362 Abs. 1, § 267 Abs. 1 BGB), die gegen den Schuldner nicht durchsetzbar war, weil in dessen Person ein Insolvenzgrund gegeben war, stellt keine ausgleichende Gegenleistung für die Entgegennahme der Drittleistung dar. Ist der Schuldner zumindest insolvenzreif, kann die Forderung nicht mehr durchgesetzt werden, weil nunmehr eine gemeinschaftliche Befriedigung aller (Insolvenz-)Gläubiger in dem dafür vorgesehenen Verfahren stattzufinden hat (§ 1 Satz 1 InsO). Verschafft ein Leistungsmittler dem Gläubiger in dieser Lage eine gesonderte Befriedigung, hat der Gläubiger seine gegen den Schuldner nicht mehr durchsetzbare Forderung wirtschaftlich „durchgesetzt", und zwar ohne Gegenleistung. Die **Wertlosigkeit und fehlende Durchsetzbarkeit der Forderung im Zeitpunkt ihrer Tilgung** wird durch das spätere Ergebnis einer Gesamtbefriedigung und eine etwaige auf den Gläubiger entfallende Quote nicht berührt. Kann der Gläubiger seine durch die Insolvenzreife entwertete Forderung nicht mehr isoliert durchsetzen, kann ihr auch im Falle einer Drittleistung ein eigenständiger wirtschaftlicher Wert nicht beigemessen werden. Dem Gläubiger bleibt nach Anfechtung der von dem Dritten erbrachten Leistung nur die Möglichkeit, einen seiner Forderung allein noch innewohnenden insolvenzrechtlichen (Rest-)Wert durch Anmeldung im Insolvenzverfahren seines Schuldners zu realisieren.

> BGH, Urt. v. 30.3.2006 – IX ZR 84/05, ZIP 2006, 957 = WM 2006, 1156 = NZI 2006, 399; dazu *Henkel*, EWiR 2006, 469;
>
> BGH, Urt. v. 22.10.2009 – IX ZR 182/08, ZIP 2009, 2303 Rn. 8, 9 = WM 2009, 2283 = NZI 2009, 891 = ZInsO 2010, 597, dazu *Michel/Geiger*, EWiR 2010, 125;
>
> BGH, Urt. v. 17.6.2010 – IX ZR 186/08, ZIP 2010, 1402 Rn. 8 = WM 2010, 1421 = NZI 2010, 678 = ZInsO 2010, 1379, dazu *M. Hahn*, EWiR 2010, 757;
>
> BGH, Urt. v. 25.2.2016 – IX ZR 12/14, ZIP 2016, 581 Rn. 10 = WM 2016, 553 = NZI 2016, 398.

Unentgeltlich sind **Lohnzahlungen** der Muttergesellschaft an den Arbeit- 1092
nehmer einer insolventen Tochtergesellschaft auch dann, wenn der Arbeitnehmer auf Weisung der Tochtergesellschaft seine Arbeitsleistung im Geschäftsbereich der Muttergesellschaft erbracht hat. Die Frage der Entgeltlichkeit ist im Zuwendungsverhältnis zwischen dem verfügenden Insolvenzschuldner und dem Leistungsempfänger zu beurteilen. In diesem Verhältnis bestand keine Verpflichtung der Muttergesellschaft zur Leistung an den Arbeitnehmer, welche jene als entgeltlich qualifizieren würde, und auch sonst keine Vereinbarung, nach der die Arbeitsleistungen des Arbeitnehmers ein Ausgleich – nicht notwendig eine Gegenleistung i. S. d. §§ 320 ff BGB – für die Leistungen der Muttergesellschaft waren oder jedenfalls sein sollten. Allein der Umstand, dass der Arbeitnehmer vor den Zahlungen der Schuldnerin Arbeitsleistungen erbracht hatte, ist für die Frage der Entgeltlichkeit dieser Zahlungen ohne Bedeutung.

> BGH, Urt. v. 17.10.2013 – IX ZR 10/13, ZIP 2013, 2208 = WM 2013, 2182 = NZI 2013, 1017 = ZInsO 2013, 2265 Rn. 8 ff, dazu *Budnik*, EWiR 2014, 15.

§ 142 Abs. 2 Satz 3 InsO ist nicht anwendbar, wenn eine Leistung in der Insol- 1093
venz des das Arbeitsentgelt gewährenden Dritten nach § 134 InsO angefochten wird. Eine unentgeltliche Leistung (hier: die Zahlung des Arbeitslohns durch einen Dritten bzw. die Schwestergesellschaft) kann kein Bargeschäft sein. Das Bargeschäftsprivileg des § 142 Abs. 2 Satz 3 InsO betrifft allein die Insolvenz des Arbeitgebers.

> BGH, Urt. v. 10.3.2022 – IX ZR 4/21, ZIP 2022, 650 Rn. 16 = WM 2022, 630 = NZI 2022, 522.

Waren die Forderungen des Anfechtungsgegners gegen die Schwestergesell- 1094
schaft der Schuldnerin zu dem Zeitpunkt, als die Schuldnerin sie beglich,

wirtschaftlich wertlos, weil die Schwestergesellschaft insolvenzreif war, greift § 134 Abs. 1 InsO durch. Dabei ist unerheblich, ob der Anfechtungsgegner bei Eröffnung des Insolvenzverfahrens über das Vermögen der Schwestergesellschaft eine auf seine Forderung entfallende Quote erhalten hätte.

BGH, Urt. v. 4.2.2016 – IX ZR 42/14, ZIP 2016, 478 Rn. 10 = WM 2016, 465 = NZI 2016, 307.

1095 Hat der Anfechtungsgegner vertragliche Leistungen oder Versicherungsschutz bereits erbracht, kann eine ausgleichende Gegenleistung nur nach dem Wert seiner bestehenden, aber noch nicht beglichenen Forderung bemessen werden. Ist diese im Zeitpunkt der Leistung durch den Schuldner nicht werthaltig, liegt eine unentgeltliche Zuwendung vor. Der Leistungsempfänger, der lediglich eine nicht werthaltige Forderung gegen seinen Schuldner verliert, ist gegenüber den Insolvenzgläubigern des Insolvenzschuldners nicht schutzwürdig, denn er hätte ohne dessen Leistung, auf die er keinen Anspruch hatte, seine Forderung nicht durchsetzen können. Ohne Bedeutung ist es, ob der Leistungsempfänger im Valutaverhältnis seinem Schuldner zu einem früheren Zeitpunkt eine Leistung – etwa Gewährung von Versicherungsschutz für die Beschäftigten im Rahmen der Sozialversicherung – erbracht hat und ob er gegenüber dem Schuldner verpflichtet war, dessen Verbindlichkeit zu tilgen.

BGH, Urt. v. 3.3.2005 – IX ZR 441/00, BGHZ 162, 276, 280 f = ZIP 2005, 767 = WM 2005, 853, dazu *Haas/Panier*, EWiR 2005, 737;

BGH, Urt. v. 30.3.2006 – IX ZR 84/05, ZIP 2006, 957 = WM 2006, 1156 = NZI 2006, 399, dazu *Henkel*, EWiR 2006, 469;

BGH, Urt. v. 16.11.2007 – IX ZR 194/04, BGHZ 174, 228, 231 f Rn. 8 ff = ZIP 2008, 125 = WM 2008, 173 = NZI 2008, 163, dazu *Ch. Keller*, EWiR 2008, 211.

1096 Ist der Zuwendungsempfänger dagegen im Zeitpunkt des Rechtserwerbs verpflichtet, die Gegenleistung an seinen Schuldner erst noch zu erbringen, und erbringt er diese Gegenleistung anschließend vertragsgemäß tatsächlich, kann von Unentgeltlichkeit nicht die Rede sein. Darum scheitert eine Schenkungsanfechtung bei Zahlung von Versicherungsbeiträgen zugunsten eines zahlungsunfähigen Versicherungsnehmers an den Versicherer, soweit es sich um die Gewährung künftigen Versicherungsschutzes handelt.

BGH, Urt. v. 5.6.2008 – IX ZR 163/07, ZIP 2008, 1385, 1387 Rn. 15 = WM 2008, 1459 = NZI 2008, 556 = ZInsO 2008, 811, dazu *Eisner*, EWiR 2009, 29;
vgl. *Jungclaus*, NZI 2008, 535.

1097 Diese Grundsätze gelten auch bei der Drittzahlung von **Leasingraten**. Ungeachtet der Entstehung von betagten Forderungen mit Abschluss eines Finanzierungsleasingvertrages kommt es für die Beurteilung der Frage, ob eine unentgeltliche Leistung vorliegt, wenn der Schuldner Leasingraten für einen Dritten begleicht, auf den Zeitpunkt an, zu dem die einzelnen Leasingraten fällig werden. Hat der Leasinggeber anschließend noch die von ihm geschuldete ausgleichende Gegenleistung zu erbringen und dem Leasingnehmer den Gebrauch des Leasingobjekts weiter zu überlassen, erfolgt die Tilgung der Forderung des Leasinggebers nicht unentgeltlich.

BGH, Beschl. v. 14.2.2013 – IX ZR 41/12, ZInsO 2013, 549 Rn. 3.

Die Zahlung eines Schuldners auf ein **debitorisch geführtes Girokonto** seines **1098**
Gläubigers ist in der Insolvenz des Schuldners nur dann als – mittelbare – unentgeltliche Leistung gegenüber der Bank anfechtbar, wenn der Wille des Schuldners erkennbar darauf gerichtet ist, die Zahlung im Endergebnis der Bank zuzuwenden. Dass der Schuldner in Kenntnis der Kontoüberziehung zahlt, genügt hierfür nicht.

BGH, Beschl. v. 9.7.2015 – IX ZR 207/13, ZIP 2015, 1545 Rn. 2 = WM 2015, 1531.

Ein Empfänger, der als Ausgleich für die Zuwendung des Schuldners mit dessen **1099**
Einverständnis eine Gegenleistung an einen Dritten bewirkt, muss ebenso von der „Schenkungsanfechtung" freigestellt sein wie ein Bedachter, dessen Gegenleistung in das Vermögen des Schuldners fließt. Hier wurde jeweils in gleicher Weise ein Vermögensopfer für die Zuwendung erbracht, so dass der Grundgedanke der Schenkungsanfechtung in beiden Fällen, also auch dann nicht zum Tragen kommt, wenn das Vermögen des Schuldners um den weggegebenen Gegenstand ohne Gegenleistung ihn geschmälert wurde. Darum scheidet eine Anfechtung aus, wenn der Anfechtungsgegner gegen Bestellung einer Grundschuld an dem Grundstück des personenverschiedenen Schuldners einer KG ein Darlehen gewährt.

BGH, Urt. v. 25.6.1992 – IX ZR 4/91, ZIP 1992, 1089 = WM 1992, 1502 = NJW 1992, 2421, dazu *Marotzke/Assmann*, EWiR 1992, 841; *Grunsky*, LM AnfG § 3 Nr. 35;

vgl. auch BGH, Urt. v. 24.6.1993 – IX ZR 96/92, ZIP 1993, 1170 = WM 1993, 1801 = NJW-RR 1993, 1379, dazu *Brehm/Berger*, EWiR 1993, 933;

BGH, Urt. v. 7.6.2001 – IX ZR 195/00, ZIP 2001, 1248 = WM 2001, 1476 = NZI 2001, 539 = ZInsO 2001, 661, dazu *Gerhardt*, EWiR 2001, 1007; *Spliedt*, NZI 2001, 524;

BGH, Urt. v. 3.3.2005 – IX ZR 441/00, BGHZ 162, 276, 280 f = ZIP 2005, 767 = WM 2005, 853, dazu *Haas/Panier*, EWiR 2005, 737;

BGH, Urt. v. 30.3.2006 – IX ZR 84/05, ZIP 2006, 957 = WM 2006, 1156 = NZI 2006, 399, dazu *Henkel*, EWiR 2006, 469;

BGH, Urt. v. 1.6.2006 – IX ZR 159/04, ZIP 2006, 1362 = WM 2006, 1396 = NZI 2006, 524 = ZInsO 2006, 771, dazu *Stiller*, EWiR 2006, 663;

BGH, Urt. v. 20.7.2006 – IX ZR 226/03, ZIP 2006, 1639
= WM 2006, 1731 = NZI 2006, 583 = ZInsO 2006, 937.

1100 Voraussetzung ist freilich, dass Leistung und Gegenleistung gleichzeitig vereinbart wurden. Wäre in dem soeben geschilderten KG-Fall die Absicherung des Anspruchs auf Rückzahlung des Darlehens erst nach der Darlehensgewährung vereinbart worden, hätte die Unentgeltlichkeit der Grundschuldbestellung nicht verneint werden können.

BGH, Urt. v. 25.6.1992 – IX ZR 4/91, ZIP 1992, 1089
= WM 1992, 1502 = NJW 1992, 2421,
dazu *Marotzke/Assmann*, EWiR 1992, 841;
Grunsky, LM AnfG § 3 Nr. 35;

vgl. BGH, Urt. v. 15.12.1982 – VIII ZR 264/81, ZIP 1983, 32
= WM 1983, 62 = NJW 1983, 1679.

1101 Unentgeltlich ist demgegenüber eine **nachträgliche Sicherheitenbestellung durch einen Dritten für einen bereits gewährten Kredit**. Nach der Rechtsprechung zu § 142 InsO enthält das Stehenlassen einer Darlehensforderung keine ausgleichende Gegenleistung, weil allein damit dem Schuldner kein neuer Vermögenswert zugeführt wird. Der Schuldner hat ihn vielmehr bereits durch die Darlehensgewährung erhalten; das bloße Unterlassen der Rückforderung bedeutet keine Zuführung eines neuen Vermögenswertes. Diese Rechtsprechung findet im Anwendungsbereich des § 134 Abs. 1 InsO ebenfalls Anwendung, wenn ein ungekündigter Kredit eines Drittschuldners nachträglich besichert wird, ohne dass dem eine vereinbarte Gegenleistung des Sicherungsnehmers gegenübersteht. In diesem Fall ist das Sicherungsgeschäft unentgeltlich, und zwar unabhängig davon, ob die Rückführung des stehen gelassenen Kredits des Drittschuldners hätte durchgesetzt werden können oder nicht Das Stehenlassen der Darlehensforderung infolge der Unterlassung einer Kündigung und einer damit verbundenen Rückforderung stellt keine Zuführung eines neuen Vermögenswerts dar.

BGH, Urt. v. 7.5.2009 – IX ZR 71/08, ZIP 2009, 1122, 1123
Rn. 12 = WM 2009, 1099 = NJW 2009, 2065 = ZInsO 2009, 1056,
dazu *Henkel*, EWiR 2009, 487;

BGH, Urt. v. 26.4.2012 – IX ZR 149/11, ZIP 2012, 1254 = WM
2012, 1205 = NZI 2012, 711 = ZInsO 2012, 878 Rn. 21,
dazu *Dörrscheidt*, EWiR 2012, 633;

BGH, Urt. v. 20.12.2012 – IX ZR 21/12, ZIP 2013, 223 = WM
2013, 215 = NZI 2013, 258 = ZInsO 2013, 240 Rn. 13, 14 ff,
dazu *Henkel*, EWiR 2013, 247.

1102 Kommt eine Sicherungsabtretung nicht spätestens Zug um Zug mit der Darlehensauszahlung zustande, sondern erst später, liegt eine unentgeltliche Nachbesicherung vor. Ist die Drittsicherheit vor oder spätestens Zug um Zug mit der Auszahlung der Darlehensvaluta bestellt worden, war sie entgeltlich. Die im Vierjahreszeitraum des § 134 InsO erbrachten Prämienzahlungen waren dann ebenfalls entgeltlich, weil der Erblasser diese Pflicht schon vor der Darlehensauszahlung übernommen hatte. Die ausgleichende Gegenleistung für die Übernahme und Erfüllung dieser Verpflichtung lag in der anschließend oder zumindest Zug um Zug erfolgten Ausreichung der Darlehensvaluta.

BGH, Urt. v. 26.4.2012 – IX ZR 149/11, ZIP 2012, 1254 = WM 2012, 1205 = NZI 2012, 711 = ZInsO 2012, 878 Rn. 31 ff.

Wenn die außerhalb der Anfechtungsfrist bewirkte Abtretung von Ansprüchen 1103
aus einer Lebensversicherung nicht (mehr) anfechtbar ist, kann im Hinblick auf die in dem Vierjahreszeitraum des § 134 Abs. 1 InsO vom Sicherungsgeber an den Versicherer erbrachten Beitragszahlungen gegenüber dem Sicherungsnehmer eine Anfechtbarkeit gegeben sein. kann. Beitragszahlungen oder die dadurch bewirkten Mehrungen der Versicherungsleistung gegenüber dem Sicherungsnehmer sind anfechtbar, wenn durch die Beitragszahlungen der Rückkaufswert und die beitragsfreie Versicherungssumme erhöht sowie der Wert des sich im Todesfall ergebenden Anspruchs, der andernfalls gesunken wäre, erhalten wird. Durch die Prämienzahlung erfüllt der Sicherungsgeber zwar eine Verpflichtung aus dem Versicherungsvertrag gegenüber dem Versicherer. Gleichzeitig erbringt er jedoch bei wirtschaftlicher Betrachtungsweise eine Leistung an den Sicherungsnehmer: Der Sicherungsgeber wird durch die Prämienzahlungen entreichert und dadurch die spätere Insolvenzmasse geschmälert. Gleichzeitig wird der Wert des Sicherungsgutes, hier der Anspruch auf Auszahlung der Versicherungsleistung für den Erlebensfall, infolge der Erhöhung des Rückkaufswertes, gesteigert und für den Todesfall erhalten.

BGH, Urt. v. 20.12.2012 – IX ZR 21/12, ZIP 2013, 223 = WM 2013, 215 = NZI 2013, 258 = ZInsO 2013, 240 Rn. 14 ff.

Der Umstand, dass die Zahlung selbst an den Versicherer erfolgte, ändert nichts 1104
daran, dass sich auch der Wert des Sicherungsgutes erhöhte (Rückkaufswert) und erhalten wurde (Todesfallleistung). Die Zahlung des Sicherungsgebers hatte insoweit eine Doppelwirkung. Bei der Doppelwirkung einer Leistung hat der Verwalter die Möglichkeit, die Leistungsempfänger wahlweise in Anspruch zu nehmen, sofern die übrigen Anfechtungsvoraussetzungen jeweils vorliegen.

BGH, Urt. v. 20.12.2012 – IX ZR 21/12, ZIP 2013, 223 = WM 2013, 215 = NZI 2013, 258 = ZInsO 2013, 240 Rn. 18.

Eine die **Unentgeltlichkeit ausschließende Gegenleistung ist bei der nach-** 1105
träglichen Besicherung einer Drittschuld gegeben, wenn der Sicherungsgeber zur Bestellung der Sicherheit auf Grund einer entgeltlich begründeten Verpflichtung gehalten war. Die Besicherung beruht auf einer entgeltlichen Vereinbarung, wenn dem Sicherungsgeber für seine Leistung die Kreditgewährung an den Dritten versprochen wird. Denn eine die Unentgeltlichkeit ausgleichende Gegenleistung kann auch an einen Dritten bewirkt werden. Ausreichend ist es, wenn der Sicherungsgeber bei Abschluss des Kontokorrentkreditvertrages zwischen der Bank und der Forderungsschuldnerin seinerseits als Gegenleistung zur Sicherung des Rückzahlungsanspruchs die Bestellung einer Grundschuld zusagt. Bei dieser Sachlage liegen die Vorausset-

zungen einer Schenkungsanfechtung nicht vor, weil die Kreditgewährung an die Forderungsschuldnerin die Gegenleistung für die Besicherung bildet. Da sich der Schuldner gegenüber der Bank unanfechtbar zur Bestellung der Sicherung verpflichtet hatte, ist es ohne Bedeutung, dass die vereinbarte Sicherung erst nach der Darlehensgewährung an die GmbH erbracht wurde.

BGH, Beschl. v. 6.12.2012 – IX ZR 105/12, WM 2013, 136 = NZI 2013, 81 = ZInsO 2013, 73 Rn. 4 f.

1106 Ob der Sicherungsgeber mit der Gewährung der Drittsicherheit ein eigenes wirtschaftliches Interesse verfolgt, ist nicht erheblich. Die Besicherung einer fremden Forderung ist auch bei Bestehen eines Eigeninteresses nicht entgeltlich. Ebenso bedeutungslos ist es, ob der Schuldner dem Drittschuldner zur Gestellung der Sicherung verpflichtet war.

BGH, Urt. v. 26.4.2012 – IX ZR 149/11, ZIP 2012, 1254 = WM 2012, 1205 = NZI 2012, 711 = ZInsO 2012, 878 Rn. 21;

BGH, Urt. v. 20.12.2012 – IX ZR 21/12, ZIP 2013, 223 = WM 2013, 215 = NZI 2013, 258 = ZInsO 2013, 240 Rn. 26.

1107 Nach der Rechtsprechung des BGH ist jedenfalls eine nachträgliche Bestellung einer Sicherheit für eine **eigene, entgeltlich begründete Verbindlichkeit** nicht als unentgeltliche Leistung anfechtbar. Gleiches gilt, wenn der Schuldner die entgeltlich begründete Verpflichtung von vornherein besichert. Nichts anderes gilt für die Abtretung erfüllungshalber zur Erfüllung einer entgeltlichen Verpflichtung, weil hierdurch die gleichen Ziele verfolgt werden wie mit der Bestellung einer Sicherheit, der Gläubiger nur vorrangig Befriedigung aus der Sicherheit suchen muss.

BGH, Urt. v. 19.7.2018 – IX ZR 296/17, ZIP 2018, 1606 = WM 2018, 1565 = NZI 2018, 746 Rn. 16, dazu *Mitlehner*, EWiR 2018, 625.

1108 Daran ändert sich nicht dadurch etwas, dass die gesicherten Forderungen erst nach Gewährung der Sicherheit entstehen oder fällig werden sollten. Für die Frage der Entgeltlichkeit kommt es nicht darauf an, ob ein Schuldner mit seiner Leistung in Vorleistung geht und die Gegenleistung seines Vertragspartners erst in Zukunft erbracht werden muss. Das gilt auch, wenn es zu einer Störung des Austauschverhältnisses kommt und die Gegenleistung nicht erbracht wird. Denn wenn der Schuldner mit dem Anfechtungsgegner eine angemessene Gegenleistung für die von ihm erbrachte Zuwendung vereinbart hat, kann diese nicht schon deshalb als unentgeltlich angefochten werden, weil die Gegenleistung ausgeblieben ist.

BGH, Urt. v. 19.7.2018 – IX ZR 296/17, ZIP 2018, 1606 = WM 2018, 1565 = NZI 2018, 746 Rn. 17, dazu *Mitlehner*, EWiR 2018, 625.

1109 Begleicht der Schuldner die gegen einen Dritten gerichtete Forderung des Anfechtungsgegners, liegt eine unentgeltliche Leistung nicht vor, wenn dem Drittschuldner ein auf die Tilgung der Verbindlichkeit gerichteter werthaltiger Regressanspruch gegen den Schuldner zustand, auf den der Anfechtungsgegner hätte zugreifen können. Hängt die Anfechtbarkeit einer Drittzahlung davon ab, ob die gegen den Forderungsschuldner gerichtete Forderung werthaltig ist und kann sich die Werthaltigkeit allein aus einer dem Forderungsschuldner gegen den Leistenden zustehenden Rückgriffsforderung ergeben, kann die Werthaltigkeit dieser Rückgriffsforderung nicht nach anderen Maßstäben als denjenigen beurteilt werden, die für die Werthaltigkeit der gegen den Forderungsschuldner gerichteten Forderung gelten. Entsprechend den insoweit maßgeblichen Grundsätzen bestimmt sich die Werthaltigkeit der gegen den Schuldner gerichteten Rückgriffsforderung ebenfalls danach, ob er zum Zeitpunkt der Leistungserbringung insolvenzreif, also insbesondere zahlungsfähig oder zahlungsunfähig (§ 17 InsO) war.

> BGH, Urt. v. 19.11.2009 – IX ZR 9/08, ZIP 2010, 36 Rn. 9 ff = ZVI 2010, 20 = WM 2010, 129, dazu *Freudenberg*, EWiR 2010, 257;
>
> BGH, Urt. v. 27.4.2010 – IX ZR 122/09, ZInsO 2010, 1091 Rn. 7;
>
> BGH, Urt. v. 17.6.2010 – IX ZR 186/08, ZIP 2010, 1402 Rn. 9 = WM 2010, 1421 = NZI 2010, 678 = ZInsO 2010, 1379, dazu *M. Hahn*, EWiR 2010, 757;
>
> BGH, Urt. v. 18.4.2013 – IX ZR 90/10, ZIP 2013, 1131 = WM 2013, 1079 = NZI 2013, 592 = ZInsO 2013, 1085 Rn. 8, dazu *Cranshaw*, EWiR 2013, 453.

Darlegungs- und beweispflichtig für die tatsächlichen Voraussetzungen des Anfechtungstatbestandes der unentgeltlichen Leistung ist der Insolvenzverwalter. Hat der Schuldner eine gegen einen Dritten gerichtete Forderung getilgt, muss der Insolvenzverwalter auch beweisen, dass die Forderung wertlos war. **1110**

> BGH, Urt. v. 11.11.2021 – IX ZR 237/20, ZIP 2021, 2655 Rn. 51 = NZI 2022, 71;
>
> BGH. Urt. v. 23.2.2023 – IX ZR 136/22, Rn. 21.

Begleicht der Schuldner die gegen einen insolvenzreifen Dritten gerichtete Forderung des Anfechtungsgegners, stehen werthaltige Außenstände des Dritten der Unentgeltlichkeit der Zuwendung allerdings nur entgegen, wenn der Anfechtungsgegner auf diese trotz der materiellen Insolvenz des Dritten insolvenzbeständig hätte zugreifen können. Die Darlegungs- und Beweislast hierfür trägt der Anfechtungsgegner. **1111**

> BGH, Urt. v. 17.6.2010 – IX ZR 186/08, ZIP 2010, 1402 Rn. 7 ff = WM 2010, 1421 = NZI 2010, 678 = ZInsO 2010, 1379.

Es können ausnahmsweise Umstände gegeben sein, die es rechtfertigen, die getilgte Forderung **trotz Zahlungsunfähigkeit des Forderungsschuldners als werthaltig** zu beurteilen. Solche Umstände können etwa vorliegen, wenn der Zahlungsempfänger die Möglichkeit hat, durch Pfändung auf einen werthaltigen Rückgriffsanspruch des Forderungsschuldners gegen den Insolvenz- **1112** schuldner zuzugreifen. In entsprechender Weise kann die getilgte Forderung werthaltig sein, wenn sich der Zahlungsempfänger durch Aufrechnung gegen eine Forderung seines Schuldners Befriedigung verschaffen und auf diese Weise seine Forderung trotz Insolvenzreife seines Schuldners durchsetzen kann. Begleicht der Schuldner die gegen einen Dritten gerichtete Forderung des Anfechtungsgegners, kann seine Leistung mithin entgeltlich sein, wenn sich der Zahlungsempfänger gegenüber seinem Schuldner durch Aufrechnung hätte Befriedigung verschaffen können. Es kann genügen, dass die gegebenen Umstände die künftige Möglichkeit einer Befriedigung durch Aufrechnung sicher erwarten lassen. Solche Umstände verleihen – anders als ungewisse Hoffnungen – der Forderung schon vorab einen entsprechenden Wert.

BGH, Urt. v. 18.4.2013 – IX ZR 90/10, ZIP 2013, 1131 = WM 2013, 1079 = NZI 2013, 592 = ZInsO 2013, 1085 Rn. 8 ff.

1113 Nach diesen Maßstäben ist die Tilgung einer wertlosen Forderung dann nicht als unentgeltlich zu beurteilen, wenn für sie werthaltige Sicherungen weiterer Personen bestanden, die der Gläubiger infolge der Drittzahlung verliert.

BGH, Beschl. v. 3.4.2014 – IX ZR 236/13, ZIP 2014, 977 = DB 2014, 1135 Rn. 6 = WM 2014, 955 = NZI 2014, 564;

BGH, Beschl. v. 15.9.2014 – II ZR 442/13, Rn. 27.

1114 Eine Besicherung ist entgeltlich, wenn der Sicherungsnehmer dem Schuldner als Sicherungsgeber für seine Leistung die Kreditgewährung an einen Dritten verspricht.

BGH, Urt. v. 11.12.2008 – IX ZR 194/07, ZIP 2009, 228, 229 Rn. 14 = WM 2009, 237 = NZI 2009, 165 = ZInsO 2009, 143, dazu *R. Weiß*, EWiR 2009, 387;

BGH, Urt. v. 20.12.2012 – IX ZR 21/12, ZIP 2013, 223 = WM 2013, 215 = NZI 2013, 258 = ZInsO 2013, 240 Rn. 23, dazu *Henkel*, EWiR 2013, 247.

1115 Für die Entgeltlichkeit genügt es, dass der Leistungsempfänger vereinbarungsgemäß eine ausgleichende Leistung an einen Dritten erbringt, ohne dass hierzu eine vertragliche Verpflichtung des Sicherungsnehmers gegenüber dem Sicherungsgeber bestehen muss.

BGH, Urt. v. 20.12.2012 – IX ZR 21/12, ZIP 2013, 223 = WM 2013, 215 = NZI 2013, 258 = ZInsO 2013, 240 Rn. 25.

1116 Hat sich der Schuldner verpflichtet, die für die Forderung eines Dritten mithaftende Person von ihrer Ausgleichspflicht im Innenverhältnis schenkungshalber freizustellen, so ist die Leistung des Schuldners an den Dritten unentgeltlich, auch wenn der Schuldner dadurch zugleich von einer eigenen Verbindlichkeit frei wird; dass die Leistung erst nach Erlass eines allgemeinen Verfügungsverbots erfolgt, ändert daran grundsätzlich nichts.

BGH, Urt. v. 4.3.1999 – IX ZR 63/98, BGHZ 141, 96 = ZIP 1999, 628 = WM 1999, 820 = NJW 1999, 1549, dazu *Gerhardt*, EWiR 1999, 509.

Die Leistung des Insolvenzschuldners ist auch nicht deshalb entgeltlich, weil er sich gegenüber dem Schuldner der Forderung zu deren Tilgung verpflichtet hat. Maßgeblich ist allein das Rechtsverhältnis zwischen dem Schuldner und dem Zuwendungsempfänger. 1117

BGH, Urt. v. 4.3.1999 – IX ZR 63/98, BGHZ 141, 96 = ZIP 1999, 628 = WM 1999, 820 = NJW 1999, 1549, dazu *Gerhardt*, EWiR 1999, 509.

Leistet der Insolvenzschuldner auch auf eigene Schuld, handelt es sich um eine entgeltliche Leistung, z. B. bei einer Gesamtschuld zwischen dem Insolvenzschuldner und dem (anderen) Forderungsschuldner (dazu noch Rn. 1122). 1118

BGH, Urt. v. 19.7.2018 – IX ZR 307/16, ZIP 2018, 1601 Rn. 28 = WM 2018, 1560 = NZI 2018, 800.

Hat der Schuldner für eine von ihm abgeschlossene Lebensversicherung einem Dritten ein widerrufliches Bezugsrecht eingeräumt, richtet sich nach Eintritt des Versicherungsfalls der Anfechtungsanspruch gegen den Dritten auf Auszahlung der vom Versicherer geschuldeten Versicherungssumme, nicht (nur) auf Rückgewähr der vom Schuldner geleisteten Prämien. 1119

BGH, Urt. v. 23.10.2003 – IX ZR 252/01, BGHZ 156, 350 = ZIP 2003, 2307 = WM 2003, 2479 = NZI 2004, 78, dazu *Neußner*, EWiR 2004, 1099.

Hat der Leistungsempfänger vertragliche oder gesetzliche (z. B. Sozialversicherungsschutz) Leistungen bereits erbracht, kann eine ausgleichende Gegenleistung nur nach dem Wert seiner bestehenden, aber noch nicht beglichenen Forderung bemessen werden. 1120

BGH, Urt. v. 3.3.2005 – IX ZR 441/00, BGHZ 162, 276, 280 f = ZIP 2005, 767 = WM 2005, 853, dazu *Haas/Panier*, EWiR 2005, 737;

BGH, Urt. v. 30.3.2006 – IX ZR 84/05, ZIP 2006, 957 = WM 2006, 1156 = NZI 2006, 399, dazu *Henkel*, EWiR 2006, 469.

Erbringt der Schuldner auf Grund eines „letter of intent“ der Gegenseite Werkleistungen, überlässt er den Auftrag jedoch einem Dritten, der den vollen Werklohn erhält, können die vom Schuldner erbrachten Werkleistungen im Verhältnis zum Dritten als unentgeltliche Leistung anfechtbar sein. 1121

BGH, Urt. v. 19.4.2007 – IX ZR 79/05, ZIP 2007, 1118, 1119 Rn. 14 = WM 2007, 1135 = NZI 2007, 403 = ZInsO 2007, 598, dazu *Runkel/J.M. Schmidt*, EWiR 2007, 601.

Bei Leistungen in einem Drei-Personen-Verhältnis spielt die Werthaltigkeit einer Forderung des Leistungsempfängers insoweit eine Rolle, als es darum geht, ob der Empfänger außerhalb seines Verhältnisses zum Leistenden ein Vermögensopfer erbringt, das die empfangene Leistung als entgeltlich qualifiziert. Anders verhält es sich, wenn der Leistungsempfänger einen eigenen Anspruch gegen den Leistenden hatte. Bringt die Leistung diesen Anspruch 1122 zum Erlöschen, sei es auch nur als Folge der Akzessorietät zu der getilgten Verbindlichkeit eines Dritten, dann liegt bereits darin die ausgleichende Gegenleistung des Empfängers, die es rechtfertigt, die empfangene Leistung in seinem Verhältnis zum Leistenden als entgeltlich zu beurteilen, gleichviel ob der Anspruch gegen den Leistenden im Voraus werthaltig erschien oder nicht.

> BGH, Urt. v. 29.10.2015 – IX ZR 123/13, ZIP 2015, 2484 Rn. 11 = WM 2016, 44 = NZI 2016, 80, dazu *Dimassi*, EWiR 2016, 79;
>
> BGH, Urt. v. 19.7.2018 – IX ZR 307/16, ZIP 2018, 1601 Rn. 28 = WM 2018, 1560 = NZI 2018, 800.

1123 Die Grundsätze über die Anfechtung von Drittzahlungen gelten darum lediglich in Fällen einer **freiwilligen** Drittleistung, hingegen nicht auch, wenn den Dritten gegenüber dem Zahlungsempfänger eine eigene Verbindlichkeit trifft. Denn dann tilgt er mit der fremden Schuld zugleich eine eigene. In dem Freiwerden von der eigenen Schuld liegt der Ausgleich, der die Anwendung des § 134 Abs. 1 InsO ausschließt. Folgt eine Zahlungsverpflichtung aus § 73 AO, so wird ein eigenständiger gesetzlicher Anspruch gegen die Organgesellschaft begründet. Die Tilgung von Ansprüchen aus gesetzlichen Schuldverhältnissen ist jedoch nicht unentgeltlicher Natur.

> BGH, Urt. v. 19.1.2012 – IX ZR 2/11, ZIP 2012, 280 Rn. 33 f = WM 2012, 326 = NZI 2012, 177 = ZInsO 2012, 264, dazu *Bork*, EWiR 2012, 149.

1124 Befriedigt ein **persönlich haftender Gesellschafter** die Forderung eines Gläubigers gegen die Gesellschaft und erlischt dadurch die Haftungsverbindlichkeit des Gesellschafters, ist seine Leistung im Insolvenzverfahren über sein Vermögen nicht als unentgeltliche Leistung anfechtbar. Bei der Zahlung einer gemäß persönlich haftende Gesellschafterin aus § 161 Abs. 2, § 126 Satz 1 HGB kommt es nicht darauf an, ob der Anspruch werthaltig war. Hier kann nichts anderes gelten, als wenn der Schuldner auf die eigene Verbindlichkeit geleistet hätte. Es kann deshalb dahinstehen, ob zum Zeitpunkt der angefochtenen Zahlungen nicht nur die KG, sondern auch die Schuldnerin als ihre persönlich haftende Gesellschafterin zahlungsunfähig war.

> BGH, Urt. v. 29.10.2015 – IX ZR 123/13, ZIP 2015, 2484 Rn. 11 = WM 2016, 44 = NZI 2016, 80, dazu *Dimassi*, EWiR 2016, 79.

1125 Der mit einer Drittzahlung auf ein vorläufig vollstreckbares Urteil verbundene Verlust des Rechts, eine geleistete Sicherheit zurückzuverlangen, stellt kein die Entgeltlichkeit der Leistung begründendes Vermögensopfer des Gläubigers dar.

> BGH, Urt. v. 10.9.2015 – IX ZR 220/14, ZIP 2015, 2135 Rn. 11 = WM 2015, 2062, dazu *Huber*, EWiR 2015, 741.

Nach Rechtskraft des Urteils kann die Drittzahlung als entgeltlich zu beurteilen sein, wenn die ausgeurteilte Forderung werthaltig war. 1126

BGH, Urt. v. 10.9.2015 – IX ZR 220/14, ZIP 2015, 2135 Rn. 16 = WM 2015, 2062, dazu *Huber*, EWiR 2015, 741.

7. Verhältnis von Schenkungsanfechtung zu Deckungsanfechtung

Die Schwäche des unentgeltlichen Erwerbs zeigt sich auch darin, dass bei konkurrierenden Ansprüchen mehrerer Verwalter gegen denselben Empfänger, die teils auf § 130, teils auf § 134 InsO gestützt sind, dem Anspruch aus § 130 InsO Vorrang zukommt. 1127

BGH, Urt. v. 16.11.2007 – IX ZR 194/04, BGHZ 174, 228, 239 ff = ZIP 2008, 125 = WM 2008, 173 = NZI 2008, 163, dazu *Ch. Keller*, EWiR 2008, 211;

vgl. *Huber*, NZI 2008, 149 sowie *Wenner/Schuster*, ZIP 2008, 1152 zur Insolvenzanfechtung im Konzern;

BGH, Urt. v. 4.2.2016 – IX ZR 42/14, ZIP 2016, 478 Rn. 12 = WM 2016, 465 = NZI 2016, 307.

Grundsätzlich geht die Anfechtung durch den Insolvenzverwalter des Leistenden aus § 131 InsO der Anfechtung durch den Insolvenzverwalter des Leistungsmittlers aus § 134 Abs. 1 InsO vor. Voraussetzung des Vorrangs ist allerdings, dass die Voraussetzungen der Deckungsanfechtung tatsächlich vorliegen und dass diese rechtzeitig geltend gemacht worden ist. 1128

BGH, Urt. v. 4.2.2016 – IX ZR 42/14, ZIP 2016, 478 Rn. 12 = WM 2016, 465 = NZI 2016, 307.

Die **Deckungsanfechtung hat nur dann Vorrang**, wenn sie tatsächlich begründet ist. Es reicht nicht aus, wenn ihre Voraussetzungen lediglich behauptet worden sind und hierüber ein Vergleich geschlossen wird. 1129

BGH, Urt. v. 4.2.2016 – IX ZR 42/14, ZIP 2016, 478 Rn. 17 = WM 2016, 465 = NZI 2016, 307.

Sieht sich der Zahlungsempfänger einer Situation ausgesetzt, dass ein Anspruch aus Schenkungsanfechtung ohne weiteres gegeben wäre (sofern über das Vermögen des Leistungsmittlers das Insolvenzverfahren eröffnet ist), gegen die Berechtigung einer geltend gemachten Deckungsanfechtung aber Bedenken bestehen, handelt er auf eigenes Risiko, wenn er einen der Forderungsprätendenten befriedigt. Ergibt eine spätere Prüfung, dass der befriedigte Anspruch nicht bestand, muss er ggf. an den wahren Berechtigten erneut zahlen. Er kann sich durch Hinterlegung des angefochtenen Betrages (§ 372 BGB) oder dadurch schützen, dass er im anhängigen Rechtsstreit dem anderen Forderungsprätendenten den Streit verkündet (§ 72 ZPO). 1130

BGH, Urt. v. 4.2.2016 – IX ZR 42/14, ZIP 2016, 478 Rn. 19 = WM 2016, 465 = NZI 2016, 307.

1131 Durch den **Vergleich** über den Anspruch aus Deckungsanfechtung wird der über die vergleichsweise Zahlung hinausgehende Anspruch aus Schenkungsanfechtung nicht ausgeschlossen. Der Vorrang der Deckungsanfechtung verdrängt den Anspruch aus der Schenkungsanfechtung nur insoweit, als der streitige Betrag tatsächlich an den Verwalter mit dem Anspruch aus Deckungsanfechtung zurückbezahlt worden ist.

BGH, Urt. v. 4.2.2016 – IX ZR 42/14, ZIP 2016, 478 Rn. 20 = WM 2016, 465 = NZI 2016, 307.

1132 Der Verwalter, der einen Anfechtungsanspruch geltend macht, ist berechtigt, sich bezüglich dieses Anspruchs zu vergleichen oder den Anfechtungsanspruch ganz oder teilweise zu erlassen. Die Vergleichskompetenz des Verwalters bezieht sich aber nur auf die ihm zustehenden Ansprüche, nicht auch auf die Ansprüche anderer Personen oder Insolvenzverwalter, insbesondere nicht auf die Anfechtungsansprüche des Insolvenzverwalters über das Vermögen des Leistungsmittlers aus unentgeltlicher Zuwendung. Schließen die Parteien des Anspruchs der Deckungsanfechtung einen Vergleich in der Weise, dass zur Wegfertigung des gesamten Anspruchs (nur) ein Teilbetrag bezahlt wird, ist damit im Verhältnis zum Anspruch stellenden Insolvenzverwalter die gesamte Forderung erledigt.

BGH, Urt. v. 4.2.2016 – IX ZR 42/14, ZIP 2016, 478 Rn. 21 ff. = WM 2016, 465 = NZI 2016, 307.

1133 Es lässt sich gegenüber den Gläubigern im Insolvenzverfahren über das Vermögen des Leistungsmittlers nicht rechtfertigen, dass der von Rechts wegen zugunsten dieser Masse bestehende Anfechtungsanspruch dadurch zunichte gemacht wird, dass ein Vergleich über einen zweifelhaften Anspruch aus Deckungsanfechtung geschlossen wird.

BGH, Urt. v. 4.2.2016 – IX ZR 42/14, ZIP 2016, 478 Rn. 24 = WM 2016, 465 = NZI 2016, 307.

1134 Grundsätzlich sind die Belange der Gläubiger des Forderungsschuldners schutzwürdiger als diejenigen der Gläubiger des Leistungsmittlers. Gleicht der Anfechtungsgegner diese Nachteile aber nicht aus, kann von den Gläubigern des Leistungsmittlers kein weiteres Zurücktreten ihrer Interessen verlangt werden.

BGH, Urt. v. 4.2.2016 – IX ZR 42/14, ZIP 2016, 478 Rn. 25 = WM 2016, 465 = NZI 2016, 307.

8. Berechnung der Anfechtungsfrist

1135 Anfechtbar ist eine unentgeltliche Leistung, wenn sie nicht früher als vier Jahre vor dem Insolvenzantrag vorgenommen wurde. Die Frist ist nach § 139 zu berechnen; der Zeitpunkt der Vornahme beurteilt sich nach § 140. Grundsätzlich ist danach bei der Schenkungsanfechtung der Beginn der Anfechtungsfrist vom Vollzug der Schenkung an zu berechnen.

BGH, Urt. v. 2.4.1998 – IX ZR 232/96, ZIP 1998, 830
= WM 1998, 1037.

Die Anfechtungsfrist des § 134 InsO beträgt vier Jahre. Anfechtbar gemäß § 129 Abs. 1 InsO sind grundsätzlich alle Rechtshandlungen, die vor der Eröffnung vorgenommen werden, auch solche nach Antragstellung. Das gilt auch für § 134 InsO. Die anzufechtende Rechtshandlung darf lediglich nicht früher als vier Jahre vor Antragstellung und nicht nach Eröffnung vorgenommen worden sein. 1136

BGH, Urt. v. 4.2.2016 – IX ZR 77/15, ZIP 2016, 583 Rn. 11
= WM 2016, 518 = NZI 2016, 359,
dazu *Bork*, EWiR 2016, 209.

Hat der Insolvenzschuldner ein Grundstück schenkweise übertragen und sich darüber hinaus verpflichtet, den Erwerber von den auf dem Grundstück ruhenden Lasten zu befreien, wird die Schenkung insoweit erst mit Befriedigung der dinglichen Gläubiger vollzogen. Wurde die Schenkung des Grundstücks länger als vier Jahre vor dem Antrag vollzogen, kann also die spätere Freistellung von den dinglichen Belastungen noch anfechtbar sein. 1137

BGH, Urt. v. 4.3.1999 – IX ZR 63/98, BGHZ 141, 96, 103
= ZIP 1999, 628 = WM 1999, 820 = NJW 1999, 1549,
dazu *Gerhardt*, EWiR 1999, 509.

Die vierjährige Anfechtungsfrist gilt auch bei einer Anfechtung im Drei-Personen-Verhältnis. Es ist nicht etwa die kurze Frist der Deckungsanfechtung nach §§ 130, 131 InsO deshalb maßgeblich, weil der eigentliche Schuldner – hätte er selbst gezahlt – nur innerhalb dieser Frist anfechten könnte. Wer Befriedigung nicht durch seinen Schuldner, sondern durch eine Drittleistung erhält, muss sich vielmehr auf die längere Frist des § 134 InsO einrichten. 1138

BGH, Urt. v. 22.10.2009 – IX ZR 182/08, ZIP 2009, 2303
Rn. 11 ff = WM 2009, 2283 = NZI 2009, 891 = ZInsO 2010, 597,
dazu *Michel/Geiger*, EWiR 2010, 125.

Wird ein schuldrechtliches Grundgeschäft durch mehrere Teilleistungen erfüllt, ist die Anfechtungsfrist für jede Teilleistung gesondert zu bestimmen. Eine Rechtshandlung gilt als in dem Zeitpunkt vorgenommen, in dem ihre rechtlichen Wirkungen eintreten (§ 140 Abs. 1 InsO). Mit dem Erlöschen der gesicherten Forderung (§ 362 Abs. 1 BGB) durch Zahlung des Schuldners erwirbt der Grundstückseigentümer den ihm vorsorglich abgetretenen Anspruch gegen die Gläubigerin auf Rückgewähr der Grundschuld und damit im Ergebnis unbelastetes Eigentum. 1139

BGH, Urt. v. 13.2.2014 – IX ZR 133/13, ZIP 2014, 528
= WM 2014, 516 Rn. 17,
dazu *Baumert*, EWiR 2014, 325.

9. Privilegierung gebräuchlicher Gelegenheitsgeschenke geringen Werts (§ 134 Abs. 2 InsO)

a) Gelegenheitsgeschenk

1140 Der Ausnahmetatbestand des § 134 Abs. 2 InsO erfordert ein Geschenk i. S. d. § 516 Abs. 1 BGB.

BGH, Urt. v. 4.2.2016 – IX ZR 77/15, ZIP 2016, 583 Rn. 25
= WM 2016, 518 = NZI 2016, 359,
dazu *Bork*, EWiR 2016, 209.

1141 Gelegenheitsgeschenke sind entsprechend dem Wortlaut Geschenke zu bestimmten Gelegenheiten oder Anlässen wie Weihnachten, Geburtstag, Hochzeit, Kommunion, Firmung usw. In diesem Sinne können Gelegenheitsgeschenke auch unregelmäßig vorgenommene Spenden an Parteien, an Wohltätigkeitsorganisationen oder an Kirchen sein. Ein Gelegenheitsgeschenk liegt aber nicht vor, wenn an eine Kirchengemeinde regel- und planmäßige Zahlungen ohne besonderen Anlass zu allgemeinen Finanzierungszwecken geleistet werden.

BGH, Urt. v. 4.2.2016 – IX ZR 77/15, ZIP 2016, 583 Rn. 28
= WM 2016, 518 = NZI 2016, 359,
dazu *Bork*, EWiR 2016, 209.

1142 Im Hinblick auf die vom Gesetzgeber beabsichtigte und gebotene eingrenzende Auslegung des § 134 Abs. 2 InsO lassen sich Schenkungen, die zwar einer sittlichen oder Anstandspflicht entsprechen, aber über den Rahmen üblicher Gelegenheitsgeschenke, die ohnehin freigestellt sind, hinausgehen, nicht zusätzlich unter die Ausnahme des Gelegenheitsgeschenks subsumieren.

BGH, Urt. v. 4.2.2016 – IX ZR 77/15, ZIP 2016, 583 Rn. 29
= WM 2016, 518 = NZI 2016, 359,
dazu *Bork*, EWiR 2016, 209.

b) Geringer Wert

1143 Bei der Bestimmung der Grenzen eines „geringen Werts" ist davon auszugehen, dass die vom Gesetzgeber gewollte strikte Begrenzung der Ausnahme den Interessen der Insolvenzgläubiger dienen soll.

BGH, Urt. v. 4.2.2016 – IX ZR 77/15, ZIP 2016, 583 Rn. 32
= WM 2016, 518 = NZI 2016, 359,
dazu *Bork*, EWiR 2016, 209.

1144 Praktikabel und mit berechenbaren Größen handhabbar ist nur der Maßstab absoluter **Obergrenzen**, wobei eine Kombination von Anlass und Jahresgrenzen – bezogen auf das Kalenderjahr – angemessen erscheint. Für die Bemessung der Höchstgrenzen braucht dann nicht nach den häufig auch schwierig festzustellenden Vermögensverhältnissen zu verschiedenen Zeitpunkten differenziert werden. Da die Schuldner im Zeitpunkt der erforderlichen Beurteilung sich ohnehin in der Insolvenz befinden, rechtfertigt dies eine Gleichbehandlung im Maßstab. Angemessen als absolute Obergrenze für das einzelne Geschenk ist danach ein Betrag von 200 €, im gesamten Kalenderjahr bezüglich des einzelnen Beschenkten von insgesamt 500 €. Bei einmaligen Sonderanlässen kann in diesem Rahmen ein zusätzlicher Betrag berücksichtigt werden.

> BGH, Urt. v. 4.2.2016 – IX ZR 77/15, ZIP 2016, 583 Rn. 34 f = WM 2016, 518 = NZI 2016, 359, dazu *Bork*, EWiR 2016, 209.

VII. § 135 InsO (Anfechtung der Rückgewähr von Gesellschafterdarlehen)

Gesellschafterdarlehen, die einer GmbH in der Krise gewährt oder belassen **1145** werden, waren unter der früheren Rechtslage nach einer, auf einer Analogie zu §§ 30, 31 GmbHG beruhenden Rechtsprechung wie haftendes Eigenkapital zu behandeln. Infolge der Gleichsetzung der Kreditmittel mit Stammkapital war es der Gesellschaft verboten, das Darlehen an den Gesellschafter zurückzuzahlen. Gleichwohl erhaltene Darlehenstilgungen hatte der Gesellschafter der GmbH zu erstatten.

> *Gehrlein*, BB 2011, 3 f.

Diese Rechtsprechungsregeln und damit die Rechtsfigur des **eigenkapitaler-** **1146** **setzenden Darlehens** wurden im Rahmen des am 1.11.2008 in Kraft getretenen **MoMiG** zwecks Deregulierung durch die Neufassung des § 30 Abs. 1 Satz 3 GmbHG aufgegeben.

> BR-Drucks. 354/07 S. 95;
> *Seibert/Decker*, ZIP 2008, 1208, 1211.

Die Behandlung von Gesellschafterdarlehen wurde folglich auf eine rein in- **1147** solvenz- und anfechtungsrechtliche Basis gestellt: In der Insolvenz sind Gesellschafterdarlehen und gleichgestellte Verbindlichkeiten nach § 39 Abs. 1 Nr. 5 nachrangig; Tilgungsleistungen der Gesellschaft auf derartige Forderungen sind auch in einer Krise zulässig; umgekehrt kann auch die Rückzahlung des Darlehens von der Gesellschaft nicht mehr unter Berufung auf eine Krise verweigert werden.

> BGH, Beschl. v. 15.11.2011 – II ZR 6/11, DB 2011, 46;
>
> *Gehrlein*, Das neue GmbH-Recht, Rn. 61;
> *Kallmeyer*, DB 2007, 2755, 2758;
> *Oppenhoff*, BB 2008, 1630, 1632.

§ 135 Abs. 3 ist an die Stelle der kapitalersetzenden Nutzungsüberlassung ge- **1148** treten.

1. Anfechtung von Befriedigung und Sicherung eines Gesellschafterdarlehens

Der nach Insolvenzeintritt durch § 39 Abs. 1 Nr. 5 InsO angeordnete Nach- **1149** rang von Gesellschafterdarlehen wird im Vorfeld der Insolvenz durchgesetzt, indem Rückzahlungen der Gesellschaft auf Forderungen dieser Art gemäß § 135 InsO der Anfechtung unterliegen. § 135 Abs. 1 unterwirft mithin die Befriedigung und Sicherung eines **Gesellschafterdarlehens** und **gleichgestellter Forderungen** i. S. d. § 39 Abs. 1 Nr. 5 der Anfechtung.

> *Gehrlein*, BB 2008, 846, 852;
> *Schoppmeyer*, WM 2018, 353, 358 f.

1150 Die Bestimmung des § 135 InsO knüpft an die sog. Novellenregeln der §§ 32a, 32b GmbHG a. F. an. Im Blick auf die Vielgestaltigkeit der Sachverhalte, die der Darlehensgewährung durch einen Gesellschafter wirtschaftlich gleichen und daher im Interesse des Gläubigerschutzes entsprechenden Rechtsfolgen unterworfen werden müssen, hat der Gesetzgeber bereits bei Einführung der Novellenregeln, die für das geltende Recht Leitbildfunktion haben, von dem Versuch Abstand genommen, die in Betracht kommenden Tatbestände im Einzelnen kasuistisch zu regeln. Vielmehr sollte die Rechtsprechung mit Hilfe der **Generalklausel** des § 32a Abs. 3 Satz 1 GmbHG a. F. in den Stand gesetzt werden, nicht ausdrücklich vom Wortlaut des Gesetzes erfasste, jedoch vergleichbare Sachverhalte gleich zu behandeln. Diese **Regelungstechnik** hat das MoMiG in Anlehnung an § 32a Abs. 3 Satz 1 GmbHG a. F. durch die Einführung des Merkmals der **„gleichgestellten Forderung"** in § 39 Abs. 1 Nr. 5, § 135 Abs. 1 InsO beibehalten. Darum ist auch bei der Auslegung des Tatbestands der gleichgestellten Forderung (§ 39 Abs. 1 Nr. 5, § 135 Abs. 1 Nr. 2 InsO) in Übereinstimmung mit dem früheren Recht Vorsorge dagegen zu treffen, dass der Gesellschafter das mit einer Darlehensgewährung verbundene Risiko auf die Gemeinschaft der Gesellschaftsgläubiger abwälzt.

> BGH, Urt. v. 21.2.2013 – IX ZR 32/12, BGHZ 196, 220
> = ZIP 2013, 582 = WM 2013, 568 = NZI 2013, 308
> = ZInsO 2013, 543 Rn. 12,
> dazu *Bork*, EWiR 2013, 217.

1151 Die ausdrückliche Bezugnahme des Gesetzgebers auf die Novellenregeln verbunden mit der Erläuterung, die Regelungen zu den Gesellschafterdarlehen in das Insolvenzrecht verlagert zu haben, legt überdies die Annahme nahe, dass das durch das MoMiG umgestaltete Recht und damit auch § 135 Abs. 1 Nr. 2 InsO mit der Legitimationsgrundlage des früheren Rechts im Sinne einer Finanzierungsfolgenverantwortung harmoniert. Diese Würdigung entspricht laut dem BGH der Zielsetzung des Gesetzgebers, fragwürdige Auszahlungen an Gesellschafter in einer typischerweise kritischen Zeitspanne einem konsequenten Anfechtungsregime zu unterwerfen. Der daraus ableitbare anfechtungsrechtliche **Regelungszweck**, infolge des **gesellschaftsrechtlichen Näheverhältnisses** über die finanzielle Lage ihres Betriebs regelmäßig wohlinformierten Gesellschaftern die Möglichkeit zu versagen, der Gesellschaft zur Verfügung gestellte **Kreditmittel zu Lasten der Gläubigergesamtheit** zu entziehen.

BGH, Urt. v. 21.2.2013 – IX ZR 32/12, BGHZ 196, 220 = ZIP 2013, 582 = WM 2013, 568 = NZI 2013, 308 = ZInsO 2013, 543 Rn. 18.

Kreditrückzahlungen unterliegen gemäß § 135 Abs. 1 Nr. 2 InsO als Befriedigung einer Forderung auf Rückgewähr eines Darlehens ohne zusätzliche tatbestandliche Voraussetzungen der Anfechtung. Nach den eindeutigen gesetzlichen Vorgaben der § 39 Abs. 1 Nr. 5, § 135 Abs. 1 und 2 InsO kommt es auf die Krise der Gesellschaft nicht mehr an. Der Gesetzgeber hat mit § 39 Abs. 1 Nr. 5 InsO bewusst auf das Merkmal der Kapitalersetzung verzichtet. Die Neuregelung verweist jedes Gesellschafterdarlehen bei Eintritt der Gesellschaftsinsolvenz in den Nachrang. Dasselbe gilt für die Neufassung von § 135 InsO. Rückzahlungen auf Gesellschafterdarlehen sind innerhalb der Jahresfrist des § 135 Abs. 1 Nr. 2 InsO n. F. stets anfechtbar. Die Anfechtung beschränkt sich nicht mehr auf solche Fälle, in denen zurückgezahlte Gesellschafterdarlehen eigenkapitalersetzend waren und die Befriedigung der Gesellschafter ihrer Finanzierungsfolgenverantwortung widersprach. Dieses Gesetzesverständnis ist eindeutig und – soweit ersichtlich – auch unumstritten. In Konsequenz dieser Änderung wird durch eine Verschärfung des § 135 Abs. 1 Nr. 2 InsO die Rückgewähr jedes Gesellschafterdarlehens durch die Gesellschaft binnen eines Jahres vor Insolvenzantragstellung von der Insolvenzanfechtung erfasst, ohne dass das bisherige Erfordernis einer „Gesellschaftskrise" hinzutreten muss. **1152**

BGH, Beschl. v. 30.4.2015 – IX ZR 196/13, ZIP 2015, 1130 = WM 2015, 1119 Rn. 5.

Weder für eine teleologische Reduktion des § 135 InsO in dem Sinne, dass dem Gesellschafter der Entlastungsbeweis ermöglicht wird, zum Zeitpunkt der Rückführung des Darlehens habe noch kein Insolvenzgrund vorgelegen, noch für eine analoge Anwendung des § 136 Abs. 2 InsO bleibt im Hinblick auf das Gesamtkonzept der neuen Regelungen Raum. Der Gesetzgeber wollte mit der Neuregelung die Rechtslage erheblich einfacher und übersichtlicher gestalten und dadurch zu einer größeren Rechtssicherheit und einfacheren Handhabbarkeit der Eigenkapitalgrundsätze gelangen. Er hat dabei unter Abwägung der Interessen sowohl der Insolvenzgläubiger als auch der Gesellschafter die Rückzahlung des Gesellschafterkredits und eines durch den Gesellschafter abgesicherten Kredits nicht mehr dem Kapitalerhaltungsrecht unterworfen, sondern dem durch feste Fristen gekennzeichneten Insolvenzanfechtungsrecht. **1153**

BGH, Beschl. v. 30.4.2015 – IX ZR 196/13, ZIP 2015, 1130 = WM 2015, 1119 Rn. 7.

Ob eine Rechtshandlung nach § 135 Abs. 1 InsO anfechtbar ist, hängt zum einen davon ab, ob der Anfechtungsgegner **Gesellschafter der Schuldnerin** ist. Zum anderen muss es sich um eine Forderung auf Rückgewähr eines Darlehens i. S. d. § 39 Abs. 1 Nr. 5 InsO oder eine gleichgestellte Forderung handeln. Dies gilt auch für die Rückführung einer stillen Einlage. Sofern der **1154**

Anfechtungsgegner unmittelbar am Haftkapital der Gesellschaft beteiligt ist, seine Beteiligung über das Kleinbeteiligungsprivileg des § 39 Abs. 5 InsO hinausgeht und kein Fall des § 39 Abs. 4 Satz 2 InsO vorliegt, sind die Tatbestandsvoraussetzungen des § 135 Abs. 1 InsO in personeller Hinsicht erfüllt. In diesem Fall kommt es nicht darauf an, ob die Rechte des Anfechtungsgegners aus dem Darlehen oder der dem Darlehen gleichgestellten Forderung diesem für sich genommen eine Rechtsposition verschaffen, die der eines Gesellschafters entspricht. Dabei ist eine **mittelbare Beteiligung** am Haftkapital der Gesellschaft für eine Gesellschafterstellung ausreichend, wenn diese der unmittelbaren Beteiligung gleichsteht. Es entspricht einhelliger Meinung, dass die von einem (mittelbaren) Alleingesellschafter zusätzlich übernommene stille Einlage als darlehensgleiche Leistung dieses Gesellschafters anzusehen ist.

BGH, Beschl. v. 23.11.2017 – IX ZR 218/16, ZIP 2017, 2481
= WM 2017, 2399,
dazu *Ch. Keller*, EWiR 2018, 18.

1155 Es kann dahinstehen, ob Schuldverschreibungen unmittelbar einen Anspruch auf Darlehensrückgewähr verkörpern. Jedenfalls entsprechen die aus dem verbrieften Schuldversprechen (§ 793 BGB) abzuleitenden Forderungen der Anleihegläubiger wirtschaftlich der Forderung auf Rückzahlung eines Darlehens. Die von der Schuldnerin ausgegebene Anleihe ist ebenso wie ein Darlehen auf die Überlassung von Fremdkapital gerichtet und hat deswegen Kreditierungswirkung. Folgerichtig fallen die Forderungen aus der Schuldverschreibung – wie ein Anspruch auf Darlehensrückgewähr – in den sachlichen Anwendungsbereich von § 39 Abs. 1 Nr. 5 InsO.

BGH, Urt. v. 14.2.2019 – IX ZR 149/16, ZIP 2019, 666
= WM 2019, 650 = NZI 2019, 460 Rn. 60,
dazu *Bork*, EWiR 2019, 241.

1156 Werden von der Gesellschaft hingegen Nutzungsentgelte entrichtet, greift § 135 Abs. 1 Nr. 2 InsO wegen der abweichenden Forderungsart nicht unter dem Gesichtspunkt der Rückgewähr eines Darlehens durch. Da nach dem gesetzgeberischen Konzept des MoMiG bei einer Nutzungsüberlassung die Kreditgewährung nur das Entgelt betreffen kann und sich nicht schon in der vorausgehenden Nutzungsüberlassung selbst äußert, ist die Grundlage entfallen, die Tilgung eines Nutzungsentgelts einer Darlehensrückzahlung gleichzustellen. Ist eine Nutzungsüberlassung durch den Gesellschafter nach dem heutigen Verständnis einer Darlehensgewährung nicht wirtschaftlich vergleichbar, kann die Tilgung von Nutzungsentgelten nicht als Darlehensrückzahlung, sondern nur im Falle einer vorherigen Stundung oder eines Stehenlassens als Befriedigung einer darlehensgleichen Forderung gemäß § 135 Abs. 1 Nr. 2 InsO der Anfechtung unterworfen werden.

BGH, Urt. v. 29.1.2015 – IX ZR 279/13, ZIP 2015, 589 Rn. 69
= WM 2015, 581 = NZI 2015, 331,
dazu *Spliedt*, EWiR 2015, 453.

Die Begleichung von **Nutzungsentgelten** unterliegt als gleichgestellte Forderungen nur der Anfechtung, wenn sie im Anschluss an eine mindestens faktische Stundung erfolgte, nicht aber, sofern die Vergütung fristgemäß gezahlt wurde. **1157**

Rühle, ZIP 2009, 1358, 1360.

Ungeachtet des Entstehungsgrundes sind einem Darlehen alle aus Austauschgeschäften herrührende Forderungen gleich zu achten, die der Gesellschaft rechtlich oder rein faktisch gestundet wurden, weil jede Stundung bei wirtschaftlicher Betrachtung eine Darlehensgewährung bewirkt. Stehen gelassene Gehaltsansprüche eines Gesellschafters können darum wirtschaftlich einem Darlehen entsprechen. Werden Zahlungen an den Gesellschafter **bargeschäftlich** (§ 142 InsO) abgewickelt, kommt eine Stundungswirkung nicht in Betracht. **1158**

BGH, Urt. v. 10.7.2014 – IX ZR 192/13, ZIP 2014, 1491
= WM 2014, 1488 Rn. 50 f.

Ein Baraustausch liegt bei länger währenden Vertragsbeziehungen in Anlehnung an § 286 Abs. 3 BGB jedenfalls vor, wenn Leistung und Gegenleistung binnen eines Zeitraums von 30 Tagen abgewickelt werden. **1159**

BGH, Urt. v. 10.7.2014 – IX ZR 192/13, ZIP 2014, 1491
= WM 2014, 1488 Rn. 31 ff;

BGH, Urt. v. 29.1.2015 – IX ZR 279/13, ZIP 2015, 589 Rn. 71
= WM 2015, 581 = NZI 2015, 331,
dazu *Spliedt*, EWiR 2015, 453.

Danach ist von einem Baraustausch auszugehen, wenn Miete zum jeweils 15. Werktag des laufenden Monats fällig war und für Dezember 2009 statt dem 15.12.2009 am 4.1.2010, für Januar 2010 statt dem 15.1.2010 am 4.2.2010, für Februar 2010 statt dem 15.2.2010 am 12.3.2010, für März 2010 statt dem 15.3.2010 am 8.4.2010 und für April 2010 statt dem 15. April am 20.4.2010 beglichen worden. Mithin wurde der für ein Bargeschäft unschädliche Zeitraum von 30 Tagen nicht überschritten. Wird ein Baraustausch durchgeführt, handelt es sich nicht um eine stehen gelassene und damit einem Darlehen wirtschaftlich entsprechende Forderung, die gemäß § 135 Abs. 1 Nr. 2 InsO der Anfechtung zugänglich ist. **1160**

BGH, Urt. v. 29.1.2015 – IX ZR 279/13, ZIP 2015, 589 Rn. 71
= WM 2015, 581 = NZI 2015, 331,
dazu *Spliedt*, EWiR 2015, 453.

Wird die aus einem üblichen **Austauschgeschäft** herrührende Forderung eines Gesellschafters über einen Zeitraum von mehr als drei Monaten rechtsgeschäftlich oder faktisch zugunsten seiner Gesellschaft gestundet, handelt es sich daher grundsätzlich um eine darlehensgleiche Forderung. **1161**

Rechtsgeschäftliche Fälligkeitsabreden, die im Rahmen von Verkehrsgeschäften zwischen der Gesellschaft und ihrem Gesellschafter getroffen werden, **1162** können wirtschaftlich einer Darlehensgewährung entsprechen. Da aber nicht jede geringfügige Überschreitung der marktüblichen Zahlungsfristen zur Annahme einer darlehensgleichen Forderung führt, haben auch Fälligkeitsvereinbarungen diese Wirkung nach Auffassung des BGH nur dann, wenn sie deutlich von den im Verkehr mit dritten Vertragspartnern üblichen Konditionen abweichen. In Anknüpfung an die zeitlichen Grenzen möglicher Fälligkeitsvereinbarungen können Forderungen eines Gesellschafters aus normalen Verkehrsgeschäften wie einer Warenlieferung ebenfalls (nur) als darlehensähnlich zu bewerten sein, wenn sie deutlich über einen **verkehrsüblichen Zeitraum hinaus** durch Stehenlassen faktisch gestundet werden.

BGH, Urt. v. 11.7.2019 – IX ZR 210/18, ZIP 2019, 1675 = WM 2019, 1646 = NZI 2019, 810 Rn. 16, dazu *Neußner*, EWiR 2019, 593.

1163 Der BGH ist sodann großzügig bei der Abgrenzung zum Kreditgeschäft. Bei der rechtlichen Bewertung, ob ein verkehrsüblicher Zeitraum merklich überschritten wird, ist zu berücksichtigen, dass nach dem gesetzlichen Leitbild des § 271a Abs. 1 BGB eine Vereinbarung, nach der der Gläubiger die Erfüllung einer Entgeltforderung erst nach mehr als 60 Tagen nach Empfang der Gegenleistung verlangen kann, nur wirksam ist, wenn sie ausdrücklich getroffen und im Hinblick auf die Belange des Gläubigers nicht grob unbillig ist. Mit Hilfe der Regelung sollen insbesondere kleinere Unternehmen von der mit langen Zahlungsfristen verbundenen Last des „Gläubigerkredits“ befreit werden. Bedarf es einer eindeutigen Missachtung üblicher Zahlungsfristen, ist nicht bereits dann von einer darlehensgleichen Forderung auszugehen, wenn der zulässige Fälligkeitszeitraum von 60 Tagen nicht gewahrt ist. Die Entscheidung des BGH ist zweifelhaft, weil sie faktisch Kreditgeschäfte dennoch dem § 135 InsO entzieht.

BGH, Urt. v. 11.7.2019 – IX ZR 210/18, ZIP 2019, 1675 = WM 2019, 1646 = NZI 2019, 810 Rn. 17, dazu *Neußner*, EWiR 2019, 593.

1164 Laut dem BGH verhält es sich gemeinhin erst dann im Sinne einer Darlehensgewährung, wenn der Gesellschaft zur Tilgung einer Gesellschafterforderung vereinbarungsgemäß mit Hilfe einer die Fälligkeit nicht berührenden und daher durch § 271a BGB nicht verwehrten rechtlichen oder faktischen Stundung über ein noch zulässiges Zahlungsziel hinaus ein zusätzlicher Zahlungszeitraum eröffnet wird und sich daraus in einer Gesamtschau der Schluss auf eine Kreditgewährung unzweifelhaft aufdrängt. Dies ist im Allgemeinen anzunehmen, wenn eine fällige Forderung von dem Gesellschafter länger als drei Monate rechtsgeschäftlich gestundet oder tatsächlich stehen gelassen wird. Bei Darlehensverträgen unbestimmter Dauer legt das Gesetz durch § 488 Abs. 3 Satz 2 BGB eine ordentliche Kündigungsfrist von drei Monaten fest. Ist dieser Zeitraum verstrichen, gewinnt eine auf einem sonstigen Rechtsgrund beruhende Forderung typischerweise Darlehenscharakter, weil die Gesellschaft bei wirtschaftlicher Betrachtung nicht anders steht, als wenn ihr ein innerhalb dieser Frist ordentlich kündbares Darlehen gewährt worden wäre.

> BGH, Urt. v. 11.7.2019 – IX ZR 210/18, ZIP 2019, 1675 = WM 2019, 1646 = NZI 2019, 810 Rn. 18, dazu *Neußner*, EWiR 2019, 593.

Jede Forderung eines Gesellschafters auf Rückzahlung eines vom Gesellschafter aus seinem Vermögen der Gesellschaft zur Verfügung gestellten Geldbetrags ist darlehensgleich, sofern ein solcher Rückzahlungsanspruch durchgängig seit der Überlassung des Geldes bestand und sich Gesellschafter und Gesellschaft von vornherein einig waren, dass die Gesellschaft das Geld zurückzuzahlen habe. So stellen **bereicherungsrechtliche Ansprüche** eines Gesellschafters auf Rückgewähr des auf der Grundlage eines unwirksamen Darlehensvertrags gewährten Geldbetrags eine einem Darlehen wirtschaftlich gleichstehende Forderung dar. Unter welchen Voraussetzungen die Verpflichtung der Gesellschaft, einen tatsächlich von ihrem Gesellschafter erhaltenen Geldbetrag zurückzuzahlen, eine darlehensgleiche Forderung i. S. d. § 135 Abs. 1 Nr. 2 InsO darstellt, hängt nicht davon ab, ob ein wirksamer Parteiwille zur Gewährung eines Darlehens vorliegt oder dieser Parteiwille mit den guten Sitten vereinbar ist, sondern ob die Gesellschaft nach dem übereinstimmenden Willen von vornherein verpflichtet ist, dem Gesellschafter die erhaltenen Geldbeträge zurückzuzahlen. **1165**

> BGH, Urt. v. 27.6.2019 – IX ZR 167/18, ZIP 2019, 1577 Rn 30, dazu *Swierczok/Schubert*, EWiR 2019, 595.

Nehmen Gesellschafter und Gesellschaft taggleiche **Hin- und Herzahlungen** im Rahmen des gleichen darlehensähnlichen Verhältnisses ohne wirksamen anderen Rechtsgrund vor, kommt eine darlehensgleiche Forderung nur in Höhe des Saldos in Betracht. Im Rahmen eines kontokorrentähnlichen Gesellschafterdarlehensverhältnisses ist eine Befriedigung des Darlehensrückzahlungsanspruchs gegenüber dem Gesellschafter nur anfechtbar, soweit der im Anfechtungszeitraum bestehende höchste Saldo bis zum Zeitpunkt der Eröffnung des Insolvenzverfahrens endgültig zurückgeführt worden ist. Maßgeblich für den Umfang der Anfechtung ist der höchste innerhalb des Anfechtungszeitraums erreichte Stand des Darlehens, soweit dieser endgültig zurückgeführt worden ist. Zwischenzeitlich niedrigere Darlehensstände sind hingegen unerheblich, wenn der Gesellschafter im Rahmen der kontokorrentähnlichen Handlungen das Darlehen innerhalb des Anfechtungszeitraums wieder ausgereicht hat. Reicht der Gesellschafter bereits zurückgeführte Zahlungen im Rahmen des einheitlichen kontokorrentähnlichen Verhältnisses wieder aus, erhöht er damit jedoch das von ihm übernommene Insolvenzrisiko nicht, so dass solche erneuten und später nicht mehr zurückgeführten Auszahlungen den Umfang des Anfechtungsanspruchs vermindern. Demgemäß hat der BGH in seinen bisherigen Entscheidungen darauf abgestellt, inwiefern der Masse Mittel im Umfang des höchsten zurückgeführten Darlehensstandes wieder entzogen worden sind. **1166**

BGH, Urt. v. 27.6.2019 – IX ZR 167/18, ZIP 2019, 1577 Rn. 37, dazu *Swierczok/Schubert*, EWiR 2019, 595.

1167 Bezahlt der Schuldner vertraglich vereinbarte **Darlehenszinsen**, sind diese Leistungen grundsätzlich nicht nach § 135 Abs. 1 Nr. 2 InsO anfechtbar. Anfechtbar gemäß § 135 Abs. 1 Nr. 2 InsO ist eine Rechtshandlung, die Befriedigung für eine Forderung auf Rückgewähr eines Darlehens oder für eine einem Darlehen gleichgestellte Forderung gewährt hat. Vertraglich vereinbarte Darlehenszinsen oder vertraglich geschuldete Zinsen für eine gleichgestellte Forderung sind keine Befriedigung einer Forderung auf Rückgewähr eines Darlehens. Darlehenszinsen führen dazu, dass die mit der Überlassung des Darlehenskapitals auf Zeit eingeräumte Kapitalnutzung eine entgeltliche Leistung darstellt. Sie stellen in erster Linie ein Entgelt für die Nutzung dar. Für die Überlassung eines Gegenstandes zum Gebrauch oder zur Ausübung hat der BGH bereits entschieden, dass keine Grundlage besteht, die Tilgung eines Nutzungsentgelts einer Darlehensrückzahlung gleichzustellen. Sie kann mithin nur noch im Falle eines vorherigen Stehenlassens oder eine Stundung des Nutzungsentgelts als Befriedigung einer darlehensgleichen Forderung gemäß § 135 Abs. 1 Nr. 2 InsO angefochten werden.

BGH, Urt. v. 27.6.2019 – IX ZR 167/18, ZIP 2019, 1577 Rn. 43, dazu *Swierczok/Schubert*, EWiR 2019, 595.

1168 Insoweit ist eine von dem BGH-Urteil vom 27.6.2019 abweichende Betrachtung aber laut BGH dann angezeigt, wenn die **besicherten Zins- oder Provisionsansprüche im Zeitpunkt der Eröffnung des Insolvenzverfahrens noch offen sind oder erst nach diesem Zeitpunkt anfallen**. Dies gilt unabhängig davon, ob die Ansprüche darlehensgleich gestundet worden sind oder begründet wurden, um die in Wirklichkeit beabsichtigte (teilweise) Rückzahlung der ohne Weiteres nachrangigen Hauptforderung zu verschleiern. Durch die Regelung des § 39 Abs. 3 InsO hat der Gesetzgeber zum Ausdruck gebracht, dass die unbefriedigten Zinsansprüche nachrangiger Insolvenzgläubiger den gleichen Rang haben sollen wie die Forderungen selbst. Das gilt nicht nur für die seit der Eröffnung des Insolvenzverfahrens laufenden Zinsen, sondern auch für alle bis zu diesem Zeitpunkt angefallenen und noch offenen Zinsansprüche und sonstigen Nebenforderungen und damit auch für Avalprovisionen. Nach den Vorstellungen des Gesetzgebers sollen demnach auch Verbindlichkeiten, die neben einer Forderung auf Rückgewähr eines Gesellschafterdarlehens oder einer gleichgestellten Forderung bestehen, erst im Rang des § 39 Abs. 1 Nr. 5 InsO befriedigt werden. Daher kommt insoweit eine Anfechtung in Betracht.

BGH, Urt. v. 26.1.2023 – IX ZR 85/21, ZIP 2023, 705 Rn. 42 ff = WM 2023, 574 = NZI 2023, 383.

2. Darlehensgeber

1169 In erster Linie gehören Gesellschafter zu den Normadressaten der Regelung. Mithilfe des Tatbestands der gleichgestellten Forderungen sollen nach dem

Willen des Gesetzgebers die personellen und sachlichen Erweiterungen des bisherigen § 32a GmbHG von dem neuen Recht übernommen werden. Auf dieser Grundlage ist etwa ein Strohmann, der mit ihm überlassenen Mitteln eines Gesellschafters der Gesellschaft einen Kredit gewährt, in den Normbereich einbezogen. Gleiches dürfte für Treuhandverhältnisse sowohl in Bezug auf den Treuhänder als auch den Treugeber, Nießbraucher des Geschäftsanteils, stille Gesellschafter und verbundene Unternehmen gelten.

> Kübler/Prütting/Bork/Jacoby-*Könen*, InsO, § 135 Rn. 24;
> *Habersack*, ZIP 2007, 2145;
> *Freitag*, WM 2007, 1681 f.

Finanzierungshilfen Dritter werden erfasst, wenn der Dritte bei wirtschaftlicher Betrachtung einem Gesellschafter gleichsteht. Voraussetzung ist die Rechtshandlung eines Dritten, welche der Darlehensgewährung durch einen Gesellschafter wirtschaftlich entspricht. **1170**

> BGH, Urt. v. 27.2.2020 – IX ZR 337/18, ZIP 2020, 723 Rn. 7
> = WM 2020, 694 = NZI 2020, 422.

Gewährt ein außenstehender Dritter einem Gesellschafter der späteren Insolvenzschuldnerin und dessen Ehefrau ein Darlehen, welches der Gesellschafter zur Gewährung eines Darlehens an die Gesellschaft verwendet, ist die Rückzahlung des Darlehens an den Dritten durch die Gesellschaft dem Dritten gegenüber nicht als Rückgewähr eines Gesellschafterdarlehens anfechtbar, denn der Dritte steht einem Gesellschafter nicht gleich. **1171**

> BGH, Urt. v. 27.2.2020 – IX ZR 337/18, ZIP 2020, 723 Rn. 7
> = WM 2020, 694 = NZI 2020, 422.

Zu den gleichgestellten Forderungen gehören grundsätzlich auch Darlehensforderungen von Unternehmen, die mit dem Gesellschafter **horizontal oder vertikal verbunden** sind. Auch wenn Rechtshandlungen Dritter in § 39 Abs. 1 Nr. 5, § 135 Abs. 1 InsO nicht ausdrücklich erwähnt werden, sollte durch die tatbestandliche Einbeziehung gleichgestellter Forderungen in diese Vorschriften der Anwendungsbereich des § 32a Abs. 3 Satz 1 GmbHG a. F. auch in personeller Hinsicht übernommen werden. **1172**

> BGH, Urt. v. 25.6.2020 – IX ZR 243/18, BGHZ 226, 125 Rn. 20
> = ZIP 2020, 1468 = WM 2020, 1368 = NZI 2020, 790.

Von der Neuregelung werden daher auch Rechtshandlungen Dritter erfasst, welche der Darlehensgewährung durch einen Gesellschafter wirtschaftlich entsprechen. Dies gilt insbesondere für Darlehen verbundener Unternehmen. Eine im Vergleich zu dem früheren Recht einschränkende Auslegung bei der Inanspruchnahme verbundener Unternehmen ist sowohl nach dem Wortlaut der Regelungen als auch nach dem eindeutigen gesetzgeberischen Willen nicht angezeigt. Die auf die Einrichtung eines konsequenten Anfechtungsregimes zielende Regelung will den Kreis haftender Dritter in Anlehnung an den bisherigen Rechtszustand festlegen. Der mittelbar an einer Gesellschaft Beteiligte ist hinsichtlich seiner Kredithilfen für die Gesellschaft wie ein unmittelbarer **1173**

Gesellschafter zu behandeln. Dies gilt jedenfalls für den Gesellschafter-Gesellschafter, also denjenigen, der an der Gesellschafterin der Gesellschaft beteiligt ist und aufgrund einer **qualifizierten Anteilsmehrheit** einen beherrschenden Einfluss auf die Gesellschafterin ausüben kann.

BGH, Urt. v. 21.2.2013 – IX ZR 32/12, ZIP 2013, 582 = WM 2013, 568 = NZI 2013, 308 = ZInsO 2013, 543 Rn. 15 ff, dazu *Bork*, EWiR 2013, 217.

1174 In einer vom BGH entschiedenen Sache war die Tochtergesellschaft der Beklagten sowohl Alleingesellschafterin der Komplementärin der Schuldnerin als auch deren einzige Kommanditistin. Die Beklagte war Alleingesellschafterin der Komplementärin und daher als Gesellschafter-Gesellschafter der Schuldnerin zu qualifizieren. Angesichts dieser Beteiligungsverhältnisse kann dahinstehen, ob – was nahe liegt – auch bereits nach Überschreiten der Kleinbeteiligungsschwelle ein von dem Gesellschafter-Gesellschafter gewährtes Darlehen dem Nachrang des § 39 Abs. 1 Nr. 5 InsO unterliegt. Als mittelbare, die Schuldnerin **beherrschende Alleingesellschafterin** ist die Beklagte wie ein Gesellschafter zu behandeln. Dies entspricht dem Willen des Gesetzgebers, den Gesellschafter einer GmbH, die ihrerseits bei einer Kommanditgesellschaft als persönlich haftende Gesellschafterin fungiert, dem Regelungswerk der § 39 Abs. 1 Nr. 5, § 135 Abs. 1 Nr. 2 InsO zu unterwerfen.

BGH, Urt. v. 21.2.2013 – IX ZR 32/12, ZIP 2013, 582 = WM 2013, 568 = NZI 2013, 308 = ZInsO 2013, 543 Rn. 22.

1175 Leistungen Dritter werden erfasst, wenn der Dritte bei wirtschaftlicher Betrachtung infolge einer horizontalen oder vertikalen Verbindung einem Gesellschafter gleichsteht.

1176 Allerdings ist es bei einer rein vertikalen Beteiligung, d. h. einer mittelbaren Beteiligung des Darlehensgebers nicht erforderlich, dass es sich um eine maßgebliche Beteiligung handelt. Allein entscheidend ist, dass die mittelbare Beteiligung nicht dem **Kleinbeteiligtenprivileg** des § 39 Abs. 5 InsO unterfällt. Davon zu unterscheiden ist die horizontale Verbindung (dazu unten Rn. 1180).

Wohl auch BGH, Urt. v. 15.11.2018 – IX ZR 39/18, WM 2019, 180 Rn. 15 = NZI 2019, 180.

1177 In seiner Entscheidung zum doppelnützigen Treuhänder hat der BGH angenommen, dass die Einordnung eines Drittdarlehens, bei dem weder eine vertikale noch eine horizontale Verbindung des Dritten zur Gesellschaft besteht, als eine wirtschaftlich entsprechende Forderung voraussetzt, dass der Dritte unternehmerischen Einfluss auf die Gesellschaft hat und dieser Einfluss des Dritten in einer Weise ausgestaltet und abgesichert ist, die es rechtfertigt, das Darlehen des Dritten als Einsatz eines Kapitals zu einer eigenen, gesellschaftergleichen unternehmerischen Tätigkeit anzusehen. Dies ergibt sich aus den wesentlichen Grundgedanken des Gesellschafterdarlehensrechts nach dem MoMiG.

BGH, Urt. v. 25.6.2020 – IX ZR 243/18, BGHZ 226, 125 Rn. 26 = ZIP 2020, 1468 = WM 2020, 1368 = NZI 2020, 790.

Hierzu sind bei der jeweiligen Gesellschaftsform die bestehende Gewinnbeteiligung des Darlehensgebers, seine gesellschaftergleichen Rechte und seine Teilhabe an der Geschäftsführung in einem Gesamtvergleich mit der Rechtsposition eines Gesellschafters zu betrachten. 1178

> BGH, Urt. v. 25.6.2020 – IX ZR 243/18, BGHZ 226, 125 Rn. 34 ff = ZIP 2020, 1468 = WM 2020, 1368 = NZI 2020, 790.

Für einen doppelnützigen Treuhänder, der Gesellschaftsanteile sowohl für einen externen Darlehensgeber als auch für den Gesellschafter hält, ist nicht automatisch von einer gesellschaftergleichen Stellung auszugehen. Ein doppelseitiges Treuhandverhältnis führt nicht dazu, dass der Darlehensgeber allein aufgrund der zu seinen Gunsten bestehenden treuhänderischen Berechtigung einem Gesellschafter gleichzustellen ist. Auch insoweit kommt es darauf an, wie die Rechtsstellung des Darlehensgebers im Vergleich zu einem Gesellschafter ausgestaltet ist. Eine **bloß faktische Möglichkeit des Darlehensgebers**, Einfluss auf die Entscheidungen der Gesellschaft zu nehmen, genügt nicht für eine Gleichstellung mit einem Gesellschafter. 1179

> BGH, Urt. v. 25.6.2020 – IX ZR 243/18, BGHZ 226, 125 Rn. 37 ff = ZIP 2020, 1468 = WM 2020, 1368 = NZI 2020, 790.

Eine Beteiligung kann neben der vertikalen mittelbaren Beteiligung auch in der Weise ausgestaltet sein, dass ein Gesellschafter an beiden Gesellschaften, der die Leistung annehmenden und der die Leistung gewährenden Gesellschaft, und zwar an der letztgenannten maßgeblich beteiligt ist (Fall der **horizontalen Verbindung**). Eine maßgebliche Beteiligung in diesem Sinn ist gegeben, wenn der Gesellschafter auf die Entscheidungen des hilfeleistenden Unternehmens, nämlich auf die Gewährung oder auf den Abzug der Leistung an das andere Unternehmen, einen bestimmenden Einfluss ausüben, insbesondere dem Geschäftsführungsorgan der Hilfe gewährenden Gesellschaft durch Gesellschafterbeschlüsse gemäß § 46 Nr. 6 GmbHG entsprechende Weisungen erteilen kann. Dazu genügt bei einer GmbH & Co. KG eine Beteiligung von mehr als 50 v. H. 1180

> BGH, Urt. v. 29.1.2015 – IX ZR 279/13, ZIP 2015, 589 Rn. 50 = WM 2015, 581 = NZI 2015, 331, dazu *Spliedt*, EWiR 2015, 453.

Zwar verfügten zwei Brüder als Gesellschafter in einer vom BGH entschiedenen Sache einzeln nur über eine Beteiligung von genau 50 v. H. an der Klägerin und Darlehensgeberin. Eine getrennte Betrachtung der jeweiligen Beteiligungswerte würde jedoch dem Umstand nicht gerecht, dass sich die Brüder als Mehrheitsgesellschafter der Schuldnerin unter dem Dach der Klägerin zusammengeschlossen haben, um der Schuldnerin die benötigten Betriebsgegenstände mietweise zu überlassen. Vor diesem Hintergrund sind die Beteiligungswerte von jeweils 50 v. H. an der Klägerin auf 100 v. H. zu addieren, weil die Brüder die Klägerin kraft Bündelung ihrer Beteiligungen im gleichgerichteten Interesse übereinstimmend als Vermieterin der Schuldnerin einge- 1181 setzt haben. Das koordinierte Zusammenwirken der Gesellschafter ermöglicht die gemeinsame Zurechnung der wechselseitigen Beteiligungen. In dem hier gegebenen Fall einer Betriebsaufspaltung bilden das Besitz- und das Betriebsunternehmen eine wirtschaftliche Einheit, die es rechtfertigt, die Mehrheitsgesellschafter beider Unternehmen der Verantwortung des § 135 Abs. 3 InsO zu unterwerfen.

BGH, Urt. v. 29.1.2015 – IX ZR 279/13, ZIP 2015, 589 Rn. 51 = WM 2015, 581 = NZI 2015, 331, dazu *Spliedt*, EWiR 2015, 453.

1182 In einem weiteren Fall war die Voraussetzung eines maßgeblichen Einflusses auf der Seite des Darlehensgebers ebenfalls gegeben. Der Mehrheitsgesellschafter der Beklagten (C.) nach eigenem Ermessen über den Abzug des Darlehens befinden.

BGH, Urt. v. 15.11.2018 – IX ZR 39/18, ZIP 2019, 182 Rn. 14, dazu *Bork*, EWiR 2019, 81.

1183 Zudem war C. mittelbar an der darlehensnehmenden Schuldnerin beteiligt. Er verfügte über die Hälfte der Geschäftsanteile an der X-GmbH, die ihrerseits 10 vom Hundert der Aktien der Y-AG, der Mehrheitskommanditistin der Schuldnerin, hielt. Aufgrund der hier anzustellenden wirtschaftlichen Betrachtungsweise ist es ohne Bedeutung, dass C. nicht unmittelbar an der Schuldnerin beteiligt war. Die Bestimmungen über die Behandlung von Gesellschafterdarlehen im Insolvenzverfahren über das Vermögen der darlehensnehmenden Gesellschaft setzen, weil deren Gesellschafter keine Finanzierungsentscheidung zu treffen haben, abgesehen von dem Kleinbeteiligtenprivileg des § 39 Abs. 5 InsO keine Mindestbeteiligung voraus. Entsprechendes hat auch im Falle einer mittelbaren Beteiligung an der darlehensnehmenden Gesellschaft zu gelten. Der Gesellschafter kann sich seiner Verantwortung nicht entziehen, indem er eine oder mehrere Gesellschaften zwischenschaltet. Es wäre nicht einzusehen, einen etwa unmittelbar mit 15 vom Hundert beteiligten Gesellschafter schlechter als einen mittelbar in gleicher Höhe oder gar stärker beteiligten Gesellschafter zu stellen. Der mittelbar beteiligte Gesellschafter bleibt verantwortlich, solange die Mediatisierung nicht bewirkt, dass zu seinen Gunsten das Kleinbeteiligtenprivileg des § 39 Abs. 5 InsO eingreift. Letzteres ist hier nicht der Fall. Zwar entsprach die mittelbare Beteiligung des C. an der Schuldnerin wirtschaftlich einem Anteil von weniger als 4 v. H. Gleichwohl ist das Kleinbeteiligtenprivileg nicht anwendbar, weil C. als Geschäftsführer der Komplementär-GmbH auch die Geschäfte der Schuldnerin führte.

BGH, Urt. v. 15.11.2018 – IX ZR 39/18, ZIP 2019, 182 Rn. 15, dazu *Bork*, EWiR 2019, 81.

1184 Darlehen naher Familienangehöriger von Gesellschaftern gehören hingegen nicht zu den gleichgestellten Forderungen; insoweit begründet auch § 138 InsO keine Beweiserleichterungen. Der Anwendbarkeit von § 39 Ab. 1 Nr. 5

InsO steht zwar nicht entgegen, dass es sich bei dem Darlehensgeber nicht um einen Gesellschafter des Schuldners handelt, weil der Anwendungsbereich der durch das MoMiG aufgehobenen Vorschrift des § 32a Abs. 3 Satz 1 GmbHG auch in personeller Hinsicht übernommen werden sollte. Von der Neuregelung werden daher auch Rechtshandlungen Dritter erfasst, welche der Darlehensgewährung durch einen Gesellschafter wirtschaftlich entsprechen. Eine einem Gesellschafterdarlehen wirtschaftlich entsprechende Rechtshandlung liegt nicht schon vor, weil es sich bei dem Darlehensgeber um eine nahe stehende Person (§ 138 Abs. 1 Nr. 2, Abs. 2 Nr. 3 InsO) handelt. Entscheidend gegen die Anwendung des § 138 InsO im Anwendungsbereich des § 39 Abs. 1 Nr. 5 InsO spricht, dass die Vorschrift in der Sache auf einen anderen Regelungsbereich zugeschnitten ist. Hiervon werden Handlungen erfasst, die sich ohnehin durch eine besondere Verdächtigkeit auszeichnen (§ 131 Abs. 2 Satz 2, § 132 Abs. 3 i. V. m. § 130 Abs. 3, § 133 Abs. 2 InsO) oder bei denen die in § 138 InsO genannte Person der Insolvenz besonders nahe steht (§ 130 Abs. 3 InsO). Gewährt hingegen eine nahestehende Person der Gesellschaft ein Darlehen, ist dies für sich genommen unverdächtig.

BGH, Urt. v. 17.2.2011 – IX ZR 131/10, ZIP 2011, 575
= WM 2011, 563 = NZI 2011, 618 = ZInsO 2011, 626,
dazu *Spliedt*, EWiR 2011, 285;

ebenso bereits zum Kapitalersatzrecht
BGH, Urt. v. 6.4.2009 – II ZR 277/07, ZIP 2009, 1273
= WM 2009, 1288.

Ein nicht von einem Gesellschafter selbst gewährtes Darlehen unterliegt gleich- **1185**
wohl den Regeln des Eigenkapitalersatzes, wenn der Gesellschafter dem Darlehensgeber die Mittel für Gesellschaftszwecke zur Verfügung gestellt hat. Hierzu reicht es aus, dass die von dem Dritten gewährte Hilfe wirtschaftlich aus dem Vermögen des Gesellschafters aufgebracht werden soll. Dies ist etwa der Fall, wenn dem Dritten im Verhältnis zu dem Gesellschafter ein Freistellungsanspruch zusteht, selbst wenn der Dritte als naher Angehöriger die Mittel vorübergehend für den Gesellschafter bevorschusst hat. Allerdings begründet ein Ehe- oder Verwandtschaftsverhältnis zwischen dem Darlehensgeber und dem Gesellschafter für sich genommen noch keine Beweiserleichterung dafür, dass die Mittel von dem Gesellschafter stammen. Deswegen kann es keinen Beweis des ersten Anscheins begründen, dass der zur Familie des Schuldners gehörende Darlehensgeber den Kredit ohne entsprechende Sicherheiten und ohne Informationsrechte ausgereicht hat. Gleiches gilt für den Kredit einer Gesellschaft, die sich in der Hand eines Familienangehörigen befindet. Im Übrigen dürfte es nicht ungewöhnlich sein, **Privatdarlehen innerhalb der Familie** allein im Vertrauen auf die Person des zur Familie gehörenden Darlehensnehmers zu gewähren.

BGH, Urt. v. 17.2.2011 – IX ZR 131/10, ZIP 2011, 575 = WM 2011, 563 = NZI 2011, 618 = ZInsO 2011, 626,
dazu *Spliedt*, EWiR 2011, 285.

1186 Der für ein Gesellschafterdarlehen durch § 39 Abs. 1 Nr. 5 InsO angeordnete Nachrang kann nicht ohne Weiteres dadurch unterlaufen werden, dass der Gesellschafter als Darlehensgeber seine Beteiligung an der Gesellschaft aufgibt oder die Darlehensforderung an einen Nichtgesellschafter abtritt. Das Nachrangrisiko muss der **Zessionar** mangels der Möglichkeit eines gutgläubigen einredefreien Erwerbs gemäß § 404 BGB gegen sich gelten lassen. Allerdings wäre in Fällen einer Übertragung der Gesellschafterstellung oder der Abtretung der Forderung an einen außenstehenden Dritten ein zeitlich unbegrenzter Nachrang der Darlehensforderung unangemessen. Vielmehr bleibt auf der Grundlage des in § 135 Abs. 1 Nr. 2 InsO zum Ausdruck kommenden Rechtsgedankens der Nachrang für ein Gesellschafterdarlehen nur erhalten, wenn der Gesellschafter **innerhalb der Jahresfrist** vor Antragstellung entweder seine Gesellschafterposition aufgibt oder die Forderung auf einen Nichtgesellschafter überträgt.

> BGH, Urt. v. 21.2.2013 – IX ZR 32/12, ZIP 2013, 582 = WM 2013, 568 = NZI 2013, 308 = ZInsO 2013, 543 Rn. 24 f, dazu *Bork*, EWiR 2013, 217.

1187 Ebenso verhält es sich, wenn ein Gesellschafter seine **Beteiligung** abgibt, aber seine **Stellung als Darlehensgeber** behält: Geschah dies **innerhalb der Jahresfrist des § 135 Abs. 1 Nr. 2 InsO**, bleibt er dem Nachrang verhaftet, während er bei einer **früheren Veräußerung** seiner Beteiligung wie ein sonstiger Darlehensgeber zu behandeln ist. Der für ein Gesellschafterdarlehen durch § 39 Abs. 1 Nr. 5 InsO angeordnete Nachrang kann nicht dadurch unterlaufen werden, dass der Gesellschafter als Darlehensgeber seine Beteiligung an der Gesellschaft aufgibt. Deshalb bleibt auf der Grundlage des in § 135 Abs. 1 Nr. 2 InsO zum Ausdruck kommenden Rechtsgedankens der Nachrang für ein Gesellschafterdarlehen nur erhalten, wenn der Gesellschafter seine Gesellschafterposition innerhalb der Jahresfrist vor Antragstellung aufgibt. Mit dem Nachrang ist folgerichtig die Anfechtbarkeit nach § 135 Abs. 1 Nr. 2 InsO verbunden.

> BGH, Beschl. v. 30.4.2015 – IX ZR 196/13, ZIP 2015, 1130 = WM 2015, 1119 Rn. 3.

1188 Dabei kann dahinstehen, ob eine nach § 39 Abs. 1 Nr. 5 InsO nachrangige Forderung beim Ausscheiden des Gläubigers aus der Gesellschaft den Nachrang behält. § 135 Abs. 1 Nr. 2 InsO ist in diesem Fall **entsprechend anzuwenden**, entweder weil der Wechsel in der Gesellschafterstellung insoweit einer Befriedigung nach § 135 Abs. 1 Nr. 2 InsO gleichsteht oder weil ein zeitlich unbegrenzter Nachrang gegenüber einer Person, die die persönlichen Voraussetzungen nicht mehr erfüllt, nicht zu rechtfertigen ist. Da im Gegensatz zum früheren Recht dem Beginn und dem Ende der Krise keine begrenzende Funktion mehr zukommt und das MoMiG stattdessen in § 135 Abs. 1 Nr. 2 InsO auf ein zeitliches Konzept umgestellt hat, ist dies auch auf die persönlichen Voraussetzungen für die Nachrangigkeit zu übertragen. Dem Altgesellschafter kann es nicht zum Nachteil gereichen, dass er trotz des

Ausscheidens aus der Gesellschaft das Darlehen belassen und nicht zurückgefordert hat.

> BGH, Beschl. v. 15.11.2011 – II ZR 6/11, DB 2011, 46.

Eine Gesellschafterhilfe hat nicht deshalb unberücksichtigt zu bleiben, weil sie von dem Gesellschafter bestellt wurde, **bevor er in die Gesellschafterstellung eingerückt** ist. Die Anfechtung von Gesellschafterhilfen setzt lediglich voraus, dass ein Gesellschafter innerhalb der jeweiligen Anfechtungsfristen eine Sicherung (§ 135 Abs. 1 Nr. 1 InsO) oder eine Befriedigung (§ 135 Abs. 1 Nr. 2 InsO) für ein Darlehen oder – wie hier – eine Befreiung von einer für ein Gesellschaftsdarlehen übernommenen Sicherung (§ 135 Abs. 2 InsO) erlangt hat. Da es im Unterschied zum Eigenkapitalersatzrecht nicht mehr auf eine innerhalb der Anfechtungsfrist getroffene Finanzierungsentscheidung ankommt, unterliegt nach einhelliger Auffassung auch ein Darlehens- oder Sicherungsgeber als Gesellschafter nach Maßgabe des § 135 InsO der Anfechtung, wenn er seine Beteiligung erst nach Gewährung der Finanzierungshilfe erworben hat. 1189

> BGH, Urt. v. 20.2.2014 – IX ZR 164/13, ZIP 2014, 584 Rn. 15 = WM 2014, 572 = NZI 2014, 321, dazu *Spliedt*, EWiR 2014, 215.

Der atypisch stille Gesellschafter einer GmbH & Co. KG steht mit seinen Ansprüchen wirtschaftlich dem Gläubiger eines Gesellschafterdarlehens insolvenzrechtlich gleich, wenn in einer **Gesamtbetrachtung** seine **Rechtsposition** nach dem Beteiligungsvertrag der eines **Kommanditisten** im Innenverhältnis weitgehend angenähert ist. Der Nachrang seiner Ansprüche in der Insolvenz der Geschäftsinhaberin kann danach jedenfalls eintreten, wenn im Innenverhältnis das Vermögen der Geschäftsinhaberin und die Einlage des Stillen als gemeinschaftliches Vermögen behandelt werden, die Gewinnermittlung wie bei einem Kommanditisten stattfindet, die Mitwirkungsrechte des Stillen in der GmbH & Co. KG der Beschlusskompetenz eines Kommanditisten in Grundlagenangelegenheiten jedenfalls in ihrer schuldrechtlichen Wirkung gleich kommen und die Informations- und Kontrollrechte des Stillen denen eines Kommanditisten nachgebildet sind. Im Schrifttum wird diese Gestaltungsform dementsprechend bildhaft auch als „Innen-KG“ bezeichnet. 1190

> BGH, Urt. v. 28.6.2012 – IX ZR 191/11, ZIP 2012, 1869 = WM 2012, 1874 = NZI 2012, 860 = ZInsO 2012, 1775 Rn. 17 ff, dazu *Spliedt*, EWiR 2012, 669;
>
> BGH, Urt. v. 25.6.2020 – IX ZR 243/18, BGHZ 226, 125 Rn. 34 ff = ZIP 2020, 1468 = WM 2020, 1368 = NZI 2020, 790.

Gesellschafterdarlehen können vereinbarungsgemäß durch § 39 Abs. 2 InsO einem weitergehenden Rangrücktritt unterworfen werden. Durch die **Formulierung „nachrangiges Darlehen“** wird in einem Darlehensvertrag hinsichtlich der Forderung auf Darlehensrückgewähr eine Rangrücktrittsverein- 1191 barung i. S. d. § 39 Abs. 2 InsO für den Fall der Insolvenz des Schuldners getroffen. Der Begriff der Nachrangigkeit kann nur so verstanden werden, dass sich der Nachrang auf den Rückforderungsanspruch (§ 488 Abs. 1 Satz 2 BGB) beziehen und der Darlehensgeber im Insolvenzfall des Darlehensnehmers deshalb mit seinem Anspruch hinter anderen Gläubigern zurückstehen soll. Die in einer solchen Klausel ausdrücklich getroffene Vereinbarung erfüllt auch die an eine Rangrücktrittsvereinbarung zu stellende Mindestanforderung einer zweiseitigen Vereinbarung zwischen Schuldner und Gläubiger. Sie hat einen zulässigen Inhalt, weil sie einen Rangrücktritt vorsieht und nicht zu Lasten anderer Gläubiger geht. Entsprechend der gesetzlichen Auslegungsregel des § 39 Abs. 2 InsO bezeichnet der nicht näher beschriebene Nachrang im Zweifel eine Berichtigung der von der Vereinbarung erfassten Gläubigerforderung erst nach den in § 39 Abs. 1 InsO benannten Forderungen. Die in einem zur Finanzierung des Schulbetriebs zwischen den Eltern der Schüler und dem Schulträger abgeschlossenen Darlehensvertrag enthaltene Rangrücktrittserklärung ist nicht überraschend, wenn sie eingangs des Vertrages zugleich mit der Darlehenssumme vereinbart wird und die Eltern in einem Begleitschreiben auf die mit dem Schulbesuch verbundenen finanziellen Belastungen hingewiesen und dabei, drucktechnisch besonders hervorgehoben, auch um die Ausreichung eines nachrangigen Darlehens gebeten werden.

> BGH, Urt. v. 20.2.2014 – IX ZR 137/13, ZIP 2014, 1087 = DB 2014, 1069 Rn. 7 ff = NZI 2014, 503,
> dazu *Dörner*, EWiR 2014, 423.

3. Privilegierung

1192 § 135 Abs. 4, § 39 Abs. 4 Satz 2, Abs. 5 InsO statuieren mit dem Sanierungs- und Kleinbeteiligtenprivileg zwei Ausnahmetatbestände, in denen der insolvenzrechtliche Nachrang von Gesellschafterdarlehen durchbrochen wird. Da das **Sanierungsprivileg** auf den Anteilserwerb und nicht die Kreditvergabe im Zeitpunkt drohender bzw. eingetretener Zahlungsunfähigkeit oder Überschuldung abstellt, werden auch Altkredite begünstigt, wenn der Kreditgeber in einer Sanierungssituation eine Beteiligung erwirbt.

> Insoweit kritisch *Bork*, ZGR 2007, 250, 259.

1193 In erster Linie zugeschnitten ist die Regelung allerdings auf einen von einem Neugesellschafter ab dem Stadium der drohenden Zahlungsunfähigkeit gewährten Kredit. Die betroffenen Darlehen werden, gleich ob es sich um ein privilegiertes Alt- oder Neudarlehen handelt, bis zum Zeitpunkt der „nachhaltigen Sanierung" und nicht nur – wie noch im Referentenentwurf vorgesehen – bis zur „Beseitigung der drohenden Zahlungsunfähigkeit" vom Nachrang verschont. Das Sanierungsprivileg schützt den Gesellschafter also nicht auf Dauer, sondern entbindet das Darlehen nur solange von dem Nachrang, bis die im Zeitpunkt des Anteilserwerbs und der Darlehensgewährung bestehende Schieflage überwunden ist.

Gehrlein, BB 2008, 846, 851.

Das **Kleinbeteiligtenprivileg** befreit Darlehensgeber von dem Nachrang, die mit 10 % oder weniger an dem Haftkapital der Gesellschaft beteiligt sind und nicht zu den geschäftsführenden Gesellschaftern gehören. Maßgeblich ist allein die Kapitalbeteiligung, nicht hingegen die Stimmkraft oder die Gewinnbeteiligung. **1194**

Habersack, ZIP 2007, 2145, 2149.

Eine Beteiligung am Haftkapital i. H. v. 10 % (und nicht von weniger als 10 %) steht der Anwendung des Kleinbeteiligtenprivilegs nicht entgegen; eine einschränkende Auslegung der Vorschriften über das Kleinbeteiligtenprivileg scheidet aus. Schon § 32a Abs. 3 Satz 2 GmbHG bezog eine Beteiligung von 10 % am Haftkapital in das Kleinbeteiligtenprivileg ein („zehn vom Hundert oder weniger"). **1195**

BGH, Urt. v. 26.1.2023 – IX ZR 85/21, ZIP 2023, 705 Rn. 22 = WM 2023, 574 = NZI 2023, 383.

Eine **koordinierte Kreditvergabe** kann dazu führen, dass die Beteiligungen der jeweils anderen Kreditgeber zusammenzurechnen sind und der Kleinbeteiligte sich nicht mehr auf das Kleinbeteiligtenprivileg berufen kann. **1196**

BGH, Urt. v. 26.1.2023 – IX ZR 85/21, ZIP 2023, 705 Rn. 23 ff = WM 2023, 574 = NZI 2023, 383.

Im konkreten Fall hat der BGH Anforderungen an die Koordinierung exemplifiziert. Die dem Kleinbeteiligtenprivileg entgegenstehende Koordination kommt nicht nur in der gemeinsamen Entscheidung über die Fremdfinanzierung zum Ausdruck. Sie liegt insbesondere in der eigens getroffenen Konsortialvereinbarung. In der **Konsortialvereinbarung** hatten sich die Gesellschafter wechselseitig zur Stellung und Aufrechterhaltung der Finanzierungsbeiträge verpflichtet. Auf diese Weise hat sich die Kleinbeteiligte einen über ihre nominelle Beteiligung am Haftkapital hinausgehenden (schuldrechtlichen) Einfluss auf die Finanzierung der Schuldnerin gesichert. Darüber hinaus war ein Innenausgleich vereinbart, der sowohl für eine Inanspruchnahme aus den Bürgschaften galt als auch im Falle der bevorzugten Befriedigung des Darlehensrückzahlungsanspruchs eines Gesellschafters. Auch darin kommt die Übernahme einer über die nominelle Beteiligung hinausgehenden unternehmerischen Verantwortung zum Ausdruck, die sich nicht nur auf die eigenen Finanzierungsbeiträge bezog, sondern auch auf die Beiträge der anderen Gesellschafterinnen. Die koordinierte Finanzierung kommt schließlich auch dadurch zum Ausdruck, dass sich die Gesellschafterinnen in Gestalt einer Grundschuld eine gemeinsame Sicherheit bestellen ließen. **1197**

BGH, Urt. v. 26.1.2023 – IX ZR 85/21, ZIP 2023, 705 Rn. 30 = WM 2023, 574 = NZI 2023, 383.

Allerdings genügt es für die Annahme einer der Anwendbarkeit des Kleinbeteiligtenprivilegs entgegenstehenden koordinierten Finanzierung es nicht, dass **1198** der geringfügig beteiligte Gesellschafter einer darlehensgleichen Finanzierungsleistung an den Schuldner in der Gesellschafterversammlung nur zustimmt, ohne damit zugleich eine über seine Rolle hinausgehende **unternehmerische Verantwortung** zu übernehmen.

BGH, Urt. v. 27.1.2022 – IX ZR 44/21, ZIP 2022, 491 Rn. 19 f = WM 2022, 466 = NZI 2022, 373.

1199 Was die weiteren Voraussetzungen der **fehlenden Geschäftsführung** durch den Kleinbeteiligten angeht, so genügt es, dass seine Voraussetzungen in dem Zeitraum von einem Jahr vor Beantragung des Insolvenzverfahrens vorliegen. Auf die Verhältnisse in der Zeit davor, insbesondere zum Zeitpunkt der Finanzierungsentscheidung des Gesellschafters, kommt es grundsätzlich nicht an. Hat also der Gesellschafter seine Geschäftsführerstellung **mehr als ein Jahr vor dem Antrag** beendet, wird die Berufung auf das Kleinbeteiligtenprivileg wieder möglich (Wertung des § 135 Abs. 1 Nr. 2 InsO).

BGH, Urt. v. 27.1.2022 – IX ZR 44/21, ZIP 2022, 491 Rn. 10 ff = WM 2022, 466 = NZI 2022, 373.

4. Betroffene Gesellschaften

1200 Die rechtliche Behandlung von Gesellschafterdarlehen wird mithilfe von § 135 Abs. 4, § 39 Abs. 4 Satz 1 InsO **rechtsformneutral** auf alle Gesellschaften ausgedehnt, die weder eine natürliche Person noch eine Gesellschaft, bei der ein persönlich haftender Gesellschafter eine natürliche Person ist, als Gesellschafter haben. Vom Anwendungsbereich der Norm ausgenommen sind folglich lediglich Gesellschaften, bei denen wenigstens eine natürliche Person als persönlich haftender Gesellschafter uneingeschränkter Haftung unterworfen ist. Somit werden von dem Gesetz die Kapitalgesellschaften GmbH, AG, KGaA, SE und dank der insolvenzrechtlichen und nicht gesellschaftsrechtlichen Anknüpfung im Inland ansässige ausländische Kapitalgesellschaften wie etwa die Limited erfasst. Entsprechendes gilt für die Genossenschaft, auch diejenige europäischen Rechts (SCE), und eine GmbH & Co KG, aber auch eine OHG und selbst eine GbR ohne natürliche Person als persönlich haftenden Gesellschafter.

1201 Der Idealverein fällt ebenso wie die Stiftung mangels einer Beteiligung der Gesellschafter am Haftkapital nicht unter die Regelung.

5. Anfechtbare Rechtshandlungen

a) Sicherung

1202 Unter einer Sicherung ist jede dem Gesellschafter für sein Darlehen oder die gleichgestellte Forderung aus Gesellschaftsmitteln gewährte Sicherheit zu verstehen.

BGH, Urt. v. 18.7.2013 – IX ZR 219/11, ZIP 2013, 1579 = WM 2013, 1565 = NZI 2013, 742 = ZInsO 2013, 1573 Rn. 9, dazu *Bork*, EWiR 2013, 521.

Die Anfechtbarkeit einer Rechtshandlung, die für die Forderung auf Rückgewähr eines Gesellschafterdarlehens oder für eine gleichgestellte Forderung Sicherung gewährt hat, setzt nicht voraus, dass die Sicherung dem darlehensgewährenden Gesellschafter oder dem Gläubiger einer gleichgestellten Forderung gewährt wird. Konkret stand es der Anfechtung der Sicherung nicht entgegen, dass die Abtretung einer Grundschuld an die aus den Gesellschafterinnen gebildete beklagte Gesellschaft bürgerlichen Rechts erfolgt ist, die weder Gesellschafterin der Schuldnerin noch Gläubigerin einer Forderung ist, die einem Gesellschafterdarlehen gleichsteht. Sie selbst hat keine Finanzierungsbeiträge erbracht. 1203

> BGH, Urt. v. 26.1.2023 – IX ZR 85/21, ZIP 2023, 705 Rn. 16 = WM 2023, 574 = NZI 2023, 383

Die **Sicherungszession** wird von § 135 Abs. 1 Nr. 1 InsO erfasst. Mit der Abtretung hat sich als notwendige weitere Voraussetzung des Anfechtungstatbestandes eine **Gläubigerbenachteiligung** verwirklicht. 1204

> BGH, Urt. v. 18.7.2013 – IX ZR 219/11, ZIP 2013, 1579 = WM 2013, 1565 = NZI 2013, 742 = ZInsO 2013, 1573 Rn. 8.

Für die Anfechtbarkeit ist es ohne Bedeutung, dass die Sicherung infolge des Einzugs der abgetretenen Forderung durch den gesicherten Gesellschafter im Zeitpunkt der Verfahrenseröffnung nicht mehr bestand. Gegenteiliges ergibt sich nicht aus dem Wortlaut des § 135 Abs. 1 Nr. 1 InsO. Danach ist vielmehr allein entscheidend, dass eine Sicherung für eine Forderung bestellt wurde, die im Fall einer späteren Insolvenz als nachrangig zu behandeln wäre. Darum gestattet § 135 Abs. 1 Nr. 1 InsO auch die Anfechtung einer innerhalb der Anfechtungsfrist für eine nachrangige Forderung gewährten Sicherung, auf die der Gesellschafter zur Befriedigung seiner Forderung vor Verfahrenseröffnung zugegriffen hat. 1205

> BGH, Urt. v. 18.7.2013 – IX ZR 219/11, ZIP 2013, 1579 = WM 2013, 1565 = NZI 2013, 742 = ZInsO 2013, 1573 Rn. 9.

Insoweit sieht die Bestimmung (§ 135 Abs. 1 Nr. 1) eine **Anfechtungsfrist von zehn Jahren** vor. Die Regelung des § 135 Abs. 1 Nr. 1 InsO ist auch in Fällen anwendbar, in denen der Gesellschafter die ihm gewährte Sicherung außerhalb der Frist des § 135 Abs. 1 Nr. 2 InsO zur Befriedigung seiner Forderung versilbert hat. Der im Schrifttum vertretenen Auffassung, wonach eine Sicherung eine bloße Vorstufe der auf ihrer Grundlage bewirkten Befriedigung darstelle und darum § 135 Abs. 1 Nr. 2 InsO bei einem Zugriff auf eine Sicherung außerhalb der Jahresfrist im Verhältnis zu § 135 Abs. 1 Nr. 1 InsO eine **Sperrwirkung** entfalte, hat der BGH eine Absage erteilt. 1206

Da die einzelne anfechtbare Rechtshandlung ein eigenes **selbständiges Rückgewährschuldverhältnis** begründet, ist der Eintritt einer Gläubigerbenachteiligung isoliert mit Bezug auf die konkret angefochtene Minderung des Aktivvermögens zu beurteilen. Darum kann die Gewährung einer Sicherung (§ 135 Abs. 1 Nr. 1 InsO) und die Gewährung einer Befriedigung (§ 135 1207

Abs. 1 Nr. 2 InsO) innerhalb der für sie jeweils maßgeblichen Frist selbständig angefochten werden. Die Anfechtung einer Sicherung (§ 135 Abs. 1 Nr. 1 InsO) kann nicht deshalb verneint werden, weil eine an ihrer Stelle zeitgleich bewirkte Befriedigung (§ 135 Abs. 1 Nr. 2 InsO) unanfechtbar wäre. Die Unanfechtbarkeit der Befriedigung lässt auch unter dem Gesichtspunkt der Gläubigerbenachteiligung die Anfechtbarkeit einer Sicherung unberührt. Eine Gläubigerbenachteiligung kann nicht mit der Erwägung verneint werden, bei Unterbleiben der angefochtenen Handlung hätte der Gläubiger auf den Gegenstand ebenfalls zugreifen können, weil dann über ihn in nicht anfechtbarer Weise verfügt worden wäre. Eine **Saldierung der Vor- und Nachteile** findet im Insolvenzverfahren grundsätzlich nicht statt; eine Vorteilsausgleichung nach schadensersatzrechtlichen Grundsätzen ist im Insolvenzanfechtungsrecht grundsätzlich nicht zulässig. Vielmehr ist der Eintritt der Gläubigerbenachteiligung isoliert in Bezug auf die konkret bewirkte Minderung des Aktivvermögens oder die Vermehrung der Passiva des Schuldners zu beurteilen.

BGH, Urt. v. 18.7.2013 – IX ZR 219/11, ZIP 2013, 1579 = WM 2013, 1565 = NZI 2013, 742 = ZInsO 2013, 1573 Rn. 13 f.

1208 Die Vorschrift des § 135 Abs. 1 Nr. 1 und 2 InsO differenziert tatbestandlich in Anlehnung an die allgemeine Deckungsanfechtung zwischen Sicherung und Befriedigung und sieht überdies unterschiedliche Anfechtungsfristen vor. Aus den **Gesetzesmaterialien** ergibt sich kein Hinweis, dass die Anfechtung nach § 135 Abs. 1 Nr. 2 InsO im Verhältnis zu derjenigen nach § 135 Abs. 1 Nr. 1 InsO Vorrang genießen soll.

BGH, Urt. v. 18.7.2013 – IX ZR 219/11, ZIP 2013, 1579 = WM 2013, 1565 = NZI 2013, 742 = ZInsO 2013, 1573 Rn. 16, 17.

1209 Es wird schließlich nicht in unverhältnismäßiger Weise (Art. 20 Abs. 3 GG) in Rechte des Gesellschafters (Art. 14 Abs. 1 GG) eingegriffen, soweit § 135 Abs. 1 Nr. 1 InsO die Verwertung einer Sicherung innerhalb von zehn Jahren vor Antragstellung der Anfechtung unterwirft. Kann eine mit geringem Stammkapital gegründete Gesellschaft (vgl. § 5a Abs. 1 GmbHG) überhaupt nur aufgrund ihr gewährter Gesellschafterdarlehen ihren Geschäftsbetrieb aufnehmen, besteht bei **Gewährung einer Sicherung** durch die Gesellschaft die Gefahr, dass **ab Aufnahme der werbenden Tätigkeit bis zu einer etwaigen Insolvenz** praktisch ihr gesamtes Gesellschaftsvermögen unter Ausschluss der Gläubiger dem **Gesellschafter vorbehalten** bleibt. Ein gesicherter Gesellschafter, der anders als im Falle der Gabe ungesicherter Darlehensmittel nicht um die Erfüllung seines Rückzahlungsanspruchs fürchten muss, wird in Wahrnehmung der Geschäftsführung zur Eingehung unangemessener, wenn nicht gar unverantwortlicher, allein die ungesicherten Gläubiger treffender geschäftlicher Wagnisse neigen. Die Gewährung von Gesellschafterdarlehen, die durch das Gesellschaftsvermögen gesichert werden, ist darum mit einer **ordnungsgemäßen Unternehmensfinanzierung nicht vereinbar**. Der Gesellschafter ist im Gegensatz zu externen Gläubigern über die als Sicherung in Betracht kommenden Vermögensgegenstände seines Unternehmens unterrichtet. Eine Besicherung (§ 135 Abs. 1 Nr. 1 InsO), die vielfach nachträglich gewährt wird, weil die Gesellschaft einem Erfüllungsverlangen nicht nachkommen kann, setzt den Gesellschafter in den Stand, ungeachtet der für ihn erkennbar ungünstigen wirtschaftlichen Lage der Gesellschaft und – im Unterschied zu Befriedigungshandlungen i. S. d. § 135 Abs. 1 Nr. 2 InsO – ohne die Notwendigkeit einer Einflussnahme auf die Geschäftsführung durch Inanspruchnahme der Sicherung selbst über den Zeitpunkt der Erfüllung seiner Verbindlichkeit zu befinden. Diese speziellen Risiken und Nachteile und die regelmäßig in der Person des Gesellschafters gegebenen besonderen Umstände rechtfertigen es bei **typisierender Betrachtung**, die Anfechtungsfrist deutlich länger als bei der Gewährung einer Befriedigung zu bemessen. Das bedeutet konkret: Ist die Befriedigung aus der Verwertung der Sicherheit erfolgt, ist dies für den Zehn-Jahres-Frist anfechtbar und führt zur Wertersatzpflicht, unabhängig von der Jahresfrist des § 135 Abs. 1 Nr. 2 InsO.

> BGH, Urt. v. 18.7.2013 – IX ZR 219/11, ZIP 2013, 1579 = WM 2013, 1565 = NZI 2013, 742 = ZInsO 2013, 1573 Rn. 18 ff.

Mit dem Nachrang einer Forderung steht fest, dass aus einer Globalabtretung 1210
von Kundenforderungen kein Absonderungsrecht hergeleitet werden kann. Wurde die Globalabtretung nach § 135 Abs. 1 Nr. 1 InsO durchgreifend angefochten, kann offen bleiben, ob dem Absonderungsrecht nach der gesetzlichen Neuregelung unabhängig von der Insolvenzanfechtung die Anerkennung zu versagen wäre.

> BGH, Urt. v. 28.6.2012 – IX ZR 191/11, ZIP 2012, 1869 = WM 2012, 1874 = NJW 2012, 3443 = NZI 2012, 860 = ZInsO 2012, 1775 Rn. 25,
> dazu *Spliedt*, EWiR 2012, 669.

Das Bargeschäftsprivileg gilt laut BGH nach Sinn und Zweck des § 135 1211
Abs. 1 Nr. 1 InsO nicht bei der Anfechtung der Besicherung eines Gesellschafterdarlehens. Der Nachrang der Gesellschafterforderungen nach § 39 Abs. 1 Nr. 5 InsO und der Anfechtungstatbestand des § 135 Abs. 1 InsO sollen nach dieser Auffassung in Übereinstimmung mit dem früheren Recht Vorsorge dagegen treffen, dass der Gesellschafter das mit einer Darlehensgewährung verbundene Risiko auf die Gemeinschaft der Gesellschaftsgläubiger abwälzt. Die Finanzierungsfolgenverantwortung des Gesellschafters ist bei der Auslegung von § 135 Abs. 1 InsO weiterhin beachtlich. Kann eine mit geringem Stammkapital gegründete Gesellschaft überhaupt nur aufgrund ihr gewährter Gesellschafterdarlehen ihren Geschäftsbetrieb aufnehmen, besteht bei Gewährung einer Sicherung durch die Gesellschaft die Gefahr, dass ab Aufnahme der werbenden Tätigkeit bis zu einer etwaigen Insolvenz praktisch ihr gesamtes Gesellschaftsvermögen unter Ausschluss der Gläubiger dem Gesellschafter vorbehalten bleibt. Die Inanspruchnahme einer Sicherung für ein Gesellschafterdarlehen belegt, dass der Gesellschafter, der in die Rolle eines außenstehenden Dritten einzurücken sucht, die Übernahme einer

Finanzierungsfolgenverantwortung ablehnt. Der bereits in der beschränkten Haftung liegende Risikoanreiz des Gesellschafters wird zusätzlich erhöht, wenn er aus dem Gesellschaftsvermögen dank einer Sicherung im Verhältnis zu den sonstigen Gläubigern auch noch vorrangig befriedigt wird. Ein gesicherter Gesellschafter, der um die Erfüllung seines Rückzahlungsanspruchs nicht fürchten muss, wird in Wahrnehmung der Geschäftsführung zur Eingehung unangemessener, wenn nicht gar unverantwortlicher, allein die ungesicherten Gläubiger treffender geschäftlicher Wagnisse neigen. Die Gewährung von Gesellschafterdarlehen, die durch das Gesellschaftsvermögen gesichert werden, ist darum laut BGH mit einer ordnungsgemäßen Unternehmensfinanzierung nicht vereinbar.

BGH, Urt. v. 14.2.2019 – IX ZR 149/16, ZIP 2019, 666 Rn. 50, dazu *Bork*, EWiR 2019, 241;

Zu den weiteren Folgen der Entscheidung *Thole*, in: Gesellschaftsrechtliche Vereinigung (Hrsg.), Gesellschaftsrecht in der Diskussion 2019, 2020, S. 119–149.

1212 Auch Sinn und Zweck des **Bargeschäftsprivilegs** sprechen nach (insgesamt durchaus diskussionswürdiger Auffassung)dagegen, von ihm im Anwendungsbereich des § 135 Abs. 1 InsO Gebrauch zu machen. Der entscheidende Grund für die Ausnahmeregelung des § 142 InsO ist nach der Vorstellung des Gesetzgebers der wirtschaftliche Gesichtspunkt, dass ein Schuldner, der sich in der Krise befindet, praktisch vom Geschäftsverkehr ausgeschlossen würde, wenn selbst die von ihm abgeschlossenen wertäquivalenten Bargeschäfte der Anfechtung unterlägen. Das Bargeschäftsprivileg soll es dem krisenbefallenen Schuldner also ermöglichen, seine Handlungsfähigkeit trotz Krise aufrechtzuerhalten. Um diesem Schutzzweck zu genügen, ist es ausreichend, dass die Gesellschaft in der Krise unanfechtbare Geschäfte mit neutralen Dritten tätigen kann. Die Besicherung eines Gesellschafterdarlehens kann regelmäßig nicht als übliches Umsatzgeschäft des allgemeinen Geschäftsverkehrs angesehen werden. Stattdessen kommt es hierdurch zum Abfluss letzter, womöglich noch werthaltiger Sicherheiten aus dem Gesellschaftsvermögen, ohne dass das operative Geschäft unmittelbar befördert wird.

BGH, Urt. v. 14.2.2019 – IX ZR 149/16, ZIP 2019, 666 Rn. 53, dazu *Bork*, EWiR 2019, 241.

1213 Tritt der Gesellschafter eine Sicherung ab, kann dies nicht nur gegenüber dem Erwerber, sondern auch dem Gesellschafter angefochten werden.

BGH, Urt. v. 14.2.2019 – IX ZR 149/16, ZIP 2019, 666 Rn. 85 f, dazu *Bork*, EWiR 2019, 241;
vgl. unten Rn. 1228.

b) Befriedigung

1214 Befriedigung erlangt der Gesellschafter in anfechtbarer Weise, wenn seine Forderung zu Lasten des Gesellschaftsvermögens unmittelbar durch Zahlung oder mithilfe eines Erfüllungssurrogats beglichen wird. Anfechtbar ist nach

§ 135 Abs. 1 Nr. 2 InsO auch die Tilgung kurzfristiger Überbrückungskredite, die ein Gesellschafter der Insolvenzschuldnerin gewährt hat. Der Gesetzgeber hat in § 39 Abs. 1 Nr. 5 InsO bewusst auf das Merkmal kapitalersetzend verzichtet und verweist jedes Gesellschafterdarlehen bei Eintritt der Gesellschaftsinsolvenz in den Nachrang. Dasselbe gilt für § 135 InsO. Rückzahlungen auf Gesellschafterdarlehen sind innerhalb der Jahresfrist des § 135 Abs. 1 Nr. 2 InsO stets anfechtbar. Die Anfechtung beschränkt sich nicht mehr auf solche Fälle, in denen zurückgezahlte Gesellschafterdarlehen eigenkapitalersetzend waren und die Befriedigung der Gesellschafter ihrer Finanzierungsfolgenverantwortung widersprach.

> BGH, Urt. v. 7.3.2013 – IX ZR 7/12, ZIP 2013, 734 = WM 2013, 708 = NZI 2013, 483 = ZInsO 2013, 717 Rn. 14, dazu *Delaveaux*, EWiR 2013, 93;
>
> BGH, Urt. v. 4.7.2013 – IX ZR 229/12, BGHZ 198, 77 = ZIP 2013, 1629 = WM 2013, 1615 = NJW 2013, 3031 = NZI 2013, 804, dazu *Plathner/Luttmann*, EWiR 2013, 657.

In einem **echten Kontokorrent mit vereinbarter Kreditobergrenze** scheidet eine Gläubigerbenachteiligung durch einzelne Kreditrückführungen aus, weil ohne sie die Kreditmittel, die der Schuldner danach tatsächlich noch erhalten hat, ihm nicht mehr zugeflossen wären. Nach der Kreditabrede stehen dort die Leistungen des Schuldners an den Gläubiger in einem unmittelbaren rechtlichen Zusammenhang mit der dem Schuldner eingeräumten Möglichkeit, einen neuen Kredit zu ziehen. Anfechtbar sind solche Kreditrückführungen daher nicht in ihrer Summe, sondern nur bis zur eingeräumten Kreditobergrenze. Mehr als die ausgeschöpften Mittel der Kreditlinie war im Schuldnervermögen nie vorhanden und für die Gläubigerbefriedigung einsetzbar. 1215

> BGH, Urt. v. 7.3.2013 – IX ZR 7/12, ZIP 2013, 734 = WM 2013, 708 = NZI 2013, 483 = ZInsO 2013, 717 Rn. 16;
>
> BGH, Beschl. v. 16.1.2013 – IX ZR 116/13, ZIP 2014, 785 = WM 2014, 329 Rn. 2 = NZI 2014, 309, dazu *Spliedt*, EWiR 2014, 289.

Gewährt ein Gesellschafter seiner Gesellschaft fortlaufend zur **Vorfinanzierung der von ihr abzuführenden Sozialversicherungsbeiträge** Kredite, die in der Art eines **Kontokorrentkredits** jeweils vor Erhalt des Nachfolgedarlehens mit Hilfe öffentlicher Beihilfen abgelöst werden, ist die Anfechtung wie bei einem Kontokorrentkredit auf die **Verringerung des Schuldsaldos im Anfechtungszeitraum** beschränkt. Infolge der jeweils nur vorübergehend benötigten Liquidität und des engen zeitlichen Zusammenhangs von Zahlung und Rückzahlung erfolgte die Abwicklung der nacheinander abgelösten Darlehen absprachegemäß in der Art eines Kontokorrentkredits. Der Schuldnerin wurde im Wege des Staffelkredits nicht ein Darlehensbetrag in der Summe der jeweiligen Einzeldarlehen, sondern infolge der jeweils vor erneuter Ausreichung bewirkten Rückführungen ebenso wie bei einem Kontokorrentkredit lediglich im **Umfang des sich daraus ergebenden Saldos** gewährt. Zwar 1216 hätte sich die Gesellschafterin dazu entschließen können, der Schuldnerin anstelle von Staffelkrediten eine dauernde Kreditlinie einzuräumen. Dann hätte jedoch die Gefahr bestanden, dass die Schuldnerin die Mittel nicht nur zur Begleichung der Sozialversicherungsbeiträge, sondern auch zur Deckung ihres sonstigen Geldbedarfs einsetzte. Bei Ausschöpfung einer solchen Kreditlinie für andere Zwecke hätten die Mittel dann nicht mehr zur Zahlung der Sozialversicherungsbeiträge verwendet werden können. Die verwirklichte **Zweckbindung** konnte die Gesellschafterin – ohne nähere Erwägung möglicherweise bestehender banktechnischer Alternativen – am ehesten sicherstellen, indem die Gelder monatlich jeweils unmittelbar vor Fälligkeit der Sozialversicherungsbeiträge an die Schuldnerin überwiesen wurden und diese sie anschließend an die Einzugsstelle weiterleitete. Die Staffeldarlehen gingen wirtschaftlich daher nicht weiter als eine der Schuldnerin zweckgebunden für die Abführung der Sozialversicherungsbeiträge eingeräumte Kreditlinie, wobei die Darlehensmittel durch die nachfolgenden öffentlichen Beihilfen zurückgeführt wurden. Konnte dieser Zahlungserfolg ohne Hilfe eines Kontokorrents durch Vergabe von in gleicher Weise wie ein Kontokorrentkredit zurückgeführte Staffeldarlehen verwirklicht werden, so ist der Gesamtvorgang der Darlehensgewährung und Kredittilgung anfechtungsrechtlich wie die Eröffnung einer Kreditlinie zu beurteilen.

BGH, Urt. v. 7.3.2013 – IX ZR 7/12, ZIP 2013, 734 = WM 2013, 708 = NZI 2013, 483 = ZInsO 2013, 717 Rn. 17 ff;

BGH, Urt. v. 4.7.2013 – IX ZR 229/12, BGHZ 198, 77 = ZIP 2013, 1629 Rn. 32 ff = WM 2013, 1615 = NZI 2013, 804, dazu *Plathner/Luttmann*, EWiR 2013, 657.

BGH, Beschl. v. 16.1.2014 – IX ZR 116/13, ZIP 2014, 785 = WM 2014, 329 Rn. 5 = NZI 2014, 309.

1217 Diese Grundsätze gelten nicht, wenn nach Gewährung eines Darlehen über 25.000 € zwei Monate später ein weiteres Darlehen über 30.000 € gegeben wird, beide Darlehen keinem besonderen Zweck, sondern der Deckung des allgemeinen Liquiditätsbedarfs der Schuldnerin dienen, unterschiedliche Vertragsbedingungen vereinbart sind und unterschiedliche Sicherungen bestellt werden.

BGH, Beschl. v. 16.1.2014 – IX ZR 116/13, ZIP 2014, 785 = WM 2014, 329 Rn. 6 = NZI 2014, 309.

1218 Löst ein Gesellschafter ein der GmbH gewährtes Darlehen ab, kann er seinen **Regressanspruch** gegen die Gesellschaft nur als **nachrangige Forderung** (§ 39 Abs. 1 Nr. 5 InsO) geltend machen. Die binnen Jahresfrist von der Gesellschaft gewährte Befriedigung des Regressanspruchs ist als Befriedigung einer gleichgestellten Forderung anfechtbar. Der Regressanspruch ist ebenfalls eine darlehensgleiche Forderung.

BGH, Urt. v. 1.12.2011 – IX ZR 11/11, ZIP 2011, 2417 = WM 2011, 2376 = NZI 2012, 19 = ZInsO 2012, 81 Rn. 9, dazu *Henkel*, EWiR 2012, 57;

BGH, Urt. v. 4.7.2013 – IX ZR 229/12, BGHZ 198, 77 = ZIP 2013, 1629 Rn. 21 = WM 2013, 1615 = NZI 2013, 804, dazu *Plathner/Luttmann*, EWiR 2013, 657.

Gleiches gilt unter § 135 Abs. 1 Nr. 1 InsO für die Besicherung eines Regressanspruchs des Gesellschafters. 1219

BGH, Urt. v. 26.1.2023 – IX ZR 85/21, ZIP 2023, 705 Rn. 37 = WM 2023, 574 = NZI 2023, 383.

Im Umfang der von dem Gesellschafter behaupteten Rückführung der an ihn erfolgten Darlehensrückzahlungen kann die zunächst eingetretene **Gläubigerbenachteiligung nachträglich beseitigt** worden sein. Nach dem Vortrag des Gesellschafters war die Rückführung zu dem Zweck erfolgt, der Schuldnerin den entzogenen Vermögenswert wiederzugeben und damit eine Verkürzung der Haftungsmasse ungeschehen zu machen. Von der Zweckbestimmung her hätte es sich damit um eine vorweggenommene Befriedigung eines individuellen Rückgewähranspruchs gehandelt. Für die nachträgliche Beseitigung der Gläubigerbenachteiligung ist der Anfechtungsgegner darlegungs- und beweisbelastet. 1220

BGH, Urt. v. 4.7.2013 – IX ZR 229/12, BGHZ 198, 77 = ZIP 2013, 1629 = WM 2013, 1615 = NZI 2013, 804 Rn. 31, dazu *Plathner/Luttmann*, EWiR 2013, 657.

In einer vom BGH entschiedenen Sache hatte die Schuldnerin ein Gesellschafterdarlehen von 100.000 € dem Gesellschafter erstattet. Dieser nutzte die Mittel zur Tilgung einer Kommanditeinlage bei der Muttergesellschaft. Aufgrund einer Verlustdeckungshaftung entrichtete die Muttergesellschaft anschließend 100.000 € an die Schuldnerin. Hier ist die Gläubigerbenachteiligung nicht entfallen. Die in der Erstattung eines Gesellschafterdarlehens liegende Gläubigerbenachteiligung wird nicht beseitigt, indem der Gesellschafter die empfangenen Darlehensmittel zwecks Erfüllung einer von ihm übernommenen Kommanditeinlagepflicht an die Muttergesellschaft der Schuldnerin weiterleitet, welche der Schuldnerin anschließend Gelder in gleicher Höhe auf der Grundlage einer von ihr übernommenen Verlustdeckungspflicht zur Verfügung stellt. 1221

Durch die Zahlung des Gesellschafters an seine Muttergesellschaft zwecks Erfüllung seiner Kommanditeinlageverpflichtung wurde die bei der Schuldnerin als Tochtergesellschaft eingetretene **Gläubigerbenachteiligung nicht behoben**. Adressat und Zweck der Zahlung stehen einer Beseitigung der Gläubigerbenachteiligung bei der Schuldnerin entgegen. Der Gesellschafter hat den an ihn zurückgeführten Darlehensbetrag über 100.000 € nicht erneut der Schuldnerin zur Verfügung gestellt. Vielmehr hat er eine Zahlung von 100.000 € zum Zweck der Tilgung seiner Kommanditeinlageschuld deren Muttergesellschaft zugewendet. Mittels Zahlung an einen Dritten, und sei es die Muttergesellschaft, konnte die im Vermögen der Schuldnerin bestehende Gläubigerbenachteiligung nicht beseitigt werden. 1222

BGH, Urt. v. 2.5.2019 – IX ZR 67/18, ZIP 2019, 1128 Rn. 17 f, dazu *Dimassi*, EWiR 2019, 469.

1223 Ist eine Zahlung nicht geeignet, die von dem Gesellschafter gegenüber seiner GmbH aus einer Kapitalerhöhung geschuldete **Einlagepflicht** zu erfüllen, kann sie im Falle der vorausgegangenen Rückgewähr eines Gesellschafterdarlehens auf einen dadurch – früher aus Eigenkapitalersatzrecht, heute aus Insolvenzanfechtung – begründeten Erstattungsanspruch angerechnet werden. Eine solche Gestaltung ist hier schon deshalb nicht gegeben, weil die Darlehensrückführung durch die Schuldnerin erfolgte, der Beklagte aber mit seiner anschließenden, unter Verwendung dieser Mittel erfolgten Zahlung eine Kommanditeinlage bei der Muttergesellschaft und nicht bei der Schuldnerin zu tilgen suchte. Durch eine Zahlung an die Muttergesellschaft kann eine Gläubigerbenachteiligung bei deren Tochtergesellschaft nicht rückgängig gemacht werden, weil die Muttergesellschaft einen möglicherweise rechtsgrundlos empfangenen Betrag dem Gesellschafter zu erstatten hat und ihn nicht etwa an ihre Tochtergesellschaft oder sonstige Gläubiger des Gesellschafters zur Erfüllung seiner Verbindlichkeiten weiterleiten darf.

BGH, Urt. v. 2.5.2019 – IX ZR 67/18, ZIP 2019, 1128 Rn. 20, dazu *Dimassi*, EWiR 2019, 469.

1224 Die Gläubigerbenachteiligung wurde ebenfalls nicht beseitigt, indem die Muttergesellschaft nach der Zahlung des Gesellschafters über 100.000 € in gleicher Höhe Mittel an die Schuldnerin entrichtet hat. Die Voraussetzungen einer mittelbaren Zuwendung durch den Gesellschafter fehlen, weil die Muttergesellschaft nicht auf Weisung des Gesellschafters tätig wurde und zudem mit der Zahlung eine eigene Verbindlichkeit aus Verlustdeckungshaftung getilgt hat. Eine mittelbare Zuwendung kommt nur in Betracht, wenn der Leistende eine Zwischenperson veranlasst, für ihn eine Zahlung an den Empfänger zu bewirken. Der Gesellschafter hat sich nicht der Muttergesellschaft als Leistungsmittlerin zwecks Bewirkung einer Zahlung an die Schuldnerin bedient. Tatsächlich hat der Gesellschafter mit seiner Zahlung an die Muttergesellschaft ausschließlich den Zweck verfolgt, seine Kommanditeinlage zu begleichen.

BGH, Urt. v. 2.5.2019 – IX ZR 67/18, ZIP 2019, 1128 Rn. 23 f, dazu *Dimassi*, EWiR 2019, 469.

1225 Hat die **Gesellschaft ein Darlehen ihrem Gesellschafter teilweise erstattet**, wird die damit verbundene Gläubigerbenachteiligung durch eine nachfolgende Zahlung des Gesellschafters an die Gesellschaft nicht beseitigt, wenn der Gesellschaft in diesem Umfang eine weitere Darlehensforderung gegen den Gesellschafter zusteht. Durch die Zahlung des Gesellschafters von 4,5 Mio. € wird nicht ein früherer Darlehensvertrag über 3,5 Mio. € wiederhergestellt, wenn ein Anspruch der Schuldnerin auf Gewährung weiterer Darlehensmittel über 4,5 Mio. € besteht. Die Beseitigung einer Gläubigerbenachteiligung kommt nur in Betracht, wenn die fragliche Zahlung allein auf den Anfechtungsanspruch angerechnet werden kann. Diese Annahme verbietet sich, wenn eine sonstige Forderung der Schuldnerin gegen ihren Gesellschafter begründet ist.

BGH, Urt. v. 21.11.2019 – IX ZR 223/18, ZIP 2020, 128 = WM 2020, 98 = NZI 2020, 114 Rn. 19.

Die hypothetische Erwägung, ob ein Darlehensanspruch der Schuldnerin ge- 1226
gen den Gesellschafter auch nach Verfahrenseröffnung bestanden hätte, ist im Rahmen der Insolvenzanfechtung ohne Bedeutung. Zum einen erfolgte die Darlehenszahlung vor und nicht nach Verfahrenseröffnung. Zum anderen hat der Gesellschafter bis zur Gewährung der Darlehensmittel von einem etwaigen außerordentlichen Kündigungsrecht nach § 490 BGB, dessen Voraussetzungen zudem nicht festgestellt sind, tatsächlich keinen Gebrauch gemacht.

BGH, Urt. v. 21.11.2019 – IX ZR 223/18, ZIP 2020, 128 = WM 2020, 98 = NZI 2020, 114 Rn. 21.

Unterliegt ein abgetretenes Darlehen dem Nachrang des § 39 Abs. 1 Nr. 5 1227
InsO, weil die Zession binnen eines Jahres vor dem Antrag auf Eröffnung des Insolvenzverfahrens über das Vermögen der Schuldnerin vereinbart wurde, so ist mit dem Nachrang folgerichtig die Anfechtbarkeit nach § 135 Abs. 1 Nr. 2 InsO verbunden. Wegen der ebenfalls binnen Jahresfrist zu seinen Gunsten bewirkten Befriedigung ist der **Zessionar der Anfechtung** des § 135 Abs. 1 Nr. 2 InsO unterworfen.

BGH, Urt. v. 21.2.2013 – IX ZR 32/12, ZIP 2013, 582 = WM 2013, 568 = NZI 2013, 308 = ZInsO 2013, 543 Rn. 27, dazu *Bork*, EWiR 2013, 217.

Tritt der Gesellschafter eine gegen die Gesellschaft gerichtete Darlehensfor- 1228
derung binnen eines Jahres vor Antragstellung ab und tilgt die Gesellschaft anschließend die Verbindlichkeit gegenüber dem Zessionar, unterliegt nach Verfahrenseröffnung **neben dem Zessionar auch der Gesellschafter** selbst der Anfechtung. Infolge der den Gesellschafter treffenden **Finanzierungsfolgenverantwortung** dürfen die Rechtsfolgen des zwingenden § 135 Abs. 1 Nr. 2 InsO nicht durch die Wahl einer bestimmten rechtlichen Konstruktion aufgeweicht oder unterlaufen werden. Darum kann nicht gebilligt werden, dass ein Gesellschafter, der seiner GmbH Darlehensmittel zuwendet, die mit ihrer Rückgewähr verbundenen rechtlichen Folgen einer Anfechtung durch eine Abtretung seiner Forderung vermeidet. Aus dieser Erwägung werden angesichts der schier unerschöpflichen Gestaltungsfantasie der Gesellschafter und ihrer Berater im Rahmen von § 135 Abs. 1 Nr. 2 InsO **Umgehungstatbestände** erfasst, denen bereits der allein an objektive Merkmale anknüpfende Tatbestand des § 135 InsO vorzubeugen sucht. Deshalb ist aufgrund der im Rahmen dieser Vorschrift anzustellenden **wirtschaftlichen Betrachtungsweise** die im Wege einer Abtretung ebenso wie die durch eine Anweisung bewirkte Drittzahlung als Leistung an den Gesellschafter zu behandeln. Entscheidend ist dabei, dass die Zahlung, auch wenn sie äußerlich an einen

Dritten erfolgt, in diesen Gestaltungen auf eine der Durchsetzung seiner eigenen wirtschaftlichen Interessen gerichtete Willensentschließung des Gesellschafters zurückgeht und sich darum auch als solche an ihn darstellt. Könnte sich der Gesellschafter durch eine mit dem Verkauf der Darlehensforderung verbundene Abtretung enthaften, wäre ihm die Möglichkeit eröffnet, zum eigenen wirtschaftlichen Vorteil eine Forderung zu verwerten, die im Insolvenzverfahren zum Schutz der Gesellschaftsgläubiger dem Vermögen der GmbH zugeordnet bleiben muss (§ 135 Abs. 1 Nr. 2 InsO). Dem Gesellschafter ist es jedoch versagt, durch den Verkauf eines Gesellschafterdarlehens auf dem Rücken der Gläubiger zu spekulieren und das Anfechtungsrisiko auf sie abzuwälzen.

BGH, Urt. v. 21.2.2013 – IX ZR 32/12, ZIP 2013, 582 = WM 2013, 568 = NZI 2013, 308 = ZInsO 2013, 543 Rn. 28 ff.

1229 Die Anfechtung einer Befriedigung scheidet ausnahmsweise unter dem Gesichtspunkt einer **fehlenden Gläubigerbenachteiligung** (§ 129 Abs. 1 InsO) aus, wenn eine für die Verbindlichkeit gewährte Sicherung nach ihren tatbestandlichen Voraussetzungen – etwa wegen Ablaufs der Frist des § 135 Abs. 1 Nr. 1 InsO – unanfechtbar ist.

BGH, Urt. v. 18.7.2013 – IX ZR 219/11, ZIP 2013, 1579 = WM 2013, 1565 = NZI 2013, 742 = ZInsO 2013, 1573 Rn. 14, dazu *Bork*, EWiR 2013, 521.

6. Anfechtung der Befriedigung gesellschafterbesicherter Drittforderungen

1230 In Anlehnung an § 32b GmbHG a. F. werden mithilfe von § 135 Abs. 2 Rechtshandlungen der Anfechtung unterworfen, durch die ein außenstehender Dritter für seine Forderung gegen die GmbH Befriedigung erlangt hat, sofern ein Gesellschafter für die Forderung eine Sicherheit übernommen hatte. Zahlungen der Gesellschaft an einen durch einen Gesellschafter gesicherten Gläubiger sind danach innerhalb eines Jahres anfechtbar. Freilich richtet sich die Anfechtung, weil der Tatbestand in der Sicherung der Gesellschaftsverbindlichkeit durch den Gesellschafter seine innere Rechtfertigung findet, nicht gegen den Gläubiger des Anspruchs, sondern gemäß § 143 Abs. 3 Satz 1 InsO gegen den Gesellschafter als Sicherungsgeber.

BR-Drucks. 354/07 S. 132;
Kübler/Prütting/Bork/Jacoby-*Könen*, InsO, § 135 Rn. 49.

1231 In der Insolvenz der Gesellschaft wäre der Darlehensgeber gemäß § 44a InsO gehalten gewesen, sich vorrangig aus der von dem Gesellschafter gestellten Sicherung zu befriedigen. Vor Verfahrenseröffnung war der Gesellschafter verpflichtet, die Gesellschaft von einer Inanspruchnahme durch den Darlehensgeber freizustellen. In diesem Fall hätte seine Regressforderung im Rang nach den Insolvenzforderungen (§ 39 Abs. 1 Nr. 5 InsO) gestanden. Tilgt entgegen diesen Grundsätzen die Gesellschaft das Drittdarlehen, unterwirft

§ 135 Abs. 2 InsO die damit verbundene Befreiung des Gesellschafters von seiner Sicherung der Anfechtung. Der Regelung des § 135 Abs. 2 InsO liegt der Rechtsgedanke zugrunde, dass es wirtschaftlich einer Darlehensgabe des Gesellschafters an seine Gesellschaft (§ 135 Abs. 1 InsO) entspricht, wenn er einem Dritten für einen der Gesellschaft überlassenen Kredit eine Sicherung gewährt. Aus dieser Erwägung wird eine Gesellschaftersicherung anfechtungsrechtlich wie Vermögen der Gesellschaft behandelt und die Befreiung des Gesellschafters von seiner Sicherung der Rückführung eines Gesellschafterdarlehens gleichgestellt. Deswegen liegt in der auf Kosten der Gesellschaft erlangten Befreiung des Gesellschafters von seiner Sicherung eine Gläubigerbenachteiligung.

> BGH, Urt. v. 20.2.2014 – IX ZR 164/13, ZIP 2014, 584 Rn. 18
> = WM 2014, 572 = NZI 2014, 321,
> dazu *Spliedt*, EWiR 2014, 215.

Neben der in § 135 Abs. 2 InsO ausdrücklich erwähnten Bürgschaft werden vom Wortlaut der Vorschrift **alle Sicherheiten im weitesten Sinne**, mithin auch eine **Grundschuld** als Sachsicherheit, erfasst. **1232**

> BGH, Urt. v. 20.2.2014 – IX ZR 164/13, ZIP 2014, 584
> = WM 2014, 572 Rn. 14 = NZI 2014, 321.

Gegenstand der Anfechtung nach § 135 Abs. 2 InsO ist die Befreiung des Gesellschafters von der von ihm für ein Drittdarlehen übernommenen Sicherung. **1233**

> BGH, Urt. v. 20.2.2014 – IX ZR 164/13, ZIP 2014, 584
> = WM 2014, 572 Rn. 13 = NZI 2014, 321.

Die Vorschrift setzt eine Rechtshandlung der Gesellschaft voraus, durch die eine Sicherung des Gesellschafters frei wird. Der Begriff der Rechtshandlung ist weit auszulegen. Rechtshandlung ist jedes von einem Willen getragene Handeln vor Eröffnung des Insolvenzverfahrens, das eine rechtliche Wirkung auslöst. Erfolgten Zahlungen des Gesellschafters auf das Konto der Schuldnerin zur Rückführung der Darlehenstilgungen, so wurde der Beklagte in eigener Sache als Gesellschafter und nicht als Geschäftsführer der Schuldnerin tätig. Dass es durch die Einzahlungen des Gesellschafters auf das im Soll geführte Konto infolge Verrechnung zu einer Rückführung des Kontokorrentkredits kam, beruhte jedoch (auch) auf der zwischen der Schuldnerin und der Bank getroffenen Kontokorrentabrede. Die Kontokorrentabrede ist demnach die Rechtshandlung i. S. d. § 135 Abs. 2 InsO. **1234**

> BGH, Urt. v. 4.7.2013 – IX ZR 229/12, BGHZ 198, 77
> = ZIP 2013, 1629 = WM 2013, 1615 = NZI 2013, 804 Rn. 15 f,
> dazu *Plathner/Luttmann*, EWiR 2013, 657;
>
> BGH, Urt. v. 20.2.2014 – IX ZR 164/13, ZIP 2014, 584
> = WM 2014, 572 Rn. 9 = NZI 2014, 321.

Nicht anders verhält es sich, wenn die Darlehensrückführung auch durch Kontoverfügungen des vorläufigen Verwalters veranlasst wurde, gleich ob er **1235** nur mitbestimmend (§ 21 Abs. 2 Satz 1 Nr. 2 Fall 2 InsO) tätig oder mit voller Verwaltungs- und Verfügungsbefugnis ausgestattetet (§ 22 Abs. 1 Satz 1, § 21 Abs. 2 Satz 1 Nr. 2 Fall 1 InsO) ist. Auch hier vollzieht sich die Darlehensrückführung ungeachtet der von dem vorläufigen Verwalter gegenüber dem Bankinstitut abgegebenen Widerrufserklärungen auf dem Boden der von der Gesellschaft mit dem Bankinstitut geschlossenen Kontokorrentvereinbarung.

BGH, Urt. v. 20.2.2014 – IX ZR 164/13, ZIP 2014, 584
= WM 2014, 572 Rn. 9 = NZI 2014, 321.

1236 Bei **Rückführung eines Kontokorrentkredits** bildet der **Höchstbetrag** des von der Gesellschaft im letzten Jahr vor der Insolvenzeröffnung in Anspruch genommenen Kredits den Ausgangspunkt für die Berechnung des gegen den Gesellschafter gerichteten Erstattungsanspruchs. Soweit dieser Betrag aus Mitteln der Schuldnerin zurückgezahlt wurde, greift der Anfechtungsanspruch aus § 143 Abs. 3 Satz 1, § 135 Abs. 2 InsO gegen den Gesellschafter als Sicherungsgeber durch.

BGH, Urt. v. 20.2.2014 – IX ZR 164/13, ZIP 2014, 584
= WM 2014, 572 Rn. 23 = NZI 2014, 321.

1237 Einem Anspruch aus § 135 Abs. 2, § 143 Abs. 3 InsO steht bei der gebotenen wirtschaftlichen Betrachtung auch nicht entgegen, dass der Gesellschafter die Rückzahlungen auf das im Soll geführte Konto aus seinem Vermögen vorgenommen hat. Allerdings darf es einem Gesellschafter, der für die Gesellschaft ein Drittdarlehen besichert, anfechtungsrechtlich regelmäßig nicht zum Nachteil gereichen, wenn er das Darlehen aus eigenen Mitteln zurückführt und damit das im Verhältnis zur Gesellschaft Versprochene erfüllt. Anders liegt der Fall, wenn der Gesellschafter die zur Rückführung des Drittdarlehens erforderlichen Leistungen zwar aus seinem eigenen Vermögen erbringt, damit aber zugleich einen (anderen) gegen ihn gerichteten Anspruch der Gesellschaft erfüllt.

BGH, Urt. v. 4.7.2013 – IX ZR 229/12, BGHZ 198, 77
= ZIP 2013, 1629 = WM 2013, 1615 = NZI 2013, 804 Rn. 17,
dazu *Plathner/Luttmann*, EWiR 2013, 657.

1238 Im Streitfall hat der Beklagte durch die Zahlungen an die Schuldnerin zwar keinen gegen ihn gerichteten Rückgewähranspruch aus § 135 Abs. 1 Nr. 2, § 143 Abs. 1 InsO erfüllt. Sämtliche Zahlungen erfolgten noch vor der Eröffnung des Insolvenzverfahrens, ein etwaiger Rückgewähranspruch entstand erst mit Verfahrenseröffnung. Bei der gebotenen wirtschaftlichen Betrachtung ist jedoch die mit der Wiederherstellung der ursprünglichen Vermögenslage einhergehende Verhinderung der Entstehung eines Anspruchs anfechtungsrechtlich dessen Erfüllung gleichzustellen. Dem Gesellschafter muss es verwehrt sein, durch ein und dieselbe Zahlung zugleich die Entstehung eines gegen ihn gerichteten Rückgewähranspruchs zu verhindern und sich von einer für ein Drittdarlehen bestellten Sicherheit zu befreien. Er kann insoweit durch die vorweggenommene Befriedigung des Rückgewähranspruchs nicht besser stehen, als wenn er diesen erst nach dessen Entstehung erfüllt hätte. Dann aber hätte die Sicherheit fortbestanden und wäre gemäß § 39 Abs. 1 Nr. 5 a. E. InsO in voller Höhe als einem Gesellschafterdarlehen wirtschaftlich entsprechender Vorgang zu behandeln gewesen.

> BGH, Urt. v. 4.7.2013 – IX ZR 229/12, BGHZ 198, 77 = ZIP 2013, 1629 = WM 2013, 1615 = NZI 2013, 804 Rn. 18, dazu *Plathner/Luttmann*, EWiR 2013, 657.

Das Verhältnis zwischen Gesellschaft und Gesellschafter bestimmt und begrenzt den Anspruch; dieser kann nicht über das hinausgehen, was der Gesellschafter aus der übernommenen Sicherheit geschuldet hätte. Führt die Gesellschaft das besicherte Drittdarlehen nur teilweise zurück und kann es deshalb weiterhin zur Inanspruchnahme des Gesellschafters durch den Gläubiger der Gesellschaft kommen, darf die Summe aus dem Anspruch gemäß § 135 Abs. 2, § 143 Abs. 3 InsO und der fortbestehenden Verpflichtung des Gesellschafters aus der Sicherheit dessen ohne die teilweise Rückführung des Darlehens bestehende Verpflichtung nicht überschreiten. Ob und ggf. in welcher Höhe ein Anspruch besteht, kann im Falle einer nur teilweisen Rückführung des besicherten Drittdarlehens durch die Gesellschaft und einer der Höhe nach beschränkten Sicherheit nur beantwortet werden, wenn Feststellungen dazu getroffen sind, in welcher Höhe der Gesellschafter dem Gläubiger aus der Sicherheit weiterhin verpflichtet geblieben ist. 1239

> BGH, Urt. v. 4.7.2013 – IX ZR 229/12, BGHZ 198, 77 = ZIP 2013, 1629 = WM 2013, 1615 = NZI 2013, 804 Rn. 19 ff, 22, dazu *Plathner/Luttmann*, EWiR 2013, 657.

Hat der Gesellschafter für eine Forderung eines Dritten auf Rückgewähr eines Darlehens eine Sicherheit bestellt oder eine **Bürgschaft** übernommen, benachteiligt die Befriedigung des Dritten aus der Verwertung einer Gesellschaftssicherheit die Gläubiger auch dann, wenn der Dritte zum Zeitpunkt der Befriedigung seiner Forderung den Gesellschafter nicht mehr aus der Gesellschaftersicherheit hätte in Anspruch nehmen können. Dies gilt ebenso, wenn der Anspruch aus der **Bürgschaft bereits verjährt gewesen ist bzw. der Verwalter den Bürgschaftsanspruch hat verjähren lassen** (fraglich). 1240

> BGH, Urt. v. 9.12.2021 – IX ZR 201/20, ZIP 2022, 229 Rn. 11 = WM 2022, 234 = NZI 2022, 221.

Wurde der Darlehensgläubiger vor Verfahrenseröffnung durch die Gesellschaft befriedigt, wird nach Verfahrenseröffnung der durch § 44a InsO gebotene Haftungsvorrang des Gesellschafters mit Hilfe von § 135 Abs. 2 InsO wiederhergestellt, indem die Gesellschaft von dem Gesellschafter Erstattung des an den Darlehensgläubiger gezahlten Betrages verlangen kann. Mit Rücksicht auf die vorrangige Haftung des Gesellschafters werden die Gesellschaftsgläubiger benachteiligt, wenn das durch den Gesellschafter besicherte Darlehen aus Mitteln der Gesellschaft beglichen wird. Tilgt eine Gesellschaft ein von ihr selbst und ihrem Gesellschafter besichertes Darlehen gegenüber dem 1241

Darlehensgeber, liegt die Gläubigerbenachteiligung bei der Anfechtung der Befreiung des Gesellschafters von seiner Sicherung in dem Abfluss der Mittel aus dem Gesellschaftsvermögen, weil der Gesellschafter im Verhältnis zur Gesellschaft zur vorrangigen Befriedigung der von ihm besicherten Verbindlichkeit verpflichtet ist.

> BGH, Urt. v. 13.7.2017 – IX ZR 173/16, BGHZ 215, 262 = ZIP 2017, 1632 Rn. 12 ff, dazu *K. Schmidt*, EWiR 2017, 565.

1242 Wird eine Darlehensverbindlichkeit der GmbH, für welche die **GmbH selbst** und ein **Gesellschafter** Sicherheit geleistet haben, nach Eröffnung des Insolvenzverfahrens über das Vermögen der GmbH infolge der Verwertung der von ihr gegebenen Sicherheit getilgt und die Gesellschaftersicherheit dadurch frei, stellt sich die Frage, ob der Insolvenzverwalter darauf zugreifen kann. Der Fall, dass ein **doppelt gesicherter Gläubiger** nach der Eröffnung des Insolvenzverfahrens über das Vermögen der Gesellschaft durch Verwertung der Gesellschaftssicherheit befriedigt und die Gesellschaftersicherheit hierdurch frei wird, ist gesetzlich nicht geregelt. Sie wurde von den Instanzgerichten kontrovers beurteilt.

> Bejahend OLG Hamm, Urt. v. 7.4.2011 – I-27 U 94/10, ZIP 2011, 1226 = ZInsO 2011, 1602, dazu *Spliedt*, EWiR 2011, 679;
>
> verneinend OLG Hamm, Urt. v. 29.12.2010 – I-8 U 85/10, ZIP 2011, 343 = ZInsO 2011, 820, dazu *Mitlehner*, EWiR 2011, 195.

1243 Bei wertender Betrachtung besteht kein Unterschied zwischen der Rückzahlung eines gesellschaftergesicherten Darlehens innerhalb der Fristen des § 135 Abs. 1 Nr. 2 InsO und derjenigen nach der Eröffnung des Insolvenzverfahrens. Der gesetzlich geregelte Fall (§ 135 Abs. 2, § 143 Abs. 3 InsO) lässt ausreichen, dass Mittel der Gesellschaft aufgewandt wurden und dass die vom Gesellschafter gestellte Sicherheit hierdurch freigeworden ist. Nichts anderes gilt in dem Fall der Befriedigung des Gläubigers nach der Eröffnung des Insolvenzverfahrens. Darum ist der **Gesellschafter entsprechend § 143 Abs. 3 InsO** zur Erstattung des an den Gläubiger ausgekehrten Betrages zur Insolvenzmasse verpflichtet.

> BGH, Urt. v. 1.12.2011 – IX ZR 11/11, ZIP 2011, 2417 = WM 2011, 2376 = NZI 2012, 19 = ZInsO 2012, 81, dazu *Henkel*, EWiR 2012, 57.

1244 Erhöht sich die Forderung des Dritten – etwa aufgrund laufender Zinsen – nach der Eröffnung des Insolvenzverfahrens und erhält der Dritte hierfür eine Befriedigung aus der Verwertung einer Gesellschaftssicherheit, umfasst der Anfechtungsanspruch gegen den Gesellschafter auch die erst nach Eröffnung des Insolvenzverfahrens entstandenen Ansprüche des Dritten, wenn sich sowohl die Gesellschaftssicherheit als auch die Gesellschaftersicherheit auf diese Ansprüche erstrecken.

BGH, Urt. v. 9.12.2021 – IX ZR 201/20, ZIP 2022, 229 Rn. 29 = WM 2022, 234 = NZI 2022, 221.

Der Anspruch ist nach § 143 Abs. 3 Satz 2 InsO auf die Höhe der übernommenen Bürgschaft, bei einer dinglichen Sicherung auf den Wert der bestellten Sicherheit beschränkt. Handelt es sich um eine Realsicherheit, kann sich der Gesellschafter von der Inanspruchnahme befreien, indem er die als Sicherheit dienenden Gegenstände der Masse zur Verfügung stellt (§ 143 Abs. 3 Satz 3 InsO). **1245**

Darlegungs- und Beweislast für die Voraussetzungen einer Anfechtung nach § 135 Abs. 2 InsO liegen beim Insolvenzverwalter. Dies gilt zunächst für die Rechtsstellung des Anfechtungsgegners als Gesellschafter oder gleichgestellter Dritter. Hingegen muss der Insolvenzverwalter nicht zusätzlich beweisen, dass der Dritte einem Gesellschafter auch nicht gleichzustellen ist. Die Darlegungs- und Beweislast dafür, dass ein Dritter, der kein Gesellschafter der Schuldnerin ist, einem solchen Gesellschafter gleichzustellen ist, obliegt dem Anfechtungsgegner. Diese Verteilung der Darlegungs- und Beweislast folgt aus der gesetzlichen Systematik. **1246**

BGH, Urt. v. 25.6.2020 – IX ZR 243/18, BGHZ 226, 125 Rn. 16 f = ZIP 2020, 1468 = WM 2020, 1368 = NZI 2020, 790.

7. Anspruch der Masse auf Nutzungsüberlassung

Die insolvenzrechtlichen Regelungen über Verträge finden auf Nutzungsverhältnisse zwischen Gesellschaft und Gesellschafter grundsätzlich Anwendung. Wählt der Verwalter Erfüllung des Vertrages, ist der Gesellschafter zur Gebrauchsüberlassung verpflichtet. Fehlt es an einem wirksamen Nutzungsverhältnis oder beendet der Insolvenzverwalter den Vertrag, begründet § 135 Abs. 3 ein gesetzliches Schuldverhältnis zwischen der Masse und dem Gesellschafter. **1247**

G. Fischer, in: Festschrift Wellensiek, 2011, S. 443, 448.

a) Kein Anspruch auf unentgeltliche Nutzungsüberlassung

Nach Wegfall des Eigenkapitalersatzrechts besteht kein Anspruch des Insolvenzverwalters auf unentgeltliche Nutzung von Betriebsanlagen, die der Gesellschafter seiner Gesellschaft vermietet hat. Ansprüche aus einem gemäß § 108 Abs. 1 Satz 1 InsO nach Insolvenzeröffnung fortbestehenden Mietverhältnis sind Masseverbindlichkeiten (§ 55 Abs. 1 Nr. 2 Fall 2 InsO), wenn ihre Erfüllung für die Zeit nach der Eröffnung des Insolvenzverfahrens erfolgen muss. Ansprüche für die Zeit vor Eröffnung des Insolvenzverfahrens kann der Vermieter dagegen gemäß § 108 Abs. 3 InsO nur als Insolvenzgläubiger geltend machen. Nach Verfahrenseröffnung erwachsene Mietforderungen stellen darum Masseverbindlichkeiten dar. Die Vorschrift des § 39 Abs. 1 Nr. 5 InsO belegt vor Verfahrenseröffnung erzeugte Gesellschafterforderungen unter bestimmten Voraussetzungen mit einem Nachrang. Handelt es sich um nach **1248**

Verfahrenseröffnung entstandene, den Regelungen der §§ 103 ff InsO zuzuordnende Masseverbindlichkeiten, ist § 39 Abs. 1 Nr. 5 InsO aus rechtssystematischen Erwägungen nicht einschlägig.

BGH, Urt. v. 29.1.2015 – IX ZR 279/13, ZIP 2015, 589 Rn. 33 = WM 2015, 581 = NZI 2015, 331, dazu *Spliedt*, EWiR 2015, 453.

1249 Auch nach seinem Sinn und Zweck findet § 39 Abs. 1 Nr. 5 InsO auf nach Verfahrenseröffnung zugunsten eines Gesellschafters aus einem Mietverhältnis hervorgegangene Masseverbindlichkeiten keine Anwendung. Eine von den Grundregeln der §§ 103 ff InsO abweichenden Rechtsfolge findet in der Neuregelung des § 39 Abs. 1 Nr. 5, § 135 Abs. 3 InsO keine Entsprechung, weil diese nach ihrer Systematik nicht mehr an einen eigenkapitalersetzenden Charakter der Leistung anknüpft und die Insolvenz der Gesellschaft keine Auswirkungen auf die Eigentümerstellung des Gesellschafters hinsichtlich des überlassenen Gegenstandes hat.

BGH, Urt. v. 29.1.2015 – IX ZR 279/13, ZIP 2015, 589 Rn. 39 = WM 2015, 581 = NZI 2015, 331, dazu *Spliedt*, EWiR 2015, 453.

1250 Die Vorschrift des § 30 Abs. 1 Satz 3 GmbHG ordnet **in Abkehr von dem früheren Rechtszustand** an, dass Gesellschafterdarlehen und Leistungen aus Rechtshandlungen, die einem Gesellschafterdarlehen wirtschaftlich entsprechen, nicht der Kapitalbindung des § 30 Abs. 1 Satz 1 GmbHG unterliegen. Zugleich wurden §§ 32a, 32b GmbHG a. F. als Grundvorschriften des Eigenkapitalersatzrechts aufgehoben und der inhaltlich darauf bezogene § 135 Abs. 1 InsO des Tatbestandsmerkmals „kapitalersetzend" entkleidet. Diese Gesetzesänderungen verdeutlichen, dass Gesellschafterdarlehen und gleichgestellte Leistungen einschließlich einer Nutzungsüberlassung nicht wie haftendes Eigenkapital zu behandeln sind. Stellt eine Nutzungsüberlassung keine Kreditgewährung dar, können von § 39 Abs. 1 Nr. 5 InsO, der seinen Geltungsbereich auf einem Darlehen gleichgestellte Forderungen erstreckt, Nutzungen nicht erfasst werden. Damit kann ein Anspruch des Insolvenzverwalters auf unentgeltliche Gebrauchsüberlassung nicht aus § 39 Abs. 1 Nr. 5 InsO hergeleitet werden.

BGH, Urt. v. 29.1.2015 – IX ZR 279/13, ZIP 2015, 589 Rn. 40 = WM 2015, 581 = NZI 2015, 331, dazu *Spliedt*, EWiR 2015, 453.

b) Aussonderungssperre

aa) Grundsatz

1251 Der Gesetzgeber hat in Anlehnung an ein österreichisches Vorbild die Fallgruppe der eigenkapitalersetzenden Nutzungsüberlassung eigenständig und damit abweichend von dem in der bisherigen Rechtsprechung entwickelten Modell im Rahmen des unabdingbaren § 135 Abs. 3 InsO rechtsformneutral geregelt. Danach ist der Gesellschafter im Interesse sachgerechter Sanierungsbemühungen verpflichtet, seinen Aussonderungsanspruch während der Dauer des Insolvenzverfahrens, längstens aber für eine Frist von einem Jahr ab dessen Eröffnung, nicht geltend zu machen, wenn der Gegenstand für die Fortführung des Unternehmens des Schuldners – was bei betrieblich genutzten Grundstücken regelmäßig anzunehmen ist, aber auch für Rechte und immaterielle Gegenstände gelten kann – von erheblicher Bedeutung ist. Sie kann sich daraus ergeben, dass der Betriebsablauf ohne das Wirtschaftsgut tatsächlich oder wirtschaftlich erheblich beeinträchtigt oder gar unmöglich gemacht würde.

Wälzholz, GmbHR 2008, 841, 848.

bb) Anspruch auch gegen verbundene Gesellschaften

Eine Aussonderungssperre kann in der Insolvenz einer Gesellschaft auch gegenüber einem mittelbaren Gesellschafter geltend gemacht werden. Die Bestimmung des § 135 Abs. 3 InsO ordnet eine Aussonderungssperre für von einem Gesellschafter zum Gebrauch überlassene Gegenstände an, die zur Fortführung des Unternehmens des Schuldners von erheblicher Bedeutung sind. Im Unterschied zu § 39 Abs. 1 Nr. 5, § 135 Abs. 1 InsO erstreckt sich der Tatbestand des § 135 Abs. 3 InsO seinem Wortlaut nach nicht ausdrücklich auf wirtschaftlich entsprechende Rechtshandlungen. 1252

BGH, Urt. v. 29.1.2015 – IX ZR 279/13, ZIP 2015, 589 Rn. 47
= WM 2015, 581 = NZI 2015, 331,
dazu *Spliedt*, EWiR 2015, 453.

Da § 135 Abs. 4 InsO auf § 39 Abs. 4 und 5 InsO verweist und diese Vorschriften mit § 39 Abs. 1 Nr. 5 InsO korrespondieren, ist die Auslegung vorzugswürdig, dass § 39 Abs. 1 Nr. 5 InsO auch im Rahmen des § 135 Abs. 3 InsO Geltung beansprucht. Sie kann sich auf die weitere Erwägung stützen, dass die Einbeziehung gesellschaftergleicher Dritter, die dem Eigenkapitalersatzrecht zugrunde lag, von dem Gesetzgeber des MoMiG auch für das neue Recht ganz allgemein fortgeführt wurde. Ferner manifestiert sich der Wille des Gesetzgebers, mittelbare Gesellschafter der Regelung zu unterwerfen, in dem bei Einführung des § 135 Abs. 3 InsO betonten Hinweis auf die Treuepflicht der Gesellschafter, die auch für verbundene Unternehmen gilt. Darum kann dem Gesamtzusammenhang des § 135 Abs. 3 InsO, der einen Gleichlauf mit den Regelungen über Gesellschafterdarlehen und gleichgestellte Forderungen herzustellen sucht, entnommen werden, dass auch gesellschaftergleiche Dritte erfasst werden. 1253

BGH, Urt. v. 29.1.2015 – IX ZR 279/13, ZIP 2015, 589 Rn. 48
= WM 2015, 581 = NZI 2015, 331,
dazu *Spliedt*, EWiR 2015, 453.

cc) Voraussetzungen des Nutzungsanspruchs

1254 Der Gesetzgeber hat mit § 135 Abs. 3 InsO eine Regelung geschaffen, welche die Rechtsfolgen der Streichung der eigenkapitalersetzenden Nutzungsüberlassung durch die Gewährung eines zeitlich beschränkten entgeltlichen Nutzungsrechts der Masse abmildern soll, das sich auf den Durchschnitt des im Jahr vor Antragstellung von der Schuldnerin an den Gesellschafter anfechtungsfrei tatsächlich Geleisteten bemisst.

> BGH, Urt. v. 29.1.2015 – IX ZR 279/13, ZIP 2015, 589 Rn. 53
> = WM 2015, 581 = NZI 2015, 331,
> dazu *Spliedt*, EWiR 2015, 453.

1255 Die Bestimmung ist im Falle einer masselosen Insolvenz wie auch einer Insolvenzeröffnung ohne Fortsetzung des Unternehmens unanwendbar. Gleiches dürfte bei einer übertragenden Sanierung gelten.

> BGH, Urt. v. 29.1.2015 – IX ZR 279/13, ZIP 2015, 589 Rn. 62
> = WM 2015, 581 = NZI 2015, 331,
> dazu *Spliedt*, EWiR 2015, 453;
>
> *Gehrlein*, BB 2011, 3, 9.

1256 Eine Aussonderungssperre scheidet aus, wenn der Überlassungsvertrag fortwirkt und der Gesellschafter gegenüber dem Insolvenzverwalter keine Aussonderung verlangen kann. Der Regelungsbereich des § 135 Abs. 3 InsO ist nicht berührt, sofern das vertragliche Nutzungsverhältnis zwischen dem Gesellschafter und der Gesellschaft nach Verfahrenseröffnung fortbesteht.

> BGH, Urt. v. 29.1.2015 – IX ZR 279/13, ZIP 2015, 589 Rn. 57
> = WM 2015, 581 = NZI 2015, 331,
> dazu *Spliedt*, EWiR 2015, 453.

1257 Dauert ein Mietverhältnis gemäß § 108 Abs. 1 Satz 1 InsO über die Verfahrenseröffnung hinaus fort, kann der Gesellschafter auch nach Verfahrenseröffnung die vereinbarte vertragliche Miete als Masseverbindlichkeit beanspruchen.

> BGH, Urt. v. 29.1.2015 – IX ZR 279/13, ZIP 2015, 589 Rn. 58
> = WM 2015, 581 = NZI 2015, 331,
> dazu *Spliedt*, EWiR 2015, 453.

1258 Endet hingegen der Miet- oder Pachtvertrag, darf der Gesellschafter den ihm an dem Nutzungsrecht zustehenden **Aussonderungsanspruch gemäß § 135 Abs. 3 Satz 1 InsO für die Dauer von höchstens einem Jahr nicht geltend machen**, wenn der Gegenstand für die Fortführung des Unternehmens des Schuldners von erheblicher Bedeutung ist. Als Gegenleistung für die der Vorschrift des § 21 Abs. 2 Satz 1 Nr. 5 InsO nahestehende Aussonderungssperre ist dem Gesellschafter gemäß § 135 Abs. 3 Satz 2 InsO ein Ausgleich zu leisten, der dem Durchschnitt der im letzten Jahr vor Antragstellung erbrachten Vergütung entspricht. Da mit der Regelung des § 135 Abs. 3 InsO eine Ausgleichspflicht für eine vertragslose Zeitspanne geschaffen wird, begründet die Norm ein gesetzliches Schuldverhältnis zwischen dem Gesellschafter und der Masse.

BGH, Urt. v. 29.1.2015 – IX ZR 279/13, ZIP 2015, 589 Rn. 59
= WM 2015, 581 = NZI 2015, 331,
dazu *Spliedt*, EWiR 2015, 453.

Fehlt es an einem Aussonderungsrecht, ist § 135 Abs. 3 Satz 2 InsO unanwendbar und das volle vertraglich vereinbarte Nutzungsentgelt geschuldet. **1259**

BGH, Urt. v. 29.1.2015 – IX ZR 279/13, ZIP 2015, 589 Rn. 60
= WM 2015, 581 = NZI 2015, 331,
dazu *Spliedt*, EWiR 2015, 453.

Für dieses Verständnis spricht auch der Ausnahmecharakter des § 135 Abs. 3 InsO, der eine nach Streichung des Eigenkapitalersatzrechts entstandene Schutzlücke zu schließen sucht, indem das Aussonderungsrecht des Gesellschafters im Blick auf solche Gegenstände, die für die Fortführung des Unternehmens von erheblicher Bedeutung sind, beschränkt wird. **1260**

BGH, Urt. v. 29.1.2015 – IX ZR 279/13, ZIP 2015, 589 Rn. 64
= WM 2015, 581 = NZI 2015, 331,
dazu *Spliedt*, EWiR 2015, 453.

Mithin setzt die **Ermäßigung des Entgeltanspruchs** gemäß § 135 Abs. 3 Satz 2 InsO voraus, dass das vertragliche Besitzrecht der Gesellschaft beendet ist. **1261**

BGH, Urt. v. 29.1.2015 – IX ZR 279/13, ZIP 2015, 589 Rn. 65
= WM 2015, 581 = NZI 2015, 331,
dazu *Spliedt*, EWiR 2015, 453.

dd) Rechtsfolgen des Nutzungsverlangens

Bis Ablauf der Frist hat der Gesellschafter die Gegenstände zu den vereinbarten Konditionen, damit im Unterschied zu den bisherigen Rechtsprechungsregeln nicht unentgeltlich dem Betrieb zur Verfügung zu stellen. Das für die Überlassung vereinbarte Entgelt bildet für die nach der Verfahrenseröffnung liegenden Zeiträume eine Masseverbindlichkeit (§ 55 Abs. 1 Nr. 2 InsO), während vorherige Rückstände einfache, im Fall der Stundung sogar nach § 39 Abs. 1 Nr. 5 InsO nachrangige Forderungen darstellen. War zwar eine bestimmte Vergütung vereinbart, diese aber nicht gezahlt worden, bemisst sich die Höhe nach dem im letzten Jahr vor der Insolvenzeröffnung – bei kürzer Überlassungsdauer während dieser Zeit – im Durchschnitt tatsächlich Geleisteten. **1262**

Gehrlein, Das neue GmbH-Recht, Rn. 73;
Hirte, ZInsO 2008, 689, 693.

Der Gesellschafter soll grundsätzlich dieselbe Vergütung erhalten, die ihm zuvor tatsächlich zugeflossen ist; ihm soll kein darüber hinausgehendes Sonderopfer abverlangt werden. War etwa für eine Gebrauchsüberlassung eine bestimmte Vergütung vereinbart, wurde diese jedoch nicht entrichtet, so bestimmt sich die Höhe des Ausgleichs nach dem im letzten Jahr tatsächlich vom Schuldner Geleisteten. Falls die Nutzungsdauer ein Jahr unterschreitet, ist der Durchschnitt der während dieses Zeitraums erbrachten Zahlungen zu **1263** berücksichtigen. Nach Sinn und Zweck der Vorschrift können nur solche Zahlungen bei der Bemessung des Anspruchs angerechnet werden, die der Gesellschafter trotz der Verfahrenseröffnung behalten darf. Darum haben anfechtbare Zahlungen außer Ansatz zu bleiben, weil sie dem Gesellschafter keine dauerhaft verbleibende Befriedigung gewähren.

BGH, Urt. v. 29.1.2015 – IX ZR 279/13, ZIP 2015, 589 Rn. 55 = WM 2015, 581 = NZI 2015, 331, dazu *Spliedt*, EWiR 2015, 453;

Rühle, ZIP 2009, 1358, 1362.

1264 Abweichend von dem auf einem Redaktionsversehen beruhenden Wortlaut des § 135 Abs. 3 Satz 2 InsO ist nicht der Zeitpunkt der Verfahrenseröffnung, sondern entsprechend den allgemeinen anfechtungsrechtlichen Grundsätzen der Zeitpunkt der Antragstellung als Stichtag der Jahresfrist für die Berechnung des Ausgleichsanspruchs heranzuziehen. Diese Betrachtungsweise stellt sicher, dass entsprechend dem Willen des Gesetzgebers das von etwaigen Rechtswirkungen des Eröffnungsverfahrens unbeeinflusste tatsächliche Zahlungsverhalten des Schuldners die Grundlage für die Bemessung des Anspruchs bildet. Handelt es sich – wie von § 135 Abs. 3 InsO vorausgesetzt – um betriebsnotwendige Gegenstände, ist nach Antragstellung mit einer Anordnung nach § 21 Abs. 2 Satz 1 Nr. 5 InsO zu rechnen. Ungeachtet einer solchen Anordnung wird ein nach Antragstellung eingesetzter vorläufiger Verwalter seine Zustimmung für Zahlungen an den Gesellschafter in aller Regel versagen. Da dem faktischen Zahlungsverhalten der Gesellschaft Vorrang zukommt, ist es laut BGH sachgerecht, den Anspruch nach Maßgabe der vor Antragstellung geleisteten Vergütung und damit ungeachtet verfahrensbedingter Ausfälle zu bemessen.

BGH, Urt. v. 29.1.2015 – IX ZR 279/13, ZIP 2015, 589 Rn. 56 = WM 2015, 581 = NZI 2015, 331, dazu *Spliedt*, EWiR 2015, 453;

Gehrlein, BB 2011, 3, 9.

1265 Ernsthaft eingeforderte, aber verspätet geleistete Zahlungen können auch nach § 130 anfechtbar sein, wenn die Zahlung innerhalb des Drei-Monats-Zeitraums vor Antragstellung stattfand. Einer Anfechtung nach § 130 InsO kann bei pünktlicher Zahlung der Bargeschäftseinwand (§ 142 InsO) entgegenstehen. Trotz eines Bargeschäfts kann eine Vorsatzanfechtung (§ 133 Abs. 1 InsO) durchgreifen, wenn etwa ein deutlich überhöhtes Nutzungsentgelt gezahlt wird. Von dem Gesellschafter ohne Erfolg verlangte vereinbarte Zahlungen sind nicht zu berücksichtigen.

G. Fischer, in: Festschrift Wellensiek, 2011, S. 443, 448 f.

1266 Soweit der Gesellschafter die tatsächlich geschuldete Vergütung nicht verlangt hat, wird ihm zugemutet, den Gegenstand der Gesellschaft auch weiter unentgeltlich zu belassen. Wegen der Verweisung des § 135 Abs. 4 auf § 39

Abs. 3 und 4 InsO gelten zugunsten des Gesellschafters das Sanierungs- und Kleinbeteiligtenprivileg.

Auf den Überlassungsvertrag zwischen dem Gesellschafter und der Gesellschaft sind **§§ 103 ff InsO grundsätzlich anwendbar**, weil das Nutzungsrechts im Vertrag und abweichend vom bisherigen Rechtszustand nicht mehr im Gesellschaftsverhältnis wurzelt. Nach § 109 Abs. 2 InsO besteht ein Mietverhältnis über Immobilien fort, sofern Grundstück oder Räumlichkeiten dem Schuldner vor Verfahrenseröffnung überlassen waren. In diesem Fall kann der Insolvenzverwalter die Erfüllung nicht nach § 103 InsO verweigern; allerdings ist er berechtigt, das Nutzungsverhältnis mit einer gesetzlichen Kündigungsfrist von drei Monaten zu kündigen (§ 109 Abs. 1 Satz 1 InsO). Aus der Insolvenzsituation als solcher kann ein fristloses Kündigungsrecht nicht hergeleitet werden. **1267**

K. Schmidt, DB 2008, 1727, 1733.

Die an das frühere tatsächliche Entgelt angepasste Vergütungspflicht gilt vor allem dann, wenn der Insolvenzverwalter von dem Sonderkündigungsrecht des § 109 InsO Gebrauch macht, aber die Weiternutzung des Vermögensgegenstandes beansprucht. **1268**

Ungeklärt ist, wie es sich rechtlich verhält, wenn das Nutzungsrecht vor Antragstellung – etwa durch den von § 181 BGB befreiten Alleingesellschafter/Geschäftsführer – beendet wird. Hier könnte man an eine Anfechtung der auf die Nutzungsbeendigung gerichteten Rechtshandlung denken; erwogen wird auch, von den Gesellschafter einem Anspruch auf Wertersatz für den Entzug auf die Dauer eines Jahres zu unterwerfen. **1269**

Rühle, ZIP 2009, 1358, 1364;
K. Schmidt, DB 2008, 1727, 1734.

Ferner dürfte § 135 Abs. 3 InsO zu Lasten eines (ehemaligen) Gesellschafters anzuwenden sein, der seine Geschäftsanteile innerhalb der Jahresfrist des § 135 Abs. 1 Nr. 2 InsO veräußert hat. Hat der Gesellschafter den Nutzungsgegenstand auf einen Dritten übertragen, dürfte dieser ebenfalls den Pflichten des § 135 Abs. 3 unterliegen, falls die Veräußerung innerhalb der Jahresfrist des § 135 Abs. 1 Nr. 2 InsO erfolgte. **1270**

Rühle, ZIP 2009, 1358, 1364 f.

Der Verweisung des § 135 Abs. 4 InsO auf § 39 Abs. 4 und 5 InsO, die Umgehungen gerade ausschließen sollen, ist nicht zu entnehmen, dass sich der Gesellschafter seiner Verpflichtung durch Übertragung des Vermögensgegenstandes auf Angehörige entziehen kann. **1271**

D. Der Anfechtungsanspruch (§ 143 InsO)

I. Rechtsnatur

Man unterscheidet gemeinhin drei **Anfechtungstheorien**, die zur Erfassung der Rechtsnatur der Insolvenzanfechtung entwickelt worden sind: Die dingliche Theorie, die der Anfechtung rechtsgestaltende Kraft beimisst mit der Folge, dass die angefochtene Rechtshandlung entweder aufgrund der Anfechtungserklärung oder bereits unmittelbar kraft Gesetzes unwirksam wird; die schuldrechtliche Theorie, wonach das Anfechtungsrecht dem Berechtigten den Anspruch verleiht, dass der Anfechtungsgegner dasjenige, was er aus dem Vermögen des Schuldners erlangt hat, zur Masse zurückgewährt; und die haftungsrechtliche Theorie, wonach anfechtbar weggegebene Gegenstände der Haftung für die Verbindlichkeiten des Schuldners nicht entzogen werden, die entsprechende Rechtshandlung vielmehr haftungsrechtlich unwirksam sein soll. 1272

Vgl. MünchKomm-InsO/*Freudenberg*, vor §§ 129–147 Rn. 11 ff.

Die höchstrichterliche Rechtsprechung neigte schon in der Vergangenheit dem schuldrechtlichen Verständnis des Anfechtungsrechts zu. 1273

Vgl. etwa BGH, Urt. v. 11.1.1990 – IX ZR 27/89, ZIP 1990, 246 = WM 1990, 326 = NJW 1990, 990, dazu *Balz*, EWiR 1990, 257;

auch BGH, Urt. v. 20.3.1997 – IX ZR 71/96, BGHZ 135, 140 = ZIP 1997, 737 = WM 1997, 831 = NJW 1997, 1857, dazu *Henckel*, EWiR 1997, 943.

Dieses Verständnis liegt auch der **Insolvenzordnung** zugrunde. Nach dem Wortlaut von § 143 Abs. 1 Satz 1 InsO ist der Anfechtungsanspruch als obligatorischer Rückgewähranspruch ausgestaltet. Wie der Vergleich mit den Vorschriften des § 81 Abs. 1 Satz 1, des § 88 und des § 91 Abs. 1 InsO zeigt, bringt der Wortlaut des § 143 Abs. 1 Satz 1 InsO hinreichend deutlich zum Ausdruck, dass die angefochtene Handlung weder absolut noch relativ unwirksam ist. Auf Formulierungen, aus denen nach der Konkursordnung dingliche Wirkungen der Anfechtung abgeleitet werden konnten, hat der Gesetzgeber bewusst verzichtet. So ist aus diesem Grund die Formulierung des § 29 KO nicht übernommen worden, wonach anfechtbare Rechtshandlungen als „den Konkursgläubigern gegenüber unwirksam“ angefochten werden konnten (Amtliche Begründung zu § 144 RegE, BT-Drucks. 12/2443 S. 157). Nach der amtlichen Begründung zu § 88 InsO liegt ein Gegensatz zu den Rechtswirkungen der Rückschlagsperre bei der Insolvenzanfechtung gerade darin, dass für letztere eine „Unwirksamkeit ipso iure … nicht vorgesehen ist“ (BT-Drucks. 12/2443 S. 137). Die schuldrechtliche Ausgestaltung der Wirkungen der Anfechtung nach der Konkursordnung ist durch die Insolvenzordnung noch verstärkt worden. § 143 Abs. 1 Satz 1 InsO bezeichnet eine Rückgewährpflicht als Rechtsfolge der erfolgreichen Anfechtung. Der 1274

Anfechtungs-„Anspruch" verjährt nach Maßgabe des § 146 InsO. Auf den Anspruch finden gemäß § 143 Abs. 1 Satz 2 InsO die Vorschriften über die Rechtsfolgen der ungerechtfertigten Bereicherung Anwendung, bei der dem Empfänger der Mangel des rechtlichen Grundes bekannt ist. Ein sich gemäß § 819 Abs. 1, § 818 Abs. 4, § 292 Abs. 1, § 989 BGB ergebender Wertersatzanspruch ist eine gewöhnliche Geldforderung. Diese Normen lassen freilich eine Ergänzung im Sinne der haftungsrechtlichen Theorie zu, wie sie heute von der ganz herrschenden Meinung in der Literatur vertreten wird.

> Vgl. etwa *Bork*, Einführung in das Insolvenzrecht, Rn. 267 f;
> *Gerhardt*, ZIP 2004, 1675;
> Jaeger-*Henckel*, InsO, § 143 Rn. 3 ff; alle m. w. N.

1275 Die **Rechtsprechung** plädiert demgegenüber für eine differenzierende Betrachtungsweise, freilich ohne damit zu anderen Ergebnissen zu kommen. Der BGH will – sofern klare gesetzliche Regelungen fehlen – die Rechtsfolge der Anfechtung jeweils aus Systematik und Zweck des Anfechtungsrechts wertend ermitteln.

> Vgl. vor allem BGH, Urt. v. 23.10.2003 – IX ZR 252/01, BGHZ 156, 350 = ZIP 2003, 2207 = WM 2003, 2479 = NZI 2004, 78, dazu *Neußner*, EWiR 2004, 1099;
>
> BGH, Urt. v. 27.6.2019 – IX ZR 167/18, ZIP 2019, 1577 Rn. 52 ff = WM 2019, 1561, dazu *Swierczok/Schubert*, EWiR 2019, 595.

1276 In erster Linie verwirklicht sich danach die Haftung des Schuldnervermögens aufgrund Insolvenzanfechtung über die Rechtsfolge des § 143 InsO. Demzufolge entfaltet die Anfechtung – anders als die Irrtumsanfechtung nach § 142 BGB – **keine dingliche Wirkung** gegenüber jedermann.

> BGH, Urt. v. 14.10.2010 – IX ZR 160/08, ZIP 2010, 2460 Rn. 7 = WM 2010, 2368, dazu *Th. Hoffmann*, EWiR 2011, 89;
>
> BGH, Urt. v. 16.10.2014 – IX ZR 282/13, ZIP 2014, 2303 Rn. 10, 13 = WM 2014, 2186 = NZI 2014, 1057, dazu *Krüger*, EWiR 2015, 119.

1277 Vielmehr ist ein **schuldrechtlicher Anspruch** das Mittel zur Rückgewähr im Verhältnis der Masse zum Anfechtungsgegner,

> BGH, Urt. v. 21.9.2006 – IX ZR 235/04, ZIP 2006, 2176 Rn. 10, 14 ff = ZVI 2006, 582, dazu *Homann*, EWiR 2007, 149;
>
> BGH, Urt. v. 17.2.2011 – IX ZR 91/10, ZIP 2011, 1114 Rn. 7 = WM 2011, 1080 = NZI 2011, 486 = ZInsO 2011, 1154, dazu *M. Huber*, EWiR 2011, 433;
>
> BGH, Urt. v. 16.10.2014 – IX ZR 282/13, ZIP 2014, 2303 Rn. 10, 13 = WM 2014, 2186 = NZI 2014, 1057, dazu *Krüger*, EWiR 2015, 119,

wobei aber haftungsrechtliche Erwägungen durchaus eine Rolle spielen.

BGH, Urt. v. 27.6.2019 – IX ZR 167/18, ZIP 2019, 1577 Rn. 54, 56 = WM 2019, 1561,
dazu *Swierczok/Schubert*, EWiR 2019, 595.

War die **Bestellung einer Sicherheit** wirksam, aber insolvenzrechtlich anfechtbar, führt dies nicht zu einer Nichtigkeit der vertraglichen Vereinbarungen zwischen den Beteiligten. Vielmehr muss nach § 143 Abs. 1 InsO dasjenige zur Insolvenzmasse zurückgewährt werden, was durch die anfechtbare Handlung aus dem Vermögen des Schuldners veräußert, weggegeben oder aufgegeben worden ist (vgl. zu den Einzelheiten unten Rn. 1335 ff). Dieser Rückgewähranspruch ist ein schuldrechtlicher Verschaffungsanspruch. 1278

BGH, Urt. v. 9.6.2016 – IX ZR 153/15, ZIP 2016, 1491 Rn. 24,
dazu *Eckhardt*, EWiR 2016, 469.

Die Rückgewähr einer anfechtbar erlangten **Treugeberstellung** hinsichtlich auf einem Anderkonto verwahrter Gelder hat ggf. in der Form zu erfolgen, dass der Anfechtungsgegner der Auszahlung an den Verwalter zustimmt. 1279

BGH, Urt. v. 24.5.2007 – IX ZR 105/05, ZIP 2007, 1274 f Rn. 10 = WM 2007, 1221 = NZI 2007, 452 = ZInsO 2007, 658,
dazu *Homann*, EWiR 2007, 667.

Die Anfechtung einer **Forderungsabtretung** führt zu einer Verpflichtung des Zessionars zur Rückabtretung. 1280

BGH, Urt. v. 21.9.2006 – IX ZR 235/04, ZIP 2006, 2176, 2178 Rn. 18 = WM 2006, 2184 = NZI 2007, 42 = ZInsO 2006, 1217,
dazu *Homann*, EWiR 2007, 149.

Es kommt aber auch – insbesondere bei der Anfechtung schuldrechtlicher Ansprüche gegen den Schuldner – in Betracht, dass bestimmten **Rechtshandlungen keine rechtliche Wirkung** beigelegt wird, der Anfechtungsgegner sich auf sie also nicht mit Erfolg berufen kann. Dies hat der BGH etwa für den Abschluss oder die Änderung von schuldrechtlichen Verträgen, 1281

BGH, Urt. v. 16.10.2014 – IX ZR 282/13, ZIP 2014, 2303 Rn. 11 = WM 2014, 2186 = NZI 2014, 1057,
dazu *Krüger*, EWiR 2015, 119;

BGH, Urt. v. 12.1.2017 – IX ZR 130/16, ZIP 2017, 489 Rn. 15 = WM 2017, 439 = NZI 2017, 352,
dazu *Loszynski*, EWiR 2017, 275,

die Begründung von Einreden,

BGH, Urt. v. 2.4.2009 – IX ZR 236/07, ZIP 2009, 1080 Rn. 44 = WM 2009, 1042 = NZI 2009, 429 = ZInsO 2009, 1060,
dazu *Brinkmann/Luttmann*, EWiR 2009, 549,

oder für das zwischen Schuldner und Insolvenzgläubiger herbeigeführte Einverständnis mit einer gläubigerbenachteiligenden Verwertung von Sicherungsgut angenommen.

BGH, Urt. v. 9.1.1997 – IX ZR 1/96, ZIP 1997, 367 = WM 1997, 432 = NJW 1997, 1063, dazu *Henckel*, EWiR 1997, 899.

1282 Ähnlich liegt es, wenn der Schuldner im Besitz einer anfechtbar veräußerten Sache geblieben ist.

BGH, Urt. v. 24.10.1979 – VIII ZR 298/78, ZIP 1980, 40 = WM 1979, 1326 = NJW 1980, 226.

1283 Das Gleiche gilt für die – nach früherem Recht erforderliche – Anfechtung einer **Aufrechnungslage**. Hier bleibt die Aufrechnung schon nach § 96 Abs. 1 Nr. 3 InsO außer Betracht.

BGH, Urt. v. 28.9.2000 – VII ZR 372/99, ZIP 2000, 2207;

BGH, Urt. v. 5.4.2001 – IX ZR 216/98, BGHZ 147, 233 = ZIP 2001, 885 = WM 2001, 1041 = NZI 2001, 357 = ZInsO 2001, 464, dazu *Wagner*, EWiR 2001, 883;

BGH, Urt. v. 9.7.2009 – IX ZR 86/08, ZIP 2009, 1674 Rn. 30 ff = WM 2009, 1750 = NZI 2009, 644 = ZInsO 2009, 1585.

1284 Auch wenn der Anfechtbarkeit einer Rechtshandlung in § 96 Abs. 1 Nr. 3 InsO in Bezug auf die Aufrechnung nunmehr unmittelbare rechtsgestaltende Wirkung zukommt, bleibt es im Übrigen bei dem schuldrechtlichen Charakter des Rückgewähranspruchs nach § 143 Abs. 1 Satz 1 InsO.

BGH, Urt. v. 21.9.2006 – IX ZR 235/04, ZIP 2006, 2176 Rn. 15 ff = WM 2006, 2184 = NZI 2007, 42 = ZInsO 2006, 1217, dazu *Homann*, EWiR 2007, 149;

BGH, Urt. v. 24.9.2015 – IX ZR 55/15, ZIP 2016, 30 Rn. 17 f = WM 2016, 88 = NZI 2016, 86, dazu *Hofmann*, EWiR 2016, 177.

1285 Das bedeutet u. a., dass sich die Anfechtung darauf beschränken kann, die Aufrechnungslage wiederherzustellen. Der Insolvenzverwalter muss nicht etwa die Rechtshandlung rückgängig machen, die zu der Aufrechnungslage geführt hat.

BGH, Urt. v. 22.10.2009 – IX ZR 147/06, ZIP 2010, 90 Rn. 11 = WM 2009, 2394 = ZInsO 2009, 2334;

BGH, Urt. v. 24.6.2010 – IX ZR 97/09, NZI 2010, 903 Rn. 8;

BGH, Urt. v. 30.6.2011 – IX ZR 155/08, ZIP 2011, 1523 Rn. 27 = WM 2011, 1478 = NZI 2011, 684 = ZInsO 2011, 1454, dazu *Eckardt*, EWiR 2011, 577.

1286 Nach der Rechtsprechung des BGH gewährt der primäre Anfechtungsanspruch in der **Insolvenz des Anfechtungsgegners** im Allgemeinen ein **Aussonderungsrecht**.

BGH, Urt. v. 23.10.2003 – IX ZR 252/01, BGHZ 156, 350 = ZIP 2003, 2207 = WM 2003, 2479 = NJW 2004, 214 = NZI 2004, 78 = ZInsO 2003, 1096;

BGH, Urt. v. 9.10.2008 – IX ZR 138/06, BGHZ 178, 171 Rn. 15 = WM 2008, 2221 = NZI 2009, 45, dazu *Runkel/J.M. Schmidt*, EWiR 2009, 273;

BGH, Urt. v. 27.4.2017 – IX ZR 198/16, ZIP 2017, 1336 Rn. 14 = WM 2017, 1313 = NZI 2017, 712;

BGH, Urt. v. 27.6.2019 – IX ZR 167/18, ZIP 2019, 1577 Rn. 55 = WM 2019, 1561, dazu *Swierczok/Schubert*, EWiR 2019, 595.

Allerdings ist der Zahlungsanspruch des Anfechtungsgläubigers in der Insolvenz des Anfechtungsgegners nur Insolvenzforderung, wenn dieser schon bei Eröffnung des Insolvenzverfahrens nur Wertersatz schuldete und eine Gegenleistung für den anfechtbar erlangten Gegenstand in seinem Vermögen nicht unterscheidbar vorhanden ist 1287

BGH, Urt. v. 24.6.2003 – IX ZR 228/02, BGHZ 155, 199 = ZIP 2003, 1554 = WM 2003, 1581 = NZI 2003, 537, dazu *Haas/Müller*, EWiR 2004, 347;

BGH, Urt. v. 27.6.2019 – IX ZR 167/18, ZIP 2019, 1577 Rn. 55 = WM 2019, 1561, dazu *Swierczok/Schubert*, EWiR 2019, 595.

oder wenn die anfechtbare Rechtshandlung dazu geführt hat, dass der Masse des Anfechtungsgegners kein unterscheidbarer Gegenstand, sondern nur eine Einrede zugeführt wurde.

BGH, Urt. v. 2.4.2009 – IX ZR 236/07, ZIP 2009, 1080 Rn. 44 = WM 2009, 1042 = NZI 2009, 429 = ZInsO 2009, 1060, dazu *Brinkmann/Luttmann*, EWiR 2009, 549.

II. Anfechtungsberechtigte

Nach § 143 Abs. 1 Satz 1 InsO ist das, was durch die anfechtbare Handlung aus dem Vermögen des Schuldners veräußert, weggegeben oder aufgegeben ist, zur Insolvenzmasse zurückzugewähren. Der Rückgewähranspruch ist darauf gerichtet, die Insolvenzmasse so zu stellen, als sei die gläubigerbenachteiligende Rechtshandlung nicht erfolgt. Inhaber des Anspruchs ist der Schuldner. Der Anspruch gehört zum Sondervermögen Insolvenzmasse; geltend gemacht wird er von dem **Verwalter**. Dieser kann einen Dritten ermächtigen, als gewillkürter Prozessstandschafter das Anfechtungsrecht zu verfolgen. 1288

BGH, Urt. v. 19.3.1987 – III ZR 2/86, ZIP 1987, 793.

Das Insolvenzanfechtungsrecht ist für das Regelinsolvenzverfahren beim Insolvenzverwalter konzentriert. Im Fall der **Eigenverwaltung** (§§ 270 ff InsO) ist der Sachwalter (§ 280 InsO) und im **Verbraucherinsolvenzverfahren** (§§ 311 ff InsO) der Insolvenzverwalter berechtigt, da § 313 Abs. 2 Satz 1 InsO a. F. gestrichen wurde. 1289

Handelt es sich bei der Schuldnerin um eine **Personengesellschaft**, so können auch Leistungen der persönlich haftenden Gesellschafter auf den Haftungs- 1290 anspruch aus § 128 HGB angefochten werden. Für die Anfechtungsbefugnis ist zu unterscheiden. Ist nur der Gesellschafter insolvent, so ist dessen Insolvenzverwalter anfechtungsberechtigt. Ist nur die Gesellschaft insolvent, so steht das Anfechtungsrecht nach dem Rechtsgedanken des § 93 InsO deren Insolvenzverwalter zu. Sind beide insolvent, so bleibt es bei der Anfechtungsbefugnis des Gesellschafter-Verwalters. Allerdings richten sich Anfechtungsgründe und -fristen nach den Verhältnissen bei der Gesellschaft, wenn die Gesellschafterinsolvenz der Gesellschaftsinsolvenz nachfolgt.

> BGH, Urt. v. 9.10.2008 – IX ZR 138/06, ZIP 2008, 2224 Rn. 7 ff = WM 2008, 2221 = NZI 2009, 45 = ZInsO 2008, 1275, dazu *Runkel, J.M. Schmidt*, EWiR 2009, 273.

III. Anfechtungsgegner

1. Grundsatz

1291 Zur Rückgewähr des weggegebenen Vermögensgegenstands verpflichtet ist nach § 143 Abs. 1 Satz 1 InsO derjenige, der als **Empfänger** die anfechtbare Leistung des Schuldners erlangt hat, bei dem also die durch die insolvenzrechtliche Anfechtung zu beseitigenden Rechtswirkungen eingetreten sind. Der anfechtungsrechtliche Rückgewähranspruch bezweckt, dass ein Gegenstand, der ohne die anfechtbare Rechtshandlung zur Masse gehören würde, ihr zum Zwecke der Verwertung wieder zugeführt wird. Jede erfolgreiche Anfechtung setzt voraus, dass ihr Gegenstand ohne die Rechtshandlung gerade zum haftenden Vermögen des Insolvenzschuldners gehört, also dem Zugriff der Insolvenzgläubiger offen gestanden hätte. Rechtshandlungen, die ausschließlich schuldnerfremdes Vermögen betreffen, wirken sich nicht auf die Insolvenzmasse und damit auf die Befriedigungsmöglichkeit der Insolvenzgläubiger nachteilig aus. Die Person des zur Rückgewähr verpflichteten Anfechtungsgegners bestimmt sich maßgeblich danach, wessen Vermögen einen Vorteil erlangt hat, welcher der eingetretenen Vermögensminderung beim Insolvenzschuldner entspricht.

> BGH, Urt. v. 7.12.2023 – IX ZR 36/22, ZIP 2024, 196 = NZI 2024, 219 = ZInsO 2024, 195 Rn. 13.

1292 Die Anfechtung richtet sich grundsätzlich gegen den **Empfänger** des anfechtbar weggegebenen Gegenstandes, also gegen jeden, zu dessen Gunsten der Erfolg der konkret angefochtenen Rechtshandlung eingetreten ist. Die Person des Anfechtungsgegners bestimmt sich deshalb maßgeblich danach, wessen Vermögen einen Vorteil erlangt hat, welcher der eingetretenen Vermögensminderung beim Insolvenzschuldner entspricht.

> BGH, Urt. v. 24.10.1973 – VIII ZR 82/72, WM 1973, 1354 = NJW 1974, 57;
>
> BAG, Urt. v. 29.1.2014 – 6 AZR 345/12, ZIP 2014, 628 Rn. 11 = NJW 2014, 1759 = NZI 2014, 372, dazu *M. Huber*, EWiR 2014, 291;

BGH, Urt. v. 19.10.2017 – IX ZR 289/14, BGHZ 216, 260 = ZIP 2018, 290 Rn. 15, 32, dazu *Eckhardt*, EWiR 2018, 279;

BGH, Urt. v. 14.2.2019 – IX ZR 149/16, BGHZ 221, 100 Rn. 107 = ZIP 2019, 666 = WM 2019, 650 = NZI 2019, 460, dazu *Bork*, EWiR 2019, 241;

BGH, Urt. v. 12.9.2019 – IX ZR 264/18, ZIP 2019, 1921 Rn. 5 = NZI 2019, 851 = WM 2019, 1849.

Es muss sich aber um eine andere Person als den Insolvenzschuldner handeln. Dieser ist selbst kein tauglicher Anfechtungsgegner. **1293**

BGH, Beschl. v. 13.10.2011 – IX ZR 80/11, NZI 2011, 937 Rn. 3.

Die **Umwandlung einer Lebensversicherung** in eine pfändungsgeschützte Rentenversicherung nach § 167 VVG durch den Schuldner ist nach verfehlter Auffassung der Rechtsprechung nicht gegenüber dem Versicherer anfechtbar. **1294**

OLG Karlsruhe, v. 10.1.2022 – 3 U 30/21 mit krit. Anm. *Thole*, EWIR 2022, 110.

2. Einzelfälle

Liegt die Rechtshandlung in der **Genehmigung einer Lastschrift** im Einzugsermächtigungsverfahren, so ist Anfechtungsgegner nicht die Bank, der gegenüber genehmigt wird, sondern der Lastschriftgläubiger, dem die Genehmigung zugutekommt. **1295**

BGH, Urt. v. 29.5.2008 – IX ZR 42/07, ZIP 2008, 1241 = ZVI 2008, 439 = WM 2008, 1327 = NZI 2008, 482 Rn. 11;

BGH, Urt. v. 30.9.2010 – IX ZR 177/07, WM 2010, 2319 = NZI 2010, 981 Rn. 10;

BGH, Urt. v. 3.4.2012 – XI ZR 39/11, ZIP 2012, 1018 Rn. 37 f = WM 2012, 933 = NZI 2012, 506, dazu *Hiebert*, EWiR 2012, 379;

BGH, Urt. v. 13.6.2013 – IX ZR 249/12, ZIP 2013, 1826 Rn. 18 ff, 30 = NZI 2013, 896 = WM 2013, 1793 = ZInsO 2013, 1898.

Gegenüber dem **Leistungsmittler** kann allenfalls unter den besonderen Voraussetzungen des § 133 InsO angefochten werden; vgl. näher Rn. 948 ff sowie unten Rn. 1310. **1296**

BGH, Urt. v. 26.4.2012 – IX ZR 74/11, BGHZ 193, 129 = ZIP 2012, 1038 Rn. 23 = WM 2012, 999 = NJW 2012, 1959 = NZI 2012, 453 = ZInsO 2012, 924, dazu *Jacoby*, EWiR 2012, 391;

BGH Urt. v. 24.1.2013 – IX ZR 11/12, ZIP 2013, 371 Rn. 14 ff = WM 2013, 361 = NZI 2013, 249 = ZInsO 2013, 384, dazu *Luttmann*, EWiR 2013, 391;

BGH, Urt. v. 25.4.2013 – IX ZR 235/12, ZIP 2013, 1127 Rn. 13 ff = WM 2013, 1044 = NZI 2013, 583 = ZInsO 2013, 1077, dazu *Rußwurm*, EWiR 2013, 491;

BGH, Urt. v. 13.6.2013 – IX ZR 249/12, ZIP 2013, 1826 Rn. 23 ff = NZI 2013, 896 = WM 2013, 1793 = ZInsO 2013, 1898.

1297 In aller Regel wird schon der Begriff des „Insolvenzgläubigers" eine Abgrenzung ermöglichen, weil der Leistungsmittler bei einer mittelbaren Zuwendung regelmäßig schon formal kein Insolvenzgläubiger des veranlassenden Schuldners ist und schon deshalb eine Deckungsanfechtung ausscheidet. Allerdings ist zu betonen, dass der BGH keineswegs bei einer rein formalen Betrachtung stehenbleibt. Im Urteil vom 23.10.2014 hat er dementsprechend eine Deckungsanfechtung gegen ein Kreditkartenunternehmen versagt, obwohl das Kreditkartenunternehmen mit ihrem Aufwendungsersatzanspruch Insolvenzgläubigerin war. Entscheidend war, dass gleichwohl kein Kredit gewährt wurde.

BGH, Urt. v. 23.10.2014 – IX ZR 290/13, WM 2014, 2259 Rn. 11 ff = NZI 2015, 32.

1298 Leistet der spätere Insolvenzschuldner auf eine Forderung des Leistungsempfängers gegen einen Dritten, so wird der **Dritte** damit von seiner Verbindlichkeit befreit. Grundsätzlich ist deshalb nicht der Zuwendungsempfänger, sondern der Dritte als dessen Schuldner der richtige Beklagte für eine Anfechtung.

BGH, Urt. v. 3.3.2005 – IX ZR 441/00, BGHZ 162, 276 = ZIP 2005, 767 = WM 2005, 853 = NZI 2005, 323, dazu *Haas/Panier*, EWiR 2005, 737.

1299 Leistet ein Schuldner in anfechtbarer Weise an einen vom Gläubiger mit dem Empfang der Leistung beauftragten Dritten, ist der Gläubiger zur Rückgewähr der Leistung verpflichtet. Tilgt der Schuldner eine zum Zwecke des Forderungseinzugs treuhänderisch abgetretene Forderung gegenüber einem Inkassounternehmen als Forderungszessionar, kann die Zahlung gegenüber dem ursprünglichen Forderungsinhaber angefochten werden. Eine Anfechtung gegenüber dem Inkassounternehmen soll nicht möglich sein; jedenfalls nach Weiterleitung der Zahlung an den ursprünglichen Forderungsinhaber kann sie nur diesem gegenüber angefochten werden.

BGH, Beschl. v. 12.3.2009 – IX ZR 85/06, ZIP 2009, 726 = WM 2009, 811 = NZI 2009, 384 = ZInsO 2009, 716;

BGH, Beschl. v. 16.7.2009 – IX ZR 53/08, NZI 2010, 320 Rn. 2 = ZIP 2009, 2073 (LS);

BGH, Urt. v. 3.4.2014 – IX ZR 201/13, ZIP 2014, 1032 = WM 2014, 1009 Rn. 14, dazu *Freudenberg*, EWiR 2014, 591;

BGH, Beschl. v. 24.9.2015 – IX ZR 308/14, ZIP 2015, 2486 Rn. 6 = WM 2015, 2107;

BGH, Urt. v. 5.7.2018 – IX ZR 126/17, ZIP 2018, 1505 Rn. 12 = WM 2018, 1430 = NZI 2018, 699;

BGH, Urt. v. 14.2.2019 – IX ZR 149/16, BGHZ 221, 100 Rn. 107 = ZIP 2019, 666 = WM 2019, 650 = NZI 2019, 460, dazu *Bork*, EWiR 2019, 241;

BGH, Urt. v. 10.12.2020 – IX ZR 80/20, ZIP 2021, 264 = WM 2021, 257 Rn. 16 = NZI 2021, 327.

Nach denselben Grundsätzen behandelt die Rechtsprechung bei einer **Forderungsabtretung**, insbesondere der Inkassozession, nicht nur den Zessionar, sondern auch den Zedenten, auf dessen Geheiß und für dessen Rechnung der Zessionar eingezogen habe, als den richtigen Anfechtungsgegner; beide haften dann gesamtschuldnerisch. 1300

BGH, Urt. v. 21.2.2013 – IX ZR 32/12, BGHZ 196, 220 = ZIP 2013, 582 Rn. 29 ff.;

BGH, Urt. v. 3.4.2014 – IX ZR 201/13, ZIP 2014, 1032 = WM 2014, 1009 Rn. 20 ff, dazu *Freudenberg*, EWiR 2014, 591;

BGH, Beschl. v. 24.9.2015 – IX ZR 308/14, ZIP 2015, 2486 Rn. 7 = WM 2015, 2107.

Eine **Einzugsstelle**, die tarifvertragliche zur Einziehung von Sozialkassenbeiträgen der Arbeitgeber ermächtigt ist, kann auch insoweit als Antragsgegnerin zur Rückgewähr verpflichtet sein, als sie fremdnützig eingezogene Beiträge an die hierzu berechtigten Sozialkassen ausgekehrt hat. Wesentlicher Grund hierfür ist, dass im Außenverhältnis der Einzugsstelle zu dem Abgabenschuldner dieser nur an die Einzugsstelle mit befreiender Wirkung leisten kann. 1301

BGH, Urt. v. 12.2.2004 – IX ZR 70/03, ZIP 2004, 862 = WM 2004, 899 = NJW 2004, 2163 = ZInsO 2004, 441 = NZI 2004, 379, dazu *Mitlehner*, EWiR 2004, 713;

BGH, Urt. v. 30.3.2006 – IX ZR 84/05, ZIP 2006, 957 = ZVI 2006, 246 = WM 2006, 1156 = NZI 2006, 399, dazu *Henkel*, EWiR 2006, 469;

BGH, Beschl. v. 11.10.2007 – IX ZR 87/06, ZIP 2007, 2228 Rn. 4 = WM 2007, 2158 = NZI 2007, 271 = ZInsO 2007, 1223;

BGH, Urt. v. 10.10.2013 – IX ZR 319/12, ZIP 2013, 2210 Rn. 27 = WM 2013, 2142 = NZI 2013, 1068;

BGH, Urt. v. 3.4.2014 – IX ZR 201/13, ZIP 2014, 1032 Rn. 24 = WM 2014, 1009, dazu *Freudenberg*, EWiR 2014, 591;

BGH, Urt. v. 10.12.2020 – IX ZR 80/20, ZIP 2021, 264 = WM 2021, 257 Rn. 19 = NZI 2021, 327.

Die Verrechnung der Beitragsansprüche von Sozialkassen des Baugewerbes mit den Leistungsansprüchen eines Bauarbeitgebers ist gegenüber der zum Beitragseinzug ermächtigten Stelle mangels Gläubigerbenachteiligung insoweit nicht anfechtbar, als bereits die leistungspflichtige Sozialkasse vor Herstellung der Verrechnungslage mit ihren Anteilen an dem Gesamtbeitrag gegen die Leistungsansprüche aufrechnen konnte. 1302

BGH, Urt. v. 21.10.2004 – IX ZR 71/02, ZIP 2005, 38 = WM 2005, 80 = ZInsO 2004, 1359 = NZI 2005, 166, dazu *Eckardt*, EWiR 2005, 671.

1303 Arbeitgeber, auf welche die Tarifverträge über die gemeinsamen Einrichtungen oder Ausgleichskassen Anwendung finden, sind gemäß § 356 Abs. 1 Satz 1 SGB III verpflichtet, die Winterbeschäftigungsumlage über die gemeinsame Einrichtung ihres Wirtschaftszweigs oder über eine Ausgleichskasse abzuführen. Die gemeinsame Einrichtung oder Ausgleichskasse führt die eingezogene Umlage an die Bundesagentur für Arbeit ab. Die Abführung der Winterbeschäftigungsumlage über gemeinsame Einrichtung oder Ausgleichskasse dient der Verwaltungsvereinfachung. Vor diesem Hintergrund dürfen nur die Arbeitgeber direkt an die Bundesagentur für Arbeit zahlen, auf welche die Tarifverträge über die gemeinsamen Einrichtungen oder Ausgleichskassen keine Anwendung finden (§ 356 Abs. 2 Satz 1 SGB III).

> BGH, Urt. v. 10.12.2020 – IX ZR 80/20, ZIP 2021, 264 = WM 2021, 257 Rn. 21 = NZI 2021, 327.

1304 Ist der Arbeitgeber zur Abführung der Winterbeschäftigungsumlage über die gemeinsame Einrichtung seines Wirtschaftszweigs oder über eine Ausgleichskasse verpflichtet, so ist in der Insolvenz des Arbeitgebers die gemeinsame Einrichtung oder Ausgleichskasse zur Rückgewähr einer in anfechtbarer Weise erlangten Zahlung der Umlage verpflichtet.

> BGH, Urt. v. 10.12.2020 – IX ZR 80/20, ZIP 2021, 264 = WM 2021, 257 Rn. 22 = NZI 2021, 327.

1305 Anfechtungsgegner ist der **Fiskus** auch dann, wenn das Bundesland, an das die Steuern gezahlt worden sind, zwar nicht die Ertragshoheit, wohl aber die Verwaltungshoheit, kraft derer sie die Steuern für andere Körperschaften einzieht. Insoweit gilt dasselbe wie bei den Einzugsstellen der Sozialversicherungsträger (oben Rn. 1301).

> BGH, Urt. v. 24.5.2012 – IX ZR 125/11, ZIP 2012, 1299 Rn. 13 = WM 2012, 1208 = NZI 2012, 665,
> dazu *Schmittmann*, EWiR 2012, 461.

1306 Bei der anfechtbaren Übertragung einer Sache zum **Miteigentum** schuldet jeder Miteigentümer die Rückgewähr seines Anteils.

> RGZ 21, 144.

1307 Bei der **Doppelwirkung** einer Leistung hat der Insolvenzverwalter die Wahl, welchen Leistungsempfänger er in Anspruch nimmt, sofern die übrigen Anfechtungsvoraussetzungen jeweils vorliegen.

> BGH, Urt. v. 7.12.2023 – IX ZR 36/22, ZIP 2024, 196 = NZI 2024, 219 = ZInsO 2024, 195 Rn. 14.

1308 Bei **Anfechtungen im Mehrpersonenverhältnis** werden mittelbare Zuwendungen, die über einen unmittelbaren Leistungsempfänger an einen Gläubiger weitergeleitet werden, so behandelt, als habe der befriedigte Gläubiger unmittelbar vom Schuldner erworben. Dabei kommt den Zuordnungskriterien des bereicherungsrechtlichen Leistungsbegriffs für die Insolvenzanfechtung in Mehrpersonenverhältnissen eine (bloße) Leitbildfunktion zu.

BGH, Urt. v. 16.9.1999 – IX ZR 204/98, BGHZ 142, 284 = ZIP 1999, 1764 = WM 1999, 2179 = NZI 1999, 448;

BGH, Urt. v. 9.10.2008 – IX ZR 59/07, ZIP 2008, 2183 Rn. 21 = WM 2008, 2178 = NZI 2008, 733 = ZInsO 2008, 1202, dazu *Koza*, EWiR 2008, 755;

BGH, Urt. v. 19.2.2009 – IX ZR 16/08, ZIP 2009, 769 Rn. 7 f = ZVI 2009, 258 = WM 2009, 809 = NZI 2009, 381 = ZInsO 2009, 768;

BGH, Urt. v. 19.3.2009 – IX ZR 39/08, ZIP 2009, 817 Rn. 8 = ZVI 2009, 257 = WM 2009, 812 = NZI 2009, 379 = ZInsO 2009, 828;

BGH, Urt. v. 26.4.2012 – IX ZR 74/11, BGHZ 193, 129 = ZIP 2012, 1038 Rn. 9 = WM 2012, 999 = NZI 2012, 453 = ZInsO 2012, 924, dazu *Jacoby*, EWiR 2012, 391

BGH, Urt. v. 25.4.2013 – IX ZR 235/12, ZIP 2013, 1127 Rn. 11 = WM 2013, 1044 = NZI 2013, 583 = ZInsO 2013, 1077, dazu *Rußwurm*, EWiR 2013, 491;

BGH, Urt. v. 13.6.2013 – IX ZR 249/12, ZIP 2013, 1826 Rn. 21 = NZI 2013, 896 = WM 2013, 1793 = ZInsO 2013, 1898;

BGH, Urt. v. 19.10.2017 – IX ZR 289/14, BGHZ 216, 260 = ZIP 2018, 290 Rn. 16, dazu *Eckhardt*, EWiR 2018, 279;

BGH, Urt. v. 7.12.2023 – IX ZR 36/22, ZIP 2024, 196 = NZI 2024, 219 = ZInsO 2024, 195 Rn. 25.

Soweit die Vermögensübertragung unmittelbar auch eigene Rechte oder Pflichten der Zwischenperson – etwa als (Mit-)Schuldner oder Sicherungsnehmer – berührt, diese also nicht als Zahlungs- und Verrechnungsstelle eingeschaltet ist, richtet sich der Anfechtungsanspruch grundsätzlich gegen die Zwischenperson. In gleicher Weise ist die Zwischenperson verpflichtet, wenn sie selbst Vollrechtsinhaber ist und – sofern dies nicht lediglich auf einer Abtretung beruht – schuldbefreiend nur an sie geleistet werden kann, was bei einer Einzugsstelle für Gesamtsozialversicherungsbeiträge ebenso wie bei den Umsatzsteuerforderungen einziehenden Bundesland und der Betreiberin eines Systems zur Erhebung der Lkw-Maut im Guthabenabrechnungsverfahren zu bejahen ist. 1309

BGH, Urt. v. 10.12.2020 – IX ZR 80/20, ZIP 2021, 264 = WM 2021, 257 Rn. 17 = NZI 2021, 327.

Die **Mittelsperson** kommt nur ausnahmsweise und insoweit als Anfechtungsgegner in Betracht, als sie selbst einen **Vorteil aus der Zuwendung** erlangt hat. 1310

BGH, Urt. v. 29.11.2007 – IX ZR 121/06, BGHZ 174, 314 = ZIP 2008, 190 Rn. 17 ff = ZVI 2008, 264 = WM 2008, 223 = NJW 2008, 1067 = NZI 2008, 167 = ZInsO 2008, 814, dazu *Göb*, EWiR 2008, 539.

Dasselbe gilt, wenn der Schuldner zwar eine eigene Verbindlichkeit tilgt, dadurch aber zugleich einen **Freistellungsanspruch** eines mithaftenden Dritten erfüllt oder die an ihn abgetretene Forderung auf die Gegenleistung werthal- 1311 tig macht (Fälle der Doppelwirkung). In einem solchen Fall haften die beiden Gläubiger/Anfechtungsgegner als Gesamtschuldner. Der Insolvenzverwalter hat also gemäß § 421 BGB die freie Wahl, von wem er im Anfechtungswege Rückzahlung verlangt.

BGH, Urt. v. 29.11.2007 – IX ZR 165/05, ZIP 2008, 372 Rn. 17 = ZVI 2008, 297 = WM 2008, 363, dazu *Homann/Junghans*, EWiR 2008, 505;

BGH, Urt. v. 26.6.2008 – IX ZR 47/05, ZIP 2008, 1437 Rn. 23 = ZVI 2008, 434 = WM 2008, 1442, dazu *Schulz*, EWiR 2008, 659;

BGH, Urt. v. 26.6.2008 – IX ZR 144/05, ZIP 2008, 1435 Rn. 33 = ZVI 2008, 389 = WM 2008, 1512, dazu *Eckardt*, EWiR 2008, 689;

BGH, Urt. v. 19.1.2012 – IX ZR 2/11, ZIP 2012, 280 Rn. 27 ff = WM 2012, 326 = NZI 2012, 177 = ZInsO 2012, 264, dazu *Bork*, EWiR 2012, 149;

BGH, Urt. v. 7.12.2023 – IX ZR 36/22, ZIP 2024, 196 Rn. 14 = NZI 2024, 219.

1312 Die Zahlung auf die **Hauptschuld** stellt keine mittelbare Zuwendung an den Bürgen dar. Der Bürge wird zum einen erst nach einer eventuellen Inanspruchnahme durch den Sicherungsnehmer aus der Bürgschaft und Erfüllung der übernommenen Verpflichtung infolge des gesetzlichen Forderungsübergangs (§ 774 Abs. 1 Satz 1 BGB) zum Gläubiger eines eigenen Zahlungsanspruchs gegen den Schuldner. Zum anderen leitet der Gläubiger und Sicherungsnehmer nach der Begleichung seiner Forderung durch den Schuldner keine Zuwendung an den Bürgen weiter. Der Gegenwert des aus dem Vermögen des Schuldners an den Sicherungsnehmer abgeflossenen Betrags ist vielmehr endgültig bei diesem verblieben.

BGH, Urt. v. 7.12.2023 – IX ZR 36/22, ZIP 2024, 196 = NZI 2024, 219 = ZInsO 2024, 195 Rn. 26.

1313 Erfüllt der Schuldner die von einer Bürgschaft gesicherte Hauptschuld und wird der Bürge dadurch von seiner Bürgschaftsverpflichtung frei, ist diese Befreiung von der **Bürgschaftsverbindlichkeit gegenüber dem Bürgen** nach Auffassung des BGH mangels Doppelwirkung grundsätzlich **nicht anfechtbar**. Ein etwaiger Freistellungsanspruch des Bürgen gemäß § 775 BGB stehe einem Zahlungsanspruch des Bürgen gegen den Schuldner nicht gleich. Die Akzessorietät der Bürgschaft begründe den maßgeblichen Unterschied zur Gesamtschuld. § 143 Abs. 3 InsO sei ein Ausnahmefall, der nicht verallgemeinerungsfähig sei. Die Entscheidung des BGH ist abzulehnen.

BGH, Urt. v. 7.12.2023 – IX ZR 36/22, ZIP 2024, 196 = NZI 2024, 219 = ZInsO 2024, 195 Rn. 12 ff.

1314 Die Zahlung auf die Hauptschuld stelle auch keine mittelbare Zuwendung an den Bürgen dar. Der Bürge werde zum einen erst nach einer eventuellen Inanspruchnahme durch den Sicherungsnehmer aus der Bürgschaft und Erfüllung der übernommenen Verpflichtung in Folge des gesetzlichen Forderungsübergangs (§ 774 Abs. 1 Satz 1 BGB) zum Gläubiger eines eigenen Zahlungsanspruchs gegen den Schuldner. Zum anderen leite der Gläubiger und Sicherungsnehmer nach der Begleichung seiner Forderung durch den Schuldner keine Zuwendung an den Bürgen weiter. Der Gegenwert des aus dem Vermögen des Schuldners an den Sicherungsnehmer abgeflossenen Betrags sei vielmehr endgültig bei diesem verblieben.

> BGH, Urt. v. 7.12.2023 – IX ZR 36/22, ZIP 2024, 196 = NZI 2024, 219 = ZInsO 2024, 195 Rn. 26.

Der **Rechtsnachfolger** des ersten Empfängers des aus dem Schuldnervermögen anfechtbar weggegebenen Rechts und weitere Rechtsnachfolger können Anfechtungsgegner sein (§ 145 InsO; näher dazu unten Rn. 1318 ff). 1315

> BGH, Urt. v. 10.1.2002 – IX ZR 61/99, ZIP 2002, 404 = WM 2002, 394 = NJW 2002, 1342 = ZInsO 2002, 223 = NZI 2002, 199, dazu *Marotzke*, EWiR 2002, 251.

Im Übrigen ist die mittelbare Zuwendung von der **Leistungskette** abzugrenzen, bei der der Schuldner Vermögensbestandteile dem ersten Empfänger nicht aushändigt, damit dieser sie nach dem Gesamtplan des Schuldners als Mittelsmann an den letzten Empfänger weitergibt, sondern bei der er die Vermögensbestandteile tatsächlich dem ersten Empfänger zuwenden will, mag auch feststehen, dass dieser sie an einen Letztempfänger weitergeben will. 1316

> BGH, Urt. v. 19.2.2009 – IX ZR 16/08, ZIP 2009, 769 Rn. 11 = ZVI 2009, 258 = WM 2009, 809 = NZI 2009, 381 = ZInsO 2009, 768;
>
> BGH, Urt. v. 3.4.2014 – IX ZR 201/13, ZIP 2014, 1032 Rn. 27 = WM 2014, 1009, dazu *Freudenberg*, EWiR 2014, 591;
>
> BGH, Urt. v. 19.10.2017 – IX ZR 289/14, BGHZ 216, 260 = ZIP 2018, 290 Rn. 22, 25, dazu *Eckhardt*, EWiR 2018, 279.

Ist **auch der Mittelsmann insolvent** und kann dessen Insolvenzverwalter die mittelbare Zuwendung an den Gläubiger des Insolvenzschuldners (z. B. nach § 134 InsO) anfechten, dann geht dieser Anfechtung die des Insolvenzschuldners gegen den Gläubiger vor. 1317

> BGH, Urt. v. 16.11.2007 – IX ZR 194/04, BGHZ 174, 228 = ZIP 2008, 125 Rn. 33 ff = WM 2008, 173 = NZI 2008, 163, dazu *Ch. Keller*, EWiR 2008, 211.

3. Anfechtung gegen Rechtsnachfolger (§ 145 InsO)

a) Gesamtrechtsnachfolger

Dass eine gegen einen Erblasser begründete Anfechtung auch gegen den Erben möglich ist (§ 145 Abs. 1 InsO), 1318

> BGH, Urt. v. 29.3.2012 – IX ZR 207/10, ZIP 2012, 931 Rn. 10 = WM 2012, 886 = NJW 2012, 2195 = ZInsO 2012, 875, dazu *Kruth*, EWiR 2012, 425,

leuchtet ohne Weiteres ein. Hier liegt eine **Gesamtrechtsnachfolge** in alle Rechte und Pflichten vor. Der Begriff der Gesamtrechtsnachfolge i. S. d. § 145 Abs. 1 InsO ist weit zu verstehen; es genügt, dass ein anderer Rechtsträger auf gesetzlich geregelter Grundlage in alle Verbindlichkeiten des Vorgängers eintritt. Es spricht deshalb viel für eine mindestens entsprechende Anwendung dieser Vorschrift auf den Insolvenzverwalter eines Anfechtungsgegners, der dessen gesamtes pfändbares Vermögen (§§ **35, 36 InsO**) zwar nicht zu eigenem Recht erwirbt, aber die Verwaltungs- und Verfügungsbefugnis für den Anfechtungsgegner über das gesamte Vermögen zugunsten der Gläubigergemeinschaft ausübt.

> BGH, Urt. v. 24.6.2003 – IX ZR 228/02, BGHZ 159, 199, 203
> = ZIP 2003, 1554 = WM 2003, 1581 = ZInsO 2003, 761,
> dazu *Haas/H. Müller*, EWiR 2004, 347.

1319 Jede Rechtsnachfolge i. S. v. § **145 InsO** – sei es eine Einzel- (Absatz 2) oder Gesamtrechtsnachfolge (Absatz 1) – setzt voraus, dass der Nachfolger den **anfechtbar weggegebenen Gegenstand selbst** erlangt. Die Norm ist insgesamt nicht anwendbar, wenn schon dem Ersterwerber die Rückgewähr in Natur vor Eintritt der „Rechtsnachfolge" unmöglich geworden war. Denn der Zweck des § **145 InsO** liegt darin, dem Anfechtenden unter bestimmten Voraussetzungen einen erleichterten Zugriff auf den anfechtbar weggegebenen Gegenstand selbst zu ermöglichen. Für die bloße, von Anfang an bestehende Schuld einer Geldsumme gelten dagegen ohnehin und allein die allgemeinen bürgerlich- oder handelsrechtlichen Vorschriften über Rechtsnachfolgen.

> BGH, Urt. v. 24.6.2003 – IX ZR 228/02, BGHZ 159, 199, 204
> = ZIP 2003, 1554 = WM 2003, 1581 = ZInsO 2003, 761.

1320 Ebenso findet gegen einen Erben die Anfechtung nicht wegen solcher (anfechtbar begründeter) Rechte statt, die – wie ein persönliches Wohnungsrecht – mit dem Tode des Erblassers und ursprünglichen Anfechtungsgegners vollständig erlöschen.

> BGH, Urt. v. 11.7.1996 – IX ZR 81/94, BGHZ 130, 314 = ZIP
> 1995, 1364 = WM 1995, 1735 = NJW 1995, 2846,
> dazu *Gerhardt*, EWiR 1995, 845.

1321 Im Falle **wiederholter Rechtsnachfolge** muss der Erwerb jeder Zwischenperson anfechtbar sein.

b) Sonstige Rechtsnachfolger

1322 Die Anfechtung ist auch gegen sonstige Rechtsnachfolger (**Einzelrechtsnachfolger**) derjenigen Personen möglich, denen gegenüber die anfechtbare Handlung vorgenommen wurde. Im Fall der Rechtsnachfolge wird die Leistung zunächst an den anfechtungsrechtlich selbständig zu beurteilenden „Rechtsvorgänger" übertragen. Von diesem erwirbt der Einzelrechtsnachfolger die Leistung durch eine weitere Rechtshandlung.

BGH, Urt. v. 10.1.2002 – IX ZR 61/99, ZIP 2002, 404 = WM 2002, 394 = NJW 2002, 1342 = NZI 2002, 199 = ZInsO 2002, 223, dazu *Marotzke*, EWiR 2002, 251;

zum Sonderfall des § 169 Satz 3 SGB III s. BAG, Urt. v. 29.1.2014 – 6 AZR 345/12, ZIP 2014, 628 Rn. 12 ff = NZI 2014, 372, dazu *M. Huber*, EWiR 2014, 291.

Nach § 145 Abs. 2 Nr. 1 InsO müssen dem Rechtsnachfolger zur Zeit seines Erwerbs die Umstände, welche die Anfechtbarkeit des Erwerbs des Rechtsvorgängers begründeten, **bekannt** gewesen sein. § 145 Abs. 2 Nr. 2 InsO zufolge braucht der Insolvenzverwalter diese Voraussetzungen nicht zu beweisen, wenn der Rechtsnachfolger zu den nahestehenden Personen des Rechtsvorgängers i. S. v. § 138 InsO gehört. Eine Kenntnis des Rechtsnachfolgers von den die Anfechtbarkeit begründenden Umständen ist auch dann nicht erforderlich, wenn dem Rechtsnachfolger das Erlangte unentgeltlich zugewendet wurde (§ 145 Abs. 2 Nr. 3 InsO). 1323

Eine **Einzelrechtsnachfolge** im Sinne des Anfechtungsrechts liegt vor, wenn das Recht an dem Gegenstand in derselben Gestalt und mit dem gleichen Inhalt weitergegeben wird. Bei der Weitergabe von Geld ist Rechtsfolge anzunehmen, wenn die anfechtbar übereignete Geldsumme in denselben Stücken (Münzen und Scheine) weiter übereignet wird. 1324

BGH, Urt. v. 9.10.2008 – IX ZR 59/07, ZIP 2008, 2183, 2183 Rn. 11 = WM 2008, 2178 = NZI 2008, 733 = ZInsO 2008, 1202, dazu *Koza*, EWiR 2008, 755;

BGH, Urt. v. 19.2.2009 – IX ZR 16/08, ZIP 2009, 769, 770 Rn. 12 = WM 2009, 809 = NZI 2009, 381 = ZInsO 2009, 768;

BGH, Beschl. v. 28.6.2012 – IX ZR 98/11, ZIP 2012, 1617 Rn. 2 = WM 2012, 1553 = NZI 2012, 845;

BGH, Urt. v. 19.10.2017 – IX ZR 289/14, BGHZ 216, 260 = ZIP 2018, 290 Rn. 12, dazu *Eckhardt*, EWiR 2018, 279.

Die **Verwendung einer anfechtbar erworbenen Geldsumme** als Kaufpreis begründet für die Anschaffung von Sachen keine Rechtsnachfolge, es sei denn, dass dieselben Geldstücke, die anfechtbar erworben wurden, weiter übereignet werden. 1325

BGH, Urt. v. 5.2.1987 – IX ZR 161/85, BGHZ 100, 36 = ZIP 1987, 601 = WM 1987, 434 = NJW 1987, 1703, dazu *Henckel*, EWiR 1987, 427.

Von der Regel, dass der anfechtbar weggegebene Gegenstand in derselben Gestalt und mit dem gleichen Inhalt auf einen anderen übergegangen sein muss, gibt es allerdings **eine Ausnahme**. Vielmehr kann eine Rechtsnachfolge im anfechtungsrechtlichen Sinn auch vorliegen, wenn aus dem anfechtbar erworbenen Gegenstand selbst ein neues Recht geschaffen und abgeleitet oder abgespalten wird. Dies trifft etwa zu, wenn der Rechtsvorgänger einen Scheck nicht dem Rechtsnachfolger übereignet, sondern wenn er den Scheck unmittelbar dessen Sparkasse zum Einzug für den Rechtsnachfolger übertragen hat. 1326

Dann erlangt zwar die Sparkasse die Rechte aus dem Scheck, allerdings nur als Beauftragte des Rechtsnachfolgers. Dieser hatte aus dem bankrechtlichen Geschäftsbesorgungsvertrag von Anfang an einen Anspruch gegen die Sparkasse auf Herausgabe des Erlöses (§§ 667, 675 BGB). Damit hatte er den Gegenwert des Schecks schon vor dessen Einlösung erlangt und nicht erst nach dem Untergang des Schecks. Ein solches individuelles Forderungsrecht unmittelbar auf den Leistungsgegenstand des Schecks genügt, um eine Einzelrechtsnachfolge zu begründen.

BGH, Urt. v. 10.1.2002 – IX ZR 61/99, ZIP 2002, 404 = WM 2002, 394 = NJW 2002, 1342 = NZI 2002, 199 = ZInsO 2002, 223, dazu *Marotzke*, EWiR 2002, 251.

1327 Der Schuldner, der eine anfechtbar von seinem ursprünglichen Gläubiger abgetretene Forderung durch Vereinbarung mit dem Abtretungsempfänger und neuen Gläubiger (z. B. **Erlassvertrag** o. Ä.) zum Erlöschen bringt, ist nicht Rechtsnachfolger des neuen Gläubigers. Rechtsnachfolger ist nur, wer den anfechtbar veräußerten Gegenstand selbst oder ein davon abgezweigtes begrenztes Recht erworben hat.

BGH, Urt. v. 5.2.1987 – IX ZR 161/85, BGHZ 100, 36 = ZIP 1987, 601 = WM 1987, 434 = NJW 1987, 1703, dazu *Henckel*, EWiR 1987, 427.

1328 Einzelrechtsnachfolger ist auch derjenige, dem der Empfänger eines anfechtbar übertragenen Grundstücks daran ein **beschränktes dingliches Recht** oder eine **Auflassungsvormerkung** bestellt.

1329 Einzelrechtsnachfolger des Empfängers der anfechtbaren Leistung kann auch der **Schuldner** selbst sein. Diese Konstellation ist gegeben, wenn der Schuldner ein Grundstück auf einen Dritten überträgt und dieser dem Schuldner ein Wohnungsrecht an dem Grundstück („Schenkung unter Wohnungsrechtsvorbehalt") bewilligt. Hat der Schuldner an einem umfassenden Vermögensrecht (hier: Grundeigentum) ein Teilrecht (hier: Wohnungsrecht) anfechtbar begründet, so kann der anfechtende Gläubiger regelmäßig nicht Beseitigung dieses Teilrechts verlangen. Es ist in der Weise zurückzugewähren, dass der Anfechtungsgegner schuldrechtlich gehalten ist, dem Recht des Gläubigers gegen seinen Schuldner Vorrang vor dem anfechtbar bestellten Recht einzuräumen; Zwischenrechte Dritter bleiben unberührt.

BGH, Urt. v. 13.7.1995 – IX ZR 81/94, BGHZ 130, 314, 317, 322 ff = ZIP 1995, 1364 = WM 1995, 1735 = NJW 1995, 2846, dazu *Gerhardt*, EWiR 1995, 845 f.

IV. Entstehung des Anfechtungsrechts

1330 Das Anfechtungsrecht ist **kein Gestaltungsrecht**, seine Ausübung also kein rechtsgestaltender Akt, der seinerseits erst die Abwicklungsansprüche auslöst.

BGH, Urt. v. 16.10.2014 – IX ZR 282/13, ZIP 2014, 2303 Rn. 10
= WM 2014, 2186 = NZI 2014, 1057,
dazu *Krüger*, EWiR 2015, 119.

Vielmehr ist die Anfechtbarkeit letztlich eine Schwäche der materiell-rechtlichen Rechtsposition des Anfechtungsgegners, woraus gemäß § 143 InsO eine Rückgewährpflicht, in welcher Gestalt auch immer, resultiert. 1331

Der Rückübertragungsanspruch entsteht **kraft Gesetzes mit der Verfahrenseröffnung**, ohne dass es einer besonderen Erklärung bedarf. 1332

BGH, Urt. v. 22.10.2015 – IX ZR 171/14, ZIP 2015, 2282 Rn. 11
= WM 2015, 2246,
dazu *Freitag*, EWiR 2016, 51.

Es ist daher richtig, wenn der BGH die Anfechtungskonsequenzen einschließlich des Verjährungsbeginns auf den Zeitpunkt der Eröffnung terminiert. 1333

Vgl. nur BGH, Urt. v. 9.7.1989 – IX ZR 167/86, BGHZ 101, 286
= ZIP 1987, 1132 = WM 1987, 1082 = NJW 1987, 2821,
dazu *Balz*, EWiR 1987, 1009;

BGH, Urt. v. 30.4.2015 – IX ZR 1/13, ZIP 2015, 1303 Rn. 7
= WM 2015, 1246 = NZI 2015, 734,
dazu *Egerlandt*, EWiR 2015, 577;

BGH, Urt. v. 24.1.2019 – IX ZR 121/16, ZIP 2019, 626 Rn. 18
= WM 2019, 546 = NZI 2019, 372,
dazu *M. Huber*, EWiR 2019, 373.

Der Anspruch entsteht dabei in der Person des Schuldners, gehört also zur Insolvenzmasse und unterliegt der Verfügungsbefugnis des Insolvenzverwalters aus § 80 InsO (vgl. Rn. 1382, 1489). Er stellt einen Rechtsgrund für das Behaltendürfen des Anfechtungsgegenstandes dar, allerdings nur im Verhältnis zum Anfechtungsgegner, nicht im Verhältnis zu Dritten. 1334

BGH, Urt. 22.10.2015 – IX ZR 171/14, ZIP 2015, 2282 Rn. 17,
20 = WM 2015, 2246,
dazu *Freitag*, EWiR 2016, 51.

V. Inhalt des Anfechtungsanspruchs

1. Rückgewähr in Natur

Nach § 143 Abs. 1 InsO ist dasjenige, was durch anfechtbare Handlung aus dem Vermögen des Schuldners weggegeben wurde, zur Insolvenzmasse zurückzugewähren. Die Insolvenzmasse ist in die Lage zu versetzen, in der sie sich befände, wenn das anfechtbare Verhalten unterblieben wäre. 1335

BGH, Urt. v. 12.7.2007 – IX ZR 235/03, ZIP 2007, 2084, 2087
Rn. 23 = WM 2007, 2071 = NZI 2007, 718 = ZInsO 2007, 1107;

BGH, Urt. v. 17.12.2009 – IX ZR 16/09, ZIP 2010, 531 Rn. 15
= ZVI 2010, 48 = NZI 2010, 295 = ZInsO 2010, 521.

1336 Im Kern ist daher der Anfechtungsanspruch inhaltlich auf die **Beseitigung der gläubigerbenachteiligenden Wirkung** der anfechtbaren Rechtshandlung gerichtet.

St. Rspr., zuletzt BGH, Urt. v. 12.10.2017 – IX ZR 288/14, ZIP 2017, 2267 Rn. 42 = WM 2017, 2274, dazu *Jacoby*, EWiR 2017, 759.

1337 Ist Gegenstand der Anfechtung nur das Verpflichtungsgeschäft, richtet sich die Rückabwicklung der daraus erbrachten Leistungen zugunsten der Insolvenzmasse nach allgemeinen Vorschriften (Bereicherungsrecht).

BGH, Urt. v. 26.10.2023 – IX ZR 250/22, ZIP 2024, 91 Rn. 24 ff = NZI 2024, 180.

1338 Hat keine Vermögensverschiebung stattgefunden, sondern wurden lediglich **schuldrechtliche Ansprüche** gegen den Schuldner begründet oder hat der Schuldner auf obligatorische Rechte gegen den Anfechtungsgegner verzichtet, so vollzieht sich die Rückgewähr in der Weise, dass der Insolvenzverwalter Vertragsaufhebung verlangen kann, während diese Rechtshandlungen auf die Einrede der Anfechtbarkeit hin unberücksichtigt bleiben, wenn der Antragsgegner sich auf sie beruft.

BGH, Urt. v. 29.3.2012 – IX ZR 207/10, ZIP 20012, 931 Rn. 15 = WM 2012, 886 = NJW 2012, 2195 = ZInsO 2012, 875;

BGH, Urt. v. 16.10.2014 – IX ZR 282/13, ZIP 2014, 2303 Rn. 11 ff = WM 2014, 2186 = NZI 2014, 1057, dazu *Krüger*, EWiR 2015, 119.

1339 Das trifft etwa zu für die gläubigerbenachteiligende **Vereinbarung über die Verwertung von Sicherungsgut**. Wird die einem Sicherungsnehmer erteilte Zustimmung des späteren Schuldners als Sicherungsgebers zu einer Verwertung des Sicherungsguts (konkret: Kraftfahrzeuge) unter Wert erfolgreich angefochten, muss sich der Sicherungsnehmer als Anfechtungsgegner so behandeln lassen, als wäre die Zustimmung nicht gegeben worden. Dann sind die vertraglichen Pflichten des Sicherungsnehmers, die ihm bei der Verwertung oblagen, bestehen geblieben, als wären sie nicht erlassen worden. Das Verhalten bei der Verwertung ist daher an den Maßstäben zu messen, die für einen Sicherungsnehmer gelten, der das Sicherungsgut veräußert, ohne sich mit dem Sicherungsgeber abzustimmen. Hätte sich der Sicherungsnehmer dann gegenüber dem Sicherungsgeber schadensersatzpflichtig gemacht, kann der Anfechtungsgegner sich gegenüber einer Anfechtung nach § 132 Abs. 1 InsO nicht darauf berufen, er habe auf die Zustimmung des späteren Gemeinschuldners vertraut. Denn die Anfechtung nach dieser Vorschrift greift nur durch, wenn dem anderen Teil die Zahlungseinstellung bekannt war. In der Krise entzieht das Gesetz dem Vertragspartner (hier: dem Sicherungsnehmer) des späteren Schuldners, der die maßgeblichen Tatsachen kennt, die Grundlage für das Vertrauen auf den rechtlichen Bestand der ihm gegenüber abgegebenen Willenserklärungen. Daher entspricht es dem von § 132 Abs. 1 InsO bezweckten Gläubigerschutz, dass infolge der Anfechtung eine dem

Antragsgegner nach Kenntnis von der Zahlungseinstellung zugegangene Erklärung des Gemeinschuldners weder die objektiven Vertragspflichten beseitigt noch die Verschuldensgrundlage verändert hat.

> BGH, Urt. v. 9.1.1997 – IX ZR 1/96, ZIP 1997, 367
> = WM 1997, 432 = NJW 1997, 1063,
> dazu *Henckel*, EWiR 1997, 899.

Hat der Schuldner eine Leistung vorgenommen, z. B. den unmittelbaren Besitz der veräußerten Sache auf den Antragsgegner als neuen Eigentümer übertragen, bedarf es der **Rückübertragung des Eigentums** an den Schuldner als Träger der Insolvenzmasse, um dem Insolvenzverwalter die Ausübung der Eigentumsrechte zu ermöglichen. Wurde das Eigentum an einem Wohn- und Betriebsgrundstück aus dem Vermögen des Schuldners auf den Anfechtungsgegner übertragen, hat dieser den Grundbesitz dem Rechtsträger der Insolvenzmasse, dem Schuldner, rückzuübereignen. 1340

> BGH, Urt. v. 22.3.1982 – VIII ZR 42/81, ZIP 1982, 856, 857
> = WM 1982, 674;
>
> BGH, Urt. v. 29.4.1986 – IX ZR 145/85, ZIP 1986, 787
> = WM 1986, 841 = NJW-RR 1986, 991,
> dazu *Gerhardt*, EWiR 1986, 707;
>
> BGH, Urt. v. 9.6.2016 – IX ZR 153/15, ZIP 2016, 1491 Rn. 24,
> dazu *Eckhardt*, EWiR 2016, 469.

Der Rückgewähranspruch umfasst auch den Anspruch auf Beseitigung der von dem Antragsgegner vorgenommenen **Belastungen**. 1341

> BGH, Urt. v. 29.4.1986 – IX ZR 145/85, ZIP 1986, 787
> = WM 1986, 841 = NJW-RR 1986, 991,
> dazu *Gerhardt*, EWiR 1986, 707.

Wurde eine **Grundschuld** anfechtbar eingetragen, so kann Löschung (§ 1183 BGB) nur verlangt werden, wenn keine nachrangigen Belastungen im Grundbuch eingetragen sind. Andernfalls kommt nur eine Abtretung an den Schuldner/Insolvenzverwalter oder ein rangwahrender Verzicht (§§ 1168, 1177, 1192 Abs. 1 BGB) in Betracht. 1342

> BGH, Urt. v. 3.12.1998 – IX ZR 313/97, ZIP 1999, 76
> = WM 1999, 12 = NJW 1999, 645 = ZInsO 1999, 107,
> dazu *U. Haas*, EWiR 1999, 169;
>
> BGH, Urt. v. 9.6.2016 – IX ZR 153/15, ZIP 2016, 1491 Rn. 24,
> dazu *Eckhardt*, EWiR 2016, 469.

Erlangt der Anfechtungsgegner über einen von dem Schuldner anfechtbar übertragenen schuldrechtlichen **Eigentumsverschaffungsanspruch** Eigentum an einem Gegenstand, hat der die Sache im Zuge der Anfechtung an den Schuldner zu übereignen. 1343

> BGH, Urt. v. 5.12.1991 – IX ZR 270/90, BGHZ 116, 222, 226
> = ZIP 1992, 109 = WM 1992, 366 = NJW 1992, 830,
> dazu *Henckel*, EWiR 1992, 307.

1344 Nach § 143 Abs. 1 Satz 1 InsO zurückzugewähren ist, was durch die anfechtbare Handlung dem Vermögen des Schuldners **entzogen** worden ist, und nicht etwa das, was in das Vermögen des Anfechtungsgegners gelangt ist.

BGH, Urt. v. 15.10.1969 – VIII ZR 136/67, WM 1969, 1346;

BGH, Urt. v. 15.12.1994 – IX ZR 18/94, ZIP 1995, 297 = WM 1995, 503 = NJW 1995, 1093, dazu *Johlke*, EWiR 1995, 281.

1345 Geht es um die **mittelbare Zuwendung** durch einen Vertrag zugunsten Dritter (hier: einen Lebensversicherungsvertrag mit Einräumung eines widerruflichen Bezugsrechts an einen Dritten), kommt es anfechtungsrechtlich grundsätzlich nicht darauf an, welche Mittel der Versprechensempfänger (Schuldner) aufgebracht, sondern welche Leistungen der Versprechende nach dem Inhalt seiner Vertragsbeziehung zum Schuldner bei Eintritt der Fälligkeit zu erbringen hatte, d. h. welche Zuwendung an den Dritten (Versicherungssumme) der Versprechensempfänger mit den von ihm aufgewendeten Vermögenswerten „erkauft" hat. Denn dies ist durch die Leistung an den Dritten (als Folge der anfechtbaren Rechtshandlung) der Masse entzogen worden.

BGH, Urt. v. 23.10.2003 – IX ZR 252/01, BGHZ 156, 350 = ZIP 2003, 2307 = WM 2003, 2479 = NZI 2004, 78, dazu *Neußner*, EWiR 2004, 1099.

1346 Jedoch vermögen **Vorteile**, die der Insolvenzmasse in adäquat ursächlichem Zusammenhang mit der anfechtbaren Handlung zugewachsen sind, weder die Entstehung des Anfechtungsrechts zu hindern noch den Inhalt oder Umfang des Rückgewähranspruchs zu beeinflussen. Eine Anwendung der für Schadensersatzansprüche entwickelten Grundsätze über die Ausgleichung von Schaden und Vorteil auf den Rückgewähranspruch kommt nicht in Betracht.

BGH, Urt. v. 30.1.1986 – IX ZR 79/85, BGHZ 97, 87 = ZIP 1986, 448 = WM 1986, 433 = NJW 1986, 1496;

BGH, Urt. v. 12.7.2007 – IX ZR 235/03, ZIP 2007, 2084, 2086 Rn. 15 ff = WM 2007, 2071 = NZI 2007, 718 = ZInsO 2007, 1107; zu Aspekten einer Vorteilsanrechnung im Anfechtungsrecht aber *Eckardt*, ZInsO 2004, 888.

1347 Da die Berücksichtigung der Möglichkeit zum **Vorsteuerabzug** im Schadensersatzrecht auf dem Prinzip der Vorteilsausgleichung beruht, richtet sich der Rückgewähranspruch im Fall der anfechtbaren Vergütung eines Beraters nach der gezahlten Bruttovergütung. Darauf, ob der Schuldner sich die Mehrwertsteuer hat erstatten lassen, kommt es nicht an. Zudem hat die Vollziehung der Anfechtung steuerrechtlich zur Folge, dass der Verwalter den in Anspruch genommenen Vorsteuerabzug zu berichtigen hat, weil eine steuerpflichtige Leistung rückgängig gemacht worden ist (§ 17 Abs. 1 Satz 1 Nr. 2, Abs. 2 Nr. 3 UStG).

BGH, Urt. v. 15.12.1994 – IX ZR 18/94, ZIP 1995, 297 = WM 1995, 503 = NJW 1995, 1093, dazu *Johlke*, EWiR 1995, 281; vgl. auch *Onusseit*, ZInsO 2006, 1084, 1091.

Ist Gegenstand der Anfechtung nur das Verpflichtungsgeschäft, richtet sich die Rückabwicklung der daraus erbrachten Leistungen zu Gunsten der Insolvenzmasse nach allgemeinen Vorschriften. **1348**

In einer höchstrichterlich entschiedenen Sache hatte der Insolvenzverwalter das Angebot auf Abschluss des Kaufvertrags über ein Erbbaurecht und damit einen Teil des Verpflichtungsgeschäfts angefochten. Das Verfügungsgeschäft, das auch erst nach Eröffnung des Insolvenzverfahrens abgewickelt worden ist, ist ersichtlich nicht angefochten worden. Grund- und Erfüllungsgeschäft sind auch anfechtungsrechtlich selbständige Rechtshandlungen. Ist Gegenstand der Anfechtung – wie hier – nur das Verpflichtungsgeschäft, bleibt das Erfüllungsgeschäft wirksam, ist jedoch anfechtungsrechtlich als Leistung ohne Rechtsgrund anzusehen. Die Rückabwicklung der daraus erbrachten Leistungen zu Gunsten der Insolvenzmasse bemisst sich daher nach allgemeinen Vorschriften, insbesondere nach den §§ 812 ff BGB. **1349**

BGH, Urt. v. 26.10.2023 – IX ZR 250/22, ZIP 2024, 91 = WM 2024, 83 Rn. 25 = NZI 2024, 180.

Der Rückgewähranspruch erfasste nach bisherigem Recht bei anfechtbarem Erwerb von Geld auch **Zinsen**. **1350**

Kayser/Thole-*Thole*, InsO, § 143 Rn. 17.

Nach der Rechtsprechung war **dabei bis zur Anfechtungsreform 2017** (s. Rn. 1356) wie folgt zu **unterscheiden**: Richtete sich der Anspruch auf die Erstattung von Geld, waren die ab Vornahme der angefochtenen Rechtshandlung tatsächlich erzielten Zinsen zu vergüten. Ebenso waren schuldhaft nicht gezogene Zinsen als Nutzungen ab dem Zeitpunkt der Vornahme der anfechtbaren Rechtshandlung herauszugeben. **1351**

BGH, Urt. v. 1.2.2007 – IX ZR 96/04, BGHZ 171, 38, 44 f Rn. 22 = ZIP 2007, 488 = WM 2007, 556 = NZI 2007, 230, dazu *Gundlach/Frenzel*, EWiR 2007, 313.

Bei Zahlungen an eine Bank bestand eine tatsächliche Vermutung dafür, dass die Bank Nutzungen im Wert des üblichen Verzugszinses in Höhe von 5 %-Punkten über dem Basiszinssatz gezogen hat, die sie als Nutzungsersatz herausgeben muss. **1352**

BGH, Urt. v. 24.4.2007 – XI ZR 17/06, BGHZ 172, 147, 157 Rn. 35 = ZIP 2007, 1200 = WM 2007, 1173 = NJW 2007, 2401, dazu *Allmendinger*, EWiR 2008, 23.

Bei anfechtbarem Erwerb von Geld hatte der Anfechtungsgegner Prozesszinsen ab Eröffnung des Insolvenzverfahrens zu entrichten. Für den Zeit- **1353** raum vor Insolvenzeröffnung standen dem Verwalter keine Prozesszinsen zu.

BGH, Urt. v. 1.2.2007 – IX ZR 96/04, BGHZ 171, 38, 42 f Rn. 12 ff = ZIP 2007, 488 = WM 2007, 556 = NZI 2007, 230, dazu *Gundlach/Frenzel*, EWiR 2007, 313;

BGH, Urt. v. 18.7.2013 – IX ZR 198/10, ZIP 2013, 1533 Rn. 45 = WM 2013, 1504 = NZI 2013, 841 = ZInsO 2013, 1577, dazu *H.F. Müller*, EWiR 2013, 587;

BGH, Urt. v. 24.9.2015 – IX ZR 55/15, ZIP 2016, 30 Rn. 14 = WM 2016, 88 = NZI 2016, 86, dazu *Hofmann*, EWiR 2016, 177.

1354 Vor Insolvenzeröffnung konnte aber aus Verzug (§ 286 Abs. 2 Nr. 4, § 288 BGB) ein Zinsanspruch von 5 % über dem Basiszinssatz gerechtfertigt sein.

BGH, Urt. v. 13.12.2007 – IX ZR 116/06, ZIP 2008, 455, 456 Rn. 9, 13 = WM 2008, 449 = NZI 2008, 238 = ZInsO 2008, 276, dazu *Wilhelm*, EWiR 2008, 433.

1355 Das vorstehend zu den Zinsansprüchen Ausgeführte galt auch bei anfechtbar erlangter Aufrechnungslage (§ 96 Abs. 1 Nr. 3 InsO)

BGH, Urt. v. 24.9.2015 – IX ZR 55/15, ZIP 2016, 30 Rn. 11 ff = WM 2016, 88 = NZI 2016, 86, dazu *Hofmann*, EWiR 2016, 177

sowie bei einer Anfechtung gegenüber dem Fiskus. Der BGH hat es mit Recht abgelehnt, für die Anfechtung von Steuerzahlungen ein Fiskusprivileg anzuerkennen.

BGH, Urt. v. 24.5.2012 – IX ZR 125/11, ZIP 2012, 1299 Rn. 15 = WM 2012, 1208 = NZI 2012, 665, dazu *Schmittmann*, EWiR 2012, 461.

1356 Der **Gesetzgeber hat aber seit 2017** durch § 143 Abs. 1 Satz 3 InsO die Zinsfrage eigenständig geregelt und bestimmt, dass **eine Geldschuld nur dann zu verzinsen** ist, wenn die Voraussetzungen des Schuldnerverzugs oder des § 291 BGB vorliegen; zugleich hat er einen darüber hinausgehenden Anspruch auf Herausgabe von Nutzungen eines erlangten Geldbetrages aus § 143 Abs. 1 Satz 2 InsO, § 818 Abs. 1 BGB ausgeschlossen. Die Zinsen des § 288 BGB gibt es daher erst ab Schuldnerverzug i. S. v. § 286 BGB oder ab Rechtshängigkeit der Anfechtungsklage (§ 291 BGB). Das gilt gemäß Art. 103j Abs. 2 EGInsO für alle Insolvenzanfechtungen, also auch für solche, die bei Inkrafttreten der Neuregelung noch nicht rechtskräftig entschieden sind.

2. Wertersatz

1357 Soweit Rückgewähr in Natur nicht möglich ist, hat der Empfänger **Wertersatz** zu leisten. Dies ergibt sich nunmehr aus dem Gesetz, nämlich aus § 143 Abs. 1 Satz 2 InsO i. V. m. §§ 819 Abs. 1, 818 Abs. 4, 292 Abs. 1, 987 Abs. 2, 989 BGB.

Zu ersetzen ist grundsätzlich derjenige Wert, den der anfechtbar erworbene Gegenstand zur Zeit der letzten mündlichen Verhandlung in der Tatsacheninstanz hatte. 1358

BGH, Urt. v. 20.2.1980 – VIII ZR 48/79, ZIP 1980, 250 = NJW 1980, 1580 = WM 1980, 409;

BGH, Urt. v. 14.12.1983 – VIII ZR 352/82, BGHZ 89, 189 = ZIP 1984, 190 = WM 1984, 231 = NJW 1984, 1557 – Panzerbrückenfall.

Dies dürfte auch dann gelten, wenn eine Rückgewähr in Natur bereits bei Eröffnung des Insolvenzverfahrens nicht mehr möglich war. 1359

MünchKomm-InsO/*Piekenbrock*, § 143 Rn. 85.

Grundsätzlich sind **Wertsteigerungen**, die seit der Vornahme der anfechtbaren Rechtshandlung eingetreten sind, zugunsten des Anfechtungsgläubigers zu berücksichtigen. Das gilt ohne Weiteres für eine Werterhöhung infolge der allgemeinen Marktlage; denn sie wäre auch ohne die angefochtene Rechtshandlung eingetreten. 1360

BGH, Urt. v. 24.9.1996 – IX ZR 190/95, ZIP 1996, 1907 = WM 1996, 2080 = NJW 1996, 3341, dazu *Paulus*, EWiR 1996, 1107.

3. Verwendungen

§ 143 Abs. 1 Satz 2 verweist über §§ 819, 818 Abs. 4 auf §§ 994 bis 996 BGB, welche den Anspruch des Besitzers auf Ersatz von Verwendungen zum Gegenstand haben. **Notwendige Verwendungen** auf eine anfechtbar erlangte Sache und Aufwendungen zur Bestreitung ihrer Lasten kann der Anfechtungsgegner nur dann ersetzt verlangen (§ 994 Abs. 2, §§ 683, 684, 670 BGB), wenn die Ausgabe sowohl dem Interesse als auch – abgesehen von § 679 BGB – dem wirklichen oder mutmaßlichen Willen des Verwalters bzw. der Masse entsprach. 1361

Kayser/Thole-*Thole*, InsO, § 143 Rn. 18;
MünchKomm-InsO/*Piekenbrock*, § 143 Rn. 64 ff.

Fehlt es an diesen Voraussetzungen besteht lediglich ein Anspruch auf Herausgabe einer bei der Masse verbliebenen **Bereicherung** (§ 684 Satz 1, § 812 BGB). Handelt es sich um nützliche Verwendungen, ist dem Anfechtungsgegner insoweit ein Bereicherungsanspruch zuzuerkennen, als der Anfechtungsgegenstand zum Zeitpunkt der Rückgabe im Vergleich zum Zeitpunkt der Weggabe einer Wertsteigerung erfahren hat. 1362

MünchKomm-InsO/*Piekenbrock*, § 143 Rn. 68 ff.

Als **notwendige** Verwendung kann der Anfechtungsgegner solche Zahlungen anrechnen, die notwendig waren, um die Erfüllung des ihm anfechtbar abgetretenen Anspruchs zu bewirken, und die ohne die anfechtbare Handlung von der Masse hätten aufgebracht werden müssen. 1363

BGH, Urt. v. 27.2.1992 – IX ZR 79/91, ZIP 1992, 493
= WM 1992, 833 = NJW 1992, 1829,
dazu *Smid*, EWiR 1992, 377;
Uhlenbruck, WuB VI B. § 37 KO 2.92.

1364 **Werterhöhungen**, die etwa dadurch eintreten, dass der Anfechtungsgegner die ihm überlassene Sache verbessert, z. B. durch Aufwendungen und erbrachte Arbeit, haben dem Anfechtungsgegner jedenfalls insoweit zu verbleiben, als anderenfalls eine ungerechtfertigte Bereicherung der Masse entstehen würde.

BGH, Urt. v. 23.11.1995 – IX ZR 18/95, BGHZ 131, 189 = ZIP 1996, 83 = WM 1996, 136 = NJW 1996, 461,
dazu *Gerhardt*, EWiR 1996, 119.

1365 Auch **Vorteile**, die darin bestehen, dass der Anfechtungsgegner aus eigenen Mitteln Belastungen des anfechtbar erworbenen Gegenstandes ablöst oder verringert, sind dem Anfechtungsgegner im Umfang der Bereicherung der Masse zuzuweisen.

BGH, Urt. v. 11.7.1996 – IX ZR 226/94, ZIP 1996, 1516
= WM 1996, 1649,
dazu *M. Huber*, EWiR 1996, 771;

BGH, Urt. v. 29.6.2004 – IX ZR 258/02, BGHZ 159, 397
= ZIP 2004, 1619 = WM 2004, 1689 = NJW 2004, 2900,
dazu *Stickelbrock*, EWiR 2005, 53.

1366 Hat der Anfechtungsgegner den Wert des von ihm anfechtbar erworbenen Gegenstandes unter Einsatz eigener Mittel wesentlich erhöht, so kann er – falls die Masse eine Bereicherung erlangt – Ersatz seiner **Aufwendungen** beanspruchen.

BGH, Urt. v. 27.3.1984 – IX ZR 49/83, ZIP 1984, 753
= WM 1984, 843 = NJW 1984, 2890.

1367 Das gilt auch für **Fruchtgewinnungskosten**, etwa Verwaltungskosten bei anfechtbar erlangten Mietobjekten,

BGH, Urt. v. 24.1.2019 – IX ZR 121/16, ZIP 2019, 626 Rn. 18
= WM 2019, 546 = NZI 2019, 372,
dazu *M. Huber*, EWiR 2019, 373

sowie für **Lagergebühren**, die der Anfechtungsgegner zur Ablösung des Pfandrechtes eines Lagerhalters zahlen musste, um die Ware veräußern zu können.

BGH, Urt. v. 18.4.1991 – IX ZR 149/90, ZIP 1991, 807
= WM 1991, 1273 = NJW 1991, 2144,
dazu *Gerhardt*, EWiR 1991, 597.

4. Erstattung einer unentgeltlichen Leistung (§ 143 Abs. 2 InsO)

1368 Im Falle einer Anfechtung nach § 134 InsO ist auf den Rückgewähranspruch des Verwalters § 143 Abs. 2 Satz 1 InsO anzuwenden. Die Vorschrift gilt nur bei einer auf § 134 InsO gestützten Anfechtung, bei anderen Anfechtungsgründen hingegen nicht.

BGH, Urt. v. 15.11.2012 – IX ZR 173/09, ZIP 2013, 131 Rn. 13
= WM 2013, 81 = NZI 2013, 292,
dazu *Lau*, EWiR 2013, 327.

Diese Vorschrift enthält eine Verweisung auf die Rechtsfolgen einer ungerechtfertigten Bereicherung (§ 818 Abs. 3 BGB). Der **Einwand des Wegfalls der Bereicherung** kann sich auf Luxusaufwendungen beziehen, die der Anfechtungsgegner dem Gläubiger möglicherweise gemäß § 143 Abs. 1 Satz 2 oder Abs. 2 Satz 1 InsO und § 818 Abs. 3 BGB entgegenhalten kann, **1369**

BGH, Urt. v. 27.10.2016 – IX ZR 160/14, ZIP 2016, 2326 Rn. 21,

darauf, dass infolge Weitergabe an einen Dritten begründete Rückgabeansprüche wertlos sind

BGH, Urt. v. 8.9.2016 – IX ZR 151/14, ZIP 2016, 2376 Rn. 9
= NZI 2017, 71

oder auf Kosten, die im Zusammenhang mit der anfechtbaren Rechtshandlung stehen.

BGH, Urt. v. 22.4.2010 – IX ZR 163/09, ZIP 2010, 1253 Rn. 8 ff
= WM 2010, 1182 = NZI 2010, 605 = ZInsO 2010, 1185,
dazu *M. Hofmann*, EWiR 2010, 619;

BGH, Urt. v. 22.4.2010 – IX ZR 225/09, ZIP 2010, 1455 Rn. 8
= WM 2010, 1507 = NZI 2010, 764 = ZInsO 2010, 1454,
dazu *Rigol*, EWiR 2010, 753;

BGH, Urt. v. 22.4.2010 – IX ZR 160/09, ZIP 2010, 1457 Rn. 17
= NZI 2010, 565 = ZInsO 2010, 998.

Der Empfänger ist auch dann noch bereichert, wenn er durch die Weggabe des Empfangenen notwendige Ausgaben aus eigenem Vermögen erspart oder eigene Schulden getilgt hat. Der Anfechtungsgegner einer unentgeltlichen Leistung muss darlegen und beweisen, dass er nicht mehr bereichert ist. Dem Anfechtungsgegner obliegt nicht nur der Nachweis, dass Rückgewähr in Natur unmöglich ist, sondern weiter, dass und warum er nicht mehr bereichert ist. **1370**

BGH, Urt. v. 17.12.2009 – IX ZR 16/09, ZIP 2010, 531 Rn. 15 ff
= ZVI 2010, 48 = NZI 2010, 295 = ZInsO 2010, 521;

BGH, Urt. v. 27.10.2016 – IX ZR 160/14, ZIP 2016, 2326
Rn. 12 ff.

Der Empfänger einer unentgeltlichen Leistung hat diese nur zurückzugewähren, soweit er durch sie bereichert ist. Dies gilt gemäß § 143 Abs. 2 Satz 2 InsO nicht, sobald er **weiß oder den Umständen nach wissen muss**, dass die unentgeltliche Leistung die Insolvenzgläubiger benachteiligt. Es wird also nur der gutgläubige Empfänger geschützt, und dies auch nur dann, wenn der gute Glaube bis zum Zeitpunkt des Wegfalls der Bereicherung fortbestand. **1371**

BGH, Urt. v. 15.11.2012 – IX ZR 173/09, ZIP 2013, 131 Rn. 11
= WM 2013, 81 = NZI 2013, 292.

1372 Die Norm ist im Anschluss an die zu § 10 Abs. 1 Nr. 4 GesO ergangene Rechtsprechung

BGH, Urt. v. 8.10.1998 – IX ZR 337/97, ZIP 1998, 2008 = WM 1998, 2345 = NZI 1998, 118 = ZInsO 1998, 395, dazu *Gerhardt*, EWiR 1998, 1131;

BGH, Urt. v. 14.10.1999 – IX ZR 142/98, ZIP 1999, 1977 = WM 1999, 2417 = NJW 2000, 212 = ZInsO 1999, 712, dazu *Eckardt*, EWiR 2000, 83

so auszulegen, dass der Zusatz „den Umständen nach" zum Ausdruck bringen soll, dass ein Verlust des Privilegs bereits eintritt, wenn der Anfechtungsgegner Tatsachen kennt, die mit auffallender Deutlichkeit den Verdacht der Zahlungsunfähigkeit begründen, und er dies fahrlässig rechtlich falsch bewertet.

BGH, Urt. v. 24.3.2016 – IX ZR 159/15, ZIP 2016, 1034 Rn. 18 = NZI 2016, 690;

BGH, Urt. v. 8.9.2016 – IX ZR 151/14, ZIP 2016, 2376 Rn. 12 ff = NZI 2017, 71.

5. Ansprüche des Anfechtungsgegners (§ 144 InsO)

1373 Der Anfechtungsgegner wird zunächst dadurch geschützt, dass gemäß § 144 Abs. 1 InsO seine **anfechtbar erfüllte Forderung** mit Wirkung ex tunc wieder auflebt, sobald er den Anfechtungsanspruch erfüllt hat. Voraussetzung für das Wiederaufleben ist die tatsächliche Rückgewähr des Empfangenen.

BGH, Urt. v. 8.1.2015 – IX ZR 300/13, ZIP 2015, 485 Rn. 17 = WM 2015, 485 = NZI 2015, 287, dazu *Bürk*, EWiR 2015, 253;

BGH, Urt. v. 4.2.2016 – IX ZR 42/14, ZIP 2016, 478 Rn. 29 = WM 2016, 465 = NZI 2016, 307;

BFH, Urt. v. 22.11.2017 – XI R 14/16, ZIP 2018, 1091 = NZI 2018, 565 Rn. 29, dazu *Schmittmann*, EWiR 2018, 403;

BGH, Urt. v. 22.2.2024 – IX ZR 106/21, WM 2024, 651 Rn. 17 = NZI 2024, 415.

1374 Das gilt auch im Drei-Personen-Verhältnis.

BGH, Urt. v. 22.11.2012 – IX ZR 22/12, ZIP 2013, 81 Rn. 12 = WM 2013, 51 = NZI 2013, 145, dazu *Luttmann*, EWiR 2013, 181;

BGH, Urt. v. 8.1.2015 – IX ZR 300/13, ZIP 2015, 485 Rn. 17 = WM 2015, 485 = NZI 2015, 287, dazu *Bürk*, EWiR 2015, 253;

BGH, Urt. v. 4.2.2016 – IX ZR 42/14, ZIP 2016, 478 Rn. 29 = WM 2016, 465 = NZI 2016, 307.

Der Rückgewähranspruch nach Insolvenzanfechtung hängt daher nicht von einer Gegenleistung ab und kann deshalb zur Verjährungshemmung mit einem Mahnantrag geltend gemacht werden. 1375

BGH, Urt. v. 22.2.2024 – IX ZR 106/21, WM 2024, 651 Rn. 17 = NZI 2024, 415.

Zugleich leben auch Nebenrechte sowie die diesen Anspruch absichernden Sicherheiten wieder auf. Das gilt auch dann, wenn die Sicherheit von einem Dritten gestellt wurde, so dass insbesondere ein Bürge oder eine Muttergesellschaft, die eine Patronatserklärung abgegeben hat, wieder auf Zahlung oder Neubegründung der Sicherheit in Anspruch genommen werden kann. 1376

BGH, Urt. v. 24.10.1973 – VIII ZR 82/72, WM 1973, 1354 = NJW 1974, 57;

BGH, Urt. v. 3.3.2009 – XI ZR 41/08, ZIP 2009, 799 Rn. 11 = WM 2009, 790 = NZI 2009, 702 = ZInsO 2010, 599, dazu *Zack*, EWiR 2009, 405;

BGH, Beschl. v. 15.4.2010 – IX ZR 86/09 (unveröff.), juris Rn. 2;

BGH, Beschl. v. 12.1.2017 – IX ZR 95/16, ZIP 2017, 337 Rn. 11 ff = WM 2017, 326, dazu *H.-F. Müller*, EWiR 2017, 209.

Der Anfechtungsgegner hat nach Maßgabe des § 144 Abs. 2 InsO einen Anspruch auf Erstattung der **Gegenleistung**, soweit diese noch unterscheidbar in der Masse vorhanden ist. Allerdings kommt der Tatbestand des § 144 Abs. 2 InsO nur bei einer das Aktivvermögen anreichernden Leistung in Betracht. Die Verminderung der Passiva durch Befreiung von einer Verbindlichkeit genügt dafür nicht. Insoweit muss der Anfechtungsgegner den an den Gläubiger gezahlten Betrag gemäß § 144 Abs. 2 Satz 2 InsO zur Tabelle anmelden, um auf diese Weise die Quote zu bekommen, die sonst der Gläubiger erhalten hätte; nur um diese „Quotenentlastung" ist die Masse noch bereichert. 1377

BGH, Beschl. v. 27.9.2007 – IX ZR 74/06 (unveröff.), juris Rn. 4.

Gewährt der Empfänger einer Leistung das Erlangte an den Insolvenzverwalter auf dessen Verlangen zurück, lebt seine Forderung gemäß § 144 Abs. 1 InsO nur dann wieder auf, wenn die Leistung tatsächlich anfechtbar war. 1378

BGH, Urt. v. 13.10.2022 – IX ZR 130/21, ZIP 2022, 2501 = WM 2022, 2391 Rn. 7 = NZI 2023, 143.

Dies gilt nicht, wenn einer Anfechtungsklage zu Unrecht stattgegeben wurde. Der Gläubiger trägt grundsätzlich die **Darlegungs- und Beweislast** für die Anfechtbarkeit der Leistung i. S. d. § 144 Abs. 1 InsO, insbesondere für den Gläubigerbenachteiligungsvorsatz des Schuldners. Der Gläubiger hat nach dieser Bestimmung die Tatsachen, welche die tatbestandlichen Voraussetzungen einer Anfechtung begründen, darzulegen und zu beweisen. Ob dann etwas Anderes zu gelten hat, wenn im Anfechtungsprozess die Darlegungs- und Beweislast für einzelne, streitige Tatsachenbehauptungen, etwa 1379 für die Voraussetzungen eines Bargeschäfts, nicht beim Insolvenzverwalter, sondern beim Anfechtungsgegner läge, kann dahinstehen, wenn die von dem Gericht seiner Prüfung des Gläubigerbenachteiligungsvorsatzes zugrunde gelegten Tatsachen allesamt unstreitig sind.

BGH, Urt. v. 13.10.2022 – IX ZR 130/21, ZIP 2022, 2501 = WM 2022, 2391 Rn. 13 = NZI 2023, 143.

VI. Abtretbarkeit des Anfechtungsrechts

1380 Die Abtretbarkeit der anfechtungsrechtlichen Ansprüche ist unter der Geltung der KO seit einer Entscheidung des Reichsgerichts

RGZ 30, 71, 75

allgemein verneint worden. Dagegen hat es schon damals gut begründete Einwendungen gegeben.

Eckardt, KTS 1993, 585.

1381 Der BGH hatte die spezielle Frage der Abtretbarkeit lange Zeit offengelassen. Mit einer häufig und formelhaft benutzten Wendung, wonach das „Anfechtungsrecht untrennbar mit dem Amt des Verwalters verbunden“ sein soll, schien er zu erkennen gegeben haben, dass er wohl auch von der Unabtretbarkeit ausgeht.

Zuletzt BGH, Beschl. v. 2.4.2009 – IX ZB 182/08, ZIP 2009, 825 Rn. 22 = NZI 2009, 313 = WM 2009, 814 = ZInsO 2009, 820; dazu *Jacoby*, EWiR 2009, 415.

1382 Mittlerweile hat sich aber der BGH zur Abtretbarkeit bekannt. Ist eine Rechtshandlung anfechtbar, so gewährt das Gesetz dem Schuldnervermögen einen schuldrechtlichen Rückabwicklungsanspruch, über den der Insolvenzverwalter grundsätzlich gemäß § 80 InsO verfügen kann, auch durch Abtretung. Gründe für eine Unabtretbarkeit gibt die Insolvenzordnung nicht her. Eine Grenze ist dem Insolvenzverwalter erst durch die missbräuchliche Ausübung seiner Verfügungsmacht gesetzt: ist die Abtretung evident insolvenzzweckwidrig, etwa weil der Masse keine angemessene Gegenleistung zufließt, dann ist die nichtig, weil die Verfügungsmacht des Insolvenzverwalters soweit nicht reicht.

BGH, Urt. v. 17.2.2011 – IX ZR 91/10, ZIP 2011, 1114 Rn. 7 ff = WM 2011, 1080 = NZI 2011, 486 = ZInsO 2011, 1154, dazu *M. Huber*, EWiR 2011, 433;

BGH, Urt. v. 10.1.2013 – IX ZR 172/11, ZIP 2013, 531 Rn. 10 = WM 2013, 471 = NZI 2013, 347, dazu *D. Schulz*, EWiR 2013, 329;

BGH, Urt. v. 12.9.2019 – IX ZR 16/18, ZIP 2019, 1972 Rn. 10 ff = WM 2019, 1886 = NZI 2019, 893, dazu *J. Richter*, EWiR 2019, 691.

VII. Einreden und Einwendungen

1. Erlöschen des Anfechtungsrechts

Das Anfechtungsrecht erlischt durch **Erfüllung** (§ 362 Abs. 1 BGB) und durch dieser gleichstehende Handlungen. So kann das Anfechtungsrecht – wenn es auf Wertersatz gerichtet ist – auch durch Aufrechnung (mit einer gegen die Masse gerichteten Forderung, nicht mit einer bloßen Insolvenzforderung; vgl. unten Rn. 1359 f) erlöschen (§ 389 BGB). Auch das Erlöschen durch einen Erlassvertrag (§ 397 BGB) kommt in Betracht. 1383

> BGH, Urt. v. 18.5.1995 – IX ZR 189/94, ZIP 1995, 1204 = WM 1995, 1368 (insoweit nicht abgedruckt in BGHZ 130, 38), dazu *Gerhardt*, EWiR 1995, 795.

Ferner erlischt das Anfechtungsrecht des Insolvenzverwalters als Bestandteil seines Verwaltungs- und Verfügungsrechts (§ 80 Abs. 1 InsO) grundsätzlich mit der **Beendigung des Insolvenzverfahrens** (§§ 200, 207 ff, 258 ff [§ 259 Abs. 1] InsO). 1384

> BGH, Urt. v. 10.2.1982 – VIII ZR 158/80, BGHZ 83, 102 = ZIP 1982, 467 = WM 1982, 490 = NJW 1982, 1765;
>
> BGH, Beschl. v. 2.4.2009 – IX ZB 182/08, ZIP 2009, 825 Rn. 22 = NZI 2009, 313 = WM 2009, 814 = ZInsO 2009, 820, dazu *Jacoby*, EWiR 2009, 415.

Auch nach Aufhebung des Insolvenzverfahrens bleibt der Insolvenzverwalter indes bei vorbehaltener **Nachtragsverteilung** (§ 203 InsO) zu dem Zweck legitimiert, anhängige Prozesse – auch Anfechtungsprozesse – fortzuführen. 1385

> BGH, Urt. v. 15.6.1992 – II ZR 88/91, ZIP 1992, 1152 = WM 1992, 1407 = NJW 1992, 2895, dazu *Fleck*, EWiR 1992, 825.

Wird das Insolvenzverfahren nach rechtskräftiger Bestätigung eines **Insolvenzplans** aufgehoben (§ 258 Abs. 1 InsO), kann der Insolvenzverwalter einen rechtshängigen Anfechtungsrechtsstreit fortführen, wenn dies im gestaltenden Teil des Plans vorgesehen ist (§ 259 Abs. 3 Satz 1 InsO). Dazu genügt in der Regel die Klausel „§ 259 Abs. 3 InsO findet Anwendung". 1386

> BGH, Urt. v. 6.10.2005 – IX ZR 36/02, ZIP 2006, 39 = WM 2006, 44 = ZInsO 2006, 38 = NZI 2006, 100, dazu *Bähr/Landry*, EWiR 2006, 87;
>
> BGH, Urt. v. 10.12.2009 – IX ZR 206/08, ZIP 2010, 102 Rn. 6 ff = WM 2010, 136 = NZI 2010, 99, dazu *Rendels/S. Körner*, EWiR 2010, 193;
>
> BGH, Urt. v. 7.3.2013 – IX ZR 222/12, ZIP 2013, 738 Rn. 2 ff = WM 2013, 714 = NZI 2013, 491;
>
> BGH, Urt. v. 11.04.2013 – IX ZR 122/12, ZIP 2013, 998 Rn. 8 ff = WM 2013, 938 = NZI 2013, 489;
>
> BGH, Urt. v. 9.1.2014 – IX ZR 209/11, ZIP 2014, 330 Rn. 14 ff = WM 2014, 324 = NZI 2014, 262, dazu *Madaus*, EWiR 2014, 117.

2. Aufrechnung

1387 Gegen den – erst mit Eröffnung des Insolvenzverfahrens entstehenden – Rückgewähranspruch aus § 143 InsO kann nicht mit einer **Insolvenzforderung** aufgerechnet werden.

BGH, Urt. v. 18.5.1995 – IX ZR 189/94, BGHZ 130, 38 = ZIP 1995, 1204 = WM 1995, 1368 = NJW 1995, 2783, dazu *Gerhardt*, EWiR 1995, 795;

BGH, Urt. v. 22.4.2010 – IX ZR 163/09, ZIP 2010, 1253 Rn. 11 = WM 2010, 1182 = NZI 2010, 605 = ZInsO 2010, 1185, dazu *M. Hofmann*, EWiR 2010, 619;

BGH, Urt. v. 22.4.2010 – IX ZR 225/09, ZIP 2010, 1455 Rn. 7 = WM 2010, 1507 = NZI 2010, 764 = ZInsO 2010, 1454, dazu *Rigol*, EWiR 2010, 753.

1388 Dagegen kann ein Inhaber von Forderungen an die Insolvenzmasse (**Massegläubiger**) gegen eigene Masseschulden allgemein, so auch gegen einen anfechtungsrechtlichen Rückgewähranspruch aus § 143 InsO aufrechnen.

BGH, Urt. v. 18.5.1995 – IX ZR 189/94, BGHZ 130, 38 = ZIP 1995, 1204 = WM 1995, 1368 = NJW 1995, 2783, dazu *Gerhardt*, EWiR 1995, 795;

BGH, Urt. v. 24.1.2019 – IX ZR 121/16, ZIP 2019, 626 Rn. 18 = WM 2019, 546 = NZI 2019, 372, dazu *M. Huber*, EWiR 2019, 373.

3. Zurückbehaltungsrecht

1389 Kann der Anfechtungsgegner aus § 144 Abs. 2 Satz 1 InsO Rückgewähr der noch in der Masse vorhandenen Gegenleistung verlangen, so kann er diesen Anspruch dem Rückgewähranspruch im Wege des Zurückbehaltungsrechts entgegenhalten.

BGH, Urt. v. 29.4.1986 – IX ZR 145/85, ZIP 1986, 787 = WM 1986, 841 = NJW-RR 1986, 991, dazu *Gerhardt*, EWiR 1986, 707.

1390 Für § 144 Abs. 1 InsO gilt das nicht.

BGH, Urt. v. 22.2.2024 – IX ZR 106/21, WM 2024, 651 Rn. 18 = NZI 2024, 415.

1391 Ist die Gegenleistung nicht mehr unterscheidbar in der Masse vorhanden und muss der Anfechtungsgegner seinen Erstattungsanspruch als Insolvenzforderung zur Tabelle anmelden (§ 144 Abs. 2 Satz 2 InsO), so besteht insoweit kein Zurückbehaltungsrecht.

BGH, Urt. v. 22.4.2010 – IX ZR 163/09, ZIP 2010, 1253 Rn. 9 = WM 2010, 1182 = NZI 2010, 605 = ZInsO 2010, 1185.

1392 Kein Zurückbehaltungsrecht besteht auch für Ansprüche, die – wie Aus- oder Absonderungsansprüche wegen anderweitiger Leistungen des Anfechtungsgegners – mit dem Rückgewähranspruch nicht in einem besonders engen Zusammenhang stehen, denn insoweit fehlt es an der für das Zurückbehaltungsrecht erforderlichen Konnexität (§ 273 BGB).

> BGH, Urt. v. 11.5.2000 – IX ZR 262/98, ZIP 2000, 1061
> = WM 2000, 1209 = NJW 2000, 3777,
> dazu *Johlke/Schröder*, EWiR 2001, 177.

4. Gegenrechte aus dem Bereicherungsrecht

Hat der Schuldner bei Vornahme der Rechtshandlung die Anfechtbarkeit gekannt, so kann das der Anfechtungsgegner dem Insolvenzverwalter nicht über **§ 814 BGB** entgegen halten. Der Anfechtungsanspruch ist seiner Natur nach kein Bereicherungsanspruch und der Schutz des Anfechtungsgegners erfolgt über §§ 143 Abs. 2, 144 InsO, in Ausnahmefällen über § 242 BGB. **1393**

> BGH, Urt. v. 11.12.2008 – IX ZR 195/07, BGHZ 179, 137
> = ZIP 2009, 186 Rn. 7 ff = ZVI 2009, 66 = WM 2009, 178
> = NZI 2009, 103 = ZInsO 2009, 185,
> dazu *Runkel/J.M. Schmidt*, EWiR 2009, 419;
>
> BGH, Beschl. v. 16.7.2009 – IX ZR 53/08, NZI 2010, 320 Rn. 3
> = ZIP 2009, 2073 (LS).

Dasselbe gilt für den Einwand, die anfechtbare Handlung sei gesetzes- oder sittenwidrig gewesen (**§ 817 BGB**). Auch dies kann dem Anfechtungsanspruch nicht entgegen gehalten werden. **1394**

> BGH, Beschl. v. 16.7.2009 – IX ZR 53/08, NZI 2010, 320 Rn. 3
> = ZIP 2009, 2073 (LS).

Schließlich kann sich der Anfechtungsgegner auch nicht auf den Wegfall der Bereicherung berufen (**§ 818 Abs. 3 BGB**). Ganz abgesehen davon, dass es sich bei dem Anspruch aus § 143 Abs. 1 Satz 1 InsO nicht um einen Bereicherungsanspruch handelt, wird das – außer bei der Anfechtung nach § 134 InsO (§ 143 Abs. 2 Satz 1 InsO) – schon durch § 143 Abs. 1 Satz 2 InsO ausgeschlossen, der den Anfechtungsgegner einem bösgläubigen Bereicherungsschuldner gleichstellt, für den § 818 Abs. 3 BGB nicht gilt (§§ 819 Abs. 1, 818 Abs. 4 BGB). **1395**

> BGH, Urt. v. 10.9.2015 – IX ZR 215/13, ZIP 2015, 2083 Rn. 26
> = WM 2015, 1996,
> dazu *Lau/Schlicht*, EWiR 2015, 775;
>
> BAG, Urt. v. 19.9.2011 – 6 AZR 736/09, ZIP 2011, 1628 Rn. 18 ff
> = NZI 2011, 644 = ZInsO 2011, 1560.

Deshalb gilt auch die an § 818 Abs. 3 InsO angebundene **Saldotheorie** nicht. Ein nichtiger Vertrag soll in der Insolvenz des Vertragspartners keine stärkeren Wirkungen äußern als ein rechtsgültiger. Die Saldotheorie bietet keine Grundlage dafür, Forderungen, die ohne eine Saldierungsmöglichkeit Insolvenzforderungen wären, zu Masseforderungen zu erheben. Daher ist z. B. der aus der Anfechtung der Auszahlung von Scheingewinnen resultierende Rück- **1396** gewähranspruch des Insolvenzverwalters nicht mit den als Einlage des Anlegers erbrachten Zahlungen zu saldieren.

BGH, Urt. v. 22.4.2010 – IX ZR 163/09, ZIP 2010, 1253 Rn. 8 ff = WM 2010, 1182 = NZI 2010, 605 = ZInsO 2010, 1185, dazu *M. Hofmann*, EWiR 2010, 619;

BGH, Urt. v. 22.4.2010 – IX ZR 225/09, ZIP 2010, 1455 Rn. 8 = WM 2010, 1507 = NZI 2010, 764 = ZInsO 2010, 1454, dazu *Rigol*, EWiR 2010, 753;

BGH, Urt. v. 22.4.2010 – IX ZR 160/09, ZIP 2010, 1457 Rn. 17 = NZI 2010, 565 = ZInsO 2010, 998.

5. Sonstige Einreden und Einwendungen

1397 Auch dem Anfechtungsanspruch können – wenn auch nur ausnahmsweise – Einreden und Einwendungen entgegen stehen. Insoweit klärt zunächst § 141 InsO, dass es keine Einwendung darstellt, wenn der Anfechtungsgegner einen **vollstreckbaren Titel auf das Erlangte** hatte.

BAG, Urt. v. 19.5.2011 – 6 AZR 736/09, ZIP 2011, 1628 Rn. 8 = NZI 2011, 644 = ZInsO 2011, 1560.

1398 Eine Einwendung kann sich aber aus **§ 242 BGB** ergeben, wenn sich die Anfechtung wegen der besonderen Umstände des Einzelfalles als treuwidrig darstellt (vgl. oben Rn. 49).

1399 Außerdem kann der Anfechtungsgegner geltend machen, dass er das anfechtbar Erlangte bereits im Wege der **Gläubigeranfechtung** nach dem Anfechtungsgesetz herausgegeben hat. Das schließt die Insolvenzanfechtung nach §§ 133 ff InsO, nicht aber die nach §§ 130–132 InsO aus.

BGH, Urt. v. 15.12.2012 – IX ZR 173/09, ZIP 2013, 131 Rn. 15 ff = WM 2013, 81 = NZI 2013, 292.

1400 Die Geltendmachung eines Insolvenzanfechtungsanspruchs auf Rückgewähr gezahlter **Einfuhrumsatzsteuer** verstößt nicht gegen Treu und Glauben. anfechtbar erlangter Einfuhrumsatzsteuerzahlungen eine Pflicht zur Berichtigung des Vorsteuerabzugs nach § 17 Abs. 3 UStG nach sich zieht und dies zur Begründung einer Masseverbindlichkeit führt.

BGH, Urt. v. 8.2.2024 – IX ZR 107/22, Rn. 12.

1401 Es ist allgemein anerkannt, dass die Ausübung eines Rechts gegen Treu und Glauben verstoßen und die Rechtsausübung deshalb unzulässig sein kann. Zur einfacheren und zugleich rechtssichereren Beurteilung der Frage, ob die Ausübung eines Rechts gegen Treu und Glauben verstößt, haben sich in Praxis und Wissenschaft Fallgruppen herausgebildet. Zu diesen Fallgruppen zählt auch der dolo-agit-Einwand. Unzulässig ist danach die Durchsetzung eines Anspruchs, wenn der Gläubiger das Erlangte wieder an den Schuldner herauszugeben hätte. Dies setzt voraus, dass für die Ausübung der bestehenden Rechtsstellung keine schutzwürdigen Interessen bestehen, sondern das

Erheben des Anspruchs dem Schuldner unnötige Beschwernisse und zusätzliche Insolvenzrisiken aufbürdet, ohne dem Gläubiger legitime Vorteile zu bringen.

BGH, Urt. v. 8.2.2024 – IX ZR 2/22, Rn. 11.

Die **Pflicht zur Berichtigung des Vorsteuerabzugs** nach § 17 Abs. 3 UStG begründet den **dolo-agit-Einwand nicht**. Bei einem insolvenzanfechtungsrechtlichen Rückgewähranspruch sind neben den Interessen der Masse und denen des Anfechtungsgegners auch diejenigen weiterer Beteiligter an dem Insolvenzverfahren in den Blick zu nehmen. Dazu zählt insbesondere das Interesse der Beteiligten des Insolvenzverfahrens, dass die unterschiedlichen insolvenzrechtlichen Bestimmungen über die Geltendmachung von Forderungen und deren Befriedigung eingehalten werden. Diesem Interesse steht es entgegen, wenn eine Forderung gegen die Masse außerhalb der insolvenzrechtlichen Regeln durch die Geltendmachung des dolo-agit-Einwands und dessen einer Aufrechnung ähnlichen Wirkungen Berücksichtigung findet. 1402

BGH, Urt. v. 8.2.2024 – IX ZR 2/22, WM 2024, 357 Rn. 17 = NZI 2024, 268.

Der Anfechtungsgegner und muss wegen seiner nach § 144 Abs. 1 InsO wiederauflebenden Einfuhrumsatzsteuerforderungen Befriedigung wie jeder andere (Insolvenz-)Gläubiger suchen. 1403

BGH, Urt. v. 8.2.2024 – IX ZR 2/22, WM 2024, 357 Rn. 20 = NZI 2024, 268.

Der dolo-agit-Einwand kann nicht auf die Verpflichtung des Verwalters, den Vorsteuerabzug in Höhe der Rückgewähr anfechtbarer Einfuhrumsatzsteuerzahlungen zu berichtigen, und die Annahme gestützt werden, dass es sich bei der Umsatzsteuerforderung, die aus der Berichtigung resultiere, um eine Masseverbindlichkeit handele. 1404

BGH, Urt. v. 8.2.2024 – IX ZR 2/22, WM 2024, 357 Rn. 20 = NZI 2024, 268.

Im vorausgehenden Insolvenzanfechtungsprozess steht lediglich fest, dass die Berichtigung Eingang in die entsprechende Steuerberechnung zu finden hat. Das reicht nicht aus, um den dolo-agit-Einwand zu begründen. 1405

BGH, Urt. v. 8.2.2024 – IX ZR 2/22, WM 2024, 357 Rn. 21 = NZI 2024, 268.

VIII. Insbesondere: Verjährung (§ 146 InsO)

Der Anspruch aus § 143 InsO verjährt gemäß § 146 Abs. 1 InsO in der **Regelverjährungsfrist** des § 195 BGB. Die Vorschrift gilt nur für Anfechtungsansprüche. Parallel bestehende Ansprüche – sei es gegen den Anfechtungsgegner, sei es gegen mithaftende Dritte – unterliegen einer eigenständigen Verjährung. 1406

BGH, Urt. v. 31.5.2011 – II ZR 106/10, ZIP 2011, 1410 Rn. 13 = WM 2011, 1415 = NZI 2011, 601 = ZInsO 2011, 1470.

1407 § 146 InsO regelt die Frage, welchen Einfluss Zeitablauf auf den Anfechtungsanspruch hat, abschließend. Eine abweichende Regelung, etwa durch tarifvertragliche Ausschlussfristen, ist daneben nicht möglich.

BAG, Urt. v. 24.10.2013 – 6 AZR 466/12, ZIP 2014, 91 Rn. 17 ff, dazu *Knof/Stütze*, EWiR 2014, 359.

1408 Die Verjährung in einem ersten Insolvenzverfahren hindert die Anfechtung in einem **zweiten Verfahren** über das Vermögen desselben Schuldners nicht. Etwas anderes gilt nur dann, wenn beiden Verfahren dieselbe materielle Insolvenz zugrunde liegt.

BGH, Urt. v. 11.4.2013 – IX ZR 268/12, ZIP 2013, 1088 Rn. 6 ff = WM 2013, 1035 = NZI 2013, 537, dazu *M. Huber*, EWiR 2013, 455.

1409 Die Verjährung **beginnt** gemäß § 199 Abs. 1 BGB frühestens in dem Jahr, in dem das Insolvenzverfahren eröffnet worden und damit der Anspruch entstanden ist (s. Rn. 1332 ff)

BGH, Urt. v. 7.5.2015 – IX ZR 95/14, ZIP 2015, 1234 Rn. 26 = WM 2015, 1202 = NZI 2015, 717, dazu *Pluskat*, EWiR 2015, 649;

BGH, Urt. v. 9.12.2021 – IX ZR 201/20, ZIP 2022, 229 = NJW 2022, 1465 Rn. 24 = WM 2022, 234 = NZI 2022, 221

und in dem der Insolvenzverwalter von dem anfechtbaren Vorgang Kenntnis erlangt hat, wobei es bei einem Wechsel im Amt des Insolvenzverwalters auf die Kenntnis (bzw. grob fahrlässige Unkenntnis) des ersten Amtsinhabers ankommt.

BGH, Urt. v. 30.4.2015 – IX ZR 1/13, ZIP 2015, 1303 Rn. 12 = WM 2015, 1246 = NZI 2015, 734, dazu *Egerlandt*, EWiR 2015, 577;

BGH, Urt. v. 15.12.2016 – IX ZR 224/15, ZIP 2017, 139 Rn. 8 = NZI 2017, 102.

1410 Die Frist **endet** drei Jahre später am 31.12., 24 Uhr. Folglich hat der Lauf der Frist aufgrund der am 30.10.2013 erfolgten Eröffnung des Insolvenzverfahrens frühestens mit Ablauf des 31.12.2013 begonnen und ist die Verjährung jedenfalls durch die am 21.12.2016 erfolgte Zustellung des Mahnbescheids rechtzeitig gemäß § 204 Abs. 1 Nr. 3 BGB gehemmt worden.

BGH, Urt. v. 22.2.2024 – IX ZR 106/21, WM 2024, 651 Rn. 16 = NZI 2024, 415.

1411 Dabei kommt es auf die Kenntnis jener Tatsachen an, aus denen der Anspruch herzuleiten ist. Positive Kenntnis hatte der Insolvenzverwalter in einer höchstrichterlich entschiedenen Sache nicht vor November 2014, weil ihm namentlich der Eingang der Investitionszulage auf dem Kontokorrentkonto und die Verrechnung mit dem Saldo bis dahin unbekannt waren. Der (positiven) Kenntnis steht nach § 199 Abs. 1 Nr. 2 Fall 2 BGB die grob fahrlässige Unkenntnis der tatsächlichen Anfechtungsvoraussetzungen gleich.

BGH, Urt. v. 27.7.2023 – IX ZR 138/21, BGHZ 238, 76 = ZIP 2023, 2159 = NZI 2023, 872 = ZInsO 2023, 2259 Rn. 16.

Grobe Fahrlässigkeit kann anzunehmen sein, wenn der Insolvenzverwalter 1412
einem sich aufdrängenden Verdacht nicht nachgeht oder auf der Hand liegende, Erfolg versprechende Erkenntnismöglichkeiten nicht ausnutzt oder sich die Kenntnis in zumutbarer Weise ohne nennenswerte Mühen und Kosten beschaffen könnte. Für die Frage, ob in diesen Fallgruppen das Unterlassen von Ermittlungen nach Lage des Sachverhalts als geradezu unverständlich erscheint, ist einzubeziehen, dass der Insolvenzverwalter grundsätzlich verpflichtet ist, zum Zwecke der (Wieder-)Auffüllung der Masse Anfechtungsansprüche zu ermitteln und geltend zu machen.

BGH, Urt. v. 27.7.2023 – IX ZR 138/21, BGHZ 238, 76 = ZIP 2023, 2159 = NZI 2023, 872 = ZInsO 2023, 2259 Rn. 22.

Sind dem Insolvenzverwalter nur einzelne der anspruchsbegründenden Tat- 1413
sachen entweder positiv bekannt oder infolge grober Fahrlässigkeit unbekannt, rechtfertigt dies allein noch nicht den Vorwurf der grob fahrlässigen Unkenntnis des Anfechtungstatbestands insgesamt. Dieser Vorwurf ist erst dann gerechtfertigt, wenn der Insolvenzverwalter weitere Ermittlungen unterlassen hat, obwohl ihm konkrete Verdachtsmomente zwingend hätten Anlass geben müssen, das Vorliegen auch der übrigen Voraussetzungen des in Betracht kommenden Anfechtungstatbestands zu überprüfen.

BGH, Urt. v. 27.7.2023 – IX ZR 138/21, BGHZ 238, 76 = ZIP 2023, 2159 = NZI 2023, 872 = ZInsO 2023, 2259 Rn. 25.

Im Hinblick darauf setzt der Verjährungsbeginn nach § 199 Abs. 1 Nr. 2 Fall 1414
2 BGB bei einer versäumten Aufklärung von anfechtbaren Vorgängen auf Konten des Schuldners voraus, dass der Verwalter seine Ermittlungspflichten in zweierlei Hinsicht – sowohl in Bezug auf den Zahlungsvorgang selbst als auch hinsichtlich der weiteren anspruchsbegründenden Umstände – in besonderem Maße verletzt hat. Nur dann kann für den Anfechtungsanspruch insgesamt eine grob fahrlässige Unkenntnis angenommen werden.

BGH, Urt. v. 27.7.2023 – IX ZR 138/21, BGHZ 238, 76 = ZIP 2023, 2159 = NZI 2023, 872 = ZInsO 2023, 2259 Rn. 26.

Hinsichtlich eines in den **Drei-Monats-Zeitraums der Deckungsanfech-** 1415
tung fallenden Anfechtungstatbestandes liegt regelmäßig grob fahrlässige Unkenntnis vor, wenn der Insolvenzverwalter die Überprüfung der ihm bekannten von der Hausbank des Schuldners geführten Konten für mehr als drei Jahre ab Eröffnung des Insolvenzverfahrens unterlässt und sich ihm aufgrund der aus den Kontounterlagen erkennbaren Zahlungsvorgänge und der ihm bekannten sonstigen Tatsachen weitere Ermittlungen hätten aufdrängen

müssen. Es ist unverzichtbar, dass der Insolvenzverwalter in angemessener Zeit nach Eröffnung des Insolvenzverfahrens überprüft, ob zu den ihm bekannten Konten des Schuldners bei dessen Hausbank auch die Kontoauszüge für den kritischen Zeitraum i. S. d. § 130 Abs. 1, § 131 InsO vorliegen. Insoweit darf sich der Insolvenzverwalter auch nicht ungeprüft auf die Vollständigkeit der ihm vom Schuldner übergebenen Unterlagen verlassen, weil er die Interessen der Gesamtheit der Insolvenzgläubiger wahrzunehmen hat.

BGH, Urt. v. 27.7.2023 – IX ZR 138/21, BGHZ 238, 76 = ZIP 2023, 2159 = NZI 2023, 872 = ZInsO 2023, 2259 Rn. 28.

1416 Ist dem Insolvenzverwalter auf Grundlage der Kontoauszüge eine verdächtige Zahlung beziehungsweise Verrechnung zur Kenntnis gelangt oder hätte ihm ein solcher Vorgang nach den vorstehenden Ausführungen ohne grobe Fahrlässigkeit zur Kenntnis gelangen können, begründet dies allein noch nicht den Vorwurf der grob fahrlässigen Unkenntnis des Anfechtungstatbestands insgesamt. Vielmehr kommt es im zweiten Schritt darauf an, ob sich dem Insolvenzverwalter weitere Ermittlungen im Hinblick auf einen möglichen Anfechtungsanspruch hätten aufdrängen müssen. Das ist dann der Fall, wenn und sobald jeder sorgfältig arbeitende Verwalter den aus den Kontoauszügen ersichtlichen Vorgang aufgrund konkreter Verdachtsmomente zum Anlass genommen hätte, dessen Anfechtbarkeit zu überprüfen.

BGH, Urt. v. 27.7.2023 – IX ZR 138/21, BGHZ 238, 76 = ZIP 2023, 2159 = NZI 2023, 872 = ZInsO 2023, 2259 Rn. 33.

1417 Ein Schuldner kann auf die Einrede der Verjährung auch durch einseitige Erklärung und schon vor deren Eintritt verzichten (vgl. § 202 BGB). Durch einen vom Schuldner erklärten befristeten Verjährungsverzicht wird der Ablauf der Verjährung allerdings nicht beeinflusst. Folge des Verzichts ist jedoch, dass die Befugnis des Schuldners, die Einrede der Verjährung zu erheben, bis zum Ablauf der Frist ausgeschlossen ist. Denn in der verzichtswidrigen Geltendmachung der Verjährung ist eine unzulässige Rechtsausübung zu sehen, weil der Beklagte damit rechnen musste, dass der Kläger auf die Nichterhebung dieser Einrede vertrauen werde.

BGH, Urt. v. 17.12.2015 – IX ZR 61/14, ZIP 2016, 173 Rn. 43 = WM 2016, 172 = NZI 2016, 134,
dazu *Laroche*, EWiR 2016, 175;

BGH, Urt. v. 1.10.2020 – IX ZR 247/19, ZIP 2020, 2242 = WM 2020, 2073 = BB 2020, 2637 Rn. 39.

1418 Der Insolvenzverwalter hat also die ihm bekannten Konten der Hausbank des Schuldners innerhalb eines angemessenen Zeitraums darauf zu überprüfen, ob ihm die Kontounterlagen vollständig vorliegen und die Kontounterlagen Anhaltspunkte für anfechtungsrelevante Vorgänge enthalten.

BGH, Urt. v. 27.7.2023 – IX ZR 138/21, BGHZ 238, 76 Rn. 16 ff = ZIP 2023, 2159 = NZI 2023, 872.

Auf die Verjährung kommt es nach **§ 146 Abs. 2 InsO** dann nicht an, wenn der Insolvenzverwalter **prozessual nur die Masse verteidigt**, sei es, dass er gegenüber einer Herausgabeklage die Einrede der Anfechtbarkeit erhebt oder seinerseits im Wege der Zwangsvollstreckungsgegenklage nach § 767 ZPO vorgeht. Beruft sich der Insolvenzverwalter mit einer Zahlungsklage auf die Unwirksamkeit einer vom Gegner erklärten Aufrechnung, verteidigt sich dieser mit einem Pfandrecht und will der Insolvenzverwalter dem die Gegeneinrede der Anfechtbarkeit des Pfandrechtserwerbs entgegen halten, dann ist ebenfalls § 146 Abs. 2 InsO heranzuziehen. 1419

BGH, Urt. 17.7.2008 – IX ZR 148/07, ZIP 2008, 1593 Rn. 17 ff = WM 2008, 1606 = NZI 2008, 547 = ZInsO 2008, 913, dazu *R. Weiß*, EWiR 2009, 153.

Es kommt nur darauf an, dass die Unwirksamkeit der Aufrechnung nach § 96 Abs. 1 Nr. 3 InsO der Sache nach mit der Zahlungsklage innerhalb der Anfechtungsfrist geltend gemacht wird. 1420

BGH, Urt. v. 8.2.2018 – IX ZR 103/17, ZIP 2018, 1299 Rn. 40 = WM 2018, 1264 = NZI 2018, 721, dazu *M. Brinkmann*, EWiR 2018, 497.

Dasselbe gilt, wenn der Insolvenzverwalter eines Gesellschafters der Verteidigung des Gesellschaftsinsolvenzverwalters, es handele sich bei der geltend gemachten Forderung um eine nach § 39 Abs. 1 Nr. 5 InsO nachrangige Forderung, die Anfechtbarkeit der die Nachrangigkeit begründenden Rechtshandlung des Gesellschafters entgegenhalten will. 1421

BGH, Urt. v. 2.4.2009 – IX ZR 236/07, ZIP 2009, 1080 Rn. 28 ff = WM 2009, 1042 = NZI 2009, 429 = ZInsO 2009, 1060, dazu *Brinkmann/Luttmann*, EWiR 2009, 549.

Verwertet der Insolvenzverwalter eine Gesellschaftssicherheit nach Eröffnung des Insolvenzverfahrens zugunsten einer Forderung eines Dritten auf Rückgewähr eines Darlehens, für die der Gesellschafter eine Sicherheit bestellt hat, beginnt die Verjährung des Anfechtungsanspruchs gegen den Gesellschafter frühestens mit der Befriedigung des Dritten. Dass der Anfechtungstatbestand erst durch eine Handlung des Insolvenzverwalters verwirklicht wird, beruht auf den Besonderheiten der Anfechtung nach § 135 Abs. 2 InsO in den Fällen, in denen sowohl die Gesellschaft als auch der Gesellschafter eine Sicherheit bestellt haben. Hier tritt der Sicherungsfall spätestens mit Eröffnung des Insolvenzverfahrens ein; die im Verhältnis zur Gesellschaft bestehende vorrangige Haftung des Gesellschafters kann jedoch – wenn dieser ihr nicht von sich aus nachkommt – erst durchgesetzt werden, wenn die Forderung des Dritten befriedigt worden ist. Im Übrigen ist für das Verjährungsrecht anerkannt, dass dann, wenn die Fälligkeit des Anspruchs von einem Verhalten des Gläubigers abhängt, die Verjährung erst mit Fälligkeit des Anspruchs beginnt. 1422

BGH, Urt. v. 9.12.2021 – IX ZR 201/20, ZIP 2022, 229 = WM 2022, 234 = NZI 2022, 221 = NJW 2022, 1465 Rn. 36.

1. Klageantrag und Sachvortrag

1423 In seiner Entscheidung vom 12.10.1989

> – IX ZR 184/88, BGHZ 109, 47 = ZIP 1989, 1466
> = JZ 1990, 241 = WM 1989, 1779 = NJW 1990, 45,
> dazu *Canaris*, EWiR 1989, 1235

hatte der BGH u. a. eine Anfechtung nicht erörtert, „weil der Kläger ein Anfechtungsrecht nicht geltend gemacht hat". Das ist heute nicht mehr der Stand der Rechtsprechung. Der BGH hat seine Auffassung im Urteil vom 20.3.1997

> – IX ZR 71/96, BGHZ 135, 140 = ZIP 1997, 737 = WM 1997,
> 831 = NJW 1997, 1857,
> dazu *Henckel*, EWiR 1997, 943

aufgegeben und geht nunmehr davon aus, dass ein Hinweis auf die anfechtungsrechtliche Grundlage der Klage entbehrlich ist:

> **Leitsatz 2:**
>
> „Der Erfolg einer Konkursanfechtungsklage hängt nicht davon ab, dass – neben der Stellung eines den Anforderungen des § 37 KO entsprechenden Antrags und dem Vortrag eines ihn rechtfertigenden Sachverhalts – die Anfechtung als solche besonders ‚geltend gemacht' oder ‚erklärt' wird (Abweichung von BGHZ 109, 47, 54)."

1424 Die Begründung folgt daraus, dass das Anfechtungsrecht kein Gestaltungsrecht ist, sondern dass sich die Rechtsfolgen der Anfechtbarkeit mit Verfahrenseröffnung kraft Gesetzes ergeben (oben Rn. 1330 f). Es reicht daher, dass der **Lebenssachverhalt** vorgetragen wird, aus dem sich die Anfechtbarkeit ergibt, und dass der Klageantrag auf eine Rechtsfolge gerichtet ist, die sich aus dem Insolvenzanfechtungsrecht ergeben kann. Damit ist der Streitgegenstand hinreichend bestimmt (vgl. auch unten Rn. 1487). Es ist dann Aufgabe des Gerichts, auf den festgestellten Sachverhalt das Recht – und damit ggf. auch das Insolvenzanfechtungsrecht – anzuwenden.

1425 Das den erforderlichen **Sachvortrag** angeht, so genügt die Kennzeichnung des entscheidungserheblichen Lebenssachverhaltes. Nach heutiger Rechtsprechung reicht jede erkennbare – auch konkludente – Willensäußerung, dass der Insolvenzverwalter eine Gläubigerbenachteiligung in der Insolvenz nicht hinnehmen, sondern zur Masseanreicherung wenigstens wertmäßig auf Kosten des Gegners wieder ausgleichen will.

> BGH, Urt. v. 21.2.2008 – IX ZR 209/06, ZIP 2008, 888 Rn. 11 ff
> = WM 2008, 935 = NZI 2008, 372 = ZInsO 2008, 508,
> dazu *A. Höpfner*, EWiR 2008, 601;
>
> BGH, Urt. v. 24.9.2015 – IX ZR 55/15, ZIP 2016, 30 Rn. 17
> = WM 2016, 88 = NZI 2016, 86,
> dazu *Hofmann*, EWiR 2016, 177.

Hat der Kläger seinen Anspruch zunächst auf den Anfechtungstatbestand der inkongruenten Deckung gemäß § 131 InsO gestützt, schließt dies nicht aus, dass das Gericht den Sachverhalt auch unter anderen rechtlichen Gesichtspunkten zu würdigen hat. Nach der in der Rechtsprechung des BGH anerkannten prozessrechtlichen Auffassung vom Streitgegenstand im Zivilprozess wird mit der Klage nicht ein bestimmter materiell-rechtlicher Anspruch geltend gemacht. Gegenstand des Rechtsstreits ist vielmehr der als Rechtsschutzbegehren oder Rechtsfolgenbehauptung aufgefasste eigenständige prozessuale Anspruch, der durch den Klageantrag und den Lebenssachverhalt (Anspruchs- oder Klagegrund) bestimmt wird, aus dem der Kläger die begehrte Rechtsfolge herleitet. Nicht nötig ist es, dass der Kläger den rechtlichen Gesichtspunkt bezeichnet, unter dem sein Sachvortrag den Klageantrag stützt. Die Subsumtion des vorgetragenen Sachverhalts unter die in Betracht kommenden gesetzlichen Tatbestände ist Sache des Gerichts. Das gilt auch für die Insolvenzanfechtung. Deshalb hat das Gericht auch zu untersuchen, ob etwa § 134 InsO greift. 1426

BGH, Urt. v. 26.1.2023 – IX ZR 85/21, ZIP 2023, 705 = WM 2023, 574 = NZI 2023, 383 Rn. 12.

Der Bereicherungsanspruch aus § 812 Abs. 1 Satz 1 Fall 1 BGB und der Rückgewähranspruch aus §§ 143, 134 InsO bilden vielfach einen **einheitlichen Streitgegenstand**, weil der Lebenssachverhalt, aus dem der Kläger die begehrte Rechtsfolge herleitet, beide Ansprüche umfasst. Das bedeutet nicht, dass der Verzicht auf die Erhebung der Verjährungseinrede beide Anspruchsgrundlagen umfasst. Ein Schuldner kann durchaus ein Interesse haben, auf die Erhebung der Verjährungseinrede nur hinsichtlich einer Anspruchsgrundlage zu verzichten. Doch wird in der Gesetzesbegründung zu § 202 BGB betont, die (nicht formularmäßige) Verjährungsvereinbarung über einen Anspruch werde sich in der Regel auch auf solche Ansprüche erstrecken, die mit dem Anspruch konkurrieren oder wirtschaftlich an dessen Stelle treten. Dem ist jedenfalls als Zweifelsregelung zuzustimmen, wenn nicht durch Auslegung ein gegenteiliger Wille der Parteien ermittelt wird. Entsprechendes gilt auch für die Auslegung einer einseitigen Erklärung des Verjährungsverzichts. 1427

BGH, Urt. v. 1.10.2020 – IX ZR 247/19, ZIP 2020, 2242 = BB 2020, 2637 Rn. 42 = WM 2020, 2073.

Der Erstattungsanspruch aus § 143 InsO und der Anspruch auf Schadensersatz aus unerlaubter Handlung (§ 823 Abs. 2 BGB, § 283c Abs. 1 StGB) bilden auch prozessual **zwei verschiedene Streitgegenstände**. 1428

Dies ergibt sich einmal aus den unterschiedlichen Anspruchsvoraussetzungen und Rechtsfolgen. Ansprüche aus Insolvenzanfechtung und Deliktsrecht divergieren in ihren Anspruchsvoraussetzungen. Dabei fällt ins Gewicht, dass der Beklagte als Leistungsempfänger allein unter der Voraussetzung einer Beteiligung an der deliktischen Handlung der Schuldnerin nach § 823 Abs. 2 BGB, § 283c StGB haftet. Der deliktische Schadensersatzanspruch gewährt 1429 eine volle Kompensation, während der Anfechtungsanspruch auf bloße Erstattung (§ 143 InsO) gerichtet ist. Ansprüche aus Insolvenzanfechtung und Delikt sind nicht nur nach ihren Voraussetzungen, sondern auch in ihren Folgen verschieden und bilden darum getrennte Streitgegenstände.

> BGH, Urt. v. 12.12.2019 – IX ZR 328/18, WM 2020, 279 Rn. 39 = NZI 2020, 383.

1430 Mit der Anfechtung sowohl des Grundstückskaufvertrags als auch der hiervon getrennt und später vorgenommenen Übertragung des Eigentums an den Grundstücken leitet der Kläger ein einheitliches Klagebegehren aus zwei prozessualen Ansprüchen her. Die daraus folgende alternative Klagehäufung ist unzulässig. Der Kläger muss bestimmen, in welcher Reihenfolge er die Ansprüche geltend machen will.

> BGH, Urt. v. 22.2.2024 – IX ZR 226/20, ZIP 2024, 897 Rn. 48 = WM 2024, 751 = NZI 2024, 456.

1431 Bei der **Geltendmachung mehrerer insolvenzanfechtungsrechtlicher Rückgewähransprüche aus unterschiedlichen Lebenssachverhalten** handelt es sich auch dann um mehrere Streitgegenstände, wenn diese auf das nämliche Klagebegehren gerichtet sind. Nach der ständigen Rechtsprechung des BGH wird der Streitgegenstand durch den Klageantrag, in dem sich die vom Kläger in Anspruch genommene Rechtsfolge konkretisiert, und den Lebenssachverhalt (Klagegrund) bestimmt, aus dem der Kläger die begehrte Rechtsfolge herleitet.

> BGH, Urt. v. 22.2.2024 – IX ZR 226/20, ZIP 2024, 897 Rn. 49 = WM 2024, 751 = NZI 2024, 456.

2. Antragserweiterung, Hilfsantrag und Replik

1432 Allgemein zur Verjährung ist für eine **Klageerweiterung** anerkannt, dass die Klage auf Schadensersatz die Verjährung auch hinsichtlich des Mehrbetrages hemmt, um den sich der Schaden infolge der Änderung der Preisverhältnisse erhöht.

> Vgl. BGH, Urt. v. 19.2.1982 – V ZR 251/80, WM 1982, 616 = NJW 1982, 1809;
>
> BGH, Urt. v. 26.6.1984 – VI ZR 232/82, WM 1984, 1131 = NJW 1985, 3027.

1433 Entscheidend ist, dass der gesamte Schaden geltend gemacht worden ist. Anders ist dies bei Teilklagen, auch bei sog. verdeckten Teilklagen.

> BGH, Urt. v. 2.5.2002 – III ZR 135/01, BGHZ 151, 1 = ZIP 2002, 988 = ZfIR 2002, 472 = NJW 2002, 2167 = WM 2002, 2116.

1434 Was für die Verjährung allgemein anerkannt ist, gilt auch für die Verjährung des Anfechtungsrechts. Auch hier ist zwar von dem Grundsatz auszugehen, dass Klageerweiterungen nach § 264 Abs. 2 ZPO fristwahrend erst mit der nach § 261 Abs. 2 ZPO genügenden Geltendmachung wirksam werden.

Dementsprechend sind Klageerweiterungen und Klageänderungen nur bis zum Fristablauf zulässig. Das gilt jedoch nur, soweit es sich um ein anderes Anfechtungsgut handelt bzw. soweit der Anspruch vorher ersichtlich begrenzt war.

Für die Wahrung der Verjährungsfrist für die Anfechtung gilt mithin dasselbe wie bei jeder Verjährung. Ist der Wertersatz für ein bestimmtes Gut als solcher unbegrenzt geltend gemacht, so hindert der Ablauf der Verjährungsfrist nicht, die konkrete Wertersatzforderung im Zeitpunkt der letzten mündlichen Verhandlung auf den dann maßgeblichen und gerechtfertigten Betrag zu fixieren. 1435

Auch mit einem **Hilfsantrag** kann die Verjährung gehemmt werden. Insoweit ist anerkannt, dass mit dem Antrag auf Rückgewähr in Natur der Antrag auf Wertersatz für den Fall verbunden werden kann, dass die ursprünglich geschuldete Leistung nicht mehr in natura restituiert werden kann. 1436

> Vgl. etwa BGH, Urt. v. 14.12.1983 – VIII ZR 352/82, BGHZ 89, 189 = ZIP 1984, 190 = WM 1984, 231 = NJW 1984, 1557.

Auch diese Geltendmachung reicht zur Fristwahrung aus, denn der Anfechtungsgegner bedarf nicht mehr des mit § 146 InsO bezweckten Schutzes. Als Hilfsargument lassen sich §§ 281, 283 BGB heranziehen: Dem Insolvenzverwalter könnte letztlich kein Schadensersatzanspruch aus § 283 BGB verwehrt werden, wenn er sich auf die Nichterfüllung der rechtskräftig festgestellten Anfechtungs-Judikatsschuld beruft. 1437

Der Kläger kann sich auf eine Anfechtung auch erst in einer **Replik** berufen. Hier kommt es, sofern nicht überhaupt § 146 Abs. 2 InsO herangezogen werden kann (vgl. dazu Rn. 1419), nach dem heutigen Erkenntnisstand nur noch darauf an, ob der für die Beurteilung der Anfechtbarkeit erforderliche Sachverhalt rechtzeitig vorgetragen war. 1438

Anders mag zu entscheiden sein, wenn mit der Ausgangsklage auf Herausgabe geklagt wird (gestützt auf § 985 BGB), der Beklagte Übereignung einwendet und dann die Anfechtbarkeit der Übereignung geltend gemacht wird, denn dann ist der Antrag auf Rückübereignung umzustellen. 1439

3. Wahrung durch Mahnbescheid und Antrag bei einer Gütestelle

Zu § 41 Abs. 1 KO hat der BGH die Auffassung vertreten, die Verjährungsfrist werde durch die Zustellung eines Mahnbescheides nur gewahrt, wenn nach Erhebung des Widerspruchs „alsbald" die Voraussetzungen für eine Abgabe der Sache (§ 696 Abs. 3 ZPO) an das für das Streitverfahren zuständige Gericht geschaffen würden. 1440

> BGH, Urt. v. 18.10.1990 – IX ZR 43/90, BGHZ 112, 325 = ZIP 1990, 1488 = WM 1990, 2008 = NJW 1991, 171, dazu *Gerhardt*, EWiR 1990, 1227;

BGH, Urt. v. 22.10.1990 – II ZR 238/89, ZIP 1990, 1593 = WM 1990, 2112 = NJW 1991, 1057, dazu *v. Gerkan*, EWiR 1991, 67;

BGH, Urt. v. 4.3.1993 – IX ZR 138/92, BGHZ 122, 23 = ZIP 1993, 605 = WM 1993, 765 = NJW 1993, 1585, dazu *Hilger*, EWiR 1993, 599.

1441 Hingegen sollte der Güteantrag die Verjährung auch dann hemmen, wenn keinerlei ZPO-Gerichtsstand für die Anrufung der Gütestelle ersichtlich ist.

BGH, Urt. v. 6.7.1993 – VI ZR 306/92, BGHZ 123, 327 = WM 1993, 2013.

1442 Die Insolvenzordnung hat in § 146 Abs. 1 – den Vorschlägen der Insolvenzrechtsreform folgend – den Zustand wiederhergestellt, der vor der Insolvenzrechtsnovelle 1900 bestanden hat, nämlich die Ausgestaltung der Anfechtungsfrist als Verjährungsfrist. Das bedeutet dann konsequenterweise auch die uneingeschränkte Anwendbarkeit des § 204 Abs. 2 BGB auf alle dort geregelten Fälle, also neben dem Mahnbescheid (Abs. 1 Nr. 3) auch auf den **Güteantrag** (Abs. 1 Nr. 4).

BGH, Urt. v. 22.2.2024 – IX ZR 106/21, WM 2024, 651 Rn. 17 f = NZI 2024, 415.

1443 Nach der Rechtsprechung des BGH kommt es für den Eintritt der Hemmungswirkung nach § 204 Abs. 1 Nr. 3 BGB nicht auf die Zulässigkeit, sondern allein auf die Wirksamkeit des auf den Mahnantrag erlassenen und zugestellten Mahnbescheids an, so dass bei hinreichender Individualisierung des geltend gemachten Anspruchs dessen Verjährung auch dann gehemmt wird, wenn der Mahnantrag an Mängeln leidet oder sogar unzulässig ist oder wenn für die darin erhobene Forderung – von der Sachbefugnis abgesehen – noch nicht sämtliche Anspruchsvoraussetzungen vorliegen. Der Kläger kann im Einzelfall wegen Rechtsmissbrauchs (§ 242 BGB) gehindert sein, sich auf die durch Einreichung oder Zustellung des Mahnantrags vor Ablauf der Verjährungsfrist (§§ 195, 199 Abs. 1 BGB) gemäß § 204 Abs. 1 Nr. 3 BGB, § 167 ZPO eingetretene Hemmung der Verjährung zu berufen, wenn er die von ihm im **Mahnantrag** gemäß § 690 Abs. 1 Nr. 4 ZPO geforderte Erklärung, dass der Anspruch nicht von einer Gegenleistung abhänge oder die Gegenleistung erbracht sei, bewusst falsch abgegeben hat. Nach § 688 Abs. 2 Nr. 2 ZPO darf der Anspruch des Antragstellers nicht von einer Gegenleistung abhängen, die er vor Fälligkeit oder Zug um Zug gegen Erfüllung des Anspruchs zu erbringen hat.

BGH, Urt. v. 22.2.2024 – IX ZR 106/21, WM 2024, 651 Rn. 18 = NZI 2024, 415.

1444 Aus § 144 Abs. 1 InsO folgt nicht, dass die Geltendmachung des Anfechtungsanspruchs nach § 143 InsO i. S. d. § 688 Abs. 2 Nr. 2 ZPO von einer noch nicht erbrachten Gegenleistung abhängig ist. Voraussetzung für das Wiederaufleben der Forderung ist nach dieser Bestimmung die tatsächliche

Rückgewähr des Empfangenen, allein die Geltendmachung des Rückforderungsanspruchs reicht dagegen nicht aus.

> BGH, Urt. v. 22.2.2024 – IX ZR 106/21, WM 2024, 651 Rn. 19 = NZI 2024, 415.

4. Geltendmachung durch Verwalter als Nebenintervenienten

Fraglich ist, ob ein Verwalter, dem in einem Prozess eines Zessionars gegen den Forderungsschuldner zulässigerweise der Streit verkündet worden ist und der als Nebenintervenient in den Prozess eingetreten ist, aus dieser Rechtsposition heraus seinerseits dem Kläger gegenüber die Schwäche der klägerischen Rechtsposition geltend machen und damit die Anfechtbarkeit der Zession, aus der das Recht des Klägers abgeleitet wird, einwenden kann. Der BGH hat das verneint **1445**

> BGH, Urt. v. 1.12.1988 – IX ZR 112/88, BGHZ 106, 127 = ZIP 1989, 48 = WM 1989, 116 = NJW 1989, 985,
> dazu *Ackmann*, EWiR 1989, 183;
> zust. u. a. *Bork*, JR 1989, 494;
> *Häsemeyer*, Rn. 21.103.

Der amtliche Leitsatz lautet: **1446**

> „Die Anfechtungseinrede (§ 41 Abs. 2 KO) kann der Konkursverwalter nur als Partei und nicht als Streithelfer eines Beklagten erheben."

Der BGH hat damit beide für die Entscheidung relevanten Fragen aufgegriffen und beantwortet: Einmal ging es darum, ob aus der prozessualen Rechtsstellung eines Nebenintervenienten heraus das Gegenrecht der Anfechtung im Prozess geltend gemacht werden kann; zum Zweiten ging es um die Frage der Fristwahrung nach § 41 Abs. 2 KO/§ 146 Abs. 2 InsO. Obwohl bereits die Verneinung einer dieser Voraussetzungen den Erfolg des Anfechtungsgegners gebracht hätte, hat der BGH zu beiden Fragen Stellung genommen: **1447**

Die Anfechtungseinrede sei verwehrt, weil es sich nicht lediglich um die Abwehr eines gegen die Masse gerichteten Anspruches handelte (Parallele: Hinterlegung). Was die Nebenintervention anlange, so gehe es allein darum, mit der Anfechtung einen Anspruch gegen die Masse abzuwehren, dieser indessen sei gegen den Schuldner in dem Prozess, in dem der Verwalter als Nebenintervenient auftrete, nicht erhoben. Auch wenn der BGH die prozessuale Frage ausdrücklich offenlassen will, so führt er aus: **1448**

> „Eine Anfechtung, die der Konkursverwalter als Streithelfer der Beklagten im Prozess des Zessionars des Gemeinschuldners gegen die Schuldnerin des abgetretenen Anspruchs … erklärt, ist jedenfalls von vornherein ungeeignet, den schuldrechtlichen Rückgewähranspruch des § 37 Abs. 1 KO … durchzusetzen. … Der Konkursverwalter, der nur als (unselbständiger) Nebenintervenient i. S. d. § 67 ZPO einem Rechtsstreit zur Unterstützung der Partei beitritt, ist nicht selbst Partei und daher außerstande, seinen eigenen, untrennbar mit seinem Amt verbundenen Anspruch (vgl. BGHZ 83, 102, 105) zu verfolgen …".

IX. Teilanfechtung

1449 Grundsätzlich kann nur das ganze Rechtsgeschäft eines Schuldners und nicht etwa eine einzelne Vertragsbestimmung angefochten werden. Eine Teilanfechtung war nach Ansicht des Reichsgerichts,

RGZ 114, 206;
RG JW 1937, 3241;
RGZ 21, 95, 99 f,

nur dann zulässig, wenn sich das Rechtsgeschäft in voneinander unabhängige, selbstständige Teile zerlegen lässt. Ob eine Teilanfechtung möglich ist in dem Sinne, wie es das Reichsgericht meinte, hat der BGH lange offengelassen.

BGH, Urt. v. 14.5.1975 – VIII ZR 254/73, WM 1975, 534.

1450 In seiner Entscheidung

BGH, Urt. v. 11.6.1980 – VIII ZR 62/79, BGHZ 77, 250
= ZIP 1980, 618 = WM 1980, 1047 = NJW 1980, 1962

hat sich der BGH erneut, wenn auch am Rande, mit der Frage der Teilanfechtung befasst. Ein Rechtsanwalt hatte für einen Mandanten einen Antrag auf Eröffnung des Vergleichsverfahrens gestellt und in einer Honorarvereinbarung mit ihm ein Honorar von 20.000 DM neben den gesetzlichen Gebühren vereinbart. Er hatte dafür zwei Lebensversicherungen von dem Mandanten abgetreten erhalten. Nach einiger Zeit kam es zum Anschlusskonkurs. Der Konkursverwalter focht die Abtretung der Lebensversicherungen an. Der BGH hat in diesem Falle wiederum betont, dass ein Schuldner sich der Hilfe eines Anwalts bedienen dürfe, um ein Vergleichsverfahren zur Abwendung des Konkurses zu beantragen. Der Aufwand der für diese anwaltliche Hilfe angemessenen Kosten für den Eröffnungsantrag benachteiligt die Gläubiger nach Auffassung des BGH selbst dann nicht, wenn der Antrag später abgelehnt und das Anschlusskonkursverfahren eröffnet wird, es sei denn, dass der Antrag auf Eröffnung des Vergleichsverfahrens von vornherein als aussichtslos hätte erkannt werden müssen. Der BGH hat in Weiterführung einer alten Entscheidung

BGH, Urt. v. 17.11.1958 – II ZR 224/57, BGHZ 28, 344
= WM 1959, 28 = NJW 1959, 147

die Meinung vertreten, dass nicht nur die gesetzlichen Anwaltsgebühren als angemessen bezeichnet werden können. Das würde nämlich den Schuldner zwingen, einen Rechtsanwalt zu suchen, der zur Übernahme des Mandats nur gegen die gesetzlichen Gebühren bereit ist, obwohl auch er Anspruch darauf hat, den Anwalt seines Vertrauens für den beabsichtigten Vergleichsantrag hinzuziehen zu dürfen. Bei größerem Umfang der Arbeiten und entsprechender Schwierigkeit der Materie könnte dies dazu führen, dass sich ein geeigneter Vertrauensanwalt nicht finden lässt. Mithin ist eine vom Schuldner getroffene Honorarvereinbarung mit seinem Anwalt jedenfalls nicht von vornherein anfechtbar. Eine solche Honorarvereinbarung wirkt sich nur dann zum Nachteil der Gläubiger aus, wenn zwischen der Leistung des Anwalts und dem vereinbarten Honorar keine Gleichwertigkeit besteht. Im Streitfalle musste deshalb nach Anfechtung des Konkursverwalters das Gericht überprüfen, ob die Honorarvereinbarung unangemessen war und daher die Gläubiger benachteiligte. Dem Anfechtungsgegner, hier dem Rechtsanwalt, sollte das belassen bleiben, was dem Wert seiner Leistung entspricht. Dies ist rechtlich möglich, wenn die Erfüllungsleistung teilbar ist. Der BGH hat also in diesem speziellen Fall eine teilbare Leistung und damit die Möglichkeit einer Teilanfechtung angenommen.

In der Entscheidung des BGH **1451**

> v. 11.11.1993 – IX ZR 257/92, BGHZ 124, 76 = ZIP 1994, 40 = WM 1994, 171 = NJW 1994, 449, dazu *Haas*, EWiR 1994, 169

hatte die Schuldnerin sich durch Vertrag vom 13.6.1989 gegenüber einer Stadt verpflichtet, in öffentlichen Verkehrsflächen der Stadt, die diese ihr unentgeltlich zur Verfügung stellte, eine Breitbandverteilanlage für Ton- und Fernseh-Rundfunkversorgung (BVA) zu errichten und interessierten Einwohnern des Vertragsgebietes Kabelanschlüsse anzubieten. Der Vertrag wurde zunächst auf 15 Jahre abgeschlossen. Wegen der Abwicklung nach Vertragsende war bestimmt, dass die BVA entschädigungslos in das Eigentum der Stadt übergehe, wenn die Schuldnerin den Vertrag nicht fortsetzen wolle, dass die Stadt jedoch eine angemessene, am Verkehrswert orientierte Entschädigung zu leisten habe, wenn sie den Vertrag nicht fortsetzen und die Anlage selbst oder durch Dritte in Betrieb nehmen wolle. Ferner war ein außerordentliches Kündigungsrecht beider Parteien u. a. für den Fall vorgesehen, dass über das Vermögen der Schuldnerin das Konkursverfahren eröffnet werde oder sie ein Vergleichsverfahren beantrage. Im Falle der außerordentlichen Kündigung durch die Stadt sollte die BVA ebenfalls entschädigungslos in ihr Eigentum übergehen. Anfang 1990 beantragte die Schuldnerin die Eröffnung des Vergleichsverfahrens. Im April 1990 wurde das Anschlusskonkursverfahren über ihr Vermögen eröffnet. Der Konkursverwalter verlangte von der Stadt u. a. aus dem Gesichtspunkt der Anfechtung Erstattung des Wertes der Anlage. Der BGH nahm zunächst an, der Vertrag benachteilige die Konkursgläubiger wegen der Bestimmung, dass die Anlage in Abweichung von der Regel auch durch Kündigung der Stadt wegen Beantragung oder Eröffnung eines Insolvenzverfahrens entschädigungslos in das Eigentum der Stadt übergehen solle. Ferner bestätigte er die bisherige Rechtsprechung, wonach auch **eine in einem Vertrag bestehende Rechtshandlung grundsätzlich nur insgesamt** angefochten werden kann.

> Vgl. auch BGH, Urt. v. 26.4.2012 – IX ZR 146/11, ZIP 2012, 1183 Rn. 32 = WM 2012, 1131 = NZI 2012, 562, dazu *Mohr*, EWiR 2012, 565;
>
> BGH, Urt. v. 12.10.2017 – IX ZR 288/14, ZIP 2017, 2267 Rn. 41 = WM 2017, 2274, dazu *Jacoby*, EWiR 2017, 759.

1452 Er ging jedoch insofern über diese Rechtsprechung hinaus, als er annahm, der Anfechtung könne unter Umständen, insbesondere dann, wenn die anfechtbare Handlung das Schuldnervermögen nur in begrenztem Maße geschmälert habe und das Rechtsgeschäft insoweit teilbar sei, lediglich die Wirkung einer Teilanfechtung zukommen. Dabei ist Teilbarkeit nach Ansicht des BGH nicht allein in einem rein zahlenmäßigen Sinn zu verstehen oder ausschließlich auf den Leistungsinhalt zu beziehen. Teilbar in dem hier maßgeblichen Sinn ist vielmehr auch ein allgemein ausgewogener Vertrag, der **lediglich und gezielt für den Fall der späteren Insolvenz** den späteren Gemeinschuldner einseitig und unangemessen benachteiligt. Die Konkursanfechtung soll nämlich nicht bewirken, dass etwa die zum Vertragsschluss führende Annahmeerklärung beseitigt wird. Vielmehr begrenzt das Ausmaß der Benachteiligung den Umfang der Anfechtungswirkung, so dass für die Rückgewährung allein die benachteiligende Klausel entfällt. Demgegenüber kann sich der Gläubiger, der an der Gläubigerbenachteiligung wissentlich mitgewirkt hat, bei wertender Betrachtung jedenfalls nach Invollzugsetzung des Vertrages nicht darauf berufen, er hätte den Vertrag ohne die Klausel nicht abgeschlossen. Das führt dazu, dass der Rückgewähranspruch in Höhe des der Gemeinschuldnerin entgangenen vertraglichen Entschädigungsanspruchs zu bemessen ist.

1453 Nach dieser Maxime hat der BGH die Teilanfechtung eines Erbbaurechtsvertrages, mit der die Zubilligung eines Heimfallanspruchs für den Insolvenzfall beseitigt werden sollte, zugelassen, weil der Heimfall **gerade für den Insolvenzfall vereinbart** worden war und der Restvertrag auch ohne diese Klausel eine insgesamt ausgewogene Regelung darstellte.

BGH, Urt. v. 19.4.2007 – IX ZR 59/06, ZIP 2007, 1120 Rn. 22 f = WM 2007, 1218 = NJW 2007, 2325 = NZI 2007, 462 = ZInsO 2007, 600;

BGH, Urt. v. 12.10.2017 – IX ZR 288/14, ZIP 2017, 2267 Rn. 27, 41 = WM 2017, 2274, dazu *Jacoby*, EWiR 2017, 759.

1454 Hingegen ist die Teilanfechtung eines vormerkungsgesicherten Rückübertragungsanspruches für den Grundstücksschenker bei Insolvenz des Beschenkten abgelehnt worden. Auch diese Klausel war zwar nur für den Insolvenzfall vereinbart worden, aber ohne sie stellte der Restvertrag mangels Vereinbarung einer Gegenleistung **keine ausgewogene Regelung** mehr dar.

BGH, Beschl. v. 13.3.2008 – IX ZB 39/05, ZIP 2008, 1028 Rn. 16 f = ZVI 2008, 257 = WM 2008, 1034 = NZI 2008, 428 = ZInsO 2008, 558, dazu *H.-G. Eckert*, EWiR 2008, 501.

1455 Etwas anderes gilt aber dann, wenn das vormerkungsgesicherte Rücktrittsrecht nachträglich vereinbart wird

BGH, Urt. v. 7.12.2007 – V ZR 21/07, ZIP 2008, 893 = WM 2008, 847 Rn. 10, 20, dazu *Kesseler*, EWiR 2008, 583;

BGH, Urt. v. 12.10.2017 – IX ZR 288/14, ZIP 2017, 2267 Rn. 28 = WM 2017, 2274, dazu *Jacoby*, EWiR 2017, 759

oder als unentgeltliches Rücktrittsrecht, also unter Ausschluss der Rückforderung der Gegenleistung, ausgestaltet ist

BGH, Urt. v. 12.10.2017 – IX ZR 288/14, ZIP 2017, 2267 Rn. 31 ff, 41 ff = WM 2017, 2274, dazu *Jacoby*, EWiR 2017, 759.

In anderem Zusammenhang ist der BGH einen Schritt weitergegangen, der zu einer Überprüfung der bisherigen Rechtsprechung zur Teilanfechtung insgesamt Anlass geben könnte. Wird durch den Abschluss eines Kaufvertrages und die entsprechende Lieferung des Schuldners als Verkäufer bewirkt, dass der Käufer gegen die Kaufpreisforderung des Schuldners mit einer wegen dessen Krise uneinbringlichen Altforderung aufrechnen kann, so kann die in der Aufrechnungslage liegende gläubigerbenachteiligende Wirkung angefochten werden, auch wenn der Kaufvertrag als solcher nicht anfechtbar ist. Greift ein Anfechtungstatbestand nur für einzelne, abtrennbare Wirkungen einer einheitlichen Rechtshandlung ein, darf die Rückgewähr dieser Wirkungen nicht mit der Begründung ausgeschlossen werden, die Handlung habe auch andere, für sich nicht anfechtbare Folgen ausgelöst. Der BGH verneint ausdrücklich die Existenz eines Rechts(grund)satzes, dass **mehrere durch eine Rechtshandlung verursachte Wirkungen** nur ganz oder gar nicht anfechtbar seien. 1456

BGH, Urt. v. 5.4.2001 – IX ZR 216/98, BGHZ 147, 233 = ZIP 2001, 885 = WM 2001, 1041 = NZI 2001, 357 = ZInsO 2001, 464, dazu *Wagner*, EWiR 2001, 883;

BGH, Urt. v. 26.1.2012 – IX ZR 99/11, ZIP 2012, 636 Rn. 12 = WM 2012, 517 = NZI 2012, 661, dazu *M. Huber*, EWiR 2012, 229;

BGH, Urt. v. 24.1.2013 – IX ZR 11/12, ZIP 2013, 371 Rn. 20 = WM 2013, 361 = NZI 2013, 249 = ZInsO 2013, 384, dazu *Luttmann*, EWiR 2013, 391;

BGH, Urt. v. 22.10.2015 – IX ZR 248/14, ZIP 2015, 2328 Rn. 18 = WM 2015, 2251 = NZI 2016, 35, dazu *Mohr*, EWiR 2016, 53.

Besteht die objektive Gläubigerbenachteiligung nur in einer einzelnen, abtrennbaren Wirkung einer einheitlichen Rechtshandlung, darf deren Rückgewähr nicht mit der Begründung ausgeschlossen werden, dass die Handlung auch sonstige, für sich nicht anfechtbare Folgen ausgelöst habe. 1457

BGH, Urt. v. 7.5.2013 – IX ZR 191/12, WM 2013, 1132 = NZI 2013, 694 Rn. 8 = NJW-RR 2013, 1142;

BGH, Urt. v. 19.10.2023 – IX ZR 249/22, ZIP 2023, 2588 Rn. 10 = NZI 2024, 84.

Besinnt man sich darauf, dass es bei der Anfechtung nicht so sehr um die Rechtshandlung selbst, sondern um die Rückgängigmachung ihrer Wirkun- 1458 gen (Folgen) geht (vgl. oben Rn. 4), so ist bei der sog. Teilanfechtung darauf abzustellen, ob es sich um eine einheitliche Wirkung einer anfechtbaren Rechtshandlung handelt – dann nur einheitliche Anfechtung – oder ob die Wirkungen sich in selbstständige Teile zerlegen lassen; in diesem Fall muss eine Teilanfechtung möglich sein.

Vgl. MünchKomm-InsO/*Piekenbrock*, § 143 Rn. 17 f.

X. Konkurrenzen

1459 Der **Anfechtungsanspruch** ist weder ein Schadensersatzanspruch

BGH, Urt. v. 24.10.1962 – VIII ZR 126/61, WM 1962, 1317;

BGH, Urt. v. 29.4.1986 – IX ZR 145/85, ZIP 1986, 787 = WM 1986, 841 = NJW-RR 1986, 991, dazu *Gerhardt*, EWiR 1986, 707;

BGH, Urt. v. 11.1.1990 – IX ZR 27/89, ZIP 1990, 246 = WM 1990, 326 = NJW 1990, 990, dazu *Balz*, EWiR 1990, 257,

noch ein Bereicherungsanspruch (vgl. oben Rn. 1393).

BGH, Urt. v. 29.1.1964 – Ib ZR 197/62, BGHZ 41, 98 = WM 1964, 318 = NJW 1964, 1319.

1460 Ein **Anspruch aus unerlaubter Handlung** – etwa aus § 826 BGB – kann nicht allein darauf gestützt werden, dass ein Anfechtungstatbestand vorliegt. Vielmehr gehen die Anfechtungsvorschriften vor, weil sie an die Anfechtbarkeit grundsätzlich weniger einschneidende Rechtsfolgen knüpfen als die Gesetzesnormen über unerlaubte Handlungen. Ein Schadensersatzanspruch aus unerlaubter Handlung setzt daher – über den Anfechtungstatbestand hinaus – besondere erschwerende Umstände voraus.

BGH, Urt. v. 9.12.1999 – IX ZR 102/97, ZIP 2000, 238 = WM 2000, 324 (insoweit in BGHZ 143, 246 nicht abgedruckt), dazu *Höpfner*, EWiR 2000, 1089;

BGH, Urt. v. 4.7.2000 – VI ZR 192/99, ZIP 2000, 1539 = WM 2000, 1855 = NZI 2000, 471 = ZInsO 2000, 497, dazu *Gerhardt*, FamRZ 2001, 87 f, und *Eckardt*, EWiR 2001, 1.

1461 Diese liegen zum Beispiel vor, wenn der Schuldner planmäßig mit eingeweihten Helfern zusammenwirkt, um sein wesentliches Vermögen dem Zugriff von Gläubigern zu entziehen.

BGH, Urt. v. 13.7.1995 – IX ZR 81/94, BGHZ 130, 314 = ZIP 1995, 1364 = WM 1995, 1735 = NJW 1995, 2846, dazu *Gerhardt*, EWiR 1995, 845;

BGH, Urt. v. 9.5.1996 – IX ZR 50/95, ZIP 1996, 1178 = WM 1996, 1245 = NJW 1996, 2231, dazu *Gerhardt*, EWiR 1996, 723.

Auch einer **Nichtigkeit nach §§ 134, 138 BGB** geht das Anfechtungsrecht vor, sofern das Rechtsgeschäft nicht besondere, über die Gläubigerbenachteiligung hinausgehende Umstände aufweist. 1462

Zuletzt BGH, Urt. v. 23.4.2002 – XI ZR 136/01, ZIP 2002, 1155 = WM 2002, 1186 = NJW-RR 20002, 1359 = NZI 2002, 430, dazu *Ultsch*, WuB IV A. § 138 BGB 2.02;

BGH, Urt. v. 7.4.2005 – IX ZR 258/01, ZIP 2005, 1198 = ZVI 2005, 419 = WM 2005, 1037 = ZInsO 2005, 596.

XI. Durchsetzung

1. Vorprozessualer Auskunftsanspruch

Oftmals steht der Insolvenzverwalter vor der Schwierigkeit, dass ihm eine Anfechtung deshalb nicht möglich ist, weil er über den Anfechtungstatbestand nicht hinreichend Bescheid weiß und ihm die Aufklärung auch nicht anderweitig möglich erscheint. Der BGH hat eine Auskunftspflicht des Anfechtungsgegners gegenüber dem Verwalter – sofern sie nicht (etwa in Allgemeinen Geschäftsbedingungen) vereinbart ist – 1463

BGH, Urt. v. 7.12.1977 – VIII ZR 164/76, BGHZ 70, 86 = WM 1978, 137 = NJW 1978, 538

nur dann anerkannt, **wenn der Anfechtungsanspruch selbst dem Grunde nach feststeht** und es nur um die nähere Bestimmung von Art und Umfang des Rückgewähranspruchs geht.

BGH, Urt. v. 18.6.1998 – IX ZR 311/95, ZIP 1998, 1539 = WM 1998, 1689 = NJW 1998, 2969 = NZI 1998, 120, dazu *Schuschke*, EWiR 1998, 815;

BGH, Urt. v. 21.1.1999 – IX ZR 429/97, ZIP 1999, 316 = WM 1999, 394 = NJW 1999, 1033 = ZInsO 1999, 163; dazu *Gerhardt*, EWiR 1999, 367;

BGH, Beschl. v. 7.2.2008 – IX ZB 137/07, ZIP 2008, 565 Rn. 9 = WM 2008, 655 = NZI 2008, 240 = ZInsO 2008, 320, dazu *Büttner*, EWiR 2008, 369;

BGH, Urt. v. 13.8.2009 – IX ZR 58/06, ZIP 2009, 1823 Rn. 7 = ZInsO 2009, 1810 = NZI 2009, 722.

Näher und teils **weitergehend** *Thole*, in Festchrift Kayser, 2020, S. 963 ff.

Das setzt voraus, dass der Insolvenzverwalter den Sachverhalt, der den Tatbestand einer Anfechtungsnorm erfüllt, darlegt und notfalls beweist. 1464

BGH, Urt. v. 11.5.2000 – IX ZR 262/98, ZIP 2000, 1061 = WM 2000, 1209 = NJW 2000, 3777 = NZI 2000, 422, dazu *Johlke/Schröder*, EWiR 2001, 177.

In einem Fall hat der BGH die **Auskunftsklage eines Insolvenzverwalters gegen den Ehegatten des Schuldners** abgewiesen und ausgeführt, es sei bedenklich, eine besondere rechtliche Beziehung zwischen dem Verwalter und 1465 dem Ehegatten des Schuldners ohne Weiteres nur deshalb anzunehmen, weil der Ehegatte Vermögen besitzt und weil sich hieraus Rechte des Insolvenzverwalters verschiedener Art gegenüber dem Ehegatten ergeben können. Nach ständiger Rechtsprechung verpflichtet allein der Umstand, dass jemand Kenntnis von Tatsachen hat oder haben könnte, die für einen anderen von Bedeutung sind, ihn nicht zur Auskunftserteilung. Denn eine allgemeine, nicht aus besonderen Rechtsgründen abgeleitete Auskunftspflicht ist dem bürgerlichen Recht unbekannt. Nach weiterer ständiger Rechtsprechung wird ein Auskunftsanspruch allerdings bei Rechtsverhältnissen gewährt, deren Wesen es mit sich bringt, dass der Berechtigte in entschuldbarer Weise über Bestehen und Umfang seines Rechts im Ungewissen, der Verpflichtete hingegen in der Lage ist, unschwer solche Auskünfte zu erteilen. Als Voraussetzung für diese Form der Auskunftspflicht nach § 242 BGB fordert die Rechtsprechung jedoch grundsätzlich eine bereits bestehende besondere rechtliche Beziehung zwischen dem Berechtigten und dem Verpflichteten. Es genügt nicht, dass derjenige, der Auskunft verlangt, nur wahrscheinlich macht, dass eine Verpflichtung des Inanspruchgenommenen in irgendeiner Form ihm gegenüber besteht. Lediglich im speziellen Fall des Auskunftsanspruchs eines Pflichtteilsberechtigten gegen den vom Erblasser Beschenkten hat der BGH die früher auch von ihm vertretene Ansicht, es müsse erst die Schenkung feststehen, ehe eine Auskunftspflicht angenommen werden könne, aufgegeben. Er fordert jetzt nur noch, dass der Pflichtteilsberechtigte gewisse Anhaltspunkte für die von ihm behauptete unentgeltliche Verfügung des Erblassers dartun muss. Diese Rechtsprechung aus dem Erbrecht will der BGH allerdings für die besondere Lage des Insolvenzverwalters, der eine Vorsatz- oder Schenkungsanfechtung plant, nicht auf den Fall übertragen, dass ein begründeter Verdacht anfechtbaren Rechtserwerbs durch den in häuslicher Gemeinschaft mit dem Schuldner lebenden Ehegatten besteht. Er meint, erste Auskunftsperson für den Insolvenzverwalter sei in diesem Falle stets der Schuldner. An ihn muss er sich wenden und mit den gebotenen gesetzlichen Möglichkeiten von ihm Auskunft zu erlangen suchen. Tut er das nicht, dann kann er nicht gleich gegen den in dem Verdacht, er habe etwas anfechtbar erworben, stehenden Ehegatten vorgehen. In diesem ersten Fall hat der BGH noch offengelassen, ob eine andere Beurteilung dann in Betracht kommen könnte, wenn der Verwalter trotz Inanspruchnahme der ihm zur Verfügung stehenden rechtlichen Möglichkeiten ohne ausreichende Information seitens des Gemeinschuldners bleibt.

> BGH, Urt. v. 18.1.1978 – VIII ZR 262/76, BGHZ 74, 379
> = WM 1978, 373 = NJW 1978, 1002.

1466 Den letztgenannten Fall musste der BGH kurze Zeit später entscheiden.

> BGH, Urt. v. 6.6.1979 – VIII ZR 255/78, BGHZ 74, 379
> = WM 1979, 921 = NJW 1979, 1832.

1467 In einem Großkonkurs war der Schuldner flüchtig, stand dem Konkursverwalter daher für Auskünfte nicht zur Verfügung. Es bestand der Verdacht, dass er an ein minderjähriges Kind in anfechtbarer Weise etwas verschenkt hatte. Die Mutter des Anfechtungsgegners, eine frühere Ehefrau des Gemeinschuldners, verweigerte jede Auskunft und machte vor dem Konkursgericht – nach § 75 KO (= § 5 InsO) vernommen – von ihrem Zeugnisverweigerungsrecht Gebrauch. Nunmehr verklagte der Konkursverwalter den möglichen Anfechtungsgegner, das minderjährige Kind – vertreten durch seine Mutter – auf Auskunft. Er hatte damit keinen Erfolg. Der BGH verwies zunächst darauf, dass das Insolvenzgericht zur Aufklärung Zeugenvernehmungen anordnen könne (§ 75 KO/§ 5 Abs. 1 Satz 2 InsO), wie das hier auch geschehen war. Dabei steht allerdings den Angehörigen des Schuldners das Zeugnisverweigerungsrecht zu. Alle Insolvenzgläubiger, die im Insolvenzverfahren die Stellung einer Partei einnehmen, haben schon deshalb ein Zeugnisverweigerungsrecht. In der Insolvenz besteht nach geltendem Recht kein Anlass dazu, über die vom Gesetz gegebenen Möglichkeiten hinaus dem Insolvenzverwalter Informationsquellen gegen mögliche Anfechtungsgegner zu erschließen. Wollte man ihm nämlich auch Auskunftsansprüche nach § 242 BGB gegen diejenigen Personen zubilligen, die möglicherweise vom Schuldner etwas anfechtbar erhalten haben, dann würde eine allgemeine Auskunftspflicht solcher Personen gegenüber dem Insolvenzverwalter bejaht. Diese Auskunftspersonen müssten mit ihrer Auskunft dem Insolvenzverwalter das Risiko eines Anfechtungsprozesses abnehmen. Die Zulassung einer solchen Auskunftsklage nur auf den Verdacht hin, der Inanspruchgenommene könne vom Schuldner vielleicht in anfechtbarer Weise etwas erworben haben, liefe auf eine Ausforschung hinaus, die dem Zivilprozessrecht, das beim Fehlen besonderer Bestimmungen auch im Insolvenzverfahren gilt (§ 4 InsO), fremd ist. Hieran kann sich nichts dadurch ändern, dass der Schuldner unbekannten Aufenthalts ist und für die vom Insolvenzverwalter geforderten Auskünfte nicht zur Verfügung steht, oder dass er bei anderer Fallgestaltung seine Verpflichtungen zur Auskunft trotz Anwendung von Zwangsmitteln (§ 101 KO/§ 98 InsO) nicht erfüllt. Wiederum hat es in dieser Entscheidung der BGH abgelehnt, die Rechtsprechung über den Auskunftsanspruch eines Pflichtteilsberechtigten gegen den vom Erblasser Beschenkten analog heranzuziehen. Der BGH hat betont, dass dieser Sonderfall des Auskunftsanspruches dadurch zu rechtfertigen ist, dass dem Pflichtteilsberechtigten der Erblasser nicht mehr zur Verfügung steht und dass sein Auskunftsbegehren auch niemals auf eine reine Ausforschung hinauslaufen darf.

> BGH, Urt. v. 27.6.1973 – IV ZR 50/72, BGHZ 61, 180
> = WM 1973, 1116 = NJW 1973, 1876.

Allerdings hat der BGH in der Entscheidung **1468**

> BGH, Urt. v. 6.6.1979 – VIII ZR 255/78, BGHZ 74, 379
> = WM 1979, 921

darauf hingewiesen, es müsse dem Gesetzgeber überlassen bleiben, das Auskunftsrecht des Insolvenzverwalters ggf. zu erweitern (vgl. nunmehr §§ 97 f InsO). Insgesamt verbleibt es aber dabei, dass der Insolvenzverwalter die von ihm für die Durchführung einer Anfechtungsklage erforderlichen Ermittlungen im Rahmen des Insolvenzverfahrens in erster Linie beim Schuldner führen muss. Gelingt es ihm sodann, einen Anfechtungstatbestand darzustellen, dann kann er wegen der Höhe eine Auskunft verlangen. Ein Auskunftsbegehren allein mit Verdachtsgründen, der Gegner, von dem Auskunft verlangt wird, habe etwas in anfechtbarer Weise erlangt, führt nicht zum Erfolg.

1469 Jede selbstständig anfechtbare Rechtshandlung begründet einen besonderen Rückgewähranspruch. Auch wenn anfechtbare Rechtshandlungen des Schuldners zugunsten naher Angehöriger feststehen, begründet der Verdacht weiterer selbstständiger Vermögensverschiebungen nach dem BGH **keinen allgemeinen Auskunftsanspruch** des Insolvenzverwalters gegen den oder die Angehörigen über einen etwaigen weiteren anfechtbaren Vermögenserwerb.

> BGH, Urt. v. 15.1.1987 – IX ZR 4/86, ZIP 1987, 244 = WM 1987, 269 = NJW 1987, 1812 (Ergänzung zu BGHZ 74, 379), dazu *Balz*, EWiR 1987, 273;
>
> BGH, Urt. v. 13.8.2009 – IX ZR 58/06, ZIP 2009, 1823 = ZVI 2009, 452 = WM 2009, 1942 = NZI 2009, 722 Rn. 7, dazu *Blank*, EWiR 2010, 27.

1470 Auch **in steuerrechtlichen Angelegenheiten** stehen die Finanzverwaltung und die Rechtsprechung des Bundesfinanzhofs Auskunftsansprüchen des Insolvenzverwalters grundsätzlich reserviert gegenüber.

> BFH, Beschl. v. 9.9.2011 – VII B 73/11, ZIP 2012, 141 Rn. 6 ff.

1471 Sie gewährt die Auskunft ebenfalls erst dann, wenn der Anfechtungsanspruch jedenfalls dem Grunde nach feststeht.

> BFH, Beschl. v. 26.4.2010 – VII B 229/09, ZIP 2010, 1660 Rn. 7.

1472 Im Übrigen bestehe nur ein Anspruch darauf, dass das Finanzamt über das Auskunftsbegehren nach pflichtgemäßem Ermessen entscheidet, das i. d. R. eine Auskunft nur dann gebiete, wenn der Ersuchende ein berechtigtes Interesse hat, wie etwa im Erbfall oder nach einem Beraterwechsel, nicht aber dann, wenn die Auskunft Anfechtungsansprüche klären soll.

> BFH, Urt. v. 19.3.2013 – II R 17/11, ZIP 2013, 1133 Rn. 8 ff = WM 2013, 1996 = NZI 2013, 706, dazu *v. Spiessen*, EWiR 2013, 487.

1473 Unberührt bleiben Auskunftsansprüche aus den **Informationsfreiheitsgesetzen** des Bundes und der Länder gegen bestimmte Behörden. So besteht etwa ein Auskunftsanspruch gegen das Hauptzollamt, wenn es für Sozialversicherungsträger als Vollstreckungsstelle fungiert,

> BVerwG, Beschl. v. 9.11.2010 – BVerwG 7 B 43.10, ZIP 2011, 41 Rn. 7 ff, dazu *M.J.W. Blank*, EWiR 2011, 83,

gegen die Finanzbehörden hingegen nur, soweit die Informationsfreiheitsgesetze der Länder dies nicht ausschließen.

BVerwG, Beschl. v. 23.11.2015 – BVerwG 7 B 42.15, NZI 2016, 220 Rn. 6 ff;

BVerwG, Beschl. v. 15.11.2018 – BVerwG 6 B 143.18, NZI 2019, 309 Rn. 9 ff.

Auf ein IFG gestützte Auskunftsansprüche sind nach inzwischen einhelliger Rechtsprechung der obersten Gerichtshöfe des Bundes vor den Verwaltungsgerichten einzuklagen, auch wenn sie sich gegen Finanz- oder Sozialbehörden wenden. **1474**

BVerwG, Beschl. v. 15.10.2012 – BVerwG 7 B 2.12, ZIP 2012, 2417 Rn. 3 ff;

BVerwG, Beschl. v. 28.10.2019 – BVerwG 10 B 21.19, ZIP 2020, 86 Rn. 3 ff;

BFH, Beschl. v. 8.1.2013 – VII ER-S 1/12, ZIP 2013, 1252 = ZInsO 2013, 500 Rn. 1;

BSG, Beschl. v. 4.4.2012 – B 12 SF 1/10 R, ZIP 2012, 2321 = NZI 2013, 197 Rn. 8 ff;

BGH, Beschl. v. 18.2.2016 – IX ZR 45/14, ZInsO 2016, 597 Rn. 1.

Ob ein Auskunftsersuchen auf das **Datenschutzrecht**, insbesondere auf Art. 15 DSGVO gestützt werden kann, ist derzeit ungeklärt. Das BVerwG will dem Verwalter grundsätzlich keinen Zugang zu steuerlichen Daten des Schuldners auf dieser Grundlage gewähren. **1475**

BVerwG, Beschl. v. 15.11.2018 – 6 B 143.18, NZI 2019, 309 Rn. 5 ff;

BVerwG, Beschl. v. 15.11.2018 – 6 B 146.18, ZInsO 2019, 396 Rn. 5 ff;

BVerwG, Beschl. v. 4.7.2019 – 7 C 31.17, ZIP 2019, 1677 Rn. 5 ff = WM 2019, 1698 = NZI 2019, 826;

BVerwG, Urt. v. 25.2.2022 – 10 C 4.20 (10 C 7/21), BVerwGE 175, 62 = ZIP 2022, 1551 = NZI 2022, 756.

2. Prozessstandschaft

Zur gewillkürten Prozessstandschaft des Schuldners für den Insolvenzverwalter hat sich der BGH bisher erst einmal – und zwar bejahend – geäußert (vgl. oben Rn. 1288): **1476**

BGH, Urt. v. 19.3.1987 – III ZR 2/86, BGHZ 100, 217 = ZIP 1987, 793 = WM 1987, 825 = NJW 1987, 1018 = JR 1988, 14 m. Anm. *Brehm*: Schadensersatzanspruch gegen die Bank wegen falscher Information; Gemeinschuldner als Prozessstandschafter für Konkursverwalter; wegen § 164 KO/§ 201 InsO „eigenes wirtschaftliches Interesse" zu bejahen; Konkurs nahezu abgewickelt, kein Vermögen mehr vorhanden.

Bejaht man mit der Rechtsprechung die Abtretbarkeit des Anfechtungsanspruches (oben Rn. 1380), kann die Entscheidung ohne Weiteres übertragen werden. **1477**

3. Zuständigkeit

a) Schiedsklauseln und Gerichtsstandsvereinbarung

1478 Grundsätzlich ist der Insolvenzverwalter an eine vom Schuldner zuvor wirksam vereinbarte Schiedsklausel und an eine Gerichtsstandsvereinbarung gebunden.

> BGH, Urt. v. 28.2.1957 – VII ZR 204/56, BGHZ 24, 15;
>
> BGH, Urt. v. 20.11.2003 – III ZB 24/03, ZInsO 2004, 88 = DZWIR 2994, 161 mit. zust. Anm. *Flöther*;
>
> BGH, Urt. v. 17.1.2008 – III ZB 11/07, ZIP 2008, 478 Rn. 17 = NJW-RR 2008, 558 = WM 2008, 597 = ZInsO 2008, 269/381.

1479 Das gilt jedoch **nicht für Anfechtungsprozesse**, weil es sich um ureigenste Kompetenzen des Insolvenzverwalters handelt, die erst mit Verfahrenseröffnung entstehen und über die der Schuldner nicht im Voraus verfügen kann.

> BGH, Urt. v. 17.10.1956 – IV ZR 157/56, NJW 1956, 1920;
>
> BGH, Urt. v. 28.2.1957 – VII ZR 204/56, BGHZ 24, 15;
>
> BGH, Urt. v. 20.11.2003 – III ZB 24/03, DZWIR 2004, 161, 162 (obiter): Bindung auch insoweit, es sei denn, der Verwalter schließt selbst ab;
>
> BGH, Urt. v. 17.1.2008 – III ZB 11/07, ZIP 2008, 478 Rn. 17 = NJW-RR 2008, 558 = WM 2008, 597 = ZInsO 2008, 269/381;
>
> BGH, Urt. v. 30.6.2011 – III ZB 59/10, ZIP 2011, 1477 Rn. 14 = WM 2011, 1474 = NZI 2011, 634 = ZInsO 2011, 1457, dazu *Prütting*, EWiR 2011, 545.

1480 Das soll nicht nur dann gelten, wenn der Insolvenzverwalter den anfechtungsrechtlichen Rückgewähranspruch einklagt, sondern auch dann, wenn die Anfechtbarkeit einer Rechtshandlung nur Vorfrage in einem Verfahren ist, in dem der Insolvenzverwalter als Partei – sei es als Kläger, sei es als Beklagter – beteiligt ist.

> BGH, Urt. v. 30.6.2011 – III ZB 59/10, ZIP 2011, 1477 Rn. 16 = WM 2011, 1474 = NZI 2011, 634 = ZInsO 2011, 1457.

1481 Das bedeutet auch, dass der Insolvenzverwalter in einem gegen ihn geführten Schiedsverfahren die Anfechtbarkeit weder im Wege der Einrede noch im Wege der Widerklage geltend machen kann. Etwas anderes gilt nur dann, wenn beide Parteien auch den Anfechtungsanspruch der Entscheidungsgewalt des Schiedsgerichts unterwerfen. Der Insolvenzverwalter kann die Einrede der Insolvenzanfechtung jedoch im Verfahren auf Vollstreckbarerklärung des Schiedsspruchs erheben.

> BGH, Urt. v. 17.1.2008 – III ZB 11/07, ZIP 2008, 478 Rn. 17 = NJW-RR 2008, 558 = WM 2008, 597 = ZInsO 2008, 269/381.

b) Rechtswegzuständigkeit

Für auf die Anfechtbarkeit gestützte Klagen des Insolvenzverwalters ist der Rechtsweg zur **ordentlichen Gerichtsbarkeit** eröffnet. Es wird ein genuiner, dem Insolvenzrecht entstammender und damit zivilrechtlicher Anspruch geltend gemacht. Bei seiner Durchsetzung handelt es sich um eine bürgerlichrechtliche Streitigkeit. **1482**

BGH, Beschl. v. 6.12.2012 – IX ZB 84/12, ZIP 2012, 2524 Rn. 6 = WM 2013, 91 = NZI 2013, 147, dazu *Hess*, EWiR 2013, 69;

BGH, Urt. v. 24.9.2015 – IX ZR 55/15, ZIP 2016, 30 Rn. 23 = WM 2016, 88 = NZI 2016, 86, dazu *Hofmann*, EWiR 2016, 177;

BFH, Urt. v. 12.11.2013 – VII R 15/13, ZIP 2014, 690 Rn. 6, dazu *Schmittmann*, EWiR 2014, 357.

Nach einer zweifelhaften Entscheidung des Gemeinsamen Senats der Obersten Gerichtshöfe des Bundes ist der Anfechtungsprozess vor den **Arbeitsgerichten** auszutragen, wenn von einem Arbeitnehmer des Schuldners im Anfechtungswege Rückzahlung der Vergütung verlangt wird. **1483**

GmS-OBG, Beschl. v. 27.9.2010 – GmS-OBG 1/09, ZIP 2010, 2418 Rn. 5 ff = ZVI 2010, 463 = NZI 2011, 15 = ZInsO 2010, 2400, dazu *Bork*, EWiR 2010, 765.

Das gilt aber nicht, wenn der Schuldner Lohnzahlungspflichten eines Dritten erfüllt hat, weil der Schuldner dann nicht als Arbeitgeber gehandelt hat, **1484**

BGH, Beschl. v. 19.7.2012 – IX ZB 27/12, ZIP 2012, 1681 Rn. 7 ff = WM 2012, 1642 = NZI 2013, 33.

und ebenso wenig für die Anfechtung von Beitragszahlungen eines Arbeitgebers an eine Sozialeinrichtung des privaten Rechts, weil der Schuldner insoweit keine Arbeitgeberpflichten, sondern tarifvertragliche vermögensrechtliche Pflichten erfüllt hat,

BGH, Beschl. v. 6.12.2012 – IX ZB 84/12, ZIP 2012, 25244 Rn. 7 ff = WM 2013, 91 = NZI 2013, 147,

oder für eine negative Feststellungsklage der Finanzbehörden mit denen geltend gemacht wird, dass gezahlte Lohnsteuern nicht angefochten werden können.

BAG, Beschl. 17.9.2014 – 10 AZB 4/14, ZIP 2014, 2309 Rn. 12 ff.

Anfechtungsklagen gegen Sozialversicherungsträger gehören ungeachtet dessen nicht vor die **Sozialgerichte**, sondern vor die Zivilgerichte, da hier die vom GmS-OBG beschworene besondere Schutzbedürftigkeit der Arbeitnehmer nicht besteht. **1485**

BGH, Beschl. v. 24.3.2011 – IX ZB 36/09, ZIP 2011, 683 Rn. 4 ff = WM 2011, 998 = NZI 2011, 323 = ZInsO 2011, 723, dazu *Jacoby*, EWiR 2011, 281.

c) Kammer für Handelssachen

1486 Nach LG München I

LG München I, Beschl. v. 29.6.1999 – 10 O 5741/99, EWiR 1999, 845 m. abl. Komm. *C. Schmitz*

und LG Leipzig

LG Leipzig, v. 12.12.2019 – 05 O 1645/19, ZIP 2021, 268 = NZI 2020, 647

ist für den Anfechtungsprozess die Kammer für Handelssachen zuständig, wenn ihr auch das angefochtene Geschäft unterfiele. Dagegen zu Recht die herrschende Meinung:

RGZ 96, 53, 57;
BGH, Urt. v. 9.7.1987 – IX ZR 167/86, BGHZ 101, 286, 288 = ZIP 1987, 1132 = WM 1987, 1082, dazu *Balz*, EWiR 1987, 1009;

Kayser/Thole-*Thole*, InsO, § 129 Rn. 127;
Jaeger-*Henckel*, InsO, § 143 Rn. 172;
Uhlenbruck-*Borris*/*Hirte*, InsO, § 143 Rn. 132.

4. Klagebegründung

1487 In der Klagebegründung muss der Rückforderungsanspruch nach dem Grundsatz *iura novit curia* nicht ausdrücklich auf das Anfechtungsrecht gestützt werden. Es genügt, dass der Kläger zum Ausdruck bringt, dass er das anfechtbar erlangte zurückfordert. Er muss dazu weder das Wort „Anfechtung" benutzen noch die §§ 129 ff InsO erwähnen. Auch eine rechtsirrig auf Bereicherungsrecht oder das Eigentümer-Besitzer-Verhältnis gestützte Klage kann daher Erfolg haben, wenn sich der Anspruch aus § 143 InsO herleiten lässt. Erforderlich ist lediglich, dass der Kläger diejenigen Tatsachen vollständig vorträgt (und ggf. beweist), die einen Anfechtungsanspruch stützen (vgl. für die Verjährung bereits oben Rn. 1423 f).

BGH, Beschl. v. 21.7.2011 – IX ZR 108/11 (unveröff.), juris Rn. 3;

BGH, Urt. v. 8.2.2018 – IX ZR 103/17, ZIP 218, 1299 Rn. 40 = WM 2018, 1264 = NZI 2018, 721, dazu *M. Brinkmann*, EWiR 2018, 497;

BGH, Urt. v. 22.11.2018 – IX ZR 14/18, ZIP 2019, 37 Rn. 18 f = WM 2019, 42 = NZI 2019, 119, dazu *Loszynski*, EWiR 2019, 147.

5. Prozesskostenhilfe

1488 Ob der Insolvenzverwalter für den Anfechtungsprozess Prozesskostenhilfe bekommt, richtet sich nach § 116 ZPO. Die Prozesskostenhilfe ist aber zu versagen, wenn der mit der Anfechtungsklage geltend gemachte Betrag nicht ausreichen würde, um eine Massearmut zu beseitigen und die Fortführung des Verfahrens zu ermöglichen.

BGH, Beschl. v. 16.7.2009 – IX ZB 221/08, ZIP 2009, 1591 Rn. 5 ff = WM 2009, 1673 = ZInsO 2009, 1556, dazu *M. Wagner*, EWiR 2009, 757.

6. Vergleich

Da es sich bei dem Anfechtungsanspruch um eine zum Schuldnervermögen **1489**
gehörende Forderung handelt, für die der Insolvenzverwalter gemäß § 80 InsO verfügungsbefugt ist (vgl. oben Rn. 1382), kann sich dieser mit dem Anfechtungsgegner auch vergleichen. Die Vergleichsbefugnisse enden erst bei der Grenze der offensichtlichen Insolvenzzweckwidrigkeit.

BGH, Urt. v. 17.2.2011 – IX ZR 91/10, ZIP 2011, 1114 Rn. 7;

BGH, Urt. v. 4.2.2016 – IX ZR 42/14, ZIP 2016, 478 Rn. 21 = WM 2016, 465 = NZI 2016, 307.

E. Internationales Insolvenzanfechtungsrecht (§ 339 InsO, Art. 7 Abs. 2 Buchst. m, Art. 16 EuInsVO)

I. Anwendbares materielles Recht

1. Regelung der Insolvenzordnung

Nach § 339 InsO, der auf Art. 102 Abs. 2 EGInsO a. F. aufbaut, bestimmt sich die Anfechtbarkeit einer Rechtshandlung grundsätzlich nach dem Recht des Staates der Verfahrenseröffnung, es sei denn, dass nach Nachweis durch den Anfechtungsgegner für die Rechtshandlung das Recht eines anderen Staates maßgebend und die Rechtshandlung nach diesem Recht in keiner Weise angreifbar ist. Die Regelung des § 339 InsO greift nur, soweit nicht die EuInsVO Vorrang hat, was stets der Fall ist, wenn das Insolvenzverfahren in der EU geführt wird. § 339 InsO betrifft daher nur die Beurteilung von Anfechtungssachverhalten in **Drittstaatenverfahren** aus der Sicht des deutschen IPR. 1490

Mit der Regelung des § 339 InsO hat sich der Gesetzgeber an die Regelung des Art. 13 EuInsVO a. F./Art. 16 EuInsVO n. F. angelehnt, um Wertungswidersprüche zu vermeiden. Deswegen kann Art. 13 EuInsVO zur Auslegung des § 339 InsO fruchtbar gemacht werden. 1491

> MünchKomm-InsO/*Reinhart*, § 339 Rn. 1;
> Kübler/Prütting/Bork/Jacoby- *Paulus*, InsO, §§ 339 Rn. 2.

§ 339 InsO ist eine allseitige Sachnorm, die sowohl für ein eröffnetes ausländisches Insolvenzverfahren, das im Inland Wirkungen erzeugt, als auch für ein inländische Insolvenzverfahren mit Auslandswirkungen gilt. Erfasst werden nur vor Verfahrenseröffnung vorgenommene Rechtshandlungen. Das Insolvenzstatut regelt die Voraussetzungen der Anfechtung, die Geltendmachung des Anspruchs und die Anfechtungsfrist. 1492

> Kübler/Prütting/Bork/Jacoby- *Paulus*, InsO, §§ 339 Rn. 1.

Die Anknüpfung an das Recht der Verfahrenseröffnung entsprach bereits der höchstrichterlichen Rechtsprechung in der Endphase der Geltung der KO. Die zusätzliche – ebenfalls in der Rechtsprechung vorgezeichnete – Sonderanknüpfung an die lex causae dient dem Schutz des Rechtsverkehrs, der sich auf die Insolvenzfestigkeit eines Erwerbs nach dem auf die Rechtshandlung anwendbaren Recht verlassen darf. 1493

> MünchKomm-InsO/*Reinhart*, § 339 Rn. 1.

Bestimmt sich das anwendbare Insolvenzrecht nach § 335 InsO, so richtet sich die Anfechtbarkeit als Wirkung des Insolvenzverfahrens grundsätzlich nach dem Recht des Staates, in dem das Verfahren eröffnet worden. Nach der alternativen Anknüpfung des § 339 InsO ist eine Anfechtung ausgeschlossen, wenn der Anfechtungsgegner nachweist, dass sowohl für die Rechtshandlung das Recht eines anderen Staates maßgebend als auch die Rechtshandlung nach diesem Recht in keiner Weise angreifbar ist. § 339 InsO ist in 1494 gleicher Weise auszulegen wie Art. 13 EuInsVO 2000 und Art. 16 EuInsVO 2015, weil der Gesetzgeber § 339 InsO in Anlehnung an die Regelungen der EuInsVO ausgestaltet hat. Als Ausnahmevorschrift ist § 339 InsO eng auszulegen.

BGH, Urt. v. 12.12.2019 – IX ZR 328/18, WM 2020, 279 Rn. 16 = NZI 2020, 383.

1495 § 339 InsO verlangt, dass die Rechtshandlung nach dem maßgebenden ausländischen Recht in keiner Weise angreifbar ist. Dies beschränkt sich nicht nur auf anfechtungsrechtliche Gründe, sondern erstreckt sich auf sämtliche Unwirksamkeits- und Nichtigkeitsgründe. Angreifbar ist eine Rechtshandlung etwa, wenn sie Rückgewähr- oder Schadensersatzansprüche auslöst. Ein Erstattungsanspruch wäre bei einer Darlehensrückzahlung, die entgegen einer wirksamen Rangrücktrittsvereinbarung erfolgt, nicht auszuschließen.

BGH, Urt. v. 12.12.2019 – IX ZR 328/18, WM 2020, 279 Rn. 18 = NZI 2020, 383.

1496 Im Rahmen von § 339 InsO ist die Anwendung des ausländischen Rechts nicht von Amts wegen zu prüfen, sondern vom Anfechtungsgegner darzulegen und zu beweisen. Abweichend von § 293 ZPO muss der Anfechtungsgegner den Inhalt des ausländischen Rechts in den Prozess einführen und beweisen, etwa durch Gutachten. Ist die ausländische Rechtslage im konkreten Fall ungeklärt, wirkt dies zum Nachteil des Anfechtungsgegners.

BGH, Urt. v. 12.12.2019 – IX ZR 328/18, WM 2020, 279 Rn. 20 = NZI 2020, 383.

2. EU-Recht

1497 Nach der Eröffnung ist gemäß Art. 7 Abs. 1 EuInsVO für das Insolvenzverfahren und seine Wirkungen das Insolvenzrecht des Eröffnungsstaates maßgeblich. Die Frage, welche Regelungen des nationalen Rechts des Eröffnungsstaates als anwendbares Insolvenzrecht zu qualifizieren sind, richtet sich in erster Linie nach dem autonom auszulegenden Unionsrecht. Damit wird § 339 InsO verdrängt. In welcher Weise der Begriff des Insolvenzrechts in Art. 7 Abs. 1 EuInsVO europarechtlich auszulegen ist, wird in Art. 7 Abs. 2 EuInsVO für bestimmte Bereiche näher konkretisiert. Danach sind jedenfalls die dort angeführten nationalen Regelungen des Eröffnungsstaats unionsrechtlich als anwendbares Insolvenzrecht qualifiziert, also insbesondere die Bestimmungen, die regeln, welche Forderungen als Insolvenzforderungen anzumelden sind (Buchst. g) und welchen Rang diese Forderungen haben (Buchst. I). Danach steht unionsrechtlich fest, dass die nationalen Regelungen des deutschen Rechts, die den Rang der Forderungen im Insolvenzverfahren bestimmen, in einem in Deutschland nach Art. 3 EulnsVO eröffneten Insolvenzverfahren anwendbar sind. Die Regelungen über die Nachrangigkeit kapitalersetzender Gesellschafterdarlehen nach § 32a GmbHG a. F., § 39 Abs. 1 Nr. 5 InsO a. F. finden auf Kapitalgesellschaften, über deren Vermögen in Deutschland das Hauptinsolvenzverfahren eröffnet worden ist, auch dann Anwendung, wenn diese in einem anderen Mitgliedstaat der Europäischen Union gegründet worden sind.

> BGH, Urt. v. 21.7.2011 – IX ZR 185/10, ZIP 2011, 1775 Rn. 16 ff = WM 2011, 1813 = NZI 2011, 818 = ZInsO 2011, 1792, dazu *Bork*, EWiR 2011, 643.

Auch die Regelungen über die Gesellschafterdarlehen seit dem MoMiG unterfallen daher im deutschen Insolvenzverfahren dem deutschen Insolvenzrecht. Bei Anfechtungsklagen ist mithin Art. 7 Abs. 2 Satz 2 lit. m) EuInsVO einschlägig. Es gilt die lex fori concursus. 1498

Nach Art. 16 EuInsVO gibt es aber eine **eingeschränkte Kumulativanknüpfung** („Veto-Recht" des Anfechtungsgegners). Danach findet Art. 7 Abs. 2 lit. m) EuInsVO keine Anwendung, wenn die Person, die durch eine die Gesamtheit der Gläubiger benachteiligende Handlung begünstigt wurde, nachweist, dass 1499

a) für diese Handlung das Recht eines anderen Mitgliedstaats als des Staates der Verfahrenseröffnung maßgeblich ist und

b) diese Handlung im vorliegenden Fall in keiner Weise nach dem Recht dieses Mitgliedstaats angreifbar ist.

Das führt zu der Frage, welches das „andere Recht" (lex causae) ist. Das richtet sich nach dem IPR des Forums. 1500

Grundsätzlich wird hier mehrheitlich auf das Vertragsstatut abgestellt. Das gilt auch bei Erfüllungshandlungen und Zahlungen auf fremde Schuld. 1501

> BGH, Vorlagebeschl. v. 23.1.2020 – IX ZR 94/19, ZIP 2020, 426 = NZI 2020, 536, m. Anm. *Thole*, NZI 2020, 534.
>
> Vgl. EuGH, Urt. v. 22.4.2021 – Rs C 73/20, ZIP 2021, 965 und nachfolgend BGH, Urt. v. 29.7.2021 – IX ZR 94/19, ZIP 2020, 426 = WM 2020, 466 = NZI 2021, 990 mit Anm. *Thole*.
>
> Näher zum Ganzen Vallender-*Thole*, EuInsVO, Art. 16 m. w. N.

Bei Gesellschafterdarlehen ist ungeklärt, ob es ein anderes Recht als das Insolvenzstatut geben kann, insbesondere, ob auch dann das Vertragsstatut als lex causae greifen kann und darf. 1502

> Näher zum Ganzen Vallender-*Thole*, EuInsVO, Art. 16 Rn. 5 m. w. N.

Ist das andere Recht nur ein solches eines Drittstaats, bleibt es bei der alleinigen Maßgeblichkeit von Art. 7 Abs. 2 Satz 2 lit. m) EuInsVO, so dass § 339 InsO nicht greift. 1503

> Offenlassend BGH, Urt. v. 12.12.2019 – IX ZR 328/18, WM 2020, 279 Rn. 15 = NZI 2020, 383.

II. Internationale Zuständigkeit

1504 Art. 3 Abs. 1 EuInsVO war nach einer auf eine Vorlage des BGH ergangenen Entscheidung dahin auszulegen, dass die Gerichte des Mitgliedstaates, in dessen Gebiet das Insolvenzverfahren eröffnet worden ist, für eine Insolvenzanfechtungsklage gegen einen Anfechtungsgegner zuständig sind, der seinen satzungsmäßigen Sitz in einem anderen Mitgliedstaat hat.

> EuGH, Urt. v. 12.2.2009 – Rs C-339/07, ZIP 2009, 427 = NZI 2009, 199 = ZInsO 2009, 493, dazu *K. Müller*, EWiR 2009, 411.

1505 Die Entscheidung des EuGH betraf ausschließlich die internationale Zuständigkeit.

1506 Dieser Rechtszustand ist mit der Reform der EuInsVO mit VO 848/2015 in Art. 6 EuInsVO überführt worden. Danach sind für die Anfechtungsklagen die Gerichte des Mitgliedstaats ausschließlich zuständig, in dem das Verfahren eröffnet worden ist. Eine gewisse Erweiterung zugunsten des Verwalters ergibt sich aus Art. 6 Abs. 2 EuInsVO.

1507 Die Festlegung der **sachlichen und örtlichen Zuständigkeit** ist demgegenüber von den Mitgliedstaaten vorzunehmen. Aus einer analogen Anwendung von § 19a ZPO i. V. m. § 3 InsO, Art. 102 § 1 EGInsO ergab sich für diese Fälle der Gerichtsstand des sachlich zuständigen Gerichts am Ort des für das Verfahren zuständigen Insolvenzgerichts. Sind die deutschen Gerichte für eine Insolvenzanfechtungsklage europarechtlich international zuständig, ohne dass nach den allgemeinen deutschen Gerichtsstandsbestimmungen eine örtliche Zuständigkeit begründet wäre, ist das sachlich zuständige Streitgericht für den Sitz des eröffnenden Insolvenzgerichts ausschließlich örtlich zuständig.

> BGH, Urt. v. 19.5.2009 – IX ZR 39/06, ZIP 2009, 1287 = WM 2009, 1294 = NZI 2009, 532 = ZInsO 2009, 1270, dazu *Riedemann*, EWiR 2009, 505.

1508 Der Gesetzgeber hat dies nunmehr in Art. 102c § 6 EGInsO überführt. Maßgeblich ist der Sitz des Insolvenzgerichts.

Stichwortverzeichnis